Conrads • Brutscher
Verkehrsrecht

D1668096

Verkehrsrecht

StVO, Zulassungsrecht,
Fahrerlaubnisrecht und Verkehrsstraftaten
in Ausbildung und Praxis

von

Karl-Peter Conrads
Erster Polizeihauptkommissar a. D.

und

Bernd Brutscher
Erster Polizeihauptkommissar

VERLAG DEUTSCHE POLIZEILITERATUR GMBH
Buchvertrieb

Bibliografische Information der Deutschen Nationalbibliothek

Die Deutsche Nationalbibliothek verzeichnet diese Publikation in der
Deutschen Nationalbibliographie; detaillierte bibliografische
Daten sind im Internet über http://dnb.d-nb.de abrufbar.

19. Auflage 2013
©VERLAG DEUTSCHE POLIZEILITERATUR GMBH Buchvertrieb,
Hilden/Rhld. 2013
Alle Rechte vorbehalten
Satz: VDP GMBH Buchvertrieb, Hilden
Druck und Bindung: bonner universitäts-buchdruckerei, Bonn
Printed in Germany
ISBN: 978-3-8011-0715-4

Vorwort zur 1. Auflage

Verkehrsrecht als Ausbildungsfach; 100 Stunden StVO, wozu?

Genügt nicht die Ausbildung in der Fahrschule?

Dies ist sehr oft die erste Frage, die der junge Polizeibeamte stellt.

Ich denke, nein, dies genügt nicht, und die Beamten des Einzeldienstes werden mir zustimmen.

Unfallaufnahmen, bei denen Gerechtigkeit für jeden Unfallbeteiligten gewahrt werden soll, bedürfen umfassender Rechtskenntnisse beim aufnehmenden Beamten.

Einschreiten im Straßenverkehr bedeutet nicht nur die Überwachung von Geschwindigkeit und Verkehrszeichen, sondern auch stets die Beurteilung der Rechtssituation, mit der in die Rechte des betroffenen Bürgers eingegriffen wird.

Und gerade hier – so meine ich – darf der Bürger einen gut geschulten Beamten erwarten.

Im vorliegenden Buch habe ich mich bemüht, das für die polizeiliche Praxis der Verkehrsuberwachung und Unfallaufnahme notwendige Wissen im Bereich der StVO verständlich und systematisch darzustellen. Hierbei habe ich besonderen Wert auf eine Vielzahl von problemorientierten Beispielen gelegt, die dem Beamten eine gezielte Verständnisüberprüfung der einzelnen Problemphasen erlaubt und die Möglichkeit einer schnellen Wissensstandsüberprüfung gibt.

Das Buch soll Faktenwissen vermitteln, aber nicht, um in schulmeisterlicher Form gegen den Bürger vorzugehen, sondern um mit ihm ein gehaltvolles und als positiv empfundenes Gespräch zu führen.

Ich wünsche Ihnen viel Freude am Fach „Verkehrsrecht", verbunden mit der Hoffnung, Ihnen den Weg ein wenig erleichtert zu haben.

Abschließend bitte ich um Anregungen und Kritik, da die jungen Kollegen nur aus den Erfahrungen der Alten lernen können.

Geilenkirchen, im August 1983   Der Verfasser

Vorwort zur 19. Auflage

Mit der 19. Auflage ist Erster Polizeihauptkommissar Bernd Brutscher als Mitautor tätig. Die 19. Auflage wurde aktualisiert, wobei insbesondere die Neufassung der Straßenverkehrsordnung eingearbeitet wurde. Die Neufassung der StVO ist am 6. März 2013 verkündet worden und trat am 1. April 2013 in Kraft.

Daneben wurde auf eine Aktualisierung der – überwiegend obergerichtlichen – Rechtsprechung geachtet.

Die neue StVO erfährt nur wenige materielle Änderungen. Sie sind berücksichtigt worden. Allerdings hat sich die Struktur der StVO stark geändert. Dies ist insbesondere bei den Vorschriften über das Halten und Parken zu erkennen. Das bedeutet, dass die vielmals in Urteilen zitierten Vorschriften nicht mehr überall stimmen. Sie sind dann zu den jeweils neuen Vorschriften zu übertragen. Materiell rechtlich sind insoweit keine Änderungen eingetreten.

Auch weiterhin bitten wir um Anregungen und Kritik, danken den einzelnen Zusendern und wünschen Freude am Fach Verkehrsrecht und Erfolg beruflich und privat.

Geilenkirchen und Wadern, im Mai 2013   Die Verfasser

Inhaltsverzeichnis

Inhaltsverzeichnis

Arbeitshinweise

Das Werk bietet dem Auszubildenden/Studierenden, dem Praktiker und dem Kraftfahrer eine in Themenblöcken zusammengefasste Darstellung der wichtigsten Verhaltensregeln nach der StVO.

Zur Arbeitserleichterung ist jeder Themenblock wie folgt aufgebaut:

Gesetzeshinweise . . . . Zusammenfassung aller themenbezogener §§ nach Gesetzen geordnet.

Verkehrszeichen wurden aus Vereinfachungsgründen nur über/anhand ihrer Nummer gem. Spalte 2 der Auflagen 2–4 (z.B. Z. 274) bezeichnet.

Korrekt muss es jeweils lauten: § ... (z.B. 41), Anlagen ... (z.B. 2), lfd. Nr. ... (z.B. 53 für Z. 276)

Die enthaltenen Verbote ergeben sich nun – nach Änderung der StVO – ausschließlich aus dem VZ. Eine „doppelte" Aufführung von Verboten ist somit in der StVO nicht mehr enthalten.

Erläuterungen . . . . Umfassende Darstellung der Themenstellung unter Einbezug der bisherigen Rechtsprechung, wobei sich die Rspr-Fußnoten stets auf den jeweiligen Absatz beziehen.
mit
– Definitionen,
– Rechtsprechung,
– Beispielen mit Lösung

Die Darstellung erfolgt eingearbeitet bzw. im Einzelfall in in sich **abgeschlossenen problemorientierten Schritten**, die zur **Selbstkontrolle** und **Verständnisprüfung** jeweils mit einem Übungsteil abschließen.

Das Wichtigste in . . . . Zusammenfassung des unbedingt notwendigen „Rucksackwissens" in Form von Lückentexten und Übungsfällen.
Kürze
als **Übungsteil**

Alle Beispiele/Übungen weisen eine problemorientierte, stichwortartige **Lösung** auf unter Einbezug der zu treffenden polizeilichen Maßnahmen, wobei sie sich grundsätzlich auf die Tatbestandsmäßigkeit beschränkt; Rechtswidrigkeit, Vorwerfbarkeit etc. bleiben i.d.R. unberücksichtigt.

Abkürzungsverzeichnis

aA, AM	anderer Ansicht, Meinung
a.a.S.o.P.	amtlich anerkannter Sachverständiger oder Prüfer
ABE	Allgemeine Betriebserlaubnis
ABG	Allgemeine Bauartgenehmigung
AG	Amtsgericht
aF	alte(r) Fassung
AKB	Allgemeine Bedingungen für die Kfz-Versicherung
amtl. Begr.	amtliche Begründung zur StVO
ÄndVO	Änderungsverordnung
Anm.	Anmerkung
AO	Abgabenordnung
Art.	Artikel
Aufl.	Auflage
AusfBest	Ausführungsbestlmmungen
a.g.O.	außerhalb geschlossener Ortschaft
BAG	Bundesarbeitsgericht, Bauartgenehmigung
BAK	Blutalkoholkonzentration in ‰
BAnz	Bundesanzeiger
BayObLG	Bayerisches Oberstes Landesgericht
BayVerfGH	Bayerischer Verfassungsgerichtshof
BE	Betriebserlaubnis
Begr.	Begründung
BFH	Bundesfinanzhof
BGB	Bürgerliches Gesetzbuch
BGBl.	Bundesgesetzblatt
BGH	Bundesgerichtshof
BGHSt	Entscheidungen des BGH in Strafsachen
BGHZ	Entscheidungen des BGH in Zivilsachen
bHG	bauartbedingte Höchstgeschwindigkeit
BKatV	Bußgeldkatalog VO
BLFA	Bund/Länderfachausschuss
BMV/BMVBS	Bundesminister für Verkehr (heute: BMVBS Bundesministerium für Verkehr, Bau und Stadtentwicklung)
BOKraft	VO über den Betrieb von Kraftfahrunternehmen im Personenverkehr
BOStrab	VO über den Bau und Betrieb der Straßenbahnen
BR	Bundesrat

BSG	Bundessozialgericht
BT	Bundestag
Burmann e.a.	Burmann/Heß/Jahnke/Janker Straßenverkehrsrecht, 22. Auflage 2012
Bus	Kraftomnibus
BVerfG	Bundesverfassungsgericht
BVG	Bundesverwaltungsgericht
BZR (G)	Bundeszentralregister(-gesetz)
DA	Dienstanweisung
DAR	Deutsches Autorecht
DJ	Deutsche Justiz
DJZ	Deutsche Juristen-Zeitung
DVBl.	Deutsches Verwaltungsblatt
EBO	Eisenbahnbau- und Betriebsordnung
EG	Einführungsgesetz, Europäische Gemeinschaft
EGStGB	Einführungsgesetz zum Strafgesetzbuch
Erl.	Erlass
ESBO	EBO für Schmalspurbahnen
EWG	Europäische Wirtschaftsgemeinschaft
FB	Fahrbahn
FE	Fahrerlaubnis
FeV	Fahrerlaubnisverordnung
FEzFgB	FE zur Fahrgastbeförderung
f.	folgende (Seite, Paragraf)
ff.	fortfolgende (Seiten, Paragrafen)
FmH (25)	Fahrrad mit Hilfsmotor (25 km/h bHG)/Mofa
FPersG	Fahrpersonalgesetz
FRA	Fahrtrichtungsanzeiger
FS	Führerschein
Fstr.	Fahrstreifen
FV	Fahrverbot
FZ (Fz)	Fahrzeug
FZV	Fahrzeug-Zulassungs-VO
geschl. Verb.	geschlossener Verband
gem.	gemäß
GG	Grundgesetz
ggf.	gegebenenfalls
Göhler	Ordnungswidrigkeitengesetz, 16. Auflage, München 2012
GVBl., GVOBl.	Gesetz- und Verordnungsblatt

Hentschel e.a.	Hentschel, König Dauer, Straßenverkehrsrecht, 42. Auflage 2013
HG	Höchstgeschwindigkeit
hM	herrschende Meinung
i.d.F.	in der Fassung
i.d.R.	in der Regel
IntAbK	Internationales Abkommen über Kraftfahrzeugverkehr
i.S.d.	im Sinne des/der
i.g.O.	innerhalb geschlossener Ortschaften
JGG	Jugendgerichtsgesetz
JMBlNRW	Justizministerialblatt für Nordrhein-Westfalen
JR	Juristische Rundschau
JZ	Juristenzeitung
KBA	Kraftfahrt-Bundesamt
Kfz	Kraftfahrzeug
KG	Kammergericht
KKR, KLKR, Kkr	Kleinkraftrad
km/h	Kilometer in der Stunde
KOM/Kom	Kraftomnibus
KVR	Kraftverkehrsrecht von A bis Z, Weigelt (Loseblattsammllung)
L	Lösung
LG	Landgericht
LKR/Lkr	Leichtkraftrad
LKW, Lkw	Lastkraftwagen
lof	land- oder forstwirtschaftlich
LOM/Lom	Linienomnibus
Lübkemann	Lübkemann, Strafrecht, Strafverfahrensrecht, Ordnungswidrigkeitenrecht, 27. Auflage 2013
MDR	Monatsschrift für deutsches Recht
MobltV	Verordnung über die Teilnahme elektronischer Mobilitätshilfen am Verkehr (Mobilitätshilfenverordnung)
Mofa	FmH 25
m/s	Meter in der Sekunde
m.ZZ	mit Zusatzzeichen
nF	neue(r) Fassung
NJW	Neue Juristische Wochenschrift
NPA	Neues Polizeiarchiv
Nr.	Nummer
NZV	Neue Zeitschrift für Verkehrsrecht

o.a.	wie oben angeführt
OVG	Oberverwaltungsgericht
OWi	Ordnungswidrigkeit
OWiG	Ordnungswidrigkeitengesetz
öSO	öffentliche Sicherheit und Ordnung
öVR	öffentlicher Verkehrsraum
PflVersG	Pflichtversicherungsgesetz
PolFHa	Polizei-Fach-Handbuch
PolG (NRW)	Polizeigesetz Nordrhein-Westfalen
PKW, Pkw	Personenkraftwagen
PTV	Polizei, Technik, Verkehr
PVT	Polizei, Verkehr, Technik
POG (NRW)	Polizei-Organisationsgesetz Nordrhein-Westfalen
RfG	Rechtsfahrgebot
Rn, Rdnr.	Randnummer
RG	Reichsgericht
RGSt	Entscheidungen des RG in Strafsachen
RGZ	Entscheidungen des RG in Zivilsachen
Rspr.	Rechtsprechung
RiLSA	Richtlinien zur Errichtung von LSA
S.	Seite, Satz
s.	siehe
SAM/sAm	selbstfahrende Arbeitsmaschine
sec	Sekunde
SEK	Spezialeinsatzkomando
SG	Sicherheitsgurt
SfG	Sichtfahrgeschwindigkeit
sog.	sogenannt
StA	Staatsanwaltschaft
StÄG	Strafrechtsänderungsgesetz
StGB	Strafgesetzbuch
StPO	Strafprozessordnung
Str.	Straße
Strab	Straßenbahn
StrV	Straßenverkehr
StVA/SVB	Straßenverkehrsamt/-behörde
StVG	Straßenverkehrsgesetz
StVO	Straßenverkehrsordnung
StVUnfG	Straßenverkehrsunfallstatistikgesetz
StVZO	Straßenverkehrs-Zulassungs-Ordnung

SVR	Straßenverkehrsrecht (Monatszeitschrift)
Tacho	Fahrtgeschwindigkeitsmesser
TBM	Tatbestandsmerkmal
tgH	tatsächlich gefahrene Höchstgeschwindigkeit
tGM	tatsächliche Gesamtmasse
u.a.	und andere, unter anderem
u.U.	unter Umständen
usw.	und so weiter
VA	Verwaltungsakt
VerkMitt	Verkehrsrechtliche Mitteilungen
VK	(allg.) Verkehrskontrolle
VkBl.	Verkehrsblatt, Amtsblatt des BMV(BS)
VerkSichG	Gesetz zur Sicherung des Straßenverkehrs
VersR	Versicherungsrecht (Zeitschrift)
VerwarnVwV	Allg. Verwaltungsvorschrift für die Erteilung einer Vorwarnung
VG	Verwaltungsgericht, Verwarnung mit Verwarngeld
vgl., vergl.	vergleiche
VM, VerkMitt	Verkehrsrechtliche Mitteilungen
VO	Verordnung
VOInt., VInt	Verordnung über internationalen Kfz-Verkehr
VOR	Zeitschrift für Verkehrs- und Ordnungswidrigkeiten recht
V.-OWi/Vowi	Verkehrsordnungswidrigkeit
VRS	Verkehrsrechtssammlung
VT	Verkehrsteilnehmer
VU	Verkehrsunfall
VwGO	Verwaltungsgerichtsordnung
VwV	Verwaltungsvorschrift
VZ, Z	Verkehrszeichen
VZR	Verkehrszentralregister
Z	Verkehrszeichen
z.B.	zum Beispiel
zfs	Zeitschrift für Schadensrecht
zGM	zulässige Gesamtmasse
ZM, Zm	Zugmaschine
ZPO	Zivilprozessordnung
ZVS	Zeitschrift für Verkehrssicherheit
ZZ	Zusatzzeichen

1 Einführung

Behandelte Rechtsvorschriften:

1.1 Öffentlicher Verkehrsraum

StVO:	§§ 1, 29
StVZO:	§§ 1, 4, 16
StVG:	§§ 1, 2, 21
StGB:	§§ 142, 315b, c, 316
FZV:	§§ 1, 3

1.2 Führer- und Halterpflichten

(Adressatenfrage)

StVO:	§§ 1, 2, 3, 4 (2), 18, 19, 25, 28, 39 (3) Z 250 ff., Z 340
StVZO:	§§ 1, 4, 31
StVG:	§§ 1, 2, 21
PflVersG:	§ 1
KraftStG:	§§ 1, 2
FZV:	§§ 2, 3, 4, 5, 10, 13, 16, 17, 19

1.3 Verkehrszeichen

StVO:	§§ 39–43
	§§ 12, 13, 18, 19, 20, 26, 33, 36, 37

1.4 Polizeiliche Aufgaben und Maßnahmen

PolG:	§ 1
POGNRW:	§§ 10 ff.
StVO:	§ 44
StPO:	§ 163
OWiG:	§ 53
StVUnfG:	§ 3
StVG:	§§ 6, 24, 24a, 26
StVO:	§§ 48, 49
StVZO:	§§ 2 ff., 17, 69a
OWiG:	§§ 19 ff., 42, 47, 53, 56 ff., 65
StPO:	§§ 81a, 94 ff., 102 ff., etc.
BKatV	

Bundeseinheitlicher Tatbestandskatalog

1.1 Öffentlicher Verkehrsraum/Öffentliche Straßen

Die StVO gilt – wie die übrigen „Verkehrsbestimmungen" – im Gegensatz zu anderen gesetzlichen Bestimmungen (z.B. StGB) nur für den Straßenverkehr im öffentlichen Verkehrsraum (VwV zu § 1 StVO).

Unter **öVR (öffentlicher Verkehrsraum)**[1] versteht man alle Wege, Plätze, Flächen, die
- jedermann
- aufgrund einer **wegerechtlichen Widmung** oder
- ohne Rücksicht auf die Eigentumsverhältnisse
- mit Zustimmung oder unter **stillschweigender Duldung**
- zur Nutzung tatsächlich offen stehen.

Es wird somit zwischen
- rechtlichem (wegerechtliche Widmung) und
- faktischem (stillschweigende Duldung)

öVR unterschieden.

Die **stillschweigende Duldung** ist stets dann gegeben, wenn nicht unmissverständliche Hindernisse oder Vorkehrzeichen die Nutzung der Fläche für jedermann erschweren bzw. unmöglich machen.

Unter **jedermann** versteht man eine nicht durch persönliche oder geschäftliche Beziehungen miteinander verbundene unbestimmte Anzahl von Personen (Personengruppe).

Die Nutzung muss jedoch auch tatsächlich durch eine unbestimmte Anzahl von Personen erfolgen, nicht nur denkbar sein. Hierbei reicht auch nicht eine einmalige Nutzung, sie muss immer wiederkehrend, also stets erfolgen.

So handelt es sich stets um öVR bei:
- Mit Z 250 gesperrten Wohnstraßen,
- Fuß-, Rad- oder Reitwegen,
- Straßen mit bestehendem nächtlichem Nutzungsverbot,
- geöffneten Tankstellen, Waschanlage, Deponien oder bei Gaststätten- oder Kundenparkplätzen[2],
- gebührenpflichtigen, jedermann zugänglichen Parkplätzen/-häusern oder Privatwegen[3], soweit dem Nutzungsverbot nur per Schild, nicht aber auf sonstige Art (z.B. durch ein Tor) Ausdruck verliehen wird.

Die Begrifflichkeit ÖVR wurde – ohne inhaltliche Änderung – in § 1 StVG in Angleichung an § 16 StVZO durch **öffentliche Straßen** ersetzt.

---

[1] BGHSt 16, 8, 9, VR 85, 835; Hentschel e.a., § 1, Rn 13.

[2] Bay ObLG, VRS 24, 69; OLG Zweibrücken, DAR 80, 376; BGH, VRS 20, 453.

[3] BGHSt 16, 7.

Kein öVR ist beispielsweise gegeben bei:
- Kasernen,[4]
- abgeschlossenen Mietetagen in Parkhäusern,[5]
- nicht zur Nutzung bestimmten Mittelstreifen,[6]
- Parkhaus während der Betriebsruhe.[7]

1.2 Führer- und Halterpflichten (Adressatenfrage)

Neben der Einschränkung des örtlichen Geltungsbereichs muss als weitere Einschränkung die nach den jeweiligen Paragrafen unterschiedlich zu beantwortende Adressatenfrage beachtet werden. So gelten die einzelnen Bestimmungen der StVO nicht grundsätzlich für alle Verkehrsteilnehmer (VT), sondern jeweils nur für eine speziell genannte Adressatengruppe.

Im Folgenden einige **Beispiele** für die unterschiedlichen Adressatengruppen:

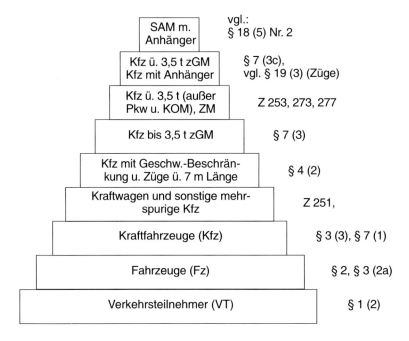

SAM m. Anhänger	vgl.: § 18 (5) Nr. 2
Kfz ü. 3,5 t zGM Kfz mit Anhänger	§ 7 (3c), vgl. § 19 (3) (Züge)
Kfz ü. 3,5 t (außer Pkw u. KOM), ZM	Z 253, 273, 277
Kfz bis 3,5 t zGM	§ 7 (3)
Kfz mit Geschw.-Beschränkung u. Züge ü. 7 m Länge	§ 4 (2)
Kraftwagen und sonstige mehrspurige Kfz	Z 251,
Kraftfahrzeuge (Kfz)	§ 3 (3), § 7 (1)
Fahrzeuge (Fz)	§ 2, § 3 (2a)
Verkehrsteilnehmer (VT)	§ 1 (2)

---

4 BGH, VRS 26, 256; OLG Karlsruhe, VRS 60, 439.

5 OLG Schleswig, VM 76, 28; vergl. Bay ObLG, NJW 83, 129; OLG Köln, VM 00, 86 (Parkplätze)

6 OLG D'dorf, NZV 93, 25.

7 OLG Stuttgart, NJW 80, 68.

Die einzelnen Adressatengruppen werden in der StVO (vgl. § 39) durch folgende **Symbole** dargestellt:

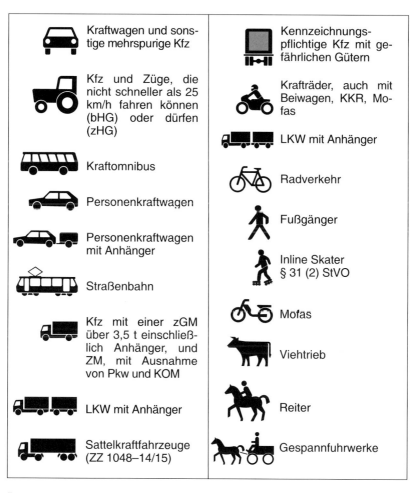

	Kraftwagen und sonstige mehrspurige Kfz		Kennzeichnungspflichtige Kfz mit gefährlichen Gütern
	Kfz und Züge, die nicht schneller als 25 km/h fahren können (bHG) oder dürfen (zHG)		Krafträder, auch mit Beiwagen, KKR, Mofas
			LKW mit Anhänger
	Kraftomnibus		Radverkehr
	Personenkraftwagen		Fußgänger
	Personenkraftwagen mit Anhänger		Inline Skater § 31 (2) StVO
	Straßenbahn		Mofas
	Kfz mit einer zGM über 3,5 t einschließlich Anhänger, und ZM, mit Ausnahme von Pkw und KOM		Viehtrieb
	LKW mit Anhänger		Reiter
	Sattelkraftfahrzeuge (ZZ 1048–14/15)		Gespannfuhrwerke

Der überwiegende Teil der StVO richtet sich an Fahrzeuge bzw. einzelne Fahrzeuggruppen.

Inline-Skater gelten weiterhin als Fußgänger, auch wenn Ihnen in § 31 (2) unter bestimmten Voraussetzungen die FB-Nutzung erlaubt wird.

Unter **Fahrzeug** (Fz) i.S.d. StVO ist jeder Gegenstand zu verstehen, der der Fortbewegung zu Lande dient, unabhängig von seiner Antriebsart (VwV zu § 2).

So stellen Handkarren, Krankenfahrstühle, Fahrräder oder Pferdefuhrwerke ebenso Fz dar wie Pkw, Lkw oder Schienenfahrzeuge (Vgl. §§ 23, 24 [2] StVO; BOStrab, §§ 2 [3], 5 [7], 9 [1], 19, 26, 36, 37 StVO).

Nicht unter den Begriff der Fahrzeuge fallen Schiebe- und Greifreifenrollstühle, Rodelschlitten, Roller, Kinderfahrräder, Inline-Skates, Rollschuhe und ähnliche nicht motorbetriebene Fortbewegungsmittel (§ 24 (1) StVO).

Tiere sind keine Fz. Tierführer unterliegen jedoch gemäß § 28 (2) den Regeln des Fahrverkehrs, d.h., sie sind den Fz-Führern gleichgestellt (analoge Geltung).

Ein **Kraftfahrzeug** (Kfz) i.S.d. Verkehrsrechts ist ein
– maschinell angetriebenes,
– nicht an Schienen gebundenes
– Landfahrzeug (§ 1 StVG, § 2 FZV).

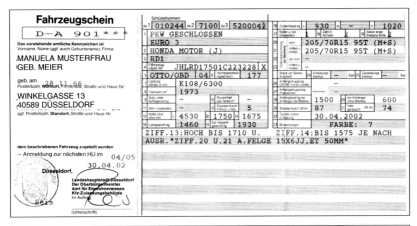

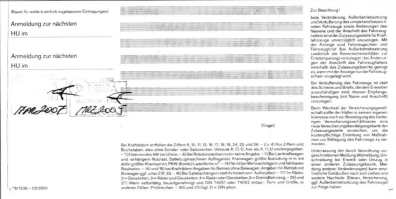

Fahrzeugschein (alt/Vor- und Rückseite)

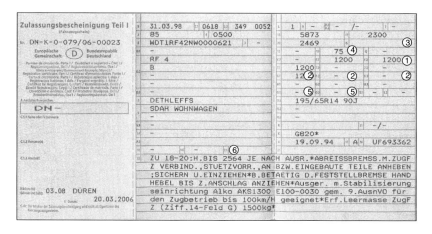

Zulassungsbescheinigung Teil I

Ziffer		Bedeutung
①	F.2	zGM im Zulassungsland
②	8.1–8.3	zul. Achslasten im Zulassungsland
③	G	Leermasse
④	13	Stützlast; Aufliegelast
⑤	0.1 / 0.2	z. Anhängelast (gebremst/ungebremst)
⑥	R.1	Hubraum

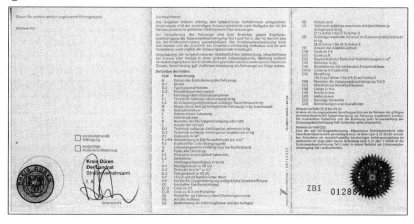

Rückseite Zulassungsbescheinigung Teil I

21

Betriebserlaubnis ──────▶

Die **Kraftfahrzeugart** ist (soweit nicht bereits an äußeren Merkmalen erkennbar) mit Hilfe des Fahrzeugscheins oder der Betriebserlaubnis feststellbar (§ 19 StVZO, § 11 FZV).

Innerhalb der Kfz unterscheidet man zwischen mehr- und einspurigen Kfz, wobei die folgenden (wichtigsten) **Kfz-Arten in § 2 FZV definiert** werden.

Mehrspurige Kfz

- Als **Pkw** werden vierrädrige Kfz bezeichnet, die ihrer Bauart nach der Beförderung von Personen dienen und nicht mehr als 8 Fahrgastplätze haben (vergl. §§ 3 [3], StVO; Z 251, 253, 273, 277).
- **Lastkraftwagen** (Lkw) dienen ihrer Bestimmung nach der Beförderung von Gütern. Auch das **Sattelkraftfahrzeug** ist seiner Bestimmung nach ein Lkw, bildet aber hinsichtlich Straßenbenutzung und Gewichtsbestimmung eine Einheit. Diesbezüglich liegt keine Zugbildung vor (vergl. §§ 3 [3], 4 [2], 18 [5], 19 [3], 30 [3] StVO; Z 251–269, 273, 277, 340, 388, 421; §§ 32, 34 StZVO).
- **Kraftomnibus** (KOM) sind Kfz, die der Beförderung von Personen dienen und mehr als 8 Fahrgastplätze haben (vergl. §§ 3 [3], 4 [3], 18 [5] StVO; Z 253, 273, 277; §§ 30d, 32, 32a, 34, 34a StVZO).
- **Zugmaschine** (ZM) sind Kfz, die ihrer Bauart nach zur Zugleistung bestimmt sind. Eine begrenzte Hilfsladefläche ist erlaubt. Lediglich ZM dürfen 2 Anhänger mitführen (vergl. §§ 18, 21 StVO; Z 253, 273, 277; §§ 32, 32a, 34 StVZO).
- Ein **Zug** besteht stets aus mindestens 2 Fahrzeugeinheiten, der ziehenden und der gezogenen. Auf eine Zweckbestimmung kommt es bei beiden Einheiten nicht an (vergl. §§ 4 [2], 19 [3] StVO; Z 340; §§ 30d, 32, 32a, 33, 34, 42 StVZO).
- Ein **Leichtkraftfahrzeug** (Lkfz/FE-Kl. AM) ist ein Kfz mit einer bHG bis 45 km/h, einem Hubraum bis 50 ccm, einer max. Nutz-/ Nennleistung bis 4 kW und einem Leergewicht bis 350 kg (ohne Batterien bei Elektrofz (vergl. § 5 FeV).

Einspurige Kfz (Zweiräder/ZwR)

- Ein **Krad** ist ein ZwR (auch mit Beiwagen oder Anhänger) mit
- einem Hubraum von mehr als 50 ccm oder
- einer durch die Bauart bedingten Höchstgeschwindigkeit (bHG) von mehr als 50 km/h (vergl. §§ 3 [3], 18 [5] StVO).

- **Leichtkrafträder** (LKR) sind Kräder mit
  - einem Hubraum von > 50 ccm, aber nicht mehr als 125 ccm
  - einer Nennleistung von nicht mehr als 11 kW
  - einen Hubraum von > 50 ccm, aber nicht mehr als 80 ccm und einer bHG von nicht mehr als 80 km/h
  - einem Hubraum von nicht mehr als 50 ccm und einer bHG von mehr als 40 km/h, wenn sie vor 1984 erstmalig in den Verkehr gebracht wurden (Kleinkrafträder alter Art).
- Ein **Kleinkraftrad** (KKR zwei bis dreirädrig) ist jedes Krad mit
  - einem Hubraum von nicht mehr als 50 ccm und
  - einer bHG von nicht mehr als 45 km/h[8].
- Unter einem **Fahrrad mit Hilfsmotor** (FmH/KKR)[9] versteht man ein Krad, das neben
  - den techn. Werten eines KKR (50/45[8])
  - die wesentlichen Merkmale eines Fahrrades aufweist (z.B. Tretkurbeln) (vergl. Z 237, 250 StVO); – Mopeds –

Liegt bei einspurigen und einsitzigen KKR die bHG bei 25 km/h, so bezeichnet man dieses KKR als Mofa 25 (vergl. §§ 2 [4] StVO, 4ff FeV).

Adressat der einzelnen verkehrsrechtlichen Bestimmung ist der **Fahrzeugführer.**

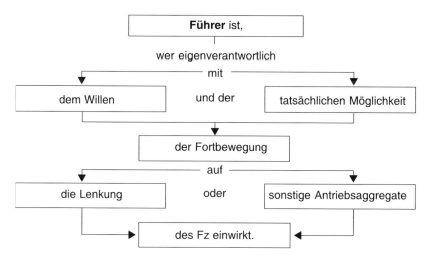

---

8   Bis Baujahr 2001 50 km/h bHG.

9   Der Begriff „FmH" wird in der FZV nicht mehr verwendet. Es handelt sich um KKR.

Eine Minimalbewegung des Fz ist für die Beurteilung des Führers erforderlich. Neben der Beachtung der Fahrregeln (StVO) hat der jeweils tatsächliche Führer gemäß § 23 StVO dafür zu sorgen, dass u.a.
- seine Sicht nach vorn, nach hinten oder zur Seite sowie das Gehör nicht durch mitfahrende Personen, durch die Ladung, Geräte oder den Zustand des Fz beeinträchtigt wird (z.b. Überbesetzung, Plaketten, vereiste Scheiben usw.)
- die vorgeschriebenen Beleuchtungseinrichtungen betriebsbereit sind sowie
- das Fz, der Zug etc. sich in einem vorschriftsmäßigen und verkehrssicheren Zustand befindet.

Der Zustand des Fz ist vorschriftsmäßig,[10] wenn er nach Bauart und Ausrüstung den Bestimmungen der §§ 30–67 StVZO genügt und durch den verkehrsüblichen Betrieb Schädigungen oder Belästigungen anderer ausgeschlossen sind.

Die Überprüfung der Verkehrs- und Betriebssicherheit des Fz hat nicht nur vor Inbetriebnahme, sondern auch während des Betriebs zu erfolgen, insbesondere bei Anzeichen, die auf einen Mangel hindeuten.[11] Auf allg. Versicherungen darf der Führer sich nicht verlassen; er **haftet** stets für Mängel, die er bei zumutbarer Sorgfalt hätte erkennen können. Im Einzelfall muss er die Fahrt verweigern.

§ 2 (3a) StVO verpflichtet zur Anpassung der Fz-Ausrüstung an die Wetterverhältnisse, , z.b. durch die Verwendung von Winterreifen.

Die Überwachungspflicht[12] wird durch die Grundsätze der Erforderlichkeit und Zumutbarkeit begrenzt, d.h. u.a.
- regelmäßige Wartung, auch außerhalb der anfallenden Reparaturarbeiten und
- keine selbständige Instandsetzung ohne entsprechende Fachkenntnisse.

Unter Berücksichtigung der bisherigen Rechtsprechung ergeben sich im Einzelfall folgende Führerpflichten:

– Zulassung/Prüfplakette/techn. Mängel

Der verkehrswidrige Zustand des Fz kann nur durch techn. Mängel hervorgerufen werden, allein das Fehlen der Zulassung oder Prüfplakette reicht nicht.

– Reifen

Nur der äußere Zustand ist zu prüfen. Ein Nachschneiden bis 2 mm (mit Ausnahme bei Pkw und Krädern) ist zulässig, jedoch ist die Betriebssicherheit besonders zu prüfen. Die **Mitführung** eines nicht verkehrssicheren Reservereifens ist zulässig, die **Benutzung** aber nur, um das Fz auf dem kürzesten Weg aus dem Verkehr zu ziehen (Reparaturwerkstatt).

Wie o.a. verpflichtet § 2 (3a) StVO zur Anpassung der Bereifung an die Witterungslage.

---

[10] BGH, VRS 8, 211; OLG Hamb., DAR 222; OLG D'dorf, VRS 67, 289, OLG Bamberg, zfs, 11, 232.

[11] BGH, VM 74, 53.

[12] BGH, VM 66, 33; OLG Nürnb., VM 61.

− Bremsanlage[13]

Vor Antritt der Fahrt ist durch Bremsproben festzustellen, ob jede Bremse − auch die des Anhängers − für sich allein voll wirksam ist. Während der Fahrt ist die Bremsanlage, insbesondere der Luftdruckmesser, stets zu beobachten.

− Beleuchtung[14]

Die Funktionstüchtigkeit ist vor Beginn der Fahrt zu überprüfen, die richtige Einstellung ist in regelmäßigen Abständen zu prüfen, soweit nicht Anhaltspunkte (z.b. Aufblenden durch den Gegenverkehr) eine falsche Einstellung vermuten lassen.

− Ladung/Besetzung

Hier greifen die §§ 21, 22 StVO und 34, 34a StVZO.

− Treibstoff[15]

Es ist genügend Treibstoff mitzuführen. Bei BAB-Benutzung ist zu prüfen, ob die nächste Tankstelle ohne die Gefahr des Liegenbleibens erreicht werden kann. Der Führer haftet für Auffahrunfälle, die durch ein Liegenbleiben infolge Treibstoffmangels entstehen.

− Herabgeschleudertes Eis[16]

Fahrzeugführer haben dafür Sorge zu tragen, dass durch die Einhaltung sämtlicher Betriebs-, Bau- und Ausrüstungsvorschriften keine Gefahr deshalb ausgeht, weil die konkrete Verkehrs- und Betriebssicherheit des Fahrzeugs durch sonstige fahrzeugbezogene Umstände erheblich beeinträchtigt ist. Von einer derartigen Beeinträchtigung ist auch auszugehen, wenn die Gefahrsteigerung darauf beruht, dass das Fz, der Zug oder das Gespann geführt wird, obwohl sich auf dem Dach oder der Dachplane des Fahrzeugs oder Anhängers witterungsbedingt größere Eisplatten oder Eisstücke bilden können, die im Fall der Ablösung zu massiven Gefährdungen Dritter führen können.

− Zug/Gespann[17]

Hierbei ist nur der äußere Zustand des Zuges und insbesondere der Kupplung zu prüfen. Spezialbestimmungen sind die §§ 63 ff. StVZO.

Treten **wesentliche Mängel**[18] auf, z.B. der Ausfall der gesamten Lichtanlage, des linken Scheinwerfers oder der Schlussbeleuchtung, so gebietet § 23 (2) StVO je nach Einzelfall entweder die unverzügliche Beseitigung des Mangels oder das Herausziehen des Fz aus dem Verkehr, wobei die Sicherung des Verkehrs stets vorrangig ist.

---

[13] BGH, VRS 17, 298; BGH, VRS 27, 348; OLG Frankfurt, VR 80, 196.

[14] OLG Köln, VRS 16, 468.

[15] OLG Karlsruhe, VRS 49, 264.

[16] OLG Bamberg, zfs, 11, 232.

[17] BGH, VRS 29, 26.

[18] BGH, VR 64, 621.

Eine **Ordnungswidrigkeit** (OWi) gemäß § 49 liegt nur bei Teilnahme am Straßenverkehr vor; gegenüber § 31 Abs. 1 StVZO geht § 23 vor, dem gegenüber jedoch einschlägige Spezialbestimmungen (z.B. §§ 36, 43, 49 ff. StVZO) wiederum vorrangig sind.

Neben dem Führer ist gemäß § 31 Abs. 2 StVZO der Halter für den verkehrssicheren Zustand des Fz verantwortlich. Bei **ausl. Fz(-führer)** greifen § 31d StVZO, § 20 (3) FZV neuerdings.

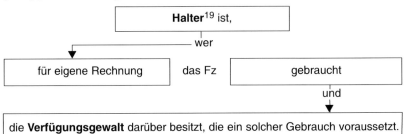

Treffen diese beiden Voraussetzungen bei keinem der am Betrieb des Kfz Beteiligten voll zu, so ist zu prüfen, auf wen sie im größten Umfang zutreffen. Niemals darf die Prüfung dazu führen, dass das Kfz keinen Halter hat.

So ist es denkbar, dass mehrere Halter für das Kfz verantwortlich sind, z.B.
– der Entleiher neben dem Eigentümer,
– die übrigen Familienmitglieder neben den Ehepartnern oder
– der Werkstattleiter neben dem Unternehmer.

Hierbei ist zu berücksichtigen, dass die Verantwortlichkeit nie völlig, d.h. also nur teilweise übertragen werden kann.[20] Hier wird stete Kontrolle gefordert.

Gemäß § 31 StVZO ist der Halter für die
– Geeignetheit von Führer und Fz,
– Vorschriftsmäßigkeit von Ladung und Besetzung sowie die
– Verkehrssicherheit des Fz
verantwortlich.

Diese Betriebsverantwortlichkeit trifft den Halter auch dann, wenn er nicht sachkundig ist. Bei Unvorschriftsmäßigkeit oder Betriebsunsicherheit darf er weder eine Inbetriebnahme selbst vornehmen noch anordnen oder zulassen.

Er genügt i.d.R. **seiner Überwachungspflicht** bei Durchführung der Inspektionen, wenn dazwischen eine Behebung der Mängel erfolgt, die die Verkehrssicherheit beeinträchtigen. Bei mangelnder eigener Sachkunde muss er geschultes Personal oder eine erprobte Werkstatt beauftragen. Hierbei haftet er nur, soweit er Mängel kennt oder arglos nicht kennt. Kann der Halter seiner Überwachungspflicht nicht nachkommen, so genügt es i.d.R., den Führer mit der Überwachung und sofortigen Mängelbeseitigung zu beauftragen.

---

[19] BGHZ 87, 133; 116, 200.

[20] BGH 2 VI 13, 351.

In Bezug auf die **Geeignetheit des Fahrzeugführers** kommt dem § 21 StVG besondere Bedeutung zu, wonach der **Halter sich strafbar macht**, wenn er zulässt oder anordnet, dass jemand sein Kfz im öVR führt, der nicht im Besitz einer gültigen Fahrerlaubnis etc. ist. Bei der Überprüfung muss der Halter einen strengen Maßstab anlegen,[21] i.d.R. ist hierbei die Vorlage eines Führerscheins zu fordern.

Für Schwarzfahrten haftet der Halter grundsätzlich nicht, es sei denn, es liegt ein schuldhaftes Ermöglichen vor.[22]

Ein **Zulassen** kann bereits durch schlüssiges Handeln vorliegen. So muss er zur Verhinderung von Schwarzfahrten die Fahrzeugschlüssel so sicher aufbewahren, dass sie nicht unzulässigen Personen zugänglich sind.

Zulassen erfordert hierbei ein „gewisses Wissen", also ein Mindestmaß an Einschätzbarkeit des Risikos einer missbräuchlichen Nutzung, so dass nicht Jedem gegenüber der Zugang zu den Schlüsseln zu verwehren ist.[23]

Neben der Verantwortung hinsichtlich der Einhaltung der IT-Bestimmungen obliegt dem Halter auch die Verpflichtung, die (z.B. körperliche) Eignung des Führers zu berücksichtigen; der Halter ist somit für die Gesamteignung des Führers verantwortlich.[24]

So wurde z.B. eine Chefin als Halterin wegen fahrlässiger Tötung verurteilt, weil sie durch ihre Fahranweisung an einen bereits erschöpften Fahrer die Gefahr eines schweren Unfalls „sehenden Auges" heraufbeschworen hatte.

Von besonderer Bedeutung für den Halter ist weiterhin die Einfügung des § 25a StVG, wonach er mit den **Verfahrenskosten** belastet werden kann, soweit wegen **eines Halt- oder Parkverstoßes** der hierfür verantwortliche Führer nicht oder nur mit einem unangemessenen Kostenaufwand ermittelt werden kann.[25]

Eigenhändige Halterpflichten sind die Beachtung der Haupt- und Abgasuntersuchungen i.S.d. §§ 29, 47a StVZO, d.h., diesbezügliche Vowi sind nur durch den Halter begehbar. Zu berücksichtigen ist hierbei auch die Möglichkeit einer Urkundenfälschung im Zusammenhang mit der Eintragung im Fz-Schein.

Zu beachten ist weiterhin, dass eine Vowi i.S.d. §§ 29, 47a StVZO (HU/AU) stets in Tatmehrheit zu sonstigen Vowi – wie z.B. Rotlichtfahren i.S.d. § 37 II StVO – steht.

---

[21] OLG Köln, NZV 91, 473.

[22] BGHZ 37, 311.

[23] OLG D'dorf, JZ 87, 316.

[24] BGH 4 StR 578, 85.

[25] Hier finden Überlegungen statt (Verkehrsgerichtstag '05) die Halterverantwortlichkeit auf Geschwindigkeitsverstöße auszudehnen. Die Einführung dürfte jedoch dem Grundsatz „Keine Strafe ohne Schuld" widersprechen (vergl. BT-Drucksache 16/7618).

1.3 Verkehrszeichen

Verkehrszeichen (VZ) sind Allgemeinverfügungen und unterliegen demnach der Verwaltungsgerichtsbarkeit. Sie dienen der Regelung einer konkreten Verkehrssituation an einer bestimmten Örtlichkeit oder dem Streckenabschnitt einer Straße.[26] Soweit ihnen Anordnungscharakter – eine „doppelte" Verbotsaufzählung gibt es nicht mehr in der StVO – zukommt, gehen sie den Allgemeinregeln vor (§ 39 [2] StVO); der Regelung durch Polizeibeamte (§ 36 [1] StVO) oder Lichtsignalanlage (LSA) (§ 37 [1] StVO) stehen sie jedoch nach.

Zusatzzeichen stellen ebenfalls gemäß § 39 (3) StVO Verkehrszeichen dar.

Man unterscheidet[27] neben den Zusatzzeichen

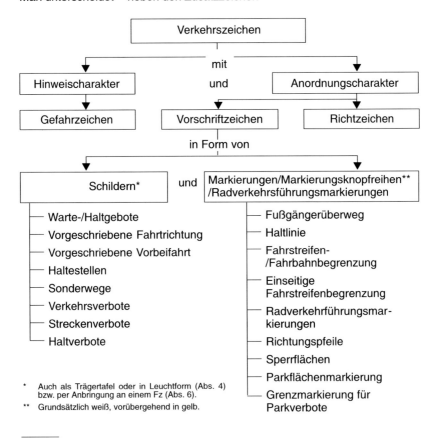

* Auch als Trägertafel oder in Leuchtform (Abs. 4) bzw. per Anbringung an einem Fz (Abs. 6).
** Grundsätzlich weiß, vorübergehend in gelb.

---

26 BVerG, NJW 80, 1640.

27 Vergl. PolFHa.

Zur **Aufstellung** von VZ sind
- das Straßenverkehrsamt (StVB),
- die Polizei (bei Gefahr im Verzuge),
- jedermann als Unternehmer (nach Genehmigung d. StVA)

berechtigt (vgl. §§ 44, 45, 33 StVO und § 132 StGB [Amtsanmaßung]).[28]

Die missbräuchliche Änderung bzw. deren Aufstellung durch Unbefugte stellen Amtsanmaßung i.S.d. § 132 StGB dar. Hierbei genügt der Anschein einer Amtshandlung.

Neben den in den §§ 39–43 StVO erfassten VZ kommen nur die vom BMV für die Aufstellung durch VkBl. zugelassenen Zeichen (Zusatzzeichen) in Betracht, wobei geringfügige Abweichungen in der Größe zulässig sind.

Die Aufstellung ist nach den Grundsätzen der Erforderlichkeit zu prüfen. Sie erfolgt grundsätzlich rechts, Wiederholungen links sind zulässig. Die Zeichen Einbahnstraße, Radweg und Haltverbot (Z 220, 237, 283 ff.) können links (allein) stehen.

VZ sind so aufzustellen und anzubringen, dass sie in ihrer Bedeutung
- zweifelsfrei
- bei durchschnittlicher Aufmerksamkeit
- durch einen beiläufigen Blick

deutlich erkennbar sind.[29] (Im Einzelnen vgl. §§ 39–43 StVO)

D.h., sie müssen inhaltlich klar und frei von Widersprüchen sein; bei Widersprüchlichkeit gilt das mildere Verbot. Eine unzweckmäßige oder irreführende Gestaltung von Verkehrszeichen kann sogar je nach Sachlage entweder das Verschulden eines Verkehrsteilnehmers, der den Sinn des Zeichens missversteht, mindern und ein Mitverschulden des für die Gestaltung Verantwortlichen begründen oder aber zur Folge haben, dass dem Verkehrsteilnehmer aus der Fehldeutung des Zeichens überhaupt kein Schuldvorwurf zu machen ist.[30]

Aus diesen Grundsätzen der Aufstellung ergibt sich auch, dass zur Vermeidung von Häufungen

- nicht mehr als 3 VZ zugleich
  (dann nur 1 Vorschriftzeichen für
  den fließenden Verkehr)

  oder

- nicht mehr als 2 Vorschriftzeichen
  für den fließenden Verkehr verwandt
  werden sollen.

Die **Geltung** von VZ ist uneingeschränkt, d.h., jeder Verkehrsteilnehmer hat alle VZ zu beachten, auch fehlerhafte. Unbeachtlich sind sie nur bei Nichtigkeit, also bei Aufstellung durch Unbefugte, offensichtlicher Willkür, Sinnwidrigkeit oder ob-

---

28 PVT 4/99, 115.

29 BGH, NZV 00, 412, NZV 60, 1456.

30 Thür. OLG, NZV 2011, 313.

jektiver Unklarheit. Dabei muss der Mangel schwerwiegend und so offensichtlich sein, dass die Fehlerhaftigkeit des Zeichens sich ohne weiteres aufdrängt.[31]

VZ gelten demzufolge:
- auch sonntags innerhalb einer Baustelle
- bei verdeckter Aufstellung (Sichtbeeinträchtigung durch Busch- oder Strauchwerk)

nicht aber
- bei Schneebefall, soweit das Zeichen nicht von eindeutiger Form ist, wie z.b. Z 206 (Stopp), 201 (Andreaskreuz), 205 (Vorfahrt gewähren) oder 220 (Einbahnstraße).

Im Rahmen der Feststellung einer OWi ist als normatives Tatbestandsmerkmal die Vorschriftsmäßigkeit der Aufstellung zu prüfen, wobei dem **Sichtbarkeitsgrundsatz** besondere Bedeutung zukommt. Hiernach müssen nur die VZ beachtet werden, die einem auf der Fahrt sichtbar (erkennbar) begegnen. Ein durch Baum- oder Buschbewuchs objektiv nicht mehr erkennbares Verkehrszeichen 274.1 entfaltet deshalb keine Rechtswirkung mehr.[32] So hat z.b. der Einbiegende bereits bestehende Verbote nicht zu beachten, soweit sie ihm auf seiner Fahrt nicht sichtbar begegneten, es sei denn, er kennt die Aufstellung des VZ. Ebenso unbeachtlich sind Phantasie-, unkenntlich gewordene oder durch haltende Fz verdeckte VZ; hier gilt aber erhöhte Sorgfaltspflicht. Ein vorübergehend angeordnetes Halteverbot gilt bei einem **Vorlauf der Bekanntgabe** von 48 Stunden auch für denjenigen, der sein Fz vor dieser Aufstellung parkt.

Ebenso beachtlich ist bei der o.a. Feststellung, inwieweit der **Geltungsbereich** des VZ berücksichtigt werden muss, insbesondere bei den Strecken- und Halteverboten.

Alle VZ gelten erst **ab ihrem Standort**; eine Vorverlegung des Geltungsbereichs ist unmöglich.[33]

Geschwindigkeitsbeschränkungen und Überholverbote (Streckenverbote) gelten im Einzelnen

- bis zur Aufhebung durch die Z 278–282,

- über eine durch Zusatzzeichen angegebene Kurzstrecke oder

- i.V.m. einem Gefahrzeichen bis zum erkennbaren Ende der örtlich begrenzten Gefahrenstelle, z.B. i.V.m. VZ 131 bis zur Lichtsignalanlage oder i.V.m. VZ 156, 151 bis zum Bahnübergang.

---

31 OLG D'dorf, VM 99, 42.

32 OLG Hamm, BeckRS 2010, 28577.

33 BGHSt 11, 7; OLG Hamm, VM 64, 94; OLG Köln, VRS 31, 305; BayObLG, VM 71, 23; OLG Stuttg., VRS 36, 134; OVG Münster v. 23.5.1995, 5 A 400/95, BayObLG, VM 76, 10.

Haltverbote gelten dagegen

– nur auf der Fahrbahnhälfte der Aufstellung,

– bis zur nächsten Kreuzung/Einmündung,

– bis zum VZ mit dem Zusatzschild „Ende" (Pfeilmarkierung im Zeichen).

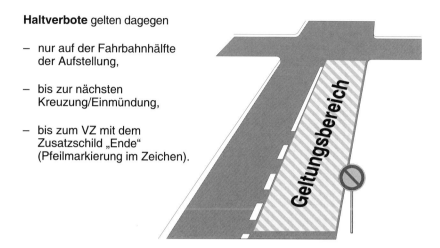

Unabhängig hiervon können **alle** VZ zeitlich begrenzt werden.

1.4 Polizeiliche Aufgaben und Maßnahmen

Weit über 50 % der polizeilichen Tätigkeit liegen auf dem Verkehrssektor. Die wesentlichen polizeilichen Aufgaben[34] sind dort die

– Verkehrsregelung und -lenkung,
– Verkehrsüberwachung,
– Unfallaufnahme und -auswertung sowie die
– Verfolgung von Verkehrsverstößen.

Die **Verkehrsüberwachung** erstreckt sich auf

– den **Verkehrsraum** hinsichtlich der örtlichen Gegebenheiten, Beschilderung, LSA, des Straßenzustands sowie vorhandener Straßenbaustellen;
– die **Verkehrsmittel** hinsichtlich der erforderlichen „Zulassung", Verkehrsausweise, des technischen Zustands, der Ausrüstung und der Ladung;
– den **Verkehrsteilnehmer (VT)** hinsichtlich seines normgerechten Verhaltens i.S.d. verkehrsrechtlichen Bestimmungen, seiner Eignung und seiner Ausweispflicht.

Neben der Unfallaufnahme als Verfolgung von Verkehrsverstößen obliegt der Polizei die Aufgabe der **Unfallauswertung** durch die Erstellung von

– Steckkarten zur Kenntlichmachung der örtlichen Unfallschwerpunkte und
– Unfalldiagrammen zur Früherkennung von Unfallursachen und deren Bekämpfung.

---

[34] 3E (Enforcement/Engineering/Education).

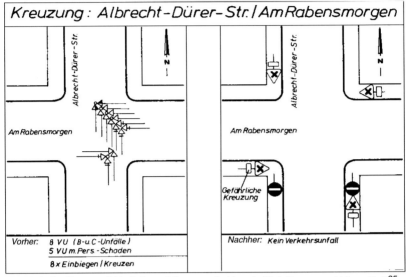

Durch Aufstellen von 6 Verkehrszeichen wurde hier ein Unfallbrennpunkt beseitigt.[35]

Den weitaus größten Raum im Bereich der polizeilichen Aufgaben auf dem Verkehrssektor nimmt die **Verfolgung von Verkehrsverstößen** ein. Sie erfolgt durch Streifen und Kontrollen allgemeiner und spezieller Art und ist übergreifend in den anderen Aufgabenbereichen zu berücksichtigen.

Die hierbei zu treffenden **Maßnahmen** sind weitgehend vom Deliktscharakter des Verstoßes abhängig.

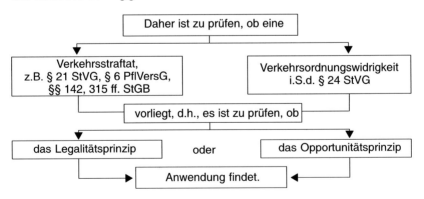

---

35 PVT 9/79, an der Systematik hat sich bis heute nichts geändert. Daher wurde auf ein zeitnäheres Diagramm verzichtet.

Der **Deliktscharakter**[36] der Handlung lässt sich an der letzten Bestimmung ablesen, und zwar an der dort vorgesehenen Folge, die gegen den Betroffenen zu verhängen ist. Sieht das Gesetz als Folge eine **Strafe** vor, so handelt es sich um eine Straftat; ist die Ahndung lediglich mit einer **Geldbuße** vorgesehen, liegt eine Ordnungswidrigkeit vor, wobei sich weitere begriffliche Unterscheidungen, wie z.B.

Straftat	Ordnungswidrigkeit
Tat	Handlung
Täter	Betroffener
schuldhaft	vorwerfbar
Strafe	Buße
Mittäter, Gehilfe	Teilnehmer
…	…

ergeben.

Da wir es im Verkehrsbereich i.d.R. nicht mit kriminellen Handlungsweisen zu tun haben, ist gemäß § 24 StVG eine

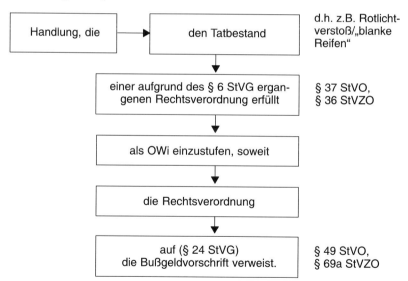

Handlung, die → den Tatbestand

d.h. z.B. Rotlichtverstoß/„blanke Reifen"

einer aufgrund des § 6 StVG ergangenen Rechtsverordnung erfüllt

§ 37 StVO, § 36 StVZO

als OWi einzustufen, soweit

die Rechtsverordnung

auf (§ 24 StVG) die Bußgeldvorschrift verweist.

§ 49 StVO, § 69a StVZO

---

[36] Vgl. §§ 11, 12 StGB und § 1 OWiG.

Beispiele:
- Das Nichtmitführen des Führerscheins verletzt den Tatbestand § 4 Abs. 2 FeV und stellt i.V.m § 75 Ziff. 4 FeV eine Vowi i.S.d. § 24 StVG (Bußgeldandrohung) dar, das Führen des Kfz ohne die erforderliche Fahrerlaubnis erfüllt dagegen den Straftatbestand des § 21 StVG (Strafandrohung, Vergehen)
- Das Führen eines Kfz unter Alkoholeinfluss stellt ab 0,5 (bis 1,1) ‰ eine Vowi i.S.d. § 24a StVG (Androhung einer Geldbuße) dar. Kommen jedoch Ausfallerscheinungen hinzu, wird das TBM der Fahruntüchtigkeit verletzt, und es liegt eine Straftat i.S.d. § 316 StGB (Strafandrohung, Vergehen) vor.

Beim Vorliegen einer **Straftat** werden die polizeilichen Maßnahmen durch das **Legalitätsprinzip** bestimmt, d.h., es sind alle Maßnahmen zur Erforschung der Tat und zur Vermeidung der Verdunkelung der Sache zu treffen (§ 163 StPO: z.B. §§ 81a, 94, 102 StPO).

Beim **Zusammentreffen** von Straftat und OWi (§§ 21, 42, 83 OWiG) tritt bei Tateinheit die OWi zurück, bei Tatmehrheit übernimmt die StA i.d.R. auch die Verfolgung der OWi.

Die Verfolgung (Ahndung) einer OWi wird wegen ihres Charakters als Verwaltungsunrecht vereinfacht durchgeführt.

Einerseits gelten zwar die Regeln der StPO sinngemäß und dem Betroffenen steht der Rechtsweg offen, andererseits ist die Polizei nicht nur Ermittlungs-, sondern auch Verfolgungs- und Ahndungsbehörde (§§ 35, 36, 46, 53, 57, 62 ff., 74 ff. OWiG).

Bei der Verfolgung von OWi herrscht das Opportunitätsprinzip, d.h., die Verfolgung und Erforschung erfolgt im Rahmen pflichtgemäßen Ermessens (§§ 47, 53 OWiG).

Die **Ahndung** richtet sich – wie im Strafverfahren – maßgeblich nach der Schwere und Vorwerfbarkeit der Tat; diese Vorwerfbarkeit, d.h., die Umstände des Einzelfalles sind durch den Polizeibeamten **stets besonders zu berücksichtigen**.

Sie erfolgt entweder
- durch einen **Bußgeldbescheid** (§§ 65 ff. OWiG) oder bei geringfügigen OWi durch
- eine **Verwarnung mit Verwarnungsgeld** (VG 5,– € bis 35,– €), wenn
- eine **Verwarnung ohne Verwarnungsgeld** unzureichend erscheint (§ 56 OWiG).

Da die Wirksamkeit einer Verwarnung die weitere Verfolgbarkeit der Handlung ausschließt (§ 56 [4] OWiG), sind bei Erteilung die entsprechenden **Formvorschriften** (Ausweispflicht, Belehrung, Zustimmung des Betroffenen, Zahlung) zu beachten (§§ 56, 57 OWiG).

Zur Vereinheitlichung des Verwaltungshandels hat der BMV für Regelfallbeispiele die BKatV und den Bundeseinheitlichen Tatbestandskatalog erlassen.

Immer häufiger werden „Verkehrssünden" (sprich Punkte) von Fremden übernommen. Hier gibt es bereits entspr. Angebote im Internet. Es handelt sich jedoch um den Straftatbestand der Mittelbaren Falschbeurkundung i.S.d. § 271 StGB.

Bei **Tateinheit** (§ 19 OWiG) werden alle Vowi mit Erheben des höchsten VG/Bußgeldes geahndet, bei **Tatmehrheit** (§ 20 OWiG) erfolgt eine gesonderte Verwarnung aller Verstöße, soweit kein grob verkehrswidriges Verhalten vorliegt.

In dem Bundeseinheitlichen Tatbestandskatalog und BKatV sind für OWi nach den §§ 24 und 24a StVG Regelsätze bestimmt, die von fahrlässiger Begehung und gewöhnlichen Tatumständen ausgehen (§ 26a StVG).

Neben weiteren polizeilichen Maßnahmen besteht im Einzelfall die Möglichkeit, den Betroffenen der SVB zur Ladung zum Verkehrsunterricht vorzuschlagen. Die Missachtung einer derartigen Ladung stellt eine VOWi dar und wird mit einem Bußgeld geahndet (§ 48 StVO).

In aller Regel werden VOWi auf frischer Tat festgestellt und mit einem VG/Bußgeld geahndet, so dass die **Verjährungsfristen** ohne Bedeutung sind. Soweit jedoch eine weitere Erforschung erfolgt, sind die Verjährungsfristen zu beachten.

Diese hängen – wie bei den Straftaten – von der Höhe der vorgesehenen Folge ab, d.h. bei einer OWi vom Höchstmaß der angedrohten Geldbuße. Im Einzelnen ergeben sich aus §§ 31–33 OWiG, § 26 (3) StVG folgende

Fristen	bei einer angedrohten Geldbuße	
3 Jahre	über	15 000 €
2 Jahre	über	2 500 €
1 Jahr	über	1 000 €
6 Monate	bis	1 000 €
aber gemäß § 26 (3) StVG		
3 Monate	**bei allen VOWi i.S.d. § 24 StVG,**	

solange wegen der Handlung weder ein Bußgeldbescheid ergangen noch öffentlichen Klage erhoben ist, danach 6 Monate.

Im Zusammenhang ergibt sich vor jeder polizeilichen Maßnahme folgender **Überprüfungsablauf:**

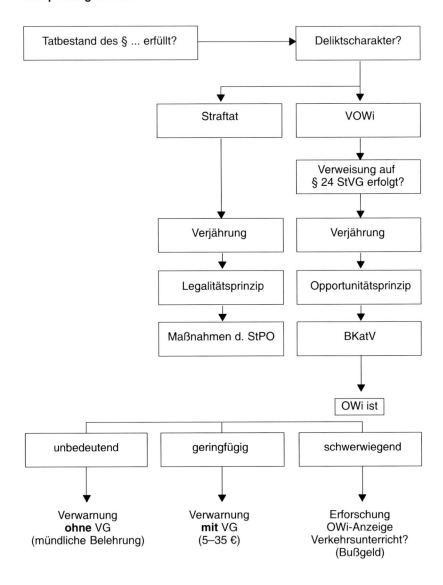

Der gesamte Ablauf des OWi-Verfahrens wird durch folgende Übersicht[37] verdeutlicht (§§... OWiG, soweit nicht anders bestimmt):

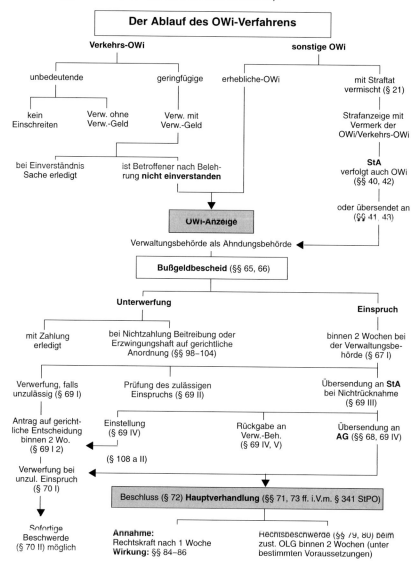

1.5 Übungen

Übungen zu 1.1 / 1.2

Lösungen

Die StVO gilt nur im öffentlichen Verkehrsraum (öVR). Hierunter versteht man alle Wege, Plätze, Flächen, die

–   jedermann

–   aufgrund einer wegerechtl. Widmung

oder ohne Rücksicht auf die Eigentumsverhältnisse

–   mit stillschweigender Duldung

zur Nutzung offen stehen.

Der tatsächliche Öffentlichkeitscharakter kann nur durch … …, die die tatsächliche Nutzung erschweren oder unmöglich machen, ausgeschlossen werden. → unmissverständliche Hindernisse

Der überwiegende Teil der StVO richtet sich nicht an jedermann, sondern enthält Spezialbestimmungen für bestimmte Adressatengruppen, wobei der Fahrverkehr von besonderer Bedeutung ist.

Unter einem Fahrzeug (Fz) versteht man jedes … zu Lande, das nicht zu den besonderen i.S.d. … gehört. → Fortbewegungsmittel
§ 24 StVO

Ein Kraftfahrzeug (Kfz) ist ein durch … bewegtes Landfahrzeug, das nicht an … gebunden ist. → Maschinenkraft

Gleise

Die Kfz-Art ergibt sich aus dem/r …. → Fz-Brief (Schein)/Zulassungsbescheinigung Teil I, II/Betriebserlaubnis

Für die Einhaltung der Fahrregeln ist der Fz-Führer verantwortlich, d.h. jeder, der mit dem Willen und der tatsächlichen Möglichkeit der …
auf die …
oder sonstige … einwirkt. → Fortbewegung
Lenkung
Antriebsaggregate

Neben dem Fz-Führer ist auch der … für einen …
und … Zustand des Fz verantwortlich. → Halter
verkehrssicheren
vorschriftsmäßigen

Halter ist, wer … das Fz gebraucht und die … darüber besitzt, die ein solcher Gebrauch voraussetzt. → für eigene Rechnung
Verfügungsgewalt

Übungsfälle

1. Liegt in folgenden Fällen öffentlicher Verkehrsraum vor?

1.1 Auf einer abgesperrten Straßenbaustelle stößt –A– mit seinem Lkw beim Rangieren gegen ein fremdes Fz.

Es liegt kein öVR vor, da hier die Absperrmaßnahmen als unmissverständliche Ausschlusshindernisse anzusehen sind (VwV zu § 1).

1.2 –B– benutzt als Spaziergänger einen Waldweg, der durch VZ 250 mit dem Zusatzzeichen „Privatweg" gesperrt ist.

Der Waldweg ist öVR. Das VZ – auch mit Zusatz – ist keine geeignete Ausschlussmaßnahme.

2. Werden in folgenden Fällen Führer- oder Halterpflichten verletzt?

2.1 –A– leiht sich von –B– dessen Kfz Die Bereifung weist nicht die erforderliche Profiltiefe auf.

–A– ist Führer, –B– Halter. Beide sind verpflichtet, für einen verkehrssicheren und vorschriftsmäßigen Zustand des Fz zu sorgen.

Als verletzte Bestimmung ist § 36 StVZO als Spezialbestimmung zu beachten. Bei ausl. EU-Kfz greift § 31d StVZO.

2.2 Während eines Geschäftsbummels lässt –C– in seinem Pkw den Schlüssel stecken. Dies nutzt der 16 jährige Beifahrer –D– zu einer Spazierfahrt.

–C– ist Halter und Führer, –D– nur Führer. Neben § 14 Abs. 2 StVO verstößt –C– als Halter in Tateinheit auch gegen § 21 StVG. Gegen diese Bestimmung verstößt ebenfalls –D– als Führer.

Übungen zu 1.3

Neben der Grundregel und den Spezialbestimmungen sind insbesondere die Verkehrszeichen (VZ) für die Sicherheit und Leichtigkeit des Verkehrs von Bedeutung. Sie gehen den ... vor.

VZ sind ...
und unterliegen der ....

Allgemeinregeln
Allgemeinverfügungen
Verwaltungsgerichtsbarkeit

Man unterscheidet neben den Zusatzzeichen zwischen

–

–

–

Gefahrzeichen
Vorschriftzeichen und
Richtzeichen

wobei Anordnungscharakter lediglich den ... und einem Teil der ... zukommt.

Vorschriftzeichen
Richtzeichen

VZ sollen so aufgestellt sein, dass sie vom Verkehrsteilnehmer (VT)

39

durch einen beiläufigen Blick

—

bei durchschnittlicher Aufmerksamkeit

deutlich erkennbar sind. Demzufolge sollten nicht mehr als ... Vorschriftzeichen und nicht mehr als ... Zeichen insgesamt zusammen aufgestellt werden.

2
3

Der VT hat nur die VZ zu beachten, die ihm während seiner Fahrt ... begegnen (Sichtbarkeitsgrundsatz).

in Gestalt sichtbarer VZ

Alle VZ können durch Zusatzzeichen zeitlich oder auf bestimmte VT-Gruppen beschränkt werden.

Der örtliche Geltungsbereich von Strecken- und Haltverboten wird gesondert geregelt.

Geschwindigkeitsbeschränkungen und Überholverbote (Streckenverbote) gelten

—

bis zur Aufhebung durch VZ

—

über eine angegebene Kurzstrecke

—

bei Aufstellung i.V.m. Gefahrzeichen bis zum erkennbaren Ende der Gefahrenstelle

Halteverbote gelten auf der jeweiligen Fahrbahnhälfte bis

—

zur nächsten Kreuzung/Einmündung;

—

zum Halteverbotszeichen „Ende" (Pfeilmarkierung).

und bei vorübergehender Aufstellung bei einem Aufstellungsvorlauf von ...

48 Stunden

Übungsfälle:

1. Wird in folgenden Fällen gegen aufgestellte VZ verstoßen?

1.1 Pkw-Fahrer –A– überholt.

Nein, es sind nur die VZ zu beachten, die den VT in sichtbarer Form auf seiner Fahrt begegnen (Sichtbarkeitsgrundsatz).

Bericht an SVB

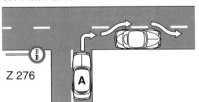

Z 276

1.2 Pkw-Fahrer –B– parkt linksseitig, da rechts VZ 283 aufgestellt ist.

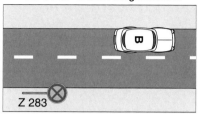

Nein, Z 283 gilt (wie alle Haltverbote) nur auf der Fahrbahnhälfte, auf der es aufgestellt ist.

–B– verstößt jedoch gegen § 12 (4) StVO, wonach in Fahrtrichtung rechts zu parken ist.

1.3 Krad-Fahrer –C– überholt im Bereich des VZ 277 einen vorausfahrenden LKW (11 t zGM)

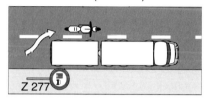

Nein, da –C– nicht zur Adressatengruppe Kfz > 3,5 t zGM/ZM/außer: Pkw u. Kom des Z 277 gehört.

Übungen zu 1.4:

Die wesentlichen polizeilichen Aufgaben auf dem Verkehrssektor sind

–

–

–

–

Verkehrsregelung/-lenkung

Verkehrsüberwachung

Unfallaufnahme/-auswertung

Verfolgung von Verkehrsverstößen

Die Verkehrsüberwachung erstreckt sich auf den ...,
die ...
und den ....

Verkehrsraum
Verkehrsmittel
Verkehrsteilnehmer

Die Verfolgung von Verkehrsverstößen ist abhängig vom Deliktscharakter der Handlung, der wiederum durch die hierfür angedrohten Folgen bestimmt wird. Hiernach unterscheidet man bei angedrohter(m) Strafe oder Bußgeld zwischen ...
und ...

Straftat
Ordnungswidrigkeit

Eine ... i.S.d. § 24 StVG liegt vor, soweit der Tatbestand einer aufgrund des § 6 StVG ergangenen Rechtsverordnung (z.B. ...) erfüllt ist und in dieser VO auf ...

Verkehrsordnungswidrigkeit (VOWi)

StVO/StVZO/FeV/FZV
die Bußgeldvorschrift verwiesen wird.

Für die StVO ist diese Verweisung in § ... enthalten. Soweit sie im Einzelfall fehlt (z.B. ...), liegt keine VOWi vor.	49 §§ 1 (1), 11 (3), 34 (1, 3, 4, 6a)
Bei Tateinheit zwischen Straftat und OWi findet lediglich ... Anwendung.	die Strafbestimmung
OWi verjähren unterschiedlich, je nach .... Zuwiderhandlungen, z.B. gegen die StVO und StVZO verjähren jedoch stets nach ..., da es sich um VOWi i.S.d. § 24 StVG handelt.	Höhe der angedrohten Höchstgeld-buße 3 Monaten (§ 26 StVG)
Die Verfolgung von OWi erfolgt nach dem ..., d.h., die Verfolgung geschieht im Rahmen des ...	Opportunitätsprinzip pflichtgemäßen Ermessens
Als Ahndungsmaßnahmen kommen bei	
– unbedeutenden OWi ...	Verwarnungen ohne Verwarngeld
– geringfügigen OWi ...	Verwarnungen mit Verwarngeld
und im Übrigen ...	Bußgeldbescheide
in Betracht.	
Im Rahmen verwaltungsrechtlicher Selbstbindung ist die Polizei an den/die ... gebunden.	Bundeseinheitlicher Tatbestandskata-log, BKatV
Ist die OWi dort nicht aufgeführt oder handelt es sich um einen Regelfall der BKatV, so ist als Maßnahme die ... vor-geschrieben.	Fertigung einer OWi-Anzeige
Gegen diese Maßnahmen steht dem Betroffenen der ... offen.	Rechtsweg
Die Ahndung einer geringfügigen OWi mit einem ... ist nur rechtmäßig nach	VG
–	Belehrung des Betroffenen über sein Weigerungsrecht
und	
–	seiner Zustimmung zur fristgerechten Zahlung
Der Polizeibeamte muss sich hierbei ausweisen oder durch seine Uniform als Polizeibeamter erkennbar sein. Nach Eintritt der Wirksamkeit eines VG ist eine ... ausgeschlossen.	weitere Verfolgung

Übungsfälle

Welcher Deliktscharakter liegt in folgenden Fällen vor und welche Maßnahme treffen Sie?

1 –A– führt einen Pkw, obwohl ihm von der Verwaltungsbehörde ein Fahrverbot erteilt wurde.

Die Handlung ist gemäß § 21 StVG mit Strafe bedroht, somit liegt eine Straftat vor. Unterbindung der Weiterfahrt, Fertigung einer Strafanzeige, Weiterleitung an StA.

2 –B– führt einen Pkw, ohne seinen Führerschein der Kl. B/3 mitzuführen.

OWi gemäß §§ 4, 75 FeV, da § 24 StVG Geldbuße androht, Überprüfung beim StVA (FE) – VG.

3 –C– überholt, obwohl Z 276 ihm dies untersagt.

OWi gemäß §§ 41 (1), 49 StVO, da § 24 StVG Geldbuße androht – OWi-Anzeige.

4 –D– missachtet Z 267 und kann bei der Überprüfung den Fahrzeugschein nicht vorweisen.

OWi gemäß §§ 41, 49 StVO, §§ 11 (5), 48 I ZV, da § 24 StVG Geldbuße androht. Tateinheit – Verfolgung aller Vowi über VG/Bußgeld, der schwersten OWi – VG.

5 –E– missachtet Z 253, biegt später ohne Blinkzeichen nach links ab und fährt im späteren Verlauf mit um 10 km/h überhöhter Geschwindigkeit (i.g.O.).

OWi gemäß §§ 3 (3), 9 (1), 41 (1), 49 StVO, da § 24 StVG Geldbuße androht. Soweit kein einheitlicher Tatwille (Fahrtziel) vorliegt, ist Tatmehrheit gegeben. Insgesamt dürften die Hdlg. noch als geringfügig anzusehen sein, so dass jede OWi getrennt jeweils mit einem VG geahndet werden kann.

6 –F– führt einen Pkw unter Alkoholeinwirkung. Im Verlauf der Fahrt missachtet er das Rotlicht einer LSA. Die BAK beträgt 1,4 ‰.

Straftat gemäß § 316 StGB, OWi gemäß § 37 StVO in Tateinheit zu § 316 begangen; somit gilt die Bestimmung des StGB (§ 21 OWiG). Blutprobe, FS-Beschlagnahme, Strafanzeige, Weiterl. an StA.

7 Der Vorrangberechtigte –G– verzichtet nicht gemäß § 11 (3) StVO auf seinen Vorrang.

Keine OWi, da die in § 24 StVG geforderte Verweisung in der StVO (§ 49) fehlt.

8 Nach 4 Monaten zeigt Ihnen ein Bürger eine durch –H– begangene Gefährdung i.S.d. § 1 (2) StVO an.

OWi gemäß §§ 1 (2), 49 StVO, da § 24 StVG Geldbuße androht. Gemäß § 26 StVG verjähren VOWi nach 3 Monaten, so dass eine Ahndung nicht mehr möglich ist.

2 Grundregeln

Behandelte Rechtsvorschriften:

StVO: §§ 1, 11, 23
StVZO: § 30
StVG: §§ 1, 2
FeV: §§ 1, 2, 3
FZV: §§ 1,3 ff

2.1 Paragraf 1

Jedermann ist zur Teilnahme am Straßenverkehr berechtigt.

Um aber ein gedeihliches Nebeneinander im Verkehr zu gewährleisten, wurden in der StVO notwendige Verhaltensregeln gegeben, wobei – auch aus Gründen der Vereinfachung – eine allgemein gehaltene Grundverhaltensnorm nicht fehlen durfte.

Diese Grundregel ist in § 1 StVO enthalten.

Weitere Grundregeln befinden sich in § 3 ff FZV und § 1 FeV.

Die Forderung nach gegenseitiger Rücksicht aus Abs. 1 wird nochmals in § 11 (3) spezifiziert als Vorrangverzicht wiederholt. Beide Bestimmungen sind jedoch nicht bußgeldbewehrt, so dass als Grundregel nur § 1 Abs. 2 von polizeilicher Bedeutung ist.

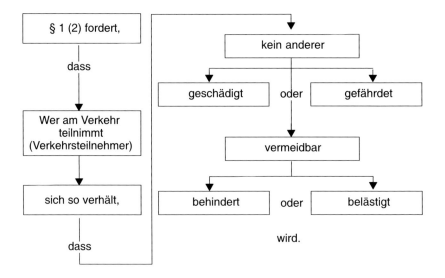

Unter **Verkehrsteilnehmer** (VT)[1] ist jeder zu verstehen, der
- körperlich und unmittelbar
- auf den Ablauf eines Verkehrsvorgangs

einwirkt.

Ohne Bedeutung ist dabei, ob
- sich die Person im öffentlichen Verkehrsraum (öVR) befindet oder nicht oder
- er durch die Anwesenheit seiner Person oder seines Fahrzeugs auf einen (unbestimmten) Verkehrsvorgang einwirkt.

Somit sind z.B. als VT einzustufen[2]
- Personen, die sich im öVR befinden,
- Einweiser,
- Polizeibeamte,
- Absteller von Mülltonnen,
- Parker, aber auch
- der Baggerführer, soweit sich die Schwenkung des Baggers auf den öVR auswirkt.

Der **Mitfahrer** ist jedoch nur dann VT, wenn er auf das Verhalten des Fahrers einwirkt, indem er
- einen Verkehrsvorgang mitbeobachtet,
- den Fahrer behindert, ablenkt,
- ins Lenkrad greift[3] oder
- als Soziusfahrer auf dem Krad mitfährt.

Der ausschließlich zwecks Beförderung mitfahrende Fahrgast ebenso wie der bloße Mitfahrer[4] dagegen ist kein VT.

Anderer ist jede fremde Person, gleichgültig, ob selbst Verkehrsteilnehmer oder nicht, also auch der Mitfahrer, Fahrgast, der Anwohner, nicht jedoch der Halter des geführten Fz.

§ 1 (2) umfasst den Grundsatz der doppelten Sicherung, d.h., § 1 (2) umschreibt keine einzelnen Verhaltensweisen, sondern verbietet **jedes Verhalten**, das zu einer der verpönten Folgen führt, gleichgültig, ob der VT nach einer anderen Bestimmung der StVO bevorrechtigt ist oder nicht.

Damit sich dieser Grundsatz der doppelten Sicherung jedoch nicht lähmend auf den Verkehrsfluss auswirkt, hat der VT ein dem § 1 (2) entsprechendes Verhalten nur dann zu zeigen, wenn er das fehlerhafte Verhalten des anderen VT erkennt bzw. hätte erkennen können.

---

[1] BGHSt 14, 24.

[2] VG, NJW 65, 2310; OLG Hamburg, VRS 23, 139; BayObLG 62, 142.

[3] OLG Köln, VM 71, 15.

[4] OLG Hamm, VM 60, 59.

Man unterscheidet zwischen **Vertrauensgrundsatz** und **Sorgfaltspflicht**.

Aufgrund des **Vertrauensgrundsatzes** darf grundsätzlich jeder VT vom normgerechten Verhalten anderer VT ausgehen, es sei denn, bestimmte Umstände des Einzelfalles oder Erfahrungsgrundsätze lassen vermuten, dass der andere VT dieses (erhoffte) normgerechte Verhalten nicht zeigen wird.

Beispiele:

So gilt in folgenden Fällen nicht der Vertrauensgrundsatz, sondern die Sorgfaltspflicht:

– Gegenüber so genannten verkehrsuntüchtigen Personen, wie Kinder, ältere oder hilfsbedürftige Menschen, Betrunkene,[5]

– bei eigenem bzw. fremdem Fehlverhalten,[6]

– bei Großraumfahrzeugen.

– Im Bereich von „besonderen" Verkehrsflächen, wo aufgrund der Örtlichkeit oder des Auftretens bestimmter Verkehrsgruppen nicht mit verkehrsgerechtem Verhalten anderer VT gerechnet werden kann, z.B. an

– Haltestellen (vergl. § 20 StVO),

– „abknickenden" Kreuzungen/Einmündungen,

– Kindergärten und -spielplätzen oder Schulen,

– bei Unübersichtlichkeit, z.B. durch Nebel.

§ 1 (2) StVO wird als **konkretes Erfolgsdelikt** bezeichnet, d.h., eine der verpönten (Er-)Folge(n) muss in **kausaler Folge** eintreten. Bei der Beurteilung der Tatbestandsmäßigkeit ist es ohne Bedeutung, ob der Erfolg durch Tun oder Unterlassen herbeigeführt wird.

Trotz fehlenden Erfolges liegen jedoch häufig Verstöße gegen Spezialbestimmungen der StVO vor (z.B. §§ 5 [2], 7 [5], 9 [5], 10, 14, 20 [1], 22 [1], 30 [2], 32 [1], 33 [1] StVO).

So verstößt derjenige, der vor einer unübersichtlichen Kurve überholt, gegen § 5 (2) StVO, da er die **Möglichkeit** einer Behinderung des Gegenverkehrs nicht ausgeschlossen hat.

Gegen § 1 (2) StVO liegt jedoch erst dann (neben § 5 [2]) ein Verstoß vor, wenn **tatsächlich** Gegenverkehr in Mitleidenschaft (Gefährdung …) gezogen wird.

Als **Folge** kennt § 1 (2) StVO neben Schädigung, Gefährdung die vermeidbare Behinderung und Belästigung.

Unter **Schädigung**[7] versteht man die Zufügung eines wirtschaftlichen, d.h. vermögensrechtlich messbaren Nachteils in Form eines Körper- oder Sachschadens (vgl. 222, 230, 303 ff. StGB).

Das geführte Fz kommt insoweit nicht in Betracht.[8]

---

5   BGH, NZV 94, 149.

6   OLG Celle, DAR 52, 128; BGH, VRS 17, 233; OLG Nürnberg, VR 92, 1533.

7   OLG Hamburg, VRS 29, 273.

8   BGH, NZV 92, 148.

Keine Schäden in diesem Sinne sind wirtschaftlich unbedeutende Beschädigungen, z.B.
- das Abreißen der Baumrinde,
- das geringfügige Umbiegen eines Verkehrszeichens, einer Leitplanke oder
- leicht zu entfernende Beschmutzung der Kleidung.

Eine Schädigung i.S.d. § 1 (2) StVO ist stets als **Verkehrsunfall** einzustufen (vgl. § 34 StVO, § 142 StGB).

Als **Gefährdung**[9] ist jeder Zustand zu bezeichnen, bei dem die Sicherheit
- einer bestimmten Person[10] so stark beeinträchtigt ist, dass es
- vom Zufall abhängt, ob das Rechtsgut verletzt wird oder nicht.

So liegt beispielhaft eine Gefährdung vor, wenn
- Der Fußgänger noch rechtzeitig vom Fußgängerüberweg zurückspringt (= situationsgerechtes Verhalten).
- Bei zu hoher Geschwindigkeit das Fz gerade noch abgefangen werden kann (= unbewusst richtiges Verhalten).

Keine Gefährdung ist jedoch gegeben, soweit der Gefährdete, z.B. der Vorfahrtberechtigte das Fehlverhalten **rechtzeitig** erkennt und bremst.

Unter **Behinderung**[11] versteht man jede Beeinträchtigung der zulässigen Verkehrsteilnahme, gleichgültig, ob die Verkehrsteilnahme gänzlich vereitelt, erschwert oder nur geringfügig gestört wird.

Geringfügige Ausweichmanöver oder ein kurzzeitiges Anhalten müssen jedoch als unwesentliche Behinderung von jedem VT hingenommen werden.

Eigenes korrektes Verhalten stellt keine Behinderung gegenüber anderen dar, wie z.B. agO mit der zHG von 100 km/h fahren, so dass andere „Überholwillige" daran gehindert werden.

Beispiele für eine Behinderung sind
- Unbegründetes Langsamfahren, soweit kein risikoloses Überholen (des Langsamfahrenden) möglich ist,[12]
- Disziplinierungsmaßnahmen wie
  - Fahrstreifenwechsel,[13]
  - Ausbremsen,[14]
- das missbräuchliche Bedienen einer LSA.[15]

---

[9]   BayObLG, NJW 88, 273.

[10]   „Anderer" erfasst keine Sachen. A.M. Hentschel e.a., § 1 Rn 38 m.H. auf BGHSt 12, 282 u. 22, 368, soweit Sache verkehrsbezogen.

[11]   BGH, NJW 87, 913; BayObLG, VRS 71, 299.

[12]   OLG Frankfurt, DAR 69, 52.

[13]   OLG Schleswig, VM 77, 61.

[14]   OLG Düsseldorf, VRS 36, 126; OLG Celle, VRS 36, 307.

[15]   VG, VRS 47, 317.

Im Einzelfall ist die Motivation des Verursachers zu prüfen und § 240 StGB (Nötigung) gegeben, z.B. bei Blockier- oder Disziplinierungsverhalten.

Belästigung[16] ist die Verursachung körperlichen oder seelischen Unbehagens. Die im Verkehr unvermeidlichen alltäglichen, geringen Belästigungen fallen nicht unter § 1 StVO. Voraussetzung ist, dass die Beeinträchtigung nach Art und Maß das Verkehrsbedürfnis übersteigt und dass sie nach allgemeiner Anschauung **konkret als störend** empfunden wird.

So sind beispielhaft,

– das Kurvenfahren mit quietschenden Reifen,[17]

– das lärmende Befahren (fehlerhafte Beladung) eines Wohngebietes,[18]

– das Fahren mit falscher Motoreinstellung und erheblicher Abgasentwicklung,[19]

– unnötiges Beschmutzen der Frontscheibe (überholen),

als **Belästigung** einzustufen.

Die Folge der Behinderung und Belästigung wird durch § 1 (2) StVO nur dann erfasst, wenn sie **vermeidbar** war.

Der Eintritt einer Folge ist **vermeidbar**, wenn dem Betroffenen (Verursacher) ein anderes Verhalten möglich, d.h. zumutbar ist. Eine Überempfindlichkeit des Einzelnen ist hierbei ohne Bedeutung.[20]

Dies bedeutet, einzelfallbezogen ist zu prüfen, ob

– individuelle Interessen das Verhalten rechtfertigen oder

– bereits ein Ver-/Gebot anderes Verhalten fordert.

Durch die Relativierung der beiden Folgen wird auch berücksichtigt, dass es Situationen gibt, in denen eine Behinderung bzw. Belästigung unumgänglich ist. Die Vermeidbarkeit wird in den übrigen Spezialbestimmungen nicht mehr besonders angesprochen.

Darüber hinaus verbieten einige Spezialbestimmungen ein Verhalten, das bereits die **Möglichkeit** einer Behinderung beinhaltet (z.B. §§ 5 [2], 7 [5], 9 [5], 10 StVO).

---

[16] Hentschel e.a., Rn 42; OLG Hamm, GA 62, 155.

[17] OLG Düsseldorf, VM 68, 44.

[18] OLG Düsseldorf, VM 62, 11.

[19] OLG Düsseldorf, VM 66, 46.

[20] OLG Düsseldorf, VerkMitt 67, 83; OLG Düsseldorf, VerkMitt 68, 83.

Von besonderer Bedeutung im Zusammenhang mit vermeidbaren Belästigungen stellt sich das fehlende Abschalten des Motors[21] immer wieder dar. Während dies beim Ziehen eines Päckchens Zigaretten zulässig ist, stellt das

- Warmlaufenlassen,
- längeres Laufenlassen (z.B. 10 Min.) oder allgemein
- Treckergeräusche beim Abladen

regelmäßig eine vermeidbare Belästigung dar.

§ 1 (2) StVO stellt als **Grundregel** einen **Auffangtatbestand** dar, da eine **spezialgesetzliche Regelung** aller verkehrsrechtlich denkbaren Situationen nicht vorstellbar und wegen der notwendigen **Allgemeinverständlichkeit** nicht empfehlenswert ist.

In den Fällen, in denen eine spezialgesetzliche Regelung in der StVO vorhanden ist, ist die **Konkurrenz** dieser Bestimmungen zu prüfen (vergl. BKatV).

Zunächst tritt § 1 (2) StVO als Generalbestimmung stets hinter bestehende Spezialbestimmungen der StVO zurück, wie z.B.:

- § 3 (2), (2a)
- § 5 (4)
- § 8 (2)
- § 9 (1, 5) StVO

Stellt die Spezialbestimmung nicht auf eine Folge ab, tritt diese jedoch ein, ist § 1 (2) neben der Spezialbestimmung verletzt, z.B.:

- § 2 (1, 3)
- § 4
- § 5 (2)
- § 6

Tritt eine Folge ein, die über die in der Spezialvorschrift geforderte Folge hinausgeht, so ist neben der Spezialvorschrift auch § 1 (2) StVO verletzt, z.B.

- § 3 (2) – Behinderung; § 1 (2) – bei eingetretener Gefährdung, Schädigung
- § 8 (2) – Gefährdung; § 1 (2) – bei eingetretener Schädigung

Wird in der Spezialvorschrift nur die Gefährdung untersagt, so ist die Frage, ob § 1 (2) StVO bei einer eingetretenen Behinderung verletzt ist, unterschiedlich zu beantworten.

Bei §§ 3 (2a), 7 (5), 9 (5) und 10 StVO ist die (nicht unwesentliche) Behinderung gemäß § 1 (2) StVO verfolgbar.

Bei § 8 StVO ist bei Inanspruchnahme der Vorfahrt die Behinderung des übrigen Verkehrs hinzunehmen. § 1 (2) StVO ist nicht verletzt.

---

[21] OLG Hamm, VRS 21, 55; OLG Köln, VRS 21, 281; OLG Düsseldorf, VerkMitt 66, 46; OLG Celle, DAR 59, 50; OLG Oldenb., VerkMitt 58, 16.

Bis § 10 StVO ergibt sich hieraus folgende Konkurrenzübersicht im Grundsatz:

Verhalten	Verletzte Bestimmung bei			
	Behinderung	Gefährdung	Schädigung	Bemerkungen
§ 2 bei Eintritt einer …	§ 1	§ 1	§ 1	
(3 a) bei Eintritt einer …		§ 2 (3 a)	§ 1	
(4) Radfahrer	§ 2	§ 1	§ 1	
§ 3 Abs. 1 u. 3 bei Eintritt einer …	§ 1	§ 1	§ 1	
Abs. 2	§ 3 (2)	§ 1	§ 1	
2 a		§ 3 (2 a)	§ 1	
§ 4 bei Eintritt einer …	§ 1	§ 1	§ 1	
§ 5 Abs. 2 Abs. 3 Abs. 4 S. 1 Abs. 4 S. 4 Abs. 6	§ 5 (2) § 1 (2) § 5 (4) § 1 (2)	§ 1 (2) § 1 (2) § 5 (4) § 1 (2) § 1 (2)	§ 1 (2) § 1 (2) § 1 § 1 (2) § 1 (2)	
§ 6 bei Eintritt einer …	§ 1 (2)	§ 1 (2)	§ 1 (2)	
§ 7 Abs. 1–4 bei Eintritt einer …	§ 1 (2)	§ 1 (2)	§ 1 (2)	ebenso § 7a
Abs. 5		§ 7 (5)	§ 1 (2)	
§ 8 bei Eintritt einer …	nur wesent- liche § 8 (2)	§ 8 (2)	§ 1 (2)	
§ 9 Abs. 1, 2, 3, 4	§ 1 (2)	§ 1 (2)	§ 1 (2)	
bei Eintritt außer Schienen-Fz (Abs. 1)	§ 9 (1) § 36 (2) § 37 (2)	§ 1 (2)	§ 1 (2)	
Abs. 5		§ 9 (5)	§ 1 (2)	
§ 10 bei Eintritt einer …		§ 10	§ 1 (2)	

2.2 Übungen

Übungen zu 2.2	Lösungen
Die StVO gilt nur im öVR, d.h., auf allen Wegen und Plätzen, die jedermann aufgrund …	einer wegerechtlichen Widmung ohne Rücksicht auf die Eigentumsverhältnisse
oder …	mit stillschweigender Duldung
zur Nutzung offen stehen.	
§ 1 wird als … bezeichnet.	Grundregel/Auffangtatbestand
Die Grundregel tritt stets hinter einer … zurück.	Spezialregel
Neben der Sorgfaltspflicht umfasst § 1 den …, der jedoch in folgenden Fällen koine Anwondung findet	Vertrauensgrundsatz
– bei …	verkehrsuntüchtigen Personen
– bei …	eigenem Fehlverhalten
– bei … oder	fremdem Fehlverhalten
– soweit die Verkehrslage …	zur Vorsicht mahnt
§ 1 stellt ein … dar, gegen das man durch … oder … verstoßen kann. Die Folgen sind …, … sowie die vermeidbare … oder ….	konkretes Erfolgsdelikt Tun/Unterlassen Schädigung/Gefährdung Behindorung/Belästigung
Als Schädigung bezeichnet man … in Form eines Körper- oder Sachschadens.	die Herbeiführung eines wirtschaftlich messbaren Vermögensnachteils
Als Gefährdung bezeichnet man …	das zufällige Ausbleiben eines schädigenden Ereignisses
aufgrund von …	situationsgerechtem Verhalten anderer/eigenem unbewusst richtigen Verhalten oder Glück
Eine Behinderung ist die Beeinträchtigung …	des zul. Gemeingebrauchs,
gleichgültig, ob dieser … oder ...	vereitelt/nur gestört wird
Unter Belästigung versteht man …	die Herbeiführung eines körperlichen oder seelischen Unbehagens
Behinderung und Belästigung müssen … d.h. dem Betroffenen ist … oder …	vermeidbar sein, im Rahmen der Zumutbarkeit unter Beachtung bereits bestehender Bestimmungen,
ein anderes Verhalten …	zumutbar.

Übungsfälle

Liegt in folgenden Fällen ein Vorstoß gegen § 1 StVO vor?

1 –A– parkt ein anderes Fz zu.	Ja, vermeidbare Behinderung. VG.
2 –B– lässt unnötig den Motor aufheulen.	Ja, verm. Belästigung, soweit andere über das normale Maß beeinträchtigt werden. Als Spezialbestimmung ist § 30 StVO (wonach keine konkrete Belästigung erforderlich ist) zu beachten. VG, ggf. OWi-Anzeige.
3 –C– bespritzt beim Durchfahren einer Pfütze einige Passanten mit Schneematsch.	Zumindest Belästigung (OLG D'dorf, VM 66, 6); Schädigung (mit denkbarem Schmerzensgeldanspruch) nur bei erheblicher Beschmutzung (AG Köln, NJW 80, 645).
4 –D– missachtet die Vorfahrt, wobei es zum VU kommt.	Ja, Schädigung. Als Spezialbestimmung hinsichtlich der Vorfahrtverletzung (Gefährdung) ist § 8 (2) zu beachten. VU-Anzeige.
5 –E– ordnet sich beim Abbiegen nach links auf den in der Mitte verlegten Schienen ein, so dass die Strab nicht weiterfahren kann.	Nein. Als Spezialbestimmung ist § 9 (1) StVO zu berücksichtigen; VG.
6 –F– ermöglicht einem Einsatzfahrzeug (blaues Blinklicht/Einsatzhorn) nicht freie Bahn.	Ja, vermeidbare Behinderung; zusätzlich ist § 38 (1) als Spezialbestimmung verletzt. VG.
7 –G– beschädigt auf dem abgeschlossenen Garagenhof beim Einparken ein anderes Fz.	Nein, da kein öVR; § 823 BGB ist zu beachten.
8 –H– parkt sein Krad an der Hauswand auf einem 2,5 m breiten Gehweg.	Nein, da hierdurch keine Folge eintritt. Als Spezialbestimmung ist § 12 (4) StVO zu beachten. VG.
9 –I– beschädigt nach einem Schleudervorgang das von ihm geführte Kfz nebst Ladung.	Hinsichtlich der Ladung ist eine Schädigung möglich, soweit sie einem anderen gehört. Hinsichtlich des geführten Fz ist kein Verstoß denkbar.
10 –K– fährt auf der BAB nach einem Überholvorgang weiterhin links mit der zul. Höchstgeschwindigkeit, so dass ein weiterer nachfolgender VT nicht überholen kann.	Nein, kein Verstoß gegen § 1 (2) StVO, da die zul. Höchstgeschwindigkeit eingehalten wurde. Eine Behinderung ist nur an zulässigem Verhalten möglich. –K– verstößt jedoch gegen § 2 (2) StVO – Rechtsfahrgebot. BGH, VM 35, 87.

3 Fahrbahnbenutzung und Rechtsfahrgebot

Behandelte Rechtsvorschriften:

3.1 Fahrbahnbenutzung/Verkehrsverbote
StVO: §§ 2, 5 (6), 12, 18, 23, 24, 25, 28, Z 237 ff., 250 ff., 275, 295, Z 330.1, 331.1 (ohne Anordnungscharakter)
StVG: § 3

3.2 Rechtsfahrgebot/Nebeneinanderfahren
StVO: §§ 2, 5, 6, 7, 7a, 9, 27, 37 (4), 41 Z 295, 297, 42 Z 340
StGB: § 315c

3.1 Fahrbahnbenutzung/Verkehrsverbote

§ 2 (1) StVO regelt die Fahrbahnbenutzungspflicht für Fahrzeuge.

Unter einem **Fz** ist jedes Fortbewegungsmittel zu Lande zu verstehen. Nicht hierzu zählen gem. § 24 (1) StVO Schiebe- und Greifrollenfahrstühle, Rodelschlitten, Kinderwagen, Roller, Kinderfahrräder, Inline-Skater, Rollschuhe und ähnliche nicht motorbetriebene Fortbewegungsmittel.

Führen ist zielgerichtet und setzt somit Willen voraus. Daher ist **Fz-Führer** derjenige, der eigenverantwortlich die Lenkung oder sonstige Antriebsaggregate mit dem Willen und der tatsächlichen Möglichkeit der Fortbewegung bedient.

Es führt somit ein Fahrzeug, wer
- die Zügel eines Pferdegespanns hält,[1]
- eigenständig schaltet,
- als Fahrlehrer mitfährt (vergl. § 2 (15) StVG, FahrlG), nicht aber „Begleiter" i.S.d. § 48a FeV,
- das Fz lenkt, auch ohne Motorbetrieb, z.B. durch fremden Antrieb per Muskelkraft[2] oder im Bereich einer Gefällestrecke[3]

Eine Minimalbewegung des FZ ist jedoch erforderlich.[4]

Fahrzeuge haben die Fahrbahn zu benutzen. Als Oberbegriff gilt der Begriff **Straße**, worunter alle für den Straßenverkehr oder für einzelne Verkehrsarten bestimmte Flächen zu verstehen sind, also auch Sonderwege (Geh-, Rad- etc.), Seiten-, Mehrzweck- oder Parkstreifen.

Inline Skater unterliegen den Fußgängerregelungen.

---

[1]   BGHSt 18, 6, 8; 35, 390.

[2]   OLG Köln, VRS 15, 334; OLG HH, VM 67, 31; OLG Stuttg., DAR 63, 358.

[3]   BGHSt 14, 185.

[4]   BGHSt 35, 390.

Unter **Fahrbahn**[5] versteht man aber nur den Teil der Straße, der durch seine Baulichkeit erkennbar zur Benutzung durch Fahrzeuge bestimmt und geeignet ist. Entscheidende Kriterien sind somit die **Zweckbestimmung** und die Art der **Flächenbefestigung**.

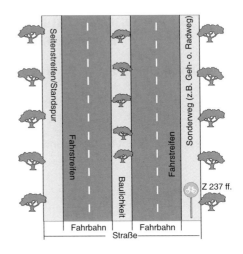

Im Rahmen der Zweckbestimmung ist bei nebeneinander liegenden Verkehrsflächen zu prüfen, inwieweit deren Zweckbestimmung vom Vorhandensein der übrigen Verkehrsfläche abhängig ist. So sind Sonderwege oder durch Grünstreifen abgetrennte Seitenstreifen **keine Fahrbahnteile**, da das Vorhandensein der übrigen Fahrstreifen für die Zweckbestimmung des Sonderweges oder des Seitenstreifens nicht erforderlich ist.

Durch die in § 2 StVO erfolgte Klarstellung gehören Seitenstreifen[6] und Standspuren **nicht** zur Fahrbahn. Einfädelungs- und Ausfädelungsstreifen (Beschleunigungs- und Verzögerungsstreifen) sind nicht Bestandteile der Richtungsfahrbahn und dürften weiterhin als selbstständiger Fahrbahnteil anzusehen sein.[7]

Von **zwei** Fahrbahnen spricht man nur, wenn eine **bauliche** Trennung durch Mittelstreifen, Gleiskörper, Leitplanken etc. vorhanden ist.

Als **Fahrstreifen** bezeichnet man den Teil der Fahrbahn, den ein mehrspuriges Fz zum ungehinderten Befahren im Verlauf der Fahrbahn benötigt (§ 7 [1] StVO).

Eine **Kriechspur** ist ein Fahrstreifen, der durch Beschilderung dem Schwerlastverkehr vorbehalten ist, wobei gleichzeitig die Benutzung der übrigen Fahrstreifen verboten wird. Diese Regelung dient der Leichtigkeit des Verkehrsablaufs.

Als **Mehrzweckstreifen** bezeichnete man früher **Seitenstreifen**, die in ihrer Beschaffenheit zur Benutzung durch zweispurige Kfz geeignet und bestimmt sind. Der Begriff „Mehrzweckstreifen" ist veraltet, man spricht nur noch von Seitenstreifen; dieser ist **kein** Fahrbahnteil, auch nicht mehr – entgegen der früheren Rspr. – i.S.d. § 5 StVO. „Überholen" auf der Standspur/dem Seitenstreifen verstößt somit nur gegen § 2 StVO.

---

5   BGH, VRS 4, 178.

6   Ehemals Mehrzweckstreifen.

7   Vergl. Hentschel e.a., § 2, Rn 25a.

Von besonderer Bedeutung ist hierbei die Einführung des VZ 223.1, wonach der Seitenstreifen als Fahrstreifen zu nutzen ist.[8]

Zeichen 223.1

§ 2 (1) StVO stellt zunächst die Grundregel für Fz-Führer dar, wonach sie die Fahrbahn(-teile) je nach Zweckbestimmung zu benutzen haben.

Als Spezialbestimmung sind die §§ 12, 23 StVO beim Parken und Liegenbleiben besonders zu beachten.

Zur Sicherung der einzelnen Verkehrsarten, wie zur Erhaltung eines flüssigen Verkehrsablaufs, sieht die StVO teilweise eine Trennung (besondere Zweckbestimmung) der jeweils zu benutzenden Verkehrsräume, d.h. **Ausnahmen** von der Fahrbahnbenutzungspflicht, vor.

Die Notwendigkeit der Trennung der einzelnen Verkehrsströme verdeutlicht jede **Verkehrsunfallstatistik**.

**Verkehrsmesszahlen Bundesgebiet
(aus 1970, 1980, 1990, 2000 und ab 2004)**

	1970	1980	1990	2000	2010	2011	2012
Unfälle gesamt	1 392 007	1 684 604	2 010 575	2 350 227	2 411 274	2 361 457	2 401 843
Unfälle mit Personenschaden	377 610	379 235	340 043	382 949	288 297	306 266	299 637
Getötete[9]	19 193	13 041	7 906	7 503	3 648	4 009	3 600
Verletzte	531 795	500 463	448 158	504 074	371 170	392 365	384 378
Raten der Unfälle mit Personenschaden (Unf./ je 1 Mill Einwohner) insgesamt	6 226	6 160	5 376	4 659	3 524	3 745	3 661
Getötetenraten (Getötete/Mrd. Fz·km) insgesamt	76,5	35,4	16,2	11,3	5,2	5,6	5,1

Quelle: Statistisches Bundesamt, Fachserie 8, Reihe 7, 2012

---

8 OLG D'dorf, NZV 93, 8; vergl. OLG Frankfurt 82, 255.

Unfallhäufigkeit (Ziff. 9) des Jahres 2000 im Vergleich zu 2004, analysiert nach Altersgruppen

Alters-gruppe Jahre	Anteil an Bewohner		Verursacher an VU der Kat. 1–4, 6, 7			
			gesamt		pro 100.000 Einw./ der Altersgruppe	
	2000	2004	2000	2004	2000	2004
< 6	1 113 398	1 032 412	678	433	61	42
6–9	818 488	759 743	1 671	1 120	204	147
10–14	1 003 845	1 036 694	2 939	2 445	293	236
< 15	2 935 731	2 828 849	5 288	3 998	180	141
15–17	567 582	622 073	3 268	3 441	576	553
18–24	1 342 051	1 404 749	29 617	26 039	2 207	1 854
25–59	8 956 483	8 778 603	81 057	73 512	905	837
60–64	1 212 272	1 153 662	6 485	6 409	535	556
> 65	2 985 681	3 291 750	12 976	15 424	435	469

Quelle: LDS NRW

Fahrbahnbenutzungspflicht und ihre Ausnahmen

Als Fahrbahn ist hierbei die „eigentliche" oder auch „Hauptfahrbahn" zu verstehen, also der Teil der Straße, der durch Z 295 (Fahrbahnbegrenzung) optisch begrenzt wird.

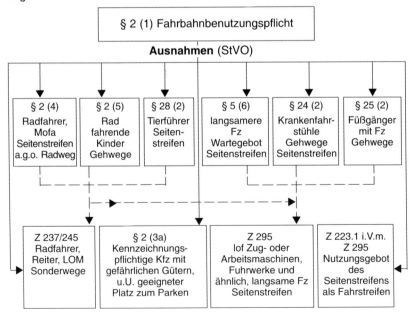

§ 2 (1) Fahrbahnbenutzungspflicht

Ausnahmen (StVO)

| § 2 (4) Radfahrer, Mofa Seitenstreifen a.g.o. Radweg | § 2 (5) Rad fahrende Kinder Gehwege | § 28 (2) Tierführer Seiten-streifen | § 5 (6) langsamere Fz Wartegebot Seitenstreifen | § 24 (2) Krankenfahr-stühle Gehwege Seitenstreifen | § 25 (2) Fußgänger mit Fz Gehwege |

| Z 237/245 Radfahrer, Reiter, LOM Sonderwege | § 2 (3a) Kennzeichnungs-pflichtige Kfz mit gefährlichen Gütern, u.U. geeigneter Platz zum Parken | Z 295 lof Zug- oder Arbeitsmaschinen, Fuhrwerke und ähnlich, langsame Fz Seitenstreifen | Z 223.1 i.V.m. Z 295 Nutzungsgebot des Seitenstreifens als Fahrstreifen |

Durch die Neufassung der StVO ergeben sich für Radfahrer aus § 2 (4) folgende grundsätzliche Regelungen:

- es ist einzeln hintereinander zu fahren.
- eine **Benutzungspflicht** für Radwege besteht **nur**
  - für solche in Fahrtrichtung, soweit
  - dies per Z. 237, 240 oder 241 angeordnet wird,
- rechte Radwege ohne die Z. 237, 240, 241 dürfen benutzt werden, **linke** jedoch nur bis Ausschilderung mit dem ZZ 1022–10. Zu beachten ist allerdings, dass eine Radwegebenutzungspflicht nur angeordnet werden darf, wenn auf Grund der besonderen örtlichen Verhältnisse eine Gefahrenlage besteht, die das allgemeine Risiko einer Rechtsgutbeeinträchtigung erheblich überschreitet.[9]
- Darüber hinaus dürfen **rechte** Seitenstreifen benutzt werden, soweit keine Radwege vorhanden sind und Fußgänger nicht behindert werden.

Unter das Benutzungsverbot aus Z. 242 fallen auch Radfahrer. Dies gilt auch für das Gebot zur Schrittgeschwindigkeit (deutlich unter 20 km/h) bei den Z 239, 242, 325.

Bei entsprechender Beschilderung dürfen Radfahrer Einbahnstraßen in entgegengesetzter Richtung befahren.

Entsprechendes gilt für „Busspuren" (Z 245).

Darüber hinaus besteht noch die Möglichkeit der Einrichtung spezieller Fahrradstraßen.

Nur FmH 25 (Mofa), die durch Treten fortbewegt werden, sind den Fahrrädern gleichgestellt. Für sie besteht Radwegbenutzungspflicht. Gemäß § 2 (4) StVO dürfen nun auch motorbetriebene Mofa a.g.O. Radwege nutzen.

Darüber hinaus haben (dürfen) gemäß § 2 (5) Kinder bis zum vollendeten 8. (10.) Lebensjahr grundsätzlich den Gehweg zu benutzen. Die Nutzungspflicht des Gehweges (8-Jährige) gilt auch bei vorhandenem Radweg.

Weitere Sicherungsregeln für Radfahrer (StVO):

- § 9 (2)   – Einordnungspflicht
- § 9 (3)   – Vorrang
- § 23 (3) – Anhängeverbot, Verbot freihändig zu fahren
- § 17 (4) – Beleuchtung
- § 21 (3) – Beförderung von Kindern (<7/≥16)
- § 28 (1) – Tierführung
- § 37 (2) – LSA
- Z 138   – Radfahrer kreuzt
- Z 250   – Verkehrsverbot
- Z 340   – Gefährdungsverbot aus Ziff. g „Krüppelradwegen"

Zeichen 237

Zeichen 240

Zeichen 241

ZZ 1000–33

ZZ 1022–10

Zeichen 244.1

---

[9] BVerwG, NZV 11, 363.

Für **langsame(re) Fz** wird durch Z 295 und § 5 (6) StVO die Fahrbahnbenutzungspflicht aufgehoben und in eine Benutzungspflicht des Seitenstreifens geändert.

Als **langsam** i.S.d. Z 295 dürften alle Fz bis zu einer bHG von 50 km/h einzustufen sein. Die Benutzungspflicht für Radfahrer dürfte infolge der Rechtsnovelle 1997 nicht sehr begründbar sein.

Als **langsameres Fz** i.S.d. § 5 (6) StVO ist jedes Fz anzusehen, das sich mit einer erheblichen Geschwindigkeitsdifferenz zur dort zulässigen Höchstgeschwindigkeit fortbewegt.

Krankenfahrstuhlführer und **Fußgänger mit Fz** dürfen gemäß der §§ 24 (2), 25 zulässige Fußgängerbereiche benutzen, jedoch nur mit Schrittgeschwindigkeit.

So stellen folgende – zunächst vermeintliche Verstöße – keine Verletzung der Norm dar:

– Parken auf dem Seitenstreifen (vergl. § 12 (4) StVO);
– Befahren des Seitenstreifens mit einer Kutsche, lofZug, Mofa (vergl. Z. 295 StVO – langsames Fz);
– Befahren des Seitenstreifens auf einer Steigungsstrecke durch ein Sattelkfz (vergl. § 5 (6) StVO – langsameres Fz);
– Unbeabsichtigtes Abkommen von der Fahrbahn oder das Umfahren eines Verkehrshindernisses.[10]

Die Fahrbahnbenutzung kann von bestimmten Voraussetzungen abhängig gemacht bzw. durch Zeichen ganz oder teilweise verboten werden.

So dürfen die BAB und Kraftfahrstraßen gemäß § 18 StVO nur von Kfz mit einer bHG von mehr als 60 km/h benutzt werden.

Von besonderer Bedeutung ist jedoch das witterungsbedingte Verkehrsverbot (im Sinne des Gefährdungsverbotes) für kennzeichnungspflichtige Kfz mit gefährlichen Gütern gemäß § 2 (3a), soweit die Sicht witterungsbedingt unter 50 m liegt oder Eis- oder Schneeglätte herrscht.

Von allgemeinerer Bedeutung sind jedoch die **Verkehrsverbote** aus den Zeichen 250 ff.

Benutzungsverbote:
Übersicht:

– Bestimmte Verkehrsarten wie Kraftwagen, Krafträder, Radfahrer, Reiter etc. können (mit dem entsprechenden Symbol) ausgeschlossen werden.

Zeichen 251 Zeichen 261

– Verbot für Kfz mit einer zGM **über** 3,5 t einschließlich ihrer Anhänger und Zugmaschinen, ausgenommen Pkw und KOM –

Zeichen 253

– Eine Erhöhung der zGM durch Zusatzzeichen ist möglich.

7,5 t

---

10   OLG Koblenz, NJW 62, 409.

- Bei Zügen (Lkw + …) erfolgt die Errechnung der zGM gemäß § 34 StVZO, also durch Addition.

- In Verbindung mit den ZZ kann der Durchgangsverkehr mit **Nutzfahrzeugen** (einschließlich Ihrer Anhänger mit einer zGM von mehr als 12 t beschränkt werden (vergl. Anlage 2 zu § 41, lfd. Nr. 30.1). Dies gilt nicht im Bereich beschilderter Umleitungsstrecken.

ZZ 1053–38

- Die hier aufgeführte Adressatengruppe erscheint ebenfalls bei den Z 273 (Mindestabstand) und 277 (Überholverbot …).

Zeichen 273   Zeichen 277

- Fahrzeuge mit bestimmten technischen Eigenheiten, z.B.
  - tats. Gewicht / Achslast
  - Breite / Länge / Höhe[11]
  - Ladung

werden ausgeschlossen.

Zeichen 262 Zeichen 263 Zeichen 264 Zeichen 265

Zeichen 266   Zeichen 289

Außer bei VZ 266 (Länge) gilt die Beschränkung jeweils für jedes Fahrzeug einzeln, also getrennt für das ziehende Fahrzeug wie für den Anhänger.

Zeichen 250

- Verbot für Fahrzeuge aller Art, außer für
  - Handfahrzeuge
  - Tierführer (§ 28 (2) StVO)
  - Kräder und Fahrräder, die **geschoben werden.**

- Verbot der Einfahrt

  Hier gelten auch nicht mehr die Befreiungen wie bei VZ 250, somit auch Verbot für Tierführer etc.; eine Einengung/Befreiung durch Zusatzzeichen für Strab, Busse und Radfahrer ist jedoch möglich.

  I.d.R. ist das Gegenzeichen 220 angebracht.

Zeichen 267

Zeichen 220

Bedingte Benutzungsverbote:

1. durch Zeichen

2. §§ 3 (4), 37 (3) StVO

3. witterungsbedingt gemäß § 2 (3a) für Gefahrguttransporte

Zeichen 330 Zeichen 331 Zeichen 268 Zeichen 275

Zeichen 267 verbietet die Einfahrt in die gesamte Straße, auch auf dem Gehweg. Die Benutzung der Straße lediglich zum Parken ist ebenfalls verboten. Die **Sperrung einzelner Fahrstreifen**

Zeichen 267

_____

[11] Jeweils über das ganze Fz. So erfasst die Fz–Breite natürlich auch die Außenspiegel und stimmt somit vielfach nicht mit den Fz-Daten überein, die hier i.d.R. die Spiegel nicht einbeziehen.

oder Straßenteile durch Z 267 ist infolge der damit verbundenen Widersprüchlichkeit nicht sinnvoll und grundsätzlich sind im Gegensatz zu Z 250 hier keine gesetzlichen Ausnahmen zugelassen; im Einzelfall, z.b. bei geringerem Verkehrsaufkommen und einer Begrenzung der zHG auf 30 km/h, jedoch durch Zusatzzeichen möglich (z.b. Linienverkehr/Strab, Radfahrer).

ZZ 1000–33

ACHTUNG
als Gegenverkehr

Zeichen 250/242.1 bieten allen Fahrzeugen die Benutzung, d. h. die Einfahrt, Durchfahrt sowie das Parken, wobei ebenfalls das „Weiterparken" bei zeitlicher Beschränkung des Verkehrsverbots verboten ist. Das Verbot erfasst alle Fz, auch Kräder.

Zeichen 250

Zeichen 242.1

Ausgenommen von diesem Verkehrsverbot sind die Führer von
– Handfahrzeugen,
– Tieren (Reiter, Tiertreiber, -führer),
– Krädern und Fahrrädern, soweit diese ZwR geschoben werden.

Zusatzzeichen wie Kinderspiel, Sport (allg.) und Wintersport i.V.m. Z 101 sind zulässig.

Zeichen 101   ZZ 825   ZZ 802

Ebenso können per ZZ Inline Skater und Rollstuhlfahrer bei Z. 250, 241, 242, 244 **am rechten** Fahrbandrand zugelassen werden

Von besonderer Bedeutung ist die Verwendung des Zusatzzeichens „Anlieger", da hierdurch alle als Anlieger in Betracht kommenden Fz-Führer von dem Verkehrsverbot ausgenommen werden. Hierbei ist die Beziehung zu einem Anlieger oder Anliegergrundstück zu prüfen.[12]

ZZ 803

Als **Anlieger** gelten:
– Bewohner (Anwohner der Straße),
– Nutzungsberechtigte (z.B. Pächter),
– Besucher (eines Anwohners),
– Geschäftsreibende (mit einem Anwohner),
– Taxifahrer (von einem Anlieger gerufen) sowie der
– Automatenbenutzer.

Das Zusatzschild zu den Zeichen 251, 253, 255, 260 oder 270.1 zeigt Befreiungen für Verkehrsverbote aus Gründen der Luftverunreinigung/Feinstaubbelastung an.[13]

Entscheidend für die Beurteilung ist, dass das Ziel oder der Ausgangspunkt der Fahrt innerhalb der gesperrten Straße liegt, gleichgültig, ob ein Erreichen über andere (auch kürzere) Wege möglich ist.

---

[12] BVG, NJW 00, 2121, BayObLG, VM 78, 75.

[13] Vergl. KennzeichnungsVO.

Der Verbotscharakter kann durch die Verwendung entsprechender **Sinnbilder** auf andere Verkehrsarten **ausgedehnt bzw. eingeschränkt** werden, wobei Kombinationen möglich sind.

Hier einige Beispiele:

Verkehrsverbot für	
– Krafträder	
– Krafträder, einschließlich KKR und Mofa, sowie Kraftwagen und sonstige mehrspurige Kfz	
– Lkw mit Anhänger	
– Kfz über 3,5 t zGM einschließlich ihrer Anhänger – Zugmaschinen, außer Pkw und KOM – Krafträder (auch FmH/Mofa)	
– KOM	
– Fahrräder	
– Fußgänger	
– Reiter	
– Mofa	

beachte:	
Fz mit wassergefährdender Ladung	
Zeichen 251 bewirkt ein Verbot für alle Kraftwagen und sonstige **mehrspurige** Kraftfahrzeuge.	
Zeichen 253, 273 und Z 277 nennt als Adressaten – Kfz mit einer zGM über 3,5 t (einschließlich ihrer Anhänger) und – Zugmaschinen, **außer** – PKW ⎰ – KOM ⎱ (ohne Rücksicht auf die zGM)	
wobei die zGM von 3,5 t durch Zusatzzeichen variiert werden kann.	(z.B.) | 7,5 t |

Die zGM wird in allen Fällen gemäß § 34 StVZO berechnet (vergl. 9.3), d.h.
– bei Zügen werden die einzelnen zGM addiert;

Formel:
zGM LKW + zGM Anhänger = zGM Zug;
– bei Sattelkfz werden die zGM der Zugmaschine und des Aufliegers addiert und der höhere Wert aus Aufliege- bzw. Sattellast wieder subtrahiert.

Formel:
zGM Zugm. + zGM S.-Auflieger – X (Aufliege-/Sattellast) = zGM Sattelkfz.

Die Zeichen 262–266

Zeichen 262	Zeichen 263	Zeichen 264	Zeichen 265	Zeichen 266

enthalten ein Verkehrsverbot für **alle Fz**,
– deren jeweilige **tatsächliche** technische Gegebenheiten (Werte) die Angaben im VZ übersteigen.

Die Unterschiede der VZ 262–265 zu den VZ 251/253 liegen darin, dass nicht nur Kfz, sondern alle Fz als Adressat erfasst werden. Angesprochen werden nicht technisch zulässige, sondern tatsächlich vorhandene Werte (t/m).

Bei Zügen (außer Z 266/Länge) gilt die Beschränkung jeweils für das Einzelfahrzeug; es wird also nicht addiert.

3.2 Rechtsfahrgebot/Nebeneinanderfahren

Das Rechtsfahrgebot (RfG) ist neben der Fahrbahnbenutzungspflicht die zweite grundlegende Forderung an den Fz-Führer aus § 2 StVO. Es dient dem Schutz des Gegen- und des Überholverkehrs sowie auf breiten Straßen dem Schutz des in Etappen die Fahrbahn überquerenden VT.

Das RfG besteht aus zwei unterschiedlichen Forderungen.

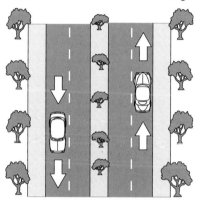

Zunächst ist die **rechte** von zwei Fahrbahnen zu benutzen und dort **möglichst weit rechts** zu fahren, d.h., es ist im Rahmen des **Zumutbaren** rechts zu fahren.

Die Frage der **Zumutbarkeit** richtet sich nicht danach, inwieweit ein Abweichen verkehrsmäßig und vernünftig oder für den Fahrer bequem ist, sondern danach, **ob die Einhaltung des RfG** für den Fahrer unmöglich oder für ihn oder andere **gefährlich,** das Abweichen also verkehrsgerecht ist.[14]

Das Gebot, möglichst weit rechts zu fahren, bedeutet daher auch nicht eine Benutzungspflicht der äußersten rechten Fahrbahnseite, sondern lediglich die Verpflichtung, auf der rechten Fahrbahnhälfte unter Berücksichtigung der jeweiligen Umstände oder der Verkehrssituation weiter zur Mitte der Fahrbahn oder zum Straßenrand zu fahren. Je unklarer oder gefährlicher die Situation hierbei ist, desto weiter rechts (unter Geschwindigkeitsreduzierung) ist zu fahren. Der bestehende Spielraum verlangt somit nicht nur einen Sicherheitsabstand zur Fahrbahnmitte (ca. 1 m), sondern auch einen solchen zum Fahrbahnrand (ca. 0,5 m). Zwischen diesen beiden ist ein dem Sicherheitsbedürfnis der VT im Einzelfall entsprechender Kompromiss im Rahmen des Vernünftigen zu finden.[15]

Die Aufzählung in § 2 (2) StVO „… bei Gegenverkehr …" ist daher nicht abschließend, sondern beispielhaft zu verstehen. Andererseits ist gerade in diesen Einzelbeispielen ein strenger Maßstab an das RfG zu legen.

14   OLG Koblenz, VRS 43, 286.

15   BHG, NZV 96, 444.

So wird nicht verlangt, dass der Fahrer durch Schneeverwehungen fährt, und bei Nebel ist ihm erlaubt, sich an der Mittel- oder Leitlinie zu orientieren. Lediglich aus Bequemlichkeit jedoch beispielsweise infolge von Fahrbahnunebenheiten links zu fahren oder Kurven zu schneiden ist nicht gestattet. Grundsätzlich gilt: Je gefährlicher die Situation, desto weiter rechts ist zu fahren!

Im Interesse eines flüssigen Verkehrsablaufs ist das RfG jedoch durch spezielle Regelungen in der StVO „aufgeweicht".[16]

Übersicht: Ausnahmen vom RfG:

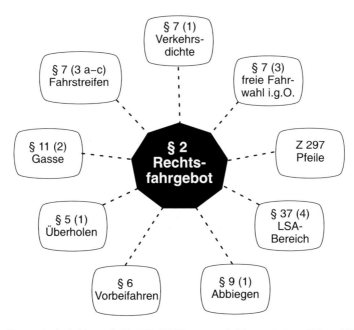

Eine Besonderheit bietet § 18 (11) StVO, wonach Lkw > 7,5 t zGM und ZM bei Schnee oder Eisglätte bzw. witterungsbedingter Sicht < 50 m die Nutzung der äußerst linken Fahrstreifen auf BAB/Kraftfahrstraßen untersagt wird.

Neben den Abweichmöglichkeiten beim Überholen, Vorbeifahren und Abbiegen gehört das **zulässige Nebeneinanderfahren** in Fahrstreifen zu den wichtigsten Ausnahmen als Erfordernis des modernen Massenverkehrs. Hierbei sind die unterschiedlichsten Voraussetzungen zu prüfen.[17]

Das Nebeneinander-(Fahrstreifen-)fahren wird im Grundsätzlichen durch §§ 7, 7a StVO geregelt, wonach die Zulässigkeit entweder von der jeweiligen **Verkehrsdichte** oder ausschließlich von den besonderen örtlichen Verhältnissen abhängig ist.

---

[16] BGH, VM 68, 67.

[17] OLG Hamm, VRS 54, 301.

§ 7 Abs. 1 StPO:

§ 7 (1) erlaubt das Nebeneinanderfahren unter den genannten Voraussetzungen ausschließlich Kfz, auch Zweiräder, Gespanne unterliegen (auch bei entsprechender Verkehrsdichte) dem RfG, soweit andere Bestimmungen (z.B. § 37, Z 297, 340) keine Ausnahmen zulassen.

Gemäß § 7 (1) ist unter einem **Fahrstreifen** der Teil einer Fahrbahn zu verstehen, den ein mehrspuriges Fahrzeug zum ungehinderten Fahren im Verlauf der Fahrbahn benötigt. Unter Berücksichtigung der gem. § 32 StVZO zulässigen Fz-Breiten (2,5–3 m) muss demzufolge von einer Fahrstreifenbreite von je 3–3,5 m ausgegangen werden. Dies bedeutet eine Fahrbahnbreite von mindestens 6–7 m beim Zweirichtungsverkehr. Die Definition des Fahrstreifens i.S.d. § 7 (1) setzt keine Markierungen (Z 295, 340) voraus; sind sie aber vorhanden, so begrenzen sie abschließend den jeweiligen Fahrbahnteil als Fahrstreifen.

An den Begriff der **Verkehrsdichte** sind angesichts eines modernen Massenverkehrs keine übertriebenen Anforderungen zu stellen. Ein Nebeneinanderfahren ist daher schon zulässig, wenn es bei der jeweiligen Verkehrsdichte den **Verkehrsfluss stärker fördert** als ein Hintereinanderfahren. Schlangenbildung ist für die Beurteilung als rechtfertigende Verkehrsdichte nicht erforderlich.

So liegt eine **rechtfertigende Verkehrsdichte** vor, wenn

– ein Rechtsfahren mit zulässiger Geschwindigkeit nur unter ständigen Abstandskorrekturen oder Überholvorgängen möglich ist,

so dass

– die Ausnutzung weiterer vorhandener Fahrstreifen vernünftiger ist.

§ 7 Abs. 3:

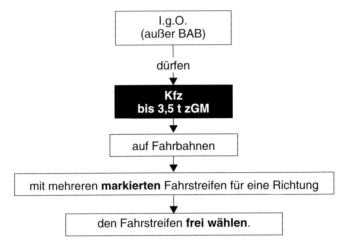

Die **freie Fahrstreifenwahl** gilt nur i.g.O. auf markierten Fahrstreifen und nur für einen begrenzten Adressatenkreis. Weitere Voraussetzungen sind nicht gefordert, auch nicht das Vorhandensein weiterer VT. Das RfG ist faktisch für Kfz bis 3,5 t zGM i.g.O. bei mehreren markierten Fahrstreifen aufgehoben. § 7 (3) geht den übrigen Ausnahmeregelungen vor. Für die übrigen Fz-Führer sind diese jedoch weiterhin von Bedeutung.

Gemäß § 37 (4) dürfen im Bereich einer Lichtsignalanlage (LSA) **alle Fz** stets nebeneinander fahren.

Voraussetzung ist eine in Betrieb befindliche LSA sowie genügend Raum in der Fahrtrichtung.

Im Bereich einer LSA befindet sich der Fz-Führer, sobald für ihn die LSA sichtbar ist bzw. er sich im Bereich einer „grünen Welle" befindet.

Im Bereich von nebeneinander liegenden und in verschiedene Richtungen weisenden Pfeilmarkierungen dürfen gemäß Z 297 alle Fz-Führer in Fahrstreifen nebeneinander fahren.

A.g.O. darf gemäß § 7 (3c) bei 3 oder mehr mit Leitlinien markierten Fahrstreifen (für eine Fahrtrichtung) der 2. (mittlere) Fahrstreifen von allen Fz-Führern durchgängig befahren werden, soweit rechts hin und wieder ein Fz hält oder fährt. Hin und wieder bedeutet hierbei in Sichtweite.

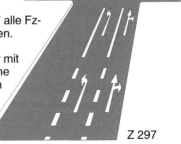

Z 297

Eine Überprüfungshilfe stellt die nachfolgende Übersicht dar.

Bedingung §§ StVO	§ 7 (1)	§ 37 (4)	Z 297	§ 7 (3)	§ 7 (3c)
i.g.O./a.g.O.	–	–	–	nur i.g.O	nur a.g.O.
Fahrstreifen für mehrspur. Fz	x	–	–	x	3 für eine Richt.
Markierungen	–	–	Z 297, 295, 340	Z 295, 340	Z 340
Verkehrsdichte	x	–	–	–	hin u. wieder
Fahrzeuge/Kfz	Kfz	Fz	Fz	nur Kfz bis 3,5 t zGM	Fz

Formen zulässigen Nebeneinanderfahrens bedingen ebenfalls vielfach die Möglichkeit, rechts schneller als links zu fahren (Rechtsüberholen).

Ausnahme § 5 (1)	§ 7 (2, 2a) Schlangen-bildung	x (Rspr.)	x	x	§ 7a

Das zulässige Nebeneinanderfahren ermöglicht es, aus Gründen eines flüssigen Verkehrsablaufs den **Fahrstreifenwechsel** auf das unbedingt notwendige Maß zu beschränken. Wobei das grundsätzliche Einhalten von Fahrstreifen und ein Spurwechsel nur unter der Voraussetzung äußerster Vorsicht und Umsicht Kernbedingungen für einen berechenbaren und möglichst gefahrlosen Verkehrsfluss sind. Daher verbietet § 7 (5) den Fahrstreifenwechsel nicht generell, sondern beschränkt ihn nur auf die Fälle, in denen er ohne (denkbare) Gefährdung anderer möglich ist. Beim Fahrstreifenwechsel sind die nachfolgenden Fz jeweils „gefährdet", gleichgültig, ob nach links oder rechts gewechselt wird (vgl. §§ 5 [4] StVO). Hierbei sind besonders die gefahrene Geschwindigkeit sowie der verbleibende Abstand zu berücksichtigen (vgl. § 4 StVO). Der Fahrstreifenwechsel erfordert somit neben der Anzeigepflicht mittels FRA ausreichende Rückschau und bei längerer Dauer des Wechsels eine zweite Rückschau. Darüber hinaus sind auch Gefährdungen vorausfahrender oder sonstiger VT zu beachten. Die übrigen VT und Fz-Führer haben ihrerseits ebenfalls alles Erforderliche zu tun, um Gefährdungen zu verhindern; u.U. haben sie den Fahrstreifenwechsel zu ermöglichen. Dies gilt insbesondere beim Reißverschlusssystem (§ 7 Abs. 4), aber auch in den Fällen, in denen dem genügend entfernten Hintermann der Fahrstreifenwechsel rechtzeitig angekündigt wurde und ein berechtigter Grund für den Wechsel erkennbar ist (z.B. Stau, Abbiegen).

Grundsätzlich sollen unnötige Fahrstreifenwechsel, z.B. des schnelleren Fortkommens wegen, unterbleiben, wenn in Fahrstreifen nebeneinander gefahren wird. Beim Abbiegen findet (in der „neu befahrenen Str.") kein Fahrstreifenwechsel statt, auch nicht, wenn nun der linke Fahrstreifen (von 2) gewählt wird.

Gemäß § 7 (5) ist der Fahrstreifenwechsel daher nur erlaubt, soweit eine Gefährdung anderer ausgeschlossen ist. Dies ist i.d.R. bei Unterschreitung des Gefährdungsabstandes (0,8 sec.) gegeben.

3.3 Übungen

Übungen zu 3.1 / 3.2

§ 2 beinhaltet die ... und
das ...

Unter einem Fz versteht man ...

Fz haben die ... zu benutzen. Hierunter
versteht man die Fläche einer Straße,
die ...

Nicht dazu zählen ...,

wohl aber ...

Folgende VT müssen (dürfen) Sonder-
regelungen beachten:

Radfahrer: ...

langsame Fz: ...

langsamere Fz: ...

Darüber hinaus dürfen ... und
... den Gehweg benutzen.

Mofas dürfen a.g.O. ...
Die Benutzung einer Fahrbahn kann
von ...

Beispiele hierfür sind § 18 (1) für ... hinsichtlich der BAB-Nutzung und § 2 (3 a)
für ...

bei witterungsbedingter Sichtweite ...
oder ...

Lösungen

Fahrbahnbenutzungspflicht/
Rechtsfahrgebot

jedes Fortbewegungsmittel zu Lande,
das nicht zu den besonderen zählt.

Fahrbahn

erkennbar dem Betrieb von Fz dienen
soll.

Sonderwege, Seiten-,/Mehrzweckstrei-
fen

Beschleunigungs-,/Verzögerungsstrei-
fen

sollten – soweit zumutbar – rechte Seitenstreifen bzw. haben mit Z 237 beschilderte Radwege zu benutzen. Auch
linke gekennzeichnete Radwege dürfen genutzt werden. Kinder (8 Jahre)
haben stets den Gehweg zu benutzen.

haben mit Z 295 von der Fahrbahn abgetrennte Seitenstreifen zu benutzen.

dürfen vorhandene Seitenstreifen be-
nutzen, um mehreren nachfolgenden
Fz ein Überholen zu ermöglichen (§ 5
Abs. 6).

Krankenfahrstühle,
Rad fahrende Kinder (8/10 Jahre)/Fuß-
gänger mit Fz

Radwege nutzen.

bestimmten Voraussetzungen abhängig gemacht werden oder ganz bzw.
teilweise verboten werden.

Kfz mit mehr als 60 km/h bHG

kennzeichnungspflichtige Gefahrguttransporter

unter 50 m
Eis-/Schneeglätte

Die Z ... stellen Verkehrsverbote dar, wobei bestimmten ... die Benutzung der Straße untersagt wird.	250 ff. Fz-Gruppen (Adressatengruppen)
Anlieger ist jede Person, die ... zu einem Anwohner oder angrenzenden Grundstück steht.	in einer privaten oder geschäftlichen Beziehung

Folgende Verkehrsverbote bedeuten

Zeichen 250	Verkehrsverbot ...	für Fz aller Art
	Ausnahmen ...	Tiere; Kräder und Fahrräder dürfen geschoben werden. Es gilt nicht für Handfahrzeuge.
Zeichen 251	Verkehrsverbot ...	für Kraftwagen und sonstige mehrspurige Kfz.
	Ausnahmen ...	keine.
Zeichen 253	Verkehrsverbot ...	für Kfz über 3,5 t zGM einschließlich ihrer Anhänger und Zugmaschinen.
	Ausnahmen ...	Pkw und KOM
Zeichen 262	Verkehrsverbot ...	für Fz, deren tGG 5,5 t übersteigt.
	Ausnahmen ...	keine.
	Die Berechnung ...	erfolgt je Einzelfz, d. h. getrennt.

Das Rechtsfahrgebot (RfG) ist zweige teilt, d.h., ...	von zwei Fahrbahnen ist in Fahrtrichtung die rechte zu benutzen und dort möglichst weit rechts zu fahren.
Die Einhaltung des RfG ist im Rahmen ... nach den Umständen des Einzelfalls zu prüfen.	der Zumutbarkeit/Gefährlichkeit
Vom Fahrbahnrand und von der Fahrbahnmitte ist jeweils ein ausreichender Seitenabstand von ca. .../... zu halten. Ggf. ist langsam zu fahren bzw. anzuhalten.	0,5 m/1 m
Das RfG ist vielfach durch Spezialbestimmungen unterbrochen. Bei mehreren Fahrstreifen für eine Richtung sind insbesondere folgende §§ zu berücksichtigen ...	§§ 7 (1, 3–3c), 37 (4), Z 297, 340
Als Fahrstreifen bezeichnet man den ...	Teil der Fahrbahn, den ein mehrspuriges Fz zum ungehinderten Fahren benötigt.

Soweit die … es rechtfertigt, dürfen … nebeneinander fahren.

Verkehrsdichte/Kfz

Dies ist der Fall, sobald ein Rechtsfahren mit zulässiger Geschwindigkeit nur noch bei ständigen … möglich ist, so dass ein Nebeneinanderfahren vernünftiger erscheint.

Abstandskorrekturen/Überholvorgängen

Die freie Fahrstreifenwahl steht ausschließlich … i.g.O. auf mehreren markierten Fahrstreifen für eine Richtung zu.

Kfz bis 3,5 t zGM

Zulässiges Nebeneinanderfahren erlaubt bei Schlangenbildung oder bei freier Fahrstreifenwahl, dass rechts schneller als links gefahren werden darf.

Ein Fahrstreifenwechsel ist stets … anzukündigen und nur dann zulässig, wenn … ausgeschlossen ist.

mittels FRA

eine Gefährdung anderer

Übungsfälle:

Liegen in folgenden Fällen Verstöße gegen § 2 oder eine hiermit in Verbindung stehende Spezialbestimmung vor?

1 –A– geht als Fußgänger auf der Fahrbahn.

Gemäß § 25 hat –A– den Gehweg zu benutzen. VG.

2 –B– befährt mit seinem gekennzeichneten Gefahrguttransporter (Benzin) bei extremer Eisglätte die BAB.

Gemäß § 2 (3a) haben sich die Führer kennzeichnungspflichtiger Kfz mit gefährlichen Gütern bei Eisglätte so zu verhalten, dass eine Gefährdung anderer ausgeschlossen ist; wenn nötig, ist der nächste geeignete Platz zum Parken aufzusuchen. Hiernach besteht für –B– ein „Fahrverbot", zumindest bis die BAB gestreut ist. Ein Verstoß ist jedoch erst bei Eintritt einer konkreten Gefährdung zu bejahen. (vgl./beachte § 18 [11])

3 –D– und –E–, zwei Kradfahrer, fahren innerhalb eines Fahrstreifens nebeneinander.

Gemäß § 2 (2) ist möglichst weit rechts zu fahren fahren. Soweit sich –D–/–E– nicht im Bereich einer LSA befinden, liegt ein Verstoß vor.

4 –F– schneidet mit seinem Fz eine

a) übersichtliche

b) unübersichtliche Kurve

In beiden Fällen liegt ein Verstoß gegen das RfG vor, wobei sich in b) die Unübersichtlichkeit ahndungsverschärfend auswirkt. a) VG, b) OWi-Anzeige.

5 i.g.O.

–G– (Krad) und –H– (PKW) befahren ständig den linken Fahrstreifen.

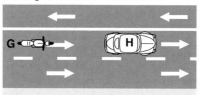

–G– und –H– zulässig, da § 7 (3) i.g.O. mehrere markierte Fahrstreifen für eine Richtung allen Kfz bis 3,5 t zGM die freie Fstr.-Wahl erlaubt.

6 i.g.O.

–I– wechselt den Fahrstreifen. Die übrigen Fz fahren 50 km/h.

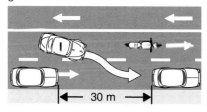

Gemäß § 7 (5) nur zulässig, wenn Gefährdungen anderer VT ausgeschlossen sind, d.h. der Wechsel ist abhängig von Geschwindigkeit und Abstand. Nach Abzug einer Fz-Länge von 4 m verbleiben je 13 m Abstand. Der 0,8-s-Abstand beträgt bei 50 km/h 11,11 m. Somit ist der Wechsel zulässig; er ist mittels FRA anzuzeigen.

7 a.g.O.

–K– (Leichtkraftrad) befährt den Seitenstreifen mit 80 km/h.

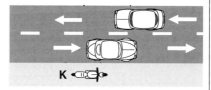

Verstoß gegen die Fahrbahnbenutzungspflicht, da –K– kein langsames Fz i.S.d. ∠ 295 (Fahrbahnbegrenzung) ist.

Ein Wartegebot aus § 5 (6) ist ebenfalls nicht erkennbar. VG.

Zu Bsp. 7: amtliche Begründung zu § 2 und Z 295. Hier wird ausdrücklich auf ein Benutzungsverbot für Lkr in derartigen Fällen hingewiesen.

8 i.g.O.

–L– (Linienomnibus) und –M– (Taxi) befahren seit längerem ihren Fahrstreifen.

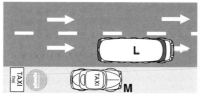

Z 245 mit ZZ (Linienomnibus/Taxi)

Für beide kein Verstoß, da Z 245 kein Benutzungsgebot, sondern nur eine Benutzungsmöglichkeit für die dargestellte Adressatengruppe darstellt.

Für –M– Benutzungserlaubnis des Sonderstreifens durch Zusatzzeichen gegeben.

4 Geschwindigkeit und Abstand

Behandelte Rechtsvorschriften:

4.1 Geschwindigkeit

StVO: §§ 1, 3, 4 (2), 5 (2, 6), 8 (2), 18 (5, 6), 19 (1), 20 (1, 1a), 23 (2), 24, 26 (1), Z 201, 206, 224, 226, 268, 274, 275, 278–282, 293, 295, Z 310, 311, 325, 330.1, 331.1, 336, 350, 380, 393

StVZO: §§ 32a, 32b, 35c, e, h, 36, 36a, 38a, 41, 43, 56, 57, 57a, 57b, 58, 61a, 65

StVG: §§ 1, 2

PflVersG: §§ 1, 2, 6

KraftStG: §§ 1, 2, 3

StGB: § 315c

FeV: §§ 4 ff., 11 ff.

FZV: §§ 2 ff.

4.2 Abstand

StVO: §§ 4, 27, Z 273, 1, 7, 5 (4a), 20

StGB: §§ 240, 315c I 2b

4.1 Geschwindigkeit

Während in der StVO § 1 die Grundregel für das Verhalten eines **jeden VT** zum Inhalt hat, ist § 3 die Generalklausel für die Geschwindigkeitswahl des Fz-Führers.

Die Geschwindigkeitswahl hängt von allgemeinen geschwindigkeitsbegrenzenden Faktoren ab, z.B. von

– der Beherrschung des Fz,

– den Umständen des Einzelfalls, wie Witterung, Straße, Ladung etc.,

– der Sichtweite und

– von der zulässigen Höchstgeschwindigkeit je Fz und Örtlichkeit.

Bei der **Geschwindigkeitswahl** findet also eine **gegenseitige Kontrolle** zwischen

– der Sichtfahrgeschwindigkeit (SfG),

– der absoluten und

– der relativen Höchstgeschwindigkeitsgrenze

statt.

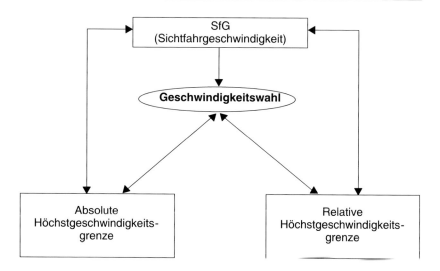

So darf z.B. ein PKW i.g.O. nicht schneller als 50 km/h fahren, obwohl Sicht und Fz dies zuließen. Andererseits darf er auf der BAB nicht schneller fahren, als es z.b. die Sichtverhältnisse oder sonstige Umstände zulassen, obwohl hier für ihn keine absolute Höchstgeschwindigkeitsgrenze besteht.

Diese gegenseitige Kontrolle und Abhängigkeit der Geschwindigkeitswahl von unterschiedlichsten Faktoren ermöglicht es, gegen mehrere Geschwindigkeitsbegrenzungen i.S.d. § 3 StVO gleichzeitig zu verstoßen.

Zunächst stellt die Sichtfahrgeschwindigkeit (SfG) die im günstigsten Fall zul. Höchstgeschwindigkeit (HG) dar, d.h., innerhalb der übersehbaren Strecke muss das Fz gefahrlos zum Stillstand gebracht werden können.

Von besonderer Bedeutung ist die Einfügung von Satz 3 in Abs. 1, wonach bei durch Schnee, Regen oder Nebel bedingter Sicht unter 50 m die HG 50 km/h **absolut** beträgt, soweit nicht sogar eine **geringere** Geschwindigkeit als angepasste Geschwindigkeit gefordert wird (z.B. halbe SfG bei Nebel).

In diesem Zusammenhang sei auch auf das (neue) witterungsangepasste Ausrüstungsgebot, z.B. durch Winterreifen, etc. bzw. das Verbot der Weiterfahrt aus § 2 (3a) StVO sowie auf das Benutzungsverbot des äußerst linken Fahrstreifen der BAB/Kraftfahrstraßen für LKW > 7,5 t zGM und ZM bei witterungsbedingter Sichtweite < 50 m bzw. Schnee- und Eisglätte gem. §18 (11) StVO hingewiesen.

Übersicht:

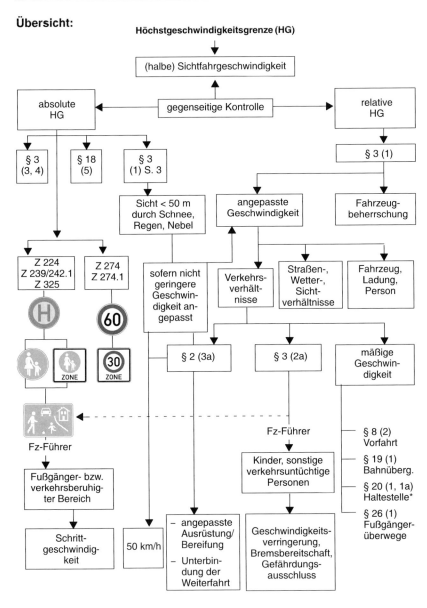

Höchstgeschwindigkeitsgrenze (HG)

↓

(halbe) Sichtfahrgeschwindigkeit

absolute HG ← gegenseitige Kontrolle → relative HG

§ 3 (3, 4)　§ 18 (5)　§ 3 (1) S. 3　§ 3 (1)

Sicht < 50 m durch Schnee, Regen, Nebel

angepasste Geschwindigkeit

Fahrzeug-beherrschung

Z 224 Z 239/242.1 Z 325　Z 274 Z 274.1

sofern nicht geringere Geschwindigkeit angepasst

Verkehrs-verhältnisse

Straßen-, Wetter-, Sicht-verhältnisse

Fahrzeug, Ladung, Person

ZONE　ZONE

§ 2 (3a)　§ 3 (2a)　mäßige Geschwindigkeit

Fz-Führer

Fußgänger- bzw. verkehrsberuhigter Bereich

Fz-Führer

Kinder, sonstige verkehrsuntüchtige Personen

§ 8 (2) Vorfahrt

§ 19 (1) Bahnüberg.

§ 20 (1, 1a) Haltestelle*

§ 26 (1) Fußgänger-überwege

Schritt-geschwindigkeit

50 km/h

– angepasste Ausrüstung/ Bereifung
– Unterbindung der Weiterfahrt

Geschwindigkeits-verringerung, Bremsbereitschaft, Gefährdungs-ausschluss

---

*　§ 20 (4): Schrittgeschwindigkeit auch für den Gegenverkehr bei Schulbussen an gekenn-zeichneten Haltestellen.

Sichtfahrgeschwindigkeit (SfG) bedeutet, dass
- unter Beachtung der Einzelumstände der Anhalteweg kleiner als die (halbe) übersehbare Strecke (Sichtweite) ist,

da der Fz-Führer
- auf dem nicht einsehbaren Fahrbahnteil mit
  - Hindernissen oder einem
  - ungünstigen Straßenverlauf

rechnen muss.

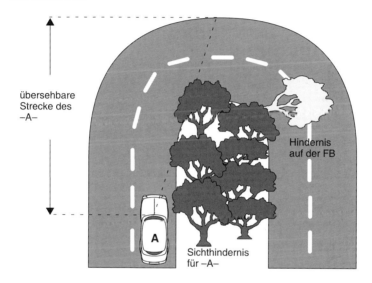

Der **Anhalteweg** setzt sich zusammen aus Reaktions- und Bremsweg.

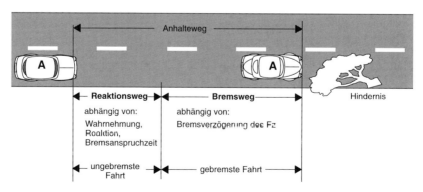

75

Unter **Reaktionsweg** versteht man die Strecke, die das Fz **ungebremst** während

- der Wahrnehmung,
- des eigentlichen Handelns (Reaktion)

des Fz-Führers

sowie

- der Bremsanspruchzeit des Fz

zurücklegt.

Formel[1]:

$$S_R = v \cdot t$$

In der Rechtsprechung geht man hierbei i.d.r. von der Strecke aus, die das Fz innerhalb einer Sekunde zurücklegt.

Da der Reaktionsweg in m berechnet wird, beläuft er sich auf Tachoangabe : 3,6.

Als **Bremsweg** bezeichnet man die Strecke, die das Fz nach Ansprechen der Bremsen infolge der Bremsverzögerung (negative Beschleunigung) bis zum Stillstand zurücklegt.

Formeln:

Bremsweg	Bremsverzögerung	Bremszeit	Geschwindigkeit
$S_B = \dfrac{v^2}{2a}$	$a = \dfrac{v^2}{2 \cdot S_B}$	$t = \dfrac{v}{a}$	$v = \sqrt{2a \cdot S}$

Er wird maßgeblich vom jeweiligen Bremsverzögerungswert (a) bestimmt.

Bei den heutigen Fz ergeben sich folgende Durchschnittswerte:

Trockene Fahrbahn: Krad, nur hinten 3,5 bis 4,5 m/s², vorn u. hinten bis 9 m/s²
Pkw 7 bis 8 m/s²
Lkw 5 bis 7,5 m/s²

Nasse Fahrbahn: Krad um 3,5 m/s²
Pkw 6 bis 7 m/s²
Lkw 4 bis 5,5 m/s²

Er wird jedoch neben den bremstechnischen Eigenschaften des Fz weitgehend von

- den übrigen technischen Eigenschaften des Fz (Bereifung, Ladung etc.),
- den Straßenverhältnissen (rau – glatt, Steigung – Gefälle) und
- den Witterungsverhältnissen (trocken – nass)

bestimmt.

---

[1] S_R = (spatium) Reaktionsweg, v = (velocitas) Geschwindigkeit, t = (tempus) Zeit, Reaktionszeit, S_B = Bremsweg, a = (acceleratio) Bremsverzögerungswert, S_A = Anhalteweg.
a (Bremsverzögerungswert) ergibt sich aus Reibungszahl (μ) x Erdbeschleunigung (g) (gravitas = 9,81 m/s²).

Im Einzelfall ist die tatsächliche Bremsverzögerung eines Kfz nur auf experimentellem Weg durch einen amtlich anerkannten Sachverständigen feststellbar. Hierbei ist der Sachverständige auch in der Lage, anhand des Bremsweges die Geschwindigkeit zu berechnen.[2]

Von prakt. Bedeutung ist, dass bei einer durchschnittlichen Bremsverzögerung von 7 m/s^2 bei Einhaltung der zHG i.g.O. im Normalfall ein **Bremsweg** (nicht Anhalteweg) von 14 m nicht überschritten werden dürfte.

Ebenso lässt sich durch den Sachverständigen die Geschwindigkeit nach einem Verkehrsunfall aus der Entfernung zwischen Kollisionspunkt und Standort des Fz nachvollziehen. Hierbei spielen die Schleudervorgänge eine entscheidende Rolle, so dass diese Spuren **exakt im Verlauf** festgehalten werden müssen.

Die Berechnung des Anhalteweges erfolgt hierbei nach der

Formel:

$$S_A = v \cdot t_R + \frac{v^2}{2a}$$

wobei ein Aufprall dann einer Fallhöhe (H) aus .. m entspricht.

$$H = \frac{v^2}{2 \cdot g}$$

Bei einer Bremsverzögerung von 6 m/s^2 und einer Reaktionszeit (t_R) von 1,08 s, ergeben sich somit folgende Anhaltewege bei 20, 40, 60, 80, 100 km/h:

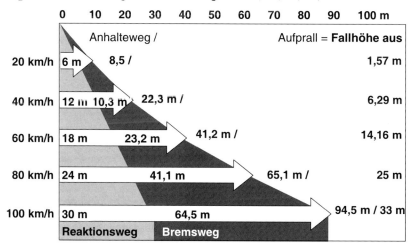

Da die Bremsverzögerung von den unterschiedlichsten Faktoren abhängig ist, können sich für dasselbe Fz erheblich voneinander abweichende Anhaltewege ergeben.

Z.B. erreicht ein PKW der unteren Mittelklasse auf nasser Fahrbahn lediglich eine Bremsverzögerung von ca. 4 m/s^2, wogegen er unter günstigsten Umständen eine Bremsverzögerung bis 8 m/s^2 erreichen kann. Dies führt zu einem Unterschied bis zu 70 m der einzelnen Anhaltewege.

---

[2] Vgl. DAR 97, 341.

Skizze: Anhalteweg in Abhängigkeit von Ausgangsgeschwindigkeit und Verzögerung bei einer Reaktionszeit von 1 sec.

Sie zeigt deutlich die überproportionale Zunahme des Anhalteweges bei geringer werdender Bremsverzögerung.

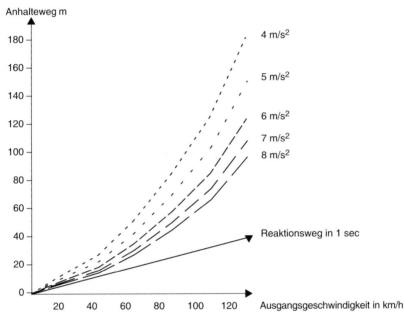

Anhalteweg m

Nur die Berücksichtigung dieser Tatsache gewährleistet, dass man selbst unter ungünstigsten Bedingungen der Forderung nach Sichtfahrgeschwindigkeit gerecht wird, d.h., dass der Fz-Führer in der Lage ist, sein Fz innerhalb der übersehbaren Strecke vor einem plötzlich auftauchenden Hindernis gefahrlos anzuhalten.

Eine Strecke ist **übersehbar**, wenn der Fz-Führer den Verkehrsverlauf infolge genügenden Überblicks über die Fahrbahn vollständig erkennen kann. Die Unübersichtlichkeit (ungenügender Überblick) kann in der Beschaffenheit der Straße oder in anderen Sichthindernissen dauernder oder vorübergehender Art begründet sein, jedoch **nicht** in der momentanen Erschwerung des Überblicks durch ein entgegenkommendes oder **vorausfahrendes FZ** Hierbei genügt es zunächst, dass der Fz-Führer **seine Fahrbahnhälfte** als hindernisfrei erkennt.

Zum anderen hat er selbstverständlich den übrigen (vollen) überschaubaren (z.B. ausgeleuchteten) Raum zu beobachten. Dies bedingt, dass stets die Übersehbarkeit der Strecke unter Berücksichtigung des tatsächlichen Fahrverlaufs zu prüfen ist. So kann ein Fz-Führer zwar gegen das RfG oder ein bestehendes Überholverbot verstoßen, aber dennoch (gerade deshalb) ausreichendes Sichtfeld haben.

Beispiel:

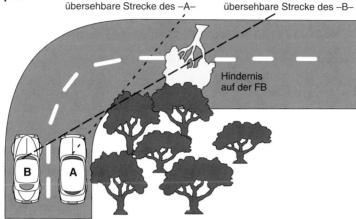

übersehbare Strecke des –A–   übersehbare Strecke des –B–

Hindernis
auf der FB

B   A

Bei gleicher Bremsverzögerung kann u.U. das „Mehr" an Sichtfeld (übersehbare Strecke) genügen, um noch rechtzeitig vor dem Hindernis auf der Fahrbahn zum Stillstand zu kommen.

Die Einhaltung der SfG ermöglicht es dem Fz-Führer, vor auf der Fahrbahn befindlichen, aber noch nicht erkennbaren Hindernissen das Fahrzeug rechtzeitig anzuhalten. Hieraus ergibt sich auf schmalen Fahrbahnen die Forderung nach der **halben SfG**, da dort der **Gegenverkehr** bereits **als Hindernis** anzusehen ist, aber nicht als stehendes, sondern als **entgegenkommendes**. Halbe SfG wird in der Rechtsprechung im Einzelfall auch bei **Nebel / durchgehende Verengung durch parkende Fz** gefordert.[3]

Nur wenn in diesen Fällen der Anhalteweg jeweils nicht größer als die halbe Sichtweite ist, ist ein gefahrloses gegenseitiges Anhalten gewährleistet.

Skizze:

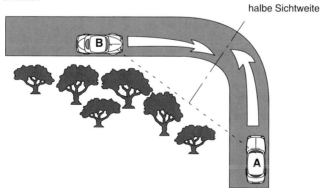

halbe Sichtweite

B

A

---
[3]   OLG Hamburg, VRS 84, 169.

Würde im vorliegenden Beispiel der Anhalteweg die gesamte Sichtweite betragen, käme es unumgänglich zum Zusammenstoß der beiden Fz. Nur durch die Einhaltung der halben SfG ist ein gefahrloses Anhalten bzw. Vorbeifahren möglich.

Die Fahrbahn ist für den einzelnen Fz-Führer **schmal**,[4] die bei ausreichenden Zwischenraum Fahrbewegungen mit einem 2,5 m breiten Fz nicht erlaubt (Begr.). Im konkreten Einzelfall sind hierbei die tatsächliche Fz-Breite sowie die notwendigen Abstände zur Fahrbahnmitte bzw. Fahrbahnrand (1,0/0,5 m) zu berücksichtigen. Ergeben sich also für den Gegenverkehr weniger als 4 m, ist die Straße schmal.

Bei einem „Auffahrunfall" ist somit bei
- der tatsächlichen Sichtweite (als mögl. Anhalteweg) zu prüfen, ob
  - das Hindernis sich bereits auf der Fahrbahn befand oder
  - eine Verletzung der angepassten Geschwindigkeit vorliegt.

Dies ist z.B. beim Auffahren in/hinter einer Kurve bei fehlender Anpassung an die Scheinwerferleistung von Bedeutung. I.d.R. ist der Auffahrende jedoch zu schnell gefahren.[5]

Neben der Einhaltung der SfG fordert § 3 (1) StVO die Einhaltung einer **angepassten Geschwindigkeit**.

Die Notwendigkeit einer defensiven Fahrweise (angepasste Geschwindigkeit) wird erst bei Umwandlung der abstrakten km/h-Werte in für den Menschen vorstellbare Größenordnungen deutlich.

So legt ein PKW bei der i.g.O. (a.g.O.) zulässigen Höchstgeschwindigkeit von 50 (100) km/h pro Sekunde ca. 14 (28) m zurück.

Ein derartiger Wert übersteigt bereits die menschliche Vorstellungskraft und die eigenen Möglichkeiten. So legt selbst ein Weltrekordläufer über 100 m lediglich 10 m/s bzw. (bei entsprechender, aber unmöglicher Ausdauer) 36 km/h zurück.

Ebenso deutlich wird die Forderung nach angepasster Geschwindigkeit bei der Überlegung deutlich, dass innerhalb des Anhalteweges die Geschwindigkeit erst (langsam) nach Durchfahren eines Reaktionsweges beginnt.

Die **Abnahme** der Geschwindigkeit bei einer Bremsverzögerung von 6 m/s^2 zeigt folgende **Übersicht** für i.g.O. durchaus übliche Geschwindigkeitsbereiche.

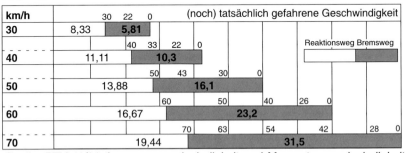

km/h		(noch) tatsächlich gefahrene Geschwindigkeit
	30 22 0	
30	8,33	**5,81**
	40 33 22 0	Reaktionsweg Bremsweg
40	11,11	**10,3**
	50 43 30 0	
50	13,88	**16,1**
	60 50 40 26 0	
60	16,67	**23,2**
	70 63 54 42 28 0	
70	19,44	**31,5**

Quelle: PTV 11/81 Ausgangsgeschwindigkeit und Momentangeschwindigkeit längs des Anhalteweges.

---

4 BayObLG, VRS 16, 385.

5 OLG Hamburg, NZV 00, 169.

Die **angepasste Geschwindigkeit** fordert die Berücksichtigung der
- Straßen-, Verkehrsverhältnisse,
- Sicht- und Witterungsverhältnisse,
- persönlichen Fähigkeiten des Fahrers,
- Eigenschaften von Fz und Ladung bei der Geschwindigkeitswahl.

Diese Aufzählung kann nur beispielhaft sein; im Rahmen der angepassten Geschwindigkeit ist all das zu berücksichtigen, was sich negativ auf das Verkehrsgeschehen, die Geschwindigkeit etc. auswirkt und somit die Gefahr eines Verkehrsunfalls mit sich bringt.

Im Rahmen der **Straßenverhältnisse** gilt es insbesondere
- die Straßenführung (BAB/Kurve/Kuppe),
- die Umgebung (Wald/Bebauung/Wildwechsel),
- den Straßen-(Fahrbahn-)zustand (trocken/Splitt/Pflaster/schadhaft/verschmutzt) sowie
- die Breite und Zahl der Fahrstreifen

zu berücksichtigen.

So wird z.B. die Bremsverzögerung maßgeblich vom Kraftschluss zwischen Reifen und Fahrbahn bestimmt. Dieser ist wiederum vom Zustand der Fahrbahn abhängig und beträgt bei folgenden Fahrbahnverhältnissen v. Hundert (%).

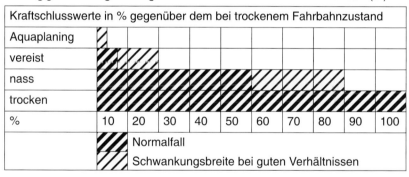

Sie dürfen gerne die Anhaltewege bei 50 km/h in folgenden Fällen einmal nachrechnen:

PKW auf ...	Bremsverzögerung (a m/sec^2)	Anhalteweg m
festgefahrener Schnee	2,5	52,4
nasse Fahrbahn	4,5	35,3
trockene Fahrbahn	5,5	31,4
griffige Fahrbahn	7,0	27,6
bes. griffige Fahrbahn	8	25,9

Bei der Beurteilung der **Witterungsverhältnisse** muss der Fz-Führer die hiermit verbundenen Möglichkeiten der **nachteiligen** Veränderung des Straßenzustands kennen und seine Fahrweise darauf einstellen. (Vergleiche Forderung aus § 3 Abs. 1 Satz 3 nach HG von 50 km/h.)

So muss er z.B.

– bei Temperaturen um den Gefrierpunkt mit Glättebildung,
– bei starken Regenfällen mit Wasserlachen und Aquaplaning,
– bei tief stehender Sonne mit Blendung

rechnen und seine Geschwindigkeit darauf einstellen.

Gemäß § 2 (3a) StVO ist die Fz-Ausrüstung (z.B. Reifen) der Witterung/etc. anzupassen und ggfls. ist eine weitere Teilnahme am Str.-Verkehr unzulässig. Das Fz. ist möglichst verkehrssicher abzustellen (Parkplatz) (Vgl.: Nutzungsverbot gem. § 18 [11] StVO).

In der bisherigen Rechtsprechung wurden im Einzelfall folgende Geschwindigkeiten als **zu schnell** angesehen:

km/h	sonstige Umstände	
	Regen	
70	– Pflasterstraße, lang gezogene Kurve, einsetzender Regen	BGH, VRS 16, 245
50	– schweres Fz, nasse und lehmverschmutzte Fahrbahn	BGH, VersR 65, 1048
50	– i.g.O., mäßig beleuchtete Fahrbahn, parkende Fahrzeuge	KG, VM 74, 75
30/35	– LKW mit Anhänger, gewölbtes Kleinpflaster	OLG Hamm, VRS 3, 106
	Eisbildung/Schnee	
65	– Schneematsch und böiger Wind	BGH, VRS 30, 258
40	– vereiste Fahrbahn	BGH, VRS 4, 284
35/40	– stellenweise Glatteis	BGH, VM 65, 59
30	– O-Bus, vereiste Fahrbahn	BGH, VersR 59, 792
30	– Zweirad, Kreuzung, vereiste Fahrbahn	OLG Hamb., VM 63, 45
30	– Schneeglätte, Sichtweite 10 m	OLG Oldenb., DAR 61, 30
25	– Schneeglätte, Glatteis	KG, VM 61, 42
	Nebel	
20/25	– dichter Nebel	BGH, VersR 64, 661
	– Nebel verlangt bei möglichem Gegenverkehr **halbe** Sichtfahrgeschwindigkeit	OLG Celle, VRS 31, 383

Bei der Anpassung der Geschwindigkeit an die **Sichtverhältnisse** ist die Ursache der Sichtbeeinträchtigung unbedeutend. In jedem Fall ist nur so schnell zu fahren, dass innerhalb der durch die Scheinwerfer oder fremde Lichtquellen ausgeleuchteten Strecke angehalten werden kann. Zu beurteilen ist, welche Geschwindigkeit der eigenen Beleuchtungsquelle unter Berücksichtigung der übrigen äußeren Umstände angepasst ist. So ist auf schmalen Straßen vom dunkelsten Teil der beleuchteten Fahrbahn auszugehen, während z.B. auf der BAB u. U. die Geschwindigkeit nicht der Reichweite des Abblendlichts angepasst werden muss (§ 18 Abs. 6). Die zu beachtende Reichweite asymmetrischen Abblendlichts liegt bei ca. 60 m–80 m. Diese übersehbare Strecke kann sich durch Straßenbeleuchtung, vorausfahrende oder entgegenkommende Fz vergrößern. In Kurven, bei Blendung oder bei Nässe etc. ist eine mögliche Verkürzung der Sichtweite zu beachten.

Grundsätzlich besteht die Forderung nach Anhaltemöglichkeit innerhalb der Reichweite des Abblendlichtes.[6] Beim Abblenden ist die Geschwindigkeit zu reduzieren[7], nachdem die vorher als frei erkannte Strecke durchfahren ist.

Da der Fz-Führer grundsätzlich nicht mit von der Seite auf die Fahrbahn gelangenden Hindernissen rechnen muss, ist eine Geschwindigkeitsreduzierung bei **kurzzeitigem(r)** Abblenden oder Blendung nicht erforderlich, wenn

– der Fz-Führer innerhalb der vorher übersehbaren, hindernisfreien Strecke erneut freie Sicht erlangt.

In allen anderen Fällen von Blendung etc. muss der Fz-Führer seine Geschwindigkeit so weit herabsetzen, dass er innerhalb der vorher übersehbaren, hindernisfreien Strecke zum Stillstand kommt.[8]

Im Rahmen der **persönlichen Fähigkeiten** wird die Geschwindigkeitswahl durch Faktoren wie z.B.

– Fahrpraxis,
– Altersabbau, jugendliche Unerfahrenheit,
– Übermüdung,
– körperliche Mängel, Krankheiten,
– Reaktionsvermögen etc.

bestimmt.

Hierbei kann sich der Fz-Führer nicht darauf berufen, dass er die Grenzen seiner Fähigkeiten nicht gekannt habe.

Die Berücksichtigung der persönlichen Fähigkeiten wird von jedem VT bei einer Teilnahme am Verkehr verlangt; ggf. hat er geeignete Ausgleichsmaßnahmen zu treffen (§ 2 FeV).

Aufgrund der §§ 11 ff. FeV und 2 StVG kann die „Berücksichtigung" durch verwaltungsrechtliche Auflagen und Beschränkungen i.S.d. § 23 II FeV dem Kfz-Führer auferlegt werden.

---

6   OLG Köln, NZV 00, 400.

7   BGH, VRS 24, 205.

8   BGH, NJW 76, 288.

Ein Beispiel hierfür zeigen die nachstehend abgebildeten Führerscheine.

Im Rahmen der §§ 11 ff, 23, 46 FeV wurden dem Fahrerlaubnisinhaber Auflagen und Beschränkungen aufgegeben.

Die Missachtung der Auflage (Augengläser) stellt eine OWi, die der Beschränkung (zGM, bHG) ein Vergehen i.S.d. § 21 StVG dar.

In unseren modernen Chipkarten-Führerscheinen sind diese Auflagen/Beschränkungen unter Ziffer 12 eingetragen (vgl. Anlage 9 zur FeV).

Im folgenden Beispiel für die Auflage „Augengläser" in z.Z. verwendeten Führerscheinen:

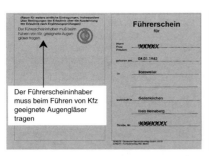

⌐ = Befristungen der zeitl. Gültigkeit der FE   ↑ = geeignete Sehhilfe

Die **Eigenschaften von Fz und Ladung** wirken sich maßgeblich auf den Bremsweg und das übrige Fahrverhalten des Fz aus.

Besonders zu beachten hat der Fz-Führer hierbei u.a.:
- den allg. techn. Zustand des Fz,
- den Anhängerbetrieb,
- die Bereifung (vgl. § 2 [3a] StVO),
- die Besetzung und
- die Ladung (Überladung).

Die nachstehende Grafik beweist eindrücklich die Auswirkungen des allg. techn. Zustands eines Fz (hier der Reifenzustand) auf den Brems- und somit auf den Anhalteweg. Die Notwendigkeit der Erhöhung der Mindestprofiltiefe auf 1,6 mm (§ 36 StVZO) dürfte hierbei auch einleuchten.

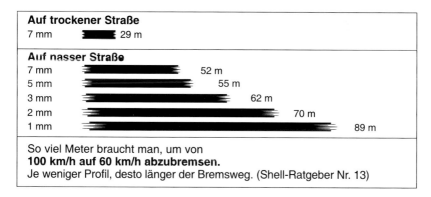

Auf trockener Straße
7 mm 29 m

Auf nasser Straße
7 mm 52 m
5 mm 55 m
3 mm 62 m
2 mm 70 m
1 mm 89 m

So viel Meter braucht man, um von
100 km/h auf 60 km/h abzubremsen.
Je weniger Profil, desto länger der Bremsweg. (Shell-Ratgeber Nr. 13)

Zu beachten ist hierbei, dass lediglich von 100 km/h auf 60 km/h abgebremst wird, das Fz also nicht zum Stillstand kommt.

Neben den bisherigen Faktoren muss der Fz-Führer insbesondere die **Verkehrsverhältnisse** bei der Geschwindigkeitswahl beachten. Im Rahmen der Sorgfaltspflicht und des Vertrauensgrundsatzes ist hierbei die Geschwindigkeit auf das **Verhalten anderer VT** abzustellen.

Der besonderen Bedeutung wegen ist die Geschwindigkeitswahl in einigen Verkehrssituationen in Form der mäßigen oder Schrittgeschwindigkeit bzw. der Anpassung der Geschwindigkeit an der privilegierten VT (z.B. Fußgänger, Radfahrer oder Reiter) oder durch die Forderung nach Geschwindigkeitsreduzierung und Bremsbereitschaft **spezialgesetzlich** geregelt.

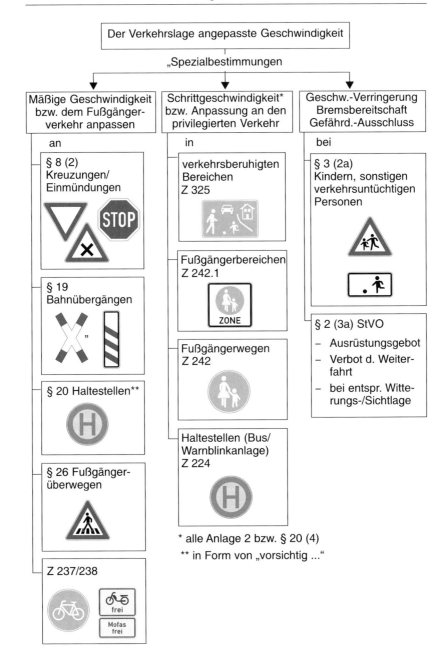

Der Verkehrslage angepasste Geschwindigkeit

„Spezialbestimmungen

Mäßige Geschwindigkeit bzw. dem Fußgängerverkehr anpassen

an

§ 8 (2)
Kreuzungen/
Einmündungen

§ 19
Bahnübergängen

§ 20 Haltestellen**

§ 26 Fußgänger-
überwegen

Z 237/238

Schrittgeschwindigkeit* bzw. Anpassung an den privilegierten Verkehr

in

verkehrsberuhigten
Bereichen
Z 325

Fußgängerbereichen
Z 242.1

Fußgängerwegen
Z 242

Haltestellen (Bus/
Warnblinkanlage)
Z 224

Geschw.-Verringerung Bremsbereitschaft Gefährd.-Ausschluss

bei

§ 3 (2a)
Kindern, sonstigen
verkehrsuntüchtigen
Personen

§ 2 (3a) StVO

– Ausrüstungsgebot
– Verbot d. Weiter-
  fahrt
– bei entspr. Witte-
  rungs-/Sichtlage

* alle Anlage 2 bzw. § 20 (4)

** in Form von „vorsichtig ...“

Unter der vom Wartepflichtigen einzuhaltenden **mäßigen Geschwindigkeit**[9] versteht man eine Geschwindigkeit, bei der eine sofortige Anhaltemöglichkeit ohne hartes, erschreckendes Bremsen besteht, wenn nur dadurch eine Gefährdung anderer verhindert werden kann. In Bezug auf § 26 (Fußgängerüberwege) werden Geschwindigkeiten von 40 km/h als zu hoch und von 25 km/h als grundsätzlich mäßig angesehen.[10]

Soweit im Bereich von Sonderwegen anderen VT die Nutzung per Zusatzzeichen erlaubt wird, haben diese ihre Geschwindigkeit der der privilegierten VT-Gruppe anzupassen, was wohl nichts anderes als „mitschwimmen" bedeuten soll.

Im Einzelfall sind die Besonderheiten derselben (z.B. Fahrbahnbreite/Fahrlinie) zu beachten.[11]

Unter **Schrittgeschwindigkeit**[12] versteht die Rspr. eine Geschwindigkeit von ca. 10 (–15) km/h. Sie gilt für alle **Fz-Führer**, auch Rad- oder FmH-Führer. Weiterhin besteht in verkehrsberuhigten Bereichen und Fußgängerbereichen ein (gegenseitiges) Behinderungs- und Gefährdungsverbot für Fußgänger und Fz-Führer. In der Rspr. wurde teilweise eine Geschwindigkeit von 4–7 km/h vorgegeben. Grundsätzlich wird man jedoch **nicht** auf eine derartige Grenze abstellen können, sondern hierunter eine Geschwindigkeit von deutlich unter 20 km/h zu verstehen haben (siehe auch amtl. Begr.).

Die Berücksichtigung der Verkehrsverhältnisse findet beim Vorhandensein **verkehrsuntüchtiger Personen** in § 3 (2 a) eine spezialgesetzliche Regelung. Die Notwendigkeit der Regelung verdeutlicht die nachstehende Grafik.

Kinder-Unfall-Statistik:

Jährlich werden	ca. 75 000 Kinder im Straßenverkehr verletzt,
davon	ca. 1 300 tödlich
und	ca. 10 000 bleiben lebenslänglich behindert.

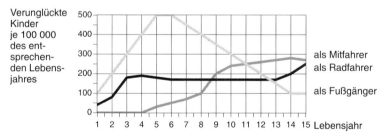

So verläuft die Unfallhäufigkeit der Kinder in der Bundesrepublik Deutschland. Den höchsten Gefährdungsgrad erreichen Kinder als Fußgänger im Alter von sieben Jahren. Verkehrserziehung darf deshalb nicht erst mit dem Schulalter beginnen. Quelle: ADAC (Shell-Ratgeber Nr. 10)

---

9 OLG D'dorf, DAR 74, 160.

10 OLG D'dorf, VM 74, 160; OLG Schleswig, VM 76, 30 (bis 30 km/h).

11 OLG Celle, VM 75, 71.

12 Amtl. Begründung in VkBl. 14/80; OLG Hamm VRS 6, 222. Vgl. RdErl. IM NRW „Verkehrssicherheitsarbeit", Ziff. 3,5.

Hiernach haben sich Fz-Führer gegenüber Kindern, Hilfsbedürftigen und älteren Menschen so zu verhalten, dass sie, insbesondere durch
- Verminderung der Geschwindigkeit und Bremsbereitschaft,
- eine Gefährdung dieser VT

ausschließen.

Durch den hier geforderten **Gefährdungsausschluss** wird vom Fz-Führer äußerste Sorgfalt verlangt; Geschwindigkeitsreduzierung und Bremsbereitschaft allein genügen nicht. Ein Verstoß gegen § 3 (2 a) setzt das Vorliegen einer konkreten Gefährdung voraus. Verlangt wird somit eine nach den Umständen höchstmögliche Sorgfalt, wie z.b. beim Fahrstreifenwechsel (§ 7 Abs. 5), Wenden, Rückwärtsfahren (§ 9 Abs. 5) oder Einfahren (§ 10), Vorbeifahren an Haltestellen oder Fußgängerüberwegen (§§ 20, 26). Demzufolge kann bei der Beurteilung die bisherige Rechtsprechung zum Verhalten von Fz-Führern gegenüber Kindern, verkehrsuntüchtigen Personen sowie zum Z 136 (Kind) herangezogen werden. Hiernach tragen Kinder stets zu einer unklaren Verkehrslage bei. Hierbei genügt eine Einstufung als verkehrsschwache Gruppe aufgrund des äußeren Erscheinungsbildes.[13]

Besondere Sorgfalt ist erforderlich gegenüber **Inlineskatern**.[14] Bei 900 Verkehrsunfällen im Jahr 2000 wurden 830 Inlineskater verletzt und 8 getötet; insbesondere infolge Nichtbeherrschung der erreichten Geschwindigkeit. Als Ungeübte erreichen sie Durchschnittsgeschwindigkeiten von ca. 20 km/h und als Wettkämpfer bis 50 km/h, wobei ihr Bremsweg jedoch das 3 bis 4fache eines PKW beträgt. Das bedeutet: Bei 20 km/h ein Bremsweg von 7 m und bei 30 km/h von 16 m für den Skater. Darüber hinaus gilt Ähnliches im Bereich von
- Z 136,
- bekannten Schulwegen oder Schulen,
- Kindergärten,
- Kindergruppen,
- spielenden Kindern,
- offensichtlich nicht auf den Verkehr achtenden Kindern,

als auch bei
- dem plötzlich auf die Fahrbahn rollenden Ball (BGH, VRS 18, 48)

oder
- dem am Straßenrand haltenden Eismann (OLG Köln),
- der am Fahrbahnrand haltenden jungen Frau (OLG Karlsruhe, VersR 80, 238).

Allein die Tatsache, dass in dem befahrenem Bereich auch Kinder wohnen, genügt jedoch nicht.[15] Andererseits kann hier 50 km/h als Vorbeifahrgeschwindigkeit an parkenden Fz zu schnell sein.[16]

Die in dieser Situationen zulässige Geschwindigkeit dürfte mit der „mäßigen" Geschwindigkeit vergleichbar sein. In der bisherigen Rechtsprechung wurden

---

[13] BGH, VR 00, 199.

[14] NZV 99, Heft 7; Vgl. § 31 (2)..

[15] BGH, NZV 90, 227.

[16] OLG Hamm, DAR 89, 148.

beim Auftauchen von Kindern 45 km/h stets und 20 km/h im Einzelfall als zu hoch angesehen.

Darüber hinaus wird immer die Warnung mittels Hupe zusätzlich gefordert.

Eine analoge Anwendung gilt für hilfsbedürftige, altersschwache oder sonstige verkehrsuntüchtige Personen, die sich erkennbar unaufmerksam verhalten.

Die gegenseitige Kontrolle der zulässigen Geschwindigkeitsgrenzen erfolgt weiterhin durch die **absoluten Höchstgeschwindigkeitsgrenzen**.

Hierbei unterscheidet man zwischen der Begrenzung durch Z 274 für alle FZ und den Höchstgeschwindigkeiten aus § 3 (3, 4) und § 18 (5), wobei die Beurteilung der abs. HG von

– der jeweiligen Örtlichkeit (i.g.O./a.g.O./BAB) und
– der jeweiligen Fz-Art bzw. Ausrüstung (Schneeketten) abhängig ist.

Durch die Einfügung von § 39 (1a), wonach zukünftig abseits der Vorfahrtstraßen mit Anordnung von Tempo-30-Zonen zu rechnen ist, wird schlicht eine zweite generelle Höchstgeschwindigkeit i.g.O. propagiert.

Die Anforderungen zur Errichtung werden durch § 45 (1c) vereinfacht. Bauliche Einschränkungen werden z.B. wie bislang nicht mehr gefordert.

Gemäß § 45 (1c) ordnen die Straßenverkehrsbehörden im Einvernehmen mit der Gemeinde i.g.O. die Einrichtung der Tempo-30-Zonen[17]

– insbesondere in Wohngebieten und
– Gebieten mit hoher Fußgänger- und Fahrradverkehrsdichte sowie hohem Querungsbedarf an.

Die Zonenanordnung darf sich **nicht** auf

– Straßen des überörtlichen Verkehrs (Bundes-, Landes-, Kreisstraßen),
– weitere Vorfahrtstraßen (Z 306)
– Straßen mit Fahrstreifenmarkierungen (Z 295, 340), gekennzeichnete Radwege oder LSA-geregelte Kreuzungen/Einmündungen (ausgenommen vor dem 1. 1. 2000 eingerichtete LSA-geregelte Fußgängerüberwege) erstrecken.

Innerhalb der Zonen ist grundsätzlich die Vorfahrtsregel **„rechts vor links"** einzurichten.

Die Geschwindigkeitsproblematik (VU-Gefahr) hat den Verordnungsgeber in § 57c StVZO veranlasst, für KOM > 10 t zGM, LKW, ZM und Sattelkfz > 12 t zGM den Einbau von **Geschwindigkeitsbegrenzern** vorzuschreiben.

Innerhalb geschlossener Ortschaften (i. g. O.) gilt für alle **Kfz** eine zHG von 50 km/h, die nur durch Z 274 im Einzelfall erhöht oder verringert werden kann (§ 45 Abs. 8). Bei einer Erhöhung durch Z 274 ist eine Überschreitung der (erhöhten) zHG somit weiterhin ein Verstoß gegen § 3 (3) 1 StVO, wie im Falle einer Geschwindigkeitsverringerung durch Z 274.[18]

---

[17]   Ggf. auch geringere Tempoangabe möglich.

[18]   BayObLG, 1 St 551/72 OWi.

Fehlt die Beschilderung (Z 310), so beginnt die geschlossene Ortschaft dort, wo die eindeutig geschlossene Bauweise (nicht vereinzelte Häuser) anfängt, und endet dort, wo völlig unbebautes Gebiet (nicht Baulücke) erreicht wird.[19]

An der Ortstafel muss die 50-km/h-Grenze durch den Kfz-Führer bereits erreicht sein; ein Ausrollen ist nicht zulässig. Auf Toleranz kann sich nur bei schwerer Erkennbarkeit berufen werden. Eine Gewaltbremsung wird nicht gefordert.[20]

Z 385 begründet keine absolute Höchstgeschwindigkeit, verlangt aber die Einhaltung einer **angepassten Geschwindigkeit**.

Außerhalb geschlossener Ortschaften (a.g.O.) ist unter Einbeziehung von § 18 (5) die zHG jeweils nach Kfz-Art und Örtlichkeit (Str.) unterschiedlich geregelt.

Zu beachten ist, dass § 18 (5) sich ausschließlich auf BAB und auf Kraftfahrstraßen **mit getrennten Fahrbahnen** (autobahnähnlich) a.g.O. bezieht. Unabhängig von allen übrigen Geschwindigkeitsbegrenzungen beträgt die zHG bei der Verwendung von Schneeketten stets 50 km/h.

Weiterhin zu beachten ist, dass a.g.O. mit der Aufstellung von Z 274 keine Erhöhung der für bestimmte Fahrzeugarten geltenden Höchstgeschwindigkeiten verbunden ist; so muss auch bei Aufstellung des Z 274 (80 km) ein LKW über 7,5 t zGM auf der Landstraße weiterhin die zHG von 60 km/h aus § 3 (3) beachten.

Für
– PKW (ohne Anhänger) und
– Kfz bis 3,5 t zGM (ohne Anhänger)
beträgt gem. § 3 (3) 2c a.g.O. die **zHG 100 km/h**.

Zeichen 330.1

Dies gilt **nicht** auf
– **Bundesautobahnen** (BAB),
– **anderen Straßen** mit Fahrbahnen für eine Richtung, die durch Mittelstreifen oder sonstige bauliche Einrichtungen getrennt sind (auch bei Einspurigkeit der jeweiligen Fahrbahn).

– mindestens **zwei** durch Z 295 oder 340 markierten Fahrstreifen **je Richtung**.

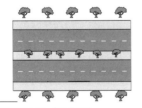

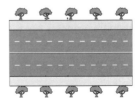

---

[19] Hentschel e.a., § 3, Rn 53.

[20] OLG Köln, VRS 96, 62; OLG Stuttgart, VRS 59, 251; Bay ObLG, NZV 95, 496.

Die übrigen Höchstgeschwindigkeitsgrenzen werden anhand nachfolgender Übersichten dargestellt.

Zul. Höchstgeschwindigkeit in km/h für kfz-/-Kombination auf ...	BAB/Kraftfahrstraßen mit getrennten Fahrbahn	sonstige Straßen a.g.O.
Grundsätzlich:		
Kfz bis 3,5 t zGM (>3,5 t/>7,5 t zGM)	Richtgeschwindigkeit (80/80)	100 (80/60)
Kfz mit Anhänger ausg.: Pkw und Lkw, Wohnm. bis 3,5 t zGM	80 80	60 80
Im Besonderen (beispielhaft)		
Pkw (mit Anhanger)	Richtgeschwindigkcit (80) Ausnahme 100 gem.§ 1 9. AusnVO zur STVO*	100 (80)
Lkw bis 3,5 t zGM (mit Anhänger)	Richtgeschwindigkeit (80)	100 (80)
ZM (mit Anhänger)	80	60
ZM mit 2 Anhängern	60	C0
Wohnmobile (mit Anhänger)	wie Lkw	wie Lkw
sAM (mit Anhänger)	wie Lkw (60)	wie Lkw (60)
Krafträder (mit Anhänger)	Richtgeschwindigkeit (60)	100 (60)
KOM (einschl. Gepäckanhänger)	80/Ausnahme 100 gem. § 18 (5) Z. 3 a-g StVO*	80
KOM mit Anhänger /Fahrgästen ohne eigenen Sitzplatz	60	60

* Kennzeichnung  erforderlich

oder

BAB und Kraftfahrstraßen mit getrennten Fahrbahnen	sonstige Straßen
Grundsatz: 80 km/h	**Ausnahme:** 80 km/h
– beachte: Ausnahmeregelung 100 km/h für KOM/Wohnmobile (–7,5 t zGM) ohne Anhänger bzw. Kfz bis 3,5 t zGM mit Anhänger	– Pkw mit Anhänger (Ausn. 100 km/h) – Lkw bis 3,5 t zGM mit Anhänger – Wohnmobile bis 3,5 t zGM mit Anhänger – Kfz über 3,5 t bis 7,5 t zGM ohne Anhänger
Ausnahme: 60 km/h	**Grundsatz:** 60 km/h
– Krad mit Anhänger – SAM mit Anhänger – Zugm. mit 2 Anhängern – KOM mit Fahrgästen ohne Sitzplatz	
Ausnahme:	
– Pkw ohne Anhänger – Kfz bis 3,5 t zGM ohne Anhänger	
Richtfahrgeschwindigkeit	100 km/h
VO s. Bu-8-2-4 PolFHa und beachte Mitschuld im Rahmen der Unabwendbarkeitsregelung i.S.d. Gefährdungshaftung gemäß § 7 (2) StVG bei Überschreitung der RG von 130 km/h, BGH, VRS 83, 171.	Vgl. Bu 8-2-3 / 9. Ausn. VO z. StVO

Zu beachten ist, dass Kombifz (z.B. der DB-Sprinter), die offensichtlich der Güterbeförderung dienen, als **LKW** einzustufen sind, auch wenn sie im Fz-Schein als PKW oder Kombinationskfz eingetragen sind.[21]

Unfälle unter Überschreitung der Richtgeschwindigkeit (hier gef. Gschw. > 200 hm/h) führen zur Mithaftung, da der Fahrer sich die Gefährlichkeit seines Tuns im Rahmen der Betriebsgefahr seines Fz anrechnen lassen muss.[22]

Anderseits führt nicht jeder RG-Überschreitung zum Schuldvorwurf, soweit die Überschreitung nicht gegen die Regeln aus § 3 StVO verstößt (BGHZ 117, 337).

---

[21] BayObLG, PVT 04, 197; OLG Karlsruhe, VD 10/04, 274 ff.

[22] OLG Koblenz, 12 U 1181/05.

Die StVO regelt nicht nur die zu fahrende Höchstgeschwindigkeit, sondern sie enthält auch Bestimmungen zum **Langsamfahren** und zur Einhaltung einer **Mindestgeschwindigkeit**. Z 275 spricht gleichzeitig für die Fz-Führer ein Benutzungs-(Verkehrs-)verbot aus, die der Forderung nach der Mindestgeschwindigkeit nicht nachkommen wollen oder können.

Schematische Darstellung:

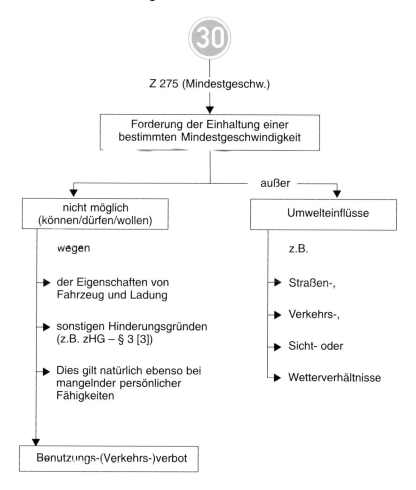

Z 275 (Mindestgeschw.)

Forderung der Einhaltung einer bestimmten Mindestgeschwindigkeit

außer

nicht möglich
(können/dürfen/wollen)

Umwelteinflüsse

wegen

z.B.

- der Eigenschaften von Fahrzeug und Ladung

- Straßen-,

- sonstigen Hinderungsgründen (z.B. zHG – § 3 [3])

- Verkehrs-,

- Sicht- oder

- Dies gilt natürlich ebenso bei mangelnder persönlicher Fähigkeiten

- Wetterverhältnisse

Benutzungs-(Verkehrs-)verbot

Die Forderung einer **relativen Mindestgeschwindigkeit** enthält § 3 (2) StVO, wonach Kfz

– die Behinderung des Verkehrsflusses durch
– (unsachgemäßes) Langsamfahren ohne triftigen Grund

verboten wird.

Als **unsachgemäßes Langsamfahren** gilt hier jede Geschwindigkeit, die wesentlich geringer ist als die durchschnittliche Geschwindigkeit auf der jeweiligen Straße und dass die nachfolgenden Fz das langsam fahrende Fz nicht gefahrlos überholen können.[23]

Die Vorschrift greift bei grundlosem Langsamfahren mit längerer Behinderung des einzelnen Hintermannes.[24]

Als **triftiger Grund** ist jede in

– der Person,
– dem Fz,
– der Besetzung oder Ladung oder
– in sonstigen äußeren Bedingungen

begründete Rechtfertigung des Langsamfahrens zu verstehen.

§ 3 (2) StVO verlangt als konkretes Erfolgsdelikt den Eintritt einer Behinderung des Verkehrsflusses durch das unsachgemäße Langsamfahren.

Verkehrsfluss setzt die Behinderung einer Mehrzahl von VT voraus, z.B. bei Bildung einer Fz-Schlange (mehr als 3 Fz), die sich wegen der übrigen Verkehrsverhältnisse nicht auflösen kann.

Die Behinderung einzelner VT stellt einen Verstoß gegen § 1 (2) in Form der vermeidbaren Behinderung dar.

Weitere Bestimmungen zum Langsamfahren enthalten

– § 5 (6) StVO – **Wartegebot**

Führer langsam**erer** Fz haben ihre Geschwindigkeit an geeigneter Stelle zu ermäßigen, notfalls zu warten, wenn nur so mehreren unmittelbar folgenden Fz das Überholen ermöglicht werden kann.

– Z 295 – **Fahrbahnbegrenzung**

Grenzt sie einen befestigten Seitenstreifen ab, müssen a.g.O. landwirtschaftl. Zug- oder Arbeitsmaschinen, Fuhrwerke und ähnlich langsame Fz möglichst rechts von ihr fahren.

– § 2 (4) StVO

Radfahrer dürfen Seitenstreifen benutzen, wenn keine Radwege vorhanden sind und Fußgänger nicht behindert werden.

---

[23] BayObLG, VRS 33, 301.

[24] Hentschel e.a., § 3, Rn 47.

Schematisch lässt sich die Problematik „**Langsamfahren**" in folgender Übersicht (alle §§ StVO) zusammenfassen:

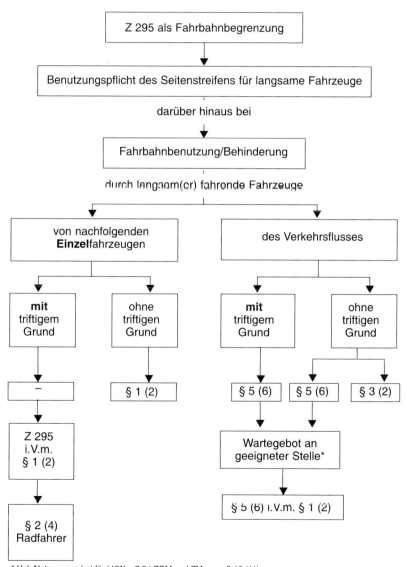

* Vgl. Nutzungsverbot für LKW > 7,5 t ZGM und ZM gem. § 18 (11).

Beispielhaft darf demzufolge ein Fz-Führer seine Geschwindigkeit auf einer kurvenreichen Strecke infolge auftretender Übelkeit erheblich reduzieren und hierdurch den Verkehrsfluss behindern. Andererseits hat er natürlich i.S.d. § 5 (6) StVO ein Überholen an geeigneter Stelle, z.b. auf dem Seitenstreifen, einem Parkplatz oder einer Haltestelle, durch Platzschaffen bzw. Anhalten zu ermöglichen. Bei Aufstellung des Z 275 unterläge er dem Benutzungsverbot.

Die Notwendigkeit polizeilicher **Überwachung** ist ebenso unumstritten wie der Erfolg der Überwachung.

Begründet ist sie in der unumstrittenen Gefährlichkeit der Geschwindigkeit und dem damit verbundenen hohen Ursachenanteil bei Verkehrsunfällen.

Hier ein für Jedermann einsichtiges Beispiel:

Kind –A– läuft unachtsam auf die Straße. In ca. 14 m Entfernung nähert sich Pkw –X– mit den vorgeschriebenen 30 km/h sowie –Y– mit 50 km/h.

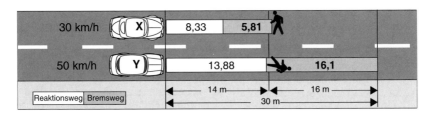

Bei Beachtung der Geschwindigkeitsgrenze kommt der Pkw rechtzeitig zum Stillstand, während bei 50 km/h das Kind mit 50 km/h erfasst und erheblich verletzt wird, vermutlich jedoch getötet wird.

Bei einer Übertragung des Bsp. auf 70 km/h wird das Kind mit 70 km/h erfasst. Der Unterschied bedeutet schlicht Tod oder Leben. (vgl. S. 80/Momentangeschwindigkeit).

Bei einem Verkehrsunfall zwischen einem (erw.) Fußgänger und einem Pkw hängt die Wahrscheinlichkeit der Tötung des Fußgängers verständlicherweise in hohem Maße von der Aufprallgeschwindigkeit ab. Die Todesrate beträgt nach wissenschaftlichen Untersuchungen:

Aufprallgeschwindigkeit in km/h	30	40	50	60
Todesrate in %	30	50	80	100

Quelle: Landesverkehrswacht NRW

Der Erfolg polizeilicher Überwachungsmaßnahmen ist inzwischen vielfach untersucht und nachgewiesen. So konnte im PP Duisburg[25] eine Abnahme der Geschwindigkeitsüberschreitungen um 31 % infolge intensiver polizeilicher Überwachungstätigkeit festgestellt werden.

Auch die Zusammenhänge zwischen Kontrollintensität und Unfallaufkommen sind nachgewiesen. So führt die Reduzierung der Kontrolltätigkeit um 50 % zu einer V-Unfallzunahme um 11 %, während eine Intensivierung der Überwachung um 110–300 % die Unfallzahlen um 11 % sinken lässt.[26]

Für die pol. Geschwindigkeitsüberwachung[27] sind folgende Verfahren von Bedeutung:

– Radarkontrollen,

– Funkstoppmessverfahren,

– Lichtschrankenmessverfahren,

– Nachfahren,

– Fahrtschreiberblattkontrollen,

– Laser-Verkehrsgeschwindigkeits-Messgeräte (LAVEG/LR 90/235).

Im Rahmen der Verkehrsüberwachung sind derzeit Geschwindigkeitsmessungen durch **Privatunternehmer** unzulässig.

Alle diese Verfahren sind durch die Rechtsprechung als Beweismittel anerkannt, soweit sie ordnungsgemäß durchgeführt werden, d.h., bei der Durchführung die verwendete Technik zuverlässig arbeitet und die im Einzelfall geltenden Bestimmungen beachtet werden.

Geschwindigkeitsmessungen erfolgen neben unseren variabel einsetzbaren Lasermessungen mit Hilfe der Radarpistole „Speed Control" vielfach über den Einsatz technischer Hilfsmittel. Wie z.B. die der Firma Robot Visual Systems, 40789 Monheim am Rhein, die die folgenden Bilder freundlicherweise zur Verfügung stellte.

---

[25] Forschungsprojekt „Wirksamkeitsuntersuchung polizeilicher Maßnahmen im Bereich Verkehrssicherheitsarbeit".

[26] BAST, in wie vor.

[27] BayObLG, 106 OWi 785/96.

Stationär kommt hierbei die Kontrolle über „Traffi-pax SpeedPhot" zum Einsatz, während **wechselnde** Standorte z.B. mit Hilfe des Multanova 6 F überwacht werden können.

Beispiele:

– im offenen Standbetrieb   – verdeckt im PKW

oder z.B.

– im Baustellen- oder KiGa-Bereich

Die Aufstellung der Geräte ist mobil (Fz) oder stationär auch im 24-Stunden-Betrieb möglich.

Quelle: Robot Visual Systems, 40789 Monheim/Rhein.

Bei Überschreitung der zulässigen Höchstgeschwindigkeit erfolgt automatisch die Auslösung eines Beweisfotos.

Eine eindeutige Auswertung/Zuordnung der gemessenen Geschwindigkeit sowie eine schnelle Bearbeitung ist mit Hilfe des „TraffiScan System" mit Hochleistungsscanner und direkten Schnittstellen möglich.

Quelle: Robot Visual Systems, 40789 Monheim/Rhein

Aus Gründen der Beweissicherung (Fahrer) wird heute überwiegend in entgegenkommenden Fz-Verkehr gemessen.[28]

Hier Aufstellungsbeispiele:

Aufstellmöglichkeit am rechten Straßenrand (PKW oder Stativ) zur Messung des ankommenden oder abfließenden Verkehrs.

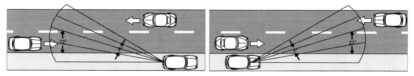

Aufstellmöglichkeit am linken Straßenrand (PKW oder Stativ) zur Messung des ankommenden oder abfließenden Verkehrs.

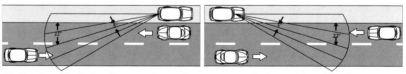

Stationäre Verkehrsüberwachungskameras genießen nicht den Schutz des § 316b StGB.[29]

Als bedeutsamer technischer Fehler ist immer noch die Knickstrahlreflexion bei Messungen zu beachten.

---

[28] Überlegungen zur Halterhaftung werden hier angestellt (Verkehrsgerichtstag 2005).

[29] OLG Stuttgart, VM 51, 87; LG Ravensburg 4 NS 241/96 (Senf auf Linse).

Bei der **Knickstrahlreflexion** entsteht eine zu geringe Anzeige dadurch, dass im Wirkungsbereich der Strahlung ein ebener metallischer Gegenstand so aufgestellt ist, dass die Strahlung ohne erhebliche Streuung und Schwächung auf die Straße gebracht wird. Dabei kann ein Fz zweimal gemessen werden, nämlich bei der Durchfahrt des ersten und dann des reflektierten Strahls. Dies führt zu der geringeren Anzeige.

Die früher zu berücksichtigenden Fehler wie z.B. Schrägstellung werden durch moderne und ausgereifte Technik inzwischen ausgeschaltet.

Störungen der Radarmessung durch **Funkbetrieb** in unmittelbarer Nähe (bis max. 5 m) des Radargeräts sind zwar theoretisch denkbar, jedoch für die polizeiliche Praxis ohne jede Bedeutung. Bei Vorliegen derartiger Störungen sind die Messungen zu verwerfen.[30]

Im Übrigen erfolgen folgende Toleranzabzüge:

bis 100 km/h – 3 km/h

über 100 km/h – 3 %

Jegliche **Radarwarnung** verkennt die Notwendigkeit und den Nutzen dieser Überwachung.[31] Ohne konkrete Folge stellt sie keinen Verstoß gegen § 1 (2) StVO dar. Sie kann aber durch Ordnungsverfügung (vgl. § 80 (3, 5) VwGO/§ 8 (1) PolG NRW) untersagt werden.

Nutzung als auch das betriebsbereite Führen angebotener Radarwarngeräte stellen einen Verstoß gegen § 23 I b StVO (75,– €, 4 Punkte) dar. Dies gilt auch für Navigationsgeräte, die stationäre Radaranlagen anzeigen.[32] Kaufverträge über Radarwarngeräte sind sittenwidrig und wegen eines Verstoßes gegen § 138 I BGB nichtig, so dass eine Kaufpreisrückforderung unmöglich ist.[33]

Zwischen dem Funkstoppverfahren und dem Spiegelmessverfahren besteht in der theoretischen Grundlage kein Unterschied, lediglich in der praktischen Durchführung. Beide Verfahren finden in der Praxis jedoch kaum noch Anwendung.

Beim **Nachfahren** wird die Geschwindigkeit dadurch ermittelt, dass ein Polizeifahrzeug über eine längere Strecke mit gleich bleibendem Abstand hinter einem Fz herfährt und hierbei auf dem eigenen Tacho so die Geschwindigkeit des Vorausfahrenden feststellt.[34]

Die Verwertung einer Geschwindigkeitsmessung durch Nachfahren hängt nicht von der Verwendung eines Dienstfahrzeuges ab. Sie kann auch mit einem Privatfz durchgeführt werden. Hierbei ist ein Sicherheitsabzug von 15 % der abgelesenen Geschwindigkeit und 10 % des Skalenwertes des Tachos vertretbar.[35]

---

[30] PTB-Bl-14/79.

[31] VM 50, 97

[32] Hentschel e.a., § 3, Rn 38, Mitteilung IM NRW, Art. 200 61.

[33] BayObLG, 4 St 88/79, NVZ 95, 492, 97, 314.

[34] Im Einzelnen siehe Hentschel e.a., § 3, Rn 62.

[35] OLG Köln, NZV 97, 525.

Wegen der möglichen Ungenauigkeiten wurden durch die Rechtsprechung folgende Richtwerte als Mindestanforderung festgelegt:

km/h	Messstrecke größer als ... m	Abstand von ... m	
60	150	30	KG, VRS 31, 71
70	200	50	KG, VRS 33, 65
90	250	50	OLG, Hamm, DAR 69, 221
100	300	60	OLG, Hamm, VRS 43, 217

Bei einer Messung durch Nachfahren sind folgende Toleranzwerte zu beachten.

Tacho	bis 100 km/h	über 100 km/h
Techn. Aufzeichnung mit Kontrollgerät	6 km/h	6 km/h
nicht justiert[**]	20 % des Skalenendwertes[*]	

[*] in NRW, bis 90 km/h 400 m Messstrecke, über 90 km/h 500 m Messstrecke
[**] gilt auch für Messung mit Privat-Kfz

Auf der gleichen Basis erfolgt die Geschwindigkeitsermittlung beim Vorausfahren.

Ebenso ergeben Lasermessungen (Leuchtpunktvisier) zuverlässige und beweiserhebliche Ergebnisse.

Soweit das **Lasermessverfahren** als standardisiertes Verfahren durchgeführt wird, bestehen keinerlei Bedenken gegen seine Anwendung. Eine detaillierte Darlegung und Zuordnung der Messung zum Fz des Betroffenen ist dann durch den Tatrichter nicht erforderlich. Bei begründeten Zweifeln im konkreten Einzelfall, z.B. bei

– nächtlichen Messungen, schlechten Sichtverhältnissen
– erheblichem Verkehrs-/Kontrollaufkommen
– Protokollführung auf/unter Zuruf
– nicht ständiger Kontrolle des gemessenen Fz
– Identität von Protokollführer und Anhalteposten

ist jedoch zweifelsfrei nachzuweisen, dass das gemessene mit dem angehaltenen Fz identisch ist.[36]

Bei den geringsten Zweifeln sollte die Polizei – im ureigensten Interesse – auf einen Vorwurf verzichten.

---

[36] BGH, NJW 98, 120; AG Köln, NZV 98, 84, 654.

Einer der beweisfähigsten Nachweise für eine Geschwindigkeitsüberschreitung ist die **Diagrammscheibe** bzw. das **digitale Kontrollgerät** des kontrollierten Fz.

Diagrammscheibe:

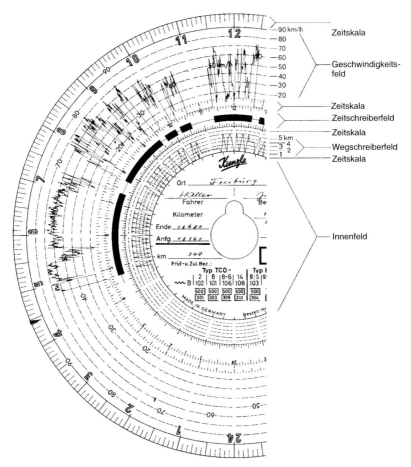

Die Aufzeichnungen werden speziell durch § 268 StGB geschützt. Die Notwendigkeit zur Führung ergibt sich aus der EWG VO 3820/1/85, den AETR-Bestimmungen sowie aus § 57 ff. StVZO.

Als Toleranz sind 6 km abzuziehen, zu beachten ist jedoch, dass eine im Einzelfall absolut exakte Auswertung nur durch einen a.a.S. (Kienzle/VDO) möglich ist.

Sonstige Geschwindigkeitsermittlungen (z.B. Schätzungen) sind zwar nicht stets unbrauchbar, i.d.R. für die pol. Praxis aber ungeeignet.

4.2 Abstand

Dienstag, 26. 2. 20…, 07.00 Uhr, BAB Augsburg-München, Langwieder See,
Sichtweite: 50 m

Durchschnittsgeschwindigkeit: 80 km/h

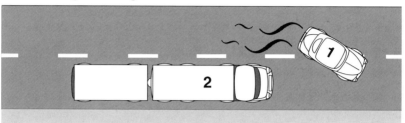

PKW –1– überholt, gerät ins Schleudern und kippt um.

LKW –2– kann rechtzeitig abgebremst werden.

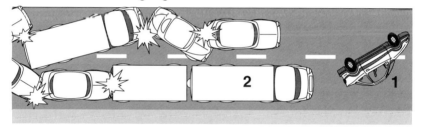

Weitere 18 Fz fahren jedoch auf.

Unfallfolgen: 4 Tote (19, 26, 33, 57 Jahre)
9 Schwerverletzte
18 Kfz – Totalschaden/Brand

Unfallursache: §§ 3 (1), 4 (1) StVO
Sichtfahrgeschwindigkeit
Sicherheitsabstand

Insbesondere bei Nebel und auf der BAB (wie oben) führen Geschwindigkeitsüberschreitungen i.V.m. Abstandsfehlern immer wieder zu folgenschweren Verkehrsunfällen.

Beide Fehlverhaltensformen gehören zu den häufigsten Unfallursachen, und
das, obwohl § 4 (1) StVO hier den Grundsatz der doppelten Sicherung entwik-
kelt.

Zum einen gebietet § 4 die Einhaltung eines ausreichenden Abstands, zum anderen verbietet er aber das starke Bremsen ohne zwingenden Grund.

Ein Abbremsen aus **zwingendem Grund** liegt nur vor, wenn es zum Schutz von
mindestens gleichwertigen Rechtsgütern erfolgt, z.B. wenn es anderenfalls zu
einer Gefährdung oder Schädigung des Bremsenden selbst oder eines anderen

käme.[37] Das bedeutet, die Gleichwertigkeit der Gefährdungsobjekte ist zu überprüfen, sodass sich das Bremsen wegen eines Kaninchens z.b. im Einzelfall verbietet.[38]

In allen anderen Fällen ist ein starkes Bremsen nur unter Berücksichtigung des nachfolgenden Verkehrs zulässig, wobei im Einzelfall § 1 (2) StVO zu prüfen ist.

Das verspätete Erkennen einer Parklücke oder Abfahrt stellt somit keinen zwingenden Grund zum Bremsen dar, im Gegensatz zu einem aus einer Hofeinfahrt herauslaufendem Kind.

Der Phasenwechsel auf Gelb ist zwar ein Grund zum Bremsen, aber kein zwingender. Die Phasendauer von 3 bis 5 Sekunden ist entsprechend zu berücksichtigen, so dass stets entweder ein angepasstes Bremsen oder eben das gefahrlose Überqueren der Kreuzung/Einmündung möglich und zu bedenken ist.

Den Schwerpunkt des § 4 StVO bildet die Regelung des Längsabstands in Form eines abstrakten Gefährdungsdelikts.

Der Seitenabstand ist im Einzelfall nach folgenden unterschiedlichen Bestimmungen zu beurteilen:

- § 5 (4) StVO beim Überholen,

- § 20 (1) StVO beim Vorbeifahren an öffentlichen Verkehrsmitteln, die an Haltestellen halten,

- § 1 (2) StVO in allen übrigen Fällen.

§ 4 StVO soll als Spezialregel nicht (wie § 3 StVO) vor noch unsichtbaren Hindernissen schützen, sondern Gefährdungen und Schädigungen des sichtbar vorausfahrenden VT verhindern.

Der **Abstand** soll stets so groß sein, dass gefahrlos hinter dem Vorausfahrenden gehalten werden kann. Die Bemessung des Abstandes erfolgt unter Berücksichtigung der jeweiligen Einzelumstände nach dem erforderlichen **Anhalteweg**, d.h., der Anhalteweg des Nachfolgenden darf nicht größer sein als der eingehaltene Abstand plus Bremsweg des Vorausfahrenden.

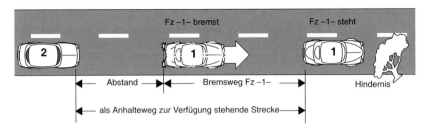

---

[37]   KG VM 00, 79.

[38]   AG Aachen, ZfV 85, 128.

In der Regel wurde hierbei in der Rechtsprechung[39] ein Abstand in Höhe der in 1,5 s durchfahrenen Strecke bei normalen Umständen für ausreichend gehalten.[40] Dies gilt auch auf der BAB oder der Überholspur.

Unter Anwendung der Formal s = v · t lautet die gekürzte Formel:

Regelabstand = Tachoangabe : 2,4

wobei sich je 10 km/h gefahrene Geschwindigkeit ein Regelabstand von 4,16 m ergibt.

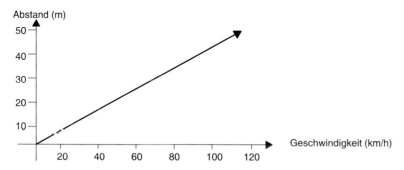

Da der **Bremsweg als Teil des Anhaltewegs** maßgeblich von den Umständen des Einzelfalles abhängt, ist es selbstverständlich, dass der Abstand ebenfalls insbesondere von

- der Örtlichkeit und Verkehrslage,
- der Fahrgeschwindigkeit,
- den Sicht-, Wetter- und Straßenverhältnissen,
- den Eigenschaften (z.B. Bremsverhalten) des eigenen wie des vorausfahrenden Fz und
- dem Verhalten des vorausfahrenden VT

weitgehend beeinflusst wird.

Dies setzt im konkreten Einzelfall u.U. eine Vergrößerung des Abstands auf dem eigenen Anhalteweg voraus, und zwar stets dann, wenn zu befürchten ist, dass der Bremsweg des Vorausfahrenden nicht als Anhalteweg zur Verfügung steht oder dieser zu kurz ist.

Die Notwendigkeit eines vergrößerten Regelabstandes ergibt sich stets, wenn die Gefahr eines Verkehrsunfalls (Auffahren) begründet ist. Beispiele hierfür sind

- Glatteis, Schnee, Regen, also Witterungseinflüsse oder eine riskante Fahrweise des Vorausfahrenden, z.B. fehlender Sicherheitsabstand zum Vordermann.

[39] OLG Hamm, VM 86, 63.

[40] Die Bußgeldbewährung geht von 1,8 sec (Halber Tachowert) aus. Dies ist die Berechnungsgrundlage, nicht die Definition. Vgl. Hentschel e.a., § 4 Rn 15.

Beim Regelabstand wird unterstellt, dass der Bremsweg des Vorausfahrenden dem Nachfolgenden zumindest teilweise als Anhalteweg zur Verfügung steht.

Dies führt unter der Voraussetzung, dass
— der Vorausfahrende die Sichtfahrgeschwindigkeit (angepasste Geschwindigkeit) einhält und
— dem Nachfolgenden bei etwa gleichen Bremsverzögerungswerten der Bremsweg des Vorausfahrenden ebenfalls zum gefahrlosen Anhalten zur Verfügung steht,

dass die Strecke
— als Abstand ausreicht, die der Nachfolgende während seiner eigenen Reaktions- und Bremsanspruchszeit zurücklegt.

Zur Verdeutlichung nachfolgend nochmals skizzenhaft der Phasenablauf des Verkehrsvorganges.

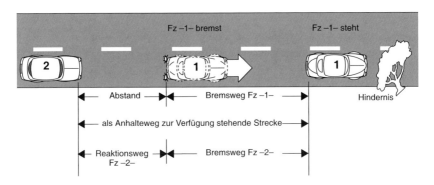

Hieraus ergibt sich eindrücklich, dass der Abstand stets größer sein muss als der eigene Reaktionsweg.

In der Rechtsprechung wird hierbei ein Wert von 0,8 s als Reaktionszeit (-weg) für ausreichend gehalten; wissenschaftliche Untersuchungen weisen jedoch Werte zwischen 1,5–2,0 s als realistischer aus.

Unter Anwendung der Formel s = v · t ergibt sich bei Verwendung von 0,8 s als Mindestreaktionszeit zur Berechnung eine gekürzte Formel:

Gefährdungsabstand = Tachoangabe : 4,5

Hierbei ergibt sich je 10 km/h gefahrene Geschwindigkeit ein Gefährdungsabstand von 2,22 m.

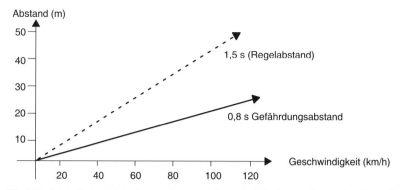

Die Möglichkeit der Einhaltung eines solchen Gefährdungsabstandes ist zuläs-sig[41]
- im Kolonnenverkehr
- im dichten Stadtverkehr oder
- bei mehrspuriger Verkehrsführung.

Sie erfordert vom Fz-Führer, mit
- größter Aufmerksamkeit unter Beobachtung des vorausfahrenden Verkehrs und
- erhöhter Bremsbereitschaft[42]

zu fahren, um beim Auftauchen von Hindernissen **sofort** (gleichzeitig mit dem Vorausfahrenden) zu bremsen.[43]

Im konkreten Einzelfall wurden in der Rechtsprechung folgende Abstände noch als zulässig erachtet:

Geschwindig-keit in km/h	Abstand in m	Bemerkungen	
50	10	Großstadtver-kehr	OLG Saarbrücken, NJW 68, 760;
45	10	Stadtverkehr	OLG Köln, VOR 74, 53;
40	10	Nässe	OLG Köln, VM 72, 88;
30	14		OLG Hamm, VRS 43, 62;
30	7	hindernisfreie Fahrbahn	BayObLG, VRS 67, 786;
25	10	vereiste Groß-stadtfahrbahn	KG, VRS 12, 126.

---

[41] BayObLG, VM 71, 21.

[42] AG, Köln, VOR 74, 53.

[43] OLG Bremen, VR 77, 158.

Bei (nicht nur ganz vorübergehenden) **Unterschreitungen des Gefährdungsabstandes (0,8 s) gefährdet** der Fz-Führer konkret den Vorausfahrenden i.S.d. § 1 (2) StVO.[44]

Will der Fz-Führer durch das Unterschreiten (zu dichtes Auffahren) z.B. ein Überholen erzwingen, kann eine **Nötigung** i.S.d. § 240 StGB vorliegen, da hierdurch das Tatbestandsmerkmal Gewalt bzw. Drohung mit einem empfindlichen Übel erfüllt sein kann.[45]

Dies kann auch i.g.O. gegeben sein. Hierbei spielen Dauer und Intensität des abdrängenden Auffahrens, Geschwindigkeit und die allg. Verkehrssituation eine besondere Rolle.[46]

Entscheidend ist aber die Verwerflichkeit des Handelns, die sich hier i. d. R. aus der Mittel-Zweck-Relation ergibt.

In der Rechtsprechung wurden bisher folgende Fälle als Nötigung angesehen:[47]

km/h	Abstand (m)	Bemerkungen
120/140	5	… über eine Strecke von 1 km bis 1,5 km unter ständigem Hupen und Blinken
120	–	Scheinwerfer des Auffahrenden nicht mehr erkennbar
105	2	… über eine Strecke von 2 km bis 3 km unter ständigem Hupen und Blinken
100/110	0,25	… über eine Strecke von ca. 50 m bis 100 m unter ständigem Hupen

Ordnungswidrig handelt sowohl der fahrlässig oder vorsätzlich eine Vorschrift des § 4 missachtet. Die Bußgeldbewährung bzw. das in der BKatV enthaltene Kriterium des halben Tachowertes (1,8 sec-Abstand) ist **Berechnungsgrundlage**, nicht Definition des Regelabstandes.[48]

Nötigung ist stets dann anzunehmen, wenn das Gesamtverhalten den Vorausfahrenden erschrecken und zu unfallträchtigen Reaktionen veranlassen kann.[49]

Zur **Beschleunigung des Verkehrsflusses** und zur Erleichterung des Überholens haben
- Kfz mit Geschwindigkeitsbeschränkung und
- Züge über 7 m Länge
- **a.g.O.** den doppelten Sicherheitsabstand **(Einscherabstand)** einzuhalten (§ 4 [2] StVO).

---

[44] OLG Köln, VM 80, 24.

[45] BGH St 19, 263.

[46] BVerfG, 2 B VR 932/06 v. 29. 03. 07.

[47] OLG Schlesw., VM 65, 87; OLG D'dorf, VM 71, 76; BGH St 19, 263; OLG Köln VM 84, 83.

[48] Hentschel e.a., § 4 Rn 15.

[49] OLG Karlsr., DAR 79, 302.

Als Kfz mit Geschwindigkeitsbeschränkung kommen nur Einzelkfz in Betracht, deren Höchstgeschwindigkeit durch die §§ 3 (3) oder 18 (5) StVO eingeschränkt wird, also Kfz über 3,5 t zGM (mit Ausnahme von Pkw).

Für **Züge unter 7 m** Länge gilt die Forderung aus § 4 (2) StVO nicht, auch wenn (obwohl) für diese eine Geschwindigkeitsbeschränkung besteht, es sei denn, dass das ziehende Kfz bereits einer Geschwindigkeitsbeschränkung unterliegt.

Für **geschlossene Verbände** regelt sich der Abstand (innerhalb des Verbands) gemäß § 27 (2) StVO, wonach sie je nach Länge in angemessenen Abständen (nicht nach jedem Fz) Zwischenräume für den übrigen Verkehr frei lassen müssen. Der übrige Verkehr darf sie an anderer Stelle nicht unterbrechen.

Der geforderte Einscherabstand regelt sich ebenfalls nach Abs. 1, d.h., er beträgt jeweils den in der konkreten Einzelsituation erforderlichen Sicherheitsabstand zuzüglich ca. 5 m für das überholende Fz.

Ist also eine Verkürzung des Regelabstands auf den Gefährdungsabstand (0,8 s) zulässig, beträgt der Einscherabstand das Doppelte (1,6 s) zuzüglich 5 m. Ist jedoch eine Vergrößerung des Regelabstands erforderlich, beträgt der Einscherabstand das Doppelte des erforderlichen **vergrößerten** Regelabstands.

Der Einscherabstand ist **stets** einzuhalten, unabhängig davon, ob ein Überholwilliger folgt oder nicht.

Darüber hinaus ist er nach dem Einscheren eines Überholenden wiederherzustellen, es sei denn, dieser setzt alsbald zu einem neuen Überholvorgang an.

Aus dem Sinn der Bestimmung heraus gilt die Verpflichtung **nicht**,
- wenn der Adressat selbst überholt,
- auf mehrspurigen oder auf mit
- Z 276 (Überholverbot) gekennzeichneten Strecken.

Die übrigen Überholverbote (§ 5 [2, 3] StVO) kommen hier nicht in Betracht, da sie entweder PKW, Kräder etc. das Überholen nicht verbieten oder in der Beurteilung von zu unterschiedlichen Faktoren abhängig sind.

Z 273 dient ausschließlich der Verhinderung einer Überlastung der Traglasten von Brücken und ähnlichen Kunstbauten durch zu dicht aufeinander folgende Schwerlastfahrzeuge. Die grundsätzliche Aufstellung i.V.m. Z 253 begründet die Einordnung des Zeichens in Anlage 2, zu § 41 Abschnitt 6 – Verkehrsverbote.

Zeichen 273

Von besonderer Bedeutung im Zusammenhang mit der Verhinderung von **Massenkarambolagen** ist die Einfügung des Abs. 3 in § 4 StVO, wonach
- **Lkw** mit einer zGM über 3,5 t und **KOM**
- auf der BAB (nicht Kraftfahrstraßen)
- bei einer Geschwindigkeit von mehr als 50 km/h
- einen **Mindestabstand** von 50 m einhalten müssen (Leitpfostenabstand).

Hier genügt zum Verstoß – im Gegensatz zu Abs. 1 – bereits eine kurzfristige Unterschreitung.[50]

---

[50] OLG Zweibrücken, NZV 97, 283.

In der Gesamtheit der Regelungen ergibt sich folgende schematische Übersicht:

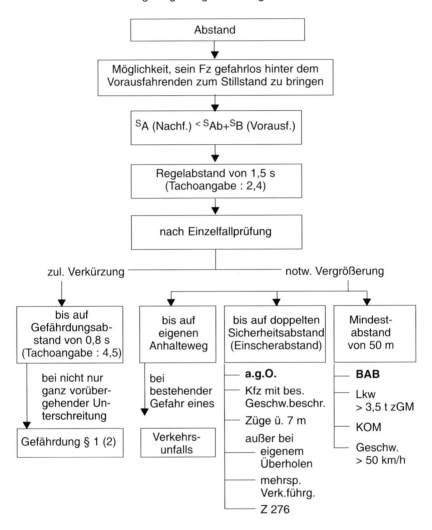

Ebenso wie im Bereich der Geschwindigkeit ist die Notwendigkeit der polizeilichen Abstandsüberwachung unumstritten.

Diese Überwachung erfolgt mit Hilfe verschiedener Geräte wie FESAM, Trafipax und Distanova. Das hierbei verwendete Verfahren ist im Prinzip bei allen Geräten gleich.

In ihrer Verkehrselektronik-Information 4/79 wird das Distanova-Verfahren wie folgt beschrieben:[51]

Das Verfahren

Angesichts der Komplexität des Verkehrsgeschehens sind die Feststellungen eines beobachtenden Polizeibeamten notwendig.

Das DISTANOVA-Gerät liefert eine beweiskräftige Dokumentation der polizeilichen Feststellungen innerhalb der letzten 150 m des Beobachtungsbereiches. Das Verfahren kann wie folgt beschrieben werden:

– Ein Beamter, auf einer Brücke postiert, stellt durch Beobachtung fest, dass sich in einer Distanz von 300 m ein Fahrzeugpaket mit zu geringem Abstand nähert.

– Wird dieser zu geringe Abstand beibehalten, löst der Beamte nun ein Foto als Übersichtsaufnahme aus, wenn die Fahrzeuge noch 150 m entfernt sind.

– Fährt das 1. Fahrzeug des Paketes bei einer Distanz von 100 m in einen zuvor festgelegten Messbereich ein, wird eine 1. Kontrollaufnahme manuell ausgelöst. Eine 2. und, falls gewünscht, eine 3. Kontrollaufnahme folgt nun in frei vorprogrammierbaren Zeitabständen automatisch.

– Der eigentliche Messbereich wird von 100 m bis 25 m vor dem Standort des DISTANOVA-Gerätes vorbereitet, indem am Fahrbahnrand Markierungen angebracht werden, z.B. Holzklötze in regelmäßigen Abständen. Diese „Skala" wird fotografiert, und mit Hilfe der Aufnahme wird eine Schablone im Format 24 x 36 mm hergestellt. Für diese Messstelle ist nun jederzeit die Distanzmarkierung vorhanden, ohne dass auf der Fahrbahn noch weitere Markierungen nötig sind. Für die Einrichtung des DISTANOVA-Gerätes muss ein Bezugspunkt im Fotobereich vorhanden sein (Stange, Stein, Baum etc.). Das Verfahren kann natürlich auch bei fester Markierung des Messbereiches auf der Straße durchgeführt werden.

– Mit Hilfe der Kontrollaufnahmen und des Distanzrasters kann die Polizei nun Geschwindigkeit und Fahrzeugabstand bestimmen. Falls drei Kontrollaufnahmen vorliegen, kann auch festgestellt werden, ob die Fahrzeuge mit konstanter Geschwindigkeit gefahren sind, was bei Einsprachen oft wichtig ist.

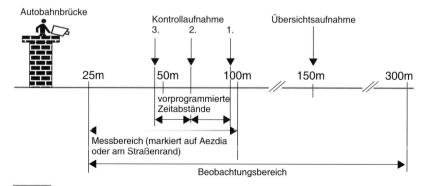

---

[51]   Quelle: Zellweger Uster AG (Distanova).

4.3 Übungen

Übungen zu 4.1

Lösungen

Gemäß § 3 (1) StVO muss der Fz-Führer bei jeder Geschwindigkeit sein Fz ... und seine Geschwindigkeit den

ständig beherrschen

–

Straßen-/Verkehrs-/Sicht- und Wetterverhältnissen

sowie seinen ... und ...

persönlichen Fähigkeiten/den Eigenschaften von Fz/Ladung

anpassen.

Hierbei muss er innerhalb ... sein Fz zum Stillstand bringen (Sichtfahrgeschwindigkeit).

der übersehbaren Strecke

Der zu beachtende Anhalteweg ergibt sich zusammen aus ... und ..., er wird wie folgt berechnet: ...

Reaktions-/Bremsweg

$$S_A = v \cdot t_R + \frac{v^2}{2a}$$

Auf schmalen Straßen, auf denen entgegen kommende Fz gefährdet werden können, ist halbe Sichtfahrgeschwindigkeit zu fahren, d.h., der Anhalteweg darf lediglich die ... betragen. Eine Straße ist dann als schmal anzusehen, wenn ... bzw. dem Gegenverkehr nicht mindestens eine Raumbreite von ... verbleibt.

Hälfte der übersehbaren Strecke

sie nicht breiter als 7 m ist,
3,5 bis 4 m

Diese relativen Höchstgeschwindigkeitsgrenzen können durch die absoluten HG aus ... eingeschränkt werden. Diese werden jedoch auch durch die relativen HG kontrolliert.

§§ 3 (3), 18 (5) StVO, Z 274

Bei Schneefall, Regen oder Nebel mit einer Sicht von ... beträgt die zHG ..., sofern nicht eine geringere angepasst ist.

unter 50 m/50 km/h

Die absolute HG für PKW und andere ... von 100 km/h a.g.O. gilt nicht auf

Kfz bis 3,5 t zGM

–

BAB

–

Straßen mit getrennten Fahrbahnen

–	oder mindestens 2 markierten Fahrstreifen je Richtung
An folgenden Stellen hat sich der … mit mäßiger Geschwindigkeit zu nähern	Wartepflichtige
–	Kreuzungen/Einmündungen
–	Bahnübergängen/Haltestellen
–	Fußgängerüberwegen
Gegenüber verkehrsuntüchtigen Personen wie … hat der Kfz-Führer Gefährdungen auszuschließen, insbesondere durch … und …	Kindern, Hilfsbedürftigen Geschwindigkeitsverringerung Bremsbereitschaft.
In durch Z 325 gekennzeichneten verkehrsberuhigten Bereichen sowie im Bereich von Haltestellen (Z 224/Warnblinkanlage) hat jeder Fz-Führer … zu fahren. Er darf hier Fußgänger weder … noch …	Schrittgeschwindigkeit gefährden behindern.
Bestimmungen zum Langsamfahren enthalten neben Z 205 die §§ … Hiernach ist eine Behinderung des … durch Langsamfahren … untersagt bzw. besteht für langsamer fahrende Fz ein …	3 (2) und 5 (6) StVO Verkehrsflusses ohne triftigen Grund Wartegebot an geeigneter Stelle.

Übungsfälle:

Liegen in folgenden Fällen Verstöße gegen § 3 oder eine sonstige Spezialbestimmung vor?

1 –A– (Pkw) fährt a.g.O. bei Regen und einer Sichtweite von 45 m mit 60 km/h.	§ 3 (1) S. 3 StVO, zHG 50 km/h, VG. Der Anhalteweg beträgt für –A– ca. 44 m bei $a = 5$ m/s^2.
2 –B– kommt mit seinem Fz auf schneebedeckter Fahrbahn bei einer Geschwindigkeit von 35 km/h ins Rutschen.	§ 3 (1) StVO, angepasste Geschw. –B– hat seine Geschw. u.a. den Witterungs- und Straßenverhältnissen anzupassen. In der Rechtspr. wurden bereits 25 km/h bis 30 km/h bei Schneeglätte als zu schnell angesehen. VG, ggf. OWi-Anzeige.

3 –C– fährt i.g.O. mit 40 km/h auf einen Fußgängerüberweg zu, obwohl diesem Personen zustreben.

§ 26 (1) StVO, mäßige Geschw. Fz-Führer haben sich einem Fußgängerüberweg mit mäßiger Geschw. zu nähern, d.h., mit einer Geschw., die ein sofortiges gefahrloses Anhalten ermöglicht. Diese Geschw. liegt laut Rechtspr. unter 30 km/h. Im Einzelfall ist die Vorranggewährung i.s.d. § 26 sowie der Eintritt eines Erfolges i.S.d. § 1 (2) StVO zu prüfen. Ein Verstoß gegen § 26 ist **nicht** von einer Behinderung/Gefährdung der Fußgänger abhängig. Jedoch muss zumindest eine Reaktion auf das Verhalten von –C– erfolgen (OLG Düsseldorf, NZV 93, 26). OWi-Anzeige.

4 –D– befährt a.g.O. mit seinem Traktor (bHG 32 km/h) eine viel befahrene Landstraße mit 30 km/h. Hinter –D– hat sich bereits eine Fz-Schlange gebildet.

Kein Verstoß. Die bHG von 30 km/h stellt für –D– einen triftigen Grund für das Langsamfahren dar, d.h. der nachfolgende Verkehrsfluss muss hier die Behinderung in Kauf nehmen. Im Einzelfall ist aber zu prüfen, ob für –D– ein Wartegebot i.s.d. § 5 (6) StVO in Frage kommt. Dies erfordert eine Ausweichmöglichkeit an geeigneter Stelle.

5 –E– hinterlässt bei einem VU innerhalb einer mit Z 274 (60 km/h) gekennzeichneten Zone eine Brems-/Blockierspur von 42 m.

Bei Berechnung nach der Formel $v = \sqrt{2a \cdot s}$ ergibt sich bei einer durchschnittlichen Bremsverzögerung von 7 m/s^2 für den Normalfall eine Geschwindigkeit von ca. 90 km/h. Sicherstellung des Fz, Hinzuziehung eines a. a. S. VU-Anzeige.

6 –F– fährt i.g.O. mit seinem Lkw, 10 t zGM, die durch Z 274 erlaubte Höchstgeschwindigkeit von 70 km/h.

Kein Verstoß. Die zHG von 50 km/h kann durch Z 274 für alle Fz nach oben oder unten verändert werden. Die zHG von 60 km/h für Kfz über 7,5 t zGM aus § 3 (3) StVO gilt nur a.g.O. und kann dort auch nicht durch Z 274 nach oben verändert werden.

7 −G− befährt mit seinem PKW mit Anhänger die Kraftfahrstraße (getrennte Fahrbahnen) mit 110 km/h.

§ 3 (3) StVO, zHG.
Die zHG für PKW mit Anhänger beträgt
a.g.O. 80 km/h.
Die zHG 100 km/h und deren Aufhebung auf Straßen mit getrennten Fahrbahnen erfasst als Adressaten nur
PKW und Kfz bis 3,5 t zGM. Bei Anhängerbetrieb gelten die speziellen absoluten Höchstgeschw.-Grenzen.
OWi-Anzeige.

(Beachte die 9. Ausnahme VO zur StVO)

8 −H− befährt mit seinem LKW (15 t
zGM) die BAB mit 80 km/h.

Kein Verstoß.
Die zHG auf der BAB beträgt gemäß
§ 18 (5) StVO für LKW über 3,5 t zGM
(auch mit Anhänger) stets 80 km/h.

9 Wie schnell dürfen folgende Kfz fahren?

Lösung:

1 a.g.O.

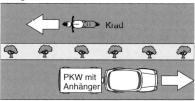

unbegrenzt, da zwei voneinander getrennte Fahrbahnen

80 km/h (soweit keine Ausnahme gem.
§ 1 9. Ausn. VO z. StVO)*

2 a.g.O.

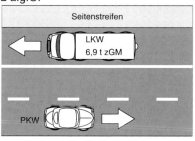

80 km/h

100 km/h, da nicht 2 markierte Fahrstreifen je Richtung vorliegen.

---

* Vgl. § 18 (5) 3 StVO, Ausnahme für KOM.

3	BAB und Kraftfahr-straßen mit getr. Fahrb.	sonst. Str.	Lösung (in km/h):
Kfz			
PKW			− / 100
− mit Anhänger			80 / 80 (Ausn. 100)
Krad (Beiwagen)			− / 100
− mit Anhänger			60 / 60
LKW (Sattelkfz)			
− bis 3,5 t zGM			− / 100
− mit Anhänger			80 / 80
− über 3,5 t zGM			80 / 80
− mit Anhänger			80 / 60
− über 7,5 t zGM			80 / 60
− mit Anhänger			80 / 60
KOM			80 / 80 (Ausn.: 100)
− mit Gepäckanh.			80 / 80
− mit stehenden Fahrgästen			60 / 60
Zugmaschine			wie LKW
− mit 1 Anhänger			80 / 60
− mit 2 Anhängern			60 / 60
Selbstf. Arbeitsmasch.			wie LKW
− mit Anhänger			60 / 60
Wohnmobil			wie LKW
> 3,5 t–7,5 t zGM			100 / wie LKW (12. Ausn.VO)
− mit Anhänger			80 / wie LKW
Ausnahmen für ... sind möglich, bedür-fen aber...			Kfz bis 3,5 t zGM mit Anhänger der Kennzeichnung und Ausnahmege-nehmigung

Übungen zu 4.2

Im Rahmen der doppelten Sicherung verbietet § 4 (1) dem Vorausfahrenden ein Bremsen ohne zwingenden Grund.

Hierunter versteht man, dass das Bremsen zum Schutz eines mindestens ... erfolgt. In allen anderen Fällen ist das Bremsen nur unter Beachtung ... zulässig.

Der Abstand zum Vorausfahrenden ist stets so groß zu halten, dass .... I.d.R. ist hierunter die Strecke zu verstehen, die das Fz in ... Sekunden zurücklegt.

Lösungen

gleichwertigen Rechtsgutes des nachfolgenden Verkehrs

gefahrlos hinter diesem gehalten wer-den kann.
1,5 (Regelabstand)

Unter entsprechenden äußeren Bedingungen darf dieser Regelabstand auf bis zu ... Sekunden verkürzt werden.	0,8 (Gefährdungsabstand)
Hierbei hat der Fz-Führer unter ...	größter Aufmerksamkeit und Beobachtung des vorausfahrenden Verkehrs
sowie mit ... zu fahren.	erhöhter Bremsbereitschaft
Ein vergrößerter Regelabstand ist stets dann vom Fz-Führer zu fordern, wenn er ...	die Befürchtung eines Verkehrsunfalls haben muss, d.h. die Einhaltung des Regelabstands nicht genügt.
Als Gefährdungsabstand darf die in ... Sekunden zurückgelegte Strecke nicht längerfristig unterschritten werden, da	0,8
diese Strecke der ... im günstigsten Fall entspricht. Eine Unterschreitung des Gefährdungsabstands führt stets zu ...	Reaktions- und Bremsanspruchszeit
	einer Gefährdung i.S.d. § 1 (2).
Kommen weitere Umstände, wie ... und ... zur Unterschreitung hinzu, kann die Handlung als ... angesehen werden.	Blinken Hupen Nötigung i.S.d. § 240 StGB
Als Kurzformel zur Berechnung ergeben sich	
– beim Regelabstand: ...	Tachoangabe : 2,4
– beim Gefährdungsabstand: ...	Tachoangabe : 4,5
Berechnungsgrundlage für einen Verstoß gegen § 4 (1) ist gemäß Tatbestandskatalog ...	der halbe Tachoabstand (V:2)
Zur Erleichterung des Überholens haben a.g.O.	
–	Kfz mit Geschwindigkeitsbeschränkung und
–	Züge über 7 m Länge
Einscherabstand, d.h. ...	den in der Situation erford. doppelten Sicherheitsabstand
einzuhalten.	
Dies gilt nicht bei	
–	eigenem Überholvorgang,
–	bestehendem Überholverbot (Z 276),
–	mehrspuriger Verkehrsführung.
Besondere Abstandsregelungen enthalten § 27 (2) StVO für ... und bei Z 273 für ...	geschlossene Verbände
	– Kfz über 3,5 t zGM (einschließlich ihrer Anhänger),
	– Zugmaschinen, außer PKW u. KOM untereinander.

Zeichen 273

§ 4 (3) StVO verlangt von ...	Lkw über 3,5 t zGM und KOM
auf der BAB bei einer Geschwindigkeit von ...	mehr als 50 km/h
einen Mindestabstand von ...	50 m

Übungsfälle:

Liegen in folgenden Fällen Verstöße gegen Abstandsregelungen vor?

1 –A– (PKW) hält i.g.O. bei Grün vor der LSA an, um sich über den weiteren Verlauf seiner Wegstrecke zu erkundigen.

A: §§ 4 (1), 1 (2) StVO

Ein starkes Abbremsen ohne zwingenden Grund ist nur zulässig unter Beachtung des nachfolgenden Verkehrs. Unter einem zwingenden Grund versteht man den Schutz eines zumindest gleichwertigen Rechtsgutes. Das Fragen nach dem Weg stellt keinen zwingenden Grund dar, somit liegt ein Verstoß gegen § 4 (1) vor.

Da hier der Eintritt eines Erfolgs nicht gefordert wird, dieser aber in Form einer Schädigung eintritt, ist ebenfalls § 1 (2) verletzt.

–B– fährt auf.

B: §§ 4 (1), 1 (2) StVO

§ 4 verlangt die Einhaltung eines so großen Abstands, dass jederzeit gefahrlos hinter dem Vorausfahrenden gehalten werden kann.

I.d.R. versteht man hierunter die Strecke, die das Fz in 1,5 s zurücklegt. Bei voll konzentrierter Fahrweise darf diese Strecke i.g.O. (z.B.) bis auf 0,8 s verkürzt werden.

–B– hält offensichtlich keinen ausreichenden Abstand ein. Da es gleichzeitig zu einer Schädigung kommt, ist § 1 (2) StVO verletzt. Unfallaufnahme.

2 –C– (KOM) hält auf der BAB bei 100 km/h einen Abstand von 45 m.

–C– hält zwar den Regelabstand von 41,66 m ein, jedoch verlangt § 4 (3) StVO für KOM auf der BAB bei einer Geschwindigkeit von mehr als 50 km/h einen Mindestabstand von 50 m. OWi-Anzeige.

3 –D– (PKW) hält i.g.O. bei mehrspuriger Verkehrsführung bei 45 km/h 15 m Abstand zum vorausfahrenden PKW –1–.

Kein Verstoß/wie 1/–B–

Bei mehrspuriger Verkehrsführung ist eine Unterschreitung des Regelabstands (1,5 s = 18,75 m) bei voll konzentrierter Fahrweise zulässig. Hierbei darf ein Gefährdungsabstand (0,8 s = 10 m) als eigener Reaktionsweg nicht unterschritten werden.

4 –E– hält auf der BAB mit seinem Sportwagen bei einer Geschwindigkeit von 150 km/h einen Abstand von 20 m, wobei er ständig blinkt.

§ 240 StGB in Tateinheit mit §§ 4 (1), 1 (2) StVO, § 21 OWiG wie 3

Der Gefährdungsabstand beträgt bei 150 km/h 33,33 m.

Da –E– diesen längerfristig unterschreitet, gefährdet er konkret den Vorausfahrenden.

Die Unterschreitung des Gefährdungsabstands unter ständigem Blinken stellt eine Drohung mit einem empfindlichen Übel i.S.d. Nötigung dar.

Im konkreten Einzelfall ist jedoch die Verwerflichkeit der Handlung zu prüfen.

5 –F– (PKW mit Anhänger) hält auf der Landstraße a.g.O. im Bereich des aufgestellten VZ 277 bei 60 km/h zum vorausfahrenden PKW einen Abstand von 40 m.

Zeichen 277

§ 4 (2) StVO, wie 1/–B–

Der notwendige Sicherheitsabstand (Regelabstand) beträgt 25 m. Eine Unterschreitung dürfte aufgrund der geringeren Bremsverzögerung (Anhängerbetrieb) nicht zulässig sein.

§ 4 (2) fordert, dass a.g.O. Züge über 7 m Länge (hier unterstellt) einen Einscherabstand einzuhalten haben, um nachfolgenden Fz ein Überholen zu ermöglichen. Einscherabstand bedeutet die Verdoppelung des jeweils notw. Sicherheitsabstands zuzüglich 5 m für das einscherende FZ Diesen Wert (55 m) überschreitet –F–. Die Ausnahme „Überholverbot" kommt hier nicht in Betracht, da nicht Z 276, sondern 277 aufgestellt ist. VG.

6 Berechnungsgrundlage für Verstöße bei Abstandsmessungen ist ...

der halbe Tachowert

Hierbei wird eine Unterschreitung um mehr als ... als Grundlage für eine bußgeldbewerte OWi gefordert.

5/10 (des halben Tachowerts)

5 Überholen und Vorbeifahren

Behandelte Rechtsvorschriften:

5.1 Vorbeifahren

StVO: §§ 1, 5, 6, 7 (4), 10, 12, 16, 20, 26, 32
Z 120 ff.
Z 208, 222, 224, 226
Z 308, 469
43, 49
StGB: § 315c
PBefG: § 4

5.2 Überholen

StVO: §§ 1, 5, 7 (2 – 3c), 7a, 16, 18, 26, 37 (4), 49
Z 276, 277, 297
Z 340
StGB: §§ 315c, 240

5.1 Vorbeifahren

Lediglich das linksseitige Vorbeifahren an einer Fahrbahnverengung, Hindernissen oder haltenden Fz unterliegt weitergehenden verkehrsrechtlichen Bestimmungen. Soweit der Zwischenraum zwischen Hindernis und Fahrbahnrand groß genug ist, ist **rechts** an dem Hindernis vorbeizufahren (Rechtsfahrgebot). Eine Beschilderung mit Z 222 ist nicht erforderlich.

Entscheidend für die Art der Regelung ist die Art des Hindernisses.

Als **Hindernis** – neben Fahrbahnverengung bzw. haltenden Fz – ist jede Person oder Sache zu verstehen, die das Befahren des betreffenden Straßenteils erschwert oder unmöglich macht. Die Aufzählung in § 6 steht lediglich beispielhaft für die am häufigsten auftretenden Hindernisgruppen.

Inwieweit das Hindernis berechtigterweise auf die Fahrbahn verbracht wurde, ist ohne Bedeutung. Entscheidend ist ausschließlich die Unbenutzbarkeit der Fahrbahn; so ist z.B. ein leerer Pappkarton oder eine überfahrene Katze kein Hindernis i.S.d. § 6. Als Hindernisse kommen z.B. in Betracht

– Straßensperren,
– offene Kanaldeckel,
– Baumaterialien,
– herabgefallene Ladung etc.,
– Schneeverwehungen,
– Unfallfahrzeuge,

Für die Anwendung des § 6 ist es gemäß der Neufassung der StVO nun unbedeutend, ob
– an festen,

- an nur vorübergehend auf der Fahrbahn befindlichen Hindernissen oder
- an Hindernissen auf Fahrbahnen mit mehreren Fahrstreifen für eine Richtung vorbeigefahren wird.

Auch das Vorbeifahren an Hindernissen fester Natur fällt nun unter § 6.

Als **feste Hindernisse** bezeichnet man z.B. Brückenverengungen, Hausvorsprünge oder ähnliche Baulichkeiten, deren Verbleib an Ort und Stelle zeitlich nicht begrenzt ist.

Gegenüber dem rückwärtigen Verkehr besteht, ähnlich wie beim Überholen (§ 5 [4]) bzw. Fahrstreifenwechsel (§ 7 [4]) das Gebot zur Rückschau.

Um dem VT den Anreiz zur Beschleunigung zu nehmen, ist dem Gegenverkehr Durchfahrt zu gewähren. **Vorrang** hat der Entgegenkommende, soweit der Vorrang nicht durch Z. 208/308 geregelt wird. Diese Wartepflicht besteht, sobald bei der Vorbeifahrt die Gegenfahrbahn mitbenutzt werden muss und der Gegenverkehr nennenswert verlangsamen muss.

Eine unwesentliche Behinderung genügt nicht i.S.d. § 6. Ob eine Behinderung i.S.d. § 6 eintritt, ist weitgehend vom verbleibenden Seitenabstand zum Gegenverkehr abhängig. Im normalen Begegnungsverkehr genügt i.d.R. ein Abstand von 1 m. Zu Radfahrern ist stets ein Mindestabstand von 1,5 m erforderlich.[1] Andererseits können bei sehr schmaler Straße u.U. weniger als 50 cm Abstand zu einem parkenden Fahrzeug genügen.[2]

Der verbleibende Seitenabstand zum Hindernis selbst ist im Rahmen der §§ 1 (2) und 2 (RfG) zu prüfen. Er darf zwar kleiner sein als beim Überholen, ist aber im Einzelfall auch größer zu wählen, wie z.B. beim Vorbeifahren an einer Unfallstelle.

Das Verhältnis zum nachfolgenden Verkehr wird wie beim Überholen geregelt, d.h.
- der rückwärtige Verkehr ist zu beachten und
- das Aus- und Einscheren ist mittels FRA anzukündigen.

Bei **beiderseitiger Verengung** durch zeitweilige Hindernisse, wie z.B. bei beiderseitig parkenden Fz, darf zunächst derjenige zuerst fahren, der ohne Benutzung der Gegenfahrbahn das Hindernis passieren kann.

Ansonsten muss der zurückstehen, der die Gegenfahrbahn die längste Zeit beanspruchen würde; es gilt § 1 (2) StVO.[3]

Genügt der zwischen den Hindernissen verbleibende Raum für ein gleichzeitiges Befahren beider Fz, so haben die Fz-Führer den verbleibenden Raum zu teilen. Ein gleichzeitiges Befahren ist selbstverständlich nur zulässig unter Geschwindigkeitsverringerung, Bremsbereitschaft und vorsichtiger Fahrweise[4] und unter Beachtung der beiderseitigen Sorgfaltsanforderungen nach § 1 (2).[5]

Beim Vorbeifahren an **Hindernissen auf Fahrbahnen mit mehreren Fahrstreifen für eine Richtung** ist lediglich das Verhältnis zum nachfolgenden Verkehr zu prüfen.

---

[1]   BGH, VM 64, 25.

[2]   OLG Rostock, VRS 121, 321.

[3]   OLG D'dorf, VRS 21, 304; OLG Zweibrücken, VRS 30, 217; VRS 57, 134.

[4]   BayObLG, VRS 40, 133.

[5]   OLG Köln, VerkMitt, 10, Nr. 13.

Die Regelung erfolgt im Rahmen des § 7 (4), wonach abwechselnd das Hindernis zu passieren ist (Reißverschlussverfahren).

Die Fz-Führer auf dem blockierten Fahrstreifen dürfen dennoch nicht auf ein normgerechtes Verhalten der übrigen VT vertrauen; sie haben vielmehr beim Fahrstreifenwechsel die Rückschaupflicht sowie das Ankündigungsgebot (§ 7 Abs. 5) zu beachten. Der Fahrstreifenwechsel darf nur ganz allmählich erfolgen. Hierbei ist Vertrauen auf Vorangsgewährung durch Nachfolgende nicht gerechtfertigt.[6]

Ein nicht normgerechtes Verhalten i.S.d. Reißverschlussverfahrens i.S.d. § 7 (4) ist nicht bußgeldbewährt, es stellt im konkreten Einzelfall für die VT des freien Fahrstreifens eine vermeidbare Behinderung i.S.d. § 1 (2) dar. Auch das – oft zu beobachtende – Weiterfahren, um sich (bewusst) weiter vorn einzudrängeln, verstößt gegen § 1 (2).

Ebenso unzulässig ist jedoch auch das Eindrängeln der blockierten Fz-Führer.

In den Fällen **fester Hindernisse** oder bei Absperrungen erfolgt i.d.R. eine Vorrangregelung durch die Verkehrszeichen 308 zugunsten, 208 zum Nachteil der Verkehrsteilnehmer.

Zeichen 308 Zeichen 208

Im Rahmen der Verkehrssicherungspflicht (VSP) erfolgen darüber hinaus auch Regelungen in Bezug auf den nachfolgenden Verkehr durch Streckenverbote (Z 274/276), wie die nachstehende Skizze zeigt:

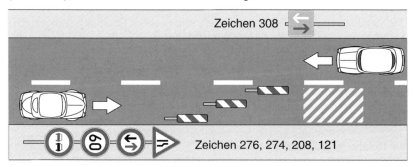

Zeichen 308

Zeichen 276, 274, 208, 121

Das **Vorbeifahren an öffentlichen Verkehrsmitteln**, die an gekennzeichneten Haltestellen halten, wird durch § 20 spezialgesetzlich geregelt, wobei sich auch Regelungen für den Gegenverkehr ergeben (können).

Hierbei ist es gleichgültig, ob rechts oder links vorbeigefahren wird. § 20 dient durch Regelung der Geschwindigkeit und des einzuhaltenden Seitenabstands dem **Schutz der** ein-/aussteigenden **Fahrgäste**, die **nicht behindert** werden dürfen.

---

[6] OLG Köln, VM 71, 94.

§ 20 fordert zunächst wegen der **abstrakten** Gefährdung vom Fz-Führer ein **vorsichtiges Vorbeifahren** an öffentlichen Verkehrsmitteln, gleichgültig, ob Fahrgäste ein- oder aussteigen bzw. rechts oder links vorbeigefahren wird.

Dies erfordert – unter gegenseitiger Abhängigkeit – die Einhaltung eines ausreichenden Seitenabstands sowie einer angepassten Geschwindigkeit, d.h., je geringer der Seitenabstand ist, desto langsamer muss der Fz-Führer fahren. Ggf. muss er Schrittgeschwindigkeit einhalten oder warten.

Diese Sorgfaltspflichten greifen bereits bei Annäherung eines öffentlichen Verkehrsmittels an eine gekennzeichnete Haltestelle.[7]

Ein- oder aussteigende **Fahrgäste** dürfen weder gefährdet noch behindert werden.

Hierzu müssen **rechts** vorbeifahrende Fz einen **behinderungs- und gefährdungsausschließenden Seitenabstand** sowie **Schrittgeschwindigkeit** einhalten; **notfalls müssen sie warten.**

Grundsätzlich sind 2 m Seitenabstand ausreichend, was jedoch nicht von einer sofortigen Anhaltemöglichkeit befreit.[8] **Schrittgeschwindigkeit** verlangt vom Fz-Führer daher eine sofortige Anhaltemöglichkeit ohne Gewaltbremsung, sobald Fahrgäste ein-/austeigen, ist höchstens Schrittgeschwindigkeit denkbar.

20 km/h (= > 7 m Anhalteweg) wurden bereits in der Vergangenheit als deutlich zu hoch bei einem unter 2 m liegenden Seitenabstand angesehen.[9]

An **Haltestelleninseln** (Mittel-) darf der Kraftfahrer zwar auf ein verkehrsgerechtes Verhalten der Fahrgäste vertrauen, jedoch muss er sich im Rahmen des § 1 ebenso sorgfältig verhalten.[10]

§ 20 (1) Satz 2 ist hier nicht anwendbar, da die Fahrgäste nicht auf der Fahrbahn ein- oder aussteigen.

Gemäß § 20 (4) darf an LOM und gekennzeichneten Schulbussen, die an Haltestellen halten und **Warnblinklicht** eingeschaltet haben, nur mit **Schrittgeschwindigkeit** und in einem solchen Abstand vorbeigefahren werden, dass eine Gefährdung von Fahrgästen ausgeschlossen ist. Sie dürfen auch nicht behindert werden, ggf. ist zu warten. Im Vorfeld, also bei Annäherung an die Haltestelle, besteht gemäß Abs. 3 Überholverbot. Das Gebot der Schrittgeschwindigkeit gilt auch für den **Gegenverkehr** auf derselben Fahrbahn.

Voraussetzung für die Forderung nach erhöhter Sorgfaltspflicht ist jedoch gemäß § 20 (1 a), dass der Schulbusfahrer seiner Verpflichtung aus § 16 (2), das Warnblinklicht einzuschalten, nachgekommen ist.[11]

Anderenfalls findet nur Abs. 1 Anwendung.

---

[7] OLG D'dorf, VM 70, 8.

[8] OLG Köln, VRS 64, 434; VRS 102, 436.

[9] OLG Karlsruhe, NZV 84, 393; BayObLG, DAR 73, 332.

[10] OLG Bremen, VM 66, 7.

[11] OLG Oldenburg, NZV 88, 103.

LOM und Schulbussen ist das Anfahren zu ermöglichen, ggf. ist anzuhalten.

Der Grund für die Forderung nach Schrittgeschwindigkeit beider Fahrströme ist mit den querenden Kindern vor dem Bus einsichtig.

5.2 Überholen

Ein Sonderfall des Vorbeifahrens ist das **Überholen**.

Hierunter versteht man (auch das unbeabsichtigte) Vorbeifahren an einem
– vorausfahrenden oder verkehrsbedingt wartenden Fz (VT)
– auf der-(dem-)selben Fahrbahn (Str.-Teil)
– von hinten nach vorn.[12]

Warten ist dagegen verkehrsbedingtes Halten aufgrund
– der Verkehrslage (Stau etc.) oder
– einer Anordnung (LSA, Pol.-Beamter, VZ etc.).

So wird am haltenden Bus im Bereich der Haltestelle vorbeigefahren, während die übrigen – wartenden – Fahrzeuge in dieser Situation überholt werden.[13] Kein Überholen liegt auch beim Passieren eines den Seitenstreifen nutzenden Fahrzeugs oder im umgekehrten Fall, also dem Passieren eines Fz unter Nutzung des Seitenstreifens, vor. Weiterhin ist ein Verhalten nicht als Überholen zu definieren, wenn das Passieren unter Nutzung einer Nebenfahrbahn oder eines Parkplatzes erfolgt. Ähnliches gilt auch bei Abtrennung durch Z 295, das quasi als „Fahrbahnteiler" wirkt.[14]

---

[12] BGHSt 22, 137; OLG D'orf, NZV 93, 359.

[13] OLG D'dorf, DAR 80, 277.

[14] BGH 4, Str 530/79; OLG Hamm, DAR 80, 93; BGH 4, Str 530/79.

Der Fahrbahnbegriff i.S.d. § 5 entspricht dem des § 2. Weder Radweg noch Seitenstreifen oder Standspur gehören zur Fahrbahn, so dass „Überholvorgänge" unter Einbeziehung dieser Straßenteile lediglich im Einzelfall Verstöße gegen § 2 darstellen. Einfädelungs-/Ausfädelungsstreifen (ehemals: Beschleunigungs- und Verzögerungsstreifen) stellen selbstständige Fahrbahnen dar[15], so dass kein Überholen bei Nutzung vorliegt.

Dagegen ist die Kriechspur Teil der Fahrbahn. Hier liegt bei Nutzung Überholen vor und nicht – wie bei Nutzung des Seitenstreifens – ein Verstoß gegen § 2.[16]

Der Begriff Überholen i.S.d. § 315c I 2b StGO ist deutlich weiter gefasst[17] (vergl. 3.1, S. 53).

Nicht überholt wird auch, wer
– rückwärts fährt
– ganz offensichtlich anzuhalten beabsichtigt,
– seine Geschwindigkeit bis fast zum Stillstand herabgesetzt hat und auch schon
– so weit rechts gefahren ist, dass es
– praktisch einem haltenden Fz gleichzustellen ist.[18]

Das Überholen selbst besteht aus drei Phasen, wobei ein Fahrstreifenwechsel nicht erforderlich ist und rechts oder links überholt werden kann.

Von entscheidender Bedeutung ist die **Länge des Überholvorgangs** mit der daraus notwendig werdenden Wegberechnung.

Zunächst die drei Phasen eines Überholvorgangs in schematischer Darstellung:

1. Phase

Aufschließen, Ankündigung des Ausscherens und Heranfahren an das zu überholende Fz (2).

2. Phase

Vorbeifahren an dem zu überholenden Fz (2).

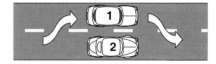

3. Phase

Erreichen eines ausreichenden Sicherheitsabstands ggf. unter Ankündigung des Wiedereinscherens.

---

[15] Vergl. Hentschel e.a., § 2 Rn 25a.

[16] OLG D'dorf, NZV 93, 359.

[17] OLG Hamm, DAR 75, 306.

[18] OLG D'dorf, VR 75, 429.

Bei Beachtung der in § 4 (1) geforderten Sicherheitsabstände und der o.a. Phaseneinteilung ergibt sich folgender **Überholweg** in schematischer Darstellung:

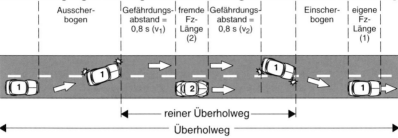

Die Berechnung[19] des Überholweges muss daher in 3 Schritten erfolgen.

Berechnungsbeispiel:

–1– überholt den mit 60 km/h fahrenden –2– mit einer Geschwindigkeit von 80 km/h.
Bei den Fz handelt es sich um einen PKW von 4 m und einen LKW von 6 m Länge.

Frage	Berechnung
1. Welche **Zeit** benötigt der Überholende (1) infolge der Geschwindigkeitsdifferenz für die Zurücklegung des reinen Überholweges? Berechnungsformel: $t_{rü} = s_{rü} : v_D$	$Zeit = \dfrac{reiner}{Überholweg} : Geschw.\text{-}Diff.$ $t_{rü} = s_{rü} \quad : v_D$ $7,39\ s = 41,10\ m \quad : 5,56\ m/s$
2. Welche **Strecke** legt der Überholende in dieser Zeit (1) infolge der tatsächlich gefahrenen Geschwindigkeit zurück? Berechnungsformel: $s = v_1 \cdot t_{rü}$	$\begin{aligned} &tats. \quad = tats. \qquad \cdot\ benötigte \\ &Strecke \quad\ Geschw. \qquad Zeit \\ &s \qquad\ = v_1 \qquad\ \cdot\ t_{rü} \end{aligned}$ $164,4\ m \quad = 22,22\ m/s \ \cdot\ 7,39s$
3. Sind **Aus- und Einscherbögen** zu berücksichtigen und welche Strecke wird hierbei zurückgelegt? Berechnungsformel: $s = v_1 \cdot t_{A/E}$	Der Ausscherbogen kann i.d.R. unberücksichtigt bleiben. Für den Einscherbogen lässt sich die in 1 s zurückgelegte Strecke einsetzen. $\dfrac{Einscher-}{bogen} = \dfrac{tats.}{Geschwindigkeit} \cdot Zeit$ $S_E \qquad = v_1 \qquad\qquad\quad \cdot\ t$ $\dfrac{22,22\ m}{184,62\ m} = 22,22\ m/s \quad\ \cdot\ 1s$

---

[19] Bedeutung:

$s_ü$	=	tatsächlich benötigter Überholweg
$s_{rü}$	=	reiner Überholweg (Fz-Länge + Mindestabstände)
v_1	=	tatsächliche Geschwindigkeit des Überholenden
v_2	=	tatsächliche Geschwindigkeit des Überholten
v_D	=	Geschwindigkeitsdifferenz
$t_{A/E}$	=	Ausscher-/Einscherzeit

Zur Berechnung der Fragen 1. und 2. bietet sich folgende **Übersicht** an:

Fz/?	km/h	m/s	Gefährdungs-abstand in m	Fz-Länge in m	reiner Ü.-Weg in m
−1−	80	22,22	17,77	4	
−2−	60	16,66	13,33	6	
v_D	20	5,56	−	−	
$s_{rü}$ (m)	−	−	31,10 +	10 =	41,10

Der tatsächliche Überholweg beträgt unter Einbezug des benötigten Einscher-bogens 186,62 m. Unter Kürzung der verwendeten Formeln ergibt sich folgende **Formel** zur Berechnung des **Überholwegs**:[20]

Formel:

$$s_ü = \frac{s_{rü} \cdot v_1}{v_D} + v_1 \cdot t_e$$

Unter Berücksichtigung einer Einscherdauer von 1 s und einer Fz-Länge von je 4 m (PKW) ergeben sich im Einzelfall folgende Überholwege:

V_2 km/h	V_1 km/h	V_1 m/s	V_D m/s	$S_{rü}$ m	$t_{rü}$ sec	$S_ü$ m
	80	22,22	8,33	36,88	4,42	120
50	100	27,77	13,88	41,32	2,97	110
	120	33,33	19,44	45,77	2,35	111
	80	22,22	5,55	39,11	7,04	178
60	100	27,77	11,11	43,55	3,92	136
	120	33,33	16,66	48,00	2,88	129
	100	27,77	5,55	48,00	8,64	267
80	120	33,33	11,11	52,44	4,72	190
	140	38,88	16,66	56,88	3,41	171
	120	33,33	5,55	56,88	10,25	374
100	140	38,88	11,11	61,33	5,52	253
	160	44,44	16,66	65,77	3,94	219

---

[20] Burmann e.a., § 5, Rn 10 ff.

Hierbei ergibt sich in der schematischen Darstellung nachstehendes Bild:

400 m

Der benötigte Überholweg (m)

V_1 = Überholender

V_2 = Überholter

300 m

200 m

100 m

| 80 | 100 | 120 | 80 | 100 | 120 | 100 | 120 | 140 | 120 | 140 | 160 | V_1 km/h |

← 50 →   ← 60 →   ← 80 →   ← 100 → V_2 km/h

← tatsächliche Geschwindigkeit (km/h) →

Überholverbote

§ 5 (2/3) StVO verbietet das Überholen ausdrücklich
- wo es **durch** Verkehrszeichen (276/277) **untersagt** ist,
- bei unklarer Verkehrslage,
- bei möglicher Behinderung des Gegenverkehrs.

§ 5 (3a) verbietet das Überholen unbeschadet der sonstigen Überholverbote
- Kfz über 7,5 t zGM bei
  - einer witterungsbedingten (Schnee, Regen, Nebel)
  - Sicht unter 50 m.

Ebenso verbietet sich aus § 5 das Überholen bei fehlendem Seitenabstand oder fehlender ausreichender Geschwindigkeitsdifferenz.

Weitere Überholverbote beinhalten
- § 26 (3) StVO hinsichtlich wartender Fz vor einem Fußgängerüberweg und
- § 7 (3b) StVO hinsichtlich des(r) äußersten linken Fahrstreifen bei markierter mehrspuriger Verkehrsführung für eine Richtung.
- § 19 (1) StVO für den Bereich ab Z 151/6 bis einschließlich Bahnübergang

- § 20 (3) hinsichtlich sich unter Verwendung von Warnblinklicht einer Haltestelle nähernde LOM und gekennzeichnete Schulbusse.

Die Fahrstreifenbegrenzung (Z 295) enthält **kein** Überholverbot; jedoch verbietet sich i.d.R. durch die Forderung nach Einhaltung eines genügenden Seitenabstandes das Überholen aus § 5.

Die Z 276/277 beinhalten jeweils Überholverbote, auf die in § 5 (3) nur noch hingewiesen wird. Somit ergibt sich das Verbot ausschließlich aus den jeweiligen Zeichen und nicht aus § 5 (vergl. Begr.).

Schematische Darstellung:

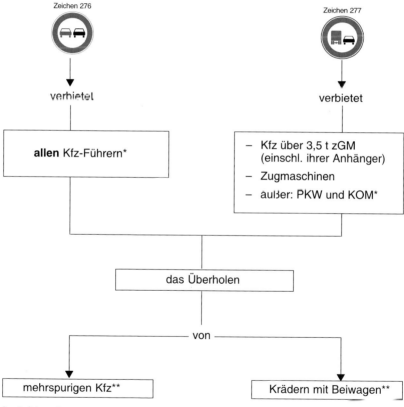

Zeichen 276	Zeichen 277
verbietet	verbietet
allen Kfz-Führern*	– Kfz über 3,5 t zGM (einschl. ihrer Anhänger) – Zugmaschinen – außer: PKW und KOM*

das Überholen

von

mehrspurigen Kfz**	Krädern mit Beiwagen**

* 1. Adressatengruppe
** 2. Adressatengruppe

Somit dürfen in diesem Bereich PKW zwar Kräder überholen, aber nicht umgekehrt.

Die einzelnen **Adressatengruppen** können durch Zusatzzeichen verändert werden.

So kann z.B. die 1. Adressatengruppe „Kfz" durch ZZ 1048-15 auf Sattelkfz und Züge oder auch für Wohnmobile und PKW mit Anhänger beschränkt werden.

Das Gleiche gilt für die 2. Adressatengruppe „mehrspurige Kfz".

Hier ist häufig eine Einschränkung durch ZZ 1049-11 zu finden, wonach Kfz und Züge, die nicht schneller als 25 km/h fahren können (bHG) oder dürfen (zHG, § 3 [2] 2a–c FZV) überholt werden dürfen.

Das Überholverbot beginnt am Aufstellungsort und **endet**
– bei VZ 280/282,

– am erkennbaren Ende einer Gefahrenstelle bei Aufstellung i.V.m. Gefahrzeichen,

– nach der durch Zusatzzeichen angegebenen Kurzstrecke.

Die Zeichen erfassen auch das Rechtsüberholen, nicht jedoch zulässiges Rechtsüberholen gemäß § 5 (7) StVO. Sie verbieten jede Phase eines Überholvorgangs. So ist ein begonnener Überholvorgang bei Erkennen eines Überholverbotszeichens **nach hinten** abzubrechen.[21] Überholen darf also nur, wer übersehen kann, dass er es rechtzeitig (vor dem VZ) beenden kann.[22]

Das **Überholverbot bei einer unklaren Verkehrslage** (§ 5 [3] Nr. 1 StVO) tritt dann ein, wenn mit einem ungefährlichen Überholen nicht gerechnet werden kann, gleichgültig, wodurch die Gefährlichkeit des Überholens hervorgerufen wird.[23] Dies ist insbesondere dann der Fall, wenn die Überholstrecke unübersichtlich ist bzw. die Entwicklung der Verkehrslage bei Einleitung des Überholvorgangs nicht verlässlich beurteilt werden kann. Ein relevanter Zweifel an der Gefahrlosigkeit des Überholvorgangs kann auch dann entstehen, wenn das Verhalten eines Querverkehrs nicht übersehen werden kann.[24]

Die Beurteilung der unklaren Verkehrslage richtet sich nach objektiven Umständen; nicht nach dem Gefühl des Überholwilligen. Soweit sie mit anderen Überholverboten (VZ, mögl. Behinderung des Gegenverkehrs) kollidiert, gehen diese als Spezialbestimmung vor.

In der Rechtsprechung wurden bisher als unklare Verkehrslage eingestuft:
– Erkennbarkeit der anderen VT ist durch Witterungseinflüsse (oder sonstige Sichthindernisse) eingeschränkt; OLG Koblenz, VRS 47, 31; BGH, VM 56, 8;

---

[21] OLG D'dorf, VM 65, 39.

[22] OLG Köln, VRS 33, 461.

[23] OLG D'dorf, NZV 97, 491.

[24] OLG Köln, VerkMitt 2011 Nr. 52.

- unklares Verhalten des Vorausfahrenden; OLG Köln, DAR 77, 192;
- unsichere Fahrweise des Vorausfahrenden beim Abbiegen/Überholen; OLG Koblenz, DAR 73, 105;
- fehlerhafte Blinkzeichen beim Abbiegen; OLG Bremen, VR 61, 1145; jedoch nicht aus dem alleinigen Fehlen von Blinkzeichen (BayObLG 1 Ob OWi 495/80);
- Kolonnenverkehr; OLG Karlsruhe, VM 75, 23;
- auffälliges Verlangsamen des Vorausfahrenden; OLG Koblenz, VRS 47, 211; dagegen wird das „normale" Verlangsamen, selbst beim Einordnen nach links, nicht als unklare Verkehrslage betrachtet;[25]
- unübersichtliche Kreuzung mit bevorrechtigtem Querverkehr; OLG Hamm, VRS 51, 68; allerdings besteht bei ansonsten klarer Verkehrslage im Bereich von Straßeneinmündungen kein generelles Überholverbot;[26]
- Straßensperre/Unfall; BGH, VRS 30, 105.

Die Beurteilung als unklare Verkehrslage ergibt sich somit aus
- der Unübersichtlichkeit der örtlichen Gegebenheiten (beachte: § 5 [2] – Gegenverkehr),
- den Witterungs- und Sichtverhältnissen oder
- dem unklaren (unverständlichen) Verhalten anderer (i.d.R. vorausfahrender) VT.

Das **Überholverbot** „... **mögliche Behinderung des Gegenverkehrs ...**" aus § 5 (2) dient dem Schutz aller entgegenkommenden Verkehrsteilnehmer. Die Bestimmung verlangt ein Höchstmaß an Sorgfalt. Das Überholverbot verbietet zunächst jedes Überholen bei vorhandenem Gegenverkehr, soweit dieser hierdurch in Mitleidenschaft (Behinderung, Gefährdung) gezogen würde. Ein gefahrloses Beenden des Überholvorganges muss sicher möglich sein.[27]

Darüber hinaus bedingt die Forderung nach Ausschluss einer Behinderung des Gegenverkehrs, dass der Überholwillige die **Gesamtstrecke** seines eigenen Überholweges und die während dieses Zeitraumes zu überwindende Strecke des Gegenverkehrs übersehen kann (notwendige Sichtweite). Kann diese Strecke nicht übersehen werden, darf nicht überholt werden, da die Behinderung während des gesamten Überholvorgangs ausgeschlossen sein muss.[28]

Daher muss der Überholwillige während des gesamten Überholvorgangs die Möglichkeit einer Behinderung des Gegenverkehrs überprüfen und ggf. den Überholvorgang nach hinten abbrechen.[29]

Sichtbeeinträchtigungen können durch
- Gebäude,
- Witterungseinflüsse,
- Kurven, Kuppen,
- sonstige Sichthindernisse
hervorgerufen werden.

[25] KG, NZV 10, 296.
[26] OLG Köln, VerkMitt 11, Nr. 52.
[27] BGH, VM 00, 736.
[28] OLG Hamm, DAR 00, 265.
[29] BGH, VRS 17, 331.

Zur Verdeutlichung des Überholverbots noch einmal die schematische Darstellung der Phaseneinteilung unter Berücksichtigung des Gegenverkehrs:

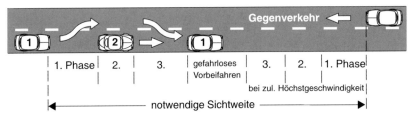

Die Berechnung der notwendigen Sichtweite (S$_W$) erfolgt nach der **Formel** (Abkürzungen siehe Fußnote 19, S. 126):

$$s_W = \left[\frac{s_{rü} \cdot v_1}{v_D} + v_1 \cdot t_e \right] m + \left[\frac{s_{rü} \cdot v_{zHG}}{v_D} \right] m$$

eigener   Strecke des
Überholweg   Gegenverkehrs

Hieraus ergeben sich im Einzelfall folgende erforderliche Sichtweiten:

V_2 km/h	V_1 km/h	V_1 m/s	V_D m/s	$S_{rü}$ m	$t_{rü}$ sec	$S_ü$ m	$S_{Gege.Verk.}$ (v = 100 km/h)	S_W m
50	80	22,22	8,33	36,88	4,42	120	122,74	243
	100	27,77	13,88	41,32	2,97	110	82,47	192
	120	33,33	19,44	45,77	2,35	111	65,25	176
60	80	22,22	5,55	39,11	7,04	178	195,50	373
	100	27,77	11,11	43,55	3,92	136	108,85	244
	120	33,33	16,66	48,00	2,88	129	79,97	209
80	100	27,77	5,55	48,00	8,64	267	239,93	507
	120	33,33	11,11	52,44	4,72	190	131,07	321
	140	38,88	16,66	56,88	3,41	171	94,69	266
100	120	33,33	5,55	56,88	10,25	374	284,64	658
	140	38,88	11,11	61,33	5,52	253	153,29	406
	160	44,44	16,66	65,77	3,94	219	109,17	328

In der graphischen Darstellung ergibt sich nachstehendes Bild:

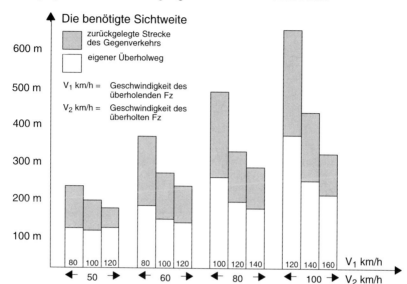

Bei der vom Gegenverkehr (während der Überholdauer) zurückgelegten Strecke ist zu beachten, dass der Gegenverkehr mit der jeweils zulässigen Höchstgeschwindigkeit fahren kann, d.h. a.g.O. 100 km/h. Somit kann diese Strecke größer sein als der eigene Überholweg; erst wenn der Überholende selbst mit zulässiger Höchstgeschwindigkeit fährt bzw. diese überschreitet, ändert sich das Streckenverhältnis.

Das Überholverbot verlangt nicht den konkreten Eintritt einer Behinderung. Kommt es aber zum Eintritt einer Behinderung, so tritt § 1 (2) StVO als die allgemeinere Bestimmung zurück. Beim Eintritt einer Gefährdung oder Schädigung ist § 1 (2) StVO dagegen in Tateinheit mitverletzt.[30]

Unter Behinderung ist hier – wie bei § 1 – jede Störung einer erlaubten Verkehrsteilnahme zu verstehen.

Es ist nicht erforderlich, dass der Gegenverkehr abwehrend reagiert. Es genügt, wenn eine Reaktion erwartet werden kann.

Das Überholverbot „… mögliche Behinderung …" verbietet letztlich die Beeinträchtigung des Gegenverkehrs. Daher liegt kein Verstoß gegen § 5 (2) StVO bei Vorhandensein mehrerer Fahrstreifen (z.B. 3) trotz auftauchendem Gegenverkehr vor.[31] Im Gegensatz hierzu stellt das Überholen vor einer Kurve ohne ausreichende Sicht einen Verstoß dar, auch wenn kein Gegenverkehr auftaucht. So reichen beispielhaft 250 m Sicht bis zur Kurve nicht aus, um (gefahrlos) mit 70 km/h ein mit 50 km/h fahrendes Fz zu überholen.

---

[30] BayObLG, VRS 48, 296.

[31] BGH, VM 59, 76.

Die Berechnung erfolgt nach der Formel:

$$s_W = \left[\frac{s_{rü} \cdot v_1}{v_D} + v_1 \cdot t_e \right] m + \left[\frac{s_{rü} \cdot v_{zHG}}{v_D} \right] m$$

$$s_W = \left[\frac{35 \cdot \frac{70}{3,6}}{\frac{20}{3,6}} + \frac{70 \cdot 1}{3,6} \right] m + \left[\frac{35 \cdot \frac{100}{3,6}}{\frac{20}{3,6}} \right] m$$

$$s_W = \quad 141,94 \text{ m} \quad + \quad 175 \text{ m} \quad = 316,94 \text{ m}$$

Der Überholende kann zwar den eigenen Überholweg (141 m) übersehen, aber nicht zusätzlich die Gesamtstrecke (175 m), die der Gegenverkehr während der Überholdauer bei zul. Höchstgeschwindigkeit zurücklegt. Somit kann er eine Behinderung möglichen Gegenverkehrs nicht ausschließen. § 5 verlangt nicht das Vorhandensein von Gegenverkehr oder den Eintritt eines konkreten Erfolgs. OWi-Anzeige.

Aufgrund der Gefährlichkeit eines Überholvorgangs reglementiert der Gesetzgeber neben der Zulässigkeit auch die **Durchführung des Überholens für den Überholenden** durch die nachfolgend aufgeführten phasenberücksichtigenden Gebote zu ermöglichen:

1. Phase:
– links zu überholen,
– das Ausscheren rechtzeitig und deutlich anzukündigen (FRA) und
– eine Gefährdung des nachfolgenden Verkehrs auszuschließen;

2. Phase:
– mit wesentlich höherer Geschwindigkeit und
– ausreichendem Seitenabstand

3. Phase:
– sobald wie möglich wieder nach rechts einzuscheren (Gefährdungsabstand)
– sowie den Überholten nicht zu behindern
und **für den Überholten** durch die Verpflichtung, das Überholen durch
– Geschwindigkeitsbeibehaltung bzw.
– Ausweichen (Warten) an geeigneter Stelle

Der **Grundsatz des Linksüberholens** gilt auf allen Straßen, auch auf der BAB oder sonstigen mehrspurigen Fahrbahnen, in Einbahnstraßen oder im Kreisverkehr. Ein **Rechtsüberholen** (Rechts-Schneller-Fahren) ist außer in den Fällen des Notstands nur in wenigen, in der StVO festgelegten Situationen zulässig, wobei zwischen einem Rechtsüberholgebot und einer Rechtsüberholerlaubnis zu unterscheiden ist.

Zur einfacheren Unterscheidung bietet sich folgende Übersicht an:

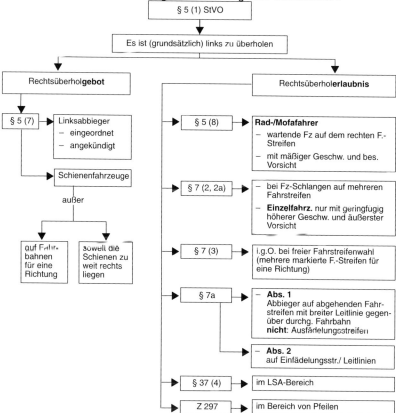

Der **Linksabbieger**, der
- sich eingeordnet (§ 9 Abs. 1 StVO) und
- seine Absicht, abzubiegen, angekündigt hat,

ist rechts zu überholen.[32] Fehlt es an einer dieser Voraussetzungen, ist zu beurteilen, inwieweit durch die „unklare Verkehrslage" das Überholen gänzlich verboten ist. Kommt es beim Überholvorgang zum VU, trifft den sich ordnungsgemäß verhaltenden Linksabbieger keine Mitschuld.[33] Zu beachten ist allerdings, dass der Linksabbieger eine doppelte Rückschaupflicht hat. Stoßen zwei Fahrzeuge zusammen, weil der Linksabbieger die doppelte Rückschaupflicht verletzt und der andere Verkehrsteilnehmer einen Überholversuch bei unklarer Verkehrslage unternommen hat, wird regelmäßig bei der Schadensregulierung

---

[32] OLG D'dorf, NZV 98, 27.

[33] OLG München, VR 75, 1058; OLG Koblenz, VR 78, 576 (Linksüberholen).

eine Abwägung der Verursachungs- und Verschuldensanteile vorgenommen. So hat das OLG Rostock eine Abwägung von 60 % zu 40 % zulasten des Linksabbiegers als gerechtfertigt angesehen.[34]

Hierbei ist jedoch die Möglichkeit eines zulässigen Rechtsüberholens im Bereich von Pfeilmarkierungen gemäß § 41 Z 297 zu beachten.

Ebenso wie beim Linksabbieger besteht gegenüber Schienenfahrzeugen Rechtsüberhol**gebot**. Hiervon darf nur abgewichen werden,

– wenn die Schienen auf Fahrbahnen für eine Richtung liegen oder
– wenn die Schienen zu weit rechts liegen.

Zwischen einem Rechtsüberholen bzw. Rechtsvorbeifahren soll hier nicht weiter unterschieden werden in den Fällen, in denen rechts schneller als links gefahren werden darf, da diese Fälle stets im (scheinbaren) Gegensatz zu § 5 (1) stehen.

Unabhängig vom Fahrtziel dürfen **Rad- und Mofafahrer** Fz, die auf dem **rechten Fahrstreifen warten**, mit mäßiger Geschwindigkeit und besonderer Vorsicht **rechts** überholen (§ 5 [8] StVO).[35]

Weitere für die polizeiliche Praxis bedeutende Fälle sind durch die §§ 7 (2, 2 a, 3) und 7a reglementiert, wonach rechts schneller gefahren werden darf im Bereich

– mehrspuriger Verkehrsführung für eine Richtung bei
  – Schlangenbildung auf beiden Fahrstreifen (§ 7 [2] StVO) oder dem linken Fahrstreifen (§ 7 [2a] StVO) oder
  – (i.g.O.) freier Fahrstreifenwahl (§ 7 [3] StVO)
– von Leitlinien (insbesondere BAB/Kraftfahrstraßen) (§ 7a StVO)
  – auf Einfädelungsstreifen oder
  – auf abgehenden Fahrstreifen mit Breitmarkierung (Ausfädelungsstreifen)
  – gegenüber dem Durchgangsverkehr.

Abs. 1 rechtfertigt nicht das Überholen bei beabsichtigter Beibehaltung der Richtung „Durchgangsverkehr" (s. Skizze S. 137).

Im Rahmen der freien Fahrstreifenwahl, auf Einfädelungsstreifen sowie auf abgehenden Fahrstreifen (abgetrennt mit breiter Leitlinie) ist weder Schlangenbildung noch ein erhöhtes Verkehrsaufkommen erforderlich.

So dürfen in diesen Bereichen – auch einzeln – alle Fz-Führer aus Gründen der Geschwindigkeitserhaltung rechts oder links schneller fahren als auf dem/den anderen Fahrstreifen.

Sind die Fahrstreifen durch Z 295 (Fahrstreifenbegrenzung) getrennt, wird aneinander vorbeigefahren.[36]

Die Rechtsüberholerlaubnis auf markierten Einfädelungsstreifen bzw. auf markierten abgehenden Fahrstreifen gemäß § 7a StVO ist insbesondere auf BAB und Kraftfahrstraßen von hoher Bedeutung. Hier darf auch bei aufgestellten VZ 276 auf der Hauptfahrbahn rechts schneller gefahren werden.[37]

---

34 OLG Rostock, SVR 10, 299.

35 OLG D'dorf, PVT 6, 90.

36 OLG D'dorf, 5 Ss (OWi) 746/79.

37 OLG D'dorf, DAR 81, 19.

Die nachstehenden Skizzen sollen die besonderen örtlichen Voraussetzungen verdeutlichen:

Auf mit Leitlinie markierten Einfädelungsstreifen darf rechts schneller gefahren werden als auf der durchgehenden Fahrbahn. Ein Rechtsüberholen ist aber nur unter Beachtung der Vorfahrt des Durchgangsverkehrs (§ 18 Abs. 3 StVO) zulässig.[38]

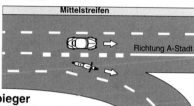

Das Rechtsüberholen eines anderen Fz auf dem Ausfädelungsstreifen selbst oder die Benutzung des Ausfädelungsstreifen zum Überholen durch den Durchgangsverkehr ist unzulässig.[39]

Auf von der durchgehenden Fahrbahn abgehenden Fahrstreifen dürfen **Abbieger** vom Beginn einer **breiten** Leitlinie schneller als auf der durchgehenden Fahrbahn fahren. Dies gilt **nicht** auf Ausfädelungsstreifen, ebenso nicht bei Weiterfahrt in Richtung A-Stadt. Hier darf gem. § 7a (3) nur bei stockendem Verkehr auf den durchgehenden Fahrstreifen mit mäßiger Geschwindigkeit und besonderer Vorsicht überholt werden.

Im Gegensatz zu den o. a. beiden Möglichkeiten kann bei „**Schlangenbildung**" auch dann rechts überholt werden, wenn eine Markierung der Fahrstreifen nicht vorhanden ist (§ 7 [2] StVO).

Entscheidend ist ausschließlich die Schlangenbildung auf allen Fahrstreifen, i.g.O. wie a.g.O.

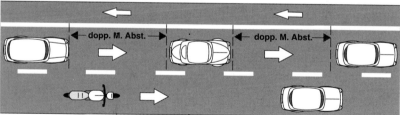

Eine Fahrstreifenmarkierung ist nicht erforderlich.

Von **Schlangenbildung** spricht man, sobald mindestens 3 Fz (noch) mit doppelten Mindestabständen hintereinander fahren, so dass nach einem Überholvorgang noch die notwendigen Gefährdungsabstände gewahrt bleiben.[40]

Gemäß § 7 (2 a) StVO ist es auch Einzelfahrzeugen grundsätzlich gestattet, rechts zu überholen, soweit auf dem linken Fahrstreifen eine Fahrzeugschlange

---

38 RGH und OLG Hamm, NPA 904 § 5 Bl. 18.

39 OLG D'dorf, NZV 90, 281.

40 BayObLG, VM 72, 78.

steht oder langsam fährt. Das Rechtsüberholen selbst darf aber nur mit geringfügig höherer Geschwindigkeit und äußerster Vorsicht geschehen. In der Rspr. wurde bislang eine Höchstgeschwindigkeit von 80 km/h und eine Mehrgeschwindigkeit von 20 km/h gebilligt. Dies gilt jedoch nicht für Einzelfz.[41]

Auf der BAB ist ein strengerer Maßstab anzulegen, so sind z.b. mehr als 3 Fz zur Schlangenbildung erforderlich, und das Rechtsüberholen verlangt größtmögliche Sorgfalt sowie stete Bremsbereitschaft.

Weitere an die Örtlichkeit gebundene Rechtsüberholerlaubnisse enthalten die §§ 37 (4) StVO und 41 Z 297, wonach zum einen im Bereich einer LSA (grüne Welle) und zum anderen im Bereich von Pfeilmarkierungen rechts schneller gefahren werden darf.

Das **Ausscheren** als Beginn des Überholens ist rechtzeitig und deutlich dem nachfolgenden Verkehr mittels Fahrtrichtungsanzeiger (FRA) anzuzeigen. Das Überholen (besser die Überholabsicht) kann dem vorausfahrenden Fz-Führer durch kurze Schall- oder Leuchtzeichen angezeigt werden; jedoch nur a.g.O. Die Ankündigung der Richtungsänderung entbindet den Überholenden nicht von seiner Pflicht, den **rückwärtigen Verkehr zu beachten (Rückschaupflicht)**. Er darf den Fahrstreifen nur dann wechseln, wenn er sich mit dem herannahenden Fz-Führer verständigt hat oder dieser noch so weit entfernt ist, dass eine Gefährdung ausgeschlossen ist. Resultierend hieraus darf der Nachfolgende darauf vertrauen, dass nicht plötzlich ohne Rücksicht nach links ausgeschert wird.[42] Hierbei liegt diese stets vor, soweit der Abstand zum nachfolgenden Fz kleiner ist als der vermeintlich benötigte Anhalteweg aus der Geschwindigkeitsdifferenz beider FZ Bei einer Geschwindigkeitsdifferenz von 20 km/h (5,55 m/s) zum Nachfolgenden ist somit unter normalen Verhältnissen ein Ausscheren < 10 bis 15 m verboten[43] oder 50 m bei 160 km/h.[44]

Unter Beachtung des Grundsatzes, dass der Nachfolgende sich auf das Verhalten seines Vordermannes einzurichten hat, wird dem Nachfolgenden hinsichtlich des Überholens nur dann Vorrang eingeräumt, wenn er sich bereits auf dem linken Fahrstreifen befindet.

Wer überholen will, hat zu prüfen, ob ein Vorausfahrender ebenfalls überholen will.

Hierin begründet sich auch die Forderung, dass auf Fahrbahnen mit Gegenverkehr nacheinander (von vorn nach hinten) zu überholen ist und ein „Aufrollen" der Kolonne von hinten als unzulässiges Überholen bei unklarer Verkehrslage zu beurteilen ist.[45]

Will der Fz-Führer nicht selbst überholen, so muss er ausreichend Platz für ein gefahrloses Einscheren lassen.

---

41 Hentschel e.a., § 7, Rn 12a.

42 OLG Stuttgart, VM 90, 9.

43 OLG Karlsruhe, NZV 228, 92.

44 OLG Karlsruhe, VRS 74,166.

45 OLG Hamm, DAR 70, 195; OLG Braunschweig, VRS 85, 409.

Das **Einscheren** ist ebenfalls mit FRA anzukündigen. Darüber hinaus hat das Einscheren
- sobald wie möglich (Rechtsfahrgebot) und
- ohne Behinderung des Überholten

zu erfolgen, d.h., der Überholende hat mit dem Einscheren so lange zu warten, bis er den erforderlichen Sicherheitsabstand (§ 4 StVO) zum Überholten erlangt hat.

Der Abstand sollte deutlich die in 1 sec zurückgelegte Strecke übersteigen. Ein kürzerer Abstand ist nur bei wesentlich höherer Überholgeschwindigkeit und freier Fahrstrecke zulässig.[46] In eine Lücke darf nur eingeschert werden, wenn diese dem doppelten Sicherheitsabstand (Tachoabstand) entspricht. Bei mehrspuriger Verkehrsführung in eine Richtung ist der Überholvorgang nach Erreichen des erforderlichen Sicherheitsabstands beendet, so dass das Weiterfahren auf dem linken Fahrstreifen einen Verstoß gegen das RfG (§ 2 Abs. 2) darstellt.[47] Zur Vermeidung unnötiger Schlangenfahrten ist aber ein **Mehrfachüberholen** (ohne stetiges Wiedereinordnen) für schnellere Fz zulässig, wenn
- infolge der wesentlichen Geschwindigkeitsdifferenz das Einordnen nur unter Verminderung der Fahrgeschwindigkeit möglich ist oder
- der rechte Fahrstreifen nur ganz kurz vor dem nächsten Überholvorgang betahrbar wäre (weniger als 20 sec).[48]

Es darf nur überholt werden, wenn die eigene **Geschwindigkeit** gegenüber dem zu Überholenden **wesentlich höher** ist. Ist abweichend vom Rechtsfahrgebot des § 2 (1) Satz 1, (2) StVO ein paralleles Fahren auf beiden Fahrstreifen zulässig (§ 7 [1] StVO), so kommt ein Verstoß gegen das Gebot, nur dann zu überholen, wenn man selbst mit wesentlich höherer Geschwindigkeit fährt als der zu Überholende (§ 5 [2] Satz 2 StVO), nicht in Betracht.[49]

Diese Forderung soll lange Überholwege verhindern.

Grundsätzlich genügt eine Geschwindigkeitsdifferenz von
- i.g.O./10 km/h[50] und
- a.g.O./20 km/h.

Im Einzelfall ist die Frage der Geschwindigkeitsdifferenz jedoch unter Berücksichtigung
- der Verkehrslage,
- des Verkehrsaufkommens (nachfolgende Fz),
- der benötigten Überholstrecke oder
- der benötigten Überholdauer

zu beurteilen.

---

[46] OLG Koblenz, VRS 45, 209; 26, 206; BayObLG, VRS 28, 44.

[47] BGH, DAR 74, 250 u. VRS 10, 291.

[40] BayObLG, PVT 90, 5 DAR 90, 187.

[49] OLG Naumburg, VerkMitt 11, Nr. 16.

[50] OLG Zweibürcken, VerkMitt 10, Nr. 21.

Somit kann z.B. bei freier Strecke mit einer geringeren Geschwindigkeitsdifferenz oder i.g.O. unter Ausnutzung der zHG mit lediglich 5 km/h Mehrgeschwindigkeit überholt werden.[51] Wesentlich für die Ahndung nach § 5 (2) Satz 2 StVO ist unter Berücksichtigung von Sinn und Zweck dieser Regelung, dass der Verkehrsfluss durch einen Lkw-Überholvorgang unangemessen behindert wird. Das ist z.B. dann nicht der Fall, wenn sich ein solcher Vorgang zu verkehrsarmer Zeit auf einer dreispurigen Autobahn abspielt und der schnellere Pkw-Verkehr ohne Weiteres auf die dritte (äußere linke Spur) ausweichen kann. Gleiches kann für eine ansonsten leere zweispurige Autobahn gelten. Ahndungswürdig ist ein Überholen jedoch dann, wenn ein solcher Vorgang wegen zu geringer Differenzgeschwindigkeit eine unangemessene Zeitspanne in Anspruch nimmt und der schnellere Pkw-Verkehr nicht nur kurzfristig behindert wird. Als Faustregel für einen noch regelkonformen Überholvorgang geht das Gericht von einer Dauer von maximal 45 Sekunden aus.[52]

Da die Bestimmung keine Befreiungsvorschrift hinsichtlich bestehender Geschwindigkeitsgrenzen aus den §§ 3, 18, 41 StVO Z 274 enthält, ist u.U. der Überholvorgang unzulässig bzw. nach hinten abzubrechen.[53]

Die Forderung nach Einhaltung eines ausreichenden **Seitenabstands** gilt gegenüber jedem VT, Tieren oder abgestellten Gegenständen. Im Regelfall reicht als Seitenabstand 1 m (zum Zweiradfahrer 1,5–2 m) aus.[54]

Zur Vermeidung von Behinderungen, Gefährdungen oder Schreckreaktionen anderer VT ist im Einzelfall ein größerer Seitenabstand zu wählen. Maßgeblich hierbei sind
– die Höhe der gefahrenen Geschwindigkeit,
– die Sicht-/Witterungsverhältnisse,
– das Verhalten und die Art des Überholens.

Je ungeübter, unsicherer, schwerer beherrschbar oder unberechenbarer die Situation oder der VT ist, desto größer ist der Seitenabstand zu wählen.

Kann hierbei der Forderung nach ausreichendem Seitenabstand nicht nachgekommen werden, besteht Überholverbot.

Besondere Bedeutung kommt dem Seitenabstand beim sogenannten **Zweitüberholen** zu.

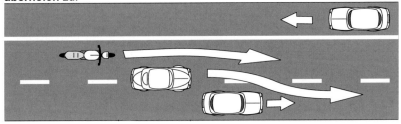

51 BGH, VRS 30, 349; OLG Bremen, VRS 28, 50.

52 OLG Hamm, DAR, 09, 339.

53 BGH, DAR 57, 186.

54 BGH, VRS 8, 248 OLG Hamm, NZV 91, 466.

Grundsätzlich ist dieses Zweitüberholen nur zulässig bei drei oder mehr Fahrstreifen. Im Übrigen ist es nur dann zulässig, wenn dem Zweitüberholer (hier Krad) der gesamte linke Fahrstreifen zur Verfügung steht, da ansonsten der Abstand verbotenerweise bedrängend gering wäre.[55]

Neben dem Verhalten des Überholenden reglementiert § 5 StVO auch das **Verhalten des Überholten**.

Er darf einen begonnenen Überholvorgang nicht beeinträchtigen. Er hat vielmehr seinerseits ein gefahrloses Überholen zu ermöglichen.

Neben den allg. Verhaltensregeln aus § 1 (2) StVO hat der Überholte besonders § 2 (2) und § 5 (6) StVO zu beachten. Eine der wichtigsten Sicherungsregeln ist hierbei das **Beschleunigungsverbot**, wonach der Überholte während des gesamten Überholvorgangs (Phasen 1 bis 3) seine Geschwindigkeit nicht erhöhen darf. Nur so kann der Überholende die benötigte Überholstrecke berechnen.[56] Das Verbot gilt auf allen Straßen, auch bei mehrspuriger Verkehrsführung und unabhängig von der Zulässigkeit des Überholens.

Weiterhin bezieht es sich nicht nur auf die aktive Beschleunigung (Gasgeben), sondern auch auf eine mögliche Eigenbeschleunigung (Gefällstrecke) sowie eine Weiterbeschleunigung.[57] Der zu Überholende ist aber nicht verpflichtet, die eigene Geschwindigkeit zu verringern. Diese Verpflichtung kann sich nur aus § 1 (2) ergeben, wenn nur dadurch ein gefahrloses Beenden des Überholvorgangs möglich ist.[58]

Neben dem Beschleunigungsverbot dient vor allem das **Wartegebot** gem. § 5 (6) Satz 2 StVO der Vermeidung gefährlicher Überholversuche (-vorgänge). Hiernach hat wer

– ein langsam**eres** Fz führt
– an geeigneter Stelle
– die Geschwindigkeit zu ermäßigen (notfalls zu warten),
– wenn nur so mehreren unmittelbar folgenden Fz das Überholen möglich ist.

Unter **langsameres** Fz ist jedes Fz zu verstehen, das langsamer fährt, als es in der konkreten Verkehrssituation den übrigen VT erlaubt ist. Das langsamere Fahren kann sowohl in der bauartbedingten oder zulässigen Höchstgeschwindigkeit als auch in sonstigen fahrzeug- oder personenbedingten Ursachen begründet sein. Geringfügige Geschwindigkeitsunterschiede genügen nicht; nur bei erheblichen Differenzen greift das Gebot, wie z.B. 65 km/h über eine längere Strecke, wo 100 km/h (Pkw ...) zulässig sind.[59] Als **geeignet** ist jede Stelle anzusehen, die dem übrigen Verkehr ein ungehindertes Überholen und dem langsameren Fz ein gefahrloses (Wieder-)Anfahren ermöglicht.

---

[55] BGH, VM 57, 31; VRS 17, 331; VM 65, 87.

[56] BayObLG, VM 78, 42.

[57] OLG Hamm, VRS 8, 227, NZV 72, 20 96.

[58] BGH, VRS 60, 925.

[59] OLG Karlsruhe, NZV 92, 122.

So kommen in Betracht:
- Straßenverbreiterungen, Ausbuchtungen,
- Parkplätze, Haltestellen und insbesondere
- Seitenstreifen (nicht auf BAB).

Das langsamere Fz hat nur dann Platz zu machen, wenn
- mehrere (mindestens 3) Fz unmittelbar folgen und ihnen
- sonst ein Überholen unmöglich ist;
  d.h., das Gebot greift nur dann, wenn
- das Überholen ausschließlich durch das Ausweichmanöver (Geschwindigkeitsverringerung) zu ermöglichen ist.

Hieraus ergibt sich auch, dass ein ständiges Befahren des Seitenstreifens nicht gefordert wird und einen Verstoß gegen § 2 (1) StVO darstellt.[60]

Bei mehrspuriger Verkehrsführung in eine Richtung oder äußerst geringem Gegenverkehr sowie bei bestehendem Überholverbot (Z 276) trifft das Gebot somit nicht zu (vergl. § 4 [2] StVO).

---

60 Amtl. Begr. zu §§ 2, 41 StVO Z 295.

5.3 Übungen

Übungen zu 5.1

Lösungen

§ 6 StVO trifft nur bei ... Vorbeifahren an
...
...
... zu.

linksseitigem
- Fahrbahnverengungen
- haltenden Fz
- festen und zeitweiligen Hindernissen

Als Hindernis ist hier jede Person oder Sache zu verstehen, ...

die ein Befahren des jeweiligen Straßenteils erschwert oder vereitelt.

Beim Vorbeifahren i.S.d. § 6 StVO ist

–

dem Gegenverkehr Vorrang zu gewahren;

–

der rückwärtige Verkehr zu beachten;

–

das Ausscheren anzukündigen.

Die Möglichkeit gleichzeitigen Vorbeifahrens wird maßgeblich vom ... bestimmt.

verbleibenden Seitenabstand

Dieser sollte mindestens ..., zu Zweiradfahrzeugen jedoch ... betragen.

1 m
1,5 m

Das Reißverschlussverfahren ist bei ...

anzuwenden.

Verengungen auf Fahrbahnen mit mehreren Fahrstreifen für eine Richtung

Die Nichtbeachtung des Reißverschlussverfahrens ist bei Eintritt einer konkreten Behinderung ein Verstoß gegen § ...

1 (2) StVO.

Liegt in folgenden Fällen ein Verstoß gegen § 6 StVO vor?

1 –A– (Pkw) und –B– (Sattelkfz) erreichen die Engstelle etwa gleichzeitig.

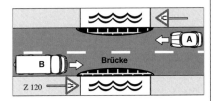

Keine Anwendung des § 6, da die Brücke ein beiderseitiges Hindernis darstellt. Eine Regelung erfolgt hier im Rahmen des § 1, wonach –A– hier als der Beweglichere warten muss (BayObLG, DAR 67, 336).

Je nach Verkehrsaufkommen und Engstellenbeschaffenheit ist zu prüfen, inwieweit eine Vorrangregelung durch Z 208/308 angebracht ist (Bericht an StVA).

2 –C– (LKR) fährt durch, –1– muss abbremsen.

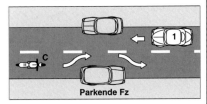

Parkende Fz

Parkende Fz stellen zeitweilige Hindernisse dar; somit findet § 6 Anwendung.

Bei beidseitiger Verengung – wie hier – darf derjenige zuerst fahren, der entweder die Gegenfahrbahn (Gegenfahrstreifen) nicht benutzen muss oder die geringste Zeit zum Vorbeifahren bzw. die geringste Beeinträchtigung verursacht/benötigt.

Da –C– den Fahrstreifen des Gegenverkehrs nicht mitbenutzen muss, darf er zuerst fahren. –1– muss aufgrund des § 6 –C– als Gegenverkehr Vorrang gewähren.

3 –D– schert aus, so dass –1– sein Fz abbremsen muss.

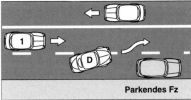

Parkendes Fz

Wie 2

Beim Vorbeifahren ist der rückwärtige Verkehr zu beachten, d.h. Behinderungen etc. sind zu vermeiden. Das Abbremsen des –1– ist eine Behinderung der zul. Verkehrsteilnahme i.S.d. § 1 (2) StVO. Weiterhin ist das Ausscheren mittels FRA anzukündigen. VG; soweit das Abbremsen als Gefährdung zu beurteilen ist, VG.

4 –E– fährt weiter, so dass –1– sein Fz abbremsen muss.

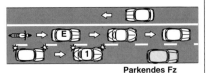

Parkendes Fz

Die Regelung erfolgt hier i.S.d. § 7 (4) StVO – Reißverschlussverfahren –, da es sich um eine Engstelle auf einer Fahrbahn mit mehreren Fahrstreifen für eine Richtung handelt. Hiernach hat –E– dem –1– ein Einfädeln zu ermöglichen Da –1– abbremsen muss, wird er behindert i.S.d. § 1 (2) StVO. VG (Beachte: § 7 [4] ist nicht bußgeldbewehrt).

5 –F– fährt 50 km/h
–G– fährt 30 km/h
–1– Fußgänger bleiben stehen.

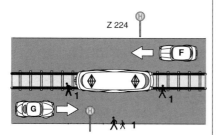

Z 224

Übungen/Wiederholung zu 5.2:

Überholen ist das Vorbeifahren an

–

Der Überholvorgang selbst besteht aus drei Phasen, dem

–

–

Grundsätzlich ist ... zu überholen.

Hiervon kann in folgenden Fällen abgewichen werden:

–

–

–

–

–

An öffentl. Verkehrsm. (VM) darf an gekennz. Haltestellen nur vorsichtig vorbeigefahren werden, d.h., es muss – je nach Seitenabstand – sofortige Anhaltemöglichkeit bestehen. In der Rspr. werden 50 km/h stets als zu hoch angesehen. VG.

Wenn Fahrgäste ein-/aussteigen (auf d. Fahrb.), darf nur mit mäßiger Geschw. rechts vorbeigefahren werden. –F– wie –G–.

Darüber hinaus dürfen Fahrgäste weder gefährdet noch behindert werden; da sie stehen bleiben müssen, werden sie behindert. OWi-Anzeige.

Das zu –G– Gesagte trifft ebenso beim Vorbeifahren an Schulbussen zu, sofern diese Warnblinklicht eingeschaltet haben.

Beachte: § 20 (4): Schrittgeschwindigkeit bei LOM und gekennzeichneten Schulbussen. VG.

einem vorausfahrenden oder wartenden Fz auf derselben Fahrbahn.

Aufschließen, Ausscheren

Vorbeifahren

Erreichen eines genügenden Sicherheitsabstands mit eventl. Einscheren

links

StVO:

§ 5 (7)	– Linksabbieger/ Schienenfz.
§ 5 (8)	– Rad-/Mofafahrer
§ 7 (2, 2a)	– Kolonnenbildung
§ 7 (3)	– freie F.-Streifenwahl
§ 7a	– Einfädelungsstreifen – nach rechts abgehende Fahrstreifen
§ 37 (4)	– LSA-Bereich

–

Das Ausscheren ist mittels ...; a. g. O. darf es auch ... angezeigt werden. Vor dem Ausscheren ist der ... zu beachten, eine ... ist auszuschließen.

Z 297   – Pfeilmarkierungen

FRA anzukündigen durch Schall- u. Leuchtzeichen rückwärtige Verkehr Gefährdung

Es darf nur bei ... und ... überholt werden.

wesentlich höherer Geschwindigkeit ausreichendem Seitenabstand

Das Überholen ist verboten bei

–

einer mögl. Behinderung d. Gegenverkehrs

–

Z 276/277

–

unklarer Verkehrslage.

für Kfz ... bei ...

über 7,5 t zGM witterungsbedingter Sicht unter 50 m

Weitere Überholverbote ergeben sich aus den §§ 19 (1), 20 (3) und 26 (3) an ...

Bahnübergängen, Haltestellen und Fußgängerüberwegen

Zur Vermeidung einer Behinderung des Gegenverkehrs ist die Berechnung der notwendigen übersehbaren Strecke (Sichtweite) erforderlich. Die notwendige Sichtweite setzt sich zusammen aus dem ...

eigenen Überholweg

und der ...

Strecke, die der Gegenverkehr während der Überholdauer bei zHG zurücklegt.

Sie wird berechnet nach der Formel: ...

$$s_W = \left[\frac{s_{rü} \cdot v_1}{v_D} + v_1 \cdot t_e\right] m + \left[\frac{s_{rü} \cdot v_{zHG}}{v_D}\right] m$$

Z 276 (277) verbietet allen ...

Kfz (Kfz ü. 3,5 t zGM, ZM, außer Pkw u. KOM)

das Überholen ...

mehrspuriger Kfz und Kräder mit Beiwagen

Es bezieht sich – wie die übrigen Überholverbote – auf das ...

Links- wie auch zulässiges Rechtsüberholen (vergl. S. 130)

Die Adressatengruppen können durch ZZ verändert werden.

Als unklar ist jede Verkehrslage zu bezeichnen, in der mit einem ...

gefahrlosen Überholen nicht gerechnet werden kann.

Sie ergibt sich insbesondere durch ... auf den bevorrechtigten ... oder aus dem Verhalten ...

Sichtbeeinträchtigungen Querverkehr vorausfahrender VT.

Das Wiedereinscheren ist mittels … und darf erst nach Erreichen … erfolgen.	FRA anzukündigen eines ausreichenden Sicherheitsabstands
Hierbei ist eine … auszuschließen.	Behinderung des Überholten
Der Überholte hat durch … ein Überholen zu ermöglichen, da nur hierdurch die Länge eines Überholvorgangs …	Geschwindigkeitsbeibehaltung (Beschleunigungsverbot) berechenbar bleibt.
Hierbei ist sowohl die … als auch eine … untersagt.	aktive Beschleunigung passive Eigenbeschleunigung
Langsamere Fz haben mehreren … an … Stelle ein Überholen durch … zu ermöglichen; ggf. haben sie …	unmittelbar nachfolgenden Fz geeigneter Geschwindigkeitsverringerung zu warten (Wartegebot).
Unter einem langsameren Fz versteht man die Fz, die …	erheblich langsamer fahren, als es den übrigen Fz-Führern (Pkw) dort erlaubt ist.

Liegen in folgenden Fällen Verstöße gegen „Überholbestimmungen" vor?

1 –A– passiert im Bereich des Z 276 m. Zusatz Z 1049-11 die auf dem Seitenstreifen fahrende ZM –1– (32 km/h bHG) und das KLKR –2–.

Da der Seitenstreifen nicht zur Fahrbahn gehört (§ 2 StVO), liegt kein Überholen vor.

Kein Verstoß. Soweit die ZM die Fahrbahn nutzen würde, läge ein Verstoß vor, da die ZM infolge der bHG von 32 km/h nicht vom ZZ erfasst wird.

Zeichen 276

ZZ 1049-11

2 –B– (Krad) überholt –1–.

Überholen ist definitionsmäßig gegeben. Gemäß § 5 (1) ist links zu überholen. Als Ausnahme kommt hier die Regelung § 7a (1) in Betracht, wonach, soweit von der durchgehenden Fahrbahn Fahrstreifen abgehen, Abbieger vom Beginn der breiten Leitlinien schneller als auf der durchgehenden Fahrbahn (–1–) fahren dürfen. Gilt nicht bei Weiterfahrt in Richtung A-Stadt.

3 –C– überholt im Bereich des Z 277 mit seinem KOM (5,6 t zGM, 14 Sitzplätze) den PKW –1–.

Zeichen 277

Es handelt sich um einen Überholvorgang. Z 277 verbietet Kfz über 3,5 t zGM, mehrspurige Kfz oder Kräder mit Beiwagen zu überholen. Ausgenommen hiervon ist das Überholen für KOM, d.h. für Kfz mit mehr als 8 Fahrgastplätzen (–C–).

4 –D– (Krad) beendet seinen bereits begonnenen Überholvorgang.

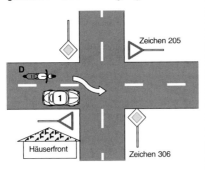

Zeichen 205

Häuserfront

Zeichen 306

Überholen ist definitionsgemäß gegeben.

Als Überholverbot ist das Vorliegen einer unklaren Verkehrslage zu prüfen. Durch die Unübersichtlichkeit der Kreuzung in Bezug auf den bevorrechtigten Querverkehr ist für –D– ein gefahrloses Beenden des Überholvorgangs nicht eindeutig gewährleistet; somit liegt eine unklare Verkehrslage vor. OWi-Anzeige.

Die Überholverbote erfassen alle 3 Phasen eines Überholvorgangs, so dass auch die Fortführung oder Beendigung untersagt wird.

5 –E– (Pkw) fährt mit 100 km/h und einer Geschwindigkeitsdifferenz von 40 km/h an –1– vorbei.

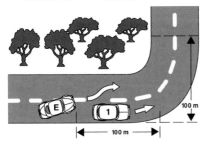

100 m

100 m

Überholen ist definitionsgemäß gegeben.

Als Überholverbot ist „die mögliche Behinderung des Gegenverkehrs" zu prüfen, d.h., –E– müsste den eigenen Überholweg sowie die Strecke übersehen können, die ein möglicher Gegenverkehr bei zHG während der Überholdauer (–E–) zurücklegen würde. Diese Sichtweite wird berechnet nach der Formel

$$s_W = \left[\frac{s_{rü} \cdot v_1}{v_D}\right] m + v_1 \cdot t_e \, m + \left[\frac{s_{rü} \cdot v_{zHG}}{v_D}\right] m$$

$S_W = 108 \, m + 28 \, m + 108 \, m$

Ob die Strecke von 244 m frei von Gegenverkehr ist, kann –E– nicht übersehen; somit kann er eine Behinderung des Gegenverkehrs nicht ausschließen. OWi-Anzeige.

6

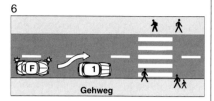

Gehweg

Überholen ist definitionsgemäß gegeben.

Als Spezialbestimmung ist hier § 26 (3) StVO zu prüfen, wonach ein Überholen an Fußgängerüberwegen verboten ist. OWi-Anzeige.

7 −G− (Lkw) fährt 60 km/h.

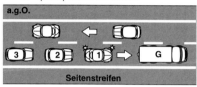

Seitenstreifen

Für −G− ist das Wartegebot aus § 5 (6) StVO zu prüfen. Hiernach haben langsamere Fz an geeigneter Stelle mehreren unmittelbar nachfolgenden Fz das Überholen notfalls durch Warten zu ermöglichen.

Der Seitenstreifen ist als geeignete Stelle anzusehen. Da −G− mit einer erheblichen Geschwindigkeitsdifferenz zur hier zulässigen Höchstgeschwindigkeit (100 km/h) fährt, ist es als langsameres Fz i.S.d. § 5 (6) anzusehen, dem auch mehrere Fz unmittelbar folgen. VG.

8 −C− (Krad) fährt bei einem Stau zwischen den beiden Fz-Schlangen nach vorn.

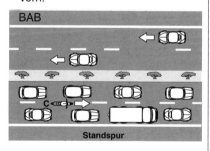

Standspur

§ 7 (2) StVO erlaubt bei Schlangenbildung im Bereich mehrspuriger Verkehrsführung für eine Richtung ein Rechtsüberholen. Dem Verständnis der Bestimmung entspricht jedoch nur ein Rechtsüberholen im jeweiligen Fahrstreifen. § 7 (2) verlangt zwar keine Fahrstreifenmarkierung, ist diese aber vorhanden, markiert sie auch den Fahrstreifen verbindlich. Demzufolge sind hier nur 2 Fahrstreifen gegeben. Das Rechtsüberholen in einer (scheinbaren) dritten Fahrspur ist unzulässig. OWi-Anzeige [61]

---

[61] OLG Stuttgart, VRS 57, 361; OLG Hamm, NZV 88, 105; OLG D'dorf, VM 90, 38.

9 –E– fährt 120 km/h, –2–/–3– 100 km/h,
–F– fährt 140 km/h und gibt Lichtzeichen.

a.g.O.

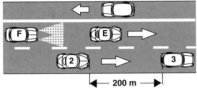

200 m

10 –G– befährt nach einem zulässigen Überholvorgang weiterhin den linken Fahrstreifen der BAB mit der durch Zeichen 274 erlaubten Höchstgeschwindigkeit, so dass ein nachfolgender Pkw nicht überholen kann.

11 –H– passiert den Radfahrer 1 mit 80 km/h

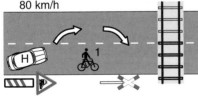

Innerhalb einer Strecke von 200 m darf grundsätzlich hier vom Beendetsein des Überholvorgangs ausgegangen werden und, da mehrspurige Verkehrsführung für eine Richtung vorliegt, ein Wiedereinscheren gemäß § 5 (4) StVO gefordert werden, aber im Rahmen eines zulässigen Mehrfachüberholens kann aber auf eine Einordnung nach rechts verzichtet werden. So darf bei einer Geschwindigkeit von 100 km/h der Abstand etwa doppelt bemessen werden bzw. Lücken unter 20 sec Fahrtstrecke unberücksichtigt bleiben, d.h. im vorliegenden Fall ist das Mehrfachüberholen zulässig.

Im Gegensatz hierzu ist stets – auch bei höheren Geschwindigkeiten -- in eine 500-m-Lücke einzuscheren.[54]

–F– darf als nachfolgendes Fz seine eigene Überholabsicht durch Lichtzeichen a.g.O. ankündigen. Hieraus ergibt sich jedoch für ihn kein Vorrecht, so dass er ggf. seine Geschwindigkeit verringern muss, um zu –E– den gemäß § 4 StVO erforderlichen Sicherheitsabstand einzuhalten.

Die Wiedereinscherpflicht ergibt sich für –G– aus dem RfG des § 2 (2) und nicht aus § 5 (4) StVO. VG. Ein Verstoß gegen § 1 (2) liegt nicht vor, da eine Behinderung die Einschränkung einer zulässigen Verkehrsteilnahme voraussetzt. Der beabsichtigte Überholvorgang des Nachfolgenden verstieße jedoch gegen § 41, Z 274.

§ 19 (1) StVO gebietet dem Straßenverkehr sich Bahnübergängen mit mäßiger Geschwindigkeit zu nähern. Fz-Führern wird das Überholen von Kfz untersagt. Somit kein Verstoß gegen das Überholverbot. Das Überholen eines Mofa erfüllte jedoch den Tatbestand. Umgekehrt würde auch von 1 ein Verstoß vorliegen, wenn er den –H– passiert hätte.

---

[62] OLG Karlsruhe, VRS 53, 373; OLG Celle, DAR 68, 278.

6 Vorfahrt und Vorrang

Behandelte Rechtsvorschriften:

6.1 Regelung durch Polizeibeamte
StVO: §§ 6, 8, 9, 10, 19, 26, 36, 37, 39 (4)
StVG: § 6
StGB: §§ 315b, 315c
VwVfNW: §§ 35 ff.
VwGO: § 80

6.2 Regelung durch LSA (Lichtsignalanlagen)
StVO: §§ 6, 8, 9, 10, 19, 26, 36, 37, 39 (4), Z 131, Z 201 ff., 209 ff., 220
           ff., 294, § 43
StVG: § 6
StGB: §§ 315b, 315c
BOStrab: Anlage 4
RiLSA: Richtlinien zur Anlage von Lichtsignalanlagen

6.3 Vorfahrt
StVO: §§ 1, 8, 10, 18, ZZ 843 ff., Z 102, Z 205, 206, Z 301, 306, 306 ZZ,
           307, 325/6, 330 ff., 401, 405
StGB: § 315b, c

6.4 Abbiegen
StVO: §§ 1, 9, 10, ZZ 843 ff., Z 209 ff., 237 ff., 245, 295
StVZO: § 54
StGB: § 315c

6.5 Einfahren (Anfahren)
StVO: §§ 8, 9 (5), 10, 20, Z 224/6, 242/3, Z 325/6
StVZO: § 54
StGB: § 315c

6.6 Vorrang von Schienenfahrzeugen
StVO: §§ 2 (3), 5 (7), 9 (1, 3), 12 (1, 4), 19, 26, 36 (1), 37 (1), ZZ 816, 817,
           Z 150 ff., Z 201, 224/6, 299, Z 432
StGB: §§ 315–315d
BOStrab: Straßenbahn-Bau- und Betriebsordnung
EBO: Eisenbahn-Bau- und Betriebsordnung, insbesondere §§ 11, 64a
ESBO: Eisenbahn-Bau- und Betriebsordnung für Schmalspurbahnen
EKG: Eisenbahnkreuzungsgesetz

6.7 Vorrang von Fußgängern
StVO: §§ 18 (10), 25, 26, 37 (2) Nr. 5, Z 134, Z 241, 242/3, 293, Z 325/6,
           350, 355/6, 43
StGB: § 315c
BOStrab: § 68
EBO: § 62
           Richtlinien zur Anlage von Fußgängerüberwegen

Vorrangregeln beinhalten für einen Verkehrsteilnehmer das Recht, als Vorrangberechtigter eine Verkehrsfläche gegenüber einem Wartepflichtigen zuerst benutzen zu dürfen.

Damit eine rechtspositivistische Anwendung der Vorrangbestimmungen nicht zu unnötigen Behinderungen des Verkehrsablaufs führt, verbietet § 11 StVO, bei stockendem Verkehr in die Vorrangstelle (Kreuzung etc.) einzufahren. Die Missachtung dieser Bestimmung ist bußgeldbewehrt (§ 49 [1] Nr. 11 StVO); sie führt häufig zu Folgeunfällen.

Darüber hinaus verlangt § 11 (3) StVO einen **Vorrangverzicht**, wenn es die Verkehrslage erfordert (vgl.: § 1 Abs. 1 StVO). Die Missachtung dieses Vorrangverzichts ist jedoch nicht bußgeldbewehrt.

Der Wartepflichtige unterliegt aber vor der Weiterfahrt einer Verständigungspflicht mit dem Verzichtenden.

Außer § 26 StVO (Fußgängerüberwege) beziehen sich die Vorrangregeln insbesondere auf das Verhältnis zwischen Fahrzeugen, wenn sich deren Fahrlinien kreuzen, berühren oder gefährlich nahe kommen.

Vorrangregeln dienen vor allem der Verkehrssicherheit.

Sie sind von den unterschiedlichsten Faktoren, wie z.B. Örtlichkeit, Fahrzeugart oder Verkehrsteilnahmeform abhängig.

In der folgenden schematischen Übersicht sind die wichtigsten Vorrangregeln dargestellt.

Hierbei wurde auf die erneute Aufnahme der Vorrangregeln im Rahmen der Vorbeifahrt verzichtet.

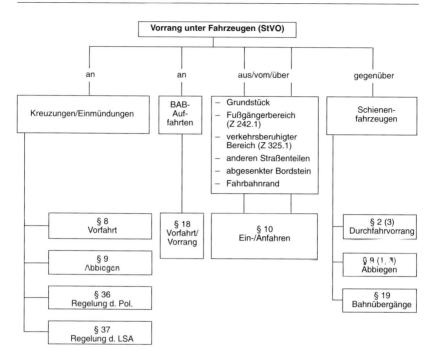

beachte:
1. §§ 9, 36, 37 regeln das Vorrangverhältnis unter (zu) allen VT
2. Zusatzzeichen zu Z 306 abknickende Vorfahrt: Blinkpflicht und Fußgängervorrang

beachte:
im übrigen BAB-Bereich gelten die sonstigen Vorrangregeln

beachte:
1. Wartepflicht besteht gegenüber jedem anderen VT, selbst wenn dieser aufgrund einer anderen Vorrangregel ebenfalls wartepflichtig ist
2. Anfahrvorrang des LOM an Haltestellen gem. § 20 (5)

beachte:
im Übrigen gelten für Schienenfahrzeuge die allg. Bestimmungen des Fahrverkehrs

Darüber hinaus enthält Kapitel 5 – Überholen/Vorbeifahren – weitere Vorrangregelungen.

6.1 Regelung durch Polizeibeamte

Gemäß § 36 StVO gehen **Zeichen und Weisungen** eines Polizeibeamten allen anderen Anordnungen und Regeln vor, gleichgültig, ob diese zur Verkehrsregelung, Verkehrskontrolle oder Verkehrszählung erfolgen. Unter Berücksichtigung der übrigen Bestimmungen ergibt sich somit folgende Hierarchie:

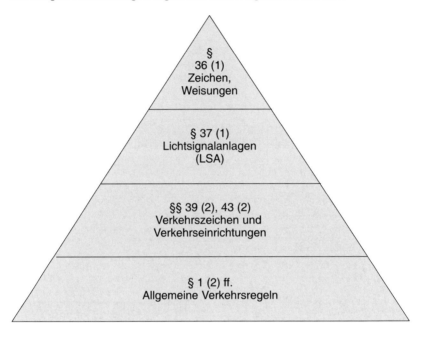

Berechtigt zur Abgabe von Zeichen und Weisungen i.S.d. § 36 StVO sind alle **zuständigen Polizeibeamten**, gleichgültig, ob in Uniform oder Zivil. Bahnpolizeibeamte außerhalb des Bahngeländes, Schülerlotsen, Verkehrshelfer sowie Bw-Posten (Feldjäger) fallen nicht unter § 36. Der weisunggebende Polizeibeamte muss jedoch als solcher für den betroffenen VT klar erkennbar sein.[1] Die Erkennbarkeit als Polizeibeamter ergibt sich entweder aus der Uniform oder dem Fz, das aufgrund seiner Lackierung als Polizeifahrzeug einzustufen ist. Das Herausstrecken einer Polizeikelle genügt nicht als „Legitimation".[2]

---

[1] VwV zu § 36; OLG Neustadt, VRS 13, 475; DAR 52, 44; OLG Hamm, JZ 72, 372.

[2] BayObLG, VRS 48, 232.

Als **Zeichen** kennt § 36 StVO nur

- das seitliche Ausstrecken eines oder beider Arme quer zur Fahrtrichtung (Fortgeltung bei Beibehaltung der Grundstellung)

- Halt vor der Kreuzung.
- Der Querverkehr ist freigegeben.

- das Hochheben eines Armes.

- Vor der Kreuzung auf das nächste Zeichen warten.
- Kreuzung räumen (für in der Kreuzung befindliche VT).

Die Zeichen können durch Weisungen ergänzt oder geändert werden.

Die Möglichkeit der Zeichengebung besteht an allen Straßenstellen, also nicht nur an Kreuzungen oder Einmundungen. **Zeichen** sind **Allgemeinverfügungen**, die sich an **alle VT** wenden, die sich im so geregelten Straßenbereich befinden. **Weisungen** sind **Einzelverfügungen**, die sich aus einem augenblicklichen Verkehrsbedürfnis heraus an einen VT oder eine klar begrenzte Personengruppe zur Regelung einer konkreten Verkehrssituation richten.[3] Sie können in beliebiger Form ergehen, z.B. durch Handzeichen, Winken, Zuruf etc. Der Beamte braucht sich nicht im öffentlichen Verkehrsraum zu befinden. Auch Weisungen in einer Gaststätte (z.B. behindernd abgestellte Fz wegzusetzen) oder telefonische Weisungen sind zu beachten, soweit die Erkennbarkeit als Polizeibeamter gegeben ist.[4] Die vom Polizeibeamten erteilte Weisung muss für den betroffenen VT **deutlich und eindeutig** in Bezug auf ihren Inhalt sein. Unklarheiten hierüber gehen nicht zu Lasten des VT, so stellt einfaches Hupen z.B. keine Weisung dar.[5] Entscheidend für die Weisung i.S.d. § 36 StVO ist, dass sie sich **unmittelbar auf die Regelung eines Verkehrsvorgangs bezieht,** auch des ruhenden Verkehrs. Die Durchsetzung einer bereits bestehenden verkehrsrechtlichen Regelung (z.B. Park-/Haltverbot) stellt jedoch keine Weisung i.S.d. § 36 StVO dar.[6] Die OWi i.S.d. jeweiligen Bestimmung bleibt unberührt.

Zeichen und Weisungen sind als Verwaltungsakte zu befolgen, jedoch nur soweit sie nicht mit so schweren Fehlern behaftet sind, die zur **Nichtigkeit** des VA führen. Dies ist stets dann der Fall, wenn die Ungültigkeit des VA für jedermann derart augenscheinlich ist, dass die Weisungen gleichsam „den Stempel der Nichtigkeit auf der Stirn tragen".[7]

---

[3]   BVG, DAR 75, 250; BGHSt 32, 248.

[4]   OLG Neustadt, VRS 13, 475; OLG Hamm, 72, 372.

[5]   OLG Köln, VM 77, 53 ff.; OLG D'dorf, VM 65, 46.

[6]   BVG, DAR 75, 250, VM 75, 101; OLG Köln, VM 84, 84; OLG Celle, VM 66, 94.

[7]   BGH, NJW 66, 1968.

Dies ist z.B. der Fall
- bei rechtlicher oder tatsächlicher Unmöglichkeit sowie
- bei Unsinnigkeit

der ergangenen Forderung (Weisung).[8]

In der Rechtsprechung[9] wurden z.B. folgende Anordnungen als nichtig angesehen:
- Aufforderung, durch Glasscherben (VU) zu fahren (strittig),
- Aufforderung, schneller zu fahren, nachdem der Fz-Führer bereits seine Geschwindigkeit gemäß § 3 (1) StVO gewählt hat,
- Aufforderung, eine gesperrte Straße zu befahren, obwohl das Befahren aufgrund der technischen Daten (Länge/Breite/Höhe/GM) des Fz für den Betroffenen entweder unmöglich oder zu gefährlich ist,
- Aufforderung an einen Lkw-Führer, nach hinten in einen für ihn nicht einsehbaren Raum zurückzusetzen, wenn er nicht die Gewissheit haben kann, der Polizeibeamte habe den Raum zuverlässig als hindernisfrei erkannt.

Zusammenfassend sind Zeichen und Weisungen als Verwaltungsakte zu befolgen, soweit
- sie der Regelung eines Verkehrsvorgangs dienen,
- der Polizeibeamte als solcher erkennbar ist,
- die Weisung inhaltlich in Bezug auf die Sachlage klar und eindeutig ist und
- keine offensichtliche Nichtigkeit des VA gegeben ist.

Zeichen und Weisungen (Haltgebot) sind gemäß § 36 (5) StVO auch zur **Verkehrskontrolle** (auch ohne konkreten Anlass) und zu **Verkehrserhebungen** zulässig. Die VT haben deren **Anweisungen** zu befolgen.

---

8   OLG Hamm, VRS 54, 70.

9   OLG Köln, NJW 79, 2161; OLG D'dorf, VRS 13, 61; BayObLG, VM 80, 106.

Hierunter ist ein(e) Anhalten (Kontrolle) zur Überprüfung
- der Fahruntüchtigkeit des Fahrers,
- der mitzuführenden Verkehrsausweise,
- des Zustands, der Ausrüstung und Beladung des Fz[10]

zu verstehen. Es handelt sich hierbei um vollstreckbar (über § 113 StGB) geschützte Verfügungen.[11]

Anhaltezeichen zur **Verfolgung** einer Straftat oder sonstiger Gesetzesverstöße (auch Verkehrsordnungswidrigkeiten) sind nicht als Weisung i.S.d. § 36 StVO zu sehen, da die Verfolgung von Gesetzesverstößen nicht aus § 6 StVG zu begründen ist.[12]

Den Zeichen und Weisungen (hierunter fallen ausdrücklich auch technische Einrichtungen am Einsatzkfz sowie das Anhalten von hinten als auch Winkerkelle bzw. rote Leuchten) zum Anhalten von Polizeibeamten ist vom VT nicht bedingungslos Folge zu leisten; er wird nicht von seiner Sorgfaltspflicht entbunden.

Der VT hat demnach Umschau zu halten und nach seinen Wahrnehmungen des übrigen Verkehrsgeschehens unter Anrechnung einer zuzubilligenden Reaktionszeit den polizeilichen Anordnungen sinnvoll Folge zu leisten, so dass sich ein scharfes Bremsen unter Gefährdung des nachfolgenden Verkehrs verbietet,[13] d.h. die Zeichen und Weisungen sind stets sinngemäß, angepasst zu befolgen und im Einzelfall durch verkehrsgerechtes Verhalten zu beachten.[14]

Ein Anhalten hinter dem Beamten kann demzufolge im Einzelfall geboten sein.

Zur Vermeidung von Haftungsansprüchen haben daher die Anhaltezeichen deutlich und rechtzeitig zu erfolgen. Hierbei ist von Bedeutung, auf welcher Entfernung die Zeichen noch verbindlich sind, also auch ein vorzeitiges Abbiegen verbieten.

Grundsätzlich sind die Zeichen und Weisungen zu befolgen, soweit sie in einem engen räumlichen Zusammenhang zwischen Polizeibeamten und VT gegeben wurden.[15]

Dieser Zusammenhang wurde auf eine Entfernung bis 60 m bejaht; bei 150 m im Einzelfall jedoch verneint, da sich der VT hier nicht im unmittelbaren Einwirkungsbereich des Polizeibeamten befunden habe.[16] Ein kleiner Umweg wird hierbei dem VT zugemutet.

---

10 VwV zu § 36 StVO.

11 OLG D'dorf, NZV 96, 458.

12 OLG Köln, Ss 176/77; BGH, NJW 84, 1568.

13 OLG Hamm, DAR 73, 277; BayObLG, VRS 4, 620.

14 OLG D'dorf, VR 74, 1112.

15 BayObLG, 10b OWi 80/78.

16 OLG Köln, VM 77, 53.

6.2 Vorrang/Regelung durch LSA (Lichtsignalanlage)

Lichtsignalanlagen (LSA) dienen der Sicherheit und Leichtigkeit des Verkehrs. Ohne sie wäre ein ordnungsgemäßer Verkehrsablauf nicht mehr denkbar.

LSA sind Verkehrseinrichtungen (§ 43 StVO). Ihre Lichtzeichen sind Verwaltungsakte (VA) in Form der Allgemeinverfügung, die allen übrigen **vorrangregelnden** Anordnungen (z.B. §§ 6–10, 19, 26/nicht aber § 36 StVO) und Zeichen (z.B. 201, 205, 206, 208, 301, 306, 308) vorgehen.[17] Die sonstigen Regeln (z.B. vorgeschriebene Fahrtrichtung oder Vorbeifahrt, Verkehrs- oder Streckenverbote) bleiben unberührt.

Unbeachtlich sind die Lichtzeichen nur, wenn die LSA offensichtlich gestört ist.

Die Anordnungen einer LSA entsprechen denen der Verkehrsregelung durch einen Polizeibeamten (§ 36 StVO).

Grün bedeutet freie Fahrt. Der VT kann darauf vertrauen, dass der Querverkehr sein Vorrecht beachtet; er wird jedoch nicht von seiner Sorgfaltspflicht entbunden. So ist ein Einfahren bei Grün nur mit einer Geschwindigkeit zulässig, die dem Kraftfahrer ein rechtzeitiges Anhalten ermöglicht.[18] Ebenso sind „fliegende Starts" grundsätzlich unzulässig, da vor dem Einfahren Nachzüglern das Räumen des Kreuzungsbereichs zu ermöglichen ist.[19] Es gilt nicht der Vertrauensgrundsatz, so dass i.d.R. der bei Grün Auffahrende höher haftet.[20]

---

[17] BGH St 20, 125; NJW 75, 1330.

[18] BayObLG, DAR 67, 333.

[19] BGH, VM 68, 58; NJW 61, 1576.

[20] KG, VM 81, 75.

Der **grüne Pfeil** (schwarze Pfeile dürfen hier nicht verwendet werden) gibt die Fahrt lediglich in der angegebenen Fahrtrichtung frei, wobei der Abbieger stets darauf vertrauen darf, dass ihm hierbei kein bevorrechtigter Verkehr (Gegenverkehr/Fußgänger etc.) begegnet. Dem Kraftfahrer wird für seine Fahrtrichtung Grün (Pfeil) angezeigt. Alle übrigen VT haben Rot, sind somit wartepflichtig.

Ein Wechsel der Fahrtrichtung von der freigegebenen in die gesperrte, stellt einen Verstoß gegen § 37 (2) StVO dar, soweit auch der Kreuzungsbereich befahren wird.[21]

Nicht zu verwechseln ist der grüne Pfeil im Lichtzeichen mit dem seit dem 1.3.1994 bundesweit geltenden **grünen Pfeilschild,** das ein **Rechtsabbiegen** – nach Anhalten – bei Rotlicht **erlaubt,** soweit dies behinderungsfrei möglich ist. Nichtanhalten entspricht dem Rotlichtverstoß.

Gelb (oder schwarze Pfeile auf Gelb) bedeutet Wartepflicht auf das nächste Zeichen (Rot/Grün).

Die Gelbphasen von 3 (4/5) Sekunden bei einer zHG von 50 (60/70) km/h ermöglichen dem Fz-Führer unter Beachtung des rückwärtigen Verkehrs ein gefahrloses Anhalten, zumal der Fz-Führer seine Geschwindigkeit hierauf einzurichten hat und ihm keine Schrecksekunde beim Phasenwechsel zugebilligt wird.[22]

Dies bedeutet, dass z.B. bei einer zHG von 70 km/h eine Gelbphase von 3,26 sec bei einer Entfernung von 65 m zum gefahrlosen Anhalten genügt. Im Gegensatz hierzu aber eine Entfernung von 28 m (2 sec) bei einer Geschwindigkeit von 50 km/h nicht genügt.[23] Eine 3-Sek-Gelbphase (= 42 m Fahrstrecke bis 50 km/h bzw. 25 m bei 30 km/h) reicht im innerstädtischen Verkehr zu einem gefahrlosen Anhalten.

Beim Phasenwechsel ist somit zu prüfen, inwieweit die Entfernung zur Kreuzung als Anhalteweg (vergl. § 3 [1] StVO) ausreicht.

Soweit eine Haltlinie (Z 294) vorhanden ist und diese in einem erkennbaren (räuml.) Zusammenhang mit der LSA steht, ist grundsätzlich vor dieser zu halten, spätestens jedoch vor der Kreuzung (Fluchtlinie).

Hieraus ergibt sich der überwiegende Haftungsanspruch gegenüber dem Fz-Führer, der unnötig scharf unmittelbar vor Gelb abbremst.

Rot bedeutet ein Haltgebot vor der Kreuzung (Fluchtlinie) bzw. i.V.m. Z 294 vor der Haltlinie.

Schwarze Pfeile auf Rot ordnen Halt für die angezeigte Fahrtrichtung an.

Das „Umfahren" einer Kreuzung bei „Rot", z.B. über ein Tankstellengelände oder eine Parkplatzbereich stellt keinen Verstoß gegen § 37 dar.[24] (siehe Bild S. 161)

Soweit keine besonderen Zeichen für Strab gegeben werden, haben Strab ihre Geschwindigkeit so einzurichten, dass sie rechtzeitig vor Rot anhalten können.

21   BGH, NZV 98, 119; BayObLG, NZV 01/311.

22   OLG Celle, DAR 77, 22; BayObLG, DAR 76, 172.

23   OLG Köln, VM 76, 47; OLG Celle 1 Ss OWi 595/76; OLG Köln, DAR 76, 250.

24   OLG D'dorf, VRS 66, 370; NZV 98, 41.

Soweit die Lichtzeichen durch einen verkehrsregelnden Polizeibeamten (§ 36 StVO) aufgehoben werden, ist besondere Sorgfalt geboten.

Grundsätzlich unterliegen **Radfahrer** gem. Abs. 2 Ziff. 6 den Lichtzeichen des Fahrverkehrs, lediglich auf Radverkehrsführungen unterliegen sie vorhandenen besonderen Lichtzeichen für Radfahrer. Soweit die Zeichen nur für Fußgänger/ Radfahrer gelten sollen, sind die entsprechenden Sinnbilder zu verwenden. Soweit auf Radwegführungen die speziellen „Radfahrersymbole" fehlen, gelten bis 2015 die „Fußgängersymbole" auch für Radfahrer. Die Grundphasen erlauben jedoch kein achtloses Befahren bzw. Betreten der Fahrbahn. Die Nichtbeachtung (wartepflichtiger) abbiegender Fz kann daher bei Verkehrsunfällen zur Mitschuld des Fußgängers oder Radfahrers führen.

Der direkte Wechsel von Grün auf Rot ist für die bereits querenden Fußgänger oder Radfahrer ohne Bedeutung; sie haben ihren Weg zügig fortzusetzen.

Soweit **Schienenbahnen**, Linienomnibusse und Taxis auf einem **eigenen Fahrstreifen** (bauliche Trennung oder Z 245) verkehren, können ihnen Streckenzeichen gegeben werden, die den übrigen Lichtzeichen vorgehen.

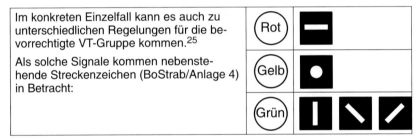

Im konkreten Einzelfall kann es auch zu unterschiedlichen Regelungen für die bevorrechtigte VT-Gruppe kommen.[25] Als solche Signale kommen nebenstehende Streckenzeichen (BoStrab/Anlage 4) in Betracht:	

Dauerlichtzeichen finden beim sog. **Umkehrstreifen** Verwendung. Hierunter versteht man markierte Fahrstreifen, die zeitweise nur für den Verkehr in der einen, zeitweise nur für den Verkehr in der anderen Richtung bestimmt sind.

Sie werden zur Lenkung von Berufs- oder Veranstaltungsverkehrsströmen verwandt und beinhalten daher ein grundsätzliches Haltverbot für Fz.

Dauerlichtzeichen bedeuten für den jeweiligen Fahrstreifenbenutzer:	
Rot	Benutzungsverbot/Halteverbot
Gelb	Fahrstreifenwechsel in die angegebene Richtung
Grün	freie Fahrt/Haltverbot (Abs. 5)

---

[25] OLG Hamburg, VRS 67, 814.

Die vorliegenden Aufnahmen einer automatischen Verkehrsüberwachungskamera sind zulässige Beweismittel. Die eingeblendete Rotdauer zeigt an, dass dem –A– unter Berücksichtigung einer Gelbdauer von 3 (4) sec ein gefahrloses Anhalten unter Beachtung des rückwärtigen Verkehrs möglich war.

Das Umfahren der Kreuzung (LSA) über den Parkplatz ist kein Verstoß gegen § 37 und § 2 StVO. (OLG D'dorf 5 Ss 47, 93; BGH 4 StR 647/96).

Das Umfahren über andere Straßenteile verstößt gegen § 2 StVO, soweit nicht der geschützte Bereich erneut befahren wird (OLG D'dorf, VRS 63, 75, NJW 98, 41; OLG Karlsruhe, NZV 89, 158).

Dem Fahrstreifen zugeordnete Signale sind stets zu beachten, d.h., ein Weiterfahren – auch unter einem Wechsel vom freigegebenen – in den gesperrten Fahrstreifen stellt einen Verstoß gegen § 37 StVO dar.[26]

---

[26] BayObLG, NZV 01/311.

Der Wechsel vor Erreichen der Kreuzung verstößt i.d.R. gegen Z 295.[27]

Von besonderer polizeilicher Bedeutung ist die Rotlichtüberwachung mit Hilfe einer automatischen Verkehrsüberwachungskamera (AVÜK). Im Rahmen dieser Überwachung wurden z.B. in München 200–300 Verstöße (= 10–15 T €) registriert. Die Notwendigkeit der Überwachung wird verständlich, wenn man bedenkt, dass im Jahr 2010 durch das Nichtbeachten der Verkehrsregelung durch Polizeibeamte oder Lichtzeichen 40 Menschen starben und 6.287 verletzt wurden.

Im Rahmen der Rotlichtüberwachung ist zu beachten, dass bei Missachtung nach 1 Sekunde Rotlicht ein qualifizierter Verstoß vorliegt, der ein Fahrverbot nach sich zieht.

Ein Prinzip der hier verwendeten Überwachungsform ist recht einfach. Mit Hilfe einer Induktionsschleife wird beim Lichtwechsel „Gelb bzw. Rot" ein elektromagnetisches Feld aufgebaut, das bei Veränderung (Queren eines Fz) das Auslösen einer fest installierten Kamera verursacht.

Durch die zweimalige Veränderung des Magnetfeldes oder durch Zeitschaltung werden zwei Fotos ausgelöst, die einen eindeutigen Beweis des Verstoßes erlauben. Hierbei wird vermehrt von der Frontfotografie Gebrauch gemacht.

Ein Verzögerungsschalter verhindert das vorzeitige Auslösen der Kamera.

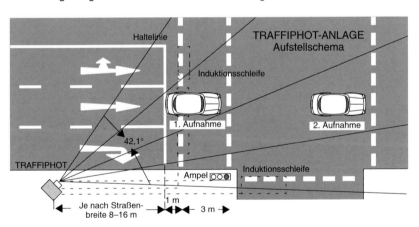

Für den **qualifizierten** Verstoß (über 1 sec Rot) ist der Zeitpunkt des Überfahrens der Haltlinie und, sofern diese nicht vorhanden ist, der Zeitpunkt des Erreichens der LSA mit dem vorderen Fz-Teil entscheidend.

---

27 OLG Celle, ZfS 94, 306.

Bei der **Planung und Errichtung** einer LSA sind neben der StVO mit VwV-StVO die VDE-Bestimmungen, die BOStrab sowie vor allem die Richtlinien zur Errichtung von LSA (RiLSA) zu beachten.

Die Lichtsignalsteuerung ist eine der wichtigsten betrieblichen Maßnahmen zur Abwicklung des Straßenverkehrs. Sie dient sowohl der Verkehrssicherheit wie der Leichtigkeit des Verkehrs.

Eine LSA ist dann einzurichten, wenn sich wiederholt Unfälle ereignet haben, die bei LSA-Steuerung hätten vermieden werden können, und wenn sich andere Maßnahmen als wirkungslos erwiesen haben.

Daneben kann sich die Notwendigkeit einer LSA auch aus Gründen des Verkehrsablaufs, wie z.B. Linksabbiegerrückstau oder unzumutbare Wartezeiten von mehr als 2–3 Min. oder aus sonstigen Gründen der Verkehrsführung ergeben.

Das **Signalprogramm** ist logischerweise von vielen Faktoren abhängig, die in die Planung mit einzubeziehen sind. Zunächst hängt es maßgeblich vom Knotenpunkt ab. Darüber hinaus sind u.a. folgende Faktoren von besonderer Bedeutung:

– Unfallsituation/Örtlichkeit,

– Verkehrsbelastung, -ströme, -arten,

– Straßenbahnen/öffentl. Verkehrsmittel,

– Abbieger,

– Umlaufzeit.

Hiervon ist es abhängig, welche **Phaseneinteilung** gewählt wird, ob ein Steuerungsverfahren oder eine „grüne Welle" einzuplanen sind.

Eine Phase ist der Teil eines Signalprogramms, während dessen ein bestimmter Grundzustand der Signalisierung unverändert bleibt. Nach der Anzahl der nacheinander freigegebenen, nicht verträglichen Verkehrsströme (gemeinsame Konfliktfläche), ergibt sich eine Phaseneinteilung in 2 bis 4 Phasen.

Nachstehend einige Beispiele verschiedener Phaseneinteilungen.

2-Phaseneinteilung
Knotenpunkt/Verkehrsströme

Beispiele:
Signalprogramm/Phasen

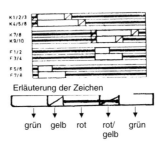

Erläuterung der Zeichen

grün gelb rot rot/ grün
                  gelb

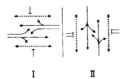

I   II

oder

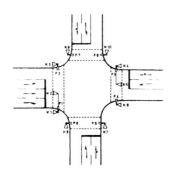

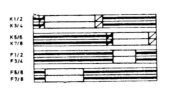

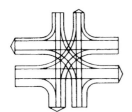

I   Ia   II   IIa

3-Phaseneinteilung
Knotenpunkt/Verkehrsströme

Beispiele:
Signalprogramm/Phasen

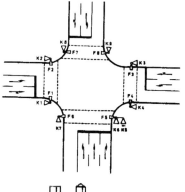

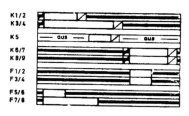

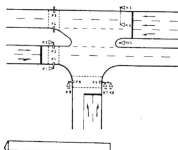

oder

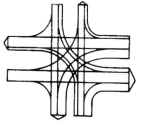

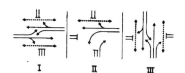

4-Phaseneinteilung
Knotenpunkt/Verkehrsströme

Beispiele:
Signalprogramm/Phasen

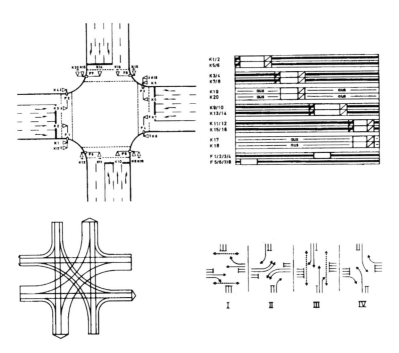

In der Praxis sehen Signalpläne wie nachstehend aus.

Die Kenntnisse hierüber sind bei der Unfallbekämpfung und bei der LSA-Überwachung gleichermaßen von Bedeutung.

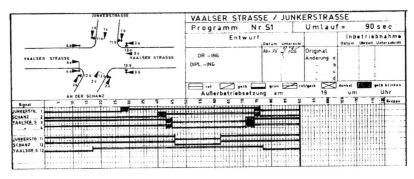

Die Leichtigkeit des Verkehrsablaufs lässt sich weiterhin auf verschiedene Weise berücksichtigen. **Steuerungsverfahren** bieten die Möglichkeit, das Signalprogramm zeit- oder verkehrsabhängig zu verändern.

Die einfachste Form besteht in der Wahl zwischen Tag- und Nachtprogramm (makroskopische Steuerung). Die schwierigste Form ist die Steuerung der jeweiligen Verkehrsbelastung, wobei möglichst geringe Staulängen entstehen sollen; dadurch kann ein erheblicher Beitrag zum Umweltschutz (mikroskopische Steuerung) geleistet werden.

Bei „**grüner Welle**" erfolgt die Koordinierung mehrerer Knotenpunkte, so dass die Fahrzeiten in der bevorzugten Hauptrichtung möglichst gering gehalten werden. Im günstigsten Falle wird die „grüne Welle" jedoch nur zwischen bis zu 2 km entfernten Knotenpunkten empfohlen. Darüber hinaus ist sie nicht mehr sinnvoll. Die „grüne Welle" und die damit verbundenen planerischen Schwierigkeiten lassen sich in unten stehenden Beispielen gut nachvollziehen.

Beispiel für ein Progressivsystem in Ein-Richtungsstraßen:

Beispiel für ein Progressivsystem in Zwei-Richtungsstraßen mit stetiger Grünzeitführung:

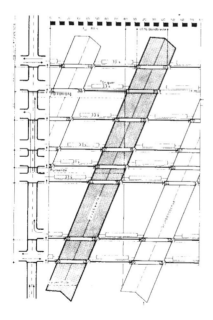
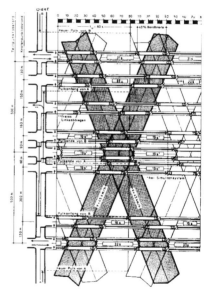

6.3 Vorfahrt

An Kreuzungen und Einmündungen wird das Recht, als Erster diese Verkehrs-fläche benutzen zu dürfen, u. a. durch § 8 StVO als Vorfahrt geregelt.

Es handelt sich um einen **Vorfahrtfall**,[28] wenn
– an einer Kreuzung oder Einmündung (auch bei Kreisverkehren)
– mindestens 2 Fz
– auf rechtlich unterschiedlichen Straßen
– aufeinander zufahren

und sich
– ihre Fahrlinien schneiden oder so stark nähern, dass ein ungehindertes Wei-terfahren des Bevorrechtigten nicht denkbar wäre.

So sind folgende Vorfahrtsituationen denkbar:

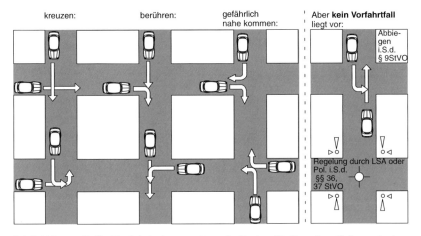

§ 8 StVO regelt die Vorfahrt also nur innerhalb des **fließenden Fahrverkehrs**, d.h., zwischen Fz und VT, die den Fz gleichgestellt sind, sind Adressat der Be-stimmung.

Fußgänger mit Fz oder besonderen Fortbewegungsmitteln (§ 24 StVO) sowie Tierführer sind ausgeschlossen.[29]

Zu beachten ist, dass nicht einzelnen Fahrzeugarten, sondern allen Fz, die eine bestimmte Straße benutzen, die Vorfahrt eingeräumt wird, unabhängig von der Anzahl der Wartepflichtigen oder Vorfahrtberechtigten und der damit verbunde-nen Wartedauer.

§ 8 StVO setzt logisch voraus, dass die Fz etwa gleichzeitig im Kreuzungs- oder Einmündungsbereich aufeinander zufahren. Ist die zeitliche Differenz bei der

---

28 BGH, VR 70, 328; OLG Karlsruhe, VRS 93, 102.

29 BGH, VM 63, 7.

Annäherung so groß, dass die Fz ohne gegenseitige Behinderung fahren können, so liegt kein Vorfahrtfall vor.[30]

Neben dieser zeitlichen Geltung spielt insbesondere die räumliche eine große Rolle. So bezieht § 8 sich nur auf Kreuzungen und Einmündungen, wenn diese dem öffentlichen Verkehr als Verkehrsfläche **gewidmet** sind.[31]

Demzufolge ergibt sich die Vorrangregel bei öffentlichen Parkplatz- oder sonstigen Grundstückseinfahrten nicht aus § 8, sondern aus § 10 StVO. Dies gilt ebenso für gemeinsame Hauszufahrten, die – an äußeren Merkmalen erkennbar – ausschließlich der Anbindung an den öffentl. Verkehr dienen. Benutzungseinschränkungen, wie z.B. durch Z 250/Anlieger frei etc., sind jedoch für die Beurteilung i.S.d. § 8 ohne Bedeutung.[32]

Die **Vorfahrtregelung** gilt auf der gesamten **gemeinsamen Schnittfläche der Fluchtlinien** der Kreuzung oder Einmündung einschließlich vorhandener Sonderwege (Rad-/LOM-/Taxi-), jedoch unabhängig von Fahrstreifeneinteilungen durch Z 295/340 oder durch sonstige Markierungen oder Baulichkeiten.[33]

Räumlicher Geltungsbereich:

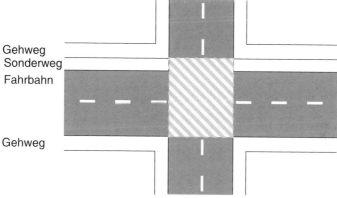

Gehweg
Sonderweg
Fahrbahn

Gehweg

Parkplätze an Kaufzentren stellen i.d.R. faktisch öffentlich-rechtlichen Verkehrsraum dar, so dass hier nicht § 8 greift, sondern sich die Anwendung der Regel „rechts vor links" aus § 1 (2) StVO ergibt. Allerdings nur auf den Parkplatzflächen, auf denen ein richtungsgebundener Verkehr auf Fahrspuren mit Straßencharakter stattfindet.[34] Soweit kein Fahrbahnnetz vorhanden ist, ist Verständigung gefordert.

---

[30] OLG Hamm, DAR 74, 108; BGH, DAR 56, 12; BayObLG, VRS 49, 284.

[31] OLG Hamm, NJW 74, 1913.

[32] BayObLG, VM 83, 90; OLG Celle, VersR 73, 275.

[33] OLG H'burg, DAR 63, 273; OLG Oldenburg, DAR 68, 250.

[34] OLG Hamm, NJW 74, 1915; OLG Köln, JMBl. NW 75, 115; OLG D'dorf, DAR 00, 175; NZV 88, 231.

Als **Kreuzung** bezeichnet man die gemeinsame Schnittfläche zweier oder mehrerer Straßen, wobei **jede** Straße über den Schnittpunkt fortgesetzt wird.

Mittelinseln wie Auftreffwinkel sind hierbei ohne Bedeutung.

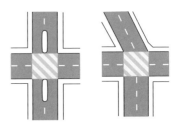

Bei seitlicher Versetzung bezeichnet man die gemeinsame Schnittfläche nur dann als Kreuzung, wenn die Fortführung bei natürlicher Betrachtungsweise als dieselbe Straße erscheint.

Ist dies nicht der Fall, liegt(en) ein (zwei) Einmündungsbereich(e) vor.

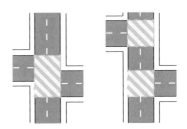

Bei einer **Einmündung** trifft eine Straße **ohne eigene Fortführung** auf eine durchgehende Straße oder es werden zwei getrennt verlaufende Straßen zu einer zusammengeführt (Straßengabel).

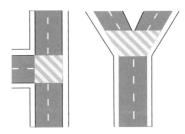

Hierbei ist zu beachten, dass vorhandene **Verkehrsinseln**, die in ihrer Breite über die Länge eines Fz hinausgehen, zu mehreren – jeweils neu zu beurteilenden – Einmündungen führen.

Das Gleiche gilt bei Straßen mit entsprechend großen Mittelinseln. Hier liegen u. U. zwei getrennte Kreuzungsbereiche vor.

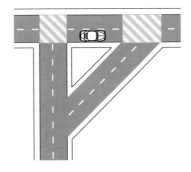

Die Vorfahrt erstreckt sich zwar auf den gesamten Kreuzungs-/Einmündungsbereich, es liegt aber dennoch kein Vorfahrtfall vor, wenn eine Behinderung wegen fehlender Annäherung der Fz ausgeschlossen ist.[35] Sie soll jedoch nicht für Benutzer einer(s) **völlig gesperrten** Straße (Straßenteils) gelten, z.B. für Radfahrer, die entgegen Z 220/267 eine Einbahnstraße in entgegengesetzter Richtung oder durch Verkehrseinrichtungen (Poller) abgetrennte und gesperrte Fußgängerbereiche befahren. Hier ist jedoch Vorsicht geboten, zumal die Möglichkeit der Freigabe für Radfahrer durch Zeichen besteht.

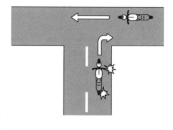

Dies ist z.B. der Fall, wenn für den wartepflichtigen Abbiegenden nur Gegenverkehr herrscht oder bei mehrspuriger Verkehrsführung auf diesem (rechten) Fahrstreifen kein Verkehr herrscht.[36]

Die **Vorfahrtverletzung** (Gefährdung ...) muss jedoch nicht unbedingt im Kreuzungs-/Einmündungsbereich liegen. Sie muss lediglich im räumlichen und zeitlichen Zusammenhang mit der Vorfahrtregelung stehen.

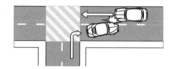

Zur **Regelung eines Vorfahrtfalles** kennt § 8 StVO 4 Sachverhalte:

Hiernach ist **stets wartepflichtig**, wer

1. von **links** kommt,

2. eine **negative Vorfahrtbeschilderung** auf seiner Straße vorfindet,

3. aus einem Feld-/Waldweg **auf eine andere Straße kommt**.

4. in einem ausgeschilderten (Z. 215 i.V.m. 205) Kreisverkehr einfährt (§ 8 [1a])

Neben diesen Regelungen kennt die StVO weitere **Vorrang**regelungen in den §§ 1, 6, 7 (5), 9 (3, 4), 10, 11, 18 (3), 19, 20 (2), 26, 36, 37, 38, Z 208, Z 308.

Grundsätzlich hat die Vorfahrt, wer **von rechts** kommt. Hier regelt sich unter Einbeziehung der Vorfahrtdefinition das Vorfahrtrecht nach der Frage: „**Woher kommen die Fz?**" Unberücksichtigt bleibt die Frage der beabsichtigten Fahrtrichtung wie auch die des verkehrsgerechten Verhaltens des Vorfahrtberechtigten. Demzufolge hat auch Vorfahrt, wer die bevorrechtigte Straße widerrechtlich, rückwärts, unangemessen schnell, linksseitig (Überholvorgang) befährt oder kurz anhält.[37]

---

[35] OLG Celle, 3 Ss (OWi 80, 85); BGH, NJW 74, 949.

[36] BGH, DAR 53, 74; OLG Karlsruhe, VRS 42, 306; BayObLG, VM 66, 36.

[37] OLG Hamm, 5 Ss OWi 622, 76; OLG Koblenz, DAR 73, 278; BayObLG, DAR 75, 277; OLG Köln, DAR 57, 135; OLG Celle, VRS 16, 150.

Beim Grundsatz „rechts vor links" spricht man vom **Grundsatz der halben Vorfahrt**, da jeder Fz-Führer zwar gegenüber allen von links kommenden Fz bevorrechtigt ist, aber gleichzeitig gegenüber den von rechts kommenden Fz wartepflichtig ist.

Auf diese halbseitige Wartepflicht muss sich jeder Fz-Führer beim Heranfahren an eine für ihn unübersichtliche gleichberechtigte Kreuzung-/Einmündung einstellen.[38]

Soweit an einer Kreuzung 4 Fz gleichzeitig ankommen, besteht untereinander Verständigungspflicht. Sobald das erste Fz die Kreuzung passiert hat, gilt wieder der Grundsatz „rechts vor links", d.h., es wird stets im Uhrzeigersinn gefahren.

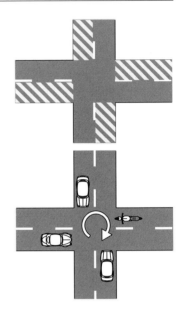

Die Vorfahrtregel „rechts vor links" gilt nicht für

– die Benutzer von Feld-/Waldwegen, die auf eine andere Straße kommen. Diese sind stets wartepflichtig.

Auf Feld-/Waldwegen untereinander gilt – wie bei allen Wartepflichtigen untereinander – stets die Grundregel „rechts vor links".[39]

Der Feld- und Waldweg i.S.d. § 8 Abs. 1 Satz 1 Nr. 2 StVO definiert sich nicht nach seinem äußeren Erscheinungsbild, sondern nach der Verkehrsbedeutung. Unter Feld- und Waldwegen sind nur solche Straßen zu verstehen, die zumindest überwiegend land- und forstwirtschaftlichen Zwecken dienen und keine überörtliche Bedeutung haben (vgl. BGH, Urteil vom 18.11.1975, Az.: VI ZR 172/74, NJW 1976, 1317 – 1319).[40]

Soweit nicht eindeutig erkennbar ist, ob es sich um einen untergeordneten Weg handelt, besteht erhöhte Sorgfaltspflicht und jeder hat sich auf Wartepflicht einzustellen.[41] Den Feld-/Waldwegen gleichgestellt sind Wiesen-, Sand- oder Moorwege.

Bei den von Fußgängern mitgeführten Fz spielt die Art keine Rolle, so dass nicht nur der Fußgänger, der einen Handwagen oder eine Schubkarre mitführt, sondern auch der wartepflichtig ist, der ein Zweirad schiebt. Ebenso wartepflichtig sind Tierführer, Reiter oder Fußgänger mit besonderen Fortbewegungsmitteln.

---

[38] BGH, VRS 21, 167; BGHZ 14, 240.

[39] OLG Zweibrücken, VRS 45, 388.

[40] OLG Rostock, 8 U 040/06, vom 23.2.2007, veröffentlicht in VRS 112, 256.

[41] OLG Karlsruhe, Justiz 73, 172; BGH, NZW 77, 632; OLG Koblenz, VR 86, 1197; OLG Hamm, VRS 49, 147.

Neben der Grundregel ist die wichtigste **Vorfahrtregelung die durch Verkehrszeichen**.

Hierbei unterscheidet man zwischen der vorfahrtgebenden (positiven) Beschilderung durch die Zeichen 301 und 306

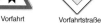

Vorfahrt   Vorfahrtstraße

und der wartegebietenden (negativen) durch die Zeichen 205 und 206.

Vorfahrt   Halt! Vorfahrt
gewähren   gewähren

Die Zeichen 401 (Bundesstraße), 406 (Europastraße) sowie die Zeichen 294 (Haltlinie) und 341 (Wartelinie) haben **allein stehend** keinen vorfahrtregelnden Charakter.

Die Regelung durch Polizeibeamte oder LSA geht der Regelung durch Verkehrszeichen vor.

Auf Autobahnen und Kraftfahrstraßen hat gemäß § 18 (3) StVO stets der Verkehr auf der durchgehenden Fahrbahn „Vorfahrt".

Zeichen 301 bedeutet Vorfahrt (nur) an der nächsten Kreuzung oder Einmündung.	
Zeichen 306 gibt dagegen die Vorfahrt auf dem gesamten Straßenverlauf. Es ist zwar an jeder Kreuzung/Einmündung zu wiederholen, jedoch ist das Vorfahrtrecht hiervon nicht abhängig.	
Die Aufhebung erfolgt durch die Z 205, 206, 307.	
Zeichen 205 gebietet lediglich Wartepflicht im konkreten Einzelfall beim Auftauchen eines Vorfahrtberechtigten.	
Zeichen 206 gebietet dagegen, stets an der Haltelinie zu halten. Ist keine Haltelinie vorhanden, ist dort anzuhalten, wo die andere Straße zu übersehen ist.	
Durch Zusatzzeichen kann auf das Vorfahrtrecht des Radfahrers (Radwegebenutzers) bzw. der Schienenbahn besonders hingewiesen werden. Dass ZZ steht oberhalb des VZ 205/206.	

Durch Zusatzzeichen (zu Z. 306) kann der Verlauf der Vorfahrtstraße bekannt gegeben werden (abknickende Vorfahrt).

Bei der **abknickenden Vorfahrt** werden zwei (an sich) unterschiedliche Straßen
rechtlich zu einer zusammengefasst. Vereinfacht bedeutet dies, aus einer Kreuzung wird eine Einmündung.

tatsächlicher Straßenverlauf:

rechtlicher Straßenverlauf:

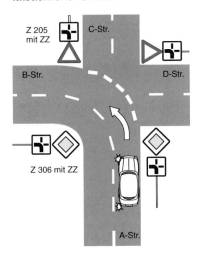

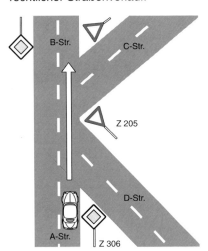

Diese neue rechtliche Straßenführung bedeutet weiterhin, dass § 9 StVO (Abbiegen) beim Folgen der Vorfahrtstraße keine Anwendung finden kann, da man
rechtlich geradeaus fährt.

Die Beachtung der beim „Abbiegen" erforderlichen Sorgfaltspflichten (FRA,
Fußgängervorrang) ergibt sich daher folgerichtig aus ZZ 306.

Vorfahrt hat hier, wer den **positiv beschilderten Straßenverlauf** befährt,
gleichgültig in welche Richtung.

Unter den Benutzern der negativ beschilderten Straßen gilt die Grundregel
„rechts vor links", unter den Benutzern der Vorfahrtstraße § 9 (3, 4) StVO (Abbiegen), was in der Praxis „rechts vor links" gleichkommt.

Im Grundsatz ergeben sich somit bei der abknickenden Vorfahrt folgende Beurteilungsmöglichkeiten:

1. –A– folgt der Vorfahrtstraße, fährt also rechtlich geradeaus, so dass **kein** Abbiegen i.S.d. § 9 StVO vorliegt. Durch Z 306 ist –A– vorfahrtberechtigt; –B–/–C– durch Z 205 jeweils wartepflichtig gegenüber –A–.

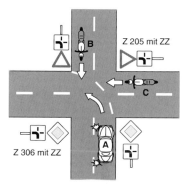

Da zwischen –B– und –C– die Grundregel „rechts vor links" gilt, ist –C– weiterhin wartepflichtig gegenüber –B–.

Die Verpflichtung, die Fahrtrichtung anzuzeigen bzw. auf etwaige Fußgänger Rücksicht zu nehmen, ergibt sich für –A– aus ZZ 306.

2. In diesem Fall liegt rechtlich **kein** Vorfahrtfall vor, da alle Fz-Führer dieselbe Straße befahren.

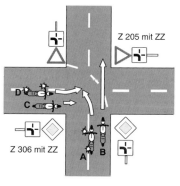

–C– und –D– sind gemäß § 9 (3, 4) StVO gegenüber –A–/–B– als „Linksabbieger" wartepflichtig.

Weder für –B– noch für –C– besteht Blinkpflicht, da sie dem natürlichen Straßenverlauf folgen und ein etwaiges Blinken zu Irrtümern führen könnte.

Für –A– besteht Blinkpflicht aus Z 306, da er dem Verlauf der Vorfahrtstraße folgt. Für –D– besteht Blinkpflicht aus § 9 (1) StVO, da er den natürlichen Straßenverlauf verlässt, also abbiegt.

Beispiel:

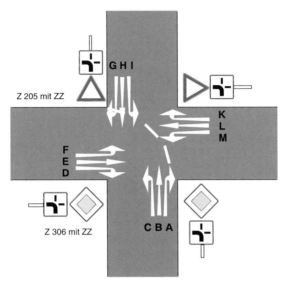

Es ist in alphabetischer Reihenfolge, d.h. im Uhrzeigersinn zu fahren.

In einer schematischen Gesamtdarstellung ergibt sich folgendes Bild:

hat ⬇	Vorfahrt		Vorrang (StVO)	
	aufgrund der Be-schilderung	aufgrund der Grundregel	gemäß § 9 (3) als entgegen-kommendes Fz	gemäß § 9 (4) als entgegen-kommender Rechtsabb.
A	I (G, H, K–M)	–	–	E (F)
B	I, K, L, M (G, H)	–	E	F
C	G, H, L, M (I, K)	–	–	E, F
D	G, H, M (I, K, L)	–	–	–
E	G, H, I, M (K, L)	–	–	–
F	H, I, K, L, M (G)	–	–	–
G	–	L (K, M)	–	–
H	–	L, M (K)	–	–
I	–	L, M (K)	–	–
K,L,M	wartepflichtig gegenüber allen anderen Fz			

Jeder VT ist verpflichtet, sich Klarheit über die bestehende Vorfahrtregelung zu verschaffen, eine **Vorfahrtverletzung** ist jedoch nur beim **Wartepflichtigen** zu beurteilen.

Die Vorfahrtverletzung besteht entweder

– im **falschen Heranfahren**

an die Kreuzung oder Einmündung, wobei der Wartepflichtige seinen Warte-willen nicht erkennen lässt,

oder

– im **falschen Überqueren**

der Kreuzung oder Einmündung, wobei es zu einer Gefährdung oder wesent-lichen Behinderung des Vorfahrtberechtigten kommt.

Der Wartepflichtige muss durch sein Verhalten (insbesondere durch mäßige Ge-schwindigkeit) seinen **Wartewillen** erkennen lassen.

Er darf nicht forsch an die Vorfahrtstraße (Kreuzung/Einmündung) heranfahren, sondern muss, wo dies nötig ist, **rechtzeitig und deutlich** seine Geschwindigkeit verringern und evtl. anhalten; d.h., er muss so fahren, dass ein Anhalten ohne starkes Bremsen möglich ist. Ohne Geschwindigkeitsreduzierung durchzufah-ren ist nur zulässig, wenn ein Vorfahrtfall (zeitl./räuml.) auszuschließen ist.[42]

Eine Vorfahrtverletzung wegen fehlender Erkennbarkeit des Wartewillens ist stets dann zu bejahen, wenn der Vorfahrtberechtigte Verletzungen objektiv be-fürchten muss und sich deshalb nunmehr unfallverhütend verhält. Der Wartewil-len ist selbstverständlich **vor** der Vorfahrtstelle zu zeigen.[43]

Soweit ein ungehindertes Weiterfahren nicht möglich ist, ist an der Halt- bzw. Sichtlinie anzuhalten. Besteht hier für den Wartepflichtigen **keine Einsichtmög-lichkeit** in die Vorfahrtstraße, darf er sich in diese derart hineintasten, dass er bei Auftauchen eines Vorfahrtberechtigten **sofort** anhalten kann. Unter **Hineintas-ten** ist je nach Verkehrslage ein zentimeterweises Vorrollen oder ein gleichmä-ßig langsames Einfahren zu verstehen.[44] Ein Einfahren mit 50 km/h oder 30 km/h ist zu schnell[45], selbst Schrittgeschwindigkeit kann zu schnell sein. I.d.R. ist gleichmäßig langsames Fahren angebracht und gefordert.

Zur **Unübersichtlichkeit** i.S.d. § 8 (2) StVO kann jedes Sichthindernis von nicht nur ganz vorübergehender Art, wie z.B. Bauzäune, parkende Fz, Baustellen-fahrzeuge, Bebauung oder Bewuchs, als auch Nebel, Regen oder Schnee füh-ren. Ein jedoch nur kurz anhaltendes Fz ruft keine Unübersichtlichkeit hervor.

Die Aufstellung eines Verkehrsspiegels befreit hierbei den Wartepflichtigen ebenfalls nicht von seiner Sorgfaltspflicht. Er muss mit einer Täuschung durch den Spiegel rechnen und beim Auftauchen eines Vorfahrtberechtigten sofort an-halten.[46]

---

[42] Amtl. Begr.; OLG D'dorf, NZV 88, 111.

[43] OLG Hamm, VRS 53, 294; BGH, VRS 21, 167; OLG D'dorf a.a.O.

[44] OLG Saarbr., VM 80, 82; OLG Schleswig, VM 73, 23; BGH, VRS 85, 784; KG, NZV 02, 79; KG, NJW-Spez-ial, 10, 362.

[45] OLG Hamm, VRS 53, 59.

[46] OLG Darmstadt, VR 76, 397.

Ein **Weiterfahren** ist für den Wartepflichtigen erst dann zulässig, wenn der Vorfahrtberechtigte weder gefährdet noch wesentlich behindert wird.

Unter **Gefährdung** ist hier – analog zu § 1 – eine Vorfahrtsituation zu verstehen, in der die Sicherheit einer Person oder Sache so stark beeinträchtigt ist, dass es vom Zufall abhängt, ob das Rechtsgut verletzt wird oder nicht.

Als **Behinderung** ist jede Beeinträchtigung der zulässigen Verkehrsteilnahme zu verstehen.

Dem Vorfahrtberechtigten ist einerseits eine zügige, ungehinderte Weiterfahrt zu gewährleisten, andererseits führt dies aber nicht so weit, dass jede **unbedeutende** Geschwindigkeitsreduzierung als Verstoß gegen § 8 (2) anzusehen ist.[47] Wenn der Vorfahrtberechtigte sich **mühelos** auf das Verhalten (die Fahrweise) des Wartepflichtigen einstellen kann, liegt kein Verstoß vor.[48] So werden dem Vorfahrtberechtigten kurzes Gaswegnehmen oder geringfügige Ausweichmanöver zugemutet; er darf jedoch nicht gezwungen werden, **unvermittelt** Richtung oder Geschwindigkeit zu ändern.

Eine **Vorfahrtverletzung** ist somit stets dann zu bejahen, wenn der Vorfahrtberechtigte eine Kollision befürchtet und entsprechende Abwehrreaktionen zeigt, gleichgültig, ob dies erforderlich ist oder nicht.[49]

Von besonderer Bedeutung ist die Möglichkeit einer Vorfahrtverletzung gegenüber dem bevorrechtigten Abbieger (siehe Skizze, Fz 1 u. 2).

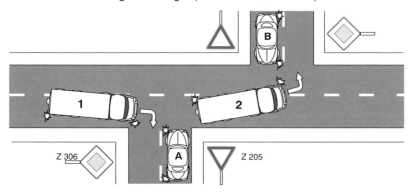

Da die Vorfahrt nach dem Woher der Fz zu beurteilen ist, geht sie selbstverständlich beim **Abbiegen nicht verloren.** Insofern hat § 8 (2) Satz 4 StVO nur deklaratorische Bedeutung. Der Wartepflichtige (Skizze –A–/–B–) hat im Einzelfall die Besonderheiten des vorfahrtberechtigten Fz zu berücksichtigen, um eine wesentliche Behinderung des bevorrechtigten Abbiegers zu vermeiden, so dass er z.B. nicht bis zur Sichtlinie (Halt-) vorfahren darf, wenn er erkennen kann, dass hierdurch dem Vorfahrtberechtigten ein ungehindertes beabsichtigtes Abbiegen unmöglich gemacht wird.

[47]   BGH, VersR 58, 480; 64, 619; OLG Hamm VRS, 40, 297.

[48]   OLG Hamm, DAR 74, 108.

[49]   OLG Koblenz, VR 75, 913; OLG Bremen, VRS 30, 72.

Grundsätzlich erfolgt die Beurteilung einer Vorfahrtverletzung in 3 Überprüfungsschritten, nämlich

1. Liegt ein **Vorfahrtfall** vor?
   - Querverkehr
   (Kreuzung/Einmündung → auch im Kreisverkehr gegeben)
   - Abgrenzung zu Vorrangfällen gemäß §§ 9, 10, 18, 36, 37.
   - **beachte:** abknickende Vorfahrt

2. Welche **Vorfahrtregelung** liegt vor?
   - rechts vor links
   - durch Zeichen
   - Feld-/Waldweg

3. Welche **Vorfahrtverletzung** liegt vor?
   - falsches Heranfahren
   - falsches Überqueren
   - Reaktion des Vorfahrtberechtigten
   (wesentl. Behinderung/Gefährdung)
   - Schädigung: § 1 (2) StVO

Bei der polizeilichen **Unfallaufnahme** ist – trotz des Anscheins der Vorfahrtverletzung durch den Wartepflichtigen – stets der Vertrauensgrundsatz und somit die **Möglichkeit des Mitverschuldens** besonders zu prüfen. Grundsätzlich dürfen sowohl der Wartepflichtige als auch der Vorfahrtberechtigte auf verkehrsgerechtes Verhalten des anderen VT vertrauen.

Weiterhin geht das Vorfahrtrecht auch bei verkehrswidrigem Verhalten[50] des Vorfahrtberechtigten nicht verloren, wie z.B.
- bei zu schnellem Fahren,
- bei Nichtbeachtung eines Überholverbots,
- beim Befahren einer gesperrten Straße oder
- bei falschem Einbiegen.

Im Gegensatz hierzu gilt der Vertrauensgrundsatz für den Vorfahrtberechtigten aber nicht bei Bestehen einer unklaren Verkehrslage.

In diesem Fall hat er bestimmten Sorgfaltspflichten (wie Geschwindigkeitsreduzierung und Bremsbereitschaft) nachzukommen.

Als unklar ist eine Situation dann anzusehen, wenn für den Vorfahrtberechtigten Anhaltspunkte gegeben sind, die eine Nichtbeachtung des Vorrechts ahnen lassen.

---

[50] BGH, VkBl. 54, 77; BGH, VRS 11, 117; OLG Oldenburg, DAR 64, 142; OLG D'dorf, VR 31, 457; BGH, VRS 4, 458.

Dies ist z.B. der Fall, wenn er erkennt, dass der Wartepflichtige nicht wartet bzw. nicht mehr warten kann oder er als Vorfahrtberechtigter in eine optisch „übergeordnete" Straße einbiegt.[51]

Bei **völlig atypischem Verhalten** oder groben Verkehrsverstößen entfällt für den Vorfahrtberechtigten sogar die Möglichkeit, sich auf den Vertrauensgrundsatz zu berufen.[52]

So muss der Wartepflichtige z.B. nicht damit rechnen,[53] dass der Vorfahrtberechtigte

– mit **erheblicher** Geschwindigkeitsüberschreitung heranfährt,

– entgegen der Fahrtrichtung fährt,

– die Straßenseite **unbegründet** wechselt,

– eine gesperrte (Z 267, Verkehrseinrichtung) Straße befährt,

– falsche Richtungszeichen gibt oder

– eine vorgeschaltete LSA nicht beachtet.

Im Hinblick auf die **korrekte Abgabe von Blinkzeichen** besteht ebenfalls kein Vertrauensgrundsatz. Dies gilt uneingeschränkt im Bereich der abknickenden Vorfahrt. Hier muss häufig mit Blinkfehlern gerechnet werden. Sobald aber weitere Abbiegeanzeichen hinzukommen, wie Einordnen oder Geschwindigkeitsreduzierung, darf mit einem Abbiegen gerechnet werden.

Auf einen **Verzicht** der Vorfahrt durch den Vorfahrtberechtigten darf der Wartepflichtige nur dann vertrauen, wenn der Verzicht für ihn unmissverständlich zu erkennen ist. Dies bedeutet, dass der Vorfahrtberechtigte neben seinem Fahrverhalten eine **weitere Geste des Verzichts** macht, wie z.B. eine Handbewegung, ein Nicken, die Abgabe von Licht- oder Hupzeichen[54], alleiniges Blinken genügt nicht.[55] Der Verzicht muss vom Wartepflichtigen im Schadensfall nachgewiesen werden.

---

[51] KG, DAR 74, 297; BGH, VRS 4, 32; OLG Köln, VRS 31, 271.

[52] KG, VRS 23, 225; BGH, NZV 96, 27.

[53] OLG Hamm, DAR 65, 248; OLG Hamm, VRS 6, 159; OLG Celle, 3 Ss (OWi) 80/85; KG, VRS 13, 53.

[54] BGH, DAR 60, 137; OLG Hamm, NZV 00, 415; KG, DAR 73, 157.

[55] KG, VM 93, 67; 80, 87.

6.4 Abbiegen

Neben § 8 StVO (Vorfahrt) ist in § 9 StVO (Abbiegen) die wichtigste Vorrangbestimmung enthalten.

Abbiegen umfasst alle Fahrtrichtungsänderungen im Längsverkehr, also jede, die aus dem gleichgerichteten Verkehr herausführt.

So **biegt der Fz-Führer ab**,[56] der den rechtlichen Fahrbahnverlauf seitlich verlässt, um in (auf)

- einer anderen Straße,
- einer anderen Fahrbahn,
- einem anderen Straßenteil (strittig) oder
- einem Grundstück

seine Fahrt fortzusetzen.

Ein Fahrstreifenwechsel ist kein Abbiegen im Sinne des § 9 StVO; der Wechsel ist jedoch anzeigepflichtig nach § 7 (5) StVO.

Es biegt also auch ab, wer die abknickende Vorfahrtstraße geradeaus verlässt.[57] Um Irrtümer zu vermeiden, gelten für ihn aber die Bestimmungen des § 9 StVO nicht, z.B. die Blinkpflicht.

An einer Straßengabel biegt **jeder** Fz-Führer ab, es sei denn, ein Schenkel ist nach Bauart oder Markierung als Fortsetzung der bisherigen Straße anzusehen.[58]

Wegen der Gefährlichkeit des Abbiegens unterliegt der Abbiegende bestimmten Sorgfaltspflichten. So hat er (in fahrchronologischer Reihenfolge) der

- Ankündigungspflicht,
- Rückschaupflicht,
- Einordnungspflicht und einer
- erneuten Rückschaupflicht

nachzukommen, bevor er nach rechts oder links abbiegen darf.

Der Fz-Führer hat seine **Abbiegeabsicht** – unabhängig vom Vorhandensein weiterer VT – **stets** rechtzeitig und deutlich anzukündigen.

Rechtzeitig bedeutet, dass der übrige Verkehr es klar erkennen kann und sich ohne Schwierigkeiten auf den Abbiegevorgang einstellen kann, d.h., die Ankündigung ergibt sich insbesondere aus der Geschwindigkeit, dem Bremsweg und der Schrecksekunde des nachfolgenden Verkehrs, damit dieser sich der Fahrweise des Abbiegenden anpassen kann.[59]

Dem immer häufiger zu beobachtenden Verzicht der Anzeige, insbesondere im Kreisverkehr, sollte nicht tatenlos zugesehen werden.

---

[56] Hentschel e.a., § 9 StVO, Rn 16.

[57] OLG Hamm, VM 79, 54; OLG Oldenburg, NZV 94, 26.

[58] BGH VRS 27, 74.

[59] BGH, VM 62, 108; 63, 23; OLG Hamm, VRS 44, 46; KG, NZV 10, 298.

Hierbei ist die rechtzeitige Ankündigung auch von den jeweiligen örtlichen Verhältnissen abhängig. So ist eine Ankündigung 80 m vor dem Abbiegepunkt nicht verfrüht; und bei 30 km/h sind spätestens in 40 m Entfernung vor dem Abbiegen Richtungszeichen zu geben. Dies entspricht einer Entfernung von 5 sec Fahrstrecke.[60]

Deutlich sind die Zeichen, wenn sie für jedermann klar erkennbar und verständlich sind. Soweit Fz mit FRA ausgerüstet sind (§ 54 StVZO), sind diese zu verwenden.

Ist dies nicht möglich, so ist auf andere Weise (z.b. Handzeichen) auf die Abbiegeabsicht hinzuweisen.

Die Zeichen sind **bis zum vollständigen Ende des Abbiegevorgangs** zu geben, also bis die neue Verkehrsfläche erreicht ist. Bei beabsichtigtem **Mehrfachabbiegen** ist die Anzeige jedoch zwischen den einzelnen Abbiegevorgängen **deutlich zu unterbrechen.**[61]

Weiterhin besteht beim Abbiegen eine **zweimalige Rückschaupflicht**, nämlich
1. vor dem Einordnen und
2. vor dem Abbiegen selbst.

Die in § 9 (1) StVO genannte Entbehrlichkeit einer Rückschau vor dem Abbiegen ist im städtischen Verkehr nur bedingt gegeben. Bei der Rückschau ist ein möglicher **toter** Winkel zu berücksichtigen, er entlastet nicht.[62] Die zweimalige Rückschaupflicht gilt auch für den Rechtsabbieger. Dieser hat sogar besondere Rücksicht zu zeigen, wenn er zum Rechtsabbiegen nach links ausholen muss.

Bei der **Einordnungspflicht** muss zwischen Rechts- und Linksabbieger unterschieden werden. Soweit Pfeilmarkierungen auf der Fahrbahn aufgetragen sind, sind diese für den jeweiligen Abbieger verbindlich, so dass auch ein Abbiegen nebeneinander zulässig sein kann.

Soweit **keine Markierungen** vorhanden sind, gelten folgende Regeln für den jeweiligen Abbieger.

Der **Rechtsabbieger** hat sich möglichst weit rechts einzuordnen, wobei ein Ausholen nach links bei großen Fahrzeugen oder Zügen unter Beachtung der zweifachen Rückschaupflicht zulässig ist.

Für den **Linksabbieger** gelten umfassendere Bestimmungen. Grundsätzlich hat er sich bis zur optischen Mitte einzuordnen. Soweit Markierungen vorhanden sind, geben diese die „Mitte" an, selbst wenn dies nicht der tatsächlichen Mitte entspricht.[63]

Ein Überfahren der Mitte im **Zweirichtungsverkehr** ist stets unzulässig, auch wenn kein Gegenverkehr herrscht (§ 2 Abs. 2 StVO). Im Einrichtungsverkehr (z.B. auf Einbahnstr.) hat sich der Abbiegende **möglichst weit links** einzuordnen.

---

[60] BGH, VRS 25, 264; 22, 260; OLG Hamburg, VM 66, 23.

[61] OLG Schleswig, VM 61, 88; Bay OblG, MDR 60, 698.

[62] OLG Frankfurt, VM 68, 13; OLG Brandenburg, VRS 102, 28.

[63] OLG Hamm, VM 66, 32.

Auf **längs verlegten Schienen** ist ein Einordnen nach **links** nur zulässig, soweit Schienenfahrzeuge **nicht** behindert werden (vergl. §§ 36, 37 StVO). Demzufolge darf der Linksabbieger sich zwar im Schienbereich einordnen, jedoch nur dann, wenn sich keine Schienenbahn **sicht- oder hörbar** nähert.[64] Nähert sich eine Strab, hat der Linksabbieger sich unter Einhaltung eines genügenden Seitenabstands zu den Schienen rechts von diesen einzuordnen, um der Schienenbahn freie Durchfahrt zu gewähren.

Die u.U. hieraus resultierende Behinderung nachfolgender Fz ist dabei unvermeidlich.

Abbiegende **Radfahrer** haben stets an der rechten Seite der in gleicher Richtung abbiegenden Kfz zu bleiben, wenn dort ausreichender Raum vorhanden ist.

Linksabbieger
so einordnen
Radfahrsignal
beachten
Radwegführung

Radfahrer, die nach links abbiegen wollen, brauchen sich nicht einzuordnen, wenn sie die Fahrbahn hinter der Kreuzung oder Einmündung vom rechten Fahrbahnrand aus überqueren. Hierbei ist der Fahrzeugverkehr aus/in beiden Richtungen zu beachten. Ist eine **Radwegführung** vorhanden, so ist dieser zu folgen.

Fußgänger mit Fz (hierunter fallen auch abgestiegene Radfahrer) haben sich **stets rechts** einzuordnen.

Das **Vorrangrecht i.S.d. § 9 (3, 4) StVO** unterscheidet zunächst zwischen dem bevorrechtigten entgegenkommenden und dem in gleicher Richtung fahrenden Verkehr. Hierbei bezieht sich das Vorrangrecht wiederum auf bestimmte Verkehrsteilnehmergruppen, nämlich auf

– alle entgegenkommenden Fz,
– alle Fußgänger (im Vorrangstellenbereich) sowie auf alle
– Rad-, FmH-Führer,
– Schienenfahrzeuge und
– Sonderfahrstreifenbenutzer (LOM, Taxi),
  soweit sich diese in gleicher Richtung wie der Abbiegende bewegen.

Eine Unterscheidung zwischen Rechts- und Linksabbiegern ist **nicht** erforderlich, da beide den gleichen Vorrangregeln unterliegen. Abweichungen können nur durch den verkehrsregelnden Polizeibeamten oder durch besondere Signale einer LSA erfolgen.

Eine **Wartepflicht** für den Abbiegenden besteht nur, wenn zu erwarten ist, dass sich die Fahrlinien des Abbiegenden und des Entgegenkommenden räumlich und zeitlich im Vorrangstellenbereich annähernd gleichzeitig kreuzen (vergl. Vorfahrt 6.3).[65]

Hierbei verliert der Vorrangberechtigte seinen Vorrang auch nicht infolge einer erheblichen Geschwindigkeitsüberschreitung,[66] wobei Schätzfehler zu Lasten des Abbiegenden gehen. Hat der Abbiegende die Vorrangstelle bereits rechtzeitig vor dem „Bevorrechtigten" passiert, entfällt die Wartepflicht

64 OLG D'dorf, VersR 73, 639.

65 BGH, VRS 18, 265.

66 KG, VM 01, 19.

Das Gleiche gilt, soweit dem bevorrechtigten entgegenkommenden Rechtsabbieger (z.B. infolge mehrerer Fahrstreifen) genügend Platz für ein gleichzeitiges Abbiegen zur Verfügung steht.[67]

Darüber hinaus hat der **Entgegenkommende** unwesentliche Behinderungen in Kauf zu nehmen. Nötigenfalls muss er sich auf die Besonderheiten des abbiegenden Fz (z.B. Strab, Zug, langsames Fz) einstellen.[68]

Zunächst muss, wer abbiegen will, **alle** entgegenkommende Fz durchfahren lassen. Sich entgegenkommende Linksabbieger müssen (voreinander) tangential abbiegen, soweit Verkehrslage bzw. Gestaltung der Kreuzung dies zulassen. Die logische Fortsetzung hiervon ist die in § 9 (4) geforderte Beachtung des entgegenkommenden Rechtsabbiegers durch den Linksabbieger. Hierbei ist es für den Abbieger ohne Bedeutung, ob das entgegenkommende Fz sich auf oder neben der Fahrbahn, z.B. auf einem Seitenstreifen oder Sonderweg befindet.

Skizzenhaft dargestellt, können sich somit folgende Vorrangfälle ergeben:

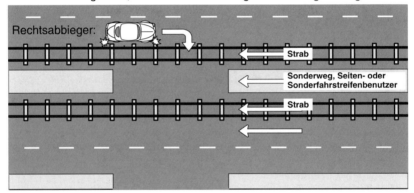

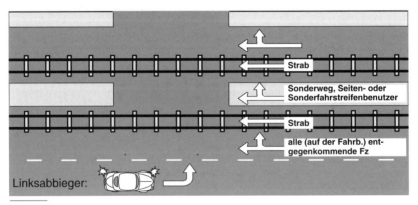

---

[67] BayObLG, VM 65, 1; VRS 60, 391.

[68] OLG Hamm, VRS 23, 69.

Bei dem **in gleicher Richtung fahrenden Verkehr** sind lediglich bestimmte Verkehrsteilnehmergruppen zu beachten.

Als bevorrechtigte Gruppen nennt § 9 StVO die

— Schienenfahrzeuge,

— Rad-/FmH-Führer und

— Linienomnibusse und sonstige Fahrzeuge, die gekennzeichnete Sonderfahrstreifen benutzen (Z 245).

Hierbei ist es im Einzelfall ebenfalls ohne Bedeutung, ob sich diese VT auf oder neben der Fahrbahn bewegen.

Wiederum **skizzen**haft dargestellt, ergeben sich folgende Vorrangfälle:

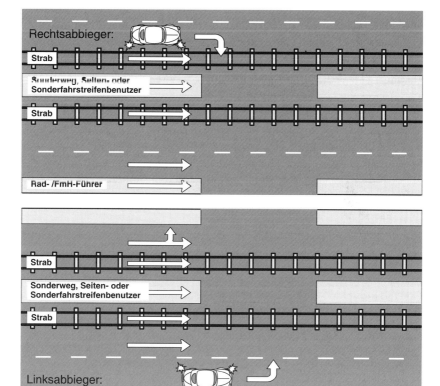

Die Pflicht zur Vorranggewährung für den in gleicher Richtung fahrenden Verkehr gilt analog auch gegenüber allen anderen langsamen Fz, die einen neben der Fahrbahn gelegenen Sonderweg oder Seitenstreifen benutzen.

Diese Pflicht gilt jedoch **nicht** gegenüber anderen nachfolgenden VT auf dem benutzten Fahrstreifen. Diese haben sich auf das abbiegende Fz einzustellen.[69]

An rechtsabbiegende Großfahrzeuge, die nach links ausholen müssen, sind hierbei aber besondere Sorgfaltsanforderungen zu stellen.[70]

Auf **Fußgänger** hat der Abbiegende besondere Rücksicht zu nehmen, nötigenfalls hat er zu warten. Hierbei ist es ohne Bedeutung, in welche Richtung der Fußgänger sich bewegt.[71] Im Übrigen gelten für Fußgänger die Regeln gemäß § 25 StVO.

Das Vorrecht gilt jedoch nur im Kreuzungs-/Einmündungsbereich, im Bereich von Fußgängerfurten ergibt sich das Fußgängervorrecht aus § 37, an Fußgängerüberwegen aus § 26 StVO. Da es sich beim Herausfahren aus einem Kreisverkehr um ein Abbiegen im Sinne des § 9 StVO handelt, gilt das Vorrecht des Fußgängers auch beim Überqueren der Fahrbahn im Bereich eines Verkehrskreisels.[72]

Wer in einiger Entfernung davon die Straße überquert, hat den Vorrang des Fz gem. § 25 StVO zu beachten. In diesen Fällen müssen Fußgänger auf den bevorrechtigten Fahrzeugverkehr achten und dürfen nicht versuchen, vor einem herannahenden Fahrzeug die Fahrbahn zu überqueren.[73]

§ 9 (5) StVO fordert vom Fz-Führer
– beim Abbiegen in ein Grundstück,
– beim Wenden oder
– beim Rückwärtsfahren
ein Verhalten, das
– den Anforderungen der Abs. 1–4 (Einordnen, Rückschaupflicht, Vorranggewährung) entspricht **und darüber hinaus**
– jegliche Gefährdung anderer VT ausschließt sowie
– im Einzelfall die Einweisung durch eine Hilfsperson verlangt.

§ 9 (5) StVO dient ausschließlich dem Schutz des fließenden Verkehrs sowie des Fußgängerverkehrs. Schädigungen, z.B. beim Einparken am geparkten Fz, fallen somit unter § 1 (2) StVO.[74]

Verstöße gegen das Gefährdungsverbot sind an das Vorliegen einer konkreten Gefährdung gebunden. Behinderungen genügen hier nicht; darüber hinaus kommt § 1 (2) StVO beim Vorliegen einer Schädigung in Betracht.

---

[69] KG, VM 91, 20; 90, 35.

[70] BayObLG, VRS 17, 455.

[71] OLG Celle, VRS 39, 344.

[72] LG Saarbrücken, SVR 11, 108.

[73] KG, VRS 117, 35.

[74] OLG Dresden, NZV 2007, 152.

Beim **Abbiegen in ein Grundstück** (Grundstück – jede private nicht öffentliche Verkehrsfläche) wird lediglich insoweit eine erhöhte Sorgfaltspflicht vom Abbiegenden verlangt, als nachfolgende VT i.d.R. den eigentlichen Abbiegeort schwerer bestimmen können. Der Abbiegende trägt die Verantwortung nahezu alleine.[75]

Wenden[76] ist als „doppeltes Abbiegen" zu verstehen. Es ist das Versetzen des Fz in die bisher entgegengesetzte Richtung, also eine Drehung um 180° unabhängig von der Fahrabsicht. Es kann durch Zeichen 272 verboten werden.

Zeichen 272

Auf Straßen mit zwei durch Mittelstreifen (oder andere Baulichkeit) voneinander getrennten Fahrbahnen wird nur gewendet, wenn der Mittelstreifen in seiner Breite kleiner oder unwesentlich größer als das Fz in seiner Länge ist.

Muss im Bereich des Mittelstreifens zunächst geradeaus gefahren werden, so liegt ein zweimaliges Abbiegen vor.[77]

Wird beim Abbiegen eine Fläche **außerhalb** der Straße benutzt, so liegt bei vollständigem Verlassen der bisherigen Fahrbahn und beim erneuten Einfahren in diesen Fahrbahnbereich ein Vorfahrt- oder Vorrangfall i.S.d. §§ 8 oder 10 StVO vor.

Obwohl andere VT auf den Wendenden gebührend Rücksicht zu nehmen haben, besteht das Gebot äußerster Sorgfalt[78] und infolge des Gefährdungsverbots im Einzelfall ein **Wendeverbot**.[79]

Maßgeblich hierfür ist einerseits die Gefährlichkeit des Wendemanövers (Straßen-, Sichtverhältnisse etc.) und andererseits die Art der Durchführung selbst (in einem Zug, mehrmaliges Zurücksetzen etc.).

Da stets die gefahrloseste Form für ein Wendemanöver zu wählen ist, ist u.U. durch Umfahren eines Häuserblocks die Gegenrichtung zu gewinnen oder auf eine Seitenstraße, einen anderen Straßenteil oder ein Grundstück zum Wenden auszuweichen. Soweit ein Wendeverbot besteht, ist auch ein größerer Umweg zumutbar.

Durch § 18 (7) StVO ist Wenden und Rückwärtsfahren auf BAB und Kraftfahrstraßen verboten.

---

[75] OLG Saarbrücken, NZV 92, 234.

[76] BGH, NZV 02, 376.

[77] OLG D'dorf, VRS 97, 269.

[78] BGH, VRS 27, 117.

[79] OLG Stuttgart, VersR 76, 73.

Rückwärtsfahren ist das Fahren in **Heckrichtung**.[80] § 9 (4) StVO regelt ausschließlich Vorgänge im fließenden Verkehr. Die Sorgfaltspflichten beim Rückwärtsfahren aus einer Parkbucht ergeben sich aus § 1 (2) StVO.[81]

Es ist nur zulässig

– über kürzere Strecken,

– unter ständiger Rückschau und Bremsbereitschaft,

– wobei möglichst weit rechts zu fahren ist.

Beim Auftauchen rückwärtigen Verkehrs oder fehlender (mangelhafter) Übersicht ist sofort anzuhalten. Hierbei kommt der Forderung nach einer Hilfsperson als Einweiser besondere Bedeutung zu.

Die Notwendigkeit eines **Einweisungsgebot** ist in Abs. 5 aber nicht nur auf das Rückwärtsfahren beschränkt, sondern gilt für alle drei genannten Fahrverhaltensarten, darüber hinaus wird in § 10 für das Ein- und Anfahren im Einzelfall die Hinzuziehung eines Einweisers verlangt. Seine Hinzuziehung dient sowohl der Sicherheit des Abbiegenden etc. als auch der Warnung der übrigen VT.

So ist **auch bei Tag**[82] eine Hilfsperson hinzuzuziehen, wenn eine über die normalen Verkehrsgefahren hinaus erhöhte Gefahr geschaffen wird, auf die andere VT nicht gefasst sein müssen, z.B. beim

– Anhalten eines LKW in einer unübersichtlichen scharfen Kurve,

– Einbiegen schwerfälliger Fz in solchen Kurven aus Grundstückseinfahrten oder Nebenstraßen,

– Zurücksetzen, wenn der Fahrer die Fahrbahn vom Fahrersitz aus nicht voll übersehen kann.

Ohne einen Einweiser wäre das Abbiegen, Wenden oder Rückwärtsfahren unzulässig.

Bei Nacht oder schlechten Sichtverhältnissen ist die Hinzuziehung einer Hilfsperson als Warnposten (Einweiser) immer dann geboten, wenn das abbiegende (wendende etc.) Fz nicht aufgrund eigener Beleuchtung für den übrigen Verkehr erkennbar ist (vgl. § 51 a StVZO). Die Hilfsperson muss stets mit dem Fahrer in Verbindung stehen; bricht die Verbindung ab, ist sofort anzuhalten.[83] Sie muss geeignet sein, notfalls ist sie einzuweisen bzw. zu überwachen.[84] Eine Fahrerlaubnis benötigt sie jedoch nicht. Sie haftet für eventuelle Schäden bei Fehleinweisungen, es sei denn, den Fahrer trifft ein Auswahlverschulden oder er beachtet die Weisungen der Hilfsperson nicht.[85]

---

[80] BayObLG, VM 66, 65.

[81] OLG Stuttgart, NJW 31/2004, 2255.

[82] OLG Hamm, NZV 98, 372; OLG OLdenburg VRS 100, 432.

[83] BGH, VRS 31, 440.

[84] OLG Saarbrücken, VRS 30, 378.

[85] OLG D'dorf, VM 62, 12.

Entscheidend für die Anwendung des § 8 (1a) StVO – **Kreisver-kehr** – ist die Anbringung des Zeichens 215. In Verbindung mit Zeichen 205 – wie dargestellt – ordnet es bzw. § 8 (1a) StVO (vereinfacht) an:

Zeichen 205

i.V.m. Z 215

– Der Verkehr im Kreis hat Vorfahrt
 (Missachtung: Verstoß gegen § 8 [2] StVO)

– bei Einfahrt ist nicht zu blinken
 (wohl jedoch bei Ausfahrt/§ 9 [1])

– im Kreis besteht Haltverbot auf der Fahrbahn (Z. 215).

Gem. Z. 215 darf weiterhin die Mittelinsel des Kreisverkehrs nur von Fz überfahren werden, deren Abmessungen ein Befahren des Kreisverkehrs sonst nicht ermöglichen. Eine Gefährdung anderer Verkehrsteilnehmer muss hierbei ausgeschlossen sein. Diese Regelung gilt entsprechend, soweit die Mittelinsel nur durch Zeichen 295 markiert wird.

Hier liegt somit eindeutig ein Verstoß vor.

6.5 Einfahren (Anfahren)

Gemäß § 10 StVO hat

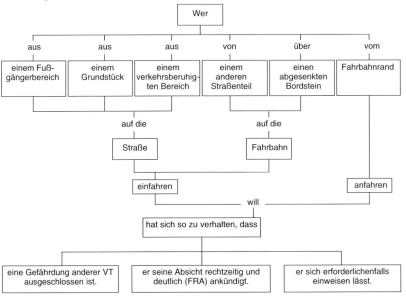

Im Prinzip gilt somit das zu § 9 (5) StVO Gesagte.

Als **Grundstück** gilt jede private Fläche, die nicht gleichzeitig als (fakt.) öffentlicher Verkehrsraum einzustufen ist. Grundstücke i.d.S. sind z.b.: Acker- und Wiesengelände, Hofeinfahrten, Haus- oder Garagenzufahrten, Kasernenausfahrten und Privatparkplätze. Im Einzelfall sind die äußeren Merkmale entscheidend. So weist ein abgesenkter Bordstein auf eine Grundstücksausfahrt, ein aufgestelltes Verkehrszeichen jedoch auf eine Straße (§ 8 StVO, Vorfahrt) hin.[86] Im Zweifelsfall besteht Verständigungspflicht unter den VT.

Andere Straßenteile sind alle **nicht** zur Fahrbahn (i.S.d. § 2) zählenden öffentlichen Verkehrsflächen, wie z.B. Geh-, Rad- oder Reitwege, Sonderfahr- und Parkstreifen; Parkhäuser, Tankstellen etc. sind private öffentliche Verkehrsflächen. Die Unterscheidung zwischen Grundstück und anderen Straßenteilen im Bereich der privaten (fakt.) öffentlichen Verkehrsflächen ist entbehrlich. Bei notwendiger Klarstellung kann Zeichen 205 aufgestellt werden. Dann liegt jedoch – infolge des Vorrangs der Verkehrszeichen gemäß § 39 (3) StVO – ein Verstoß gegen § 8 (2) StVO vor.

Bedeutungsvoll ist allerdings die Aufnahme der **„verkehrsberuhigten Bereiche"** in § 10, da hierdurch die Anwendung des § 8 (Vorfahrt) **ausgeschlossen** wird, obwohl faktisch ein „Vorfahrtfall" vorliegt.

---

86   BGH, VersR 77, 58.

Als **verkehrsberuhigte Bereiche** sind alle mit Zeichen 325.1/326.1 gekennzeichneten Flächen zu beurteilen.

Fußgängerbereiche sind mit Zeichen 242.1/243.1 gekennzeichnete Flächen.

Die Aufstellung kann vom Einmündungsbereich in den Bereich hinein versetzt sein.

Die Aufstellung von vorrangregelnden Zeichen (205) ist zwar in beiden Fällen nicht erforderlich, aber empfehlenswert.

Zeichen 325.1   Zeichen 326.1

Beginn   Ende

Zeichen 242.1   Zeichen 242.2

ZONE

Beginn   Ende

Vorrangfälle innerhalb dieser durch § 10 erfassten Flächen regeln sich aus § 1, d.h., es besteht Verständigungspflicht. Das Gleiche gilt für gemeinsame Hauszufahrten, die erkennbar ausschließlich der Anbindung an den öffentl. Verkehr dienen.[87]

Das **Anfahren** ist auf das Eingliedern in den fließenden Verkehr **vom Fahrbahnrand** aus beschränkt. Es setzt „Halten" voraus. Ob vor- oder rückwärts oder vom rechten oder linken Fahrbahnrand angefahren wird, ist ohne Bedeutung.

Das Eingliedern in den fließenden Verkehr von der Standspur oder dem Selten- oder Parkstreifen ist als Einfahren von anderen Straßenteilen zu beurteilen.

Beim Ab- bzw. Einfahren von **gekennzeichneten Haltestellen** (Z 224) unterliegt der Busfahrer zwar den Bestimmungen des § 10; er hat aber gleichzeitig gegenüber dem übrigen Verkehr gem. § 20 (2) Vorrang. § 20 schränkt den Vorrang aus § 10 des fließenden Verkehrs jedoch nur so weit ein, dass er Behinderungen, nicht aber Gefährdungen in Kauf nehmen muss. Ein Erzwingen der Abfahrt verbietet sich jedoch ebenso wie blindes Vertrauen.[88] So werden Voll- und Notbremsungen nicht von ihm verlangt. Im Umkehrschluss ist ein Anfahren des LOM stets gerechtfertigt, soweit der Anhalteweg ausreichend bzw. ein Abbremsen zu Beachtung der Regel aus § 20 StVO genügt.

Zeichen 224

Dies setzt voraus, dass der LOM bzw. Schulbus rechtzeitig und deutlich seine Ab-/Einfahrabsicht ankündigt, so dass der fließende Verkehr zumindest Zeit hat, sich darauf einzustellen, und notfalls mit mittelstarker Bremsung anhalten kann.

Das Vorrangrecht aus § 20 bezieht sich weiterhin nur auf das Eingliedern in den nächsten Fahrstreifen, nicht jedoch auf weitere nachfolgende Fahrstreifenwechsel, auch wenn diese unmittelbar folgen. Hier greift § 7 (5) StVO.[89]

An **Sorgfaltspflichten** hat gem. § 10 StVO der Ein-/Anfahrende das

– Ankündigungsgebot,

– Gefährdungsverbot (-ausschluss) und im Einzelfall

– das Einweisungsgebot

zu beachten.

---

[87] OLG Hamm, VRS 45, 461; BayObLG, VM 83, 90.

[88] OLG Köln, VM 84, 74; OLG D'dorf, VM 74, 14; BGH, VRS 56, 204; OLG Köln, VM 84, 74; BGH St 28, 218; OLG D'dorf, DAR 90, 462.

[89] BayObLG, VRS 58, 457.

Das **Gefährdungsverbot** fordert vom Ein-/Anfahrenden das Äußerste an Sorgfalt, beinhaltet jedoch nicht seine ausschließliche Verantwortung (Haftung).

Hierbei gilt zunächst das in 6.4 zu § 9 (5) StVO Gesagte **(FRA-Einweisungsgebot)** entsprechend.

Darüber hinaus umfasst es sowohl die notwendige Um- und Rückschaupflicht sowie die Beachtung sonstiger Umstände als auch den Vorrang **aller** übrigen VT, selbst wenn diese aufgrund anderer Vorrangregeln wartepflichtig sind.[90]

Ohne Bedeutung ist, ob der bevorrechtigte Verkehrsteilnehmer sich ordnungsgemäß verhält. Die Wartepflicht ist auch z.b. gegenüber dem in falscher Richtung fahrenden Radfahrer einzuhalten.[91]

Der ruhende Verkehr wird von dem Gebot der Vorranggewährung nicht erfasst.

Besondere Sorgfalt ist geboten

– beim Rückwärtsfahren,

– beim Ein-/Anfahren bei schlechten Sichtverhältnissen,

– beim Ein-/Anfahren mit Großfahrzeugen oder

– beim Ein-/Anfahren zwischen parkenden Fz.

Ein Hineintasten in den Vorrangbereich kann bei guter Sicht etc. auch ohne Einweiser zulässig sein.[92]

Im Einzelfall haben die übrigen VT unwesentliche Behinderungen in Kauf zu nehmen; so müssen z.b. später auftauchende Fußgänger oder Radfahrer warten, wenn ihr Sonderweg durch ein wartendes einfahrendes Fz versperrt wird.[93]

Die örtlichen Umstände des Einzelfalles sind stets zu berücksichtigen,[94] vor allem inwieweit der bevorrechtigte Verkehr den Einfahrenden rechtzeitig erkennen kann.[95] Dies gilt insbesondere bei längerer Einfahrdauer.[96]

Ein **Verstoß** gegen § 10 StVO (Gefährdungsverbot) ist nur zu bejahen, soweit eine Gefährdung konkret eintritt. Schädigung sowie vermeintliche Behinderungen werden von § 1 (2) StVO erfasst.

Soweit zur Klarstellung Z. 205 verwandt wird, liegt ein Verstoß gegen § 8 (2) StVO vor (s. S. 190).

---

[90]   OLG Koblenz, VRS 48, 350; OLG Köln, VR 86, 666; BGH, NZV 91, 187; OLG Frankfurt, NZV 94, 280.

[91]   KG Berlin, VM 93, 69.

[92]   OLG Hamm, VRS 35, 147; BGH, NZV 91, 187.

[93]   OLG D'dorf, VM 79, 20.

[94]   OLG Celle, VM 69, 32.

[95]   OLG Frankfurt, VM 76, 48.

[96]   OLG D'dorf, VR 96, 1386; OLG Hamm, NZV 97, 267.

6.6 Vorrang von Schienenfahrzeugen

Grundsätzlich unterliegen **Schienenfahrzeuge (SchFz)** den Regeln des Fahrverkehrs, soweit sie sich auf öffentlichen Verkehrsflächen bewegen. Aufgrund der Besonderheiten von SchFz (z.B. Bremsweg, Massenverkehrsmittel etc.) enthält die StVO mehrere Spezialbestimmungen, die das Verhältnis zwischen SchFz und den übrigen VT (Fz) regeln.

Hierbei ist zwischen **Längs- und Querverkehr** zu unterscheiden.

In einer schematischen Übersicht ergibt sich folgendes Bild (lt. StVO):

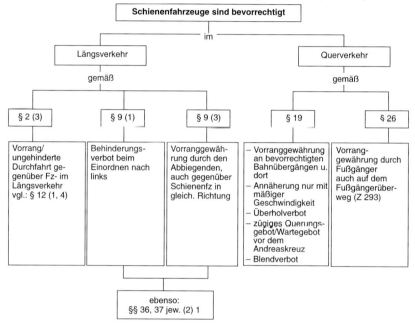

Weitere Vorschriften sind enthalten in:

- § 5 (7) Rechtsüberholgebot,
- § 12 (1) Haltverbot auf Bahnübergängen,
- Z. 201 Halteverbot bis 10 m vor dem Zeichen, wenn es verdeckt wird
- Z. 201 Parkverbot vor und hinter Z 201 (i.g.O.: 5 m/a.g.O.: 50 m),
- § 12 (4) Erlaubnis, links zu halten, wenn rechts Schienen verlegt sind,
- §§ 315–315d StGB, Gefährdung des Bahnverkehrs etc. (Vergehen/Verbrechen).

Für den Verkehr in gleicher Richtung enthalten die Bestimmungen der §§ 2, 9, 36, 37 für den fließenden Verkehr und § 12 für den ruhenden Verkehr einen Durchfahrvorrang bzw. ein Behinderungsverbot für die die Fahrbahn mitbenutzenden SchFz. Der Fußgängervorrang aus § 26 gilt nicht gegenüber Schienenfahrzeugen. Biegt das SchFz jedoch selbst ab, unterliegt es den Regelungen des § 9, ist also selbst wartepflichtig.

Im Interesse des Gesamtverkehrsablaufs sowie der Gefahrenabwehr ist der Vorrang von SchFz nur „so weit möglich" zu beachten.

So weit möglich bedeutet, dass die Verkehrslage die Nichtbeachtung des Vorrangs unumgänglich macht. Der Begriff ist also vergleichbar mit dem der Vermeidbarkeit i.S.d. § 1.[97]

Entscheidend für die Beurteilung eines Verstoßes ist stets die Ankunftszeit des Fz. So muss ein Fz-Führer den Schienenbereich sowie den Profilraum des SchFz stets dann freihalten, wenn ein SchFz in Sicht- oder Hörweite ist oder er – außer bei Verkehrsstockungen – mit der kurz bevorstehenden Durchfahrt eines SchFz rechnen muss. Hierbei muss er logischerweise eigene „Behinderungen" in Kauf nehmen, indem er z.B. bei Fahrbahnverengungen seine Geschwindigkeit verlangsamt oder wartet, um das nachfolgende SchFz vorbeifahren zu lassen. Bei fehlerhaftem Linkseinordnen oder bei Gefahr besteht im Einzelfall ein Gebot, weiterzufahren bzw. die Schienen (seitwärts) zu verlassen.[98]

Im Querverkehr besteht der Vorrang von SchFz gem. § 19 nur an **bevorrechtigten Bahnübergängen**, ansonsten unterliegen sie den jeweiligen Vorfahrt- oder Vorrangregelungen.

Der Begriff **Bahnübergang** verlangt einen mindestens einseitigen besonderen Gleiskörper außerhalb der Kreuzungsfläche.

SchFz sind hier i.S.d. § 19 dann **bevorrechtigt**, wenn der Bahnübergang

- mit Z 201 (Andreaskreuz) beschildert ist,
- über Fuß-, Feld-, Wald- oder Radweg führt (auch ohne Z 201) oder
- sich in einem (gekennzeichneten) Hafen- oder Industriegebiet befindet.

Industriegebiet
Schienenfahrzeuge
haben Vorrang

Der Vorrang in Hafen- und Industriegebieten ist hierbei von der Aufstellung nebenstehender Beschilderung an den Einfahrten abhängig.

An **nicht bevorrechtigten** Bahnübergängen (Privat-/Werksbahn) besteht nur dann für die übrigen VT Wartepflicht, wenn ein Bahnbediensteter Halt gebietet (§ 19 [5]).

---

97 Amtl. Begr.

98 OLG D'dorf, DAR 76, 191; OLG Hamm, VR 72, 962.

Die in § 19 StVO für den Fz-Führer enthaltenen Sorgfaltspflichten ergeben folgendes Bild (vergl. §§ 20, 26 StVO):

Das Annäherungsgebot mit **mäßiger Geschwindigkeit** stellt eine Spezialisierung der Forderung nach angepasster Geschwindigkeit i.S.d. § 3 (1) dar.

Die Forderung besteht an allen bevorrechtigten Bahnübergängen und richtet sich nach den Umständen des Einzelfalles, z.B. den Sichtverhältnissen oder den bahneigenen Sicherungseinrichtungen.

An **unübersichtlichen und ungesicherten** Bahnübergängen darf demzufolge nur so schnell gefahren werden, dass rechtzeitig (ohne Gewaltbremsung) vor dem Übergang angehalten werden kann. U. U. muss der Fz-Führer bei Nebel mit Schrittgeschwindigkeit fahren, anhalten, bei abgestelltem Motor und geöffnetem Fenster auf ein nahendes SchFz horchen oder evtl. eine Hilfsperson vorschicken.[99]

An **gesicherten** (Schranke/LSA) Bahnübergängen darf der Fz-Führer dagegen auf die rechtzeitige Warnung vor einem nahenden SchFz vertrauen.[100]

Der Fz-Führer hat seine **Geschwindigkeit** so einzurichten, dass er gefahrlos und rechtzeitig seiner Pflicht zur Vorranggewährung nachkommen kann.

I.d.R. ist eine Geschwindigkeit von 50–60 km/h nicht zu hoch. Weisen aber Anzeichen auf eine notwendig werdende Vorranggewährung hin, muss der Fz-Führer **sofort** seine Geschwindigkeit herabsetzen, zumal in der EBO **keine** verbindliche Angabe über die Länge der Zwischenphase (ähnlich der Gelblichtdauer bei einer LSA) besteht.[101] Soweit die Sicherungsanlage des Übergangs nicht erkennbar gestört ist, braucht der Fz-Führer somit auch keine weiteren Vorsichtsmaßnahmen wie Anhalten etc. zu treffen.[102]

Im Rahmen der Neufassung der StVO wurde nun auch ein Überholverbot von Kfz für (alle) Fz als Z. 151/156 bis einschließlich Bahnübergang selbst in § 19 (1) StVO aufgenommen.

---

[99] BGH, VRS 21, 356; BayObLG, VRS 5, 51; OLG Hamm, VRS 20, 210; OLG Hamm, VRS 7, 204.

[100] BGH, VM 55, 53.

[101] OLG Köln, DAR 58, 311.

[102] OLG Hamm, VRS 29, 49.

Das Gebot der **Vorranggewährung** ergibt in schematischer Übersicht folgendes Bild:

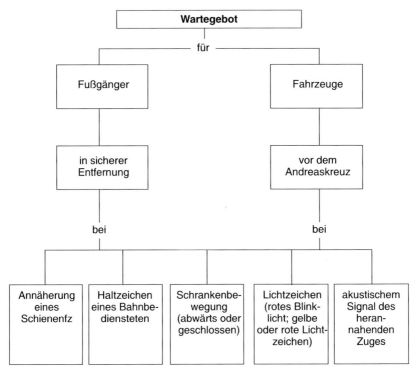

Die **Annäherung eines SchFz** kann sich dem VT durch hör- oder sichtbare Zeichen ankündigen. Das **Wartegebot** besteht auch dann, wenn das SchFz noch eine größere Strecke entfernt ist. Ein Überqueren des Bahnübergangs ist nur erlaubt, wenn jede Beeinträchtigung des SchFz für völlig ausgeschlossen erachtet werden kann.

Alle in § 19 aufgeführten **Lichtzeichen** sind gleichbedeutend; sie gebieten ein absolutes **Haltgebot**, auch nach Vorbeifahrt eines SchFz, da weitere SchFz folgen könnten.[103]

Lichtzeichen in Form eines Pfeils gebieten nur ein Halt-(Warte-)gebot in Pfeilrichtung.

Vom ersten Anzeichen der sich **senkenden Schranken** an besteht Haltgebot vor dem Andreaskreuz.[104]

---

[103] OLG Hamm, DAR 62, 59.

[104] OLG Frankfurt, VRS 73, 231.

Ein **Überqueren** des Bahnübergangs ist nur dann zulässig,[105] wenn

– das Fz aufgrund der geringen Entfernung nicht mehr rechtzeitig angehalten werden kann oder

– in der Abwärtsbewegung der Schranken eindeutig innegehalten wird, um dem Fz-Führer das Überqueren noch zu ermöglichen.

Die Form der **Haltzeichen eines Bahnbediensteten** sind an Bahnübergängen ohne Vorrang nicht vorgeschrieben (vgl.: Abs. 6), jedoch muss der Bahnbedienstete als solcher erkennbar sein und die Zeichen mit einer weiß-rot-weißen Fahne oder einer roten Leuchte geben.

Im Einzelfall muss das Gebaren als Hinweis auf die Annäherung eines SchFz gewertet werden, so dass aufgrund dessen Haltpflicht besteht.

Aus Gründen der Verkehrssicherheit ist nicht nur das Halten auf den Schienen verboten (§ 12), sondern gem. § 19 (4) bereits das (verkehrsbedingte) **Warten**.

Somit darf in den Gleisbereich nur einfahren, wer mit Gewissheit jenseits des Gleisbereichs ausreichend Platz zum Anhalten oder zur Weiterfahrt hat.

Im Einzelfall ist der Bahnübergang sofort zu räumen, auch wenn sich kein SchFz nähert.[106]

Das in Abs. 6 enthaltene **Blendverbot** ist weitergehend als das aus § 17. Es bezieht sich auch auf eine mögl. Blendung des SchFz-Führers und verlangt im Einzelfall ein „Abblenden" auf das Standlicht.[107]

6.7 Vorrang von Fußgängern

Der Fußgängerverkehr wird durch die §§ 25, 26 spezialgesetzlich geregelt. Hier wird sowohl die **Straßenbenutzung** im Allgemeinen als auch die **Fahrbahnüberquerung** (neben § 37) im Speziellen geregelt. Dem Fußgänger ist nur im Ausnahmefall oder bei **erheblicher** Behinderung anderer Fußgänger durch mitgeführte sperrige Gegenstände oder Fz die Benutzung des Fahrbahn**randes** gestattet.[108]

Er hat – soweit zumutbar – vorhandene Gehwege zu benutzen, ansonsten Seitenstreifen, Sommerwege oder sonstige zumutbare Wege und Pfade.[109] Soweit Fußgänger die Fahrbahn benutzen müssen, können sie rechts oder links gehen, es sei denn

– sie führen Fz oder sperrige Gegenstände mit; dann ist stets **rechts** zu gehen, oder

– sie benutzen **a.g.O.** die Fahrbahn; dann ist stets **links** zu gehen.

---

[105] OLG Köln, VRS 17, 304.

[106] OLG Hamm, VersR 73, 861.

[107] Amtl. Begr.

[108] OLG Oldenburg, VRS 33, 406.

[109] BGH, VRS 14, 297.

Das gilt gem. § 31 (2) auch für Inlineskater/Rollschuhfahrer, denen per ZZ die Nutzung des rechten Fahrbahnrades unter äußerster Vorsicht und besonderer Rücksichtnahme auf den übrigen Verkehr gestattet wird.

Fußgänger sind grundsätzlich dem Fahrverkehr gegenüber **wartepflichtig**. Eine Überquerung der Fahrbahn ist nur unter **besonderer Vorsicht** nach beiden Seiten (Umschau) in angemessener Eile (zügig) zulässig.

Die gebotene Sorgfalt verlangt vom Fußgänger vor und während der Fahrbahnüberquerung Umschau nach links (in Laufrichtung) und ab Straßenmitte nach rechts (in Laufrichtung).

Hierbei ist eine **Etappenüberquerung** – auch u.U. nachts – erlaubt und richtig.[110]

Die notwendige Berücksichtigung der Verkehrslage (§ 25 Abs. 3 StVO) bedingt ebenfalls die Verpflichtung – je nach Verkehrslage –, die Fahrbahn nur an

- Kreuzungen/Einmündungen,
- Fußgängerfurten (LSA-gesichert) oder auf
- Fußgängerüberwegen (Z 293)

zu überqueren, da hier aufgrund der §§ 9 (3), 26, 37 StVO und ZZ 306, die Sicherheit für den Fußgänger am größten ist. Das o.a. „**Überquerungsgebot**" richtet sich nach der Verkehrsdichte, der gefahrenen Geschwindigkeit sowie nach der Örtlichkeit.

An anderen Stellen ist ein Überschreiten der Fahrbahn somit nur bei geringem Verkehr und guten Sichtverhältnissen zulässig.

Beim Überquerungsgebot werden dem Fußgänger auch größere **Umwege** zugemutet, wobei 30 m[111] bis zum nächsten Überweg und 40 m bis zur nächsten LSA nicht unerträglich weit ist.[112]

Auch wenn es die Verkehrslage nicht erfordert, sind an Kreuzungen und Einmündungen stets vorhandene Fußgängerfurten (LSA) oder Fußgängerüberwege (Z 293) zu benutzen. Dieses Gebot ist in der Praxis jedoch kaum von Bedeutung, zumal es den Fußgänger bereits in einer Entfernung von 10 m zum gesicherten Überweg nicht mehr trifft.[113]

Obwohl der Fußgänger grundsätzlich beim Überschreiten der Fahrbahn größte Sorgfalt anzuwenden hat und wartepflichtig ist, unterliegt der Fahrverkehr dennoch einer allgemeinen Pflicht zur Rücksicht, insbesondere gegenüber verkehrsuntüchtigen Personen wie Kinder, Betrunkene etc. (vgl. § 3 [2a] StVO). Ebenso darf er nicht auf verkehrsgerechtes Verhalten des Fußgängers ver-

[110] BGH, NJW 66, 1211; BayObLG, NJW 78, 1491; BGH, VR 64, 168; BGH, NJW 60, 2255.

[111] BayObLG, DAR 72, 339; BGH, VRS 26, 327.

[112] OLG Hamm, VRS 49, 297; OLG München DAR 68, 14.

[113] OLG Celle, VM 66, 96.

trauen, wenn er diesen vorher erschreckt oder verunsichert hat[114] oder die sich offensichtlich nicht umsehen[115] oder erkennbar verkehrsuntüchtig sind.[116]

Wartepflichtig ist der Fahrverkehr jedoch nur gegenüber den Benutzern (Fußgänger, Krankenfahrstuhl- bzw. Rollstuhlfahrer) von **Fußgängerüberwegen** (Z 293), nicht aber gegenüber Rad Fahrenden.[117] Radfahrer, die den Fußgängerüberweg fahrend überqueren wollen, werden nicht vom Schutzbereich des Fußgängerüberweges erfasst. Wird ein Radfahrer auf dem Fußgängerüberweg von einem Pkw angefahren, muss er sich eine Mitschuld anrechnen lassen.

§ 26 gilt nicht für Schienenfahrzeuge (auch nicht das Überholverbot aus Abs. 3). Sie unterliegen jedoch den allgemeinen Sorgfaltspflichten aus § 1 StVO, wonach Warnzeichen (vgl. § 16 StVO) und Geschwindigkeitsreduzierung im Einzelfall geboten sein können.[118]

An mit LSA gesicherten Überwegen gilt § 37 StVO.

Die Sorgfaltspflichten des Fz-Führers an Fußgängerüberwegen in schematischer **Übersicht:**

Die Sorgfaltspflichten gelten nur an mit Z 293 gekennzeichneten Überwegen, entgegen dem Sichtbarkeitsgrundsatz auch auf verschneiten Überwegen.

---

[114] OLG Koblenz, VRS 41, 184 und OLG Hamm, VRS 59, 114.

[115] OLG Koblenz, VRS 42, 278.

[116] OLG Köln, VRS 91, 264.

[117] OLG D'dorf, NZV 98, 296.

[118] BGH, DAR 76, 247.

[119] BGH, VRS 36, 200.

Zeichen 350 hat dagegen nur hinweisenden Charakter. Die Aufstellung des (alten) Z 134 beschränkt sich gemäß § 39 (8) StVO nur noch auf besondere Gefahrenlagen (= dringender, unabweisbarer Bedarf).[120]

Zeichen 350

Zeichen 134

Die Sorgfaltspflichten treffen den Fz-Führer nur dann, wenn Benutzer **erkennbar** den Überweg benutzen **wollen**. Dies ist z.B. bereits der Fall, wenn diese dem Überweg zustreben oder dort warten. Im Zweifel besteht stets Wartepflicht; die Weiterfahrt ist nur bei **eindeutigem** Verzicht (Verständigungspflicht) erlaubt.[121] Zu beachten ist hierbei, dass die Geltung des Vertrauensgrundsatzes an Fußgängerüberwegen bestritten wird, so dass der Fz-Führer auch mit einem verkehrswidrigen Betreten oder Befahren rechnen muss. Andererseits besteht jedoch auch für den Benutzer ein gewisses Maß an Sorgfaltspflicht. So muss er **vor** Betreten des Überweges sich mindestens durch einen beiläufigen Blick nach den Seiten von der Verkehrslage überzeugen und bei **erkennbarer Gefährdung** durch herannahende Kfz mit der Überquerung **warten**.

Mitschuld trifft ihn allerdings nur, soweit durch die Überquerung eine **offensichtliche unvernünftige Selbstgefährdung** angenommen werden kann.

Mäßige Geschwindigkeit bedeutet, der Fz-Führer muss so langsam fahren, dass er unter Berücksichtigung der Örtlichkeit und des Fußgängerverkehrs ohne Gewaltbremsung rechtzeitig vor dem Überweg anhalten kann.

In der Rspr. wurden stets 40 km/h als nicht mehr mäßig angesehen.[122]

Mangelt es dem Fahrer an Übersicht, darf er nur mit Schrittgeschwindigkeit, d.h., mit sofortiger Anhaltemöglichkeit an den Überweg heranfahren; ansonsten sind 25–30 km/h als mäßig anzusehen.[123]

Vorranggewährung soll das gefahrlose Überschreiten der Fahrbahn auf dem Überweg ermöglichen. Der Vorrang kann durch weitere Geschwindigkeitsreduzierung gewährt werden; wenn nötig, ist jedoch zu **warten**.[124]

Die **Anhaltepflicht** entfällt nur bei **eigener Gefährdung**, so dass auch beim Fahren in Kolonne gehalten werden muss.

Ein Verstoß fordert nicht den Eintritt einer Gefährdung oder Behinderung, andererseits muss zumindest eine Reaktion beim Fußgänger erkennbar sein, d.h., soweit eine Beeinträchtigung des Benutzers **ausgeschlossen** ist, darf der Fz-Führer sowohl vor als auch hinter dem Fußgänger weiterfahren.[125]

Ein Verstoß ist an das gleichzeitige Vorliegen einer verm. Behinderung oder Belästigung gebunden. Somit kommt § 1 (2) StVO in Tateinheit nur bei Vorliegen einer Gefährdung oder Schädigung in Betracht.

---

[120] Amtl. Begr. Neufassung der StVO.

[121] BGH, DAR 68, 173; KG, NZV 92, 40.

[122] OLG D'dorf, VM 66, 64; 74, 37.

[123] OLG Frankfurt, DAR 68, 247; OLG Schleswig, VM 76, 38.

[124] OLG Hamm, VRS 47, 148; OLG D'dorf, VRS 84, 306.

[125] OLG D'dorf, NZV 93, 26.

Das gem. Z. 293 bestehende Haltverbot wird durch § 26 erweitert, indem auf dem Überweg selbst ein **Warteverbot** besteht.

In **verkehrsberuhigten Bereichen** genießen Fußgänger besondere Rechte. Hier dürfen sie die Straße in ihrer ganzen Breite benutzen; Kinderspiele sind überall erlaubt.

Zeichen 325

Es besteht jedoch ebenfalls ein **gegenseitiges** Behinderungs-/Gefährdungs- verbot zwischen Fußgänger- und Fahrzeugverkehr. Für den Fz-Verkehr gilt Schrittgeschwindigkeit. Hierunter[126] ist hier eine Geschwindigkeit deutlich unter 20 km/h zu verstehen. Forderungen von 4–7 km/h gehen an den realen Möglich- keiten des Fahrverkehrs vorbei. Unter vorwerfbaren 10 km Fahrgeschwindigkeit (= gemessene 13-15 km/h) sollte keine Beanstandung erfolgen (vergl. S. 87).

Zeichen 242.1

ZONE

Mit Z 242.1/243.1 gekennzeichnete Fußgängerbereiche sind ausschließlich dem Fußgängerverkehr vorbehalten.

Fz-Verkehr – auch Radfahrverkehr – ist nur bei einer entsprechenden Kenn- zeichnung durch **Zusatzzeichen** möglich.

Dieser darf dann nur

– mit angepasster Geschwindigkeit, **höchstens** mit 15 k/h fahren

und unterliegt

– einem Gefährdungs-/Behinderungsverbot gegenüber dem Fußgänger;

– wenn nötig, muss er warten.

---

[126] Amtl. Begr.; Hentschel e.a., § 42, Z. 325; OLG Köln , VRS 68, 382 (7 km/h); OLG Hamm, VRS 6, 222 (≈ 10 km/h); LG Aachen, Zfs 93, 114 (≈ 20 km/h).

6.8 Übungen

Übungen/Wiederholungen zu 6.1

Lösungen

Zeichen und Weisungen von Polizeibeamten gehen allen ... vor.

anderen Anordnungen und sonstigen Regeln

Zur Abgabe von Zeichen und Weisungen sind alle zuständigen Polizeibeamten ermächtigt, gleichgültig, ob in ...; der Beamte muss lediglich als ...

Zivil oder Uniform
Polizeibeamter erkennbar sein.

Als Zeichen kennt § 36 StVO das ...
und
das ...

seitl. Ausstrecken eines oder beider Arme
Hochheben eines Armes

Weisungen müssen sich stets auf die ... beziehen. Die Durchsetzung normgerechten Verhaltens oder polizeiliche Maßnahmen der Straf-/OWi-Verfolgung zählen ... hierzu.

unmittelbare Regelung eines Verkehrsvorgangs

nicht

Zeichen und Weisungen sind Verwaltungsakte in Form der ... bzw. ... und sind als Vollstreckungshandlung durch § 113 StGB geschützt.

Allgemein-/Einzelverfügung

Die Befolgungspflicht des VT entfällt bei ... des VA, die gegeben ist, wenn die Weisung..., ... oder ... verlangt.

offensichtlicher Nichtigkeit
rechtlich, tatsächlich Unmögliches/Unsinniges

Bei der Befolgung der Zeichen und Weisungen wird der VT nicht von seiner ... entbunden. Er hat ... zu halten und den polizeil. Anordnungen unter Berücksichtigung des übrigen ... Folge zu leisten

Sorgfaltspflicht
Umschau

Verkehrsgeschehens sinnvoll

Eine Verkehrskontrolle, zu der gem. § 36 (5) angehalten werden darf, bezieht sich ausschließlich auf die ...

Überprüfung von Fahrer und Fz hinsichtlich der Verkehrstüchtigkeit sowie der Mitführung der notwendigen Verkehrsausweise.

Übungsfälle

1 Im Rahmen der Schulwegsicherung regelt ein Polizeibeamter kurzfristig an einem Fußgängerüberweg den Verkehr. –A– fährt durch, obwohl der Beamte den Arm hebt.

Es handelt sich um Zeichen eines Polizeibeamten, die auch an Fußgängerüberwegen gegeben werden können (§ 36 Abs. 4 StVO). Das Hochheben des Armes bedeutet für –A–: „Halt". OWi-Anzeige.

2 Auf der Fahrt zum Dienst (in Zivil) versucht ein Polizeibeamter, den nachfolgenden –B– wegen eines Fz-Mangels durch Handzeichen anzuhalten. –B– missachtet die Zeichen.

Es handelt sich um Weisungen eines Polizeibeamten. Weisungen sind nicht an bestimmte Formen gebunden.

Eine Befolgungspflicht besteht für den VT jedoch nur, wenn der Polizeibeamte als solcher erkennbar ist, gleichgültig, ob durch Uniform, Ausweis oder Dienstfahrzeug. Hieran mangelt es, so dass kein Verstoß vorliegt.

3 Unter Hinweis auf Z 209 (vorgeschriebene Fahrtrichtung, rechts) weigert sich –C–, der Weisung eines Polizeibeamten, geradeaus zu fahren, nachzukommen.

Wie 2

Darüber hinaus besteht nur dann Befolgungspflicht, wenn die Weisung als VA nicht nichtig ist. Dies kann z.B. aufgrund tatsächlicher Unmöglichkeit der Durchführung der Forderung gegeben sein. Soweit –C– gefahrlos geradeaus fahren kann, liegt ein Verstoß vor, da Zeichen und Weisungen den übrigen Anordnungen (Z 209) vorgehen. VG.

4 Nach einem Verkehrsunfall weigert sich –D–, der Aufforderung eines Polizeibeamten, das nur geringfügig beschädigte Fz wegzusetzen, nachzukommen.

Es handelt sich um eine Weisung, da sie der unmittelbaren Regelung eines Verkehrsvorganges dient. Für –D– besteht Befolgungspflicht. VG (vergl. § 34 Abs. 1, Ziff. 2 StVO).

5 –E– missachtet die Anhaltezeichen einer Streifenwagenbesatzung, die ihn wegen vorher festgestellten Fahrfehlern auf Fahrtüchtigkeit überprüfen will.

Gem. Abs. 5 dürfen VT zur Verkehrskontrolle angehalten werden. Die V.-Kontrolle muss/kann z.B. der Überprüfung der Fahrtüchtigkeit des Fahrers dienen. VG.

6 –F– passiert bei Rotlicht eine Kreuzung und wird hierbei von einer Streifenwagenbesatzung beobachtet. –F– missachtet deren Anhaltezeichen.

Wie 5

Da die Haltezeichen ausschließlich der Verfolgung der OWi dienen, liegt kein Verstoß gegen § 36 StVO vor.

Übungen zu 6.2

Lichtzeichen sind Verwaltungsakte in Form der ... Sie gehen allen ... Regeln und Zeichen vor.	Allgemeinverfügung/vorrangregelnden
Ihnen ist stets Folge zu leisten, es sei denn, es erfolgt eine Regelung ... oder die Anlage ist ...	durch Polizeibeamte offensichtlich defekt.
Lichtzeichen haben die Folge ... Sie kann auf die Folge ... beschränkt sein.	Grün/Gelb/Rot/Rot-Gelb/Grün Gelb/Rot
Die Anordnungen können durch in der LSA befindliche Pfeile oder durch LSA für einzelne Fahrstreifen auf Fz in der angegebenen Richtung bzw. Benutzer der jeweiligen Fahrstreifen beschränkt werden.	
Für Fußgänger und Radfahrer können ... Zeichen gegeben werden.	gesonderte/gemeinsame
Dies gilt ebenso für ..., soweit ihnen ... zur Verfügung stehen.	SchFz, LOM, Taxis eigene Fahrstreifen (Z 245)
Grün bedeutet: „..."; Rot: „..."	Freie Fahrt/Halt vor der Kreuzung
Gelb verpflichtet den VT, vor der Kreuzung ...	unter Beachtung des übrigen Verkehrs anzuhalten.
Die Gelbphasen sollen bei 50, 60, 70 km/h ... sec betragen.	3, 4, 5
Im Bereich einer mit LSA geregelten Kreuzung/Einmündung soll die zHG nicht mehr als ... betragen; ggf. ist sie hierauf durch Z 274 zu beschränken.	70 km/h
Eine Haltlinie muss mit der LSA (Rotlicht) in ... stehen, ansonsten ist sie ...	erkennbarem Zusammenhang unbeachtlich
Dauerlichtzeichen regeln den Verkehr auf einem Fahrstreifen. Sie finden besondere Anwendung beim sog. ...	Umkehrstreifen
Hierbei bedeutet ein rotes Kreuz: „...", ein schräger gelber Pfeil: „..."	Benutzungsverbot/Haltverbot Fahrstreifen in Pfeilrichtung wechseln.

Übungsfälle

1 −A− überquert bei Rot die Haltlinie, kommt jedoch vor der Kreuzung zum Stehen.

Rot bedeutet: „Halt vor der Kreuzung". Somit liegt kein Verstoß gegen § 37 StVO vor. −A− verstößt jedoch gegen Z 294. Belehrung, ggf. VG.

2 −B− ist i.g.O. beim Farbwechsel Grün/Gelb noch ca. 15 m von der Haltlinie entfernt. Ohne zu bremsen, überquert −B− die Kreuzung.

Gelb fordert vom VT nur ein Anhalten vor der Kreuzung, wenn dies gefahrlos möglich ist. Unter Berücksichtigung des erforderlichen Anhaltewegs (50 km/h ca. 28 m) darf −B− die Kreuzung passieren.

3 −C− überquert als Strab-Führer bei Rotlicht die Kreuzung. Neben der LSA ist folgendes Signal ▮ erkennbar.

Für Strab können gesonderte Zeichen in Form von Linsensignalen gegeben werden. Diese gehen den übrigen Lichtzeichen vor. Das erkennbare Streckensignal bedeutet für die Strab: „Freie Fahrt".

4

Grün bedeutet: „Freie Fahrt", somit verstößt −D− nicht gegen § 37.

Z 297/295 schreibt an der nächsten Einmündung jedoch die Fahrtrichtung vor. Da es sich hierbei nicht um vorrangregelnde Zeichen handelt, bleibt ihre Geltung unberührt. VG.

5

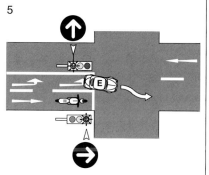

Lichtzeichen mit Pfeilen haben die entsprechende Bedeutung in Pfeilrichtung, so dass −E− nach links abbiegen darf (und in diesem Falle wg. Z. 297 „muss").

Für den Geradeausverkehr besteht jedoch ein Haltgebot. Hiermit ist gleichzeitig verbunden, dass der Fahrstreifenwechsel − nach Passieren der LSA − einen Verstoß gegen § 37 zur Folge hat. OWi-Anzeige.

Dies gilt auch im umgekehrten Fall, also bei Rot für −E− als Linksabbieger und Grün für geradeaus.

6

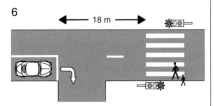

Haltlinien müssen im räuml. Zusammenhang mit der LSA stehen. Dies ist hier nicht der Fall, da hiermit eine Verkürzung der Gelbphase auf 1,7 sec (24 m) verbunden wäre.

7 Wegen des Rotlichts „biegt" –B– über das Tankstellengelände nach rechts ab.

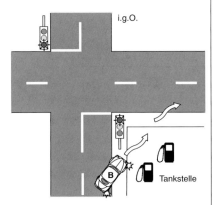

Rot bedeutet: „Halt vor der Kreuzung." Hier jedoch kein Verstoß gegen § 37 StVO. Das **gezielte** Umfahren einer LSA erfüllt nur dann § 37 (2), wenn der Fz-Führer nach dem Umfahren der LSA in den geschützten Verkehrsbereich (Kreuzung/Einmündung) hineinfährt. Dies liegt jedoch auch dann nicht vor, wenn der Fz-Führer nach rechts abbiegt, wendet, und anschließend nach rechts in die zuvor befahrene Straße einbiegt, um jenseits des Kreuzungsbereichs in der ursprünglichen Richtung weiterzufahren.

Bei LSA mit Pfeilen verstößt gegen § 37 (3), wer zunächst in die freigegebene Richtung fährt und dann (im Kreuzungsbereich) in die gesperrte wechselt.

(BGH VM 85, 80; OLG Oldenburg, VM 57, 85.)

Übungen zu 6.3

Ein Vorfahrtfall erfordert rechtlich-öffentl. Verkehrsraum und liegt dann vor, wenn an einer Kreuzung/Einmündung

–

mehrere Fahrzeuge

–

auf rechtlich unterschiedlichen Straßen

–

annähernd gleichzeitig

aufeinander zufahren und sich ihre Fahrlinien ...

kreuzen oder so stark nähern, dass ein ungehindertes Weiterfahren des Bevorrechtigten nicht denkbar ist.

Besondere Berücksichtigung bei der Beurteilung eines Vorfahrtfalles finden demzufolge die Problemkreise ...

Fahrverkehr/Zeitdifferenz/Vorfahrtbereich/-verletzung

Als Vorfahrtbereich ist die gemeinsame ... einer Kreuzung/Einmündung, einschließlich der ... anzusehen.

Schnittfläche der Fluchtlinien
Radwege

Mittel- oder sonstige Verkehrsinseln haben die Bildung mehrerer Vorfahrtbereiche zur Folge, wenn sie in ...

ihrer Breite die Länge eines Fz wesentlich überschreiten.

Die Vorfahrtverletzung muss nicht im Vorfahrtbereich liegen.

Bei der Beurteilung der Vorfahrtregelung ist ausschließlich von Bedeutung ...

woher die Fz kommen.

Wartepflichtig ist, wer

–

von links kommt,

–

die negativ beschilderte Straße oder

–

einen Feld-/Waldweg befährt.

–

in einen beschilderten (Z. 215/205) Kreisverkehr einfährt.

Das Vorfahrtrecht geht durch fehlerhaftes Verhalten nicht verloren, vollkommen atypisches Verhalten führt jedoch ...

zur Mit-/Alleinschuld.

Als positive Beschilderung kennt § 8 nur die Zeichen ..., als negative ... Durch Zusatzzeichen können ... mit abknickender Vorfahrt zu ...

301/306/nur 205/206.
rechtlich unterschiedliche Straßen rechtlich einer Straße zusammengefasst werden.

Bei Feld-/Waldwegen ist zur Beurteilung nur der ... entscheidend.

äußere Anschein, teilweise umstritten; Zufahrwege zu Häusern sind jedoch keine Feldwege

Zwischen den Benutzern untergeordneter Straßen gilt stets ...

rechts vor links.

Vorfahrtverletzungen sind möglich durch falsches ... verbunden mit einer ...

Heranfahren oder Überqueren Gefährdung oder wesentlichen Behinderung.

Der Wartepflichtige muss beim Heranfahren an den Vorfahrtbereich, insbesondere durch ... seinen ... erkennen lassen, d. h. er darf nur so schnell fahren, dass ihm jederzeit ein rechtzeitiges Anhalten möglich ist.

mäßige Geschwindigkeit/Wartewillen

Der Begriff der Gefährdung erfasst wie bei § 1 StVO das ... des Schadens.

zufällige Ausbleiben

Die wesentliche Behinderung geht über das Maß einer(s) ... hinaus.

unbedeutenden Geschwindigkeitsreduzierung oder Ausweichmanövers

Auch gegenüber dem vorfahrtberechtigten Abbieger hat der Wartepflichtige ... zu unterlassen.

Gefährdungen bzw. wesentl. Behinderungen.

Bei Unübersichtlichkeit der Vorfahrtstelle darf er sich in den Vorfahrtbereich ... Hierunter versteht man ein ... in den Vorfahrtbereich.

vorsichtig hineintasten gleichmäßig langsames Einfahren oder zentimeterweises Vorrollen

Als Sichthindernisse kommen nur solche von ... in Frage; ein verkehrsbedingt wartendes Fz jedoch nicht.

nicht ganz vorübergehender Natur

§ 8 StVO schließt als Spezialbestimmung die Anwendung von § 1 aus, außer im Bereich der ...

Schädigung.

§ 18 (3) StVO gibt auf Autobahnen und Kraftfahrstraßen ... Vorfahrt.

dem Verkehr auf der durchgehenden Fahrbahn

Eine Beschilderung mit vorrangregelnden Zeichen hat lediglich vorbeugenden Charakter.

Übungsfälle

1 −1− parkendes Fz.

−B− rutscht beim Einbiegen gegen −1−.

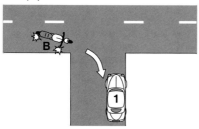

§ 8 verlangt im Rahmen der Prüfung „Vorfahrtfall" Fahrverkehr. Dieser liegt bei −1− nicht vor.

Somit liegt lediglich eine Schädigung i.S.d. § 1 (2) vor. Ggf. ist § 3 (1) (angepasste Geschwindigkeit) zu prüfen.

2 −C− lässt sein Krad langsam bis zur Fluchtlinie vorrollen.

−1− bremst daher sein Fz unvermittelt ab.

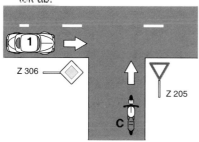

Hier liegt definitionsgemäß ein Vorfahrtfall vor.

Die Vorfahrtregelung ergibt sich aus der Beschilderung, wonach −C− wartepflichtig ist. Beim Heranfahren an den Vorfahrtbereich hat er, insbesondere durch mäßige Geschwindigkeit seinen Wartewillen erkennen zu lassen. Hierbei ist ein langsames Vorrollen zulässig. Somit gibt das Verhalten des −C− dem −1− keinerlei Anlass zu unvermittelten Abwehrreaktionen. (OLG Nürnberg, VRS 15, 257)

3 a.g.O.

−1− fährt mit 80 km/h. Die Einmündung ist ausreichend weit einsehbar. Als −D− einbiegt, bremst −1− sein Fz voll ab, kann jedoch ein Auffahren nicht mehr verhindern.

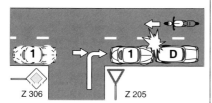

Ein Vorfahrtfall ist gegeben. Die Vorfahrtregelung erfolgt durch Beschilderung. Hiernach ist −D− wartepflichtig. Gem. § 8 (2) StVO darf der Wartepflichtige nur dann weiterfahren, wenn eine wesentl. Behinderung oder Gefährdung des Vorfahrtberechtigten ausgeschlossen ist. Der Vorrang bezieht sich zwar nur auf den Vorfahrtbereich, die Verletzung kann jedoch auch außerhalb dieses Bereiches eintreten.

Die Schädigung wird von § 1 erfasst, da sie über das in § 8 geforderte Maß hin ausgeht. Unfallaufnahme, OWi-Anzeige. Hierbei ist von Bedeutung, inwieweit −1− durch frühzeitigeres Bremsen den VU hätte vermeiden können.

4 Da –E– abbiegt, muss –1– sein Fz bis zum Stillstand abbremsen. Dies nutzt –F– aus, um vor –1– die Einmündung zu verlassen.

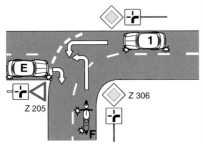

Z 205
Z 306

Hier ist in der Beurteilung die rechtliche Zusammenfassung zweier unterschiedlicher Straßen als abknickende Vorfahrtstraße zu bedenken.

Dies bedingt, das Verhältnis –E–/–1– als Vorfahrtfall und das von –F–/–1– als Abbiegefall zu beurteilen.

E: OWi-Anzeige.

–F– muss gem. § 9 (3) –1– als entgegenkommendes Fz durchfahren lassen. Ein Verstoß liegt vor, soweit das weitere Warten von –1– als nicht unwesentl. Behinderung zu werten ist. VG.

5 Aufgrund der Sichtbehinderung hält –1– sein Fz kurz an, um dann aber weiterzufahren.
Im Glauben, –1– verzichte auf seine Vorfahrt, fährt –G– weiter, und es kommt zum Zusammenstoß beider Fz.

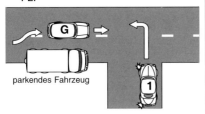

parkendes Fahrzeug

Es handelt sich um einen Vorfahrtfall. Die Vorfahrtregelung ergibt sich aus der Grundregel „rechts vor links", wonach –G– wartepflichtig ist.

Hierbei bedeutet ein kurzes Anhalten keinen Vorfahrtverzicht. Dieser verlangt vielmehr eine Verständigung zwischen beiden VT.

Unfallaufnahme, OWi-Anzeige.

Übungen zu 6.4

Unter Abbiegen versteht man das …

seitliche Verlassen des rechtlichen Fahrbahnverlaufs, um seine Verkehrsteilnahme in (auf) einer anderen Straße/Fahrbahn, einem anderen Straßenteil oder Grundstück fortzusetzen.

In fahrchronologischer Reihenfolge kennt § 9 StVO folgende Sorgfaltspflichten des Abbiegens: …

Ankündigungs-, Rückschau-, Einordnungs-, erneute Rückschaupflicht, Vorranggewährung.

Die Abbiegeabsicht ist … und … anzukündigen. Hierunter versteht man, dass die Zeichen so ... gegeben werden, dass der übrige Verkehr sich ohne … einstellen kann.

rechtzeitig/deutlich

frühzeitig/klar/verständlich
Schwierigkeiten auf das Abbiegemanöver

Bei der Rückschaupflicht ist insbesondere die Möglichkeit des toten Winkels zu beachten.

Der Rechtsabbieger hat sich … einzuordnen, der Linksabbieger …

möglichst weit rechts
bis zur Mitte der Fahrbahn/auf Fahrbahnen für eine Richtung möglichst weit links.

Auf Schienen darf er sich nur einordnen, wenn SchFz …

nicht behindert werden.

Fußgänger, die Fz mitführen, haben sich … einzuordnen.

stets rechts

Linksabbiegende Radfahrer …

dürfen hinter der Kreuzung die Fahrbahn vom Fahrbahnrand aus überqueren, hierbei haben sie den beidseitigen Fz-Verkehr zu beachten. Radwegführungen ist stets zu folgen.

Als Abbiegender ist ein Fz-Führer wartepflichtig gegenüber allen

–

entgegenkommenden Fz,

–

SchFz, LOM, Taxis, Radfahrern im gleich gerichteten Verkehr,

–

Fußgängern.

Hierbei ist gleichgültig, ob sich die bevorrechtigten VT auf oder neben der Fahrbahn bewegen.

Sich entgegenkommende Linksabbieger müssen ... abbiegen, soweit Verkehrslage und Örtlichkeit nichts anderes gebieten.

tangential

Die Vorrangverletzung i.S.d. § 9 verlangt den konkreten ..., welcher in Tateinheit mitverletzt wird.

Eintritt eines Erfolges i.S.d. § 1 (2) StVO

Abs. 5 fordert beim .../.../... neben der Beachtung der o.a. Sorgfaltspflichten vom Fz-Führer den Ausschluss ... sowie im Einzelfall die ...

Abbiegen in ein Grundstück/Wenden/Rückwärtsfahren
jeglicher Gefährdung anderer VT des fließenden Verkehrs bzw. des Fußgängerverkehrs
Hinzuziehung eines Einweisers.

Als Grundstücke gelten nur ...

private Flächen, die nicht gleichzeitig öffentlicher Verkehrsraum sind.

Unter Wenden versteht man das ..., unter Rückwärtsfahren das ...

Versetzen des Fz in die bisherige Heckrichtung
Fahren in Heckrichtung

Auf Autobahnen und Kraftfahrstraßen ist beides verboten, ansonsten kann sich das Verbot nur im konkreten Einzelfall aus der hiermit verbundenen Gefährdung anderer VT ergeben.

Die Hinzuziehung eines Einweisers ist stets dann erforderlich, wenn ...

durch die beabsichtigte Fahrweise eine über das normale Maß hinaus erhöhte Gefahr geschaffen wird.

Gemäß § 8 (1a) gilt bei mit Z 215/205 gekennzeichneten Kreisverkehr

– ... hat Vorfahrt

der im Kreis (Verstoß: § 8, Abs. 2 StVO)

– ... besteht Blinkpflicht

beim Ausfahren

– ... darf nur gem. ...
unter Ausschluss ...
von ... überfahren werden.

die Mittelinsel/Z. 215
von Gefährdungen anderer
„Großfahrzeugen"

Übungsfälle

1 –1– muss sein Fz abbremsen.

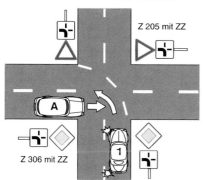

Infolge der Beschilderung als abknickende Vorfahrtstraße ist das Fahrverhalten des –A– als Abbiegen einzustufen. Er unterliegt zwar nicht der Ankündigungspflicht, muss aber –1– als entgegenkommendes Fz durchfahren lassen.

Der geforderte Eintritt eines konkreten Erfolges i.S.d. § 1 liegt in Form einer Behinderung in Tateinheit vor. VG, bei Gefährdung: OWi-Anzeige.

2 –1– Fußgänger und –2– Radfahrer müssen anhalten bzw. zurücktreten.

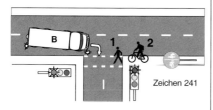

Das Fahrverhalten des –B– ist als Abbiegen zu beurteilen. An LSA-geregelten Einmündungen ist gem. § 37 nach den Regeln des § 9 abzubiegen. Demzufolge sind –1– als Fußgänger und –2– als entgegenkommendes Fz bevorrechtigt.

–1–/–2– werden in ihrer Verkehrsteilnahme vermeidbar behindert, so dass –B– gegen §§ 37, 9, 1 verstößt. VG, bei Gefährdung: OWi-Anzeige.

3 –1– Fußgänger und –2– Kradfahrer müssen anhalten bzw. zurücktreten.

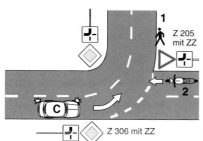

Durch die Beschilderung als abknickende Vorfahrtstraße fährt –C– rechtlich geradeaus, obwohl er den natürlichen Straßenverlauf verlässt. Daher ist das Verhältnis zu –2– als Vorfahrt i.S.d. § 8 zu beurteilen; auf das Verhältnis zu –1– ist die Vorrangregel aus § 9 (3) nicht anwendbar.

Gemäß ZZ 306 ist –1– als Fußgänger jedoch bevorrechtigt, ggf. muss –C– warten.

Durch das Zurücktreten ist für –1– eine vermeidbare Behinderung i.S.d. § 1 eingetreten. VG.

4 Das Taxi muss stark abbremsen, um einen Zusammenstoß zu vermeiden.

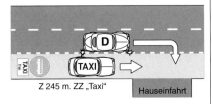

Z 245 m. ZZ „Taxi"

5 –1– muss sein Fahrzeug abbremsen.

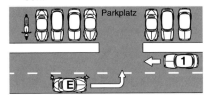

6 i.g.O./Berufsverkehr

–1– muss stark abbremsen.

–2– bremst ebenfalls sein Fz ab.

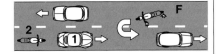

–D– biegt definitionsgemäß ab. Hierbei ist er gegenüber LOM/Taxis, die sich in gleicher Richtung bewegen, wartepflichtig, soweit diese gekennzeichnete Sonderfahrstreifen benutzen.

Das starke Abbremsen ist als Gefährdung i.S.d. § 1 zu beurteilen (Tateinheit). OWi-Anzeige.

–E– biegt definitionsgemäß ab. Als entgegenkommendes Fz ist –1– bevorrechtigt. Soweit das Bremsen als situationsgerechtes Verhalten einzustufen ist, liegt ein Verstoß gegen § 9 (5) vor, wonach beim Abbiegen in ein Grundstück neben der Beachtung der allg. Sorgfaltspflichten aus § 9 eine Gefährdung anderer VT auszuschließen ist.

Soweit das Bremsen als vermeidbare Behinderung anzusehen ist, liegen Verstöße gegen §§ 9 (3), 1 (2) vor. VG, bei Gefährdung: OWi-Anzeige.

–F– wendet i.S.d. § 9 (5).

Wie 5

Darüber hinaus muss das Wenden hier als verboten angesehen werden. Dem –F– ist u.U. auch ein größerer Umweg zuzumuten. VG, bei Gefährdung: OWi-Anzeige.

7 –1– und –2– müssen ihre Fz stark abbremsen.

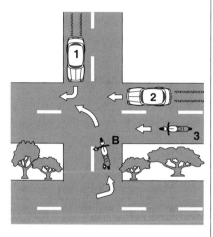

Übungen/Wiederholung zu 6.5

Eingefahren wird aus (von, über) einem
…

Das Anfahren erfasst nur das Eingliedern … Fz

vom …

Beim Ein-/Anfahren unterliegt der Fz-Führer gem. § 10 folgenden Sorgfaltspflichten:

–

–

–

Als Grundstücke werden alle privaten
…

Wenden ist als „doppeltes Abbiegen" zu verstehen, wobei das Fz um 180° gedreht wird.

Da der Mittelstreifen (Grünanlage) jedoch wesentlich breiter als das Fz des –B– lang ist, ist dieses „Wenden" als zweimaliges Abbiegen zu beurteilen, so dass nur die Abs. 1–4 für –B– relevant sind.

Hiernach haben Linksabbieger entgegenkommenden Rechtsabbiegern Vorrang zu gewähren.

Gegenüber –2–/–3– liegt ein Vorfahrtfall vor, wobei sich die Vorfahrt der –2–/–3– aus der Grundregel „rechts vor links" ergibt. Als Vorfahrtverletzung ist eine Gefährdung des –2– i.S.d. § 8 (2) zu beurteilen. OWi-Anzeige: Ggf. Prüfung § 315c StGB, soweit nur eine Behinderung vorliegt.
(BayObLG, DAR 80, 259)

Grundstück/verkehrsberuhigten Bereich/anderen Straßenteil/Fußgängerbereich/abgesenkten Bordstein.

haltender/parkender

Fahrbahnrand

Gefährdungsverbot (-ausschluss),

Ankündigungspflicht,

Einweisungspflicht,

Flächen bezeichnet, die nicht gleichzeitig öffentl. Verkehrsraum sind.

Andere Straßenteile sind alle ...

nicht zur Fahrbahn zählenden öffentl. Verkehrsflächen.

Das Gefährdungsverbot umfasst neben der Um- und Rückschaupflicht vor allem die Beachtung des ...

Vorrangs aller übrigen VT.

Hiervon befreit sind lediglich abfahrende LOM/Schulbusse. Diesen ist gemäß ...
an ... das Abfahren zu ermöglichen, ggf. ist zu warten.

§ 20 StVO
gekennzeichneten Haltestellen

Ein Verstoß gegen das Gefährdungsverbot ist nur bei Vorliegen ... zu bejahen; Behinderungen und Schädigungen werden von § ... erfasst.

einer konkreten Gefährdung

1 (2) StVO

Die Pflicht zur Vorranggewährung gilt gegenüber allen VT des fließenden Verkehrs und Fußgängern.

Zur Klarstellung darf ...

Z 205 aufgestellt werden

Übungsfälle

1 Einrichtungsverkehr
   Die Fz auf dem linken Fahrstreifen sind verkehrsbedingt zum Stillstand gekommen.
   –1– muss stark abbremsen.

Hier liegt kein Anfahren vor, da –A– wartet.

–A– unterliegt hier beim Fahrstreifenwechsel dem Gefährdungsverbot aus § 7 (5) StVO. VG.

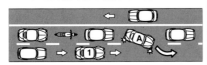

2 –1– muss abbremsen.

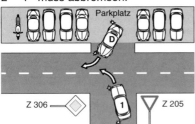

–D– fährt von einem anderen Straßenteil (Grundstück) ein.

Im Rahmen des in § 10 enthaltenen Gefährdungsverbots hat er allen übrigen VT Vorrang zu gewähren. VG.

Soweit das Abbremsen als Gefährdung zu beurteilen ist, liegt ein Verstoß gegen § 10 vor, soweit es nur eine vermeidbare Behinderung darstellt, ein Verstoß gegen § 1 StVO. VG.

3 –1– muss stark abbremsen.

4 Die Straße ist für –D– (Sattelkfz) im Bereich von 150 m einsehbar. Obwohl dieser Bereich zu Beginn des Einfahrens frei war, kommt es zum Zusammenstoß mit –1–.

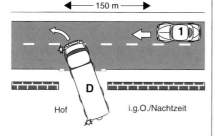

Hof   i.g.O./Nachtzeit

5 –H– (LOM) fährt, nachdem er den FRA gesetzt hat, unmittelbar an, so dass –J– stark bremsen muss.

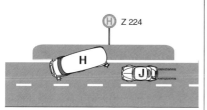

–C– fährt von einem anderen Straßenteil auf die Fahrbahn ein.

Im Rahmen des Gefährdungsverbots ist er gegenüber –1– wartepflichtig.

Das starke Abbremsen ist als Gefährdung zu beurteilen. VG.

Dies gilt ebenso für eine gemeinsame Hauszufahrt mehrerer neben der Straße gelegener Häuser, soweit die Zufahrt – an äußeren Merkmalen erkennbar – ausschließlich der Anbindung an den öffentl. Verkehr dient (BayObLG, VM 83, 90).

Wie 2/3

Bei zHG benötigt –1– bis zur Einfahrt ca. 10 sec. Unter Berücksichtigung einer Fahrbahnbreite von ca. 7 m und einer zul. Gesamtlänge von 15 m (§ 32 StVZO) muss –D– in dieser Zeit ca. 22 m zurücklegen.

Aufgrund der Fz-Eigenschaften muss er daher mit einer mögl. Behinderung/ Gefährdung bevorrechtigter Fz rechnen. Ebenso muss –D– geringfügige Geschwindigkeitsüberschreitungen unterstellen und darf nicht darauf vertrauen, dass –1– ihn rechtzeitig bemerkt und bremst. (OLG Saarbr., VM 80, 116)

Die Schädigung wird von § 1 (2) StVO in Tateinheit erfasst.

–1– trägt u. U. Mitschuld, da er die Sichtfahrgeschwindigkeit nicht einhält.

H: § 10   – Einfahren
              – Gefährdungsverbot

J: § 20 (5)– Ermöglichen des Einfahrens

Die Zulässigkeit des Einfahrens von –H– hängt von der Frage der Zumutbarkeit, also der Entfernung des –J– und dessen Möglichkeit rechtzeitig zu bremsen ab.

War –J– soweit entfernt (FRA-Anzeige), dass er – ohne Vollbremsung – anhalten konnte, liegt ein Verstoß seitens des –J– vor. Ansonsten verstößt –H– gegen § 10 StVO.

Übungen/Wiederholung zu 6.6

Aufgrund ihrer Besonderheiten sind SchFz sowohl im Längs- als auch im Querverkehr im Einzelfall bevorrechtigt.

Im Längsverkehr haben Fz den SchFz ...

so weit möglich freie Durchfahrt zu gewähren.

Beim Abbiegen nach links ist das Einordnen auf den Schienen untersagt, ...

soweit dadurch ein SchFz behindert wird.

Beim Abbiegen selbst ist u.a. ... Vorrang zu gewähren.

SchFz in gleicher Richtung

Im Querverkehr genießen SchFz nur an ... Vorrang.

bevorrechtigten Bahnübergängen

Ein Bahnübergang setzt voraus, dass mindestens einseitig ein eigener Gleiskörper zur Verfügung steht. Er ist bevorrechtigt, wenn er

– mit Z 201 (Andreaskreuz) gekennzeichnet ist,

– über einen Fuß-/Feld-/Wald-/Radweg führt,

– sich in einem gekennzeichneten Hafen- oder Industriegebiet befindet.

An derartigen Bahnübergängen unterliegt der Fz-Führer folgenden Sorgfaltspflichten:

– Anfahrt nur mit mäßiger Geschwindigkeit,

– Vorranggewährung,

– Zügiges Querungsgebot ohne anzuhalten/Wartegebot vor dem Andreaskreuz,

– Überholverbot von Kfz für (alle) Fz

– Blendverbot.

Mäßige Geschwindigkeit fordert vom Fz-Führer an ungesicherten/unübersichtlichen Bahnübergängen ... und an gesicherten Übergängen ...	sofortige Anhaltemöglichkeit vor dem Bahnübergang/die Möglichkeit rechtzeitiger Vorranggewährung.
Der Pflicht zur Vorranggewährung ist in folgenden Fällen nachzukommen:	
−	Bei Annäherung eines SchFz,
−	bei Haltzeichen eines Bahnbediensteten,
−	bei sich senkenden oder geschlossenen Schranken,
−	bei Lichtzeichen bzw. akustischen Signalen.
An nicht bevorrechtigten Bahnübergängen besteht nur Wartepflicht, wenn ein ...	Bediensteter Haltzeichen gibt.
Vorranggewährung bedeutet ... Ab Z. 151/156 besteht für ... Überholverbot von ...	Wartepflicht vor dem Z 201. Fz Kfz

Übungsfälle

1 i.g.O.	Das Durchfahrgebot gem. § 2 (3) StVO ist nur im Rahmen der Möglichkeit zu beachten; d. h. eine Nichtbeachtung ist – wie hier – unter Berücksichtigung der Verkehrslage unumgänglich.
−1− (Kind) läuft plötzlich über die Straße, so dass −A− nach links ausweichen muss. Die Strab muss bremsen.	

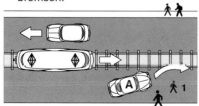

Darüber hinaus ist zu prüfen, inwieweit −A− und der Strab-Führer § 3 (2a) StVO verletzt haben.

2 A.g.O.
   –B– überquert mit 80 km/h den Bahnübergang und überholt den Radfahrer 1

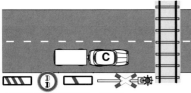

Z 201 mit LSA

Bahnübergängen ist sich mit mäßiger Geschwindigkeit zu nähern. An gesicherten Übergängen bedingt dies die Möglichkeit der rechtzeitigen Vorranggewährung. Da –B– infolge der Sicherungsmaßnahmen auf eine rechtzeitige Warnung vertrauen darf, liegt kein Verstoß gegen § 19 vor. Zu prüfen ist lediglich, ob die Geschwindigkeit i.S.d. § 3 (1) StVO angepasst ist.

Das Überholen des Radfahrers –1– ist nicht verboten, nur das Überholen von Kfz unterliegt dem Verbot.

3 A.g.O.
   –C– Pkw mit Anhänger.

Z 156/276 Z 162 Z 201 mit LSA

–C– ist aufgrund des Rotlichts wartepflichtig. Als Fz-Führer hat er vor dem Andreaskreuz zu warten.

Die für Kfz (> 7,5 t zGM) und Züge a.g.O. geltende Verpflichtung, unmittelbar hinter Z 162 zu warten, trifft –C– hier nicht, da Z 276 Kfz das Überholen untersagt.

Übungen zu 6.7

Fußgänger haben grundsätzlich … zu benutzen.	Gehwege/Seitenstreifen/etc.
Eine Fahrbahnbenutzung ist ihnen nur im Ausnahmefall oder … durch mitgeführte sperrige Gegenstände oder Fz gestattet.	bei erheblicher Behinderung anderer Fußgänger
A.g.O. haben Fußgänger, die die Fahrbahn benutzen müssen, … zu gehen.	stets links
Fußgänger sind grundsätzlich gegenüber dem Fahrverkehr wartepflichtig. Eine Fahrbahnüberquerung ist nur … zulässig. Hierbei sind Etappenüberquerungen erlaubt.	unter besonderer Vorsicht/in angemessener Eile (zügig)
Je nach Verkehrslage ist ein Überschreiten der Fahrbahn nur an	

–	Kreuzungen/Einmündungen
–	Fußgängerfurten (LSA)
–	Fußgängerüberwegen (Z 293)
zulässig.	
An Kreuzungen und Einmündungen sind stets … zu benutzen.	Fußgängerfurten/-überwege
In verkehrsberuhigten Bereichen (Z 325) ist Fußgängern die Benutzung der gesamten Straße freigestellt. Es besteht jedoch ein …	gegenseitiges Behinderungsverbot.
An Fußgängerüberwegen sind … besonders geschützt. Hier obliegen dem Fahrverkehr folgende Sorgfaltspflichten:	Benutzer (Fußgänger, Krankenfahrstuhl-/Rollstuhlfahrer)
–	Anfahrt mit mäßiger Geschwindigkeit,
–	Vorranggewährung (Wartegebot),
–	Warteverbot auf dem FÜW*,
–	Überholverbot
… unterliegen diesen Pflichten nicht, sie müssen lediglich die allgemeine … beachten.	SchFz Sorgfaltspflicht
Die o.a. Sorgfaltspflichten treffen den Fz-Führer nur, wenn Fußgänger …	erkennbar den FÜW benutzen wollen.
Im Zweifel besteht … . Fußgängern ist durch … Vorrang, d.h. ein gefahrloses Überqueren, zu ermöglichen.	Warte- bzw. Verständigungspflicht mäßige Geschwindigkeit/Warten
Weiterfahren darf der Fz-Führer bei	
–	eindeutigem Vorrangverzicht,
–	völligem Ausschluss einer Beeinträchtigung des Fußgängers,
–	eigener Gefährdung.
Vor Fußgängerüberwegen darf grundsätzlich …	nicht überholt werden.

---

* FÜW = Fußgängerüberweg.

Übungsfälle

1 –A– Fußgänger mit Handkarren

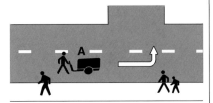

–A– benutzt die Fahrbahn zulässigerweise, da er durch das mitgeführte Fz (Handkarren) die anderen Fußgänger erheblich behindern würde.

Gemäß § 25 (2) StVO darf er sich jedoch beim Abbiegen nach links nicht zur Mitte hin einordnen. Belehrung.

2 Berufsverkehr

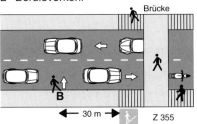

Je nach Verkehrslage hat –B– als Fußgänger die Fahrbahn an Kreuzungen, Fußgängerfurten oder -überwegen zu überqueren. Diesen „gesicherten Überwegen" ist die Fußgängerbrücke gleichgestellt. Hierbei wird –B– auch ein Umweg zugemutet. Belehrung, bei Gefährdung: VG.

3 –1– muss von der Fahrbahn zurückspringen.
   –2–/–3–/–4– parkende Fz.

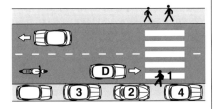

–D– muss –1– Vorrang gewähren. Hierzu darf er nur mit mäßiger Geschwindigkeit an den Überweg heranfahren; notfalls muss er warten. Infolge der Sichtbehinderung durch die parkenden Fz ist Schrittgeschwindigkeit angebracht. OWi-Anzeige; ggf. Prüfung § 315c StGB.

–2–/–4– verstoßen gegen § 12 StVO.

Bericht an SVA (Sperrflächenmarkierung auf Seiten-/Parkstreifen auftragen)

7 Halten und Parken

Behandelte Rechtsvorschriften:

7.1 Halten/Parken/Warten/Liegenbleiben/Abstellen

StVO: §§ 12, 13, 18, 19, 23, 26, 32, Z 201 ff., 215, 224 ff., 283 ff., 293, 295 ff., 306, 314 ff., 325 ff., 630

BFernStrG: §§ 7, 8, 23, Nutzungsrichtlinien

StrWG NRW[1]: §§ 14, 18, 59

BAbfallG: §§ 1, 5

7.2 Sicherungsmaßnahmen

StVO: §§ 12, 13, 14, 15, 16, 17, 23, 32, 34, Z 394

StVZO: §§ 27a, 38a, 49 ff., 53b, 54b, 66

StGB: §§ 315b, 315c (1) Nr. 2g

7.1 Halten, Parken, Warten, Liegenbleiben, Abstellen

Der ruhende Verkehr in Form des Haltens und Parkens wird neben §§ 18 (8), 37 (3) StVO insbesondere über vielfältige Zeichen (z.B. 201, 206, 215, 222, 229, 283 ff., 293, 295, 297, 299, 306, 314 ff., 325.1, 340, 630) abschließend in den §§ 12, 13 StVO geregelt, wobei jedoch die Bestimmungen aus § 2 nicht berührt werden sollen.[2] Wiederholungen gibt es nun nach der Neufassung nicht mehr.

Von Bedeutung ist die Einführung der **Parkraumbewirtschaftungszone** (Anlage 3, Nr. 8 u. 9, Z. 314.1). Darüber hinaus kann sich im konkreten Einzelfall ein Verbot aus § 1 (2) ergeben. Soweit es durch den ruhenden Verkehr zu unzulässigen Beeinträchtigungen anderer VT kommt, wird stets gegen § 1 (2) in Tateinheit verstoßen. Hierbei ist besonders zu beachten, dass Verstöße gegen Halt-/Parkverbote häufig zu **Folgeunfällen** führen.

Zeichen 314.1

Die Überwachung der Einhaltung der Halt-/Parkvorschriften stellt die Ordnungsbehörden vor einige Probleme in der Beweisführung. In diesem Zusammenhang entschied das VG Freiburg, dass der Betroffene Markierungen zur Überwachung, z.B. Kreidestreifen an den Reifen, zu dulden hat.[3]

Auch das Abschleppen von Falschparkern auf Privatflächen durch den Grundstückseigentümer ist nicht unverhältnismäßig.[4]

Neben dem Halten und Parken kennt die StVO jedoch weitere Formen des Anhaltens wie Warten, Liegenbleiben und Abstellen. Die jeweils erforderlichen Sicherungsmaßnahmen sind ebenfalls in den jeweiligen Bestimmungen zu finden. Zunächst in schematischer **Übersicht** die einzelnen Formen des ruhenden Verkehrs.

---

[1] Entsprechend übrigen Landesregelungen.

[2] OLG D'dorf, VM 83, 36; OLG Celle, VR 76, 1068; strittige Auffassung.

[3] VG Freiburg, NZV 98, 47.

[4] BGH, VZR 1444/08.

Form	Halten	Parken	Warten	Liegenbleiben	Abstellen
Definition	Unter Halten versteht man jede gewollte Fahrtunterbrechung, die nicht durch die Verkehrslage oder eine Anordnung veranlasst ist. (VwV zu § 12) Beachte: Eingeschränktes Haltverbot beim – Ein- und Aussteigen – Be- und Entladen – sonstigen Halten bis zu 3 Minuten	Parken setzt Halten voraus, und zwar – über 3 Minuten oder – unter Verlassen des Fz.	Als Warten bezeichnet man jedes verkehrsbedingte Halten aufgrund einer Anordnung oder der Verkehrslage.	Unter Liegenbleiben versteht man jedes Anhalten aufgrund eines technischen Mangels (Stehenbleiben).[5]	Abstellen ist übermäßiger Gemeingebrauch (Sondernutzung) durch den Verbleib – betriebsunfähiger – nicht zugelassener oder in sonstiger Weise – nicht vorwiegend verkehrsüblich genutzter Fz im öffentlichen Verkehrsraum.
Verbote	§§ 1 (2), 12, 13, 18 (8), 37 (3) StVO durch Zeichen 283, 286, 293, 295, 297, 299, 201, 205, 206, 215, 229, 245 und durch Parkuhren, Parkscheinautomaten, per Zonenhaltverbote oder per Parkraumbewirtschaftungszone (Z. 290.1, 314.1) geregelt werden.	§§ 1 (2), 12, 13, 18 (8), 37 (3) StVO durch Zeichen 295, 296, 299, 214, 315, 306, 201, 224, 325	§§ 11 (1), 19 (4), 26 (2) StVO bei/vor – stockendem Verkehr – Bahnübergängen – Fußgängerüberwegen	§§ 1 (2) StVO	§§ 1 (2), 32 StVO 1, 5 AbfallBG 7, 8, 23 FernStrG
Sicherungsmaßnahmen	§§ 14, 17 (4) StVO – Gefährdungsverbot beim Ein-/Aussteigen – Sicherungsmaßnahmen gegen Unfälle, Verkehrsstörungen und unbefugte Benutzung – Beleuchtungspflicht		wie nebenstehend	wie nebenstehend, zusätzlich §§ 15, 15a, 23 (2) StVO – Warnblinkanlage – Sicherungsmittel in ausreichender Entfernung – „Abschleppverbot" auf der BAB	§ 32 StVO – Richtl. über die Sicherung von Container und Wechselbehälter – Beleuchtungspflicht mit rotem oder gelbem Licht – Warntafeln

---

[5] Liegenbleiben in Verbotszonen verpflichtet zur sofortigen Entfernung des Fz. Im Großstadtbereich wurde die Grenze bei 1 Stunde gesehen (OLG Münster, NZV 00, 310).

Unter **Halten** versteht man jedes gewollte und nicht verkehrsbedingte Anhalten. Somit liegt Halten weder bei einem Liegenbleiben oder Abstellen bei einer vermeintlichen Panne noch bei einem Anhalten vor Rotlicht oder innerhalb eines Staus vor.[6]

Ebenso handelt es sich nicht um Halten, wenn das Anhalten aus typisch verkehrstechnischen Gründen geschieht, wie z.B. zwischen Vor- und Rückwärtsfahren.

Benutzungsverbote, wie z.B. aus Z 242 beinhalten selbstverständlich auch ein Parkverbot; auch für Kräder.[7]

Zeichen 242

Das eingeschränkte Haltverbot verbietet ebenso wie Z 283 (als Haltverbot) **jedes Halten über 3 Minuten Dauer**, jedoch mit der **Ausnahme** des Haltens zum Zwecke

Zeichen 286

– des Ein- oder Aussteigens oder

– des Be- oder Entladens, und zwar

– ohne jede zeitliche Befristung (zweckgebundenes Halten).

Die Zweckbindung des **Ein-/Aussteigens** bezieht sich im Regelfall auf den (die) **Mitfahrer**.

Soweit es jedoch im unmittelbaren Zusammenhang mit einem Verkehrsvorgang steht, wie z.B. dem des Einfahrens oder Abbiegens, oder einem Fahrerwechsel, erfasst es auch den Fahrer selbst.

Halten zum **Be-/Entladen** ist im Bereich des eingeschränkten Haltverbots nur zulässig,[8] wenn

– der **Transport** der Güter über eine weitere Strecke aufgrund der Größe, der Empfindlichkeit, des Gewichts oder des besonderen Wertes **unzumutbar** ist oder

– es sich um geschäftlichen **Lieferverkehr** handelt.

Auch wenn hier keine zeitliche Beschränkung besteht, so muss dennoch das Ein-/Aussteigen oder der Ladevorgang **ohne Verzögerung** erfolgen.

Hierbei sind **Nebenverrichtungen** zulässig, wenn

– sie im direkten Zusammenhang mit dem Ladevorgang stehen oder

– sie sich in einem angemessenen Zeitraum erledigen lassen.

Als zulässige Nebenverrichtungen kommen z.B. in Betracht
– Zahlen, Kassieren,
– Warenkontrolle (kleinerer Mengen) oder
– Aufstellen, Einfüllen (kleinerer Mengen).

---

[6] BayObLG, VRS 31, 129; BGH, DAR 60, 149.

[7] OLG Köln, NZV 97, 197.

[8] OLG Hamburg, VRS 8, 379; OLG Köln, VRS 21, 381; BGH; NJW 60, 54; BayObLG, VM 66, 81; OLG Karlsruhe, VM 75, 21.

Als zulässige Zeitdauer werden in der Rspr. hierbei Zeiträume von 15–20 Minuten akzeptiert, im Einzelfall auch längere, soweit der sachlich notwendige Zeitaufwand dem üblichen entspricht,[9] nicht aber ohne Ladevorgang.[10] Besonders zu beachten ist der Geltungsbereich der Haltverbote.

Haltverbote (ohne Zusatzzeichen) gelten nur auf der für den fließenden Verkehr bestimmten Fahrbahn und dort nur auf der Fahrbahnhälfte der Aufstellung (markierte Fläche).

Zeichen 283   Zeichen 286

Auf der BAB erfasst das Haltverbot auch den Seitenstreifen (Standspur); in den übrigen Fällen (Z 283, 286) ist durch ZZ anzuzeigen, soweit das Haltverbot auch den Seitenstreifen erfassen soll.

Durch ZZ 854 kann das Haltverbot auf den Seitenstreifen selbst **beschränkt** werden.

auf dem Seitenstreifen

Anfang und Ende des Haltverbots können durch Pfeilmarkierungen dargestellt werden.

Ansonsten gelten sie bis zur nächsten Kreuzung oder Einmündung.

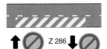

Im Übrigen können sie durch ZZ zeitlich befristet werden. Das ZZ „werktags" schließt den Samstag ein.[11]

 Z 286

Parken ist Halten

11 – 14 h   Werktags 7 – 19 h

– über 3 Minuten **oder**
– Halten unter anschließendem Verlassen des Fz.

Die Zeitgrenze von 3 Minuten ist absolut.

Verlassen bedeutet, dass der Fz-Führer keine Einwirkungsmöglichkeit mehr auf das Fz hat.[12] Aussteigen allein genügt nicht. Parken ist demzufolge nicht nur an allen Parkverbotsstellen untersagt, sondern auch an allen Haltverbotsstellen. Dies gilt auch im eingeschränkten Haltverbot, es sei denn, eine der erlaubten Verrichtungen wird ausgeübt.

Vom Parken zu unterscheiden ist das **Abstellen**, das über das zulässige Maß des Gemeingebrauchs i.S.d. §§ 7, 8, 23 FernStrG hinausgeht. Entsprechende Landesregelungen, z.B. §§ 14,18, 59 StrWG NRW, sind zu beachten. Hier sind des Weiteren die Genehmigungsregeln für die Sondernutzung zu finden.

Daneben ist § 32 StVO zu beachten, der das Verbringen von Gegenständen auf die Straße (also auch auf die Seiten- oder Parkstreifen) untersagt, soweit hierdurch der Verkehr gefährdet oder erschwert werden kann. Abgestellte Fz sind Gegenstände i.S.d. § 32, wobei die hervorzurufende Erschwerung nicht konkret, sondern nur möglich und nicht ganz unwahrscheinlich sein muss.[13] So ver-

9   OLG D'dorf, VM 68, 86.

10   OLG Hamm, VRS 35, 394.

11   OLG Hamburg, VM 84, 73.

12   OLG Oldenburg, NZV 93, 491.

13   BVG, DAR 66, 193; BayObLG, DAR 78, 278.

stößt das unberechtigte Freihalten eines Parkplatzes mit Gegenständen gegen § 32 StVO, da dies „für andere erschwerend" wirkt.[14]

Im Sinne dieser Bestimmungen werden Fz **abgestellt**, die nicht betriebsfähig sind, nicht zugelassen sind oder nicht überwiegend verkehrsüblich genutzt werden.

Laternenparken (Dauerparken) ist noch als **verkehrsübliche Nutzung** anzusehen, nicht aber das Abstellen eines Fz ausschließlich zu Werbezwecken, mit dem Ziele der Vermietung (soweit keine jederzeitige Inbetriebnahme gewährleistet ist), mit verkehrsbeeinträchtigenden Mängeln zwecks späterer Reparatur.[15]

Bei Schrottfahrzeugen sind im Einzelfall folgende Bestimmungen zu prüfen:

- §§ 14, 15 FZV   Anzeigepflicht/Verwertungsnachweis
- §§ 3 ff. AltfahrzgVO   – Abgabepflicht an Verwertungsbetrieb
                        – gemeinwohlverträgliche Beseitigung
- § 32 StVO   Hindernisbereitung

Zeichen 224 und 314 ff. mit **entsprechendem ZZ** beinhalten ein „eingeschränktes Parkverbot", d.h., sie untersagen grundsätzlich das Parken in dem so gekennzeichneten Bereich.

Davon ausgenommen ist aber – je nach ZZ – ein festumrissener Kreis von Berechtigten wie z.B.

- Taxis und öffentl. Verkehrsmittel

und gem. § 12 StVO

- Schwerbehinderte Menschen mit außergewöhnlicher Gehbehinderung, beidseitiger Amelie oder Phokomelie.

- Blinde und

- Anwohner.

Zeichen 224   Zeichen 314   Zeichen 315

Den Letztgenannten ist – je nach ZZ – das Parken allgemein oder nur mit einem besonderen **Parkausweis** erlaubt, der gut lesbar ausgelegt ist. Die Nichtbearbeitung stellt eine OWi dar. Daneben ist für Schwerbehinderte eine generelle Befreiung von Halt-Parkverboten per Ausnahmegenehmigung (siehe Beispiel auf der nächsten Seite) gemäß § 46 (1), 3, 4a, b, c, StVO möglich.

Entsprechendes gilt für Z 286.

Zeichen 286

Eine überwiegende, flächendeckende (isolatorische) Regelung ist jedoch unzulässig und mit § 45 I b1 StVO unvereinbar.[16]

---

14   OLG D'dorf, VM 75, 69.

15   BayObLG, VM 80, 17; OLG Hamm, VRS 41, 74; BVerwG, VM 83, 21.

16   VGH, NJW 98, 652.

Behörde	Ort, Datum	Bildliche Darstellung der genannten Verkehrs- zeichen:
Aktenzeichen		

Zeichen 242.1

Ausnahmegenehmigung Nr.: _____

zur Gewährung von Parkerleichterungen
für besondere Gruppen schwerbehinderter Menschen
nach § 46 Absatz 1 Nummer 11 StVO

Zeichen 283

Frau / Herrn

wohnhaft in

und dem jeweils befördernden Fahrzeugführer der vorgenannten Person wird aufgrund des § 46 Abs. I Nr. 11 StVO die Ausnahmegenehmigung erteilt, mit einem Kraftfahrzeug

1. an Stellen, an denen das eingeschränkte Haltverbot (Zeichen 286, 290.1 StVO) angeordnet ist, bis zu drei Stunden zu parken,

2. im Bereich eines Zonenhaltverbots (Zeichen 290.1 StVO), in dem durch Zusatzzeichen das Parken zugelassen ist, die zugelassene Parkdauer zu überschreiten,

3. an Stellen, die durch Zeichen „Parken" (Zeichen 314 StVO), „Parkraumbewirtschaftungszone" (Zeichen 314.1 StVO) oder „Parken auf Gehwegen" (Zeichen 315 StVO) gekennzeichnet sind und für die durch ein Zusatzzeichen eine Begrenzung der Parkzeit angeordnet ist, über die zugelassene Zeit hinaus zu parken,

4. in Fußgängerzonen (Zeichen 242.1 StVO), in denen das Be- und Entladen für bestimmte Zeiten freigegeben ist, während der Ladezeit zu parken,

5. an Parkuhren und bei Parkscheinautomaten zu parken, ohne Gebühr und zeitliche Begrenzung,

6. auf Parkplätzen für Bewohner bis zu 3 Stunden zu parken,

7. in verkehrsberuhigten Bereichen (Zeichen 325.1 StVO) außerhalb der gekennzeichneten Flächen zu parken, ohne den durchgehenden Verkehr zu behindern,

sofern in zumutbarer Entfernung keine andere Parkmöglichkeit besteht. Die höchstzulässige Parkzeit beträgt 24 Stunden.

Zeichen 286

Zeichen 290.1

Zeichen 314

Diese Parkerleichterungen gelten im gesamten Gebiet der Bundesrepublik Deutschland.

Nebenbestimmungen:

1. Während des Parkens ist der als Anlage beigefügte Parkausweis an der Innenseite der Windschutzscheibe gut lesbar anzubringen.

2. Der Parkberechtigte ist verpflichtet, jede Änderung seiner Anschrift und der für die Erteilung der Genehmigung maßgebenden Umstände unverzüglich der Genehmigungsbehörde mitzuteilen.

3. Beim Parken im eingeschränkten Haltverbot (Zeichen 286 StVO) und im Bereich eines Zonenhaltverbots (Zeichen 290.1 StVO), wenn durch Zusatzzeichen das Parken nicht zugelassen ist, und auf Bewohnerparkplätzen, ist zusätzlich die Ankunftszeit durch die Einstellung auf einer Parkscheibe (§ 13 Abs. 2 Nr. 2, Bild 318 StVO) nachzuweisen.

4. Die Genehmigung wird unter dem Vorbehalt des jederzeitigen Widerrufs erteilt. Sie wird widerrufen, wenn der Parkberechtigte die Sicherheit des Straßenverkehrs gefährdet, wenn der Grund für die Genehmigung entfällt oder die Genehmigung missbraucht worden ist. Missbrauch kann außerdem nach § 49 StVO verfolgt werden.

Allgemeine Hinweise:

1. Von der Ausnahmegenehmigung darf nur unter Beachtung der Grundregeln der Straßenverkehrs-Ordnung (§ 1 StVO) Gebrauch gemacht werden.

2. Die Halt- und Parkverbote des § 12 StVO sind zu beachten, soweit die Ausnahmegenehmigung nichts anderes bestimmt.

3. Die Ausnahmegenehmigung berechtigt nicht zum Halten oder Parken innerhalb der durch Zeichen 283 StVO (absolutes Haltverbot) gekennzeichneten Verbotsstrecken.

4. Weisungen von Polizeibeamten sind zu befolgen.

5. Der Parkberechtigte ist verpflichtet, bei Inanspruchnahme der Parkerleichterungen diesen Bescheid mitzuführen und zuständigen Personen auf Verlangen zur Prüfung auszuhändigen.

6. Soweit zum Zeichen „Parken" (Zeichen 314 StVO) das Zusatzzeichen „Pkw" angeordnet ist, darf dort mit anderen Fahrzeugen nicht geparkt werden; beim „Parken auf Gehwegen" (Zeichen 315 StVO) darf das zulässige Gesamtgewicht des Fahrzeugs nicht mehr als 2,8 t betragen.

Zeichen 314.1

Zeichen 315

Zeichen 325.1

Bild 318

Besonderer Hinweis:
Diese Ausnahmegenehmigung gilt nicht für Parkplätze mit Zusatzzeichen (Rollstuhlfahrersymbol), die ausschließlich für schwerbehinderte Menschen mit außergewöhnlicher Gehbehinderung, beidseitiger Amelie oder Phokomelie oder vergleichbaren Funktionseinschränkungen und für blinde Menschen reserviert sind.

z. B.

Die Ausnahmegenehmigung ist gültig bis:

Unterschrift, Siegel

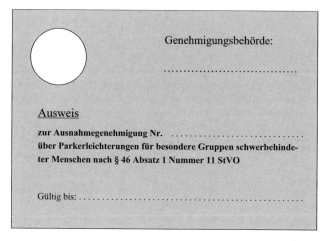

Genehmigungsbehörde:

....

Ausweis

zur Ausnahmegenehmigung Nr. ....
über Parkerleichterungen für besondere Gruppen schwerbehinder-
ter Menschen nach § 46 Absatz 1 Nummer 11 StVO

Gültig bis: ....

Erläuterungen:

Format.   DIN A6
Material: mindestens Karton
Grundfarbe: orange
Schriftfarbe: schwarz
Kreisfeld für Dienstsiegel

Parkuhren, Parkscheinautomaten und Zonenhaltverbots-
zeichen verbieten **jedes Halten,**

außer

- zum Ein- und Aussteigen,
- zum Be- und Entladen oder
- bei Befolgung der Anordnung („Bedienung"),

also durch

- Geldeinwurf,
- Knopfdruck oder
- Aufstellen der Parkscheibe.

Zeichen 290.1

Zeichen 290.1 einge-
schränktes Haltver-
bot für eine Zone

Zeichen 290.2

Zeichen 290.2 Ende eines
eingeschränkten Haltver-
botes einer Zone

Die Parkzeitregelung kann hierbei auf bestimmte Zeiten beschränkt werden.
i.d.R. ist dies wochentags, d. h. samstags einschließlich, von 7–19 h.
Das Parken ist nur für die jeweils **angegebene Höchstdauer** zulässig, es sei
denn, es handelt sich um zweckgebundenes Halten.[17]

---

[17] OLG Oldenburg, NZV 93, 491.

An Parkuhren ist das „Abparken" von Restzeiten anderer VT zulässig. Eine Verlängerung der Parkzeit durch Geldeinwurf ist aber nur bis zur angegebenen Höchstdauer erlaubt.

An **defekten** Parkuhren/Parkscheinautomaten darf nur unter Verwendung der Parkscheibe bis zur angegebenen Höchstdauer geparkt werden.

Parkscheine sowie die auf die **nächste halbe Stunde eingestellte Parkscheibe** sind am Fz gut lesbar anzubringen.

Beispiele:

Ankunftszeit	Einstellzeit
11.45 h	12.00 h
12.01 h	12.30 h

Die Parkscheibe muss dem Bild 318 entsprechen. Sie darf nicht kleiner sein und die angezeigte Zeit darf nicht automatisch mitlaufen.

Eine entsprechende Beschränkung ist ebenfalls bei Z 314, 314.1, 315 möglich.

Die Erhebung von (Park-)Gebühren ist gemäß § 6a StVG geregelt. Die Abänderung des Parkscheins stellt eine Urkundenfälschung i.S.d. § 267 StGB dar.

Besondere Beachtung finden die Parkverbote gemäß § 12 (3a, 3b) StVO

– für Kfz über 7,5 zGM sowie mit Kfz-Anhänger über 2 t zGM in reinen u. allg. Wohngebieten, etc. bzw.

– für Kfz-Anhänger ohne Zugfahrzeug über 2 Wochen Dauer.

Es ist grundsätzlich

– rechts, d.h. in Fahrtrichtung und

– platzsparend

zu halten oder zu parken.

Neu wurde durch die Neufassung die Parkraumbewirtschaftungszone eingeführt.

Hier darf nur mit

– Parkschein oder

– Parkscheibe

geparkt werden.

Zeichen 314.1   Zeichen 314.2

Über Zusatzzeichen können Bewohner mit Parkausweis freigestellt werden. Parkschein bzw. Parkscheibe sind gut lesbar auszulegen bzw. anzubringen.

Lediglich in Einbahnstraßen (Z 220) oder soweit rechts Schienen verlegt sind, darf auch links gehalten und geparkt werden.

Vorhandene Seiten- oder Parkstreifen sind stets zu benutzen (vgl. Z 295).

Platzsparend bedeutet, die Abstände nach vorn und hinten sowie zur Seite so gering wie möglich zu halten.

Hierbei wird ein Abstand nach vorn und hinten von je 1 m als ausreichend angesehen, um ein gefahrloses Ausparken zu ermöglichen.

Parkflächenmarkierungen (Anlage 2, Nr. 74) erlauben das Parken und bestimmen das Wie des Parkens. Sie beinhalten kein Parkverbot an anderen Stellen der/des Straße/Parkplatzes.[18]

Halten in **„zweiter Reihe"**, d.h. links neben den auf der Fahrbahn oder dem Seiten- oder Parkstreifen parkenden Fz, ist grund- sätzlich nur Taxis erlaubt, um Fahrgäste ein- oder aussteigen zu lassen sowie „Postfz" gem. § 35 (7a).

Parken in zweiter Reihe ist unzulässig,[19] in Ladefällen kommt jedoch im Einzel- fall gemäß § 47 OWiG ein Absehen von der Ahndung in Betracht.

In der Rspr.[20] wurde für den übrigen Verkehr das **Halten in zweiter Reihe** nur dann für zulässig angesehen, soweit

- das Interesse hieran das des fließenden Verkehrs überwiegt,
- der Fahrer jederzeit Platz machen kann,
- in zumutbarer Nähe des Fahrtziels keine andere Haltmöglichkeit besteht oder
- es der Aufnahme einer gebrechlichen Person dient **und**
- es hierdurch nicht zu nennenswerten/stärkeren Behinderungen des fließen- den Verkehrs kommt.

Das Halten (Anhalten) ist durch rechtzeitiges Bremsen (Bremsleuchten) deut- lich anzuzeigen. Die FRA sind nicht zu betätigen.

Anspruch auf eine Parklücke hat nicht derjenige wer zuerst einfährt, sondern wer sie zuerst **erreicht**, auch wenn weitere Fahrbewegungen erforderlich sind.

Die erzwungene Einfahrt in eine Parklücke durch Wegstoßen, Blockieren oder gefährdendes Zufahren kann Nötigung (§ 240 StGB) sein, zumindest ist es ein Verstoß gegen § 1 (2) StVO.[21]

Bei behinderndem Parken, z.B. vor einer Ausfahrt, darf sich der Behinderte mit der dazu ausreichenden Gewalt gegen diese verbotene Eigenmacht gegen seine Besitzausübung wehren (§ 859 BGB).

Soweit mildere Mittel nicht in Betracht kommen, ist auch ein Abschleppen auf Kosten des Parkenden (Störers) gerechtfertigt.

Die **Polizei** kann im Rahmen ihrer Befugnisse (Ermächtigungsgrenzen) ein falsch geparktes Fz kostenpflichtig **abschleppen**, wenn

- es verkehrsgefährdend abgestellt/geparkt ist,
- sonstige besondere Umstände für eine sofortige Störungsbeseitigung spre- chen.

Besonders beachtet werden muss hierbei das Übermaßverbot.[22]

---

[18] OLG Oldenburg, Az. SS 159/49.

[19] OLG D'dorf, VM 79, 7; BGH, NJW 79, 224.

[20] BayObLG, DAR 76, 277; KG, VR 80, 85; KG, VM 74, 13; OLG Saarbrücken, VRS 46, 69.

[21] OLG Koblenz, MDR 75, 243; OLG D'dorf, VM 78, 68; Bay ObLG, NZV 95, 327.

[22] BVerfG, NJW 78, 656.

7.2 Sicherungsmaßnahmen

Zunächst ist die Anhalteabsicht rechtzeitig und deutlich durch Bremsen anzuzeigen. Es besteht jedoch keine „FRA-Pflicht".

Neben § 38a StVZO (Sicherungseinrichtungen) enthalten die §§ 14, 15, 15a, 17, 23 und 32 StVO weitere Forderungen, wie das „angehaltene" Fz zu sichern ist.

So hat der VT gem. § 14 beim Ein- oder Aussteigen sich so zu verhalten,
– dass eine Gefährdung anderer VT ausgeschlossen ist.

Außerdem verpflichtet ihn diese Bestimmung,
– beim Verlassen des Fz alle notwendigen Maßnahmen zu treffen, um
– Unfälle oder sonstige Verkehrsstörungen zu verhindern[23] und
– das Fz gegen unbefugte Benutzung zu sichern.

Dies bedeutet vorsichtiges Türöffnen unter vorheriger und ständiger Rückschau.[24]

Behinderungen des fließenden Verkehrs sind hierbei gem. § 1 (2) unzulässig. Fahrgäste muss der Fahrer hierüber nötigenfalls belehren, Kindern ggf. das Tür öffnen verbieten.[25]

Beim **Verlassen** des Fz sind die notwendigen Maßnahmen gegen Wegrollen durch Gangeinlegen, durch Anziehen der Handbremse und durch Einschlagen der Vorderräder wie auch nötigenfalls durch Verwendung von Unterlegkeilen zu treffen.[26]

Der Motor ist abzustellen und das Fz durch Abschließen und Einlegen der vorgeschriebenen weiteren Sicherung (Lenkrad- oder Getriebeschloss) gegen unbefugte Benutzung zu sichern.

Von Bedeutung ist hier der sofortige Verlust des **Versicherungsschutzes**, gleichgültig wie kurz das Verlassen des ungesicherten Fz war. Hierbei kann Haftungspflicht i.S.d. § 7 (3) StVG für entstandene Schäden entstehen.[27]

Die als Sicherungsmaßnahme erforderliche Beleuchtung der auf der Straße haltenden Fz richtet sich nach § 17 (4) StVO.

Demgemäß sind **haltende Fz a.g.O. stets mit eigener Lichtquelle** zu beleuchten (sichern). Soweit i.g.O. das Fz nicht durch die **Straßenbeleuchtung** (beachte Z 394) auf ausreichende Entfernung sichtbar gemacht wird, genügt die **Parkleuchte oder eine andere zugelassene Kenntlichmachung**.

Fz über 3,5 t zGM (außer PKW) sowie **Anhänger** sind jedoch auch **i.g.O.** stets durch eigene Lichtquelle oder durch andere zugelassene lichttechnische Einrichtungen kenntlich zu machen (vorn und hinten).

---

23 Vgl. § 38a StVZO.

24 OLG Hamm, VRS 40, 60.

25 OLG Celle, DAR 51, 13; OLG Hamm, DAR 63, 306.

26 Vgl. § 41 (14) StVZO.

27 BGHZ, VRS 40, 161.

Als andere zugelassene lichttechnische Einrichtung kommen hier insbesondere (vorn und hinten) rot-weißgestreifte **Park-/Warntafeln** (Z. 630) in Betracht.

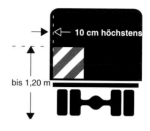

Kleinfahrzeuge, die ohne Schwierigkeiten von der **Fahrbahn** entfernt werden können, dürfen dort nicht – auch nicht kurzfristig – **unbeleuchtet** stehen gelassen werden; d. h., sie sind stets zu beleuchten, eine vorhandene Straßenbeleuchtung genügt nicht.

Die aufgezeigten Beleuchtungspflichten gelten auch für **liegen gebliebene** Fz. Darüber hinaus sind mehrspurige Fz

– soweit sie nicht rechtzeitig als stehendes Hindernis erkannt werden können gemäß § 15 StVO durch das

– Einschalten des Warnblinklichts

– Aufstellen mindestens eines vorgeschriebenen Sicherungsmittels (Warndreieck oder Warnleuchte) (vgl. § 53a StVZO)

in ausreichender Entfernung zu sichern.

Soweit hierbei die unterwegs auftretenden Mängel die **Verkehrssicherheit wesentlich beeinträchtigen**, sind gemäß § 23 (2) StVO die Fz auf dem **kürzesten Weg aus dem Verkehr zu ziehen**.

Gemäß § 15a StVO ist das Abschleppen von Kfz auf der BAB nur bis zur nächsten Abfahrt zulässig.

Ebenso ist das Auffahren auf die BAB während eines Abschleppvorganges sowie das Abschleppen von Krafträdern verboten.

Entsprechende Forderungen sind ebenfalls in § 32 StVO für **verkehrserschwerende Hindernisse** (abgestellte Fz als Gegenstände) enthalten.[28]

In diesem Zusammenhang sind die geltenden Sicherheitsmaßnahmen für abgestellte Container und Wechselbehälter zu beachten.

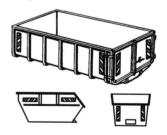

Hiernach sind diese i.g.O. durch auf allen Seiten rechts und links angebrachte rot-weiß gestreiften retroreflektierenden Warnfolien kenntlich zu machen.

A.g.O. unterliegen sie den Sicherungsrichtlinien von Arbeitsstellen an Straßen.[29]

Dies gilt auch i.g.O., soweit die Container breiter als 2,50 m oder länger als 8 m sind. Des Weiteren sind Container und Wechselbehälter mit einer Namensaufschrift (Anschrift und Telefon) zu kennzeichnen.

---

[28] VKBl. 82, 186.

[29] VKBl. 80, 276.

In der schematischen **Übersicht** ergibt sich folgendes Bild für die wesentlichen Sicherungs-/Beleuchtungspflichten:

	Sicherungspflichten bei(m)		Beleuchtungspflichten	
Pkw, Kfz bis 3,5 t zGM	Ein- /Aussteigen: Verbot der Gefährdung anderer VT	Verlassen des Fahrzeugs: Gebot alle notwendigen Maßnahmen gegen Unfälle, Verkehrsstörungen, unbefugte Benutzung zu treffen	**a.g.O.:** Stets mit eigener Lichtquelle	**i.g.O.:** – ausreichende Straßenbeleuchtung – Parklicht – Standlicht **Beachte:** §§ 49 ff. StVZO
Anhänger, Fz über 3,5 t zGM				**i.g.O.:** – eigene Lichtquelle – sonstige zugelassene lichttechnische Einrichtung wie Warntafel oder weiße (vorn) und rote (hin.) Leuchte **Beachte:** §§ 49 ff., 66a StVZO
Kleinfahrzeuge wie Kräder, Mofa, KKR usw.				**i.g.O.:** – eigene Lichtquelle **Beachte:** Verbot gemäß § 17 (4) S. 4 StVO
liegen gebliebene mehrspurige Fz	wesentliche Verkehrsbeeinträchtigung: Fz auf dem kürzesten Weg aus dem Verkehr ziehen. **Beachte:** § 15a StVO Abschleppverbot/-regeln im Bereich der BAB		wenn nicht rechtzeitig als Hindernis erkennbar: – Warnblinkanlage – Warndreieck – vorgeschriebene Beleuchtung gemäß § 17 in sonstigen Fällen: – Beleuchtung gemäß § 17 StVO	
Gegenstände auf der Fahrbahn	analog wie liegen gebliebenes Fahrzeug		Kenntlichmachung mit gelber oder roter Leuchte	
Container und Wechselbehälter	**i.g.O.:** – Warnfolien beidseitig auf allen Seiten – wie Arbeitsstelle, wenn über 2,50 m breit oder/und 8 m lang		**a.g.O.:** Sicherung wie Arbeitsstelle (gelbe/rote Leuchten)	

7.3 Übungen

Übungen zu 7.1	**Lösungen**
Halten ist jede gewollte …	Fahrtunterbrechung, die nicht verkehrsbedingt ist.
Parken ist …	Halten über 3 Minuten oder Halten unter Verlassen des Fz.
Warten ist …	verkehrsbedingtes Halten, z.B. aufgrund der Verkehrslage oder einer Anordnung.
Liegenbleiben ist …	Stehenbleiben (Anhalten) aufgrund eines technischen Defekts.
Abstellen ist …	Sondernutzung (übermäßiger Gemeingebrauch) durch den Verbleib betriebsunfähiger, nicht zugelassener oder in sonstiger Weise nicht vorwiegend verkehrsüblich genutzter Fz.
Halt- und Parkverbote ergeben sich lt. StVO aus den §§ … entweder aufgrund der Besonderheit der Örtlichkeit, durch Zeichen oder durch Benutzungsverbote (z.B. Z 242).	12, 13, 18 und (Anlagen zu 2 u. 3 zu §§ 41 ff. StVO)
Im Bereich des eingeschränkten Haltverbots (Z 286) ist	
–	Halten bis 3 Minuten
–	sowie Ein-/Aussteigen
–	und Be-/Entladen ohne Zeitbegrenzung
erlaubt.	
Hierbei sind im direkten Zusammenhang erforderliche … zulässig, soweit sie in einem … stehen.	Nebenverrichtungen angemessenen zeitlichen Zusammenhang

Be-/Entladen im eingeschränkten Haltverbot ist jedoch nur zulässig, wenn der
Transport der Güter

–   über eine weitere Strecke unzumutbar
ist oder

–   es sich um geschäftlichen Lieferverkehr
handelt.

Haltverbotszeichen gelten nur

–   auf der Fahrbahnhälfte der Aufstellung

–   bis zur nächsten Kreuzung/Einmün-
dung oder/und

–   innerhalb des durch Pfeilmarkierung
angezeigten Bereichs.

Da Parken Halten voraussetzt, ist es
auch im Bereich aller Haltverbote untersagt.

Verlassen wird das Fz i.S. der Parkbe-
stimmungen, wenn …   für den Führer keine Einwirkungsmöglichkeit mehr auf das Fz besteht.

Z 229 (Taxenstand) beinhaltet wie die Z
224 ff., 314 ff. nur eine Parkerlaubnis für
den jeweils fest umrissenen Kreis der
Berechtigten. Im Einzelfall können
diese „Ausnahmen" von einem … ab-   Parkausweis
hängig gemacht werden, der …   gut lesbar im Fz ausgelegt ist.

Eine generelle Befreiung ist per Ausnahmegenehmigung ebenfalls möglich.

Vom Parken zu unterscheiden ist das
Abstellen, das nach den §§ 7, 8, 23
FernStrG, § 32 StVO oder § 1, 4, 4a, 5,
18 AbfG zu beurteilen ist.

Bei Schrottfz sind neben § 32 StVO ... und § ... FZV zu prüfen.	§§ 3 ff. AltfahrzeugVO 14 ff
Parkuhren, Parkscheinautomaten sowie Zonenhaltverbote verbieten ... außer	jedes Halten
–	zum Ein-/Aussteigen
–	zum Be-/Entladen.
–	bei „Bedienung"
–	bei „Bedienung"
Entsprechendes gilt innerhalb einer gekennzeichneten Parkraumbowlrtcohaf tungszone (Z. 314.1). Hier darf nur mit ... / ... geparkt werden.	Parkschein/Parkscheibe
Das Abparken fremder Zeiten an Parkuhren ist ..., die angegebene Höchstparkdauer darf ...	zulässig hierdurch jedoch nicht überschritten werden.
Bewohner/Berechtigte können über ... freigestellt werden	Zusatzzeichen
Es ist grundsätzlich ... zu halten/parken.	rechts und platzsparend
Halten in „zweiter Reihe" ist (außer bei Taxis) nur zulässig, wenn ...	es nicht zu nennenswerten Behinderungen des fließenden Verkehrs kommt (Zumutbarkeitsprüfung).
Anspruch auf eine Parklücke hat, ...	wer sie zuerst erreicht, nicht wer zuerst hineinfährt.
Die erzwungene Einfahrt in eine Parklücke kann neben einem Verstoß gegen §§ 12 (5), 1 (2) StVO ... sein.	Nötigung gemäß § 240 StGB

Übungsfälle:

1 (Das Beispiel entstammt der Praxis!)

–A– und –B– (jeweils LKW mit 2,5 t zGM) entladen zu den angegebenen Zeiten im Bereich der nebenstehenden Beschilderung.

Zu Behinderungen kommt es nicht.

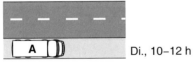

Di., 10–12 h

Sa., 15–16 h

–A– und –B– parken. Der Entladevorgang ändert – hier – an der rechtlichen Beurteilung nichts.

Die Zeichen bedeuten:

Z 315: Parken in der aufgezeigten Art (ganzes Fz) **auf dem Gehweg** für die Dauer 1 Std. zu den durch ZZ angezeigten Zeiten erlaubt. Parkscheibe erforderlich.

Z 283: Absolutes Haltverbot **auf der Fahrbahn** zu den durch ZZ angezeigten Zeiten.

–A– gehört zum Adressatenkreis des Z 315, da sein Fz das zGM von 2,8 t nicht übersteigt. Die Höchstparkdauer beträgt jedoch nur 1 Std., so dass –A– gegen §§ 42 (2) i.V.m. Anlage 3, 49 (3) Nr. 5 StVO verstößt. VG.

–B– wird nicht von Z 283 erfasst, da samstags das Halten (Parken) auf der Fahrbahn erlaubt ist (ZZ).

Ebenso wird er nicht von Z 315 erfasst, da er außerhalb der durch ZZ angegebenen Zeiten parkt.

Das halbseitige Gehwegparken verstößt jedoch gegen § 12 (4) StVO, wonach grundsätzlich am rechten Fahrbahnrand zu parken ist.

Parken auf dem Gehweg kann ausnahmsweise – wie hier – durch Z 315 erlaubt werden, wobei diese Erlaubnis – wie hier – wiederum zeitlich beschränkt sein kann. Außerhalb dieser Erlaubniszeiten verbietet somit § 12 (4) StVO das Halten/Parken auf dem Gehweg und § 2 dessen Befahren. Belehrung des –B–.

Bericht an StVA mit der Bitte um eine verständlichere Beschilderung.

2 –C– bis –G– parken.
   Zu Nr. 2: BayObLG, DAR 81, 22;
   OLG Celle, VRS 32, 474.

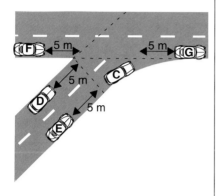

Gemäß § 12 (3) Nr. 1 ist das Parken vor oder hinter Kreuzungen und Einmündungen bis zu 5 m von den Schnittpunkten der Fahrbahnkanten verboten.

Hiernach parken alle, auch –C–, vorschriftsmäßig.

An einer abgerundeten Einmündung, deren Einmündungsbogen in einer größeren Entfernung als 5 m vom Schnittpunkt der gedachten Verlängerung der beiderseitigen Fahrbahnkanten beginnt oder endet, darf nicht näher als 5 m an dem verlängerten Fahrbahnrand einer der beiden Straßen geparkt werden.

Die hierdurch entstehenden Parkverbotszonen sind in die Skizze eingezeichnet.

–D– verstößt jedoch gegen § 12 (4) StVO, wonach rechts – in Fahrtrichtung – zu parken ist. VG.

Weiter ist zu prüfen, inwieweit hier die Einmündung/Kreuzung eine enge/unübersichtliche Straßenstelle i.S.d. § 12 (1) 1 darstellt.

Kreuzungen/Einmündungen begründen in aller Regel Unübersichtlichkeit.

3 –C– parkt für die Dauer von 45 Minuten, um einen Schaufensterbummel zu machen.

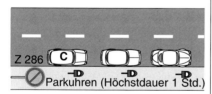

Im Bereich von Haltverboten gelten – soweit vorhanden – die Bestimmungen von Parkuhren oder Parkscheinautomaten (§ 13 StVO).

Demzufolge darf –C– hier für die Höchstdauer 1 Std. parken, sofern er die Parkuhr (durch Geldeinwurf) „bedient" hat.

Bericht vom StVA, entweder sind die Parkuhren oder das Z 286 überflüssig.

4 –D– (Taxi) hält, um einen Fahrgast aufzunehmen.

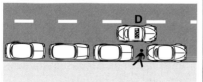

Das Halten in zweiter Reihe ist Taxis gestattet, soweit es dem Ein-/Aussteigen von Fahrgästen dient.

5 −E− parkt seinen Wohnanhänger für die Dauer von 3 Wochen auf dem Parkstreifen vor seinem Haus.

Gemäß § 12 (3b) StVO ist das Parken von Kfz-Anhängern über die Dauer von 14 Tagen hinaus außerhalb entsprechend gekennzeichneter Parkflächen verboten. VG.

6 −F− lässt seinen PKW an einem Taxistand (Z 229) über 1 Std. stehen.

Z 229 beinhaltet ein absolutes Haltverbot. OWi.

7 −H− parkt sein Fz. Zu Behinderungen kommt es nicht.

−H− parkt, d.h., er hält definitionsgemäß.

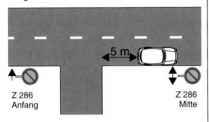

Z 286
Anfang

Z 286
Mitte

Der Geltungsbereich von Haltverboten kann durch Pfeilmarkierungen angezeigt werden. Ungeachtet dessen reicht eine Haltverbotszone stets nur bis zur nächsten Kreuzung oder Einmündung. Eine Vorverlegung (wie hier angenommen) durch das Z „Mitte" ist unzulässig. Dieses Zeichen weist lediglich auf ein bereits bestehendes Haltverbot hin und begründet es ab Standort aufs Neue.

Somit verhält −H− sich nicht verkehrswidrig, zumal das Parkverbot aus § 12 (3) Nr. 1 StVO ebenfalls nicht für ihn in Betracht kommt. Bericht an StVA.

8 Da das Ausstellungsgelände des −D− nicht ausreicht, stellt er Fz auf dem Seitenstreifen auf. Darunter sind 2 Fz zum Ausschlachten.

Hier liegt Abstellen vor. Es handelt sich um eine über den Gemeingebrauch hinausgehende Sondernutzung.

Zu prüfen sind
− §§ 8, 23 FernStrG, OWi-Anzeige
− § 32 StVO
  Die abgestellten Fz stellen Gegenstände i.S.d. Bestimmung dar, die den Verkehr erschweren. OWi-Anzeige.
  Soweit es sich um Mietfz handelt, die die Möglichkeit der jederzeitigen Inbetriebnahme gewährleisten, liegt zul. Parken i.S.d. § 12 vor.
− §§ 1, 4, 4a, 5, 18 AbfG
  Die Fz zum Ausschlachten gelten als Abfall i.S.d. Bestimmung. Nach Ablauf der Beseitigungsfrist OWi-Anzeige.
− entsprechende Landesbestimmungen und Ortssatzungen.

Auto-Shop

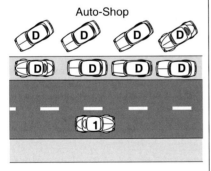

9 i.g.O./allg. Wohngebiet/Nachtzeit

–H– wohnt in einem allg. Wohnge-
biet i.S.d. Baunutzungsordnung.
Abends parkt er seinen Lkw (16 t
zGM) – wie die übrigen Anwohner ihren Pkw – stets vor der Haustür.

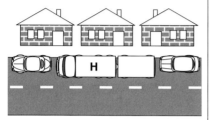

Gemäß § 12 (3a) StVO ist das regelmäßige Parken von Kfz über 7,5 t zGM
in reinen und allg. Wohngebieten unzulässig. Belehrung/VG.

Von besonderer Beachtung ist auch
das Parkverbot über die Dauer von 14
Tagen hinaus für **Kfz-Anhänger ohne
Zugfahrzeug** gemäß § 12 (3b).

Übungen zu 7.2

Haltende Fz sind – soweit es die Sichtverhältnisse erfordern – zu sichern (beleuchten), und zwar i.g.O.:

–   durch eigene Beleuchtungsquelle
(Standlicht/rote (weiße) Leuchte,

–   durch Straßenbeleuchtung, Parklicht
oder sonstige eigene Lichtquelle,

–   Fz über 3,5 t zGM und Anhänger, jedoch stets mit eigener Lichtquelle.

Kleinfahrzeuge wie Kräder, KKR usw.
dürfen auf der Fahrbahn ... abgestellt
werden.

nicht unbeleuchtet (eigene Lichtquelle)

Liegen gebliebene mehrspurige Fz sind
weiterhin, soweit sie nicht rechtzeitig
als stehendes Hindernis erkannt werden können, durch

–   Einschalten der Warnblinkanlage,

	Aufstellen mindestens eines vorgeschriebenen Sicherungsmittels wie Warndreieck oder -leuchte in ausreichender Entfernung
zu sichern.	
Ggf. sind sie aus dem Verkehr zu ziehen.	
Hierbei ist zu beachten, dass auf der BAB nur bis zur nächsten Ausfahrt abgeschleppt werden darf.	
Ebenso ist das Abschleppen von ... verboten.	Krafträdern
Gegenstände, die auf die Straße gebracht werden, sind durch gelbe oder rote (bei ganzseitiger Sperrung) Warnleuchten zu sichern.	
Für Container gelten daneben folgende Sicherungsbestimmungen.	
A.g.O. sind sie wie ... zu sichern, d. h., ...	Arbeitsstellen zu beleuchten
i.g.O. mindestens durch ...	auf allen Seiten rechts und links angebrachte Warnfolien.
Sind sie breiter als 2,5 m und/oder länger als 8 m, sind sie stets wie ... zu sichern.	Arbeitsstellen

Übungsfälle:

1 –A– lässt beim Parken (1 Std.) wegen der großen Hitze ein Seitenfenster geöffnet.

Gemäß § 14 StVO hat –A– sein Fz beim Verlassen gegen Unfälle, sonstige Verkehrsstörungen sowie gegen unbefugte Benutzung zu sichern.

Hierzu zählt neben dem Abstellen des Motors und dem Abziehen des Zündschlüssels auch das Verschließen der Türen und Fenster. VG.

2 –B– (Taxifahrer) lässt den Motor weiterlaufen, während er sich in einer Gaststätte nach einem Fahrgast erkundigt.

Wie 1

3 –C– stellt bei einer Sichtweite von nur 30 m (Nebel) seinen VW-Transporter unter Einschalten des Standlichts am rechten Fahrbahnrand ab. Warnblinklicht schaltet er nicht ein.

–C– unterliegt hier nur der Regelung aus § 17 (1), da er nicht liegen geblieben ist, sondern hält oder parkt. Gemäß § 17 genügt als Beleuchtung Standlicht.

Das Einschalten der Warnblinkanlage ist zwar gemäß § 16 erlaubt, aber nicht gefordert.

4 –D– stellt i.g.O. sein Krad nachts unter einer durchgehend brennenden Laterne ab. Beleuchtung schaltet er nicht ein.

Kleinfahrzeuge, zu denen gemäß § 17 auch Kräder zählen, dürfen nicht ohne eigene Beleuchtung auf der Fahrbahn stehen gelassen werden. (Hentschel, 40. Aufl., § 17, Rdn. 35)

Eine ausreichende Beleuchtung durch die Straßenbeleuchtung genügt nicht.

5 –E– hat seinen abgemeldeten Wohnwagen mit auf den Fz-Seiten angebrachten Verkaufshinweisen unter einer Laterne (i.g.O.) abgestellt.
Weitere Sicherungsmaßnahmen trifft er nicht.

Für den Wohnwagen sind die Sicherungsbestimmungen aus § 32 maßgebend, da es sich hier um einen „Gegenstand" handelt.

Abgesehen von den übrigen Verstößen, muss –E– seinen Wohnwagen somit zumindest mit einer gelben Leuchte sichern.

OWi-Anzeige.

Darüber hinaus hat –E– das Parkverbot aus § 12 (3b) im Einzelfall missachtet.

8 Sonderrechte
Behandelte Rechtsvorschriften:

8.1 Verbände
StVO: §§ 2 (4), 25, 27, 29, 35 (2), 38
StVZO: §§ 52 (3–6), 55 (3)
OWiG: § 14

8.2 Sonderrechte
StVO: §§ 29, 35, 38
StVZO: § 70 (4)
StGB: § 32
OWiG: §§ 15, 16

8.3 Wegerecht
StVO: §§ 35, 38
StVZO: §§ 52 (3–6), 55 (3)

8.1 Verbände (§ 27 StVO)

Geschlossene Verbände unterliegen den Regeln des Fahrverkehrs.[1]

Als **geschlossenen Verband** bezeichnet man eine
– geordnete,
– einheitlich geführte und
– als Ganzes erkennbare
– Personen- oder Fahrzeugmehrheit.[2]

Er kann von **jeder** Verkehrsteilnehmergruppe gebildet werden; lediglich bei Radfahrern ist eine Mindestzahl von 16 gefordert und sind dann auch von der Verpflichtung hintereinander zu fahren befreit (§ 27 [1]). Bei Fußgängern und Reitern dürfte die erforderliche Teilnehmerzahl vergleichbar sein. Bei Fz-Verbänden genügen im Einzelfall bereits 3–5 Fahrzeuge zur Bildung eines Verbandes.

Wegen der **übermäßigen Straßenbenutzung** sind Kraftfahrzeugverbände gemäß § 29 stets **erlaubnispflichtig**.

Entscheidend für die Beurteilung als geschlossener Verband ist, dass die Teilnehmer sich **geordnet** und für andere erkennbar als **geordnetes Ganzes** fortbewegen. Bei Fußgänger- oder Radfahrergruppen ergibt sich dies aus dem aufgeschlossenen Bewegungsablauf der Gruppe. Neben diesem aufgeschlossenen Bewegungsablauf ist bei Fz-Verbänden weiterhin die **Kennzeichnung eines jeden** zum Verband gehörigen Fz erforderlich. Dies kann durch Wimpel, Fahnen, gleiche Lackierung, einheitliche Beleuchtung, Nummerierung usw. erfolgen. Die Kennzeichnung des ersten und letzten Fz genügt nicht.

---

[1] Amtl. Begründung.

[2] OLG Karlsruhe, NZV 91, 154; Hentschel e.a., § 27 StVO, Rn 5.

Geschlossene Verbände müssen unter einer **einheitlichen Führung** stehen, die für die Einhaltung der geltenden Bestimmungen verantwortlich ist. Der Verbandsführer handelt ordnungswidrig, soweit die Bestimmungen des § 27 nicht eingehalten werden. Für sonstige von den Verbandsmitgliedern begangene OWi kann gegenüber dem Verbandsführer die Ahndung nur gemäß § 14 OWiG (Beteiligung) erfolgen. Da Leichenzüge und Prozessionen keinen Verbandsführer haben, handelt es sich bei ihnen nicht um geschlossene Verbände, sondern lediglich um **gleichgestellte Verkehrsteilnehmergruppen** i.S.d. § 27.

Geschlossene Verbände genießen als solche **keine Sonderrechte**, für sie gelten die Regeln des **Fahrverkehrs** sinngemäß. Somit unterliegen sie (z.B.) den Geschwindigkeits-, Abstands-, Überhol- und/oder Vorrang-/Vorfahrtregeln; lediglich die Fahrbahnbenutzung durch Jugendgruppen sowie die Beleuchtungspflicht wird in § 27 gesondert geregelt.

Hieraus ergibt sich die Notwendigkeit besonderer Bestimmungen zur Regelung des Verhältnisses zu den (dem) übrigen VT (Fz-Verkehr), um gegenseitige Beeinträchtigungen möglichst gering zu halten.[3]

Das **Unterbrechungsverbot** in § 27 (2) untersagt dem VT die Unterbrechung (Störung) des geschlossenen Verbandes.

Dies bedeutet jedoch nicht, dass der VT z.B. auf seine Vorfahrt (§ 8) oder seinen Vorrang als entgegenkommendes Fz (§ 9 Abs. 3) gegenüber einem **ankommenden** geschlossenen Verband verzichtet, sondern dass er nur gegenüber den **nachfolgenden** Teilen eines bereits **berechtigterweise** abbiegenden geschlossenen Verbands auf seinen Vorrang als entgegenkommendes Fz verzichtet.

Beispiel:
1
–A– und der geschl. Verband kommen gleichzeitig an.

–A– hat aufgrund des § 9 Abs. 3 Vorrang.

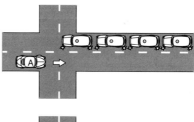

2
–A– erreicht die Kreuzung erst, nachdem bereits die ersten Fz des geschl. Verbands abgebogen sind.

Hier unterliegt –A– dem Unterbrechungsverbot und muss auf seinen „Vorrang" verzichten.

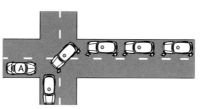

---

[3]   Amtl. Begründung.

Zusammengefasst (vereinfacht) bedeutet dies,

- das Führungsfahrzeug unterliegt den Regeln des Fahrverkehrs (Vorrang),
- nachfolgende Verbandsfahrzeuge dürfen in ihrem Fahrverhalten nicht beeinträchtigt werden.

Hierbei ist ein Erzwingen des Vorrangs stets unzulässig, d.h., der Vorrang darf nur unter höchster Sorgfalt in Anspruch genommen werden. Um die Behinderung des übrigen Verkehrs in einem erträglichen Rahmen zu halten, muss ein geschlossener Verband, wenn es seine Länge erfordert, in angemessenen Abständen Zwischenräume für den übrigen Verkehr frei lassen. Dieses **Zwischenraumgebot** richtet sich selbstverständlich nach Verbandsart, Örtlichkeit und Verkehrsaufkommen.

8.2 Sonderrechte (§ 35 StVO)

Unter **Sonderrecht** versteht man die volle oder teilweise Befreiung von den Bestimmungen der StVO. § 35 beschränkt sich hierbei ausschließlich auf die StVO; § 70 (4) StVZO enthält eine entsprechende Regelung für den Bereich der StVZO und die §§ 74 (5) FeV, 47 (4) FZV für die Zulassung von Personen und Fz zum Straßenverkehr. Befreiungen von den übrigen Bestimmungen wie z.B. OWiG sind nur im Rahmen der Notstandsregelungen oder sonstiger Rechtfertigungsgründe denkbar (§§ 15, 16 OWiG, §§ 32 ff. StGB).

§ 35 StVO beinhaltet die Missachtungsmöglichkeit (unter Beachtung größtmöglicher Sorgfalt). Er beinhaltet **keine** Vorfahrt- oder Vorrangsregelung.[4]

§ 35 StVO gibt die Möglichkeit zur Inanspruchnahme von Sonderrechten für die einzelnen Berechtigungsgruppen unter den unterschiedlichsten Voraussetzungen, wobei je nach Berechtigungsgruppe wiederum ein gänzlich anderer Sonderrechtsumfang (Berechtigungs-) zu beachten ist.

Da gemäß Abs. 8 die Inanspruchnahme **stets** unter gebührender Berücksichtigung der öffentlichen Sicherheit und (oder) Ordnung (öSO) zu geschehen hat, ist bei der Beurteilung zu fragen:

„**Wer darf was wann** (unter welchen Voraussetzungen) **wie**?"

---

[4]   BGH (Z), VRS 48, 260.

Die für die polizeiliche Praxis wichtigsten Sonderrechte ergeben in schematischer **Übersicht** folgendes Bild:

Frage	Abs. 1	Abs. 5a	Abs. 6	Abs. 7	Abs. 7a
Wer	Angehörige, der(s) Polizei, Bundeswehr, BGS, Feuerwehr, Zolldienstes, K.-Schutzes	Fahrzeuge des Rettungsdienstes	rot-weiß gekennzeichnete Fz des(r) Straßenbaus, -unterhaltung, -reinigung/ Müllabfuhr	Messfahrzeuge der Bundesnetzagentur für Elektrizität, Gas, Telekommunikation, Post und Eisenbahn	„Postfahrzeuge" (Fz von Universaldienstleistern bzw. Subunternehmen nach dem Postgesetz i.V.m. der Post-UniversaldienstleistungsVO)
darf	sind	sind	dürfen	dürfen	dürfen
was	– von allen Vorschriften der StVO befreit,	– von allen Vorschriften der StVO befreit,	– auf allen Straßen/Str.-Teilen – auf jeder Str.-Seite – in jeder Richtung – zu allen Zeiten – fahren und halten,	– auf allen Straßen/Str.-Teilen – zu allen Zeiten – fahren und halten,	– entgegen Zeichen 242.1 Fußgängerzonen auch während der Sperrzeiten benutzen, – abweichend von § 12 Abs. 4 Satz 1 und den Zeichen 283, 286 und 290.1 in einem Bereich von 10 m vor oder hinter einem Briefkasten auf der Fahrbahn auch in zweiter Reihe kurzfristig parken,
	soweit dies	soweit	soweit dies	soweit dies	soweit dies
wann	– zur Erfüllung hoheitlicher Aufgaben – dringend geboten ist. 1) 2) 4) 5)	– zur Rettung von Menschenleben oder – Abwendung schwerer gesundheitlicher Schäden – höchste Eile geboten ist.	– ihr Einsatz erfordert. Das eingesetzte Personal hat Warnkleidung zu tragen. 3)	– ihr hoheitlicher Einsatz erfordert. 6)	– zur zeitgerechten Leerung von Briefkästen oder zur Abholung von Briefen in stationären Einrichtungen erforderlich ist, – zur Leerung von Briefkästen erforderlich ist.
wie?	Die Inanspruchnahme von Sonderrechten darf nur unter gebührender Berücksichtigung der öffentlichen Sicherheit und (oder) Ordnung erfolgen.				
Beachte:	1. Abs. 5 enthält für die Nato-Truppen eine entsprechende Regelung. 2. Einschränkende Regelungen zu § 29 enthalten die Abs. 2–4. 3. Die Regelung gilt bei Benutzung von Gehwegen nur für Fz bis 2,8 t zGM bzw. 3,5 t zGM und einem Reifeninnendruck von nicht mehr als 3 bar. 4. Abs. 1 gilt auch für ausl. Polizeibeamte im Rahmen zulässiger Nacheile (Abs. 1a). 5. Vgl. §§ 70 (4) StVZO, 70 (5) FeV, 47 (4) FZV. 6. Berechtigung gilt nur, soweit ein Nachweis zum Erbringen der Universaldienstleistung oder zusätzlicher Nachweis über die Beauftragung als Subunternehmer im Fahrzeug jederzeit gut sichtbar ausgelegt oder angebracht ist. Beachte auch die Ausnahme bzgl. der Feinstaubplakettenkennzeichnung.				

Bei einer unzulässigen Inanspruchnahme der in § 35 normierten Befreiungen wird nicht gegen § 35, sondern gegen die verletzte StVO-Norm (z.B. §§ 3, 4, 8, 37 usw.) verstoßen.

§ 35 wird lediglich dann verletzt, wenn spezielle Bestimmungen wie das Tragen von Warnkleidung nicht befolgt werden oder die berechtigte Inanspruchnahme nicht unter gebührender Berücksichtigung der öSO erfolgt.

Die weitestgehende Regelung enthält **Abs. 1**, wonach eine Befreiung von allen Vorschriften der StVO gegeben ist.

Die Befreiung erfasst zwar wortmäßig die gesamte StVO, jedoch verbieten sich Gefährdungen oder Schädigungen aus der Natur der Sache (vgl. Abs. 8).[5] In bestimmten Einzelfällen bzw. Katastrophen sind Ausnahmen denkbar/zulässig. Im Normalfall verbietet sich jedoch bereits eine Gefährdung/Schädigung aus dem Grundsatz der Verhältnismäßigkeit/Erforderlichkeit. Bei vorsätzlicher Schädigung ist notständiges Handeln zu prüfen. Die Befreiung ist nicht vom Einsatz von Blaulicht und Einsatzhorn abhängig.[6]

Der Berechtigungskreis aus Abs. 1 umfasst
– alle Gliederungen (Einheiten) der Bundeswehr,
– alle Feuerwehren, gleichgültig, ob es sich um Berufs-, Werks- oder freiwillige Wehren handelt,
– alle (privaten) Einheiten des Katastrophenschutzes,
– den Zolldienst als Grenzdienst und Fahndung,
– die Bundespolizei sowie
– die Polizei, worunter auch Forstbeamte und Jagdaufseher nach dem BJagdG fallen, sowie örtliche Verwaltungsbeamte mit Zwangsbefugnis (z.B. Politessen).

Fahrzeuge der Unfallforschung fallen nicht in den in § 35 StVO genannten Kreis der Sonderrechtsfahrzeuge.[7]

Nach Abs. 1 ist dieser Kreis der Berechtigten jedoch nicht generell von der StVO befreit, sondern nur insoweit die Befreiung (Missachtung der StVO)
– zur Erfüllung hoheitlicher Aufgaben
– dringend geboten ist.

Es genügt somit nicht allein die Notwendigkeit zur Erfüllung einer hoheitlichen Aufgabe, sondern diese Aufgabe muss gefährdet sein, wenn die StVO in vollem Umfang beachtet werden müsste.

Als **hoheitliche Aufgaben** sind alle von der Staatsgewalt abgeleiteten Aufgaben zu bezeichnen.

Die Polizei handelt hoheitlich, soweit die Aufgabe in den durch die Polizeigesetze gesetzlich normierten **sachlichen Zuständigkeitsrahmen** fällt.

Fiskalfahrten zählen nicht hierzu.

---

5   BGH, VR 67, 580, NJW 75, 648.

6   OLG Köln, NJW 96, 237.

7   OLG Celle, NJW 12, 171.

Entsprechendes gilt für den übrigen Kreis der Berechtigten, wobei zu beachten ist, dass Manöver und Übungen zu den hoheitlichen Aufgaben zählen.[8]

Die Befreiung gilt für alle Soldaten, Polizeibeamten usw. ohne jede Einschränkung, also unabhängig davon, ob sie z.B. Uniform tragen, ein Dienstfz führen, sich „im Dienst" oder im Bereich ihrer eigenen oder einer anderen Dienststelle befinden.[9]

Gefordert wird aber die Kenntnis des konkreten Einsatzbedürfnisses. Allgemein- oder Pauschalalarmierungen, wie sie teilweise bei Feuerwehren üblich sind oder waren, genügen nicht. Dies gilt insbesondere für die Beurteilung der Zulässigkeitsvoraussetzung „… dringend geboten."[10]

Ebenso ist die Befreiung **nicht** von der Verwendung von blauem Blinklicht (Blaulicht) und Einsatzhorn abhängig, auch wenn die VwV die Verwendung – soweit möglich und zulässig – fordert.

Dringend geboten ist die Nichtbeachtung der StVO stets, wenn ohne sie die Erfüllung der hoheitlichen Aufgabe gefährdet wäre, d.h., ihr nicht rechtzeitig, ausreichend oder gar nicht nachgekommen werden könnte. Dringend geboten verlangt somit eine Abwägung zwischen Gemeininteresse (hoheitl. Aufg.) und Nichtbeachtung der StVO. Soweit hierbei keine nachteiligen Folgen bei einer späteren Durchführung der hoheitl. Aufgabe zu befürchten sind, ist die Nichtbeachtung **nicht** dringend geboten, also unzulässig. Hieraus dürfte sich z.B. das „Wegbahnen" oder der Transport Prominenter unter Nichtbeachtung der StVO verbieten, wenn es nur darum geht, bestimmte Terminabsprachen einzuhalten. Die Rückfahrt der Feuerwehr zum Depot zur Wiederherstellung erneuter Einsatzbereitschaft ist jedoch wiederum dringend geboten.[11]

Ebenso von allen Vorschriften der StVO befreit sind **Fahrzeuge des Rettungsdienstes** gemäß Abs. 5a, soweit

– höchste Eile
– zur Rettung von Menschenleben oder
– zur Abwendung schwerer gesundheitlicher Schäden

geboten ist.

Höchste Eile ist geboten, wenn die konkrete Situation begründeten Anlass zur Befürchtung gibt, ohne diese Eile werde ein Schaden für das Gut Leib/Leben eintreten oder vergrößert werden.

Die Voraussetzung „**zur Rettung von Menschenleben**" setzt voraus, dass nur dann von dem Sonderrecht Gebrauch gemacht werden darf, wenn der Führer des Rettungsdienstfahrzeugs entweder aufgrund des Einsatzbefehls davon ausgehen darf oder aufgrund eigener sachgerechter Prüfung die Überzeugung gewonnen hat, dass Menschenleben in Gefahr sind.

---

[8] BGH, VRS 11, 93.

[9] OLG Hamm, VRS 20, 378.

[10] OLG Frankfurt/M., NZV 92, 334.

[11] Hentschel e.a., § 35 StVO, Rn 5.

Die Abwendung schwerer gesundheitlicher Schäden ist natürlich nicht so weit-gehend und dürfte i. d. R. zutreffender sein. Die Inanspruchnahme ist nicht wie in Abs. 1 an den Institutionsangehörigen, sondern an das **Fz als Rettungsfahr-zeug** (des Rettungsdienstes) gebunden. Aus dem Regelungsinhalt und dem ge-samten Inhalt der Vorschrift wird deutlich, dass es sich um Fahrzeuge handeln muss, die dazu eingesetzt werden, um Menschenleben zu retten oder schwere gesundheitliche Schäden abzuwenden. Von daher gilt als Definition, dass alle Fahrzeuge, die zu den klassischen Aufgaben des Rettungsdienstes eingesetzt werden, als qualifizierte Fahrzeuge im Sinne des § 35 (5a) StVO anzusehen sind, unabhängig von der Trägereigenschaft des Rettungsdienstes.[12]

In diesem Zusammenhang ist immer wieder die Ausrüstung der Fahrzeuge mit Sondersignalen Gegenstand gerichtlicher Auseinandersetzungen. Ob Fahr-zeuge gem. der einschlägigen Vorschriften der StVZO (§§ 52 [3], 55 [3] StVZO) mit Sondersignalen ausgestattet werden dürfen, richtet sich entscheidend da-nach, ob sie in die Erfüllung hoheitlicher Gefahrenabwehraufgaben nach den maßgeblichen landesrechtlichen Bestimmungen einbezogen sind.[13] Hinter-grund für diese restriktive Auslegung ist der Umstand, dass der Zweck der Son-dersignale eine Begrenzung auf eine möglichst geringe Fahrzeugzahl erfordert. Die Gerichte wollen eine inflationäre Ausstattung mit Sondersignalen und die damit verbundene verminderte Akzeptanz von Sondersignaleinsätzen in der Bevölkerung, die Gefahr des Fehl- und Missbrauchs und die Gefahr von mehr schweren Unfällen vermeiden. Allerdings geht es nicht soweit, dass Notarztein-satzfahrzeuge mit Sondersignalen nur auf einen Träger oder Betrieb des Rettungsdienstes selbst zugelassen sein müssen. Die Vorschriften erlauben eine Ausstattung mit Sondersignalen auch, wenn Halter ein Autovermieter ist, der das Fahrzeug an einen Rettungsdienst vermietet.[14]

Soweit der Transport zu den hoheitlichen Aufgaben der **Feuerwehr** zählt, ge-nießt diese die Rechte gemäß Abs. 1.[15]

Die Verwendung von Blaulicht und Einsatzhorn ist nicht mehr erforderlich.

Die so genannten **Wegedienstfahrzeuge** bilden einen weiteren Berechtigungs-kreis. Hierunter fallen alle Fahrzeuge des(r)

— Straßenbaus, -unterhaltung, -reinigung, Winterdienstes und der
— Müllabfuhr, die mit einem
— weiß-roten **Warnanstrich** gekennzeichnet sind.[16]

Das Einschalten des gelben Blinklichts oder eine andere auffällige Kennzeich-nung genügt nicht für die Inanspruchnahme.[17] Entsprechendes gilt für die einge-setzten Kräfte, auch diese müssen eine auffällige **Warnkleidung** tragen. Des

---

12 OLG Düsseldorf, NZV 10, 267.

13 OVG Saarlouis, 1 Q 12/06.

14 BVerwG, NZV 12, 454.

15 BGH, VRS 23, 251.

16 Vgl.: §§ 17 (4) Fz ü. 2,8 t zGM; § 32 Sicherung von Containern.

17 OLG Oldenburg, VM 80, 52.

Weiteren ist die Inanspruchnahme von Sonderrechten auf die Bestimmungen der Fahrbahnbenutzung und des Haltens beschränkt, d.h., die Befreiung erfasst nur die §§ der StVO

- 2   Fahrbahnbenutzung und Rechtsfahrgebot
- 12, 13   Halten, Parken
- 18 (1, 2, 8, 11) Benutzung, Halten, Abfahren von/auf BAB und Kraftfahr-
               straßen
- 30   Sonntagsfahrverbot
- 41, 42, Z   d.h. die Zeichen der
- 209 ff.   vorgeschriebenen Fahrtrichtung und Vorbeifahrt

Zeichen 209   Zeichen 211   Zeichen 214   Zeichen 220   Zeichen 222

- 237 ff.   Sonderwege

Zeichen 237   Zeichen 238   Zeichen 239   Zeichen 240   Zeichen 241   Zeichen 245

- 250 ff.   Verkehrsverbote

Zeichen 250   Zeichen 251   Zeichen 253   Zeichen 261   Zeichen 267   Zeichen 270.1

- 283 ff.   Halt- und Parkverbote

Zeichen 283   Zeichen 286   Zeichen 290.1   Zeichen 314 ff.   Zeichen 292.1

einschließlich der in § 12 genannten Halt- und Parkverbote als auch der durch Zeichen angeordneten, wie z.B.

- 224 ff., 201, 306, 325

Zeichen 224   Zeichen 229   Zeichen 201   Zeichen 215   Zeichen 306   Zeichen 325

- 293 ff., 340 alle Fahrbahnmarkierungen mit Ausnahme von Z 294 (Haltlinie).

Soweit das Sonderrecht die Gehwegbenutzung erlaubt, ist es auf Fz bis 2,8 t zGM bzw. auf Fz bis 3,5 t zGM mit einem Reifeninnendruck von nicht mehr als 3 bar beschränkt.[18] Alle übrigen StVO-Bestimmungen wie z.B. Geschwindigkeit, Abstand, Überholen, Vorfahrt, Lichtzeichen usw. sind zu beachten. Dies bedeutet auch, dass die berechtigte Nichtbeachtung der o.a. Bestimmungen nicht zu **wesentlichen** Behinderungen oder sonstigen Beeinträchtigungen führen darf. Weitere Voraussetzung für die berechtigte Inanspruchnahme von Sonderrechten von Wegedienstfahrzeugen ist, dass die Nichtbeachtung **einsatzbedingt erforderlich** ist, d.h., es ist zu prüfen, ob die Arbeiten auch unter Beachtung der StVO ausgeführt werden könnten. Die Bequemlichkeit der Durchführung ist kein einsatzbedingtes Erfordernis. Ebenso wird die Anfahrt zur Einsatzstelle nicht von Abs. 6 erfasst.

Messfz der Bundesnetzagentur (§ 1 Gesetz über die Bundesnetzagentur) stehen gemäß Abs. 7 die gleichen Sonderrechte wie den Wegedienstfahrzeugen zu, soweit dies zur Erfüllung dieser Pflichten bzw. des hoheitlichen Einsatzes erforderlich ist.

Für Fahrzeuge von Unternehmen, die Universaldienstleistungen nach § 11 des Postgesetzes in Verbindung mit § 1 Nummer 1 der Post–Universaldienstleistungsverordnung erbringen oder Fahrzeuge von Unternehmen, die in deren Auftrag diese Universaldienstleistungen erbringen (Subunternehmer), wie die gewerbsmäßige Beförderung von Briefen, adressierten Paketen, Zeitschriften usw. gilt Abs. 7a.

Fz der priviligierten Unternehmen bzw. Subunternehmen gelten die Halt- und Parkverbote nur eingeschränkt.

Ausgenommen ist jedoch die Nichtbeachtung des Rechtsfahrgebotes; die Notwendigkeit auffälliger Warnkleidung oder -anstriche entfällt.

Die Abs. 1–7a nennen lediglich die jeweiligen Zulässigkeitsvoraussetzungen der Inanspruchnahme. Die **Durchführung** der Sonderrechte wird für **alle** Kreise der Berechtigten abschließend durch **Abs. 8** geregelt. Hiernach dürfen Sonderrechte nur unter **gebührender Berücksichtigung der öffentlichen Sicherheit und (oder) Ordnung** (öSO) ausgeübt werden. Die Berücksichtigung der öSO unterliegt der vollen gerichtlichen Nachprüfbarkeit. **Abs. 8** verlangt bei der Inanspruchnahme von Sonderrechten **größtmögliche Sorgfaltspflicht** unter Abwägung der eigenen Aufgabe und der Verkehrssituation.[19] Erlaubt ist die Weiterfahrt bei Rot nur bei Gewißheit, dass sich der Verkehr darauf eingestellt hat.[20]

Die gebührende Berücksichtigung der öSO legt dem Inanspruchnehmenden hiermit

– eine Hinweis-(Warn-) und

– eine Überprüfungspflicht

auf, bevor er von den Vorschriften der StVO abweicht.[21]

---

[18] Vgl.: Z 315.

[19] BGH, DAR 75, 111; BayObLG, VM 83, 11.

[20] BGH, NJW 75, 648.

[21] BGH, NJW 71, 619.

D.h., er muss zum einen

- die übrigen VT auf sein Begehren der Inanspruchnahme von Sonderrechten hinweisen und zum anderen dann
- überprüfen, ob diese seine Absicht wahrgenommen haben und Rücksicht üben wollen.

Hieraus ergibt sich z.B. im Einzelfall die Notwendigkeit (Verpflichtung) zur Verwendung von blauem Blinklicht und Einsatzhorn als Warnmittel.[22]

Des Weiteren ist es erforderlich, dass der Inanspruchnehmende (z.B. als Wartepflichtiger) langsam an die Vorfahrt-(Vorrang-)stelle heran- oder durchfährt.[23]

Gefährdungen oder Schädigungen verbieten sich hieraus grundsätzlich.[24]

Während beispielsweise Abs. 1 nicht den Einsatz von Blaulicht und Einsatzhorn fordert, so kann dies sehr wohl i.S.d. Abs. 8 notwendig sein. Größtmögliche Sorgfalt fordert der Gesetzgeber, d.h. in unserem Beispiel die Abwägung zwischen Aufgabe und Verkehrssituation, so dass zwar bei „stiller Anfahrt" ein Verzicht auf Blaulicht und Einsatzhorn denkbar ist, im Gegenzug aber weitere und größere Vorsicht, z.B. beim Überqueren einer Kreuzung bei Rotlicht zu fordern ist.

8.3 Wegerecht (§ 38 StVO)

Das in § 38 (1) StVO enthaltene **Wegerecht** ist neben den Bestimmungen über die Verbände (Unterbrechungsverbot) aus § 27 und den Sonderrechten aus § 35 eine weitere **„Ausnahmeregelung"** zugunsten eines Kreises der Berechtigten.

Zu diesen Wegerechtsfahrzeugen zählen gemäß § 52 (3) i.V.m. § 55 (3) StVZO

- Kfz der Polizei, Militärpolizei, Feuerwehren, der Bundespolizei, Zolls und Katastrophenschutzes (vgl. § 35 Abs. 1 StVO);
- Krankenkraftwagen (Rettungsfahrzeuge) (vgl. § 35 Abs. 5a StVO);
- Unfallhilfswagen öffentlicher Verkehrsbetriebe (vgl. § 35 Abs. 6 StVO).

Die Berechtigung zur Führung ist im Fahrzeugschein bzw. der Zulassungsbescheinigung I nachprüfbar.

Der o.a. Kreis der Berechtigten genießt grundsätzlich aufgrund des § 38 (1) **keine Sonderrechte**; ihm ist lediglich

- bei gemeinsamer Verwendung von blauem Blinklicht (Blaulicht) und Einsatzhorn
- von allen übrigen VT
- freie Bahn zu schaffen.

---

[22] Vgl.: VwV zu § 35.

[23] OLG Hamburg, VM 61, 20.

[24] BGHZ, 63, 662; OLG Nürnberg, NJV 01, 430.

Die Zulässigkeit der gemeinsamen Verwendung zunächst in schematischer **Übersicht:**

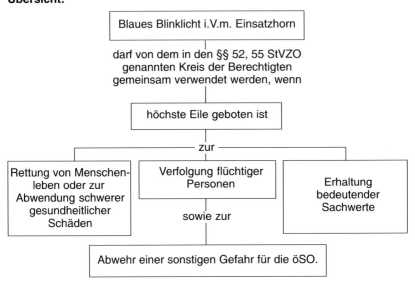

Höchste Eile ist (siehe auch § 35 [5a]) geboten, wenn die konkrete Situation begründeten Anlass zur Befürchtung gibt, ohne diese Eile werde ein Schaden für das gesamte Gut eintreten oder vergrößert werden.

Hinsichtlich des Anlasses der Einsatzfahrt verlangt § 38 ebenfalls das Vorliegen einer **konkreten Gefahr** für die öSO; vage Vermutungen reichen nicht aus.

Flüchtig ist jeder, der sich unerlaubt aus amtlichem Gewahrsam entfernt (hat) oder sich amtlicher Überprüfung entziehen will.

Alle anderen VT im Längs- wie Querverkehr haben Wegerechtsfahrzeugen „sofort freie Bahn zu schaffen", soweit diese blaues Blinklicht und Einsatzhorn **gemeinsam** verwenden.

Von dieser Verpflichtung werden auch Fußgänger und SchFz erfasst.

Unter **„freie Bahn schaffen"**[25] versteht man die Verpflichtung, je nach Verkehrslage

– beiseite zu fahren,
– rechts heranzufahren,
– scharf rechts ganz langsam zu fahren oder
– anzuhalten,

so dass sie das Wegerechtsfahrzeug möglichst nicht behindern.

---

[25] BayObLG, VRS 16, 393; OLG Köln, VRS 67, 295.

Grundsätzlich enthält das Gebot keine Rechtfertigung für Verstöße gegen die StVO. Dennoch kann es im Einzelfall erforderlich sein, eine kurze Strecke beschleunigt oder links weiterzufahren oder nach links bzw. auf den Gehweg auszuweichen.[26]

Sofort bedeutet unmittelbar nach Feststellung, wobei durch starke Innengeräusche auftretende Hörbeeinträchtigungen ausgeglichen werden müssen.[27]

§ 38 (1) (Verwendung von Blaulicht und Einsatzhorn) gewährt selbst keine Sonderrechte, d.h., das Wegerechtsfahrzeug ist an die Einhaltung der StVO gebunden, soweit ihm gemäß § 35 keine Befreiung zukommt. Andererseits ist es dem Wegerechtsfahrzeug **erlaubt**, die durch andere VT **geschaffene freie Bahn** nach eingehender Prüfung (Sorgfalt) auch **zu benutzen**.

Es wäre auch widersinnig, wenn der bevorrechtigte Querverkehr aufgrund der Forderung, freie Bahn zu schaffen, anhält, das Wegerechtsfahrzeug aber ebenfalls (z.B.) wegen des Rotlichts der LSA warten müsste. Die übrigen Bestimmungen – wie z.B. Geschwindigkeit, Abstand, Überholen usw. – bleiben von § 38 (1) unberührt, sind also zu beachten. Da das Wegerechtsfahrzeug nur nach eingehender Prüfung die geschaffene freie Bahn nutzen darf, gilt hier analog das zu § 35 Abs. 8 Gesagte.[28] So darf auch bei Rot gefahren werden, wenn alle VT ersichtlich freie Bahn schaffen.

Blaues Blinklicht allein dient gemäß Abs. 2 der **Warnung**

– an Unfall- oder sonstigen Einsatzstellen,

– bei der Begleitung von Fahrzeugen oder bei geschlossenen Verbänden,

– bei Einsatzfahrten.

Mit **gelbem Blinklicht** (Rundumlicht) dürfen gemäß § 52 (4) StVZO

– Wegedienst- und Müllfahrzeuge (vgl. § 35 Abs. 6),

– Pannenhilfsfahrzeuge und

– großräumige bzw. Großraumfahrzeuge (vgl. § 29 StVO)
ausgerüstet sein.

Ihre Verwendung dient ebenso wie die des blauen Blinklichts der **Warnung,** und zwar gemäß § 38 (3) zur Warnung vor

– Arbeits- und Unfallstellen,

– ungewöhnlich langsam fahrenden Fz,

– Fz mit ungewöhnlicher Breite oder Länge und

– Fz mit ungewöhnlich breiter oder langer Ladung.

– Es kann ortsfest oder vom Fz aus verwendet werden.

---

[26] BayObLG, DAR 53, 120; OLG Düsseldorf, VM 60, 39.

[27] Vgl. § 23 (1); OLG Nürnberg, VE 77, 64.

[28] BGH, NJW 75, 648; BGHZ 63, 327.

8.4 Übungen

Übungen zu 8.1

Leichenzüge und Prozessionen sind geschlossenen Verbänden gleichgestellt. Als geschl. Verband bezeichnet man eine ...

Sie können von allen VT-Gruppen gebildet werden. Die Teilnehmerzahl ist lediglich bei ... in Höhe von mindestens ... angegeben.

Die Erkennbarkeit als einheitliches Ganzes verlangt bei Kfz-Verbänden die ...

Kfz-Verbände sind ebenfalls gemäß § 29 genehmigungspflichtig.

Der Verbandsführer ist ... verantwortlich, für sonstige OWi, die von den einzelnen Verbandsmitgliedern begangen werden, kann eine Ahndung gegen ihn nur im Rahmen ... OWiG erfolgen.

Geschl. Verbände genießen als solche keine Sonderrechte; sie unterliegen ...

Da ein geschl. Verband als ... anzusehen ist, dürfen ... von anderen VT ...

Um jedoch die Beeinträchtigungen des übrigen Verkehrs durch den geschl. Verband so gering wie möglich zu halten, muss dieser ...

Im Einzelfall ist dieses Gebot abhängig von ...

Ein gegenseitiges Erzwingen der Einhaltung dieser Vorschriften für Verbände ist stets unzulässig.

Lösungen

geordnete, einheitlich geführte und als Ganzes erkennbare Personen- oder Fz-Mehrheit.

Radfahrern
16

Kennzeichnung eines jeden Fz.

für die Einhaltung der Vorschriften für Verbände

des § 14 (Beteiligung)

den Regeln des Fahrverkehrs.

ein VT (Fz)
„nachfolgende Einzelfz" des Verbandes

nicht unterbrochen werden (Unterbrechungsverbot).

soweit es seine Länge erfordert, Zwischenräume für den übrigen Verkehr frei lassen (Zwischenraumgebot).

der Länge, Geschwindigkeit, Örtlichkeit usw.

Übungsfälle:

1 –7–/–8– haben als Angehörige eines geschl. Verbandes den Anschluss verloren. –A– erkennt zwar die einheitliche Kennzeichnung der Fz –7–/–8–, fährt aber weiter, so dass –7–/–8– anhalten müssen.

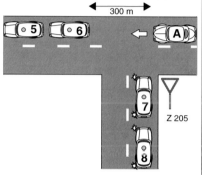

–7–/–8– bilden für sich allein keinen geschlossenen Verband, da sie keine entsprechende Fz-Mehrheit darstellen. Somit unterliegen sie als Einzelfahrzeuge den Regeln des Fahrverkehrs, d.h., sie sind gemäß § 8 i. V. m. Z 205 wartepflichtig.
–A– verstößt nicht gegen das Unterbrechungsverbot.

2 –B– (Lehrer) benutzt mit seiner 20-köpfigen Schulklasse auf dem Weg zum Schwimmbad die Fahrbahn.

Die 20-köpfige Schulklasse stellt einen geschl. Verband dar; –B– ist Verbandsführer.
Geschl. Verbände unterliegen zwar den Regeln des Fahrverkehrs (Fahrbahnbenutzungspflicht), jedoch haben gemäß § 27 Kinder- und Jugendgruppen – soweit möglich – vorhandene Gehwege zu benutzen. Belehrung.

3 –C– (Verbandsführer) fährt bei „Rot" in die Einmündung ein. –1– muss warten.

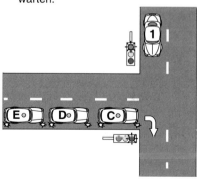

Geschl. Verbände unterliegen den Regeln des Fahrverkehrs, d.h., –C– muss als Führungsfz bei Rot vor der Kreuzung halten (§ 37).
–1– unterliegt hier nicht dem Unterbrechungsverbot, so dass sein Warten als vermeidbare Behinderung i.S.d. § 1 (2) zu beurteilen ist.
–C– bis –E– handeln ordnungswidrig. OWi-Anzeige.
Anders wäre die Situation zu beurteilen, wenn –C– bereits bei „Grün" in die Einmündung eingefahren wäre. Dann unterläge –1– dem Unterbrechungsverbot und wäre auch beim Wechsel auf „Grün" für seine Fahrtrichtung weiter wartepflichtig.

Übungen/Wiederholung zu 8.2

Unter Sonderrecht versteht man ..., wobei je nach dem Kreis der Berechtigten die unterschiedlichsten Voraussetzungen zu beachten sind.	die Befreiung ganz oder teilweise von der StVO
Sonderrechte sind stets unter ... auszuüben.	gebührender Berücksichtigung der öSO
Gemäß § 35 Abs. 1 sind ... von ... der StVO befreit, soweit die Nichtbeachtung ...	Bundeswehr, Feuerwehr, Zoll, Bundespolizei, Polizei, Katastrophenschutz allen §§ zur Erfüllung hoheitlicher Aufgaben dringend geboten ist.
Als hoheitliche Aufgaben sind ... zu verstehen; für die Polizei bedeutet dies Handlungen ...	alle von der Staatsgewalt abgeleiteten Aufgaben im Rahmen ihres sachlichen Zuständigkeitsbereichs nach den Polizeigesetzen.
Dringend geboten ist die Nichtbeachtung stets, ...	wenn ohne sie die Erfüllung der hoheitl. Aufgabe gefährdet wäre.
Die Inanspruchnahme nach Abs. 1 ist für den aufgezeigten Kreis der Berechtigten – abgesehen von Abs. 8 – nicht von weiteren Durchführungsvorschriften, wie z.B. blaues Blinklicht, Warnanstrich usw. abhängig.	
Rettungsfahrzeuge sind gemäß Abs. 5 a von ... befreit, soweit ...	allen Bestimmungen der StVO höchste Eile zur Rettung von Menschenleben oder Abwendung schwerer gesundheitlicher Schäden geboten ist.
Dies bedingt, dass der Führer des Rettungsfahrzeugs eine sachgerechte Prüfung anstellen muss, um Klarheit über die tatsächliche Gefährdungslage zu erhalten.	
Höchste Eile ist geboten, wenn ...	die konkrete Situation begründeten Anlass zur Befürchtung gibt, ohne diese Eile werde ein Schaden für das gesamte Gut eintreten oder vergrößert werden.

Wegedienstfahrzeuge des(r) Straßenbaus, -unterhaltung, -reinigung oder Müllabfuhr sind nur von den Bestimmungen zur(m) …

Fahrbahnbenutzung/Rechtsfahrgebot, Halten/Parken

befreit, soweit …

ihr Einsatz dies erfordert.

Mit Ausnahme … gilt letztlich im Rahmen entsprechender Ausnahmeregelungen das Gleiche für Messfahrzeuge der Bundesagentur.

des Rechtsfahrgebotes

Postfz (im Briefzustellungsbereich) werden über Abs.7a von Park-/Halt- und Zugangs- Einfahrtsverboten befreit. Dies erfordert ...

die Auslegung der Lizenz im Fz.

Bei den Wegedienstfahrzeugen ist darüber hinaus das Sonderrecht auf Fz … beschränkt.

mit weiß-rotem Warnanstrich

Eingesetzte Arbeitskräfte haben … zu tragen.

auffällige Warnkleidung

Im Rahmen der einsatzbedingten Erforderlichkeit ist zu prüfen, ob …

die Arbeiten auch ohne die Nichtbeachtung der StVO ausgeführt werden könnten.

Eine Nichtbeachtung aus Gründen der … Arbeitsdurchführung fällt nicht hierunter.

bequemeren

Sonderrechte dürfen von allen Kreisen der Berechtigten nur … ausgeübt werden, d.h., bei Inanspruchnahme ist unter der Abwägung … anzuwenden.

unter gebührender Berücksichtigung der öSO
von Aufgabe und Verkehrssituation größtmögliche Sorgfalt

Im Einzelnen versteht man hierunter eine … und …, d.h. der Inanspruchnehmende muss zum einen

Hinweis-/Überprüfungspflicht

–

die übrigen VT auf sein Begehren hinweisen,

und zum anderen dann

–

überprüfen, ob diese VT seine Absicht wahrgenommen haben und Rücksicht nehmen werden.

… verbieten sich grundsätzlich aus Abs. 8.

Gefährdungen/Schädigungen

Die Nichtbeachtung der gebührenden Berücksichtigung der öSO ist eine OWi, tastet aber die Zulässigkeit der Sonderrechte nicht an.

Übungsfälle:

1 Im Rahmen eines Nato-Manövers befährt der Soldat –A– nachts mit seinem BW-Fahrzeug einen mit Z 250 gesperrten Feldweg ohne Licht.

Die Zulässigkeit ergibt sich aus § 35 Abs. 1. Manöver oder Übungen unter Einsatzbedingungen fallen ebenfalls unter den Begriff der hoheitlichen Aufgabe. Inwieweit die Nichtbeachtung dringend geboten ist, ist im Einzelfall am Übungsziel zu prüfen. Der Sachverhalt gibt keine Möglichkeit der Prüfung, ob die öSO gebührend berücksichtigt wurde.

2 Der SEK-Angehörige –B– fährt nach einer Alarmierung (Geiselnahme) auf dem kürzesten Wege zu seiner Dienststelle. Hierbei beachtet er u. a. nicht die zHG i.g.O. sowie das Rotlicht einer LSA, als kein Querverkehr herrscht.

Die Zulässigkeit ergibt sich aus Abs. 1. Die Inanspruchnahme der Sonderrechte ist nicht an Uniform, Dienstfahrzeug usw. gebunden. Die Bekämpfung von Geiselnahmen gehört zum sachlichen Zuständigkeitsbereich der Polizei und ist damit eine hoheitl. Aufgabe. OLG Frankfurt/M. verlangt das Vorliegen eines konkreten Einsatzes und das Wissen darum sowie den sofortigen Einsatz an Ort und Stelle. NZV 92, 334. Die zeitl. Dringlichkeit derartiger Einsätze begründet die Dringlichkeit der Inanspruchnahme der Sonderrechte. Von besonderer Bedeutung ist die Beachtung der geb. Berücksichtigung der öSO. Inwieweit dies bei der Überschreitung der zHG erfolgt, bedarf der Prüfung im Einzelfall. Die Nichtbeachtung des Rotlichts ist nicht zu beanstanden, da –B– offensichtlich eine ausreichende „Lücke" im Querverkehr ausnutzt.

3 Im Rahmen einer Notrufauslösung (Einbruch) beachtet die Streifenwagenbesatzung –C– nicht die Vorfahrt des –1–. –C– hat nur Blaulicht eingeschaltet. –1– erkennt –C– rechtzeitig und bremst sein Fz ab.

Wie 2
Die Zulässigkeit ist nicht an die Verwendung von Blaulicht und Einsatzhorn gebunden. Auch Abs. 8 verlangt dies nicht. Hier wird lediglich eine ausreichende Warnung der übrigen VT und die Überprüfung der „Wartewilligkeit" dieser VT verlangt. Diesen Forderungen ist –C– offensichtlich nachgekommen.

4 –D– beachtet mit einem Streifenwagen nicht die zHG i.g.O.

–D– ermittelt als Sachbearbeiter in einer „Verkehrsunfallflucht" und befindet sich auf dem Weg zu einem Zeugen.

–D– ist Adressat des Abs. 1 und die Bearbeitung einer „Verkehrsunfallflucht" zählt zweifellos zu den hoheitlichen Aufgaben. Gemäß Abs. 1 muss die Nichtbeachtung der StVO (Sonderrecht) jedoch zur Erfüllung der hoheitlichen Aufgabe dringend geboten sein, d.h., ohne die Inanspruchnahme der Sonderrechte wäre die Erfüllung der Aufgabe gefährdet. Dies ist hier nicht der Fall, die Nichtbeachtung des § 3 (3) ist der Aufklärung in keiner Weise dienlich. Somit verstößt –D– gegen § 3.

5 –E– befährt als Briefzusteller des privaten „Postunternehmen ABZ" eine mit Z. 241.1 gekennzeichnete Fußgängerzone.

Zulässig, soweit (ABZ) –E– zu einem lizensierten „Postunternehmen" gehört und die Lizenz im Fz sichtbar ausgelegt ist.

6 F beachtet mit einem Rettungsfahrzeug nicht die Vorfahrt des –1–, wodurch es zum Verkehrsunfall kommt. –F– verwendet Blaulicht und Einsatzhorn. Er befindet sich auf dem Weg zu einem Schwerstverletzten.

Die Zulässigkeit der Sonderrechte ergibt sich aus Abs. 5a. Zu prüfen ist jedoch, inwieweit –F– seiner Verpflichtung aus Abs. 8 zur gebührenden Berücksichtigung der öSO nachgekommen ist. –F– durfte nur dann weiterfahren, wenn er vorher die „Wartewilligkeit" des –1–/der übrigen VT geprüft hat. Dies erscheint zumindest fraglich. VU-Aufnahme, Anzeige.

7 –G– hält mit seinem Müllwagen in einer absoluten Haltverbotszone.

Das Fz trägt den vorgeschriebenen Warnanstrich, die eingesetzten Kräfte tragen auffällige Arbeitskleidung.

Die Zulässigkeit der Sonderrechte ergibt sich für den Müllwagen als gekennzeichnetes Wegedienstfahrzeug aus Abs. 6. Die Nichtbeachtung des Haltverbotes ist zweifellos einsatzbedingt erforderlich. Ebenso dürfte Abs. 8 berücksichtigt sein.

Der Forderung nach auffälliger Warnkleidung wird ebenfalls nachgekommen.

Übungen/Wiederholung zu 8.3

Der in § 38 – Wegerecht/Gelblicht – angesprochene Kreis der Berechtigten ergibt sich aus den §§ ... und ist für das jeweilige Fz im Fahrzeugschein überprüfbar.

52, 55 StVZO

Blaues Blinklicht und Einsatzhorn dürfen gleichzeitig verwendet werden, wenn

–

höchste Eile geboten ist,

–

zur Rettung von Menschenleben oder Abwendung schwerer gesundheitlicher Schäden,

–

zur Abwehr einer Gefahr für die öSO,

–

zur Erhaltung bedeutender Sachwerte oder

–

zur Verfolgung Flüchtiger,

Hinsichtlich dieser Anlässe verlangt § 38 ...

die konkrete Gefahr des Schadeneintritts.

Höchste Eile ist geboten, wenn die ...

konkrete Situation begründeten Anlass zur Befürchtung gibt, ohne diese Eile werde ein Schaden für das gesamte Gut eintreten oder vergrößert werden.

Alle übrigen VT im Längs- und Querverkehr haben bei gleichzeitiger Abgabe der Zeichen ..., z.B. indem sie

sofort freie Bahn zu schaffen

–

rechts heranfahren,

–

ihre Geschwindigkeit verringern

–

oder anhalten.

Wegerecht gemäß § 38 bedeutet kein Sonderrecht, jedoch darf das Wegerechtsfahrzeug ...

nach eingehender Prüfung die geschaffene freie Bahn auch nutzen.

Im Übrigen ist jede Verletzung der StVO unzulässig, es sei denn, das Fz genießt ebenfalls Sonderrechte gemäß § 35.

Blaues Blinklicht allein dient ebenso wie gelbes Blinklicht ...

der Warnung an Einsatzstellen, bei Großfahrzeugen und geschl. Verbänden.

Übungsfälle:

1 Bei der Verfolgung auf frischer Tat eines Straftäters verwendet die Streifenwagenbesatzung –A– blaues Blinklicht und Einsatzhorn.

2 Die Streifenwagenbesatzung –B– fährt nachts zu einer Alarmauslösung. In unmittelbarer Nähe des Einsatzortes verwendet sie nur blaues Blinklicht allein. An der Kreuzung muss sie warten, da –C– durchfährt.

Fz der Polizei gehören gemäß §§ 52, 55 StVZO zum Kreis der Berechtigten i.S.d. § 38 StVO. Hier ist zweifellos höchste Eile zur Verfolgung flüchtiger Personen gegeben, so dass die gleichzeitige Verwendung zulässig ist.

–B– wie 1

Die Inanspruchnahme von Sonderrechten i.S.d. § 35 I ist nicht von der Nutzung von Blaulicht und Einsatzhorn abhängig. Die Durchführung ist jedoch im Rahmen der Beachtung des Abs. 8 besonders sorgfältig und vorsichtig zu prüfen. –C– ist nicht verpflichtet, sofort freie Bahn zu schaffen, da hier keine gleichzeitige Verwendung von blauem Blinklicht und Einsatzhorn vorliegt.

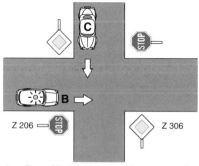

Z 206   Z 306

3 –D– (Polizeifahrzeug) verwendet blaues Blinklicht.

–E– (Großraumtransporter) verwendet Gelblicht.

–D– wie E gehören jeweils zum Kreis der Berechtigten. Die Verwendung von blauem und gelbem Blinklicht ist gemäß § 38 (2, 3) zur Warnung vor/von Großraumfahrzeugen zulässig.

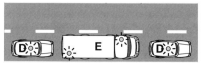

4 Der Müllwagenfahrer –F– verwendet während des Einsatzes gelbes Blinklicht.

Wie 3, zur Warnung an Arbeitsstellen

5 –G– hat seinen Privatwagen zum Pannenhilfsfahrzeug ausgebaut, um an Sonn- und Feiertagen auf Ausflugsstrecken unter Verwendung von gelbem Blinklicht „Streife" zu fahren und Pannenhilfe zu leisten.

Die Verwendung während der „Streife" ist unzulässig. VG.

Während der Pannenhilfe ist die Verwendung zulässig (wie 4).

Zu prüfen ist aber, inwieweit das Fz des –G– als Pannenhilfsfahrzeug anerkannt ist. Dies ist im Fz-Schein bzw. der Zulassungsbescheinigung I nachzuprüfen. OWi-Anzeige.

9 Besetzung, Ladung und Überladung
Behandelte Rechtsvorschriften:

9.1 Besetzung
StVO: §§ 21, 21a, 23, 23a
StVZO: §§ 32a, 34, 34a, 35a (4), 15d ff.
FeV: §§ 6, 48
allg.:   BOStrab, BOKraft, PBefG, FeV

9.2 Ladung
StVO: §§ 18, 22, 23, 32, 41 Z 261 ff., 46
StVZO: § 31c, §§ 32 ff., 34, 35, 42 ff., 51, 53
allg.:   GüKG, GGVSEB
OWiG: §§ 9, 17 (4)

9.3 Überladung/Anhängelast/Stützlast/Wägung
siehe 9.2:
IntAbk: Art. 3 (8)
VOInt: § 3
allg.:   Eichgesetz, Eichordnung

9.1 Besetzung

Die Besetzung, d.h. die **nichtgewerbliche** Personenbeförderung, wird im Grundsätzlichen durch § 21 StVO und bei KOM weiterhin durch § 34a StVZO geregelt. Darüber hinaus fordert § 23 StVO die Beachtung der vorschriftsmäßigen Besetzung als allg. Führerpflicht. Bei Missachtung, z.B. unangeschnallter Beifahrer, kann dies zu Haftungsansprüchen gegen den Fahrer führen.[1] Desgleichen ist der Fz-Führer dafür verantwortlich, dass er nicht durch die Besetzung in seiner (Rundum-)Sicht, seinem Gehör oder dass das Fz in seiner Verkehrssicherheit beeinträchtigt wird.

Die §§ 6, 48 FeV fordern beim Transport von Personen (KOM/Taxi/etc.) die entsprechende Fahrerlaubnis (Kl. D/D1/FE z. Fahrgastbeförderung) und § 32a StVZO verbietet grundsätzlich den Transport von Personen auf Anhänger.

Grundsätzlich ist die Zahl der beförderbaren Personen in Kfz an die mit Sicherheitsgurten (SG) ausgerüstete Sitzplatzzahl gebunden (vergl. § 34a StVZO).

---

1   Bay ObLG, NZV 93, 491; OLG Hamm, NZV 96, 33 (Mithaftung des Beifahrers/BGHZ 119, 268).

In schematischer **Übersicht** enthält § 21 folgende darüber hinaus geltende Regelungen:

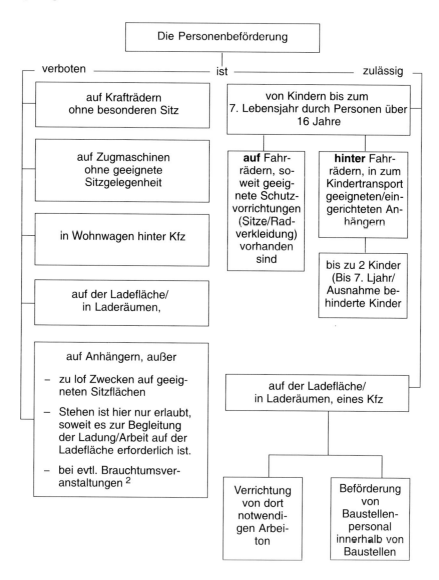

2 § 1 (3) d. 2. AusnVO zu verkehrsrechtl. Bestimmungen v. 28. 2. 1989.

265

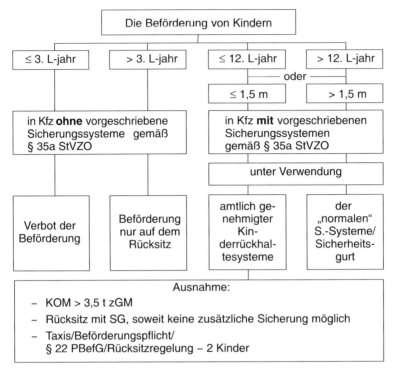

Die für Kinder geforderten **Sicherung-/Rückhalte**einrichtungen begründen sich in dem hohen Unfallrisiko. Es liegt mit 41 % als Mitfahrer wesentlich über dem als Fußgänger (36 %) bzw. als Radfahrer (19 %). Das Gebot gilt grundsätzlich in allen Kfz, auch in Taxis. Es müssen nur bis zu 2 Kinder in Rückhalteeinrichtungen gesichert werden, wobei zumindest einmal eine Sicherung für die Gewichtsklasse I zur Verfügung stehen muss. Von besonderer Beachtung ist das Verbot der Verwendung von Rückhalteeinrichtungen (nach hinten) auf **Beifahrerplätzen** mit eingebautem Airbag gemäß § 35a (10) StVZO. Auf das Verbot ist durch Anbringen eines entsprechenden Piktogramms hinzuweisen.

Die Missachtung des § 35a stellt eine VOwi gem. § 69 (3) 7 StVZO dar.

Zum Schutz der zu befördernden Personen verbietet § 21 daher die Personenbeförderung ganz oder teilweise bzw. verlangt besondere Sicherungseinrichtungen, z.B. in Form geeigneter Sitzgelegenheiten. Als **besonderer Sitz** (Krafträder) ist jede Vorrichtung anzusehen, die nach ihrer Bauart dazu bestimmt ist, als Sitz zu dienen. Die in § 35a (4) StVZO weitergehende Forderung nach einem Handgriff und beiderseitigen Fußrasten lässt die Beurteilung als Sitzfläche i.S.d. § 21 jedoch unberührt.

Geeignet ist eine Sitzgelegenheit nur dann, wenn man auf ihr sicher sitzen kann; bei lof-Anhängern kann das die Ladefläche sein.

Die Höchstzahl von 8 Personen bei der Beförderung von Personen auf der Ladefläche eines LKW ist absolut, Ausnahmen sind nur im Rahmen des § 46 StVO möglich. Der zulässige Transport von Arbeitern erfasst hierbei zukünftig nur den Transport **innerhalb einzelnen Arbeitsstellen** im öVR, nicht die regelmäßige Beförderung von der Wohnung zur Arbeitsstelle bzw. zw. Arbeitsstellen.

Im Rahmen der Besetzung ist auch die Frage der Gurt- und Helmpflicht gemäß § 21 a zu prüfen.

Gurtanlegepflicht besteht sowohl auf den Vorder- als auch auf den Rücksitzen. Die Nichtbeachtung stellt eine V.-OWi dar.

Ausnahmen von der Gurtanlegepflicht sind u. a.:

- Taxi-/Mietwagenfahrer bei der Fahrgastbeförderung
- Personen beim Haus-zu-Haus-Verkehr im Auslieferungsbezirk mit regelmäßigen, kurzfristigen Stopps
- Fahrten mit Schrittgeschwindigkeit (Z.B. Rückwärtsfahren, Fahrten auf Parkplätzen)
- Beim Betrieb von KOM in den besonderen Fällen des § 21a (1) Ziff. 4–6 StVO (stehende Fahrgäste/betriebsbedingte Notwendigkeit).

Die Helmtragepflicht, amtlich genehmigter Schutzhelm (ECE-Norm Nr. 22/Ausnahmegenehmigung des StVA), besteht für alle motorisierten Zweiradbenutzer, also auch für den Sozius und den KKR-Fahrer.

Sie gilt auch für offene drei- /mehrrädrige Kfz mit einer bHG > 20 km/h (Quads), soweit die Person nicht angeschnallt ist. Ausnahmen sind in der 6., 8. und 20. Ausn.VO zu finden (fehlende Normpflicht des Helms, bis 20 km/h, Überrollbügel). Die Nichtbeachtung stellt eine OWi dar. Für Radfahrer gibt es keine gesetzliche Helmpflicht. In der Rechtsprechung wird jedoch dem Freizeitsport betreibenden Radfahrer angeraten, im öVR grundsätzlich einen Helm zu tragen. Im gegenteiligen Fall wird Mitverschulden angenommen, das Haftungsansprüche mindern, ja ausschließen kann.[3]

Gem. § 23 Abs. 1a ist dem Fz-Führer die Benutzung eines **Mobil-oder Autotelefons**[4] untersagt, wenn er hierfür das Mobiltelefon oder den Hörer des Autotelefons aufnimmt oder hält.

Dies gilt nicht, wenn das Fz hält **und** bei dem Kfz der Motor ausgeschaltet ist.

Unzulässig ist letztlich Telefonieren unter Verwendung der Hände während der Fahrt bzw. laufendem Motor. Gefordert wird also eine technische Lösung, die den **Handeinsatz** zum/beim Telefonieren erübrigt, wie z.B. Freisprechanlage, Head-Set oder Sprachsteuerung. Beifahrer werden nicht vom Verbot erfasst, wohl jedoch der beifahrende Fahrlehrer.[5]

Inzwischen haben wissenschaftliche Untersuchungen die Gefährlichkeit des Telefonierens während der Fahrt nachgewiesen. Sie entspricht in etwa der einer Trunkenheitsfahrt bei absoluter Fahruntüchtigkeit.

---

[3] OLG D'dorf: I –1 U 182/06.

[4] Ausgenommen ist das Mobilteil einer „Feststation" (Home-mobil).

[5] BVG, DPA-Meldung v. 17.7.2009, 10:05.

9.2 Ladung

Für die Ladung und die Besetzung ist grundsätzlich der **Fahrzeugführer** verantwortlich.

Im Einzelfall kann er sich jedoch auf einen als zuverlässig bekannten Verlader verlassen, soweit keine äußeren Anzeichen für eine fehlerhafte Beladung (Überladung) sprechen.[6]

Die Heranziehung sonstiger Personen (Belader oder Betriebsleiter) ist im Einzelfall nach § 9 OWiG möglich. Nach Auffassung des OLG Stuttgart (VRS 64, 308) und des OLG Celle NStZ – RR 07, 215) kommt aber als Normadressat jede für die Ladung verantwortliche Person in Betracht.

Der **Halter** kann nur über § 31 (2) StVZO herangezogen werden, wenn er in Kenntnis des vorschriftswidrigen Ladezustands die Inbetriebnahme des Fz zugelassen oder angeordnet hat.

Grundsätzlich sind Überladungen schlechthin auszuschließen. Dies gilt auch – nach Abzug der Verkehrsfehlergrenze der Waage – für Überladungen im unteren und mittleren Bereich.[7]

§ 22 StVO (Ladung) ist unterteilbar in

– Allgemeinvorschriften,
– Höchstmaßangaben und
– Sicherungsmaßnahmen (Beleuchtungsfragen).

Zunächst die Allgemeinvorschriften in schematischer **Übersicht**:

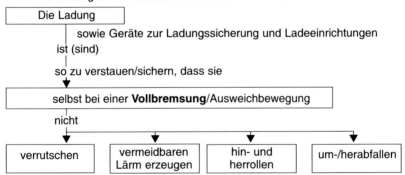

Ferner sind die §§

– 32 StVO, Gegenstände auf der Fahrbahn (Herabfallen der Ladung),
– 315b StGB, Verkehrsgefährdung
– 34 StVZO, Überladung
– 42 StVZO, zul. Anhängelast
– 44 StVZO, zul. Stützlast

zu beachten.

---

6   BayObLG, VRS 59, 302.

7   OLG Koblenz, NZV 97, 28; Bay ObLG, NZV 01, 308.

Zur **verkehrssicheren Verstauung**[8] gehört neben
- einer (gleichmäßigen) Gewichtsverteilung auch
- eine ausreichende, gegen Verrutschen sichernde, Verwahrung und/oder Befestigung.

Da eine ungleichmäßige Verteilung der Ladung das Fahrverhalten beeinträchtigt, ist die Ladung so zu sichern (befestigen), dass sie ihre Lage nicht durch Bremsen, Beschleunigen oder Kurvenfahrt verändert, ggf. ist in Abständen zu kontrollieren.

Dies gilt selbst für tonnenschwere Betonfundamente. Sie sind ebenfalls, ungeachtet ihres hohen Auflagedrucks, gegen Verrutschen zu sichern.[9]

Welche Folgen eine nicht verkehrssichere Befestigung haben kann, zeigen diese beiden Fotos. Bei einer Geschwindigkeit von ca. 150 km/h (!) löste sich das Surfbrett einschließlich Halterung. Bei einem Ausweichmanöver geriet das nachfolgende Fz ins Schleudern und überschlug sich mehrmals. Der Fahrer kam bei dem Unfall zu Tode.

Eine gegen **Herabfallen** ausreichende Sicherung ist beim Transport von Kies, Sand, Papier i.d.R. nur dann gegeben, wenn durch
- überhohe Bordwände,
- Planen oder
- ähnliche Mittel

verhindert wird, dass auch nur geringe (unwesentliche) Teile der Ladung herabfallen können.[10]

Nassmachen der Ladung genügt hierbei nur auf kurzen Strecken.

Das Gebot der Sicherung gegen **vermeidbares Lärmen** umfasst vor allem das Verbot, Kanister oder andere Blechbehälter ungesichert auf der Ladefläche zu befördern.[11] Neben den Höchstmaßen aus § 22 sind die §§ 18 StVO, 32 und 34 StVZO zu beachten.

---

[8] VwV zu § 22; siehe insbesondere VDI Richtl. 2700, die zu beachten ist (OLG D'dorf, VM 93, 70).

[9] OLG Hamm, 4 Ss OWi 333/77.

[10] BGH, VRS 17, 462; OLG Köln, NZV 94, 484.

[11] VwV zu § 22.

Nachstehend eine **Übersicht der Höchstmaße** unter Berücksichtigung der o.a. Bestimmungen:

Fahrzeug[1]	zGM [2)3)] zul. Fz-Länge in m	Höchstmaße über alles Höhe in m	Breite in m	Länge in m bis / über 100 km	Sicherungsmaßnahmen bei hinausragender Ladung
Einzelfahrzeug bis/über 2 Achsen	12	4	2,55	15	nach hinten: mehr als 1 m über die Rückstrahler durch: 30 x 30 cm große Fahne/Schild/Zylinder
Sattelkraftfahrzeug	15,5 (16,5)	4	2,55	18	zur Seite: mehr als 40 cm über Lichtaustrittsflächen durch: weißes Licht nach vorn, rotes Licht nach hinten und Rückstrahler
Kraftomnibus (KOM)	13,5	4	2,55	15	
KOM als Gelenkfahrzeug	18,75	4	2,55	20	
Züge	18,75	4	2,55	20,75	
außer	15,65 16,50		2,55		
der Land- und Forstwirtschaft	18,75	--	3	20,75	

Mittlere Spalte (senkrecht): Siehe §§ 34, 34a, Anlagen XII u. XIII StVZO

Spalte Länge (senkrecht): Siehe §§ 32 StVZO (12 – 18,35 m)

Beachte: Die Ladung darf bis zu 2,5 m Höhe nach vorn nicht hinausragen, ansonsten 0,5 m; nach hinten 1,5 m (3 m – 100 km).

Ebenso unzulässig ist das seitliche Hinausragen schlecht erkennbarer Ladung wie Stangen, Pfähle oder Platten. Soweit es die Sichtverhältnisse erfordern (§ 17), ist nach hinten

– eine Leuchte mit rotem Licht und
– ein roter Rückstrahler

anzubringen.

Hierbei zu beachtende Achslasten					
Einzelachse (Abstand <1m)	--				
Doppelachse	--				

1) Die angegebenen Maße gelten auch für ausländische Fz.
2) Die für den grenzüberschreitenden Verkehr im Saarland geltenden Maße wie die 35./39. AusnVO Z StVZO sind unberücksichtigt.
3) Die im Einzelnen geltenden Werte ergeben sich aus dem Fz-Schein.
4) Kühlfz. nicht breiter als 2,60 m.

Soweit die Ladung über die äußeren Umrisse des Fz hinausragt, ist sie zu sichern, d.h., den übrigen VT kenntlich zu machen. Hierbei ist zu beachten, dass ein **Hinausragen der Ladung**
- nach vorn über das (ziehende) Fz nicht, ab einer Höhe von mehr als 2,50 m 0,5 m
- nach hinten über 1,5 m (3 m bis 100 km Wegstreckenentfernung) und
- zur Seite, soweit es sich um schlecht erkennbare Gegenstände handelt,

wegen der damit verbundenen Gefahren für andere VT **verboten ist**.

Im Übrigen gelten folgende **Sicherungsbestimmungen**.

Ragt die Ladung **nach hinten mehr als 1 m über die Rückstrahler** hinaus, so ist das Ende der Ladung durch mindestens
- eine hellrote Fahne,
- ein hellrotes Schild,
- einen hellroten Zylinder oder, wenn es die Sichtverhältnisse erfordern (§ 17 Abs. 1 StVO) durch mindestens
- eine Leuchte mit rotem Licht **und** einen roten Rückstrahler

zu sichern.

Ragt die Ladung **seitlich mehr als 40 cm** über die Begrenzungs- oder Schlussleuchten des Fz hinaus, so ist die Ladung, soweit es die Sichtverhältnisse (§ 17 Abs. 1 StVO) erfordern,
- nach vorn durch eine Leuchte mit weißem Licht und
- nach hinten durch eine Leuchte mit rotem Licht

zu sichern.

9.3 Überladung, Anhängelast, Stützlast, Wägung

Neben der Forderung nach verkehrssicherer Verstauung kommt der **Überladung** besondere Bedeutung zu, da sie sich stets negativ auf das Fahr- und Bremsverhalten des Fz auswirkt. Sie ist schlechthin auch im unteren oder mittleren Bereich auszuschließen.[12]

Das Foto zeigt anschaulich die Negativfolgen einer Überladung. Die möglichen weiteren Folgen kann sich jeder leicht selbst ausmalen.

§ 34 StVZO regelt die zulässigen Achslasten und die zulässige Gesamtmasse (zGM) eines Fz sowie eine daraus resultierende Überladung. § 34 nennt zwar die zulässigen Höchstwerte der Fahrzeugart, jedoch ist bei der polizeilichen Überwachung der jeweils für das einzelne Fz geltende Wert maßgeblich.

Diese Werte sind dem **Fahrzeugschein/der ZB I**[13] zu entnehmen und zunächst für die Berechnung verbindlich.

Fahrzeugschein (alt)

---

12 OLG Koblenz, NZV 97, 28.

13 Zulassungsbescheinigung Teil I (§ 11 FZV).

Zulassungsbescheinigung Teil I									
(Fahrzeugschein)	31.03.98	0618	349	0052	1	–	–	/–	–
Nr. DN-K-0-079/06-00023	85	0500			5873			2300	
	WDT1RF42NW0000621	–			2469			③	
Europäische (D) Bundesrepublik Gemeinschaft Deutschland	RF 4				–	75 ④			
	B				–	1200		1200 ①	
	–				1200				
					12 ②	– ②		– ②	
	–				– ⑤	– ⑤		– ⑤	
DN –	DETHLEFFS				195/65R14 90J				
	SDAH WOHNWAGEN								
	–						–/–		
	–				G820*				
	–				19.09.94	A	UF693362		
03.08 DÜREN	ZU 18-20:H.BIS 2564 JE NACH AUSR.*ABREISSBREMSS.M.ZUGF								
	Z VERBIND.,STUETZVORR.,AN BZW.EINGEBAUTE TEILE ANHEBEN								
	;SICHERN U.EINZIEHEN*B.BETAETIG D.FESTSTELLBREMSE HAND								
	HEBEL BIS Z.ANSCHLAG ANZIEHEN*Ausger. m.Stabilisierung								
	seinrichtung Alko AKS1300 E100-0030 gem. 9.AusnVO für								
20.03.2006	den Zugbetrieb bis 100km/H geeignet*Erf.Leermasse ZugF								
	Z (Ziff.14-Feld G) 1500kg*								

Zulassungsbescheinigung Teil I

	Ziff	Bedeutung
①	F.2	*ZGM im Zulassungsland*
②	8.1–8.3	*Zul. Achslasten im Zulassungsland*
③	G	*Leermasse*
④	13	*Stützlast; Aufliegelast*
⑤	0.1 / 0.2	*z. Anhängelast (gebremst / ungebremst)*

Auf Besonderheiten durch technische Veränderungen kann in diesem Zusammenhang nicht weiter eingegangen werden. Hierbei ist aber stets zu bedenken, dass bei techn. Änderungen die Gültigkeit der Betriebserlaubnis erlischt (§ 19 Abs. 2 StVZO) und bei Neuerteilung die nun verbindlichen Werte wieder in den Fz-Schein einzutragen sind. Gemäß § 34 StVZO ist sowohl die Überschreitung der Achslast wie die der zGM eine OWi.

Unter **Achslast** (Ziff. 16 des Fz-Scheins/Ziff. F/8 d. ZB I) versteht man die Gesamtlast, die von den Rädern (Radlast) einer Achse auf die Fahrbahn übertragen wird.

vorn   hinten

Man unterscheidet zwischen Einzel- und Doppelachse, wobei führerscheinrechtlich Doppelachsen bis 0,99 m als Einzelachse gewertet werden (Kl. 3 bzw. 2 gemäß altem FE-Recht/§ 5 StVZO).

Als **zulässige Gesamtmasse** (Ziff. 15 des Fz-Scheins/Ziff. F. 2 d. ZB I) bezeichnet man das Gewicht, das unter Berücksichtigung der zulässigen Achslasten und der in § 34 (3) StVZO festgelegten Höchstwerte nicht überschritten werden darf.

Somit darf die zGM **nie** über der Gesamtsumme der Achslasten liegen und stellt stets die Summe aus Leergewicht (Ziff. 14 des Fz-Scheins/Ziff. G d. ZB I) und Nutzlast (Ziff. 9 des Fz-Scheins) dar.

zGM

273

Gemäß § 35 StVZO ist im Einzelfall eine **Mindestmotorleistung** (5 kW bei Kom/Lkw/Sattelkfz und 2,2 kW bei ZM) **je Tonne zGM** zu beachten.

Bei **Zügen** ergibt sich die zGM aus der Summe der zGM von ziehendem Fz und des (der) Anhänger(s).

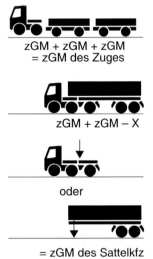

zGM + zGM + zGM
= zGM des Zuges

Als zGM gilt auf jeden Fall der gesetzl. Höchstwert (je nach Fahrzeugart 28–44 t).

Bei **Sattelkraftfahrzeugen** ist von der Summe der zGM der **jeweils höhere Wert (X)** aus der

– zul. Sattellast (Ziff. 9 des Fz-Scheins/ Ziff. 13 d. ZB I der ZM) **oder**

zGM + zGM – X

– der zul. Aufliegelast (i.d.R. Ziff. 16/vorn des Fz-Scheins/Ziff. 13 d. ZB I des Aufliegers)

abzuziehen.

oder

(Beachte: Dies gilt nicht im **neuen FE-Recht**. I.S.d. Klassen B (E), C1 (E), C (E) stellen Sattelkfz Züge aus 2 Einzeleinheiten dar. I.d.R. dürfte hiermit Klasse CE erforderlich sein.)

= zGM des Sattelkfz

Sind beide Werte gleich, ist ein Wert abzuziehen.

Als Höchstwert gilt in jedem Falle der jeweilige gesetzl. Höchstwert gemäß § 34 StVZO.

Der **Abzug** des jeweils höheren Wertes erklärt sich aus der Tatsache, dass

– zunächst sowohl Auflieger- wie auch Sattellast jeweils in der zGM enthalten sind,

– **tatsächlich** jedoch nur der geringere Wert „auf die Straße gebracht" werden darf, ohne sonstige Höchstgrenzen (Achslast/ zGM d. ZM) zu überschreiten.

Für den Begriff der **Aufliegelast** findet sich häufig der der „**Nutzlast**" und für den der **Sattellast** die Begriffe der „Aufliegelast", „Aufsatteldruck", „Aufsattellast" oder „Auflagelast". Korrekt ist ausschließlich der Begriff **Sattellast**. Im Fz-Schein ist die Aufliegelast unter der Ziff. 16 (alt) bzw. 8.1–8.3 (neu) als „zul. Achslast vorn" des Aufliegers enthalten.

Beispiel zur **Berechnung** des zGM eines **Sattelkfz**:

Die zur Berechnung notwendigen Daten sind den **beiden Fahrzeugscheinen** für Zugmaschine und Auflieger zu entnehmen.

Die unten nebeneinander stehenden Fz-Scheine enthalten nur die hierzu erforderlichen Daten. Die übrigen Angaben blieben unberücksichtigt.

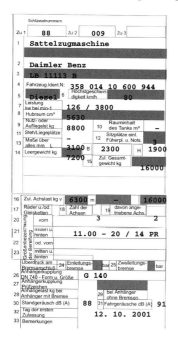 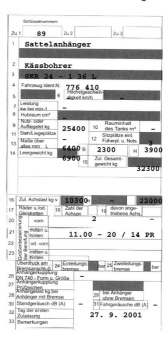

Zulassungsbescheinigung Teil I
(Beschreibung siehe S. 273)

Notwendige Daten (oberer Fz-Schein):

| **Zugmaschine:** | zGM | : | 16 000 kg |
| | Achslast hi./Sattellast | : | 8 800 kg |

| **Auflieger:** | zGM | : | 32 300 kg |
| | Achslast vo./Aufliegelast | : | 10 300 kg |

Berechnung:

	zGM der Zugmaschine	:	16 000 kg
+	zGM des Aufliegers	:	32 300 kg
−	X-Wert (hier: Aufliegelast, da höherer Wert)	:	10 300 kg
=	zGM des Sattelkraftfahrz.		38 000 kg

Bei Zügen mit Starrdeichselanhänger **(Zentralachsanhänger)** aus der Summe der zGM vermindert um die jeweils zulässige höhere **Stützlast** des ziehenden Kfz oder des Anhängers. Die zulässige Stützlast wird im Gegensatz zum alten Fz-Schein in der neuen ZB I unter Ziff. 13 eingetragen.

Bei **Überschreitung** der zGM stellt die Differenz zur tGM (tatsächliche GM) die **Überladung** in kg dar.

| tGM |
| − zGM |
| = Überladung |

Eine Angabe in kg sagt jedoch zunächst nichts über das tatsächliche Ausmaß der vorwerfbaren Handlung (OWi) aus. Daher ist die **Überladung in Prozent** umzurechnen und anzugeben.

Die Umrechnung erfolgt nach der Formel:

$$\text{Ü in \%} = \frac{\text{Ü (kg)} \cdot 100\ \%}{\text{zGM (kg)}}$$

Beispiele:

1 PKW

zGM: 1 250 kg
tGM: 1 500 kg

Lösung:

Überladung:

$$250 \text{ kg} = \frac{250 \text{ kg} \cdot 100}{1\,250 \text{ kg}} \% = \underline{\underline{20 \%}}$$

OWi-Anzeige.

2 LKW + Anhänger (Zug)

	LKW	Anhänger
zGM	20 000 kg	25 000 kg
tGM	20 000 kg	25 000 kg

Eine Überladung der Einzelfahrzeuge (LKW oder Anhänger) liegt nicht vor.

Die zGM eines Zuges berechnet sich aus der Addition der zGM der Einzel-fahrzeuge und wird – soweit hierbei 40 t nicht überschritten werden – grundsätz-lich auf höchstens 40 t bei Fz-Kombina-tionen mit mehr als 4 Achsen, 36 t bei Fz-Kombinationen bis 4 Achsen und 36 t bei 4-achsigen Sattelfz – begrenzt.

Somit beträgt die zGM des Zuges unter Beachtung des § 34 (5) StVZO höchs-tens 40 t.

Überladung:
45 000 kg – 40 000 kg = 5 000 kg

$$= \frac{5\,000 \text{ kg} \cdot 100}{40\,000 \text{ kg}} \% = \underline{\underline{12,5 \%}}$$

OWi-Anzeige.

3 Sattelkfz:
Zugmaschine:
zGM   16 000 kg
Achslast hi./Sattellast   9 200 kg

Auflieger:
zGM   26 000 kg
Achslast vo./
Aufliegelast   10 000 kg

Sattelkfz:
tGM   40 000 kg

zGM (Sattelkfz):
16 000 + 26 000 – 10 000
= 32 000 kg

Überladung:
40 000 kg – 32 000 kg = 8 000 kg

$$= \frac{8000 \text{ kg} \cdot 100}{32000 \text{ kg}} \% = \underline{\underline{25 \%}}$$

OWi-Anzeige.

Bei der gewichtsmäßigen Überwachung von Einrichtungen zur **Verbindung** von Fahrzeugen ist neben der Überladung besonders auf Einhaltung der

– zulässigen Anhängelast (§ 42 StVZO) und
– zulässigen Stützlast (§ 44 StVZO) bei einachsigen Anhängern (Starrdeich-sel-/Zentralachsanhänger)

zu achten.

Unter **Anhängelast** ist das tatsächliche Gewicht mitgeführter Anhänger (einschließlich Ladung) zu verstehen.

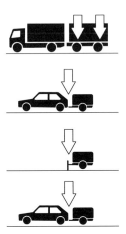

Bei **einachsigen** Anhängern ist hierbei – wie bei der zGM des Zuges – stets die tatsächliche Stützlast abzuziehen, da diese der tGM des ziehenden Fz zuzurechnen ist.[12]

Die Angabe der zulässigen Anhängelast ist im Fz-Schein unter Ziffer 28/29/Ziff. 0.1/0.2 d. ZB I zu finden. Im Übrigen gelten die in § 42 (1, 2) StVZO genannten Höchstwerte.

Unter **Stützlast** versteht man die Last (Kraft/ Druck), die bei **einachsigen** Anhängern über die Anhängerkupplung auf die Kupplung des ziehenden Fz drückt (übertragen wird).

Sie muss stets **positiv** sein, d.h., es muss Last (Druck) in Richtung Fahrbahn vorhanden sein. Bei einachsigen Anhängern hinter Pkw muss die Stützlast z.B. mindestens 4 % der jeweiligen Anhängelast betragen; 25 kg braucht sie jedoch nicht zu überschreiten (vgl. § 44 StVZO).

Neben dieser möglichen (ordnungswidrigen) Unterschreitung ist selbstverständlich eine Überschreitung der jeweiligen Stützlast beim ziehenden Fz oder Anhänger unzulässig. Sind hierbei die Stützlasten von Kfz und Anhänger unterschiedlich, gilt **der geringere** Wert (vgl. Sattelkfz).[13] Auf diese Höchstwerte ist an sichtbarer Stelle sowohl an Kfz (im Kofferraum genügt) wie Anhänger durch ein Schildchen (1) hinzuweisen. Im Übrigen ist sie jeweils auf dem Typschild (2) der **Kupplung/Deichsel** zu finden.

Eine Eintragung erfolgt im Gegensatz zum alten Fz-Schein in der ZB I unter Ziff. 13.

---

[14] BMV v. 24.4.1967 – StV 7 – 8202 K/66.

[15] BMV v. 31.7.1974 – StV 7 – 7103 K/74.

Beispiele:

1 LKW mit Anhänger

LKW:

zGM:	8 000 kg
zul. Anhängelast:	10 000 kg
Wägung: = tGM:	8 000 kg

Anhänger:

zGM:	15 000 kg
Wägung = tGM:	12 000 kg

2 PKW mit Anhänger

PKW:

zGM:	1 350 kg
zul. Anhängelast:	650 kg
Leergewicht:	1 050 kg
zul. Stützlast:	50 kg

Anhänger:

zGM:	800 kg
zul. Stützlast	75 kg

Wägung:

tGM (PKW):	1 450 kg
tGM (Anhänger):	900 kg
tats. Anhängelast:	800 kg
tats. Stützlast:	100 kg

Lösung:

1. zGM (Zug) = 23000 kg
   Überschreitungen der zGM von LKW, Anhänger oder Zug liegen nicht vor.

2. Die zul. Anhängelast liegt im Bereich des gesetzlichen Höchstwertes (1,5fache der zGM).

   Die tatsächliche Anhängelast entspricht hier dem tGM des Anhängers.

   Somit liegt eine Überschreitung um 2 000 kg vor. Die zGM des Anhängers ist ohne Bedeutung.

$$\ddot{U} \% = \frac{2000 \text{ kg} \cdot 100}{10000 \text{ kg}} \% = \underline{\underline{20 \%}}$$

OWi-Anzeige.

1. zGM (Zug) = zGM + zGM – höh.
   Stützlast = 2 075 kg

2. Die zul. Anhängelast (650 kg) liegt im Bereich der gesetzlichen Höchstwerte aus § 42 StVZO.

3. **Überschreitungen:**

3.1 PKW (zGM)

Überladung =	1 450 kg
	– 1 350 kg
=	100 kg

$$\ddot{U} \% = \frac{100 \text{ kg} \cdot 100}{1350 \text{ kg}} \% = \underline{\underline{7,40 \%}}$$

3.2 Anhänger (zGM)

Überladung =	900 kg
	– 800 kg
=	100 kg

$$\ddot{U} \% = \frac{100 \text{ kg} \cdot 100}{800 \text{ kg}} \% = \underline{\underline{12,50 \%}}$$

3.3 zul. Anhängerlast

Überschreitung =	800 kg
	– 650 kg
=	150 kg

$$\ddot{U} \% = \frac{150 \text{ kg} \cdot 100}{650 \text{ kg}} \% = \underline{\underline{23,07 \%}}$$

3.4 zul. Stützlast. Es gilt der geringere Wert.

Überschreitung =	100 kg
	– 50 kg
=	50 kg

$$\ddot{U} \% = \frac{60 \text{ kg} \cdot 100}{50 \text{ kg}} \% = \underline{\underline{100 \%}}$$

Maßnahmen: Stilllegung, OWi-Anzeige (Tateinheit).

9.4 Wägeverfahren

Jede Überladung (Überschreitung der zul. Achslasten/Stützlasten) bringt durch die damit verbundenen negativen Veränderungen des Fahrverhaltens (Bremswegverlängerung, Lenkverhalten bei Kurvenfahrt etc.) eine Gefährdung des Fz selbst und des übrigen Verkehrs mit sich.

Vielfach geschieht die Überladung bewusst und gewollt (zum Teil aus Gewinnstreben), da durch die Überladung die Nutzlast (zGM – Leergewicht) des Fz überschritten wird und sich hierdurch weitere Fahrten erübrigen. In diesem Zusammenhang kommt § 17 (4) OWiG besondere Bedeutung zu, wonach der wirtschaftliche Vorteil, den der Täter aus der OWi gezogen hat, bei der Ahndung zu berücksichtigen ist.

Die Feststellung (Berechnung) erfolgt stets in Prozent, wobei sich die hierzu notwendigen Daten im Einzelfall wie folgt ergeben:

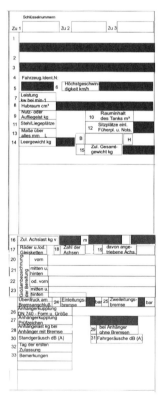

zul. Achslasten:	Fz-Schein, Ziff. 16
Sattellast:	Fz-Schein, Ziff. 9
Aufliegelast:	Fz-Schein, Ziff. 16 vorn
zGM bei	
– Einzelfz:	Fz-Schein, Ziff. 15
– Zügen:	Summe der zGM der Einzelfahrzeuge, jedoch nicht über dem gesetzl. Höchstwert (je nach Fz-Art 28-44 t).
– Sattelkfz:	Summe der zGM der Einzelfahrzeuge minus dem höheren Wert aus Aufliege- und Sattellast (X-Wert), jedoch nicht über dem gesetzl. Höchstwert.
– Anhängern:	Fz-Schein bei zulassungsfreien Anhängern aus dem Fabrik-Schild[14]
zul. Anhängelast:	Fz-Schein, Ziff. 28/29
zul. Stützlast:	Schildchen, Typenschild teilweise unter Ziff. 33 im Fz-Schein eingetragen.

---

[16]   OLG Celle, VM 60, 10.

Zulässige	ZB I, Ziff
① – Gesamtmasse	F.1 / F.2
② – Achslast	8.1 – 8.3
③ – Leermasse	G
④ – Sattel- /Auflieger-/Stützlast	13
⑤ – Anhängelast: (gebremst / ungebremst)	0.1 / 0.2

Überschreitung

Feststellung: Wägung auf einer geeichten Bodenwaage.

Wiegekarte a) tatsächliche Gesamtmasse b) Leergewicht			
	Gewicht		Datum
a)	16 800 kg	B	04.X.2012
b)	7 200 kg	T	amtl. Kennzeichen
	9 600 kg	N	HS-X …

Berechnung:

– kg: tats. Wert (Bruttogewicht) minus zulässigen Wert

– %:
$$\frac{\text{Überschreitung (kg) x 100 \%}}{\text{zul. Wert (kg)}}$$

Verantwortlich für die Ladung (Überladung etc.) ist – wie bereits erwähnt –
– der Fahrer,
– der Halter und im Einzelfall
– sonstige Verantwortliche wie Fuhrparkleiter, Verlademeister oder Geschäfts-führer. *

Der **Verdacht** einer Überladung kann gegeben sein durch
– überhohe Beladung,
– stark durchgedrückte Federstellung,
– X-Stellung der Räder,
– stark durchgedrückte Reifen,
– angegebenes Frachtgewicht (Überschreitung der im Fz-Schein angegebe-nen Nutzlast),
– Überschlagung des Ladegewichts mit Hilfe von Schüttlisten.

---

* Beachte: Keine einseitige Haftungsverteilung zwischen Verlader und Fz-Führer möglich; bei nicht ausreichender Sicherung der Ladung ist die Belastung des Fz mit Gefahrgut verboten (OLG Jena v. 14.10.2005, Dok. Nr. 70722; vergl. OLG Stuttgart, VRS 64, 308 u. VRS 78, 476).

Zwei Beispiele zur Erkennung einer Überladung:

links: durchgedrückte Blattfedern;
rechts: fehlender Freiraum zwischen Reifen und Schutzblech

Bei modernen Schwerfz sind Überladungen jedoch erst ab 20–25 % überhaupt äußerlich erkennbar.[18] Da die Rspr. aus guten Gründen Überladungen in keinem Fall akzeptiert, hat der Fahrer sich so zu verhalten, dass sie grundsätzlich ausgeschlossen sind, d.h., er muss eine Vielzahl von Fahrten mit „Untergewicht" in Kauf nehmen, um so Überladungen in jedem Falle zu vermeiden.

Beweiserheblich geschieht die Feststellung der Überladung jedoch stets nur durch **Wägung auf einer Bodenwaage**. Die Wägung mit Hilfe einer **Raddruckwaage** ist zwar zulässig, jedoch liegt bereits die Eichfehlergrenze bei bis zu 8 % des Fahrzeuggewichts.

Darüber hinaus bietet ihre Handhabung die Möglichkeit weiterer Fehlerquellen, die Anlass zur Anfechtung geben können.

Daher sollte (muss) eine mittels Raddruckwaage festgestellte Überladung stets durch eine Wägung auf einer Bodenwaage kontrolliert und bestätigt werden.

Gemäß § 31c StVZO ist der **Fahrzeugführer** – auf seine Kosten – **verpflichtet**,
– soweit er die **Einhaltung** der Gewichtsgrenzen **nicht glaubhaft** machen kann,
– nach Weisung einer zuständigen Person (Pol.-Beamter),
– dies (Einhaltung) auf einer **Waage** feststellen zu lassen, ggfls. ist ein Abschleppen bei Weigerung zulässig.[19]

Diese **Mitwirkungspflicht** entfällt gemäß § 31c StVZO auch **nicht** – im Gegensatz zur Geräuschmessung (§ 49 Abs. 4 StVZO) – bei einem Umweg von mehr als 6 km. Bei Weigerung kommt als polizeiliche Maßnahme Abschleppen zur Beweissicherung in Betracht.[20]

Dem Führer ist über die Wägung eine Bescheinigung (Wiegekarte) auszuhändigen. **Die Kosten der Wägung** sowie etwaige Um- oder Entladekosten trägt der Halter, soweit eine Überschreitung der zulässigen Werte vorliegt. Bei einer Wägung sind neben der WägeVO die landesrechtlichen Bestimmungen sowie die Merkblätter der Eichdirektionen zu beachten.

---

[18]   OLG Koblenz, 1 Ss 324/96.

[19]   OLG Köln, VM 85, 61.

[20]   OLG Hamm, VM 72, 72; VRS 43, 394.

Grundsätzlich ist Folgendes zu beachten:

Anforderungen an die Waage:

- Die Waage muss gültig geeicht sein und vor jeder Wägung eintariert werden.
- Zu- und Abfahrten müssen mindestens gleich der Brückenlänge (Wiegefläche), jedoch nicht mehr als 8 m, gerade und waagerecht sein.
- Achsweises Wägen bei geneigten Zu- und Abfahrten ist grundsätzlich **untersagt.**

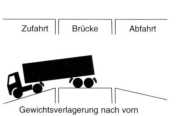

Gewichtsverlagerung nach vorn

Wägung von Einzelfahrzeugen, Zügen und Sattelkraftfahrzeugen:

- Fahrer, Beifahrer sind mitzuwiegen. Bei Weigerung sind je Person 75 kg zuzuschlagen (vergl. § 42 Abs. 3 StVZO).
- Der Motor ist abzustellen.
- Die Bremsen sind zu lösen, ggf. sind Unterlegkeile zu verwenden. Unterlegkeile gehören gemäß § 42 StVZO zum Leergewicht.
- Grundsätzlich ist das Fz, der Zug, das Sattelkfz im Ganzen, also **durch eine Wägung**, zu wiegen.

Ist dies nicht möglich,

- **also ein achsweises Wägen erforderlich**, ist wie folgt zu verfahren:
  - Die Wägungen erfolgen im **abgekuppelten Zustand.**
  - Die zu wägende Achse ist möglichst auf **Brückenmitte** zu bringen.
  - Die Feststellung erfolgt je Fahrzeug durch
    - je zwei Wägungen
      (bei Anfahrt von rechts und links)
    - jeder Achse.
  - Die **tatsächliche Achslast**
    ergibt sich aus dem Mittel der beiden Einzelwägungen je Achse.
  - Die **tGM des Fz**
    ergibt sich aus der Summe der tatsächlichen Achslasten, d.h. dem Mittel aller Wägungen.

Beispiel:

LKW: zGM laut Fz-Schein: 15000 kg

Wägeschritte bei achsweisem Verwägen:

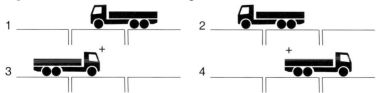

Berechnung:

tats. Achslast vorn:

Wägung 1
+ Wägung 3

$: 2 \ = \ldots\ldots$

tats. Achslast hinten:

Wägung 2
+ Wägung 4

$: 2 \ = \ldots\ldots$

tGM des LKW: =

$= \dfrac{}{- zGM}$

Überladung (kg):

$= \ldots\ldots$

Wägung von Zügen mit einachsigen Anhängern (Starrdeichsel-/Zentralachsanhänger):

Da sich die zGM des Zuges sowie eines einachsigen Anhängers aus Achslast und Stützlast zusammensetzt, die Stützlast aber der tGM des ziehenden Fz zuzurechnen ist, sind zur Feststellung (Überprüfung) aller Überschreitungsmöglichkeiten folgende Wägeschritte erforderlich.

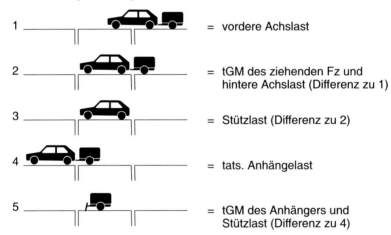

1 = vordere Achslast

2 = tGM des ziehenden Fz und hintere Achslast (Differenz zu 1)

3 = Stützlast (Differenz zu 2)

4 = tats. Anhängelast

5 = tGM des Anhängers und Stützlast (Differenz zu 4)

Unter Berücksichtigung, dass sich die Stützlast auch aus der Differenz der Wägungen 4 und 5 ergibt, kann im Einzelfall auf die Wägung 3 verzichtet werden.[21]

Nicht unerheblich ist der einer Überladung innewohnende wirtschaftliche Vorteil. Eine regelmäßige 10 / 20 %ige Überladung erübrigt jede 11. / 6. Fahrt und stellt hierdurch einen entsprechenden Wettbewerbsvorteil dar, der vielfach bei Angebotsabgabe bereits eingerechnet wird. Im Rahmen der Verfolgung ist an die Abschöpfung des wirtschaftlichen Vorteils zu denken (§ 17 OWiG).

---

[21] Im Einzelfall sind durch landesrechtl. Regelungen alle Wägeschritte vorgeschrieben.

9.5 Übungen

Übungen zu 9.1

Lösungen

Die ... Personenbeförderung wird durch die §§ 21, 23 StVO geregelt.

nichtgewerbliche

Sie ist, von Ausnahmen abgesehen, grundsätzlich verboten auf (in)

–

Wohnwagen (ein- wie doppelachsig),

–

Anhängern (außer: lof Zweck),

–

Ladefläche von Kfz (außer im Baustellenbereich),

–

Krafträdern ohne besonderen Sitz und

–

Zugmaschinen ohne geeignete Sitzfläche.

Für Kinder bis ...
bzw. ...
besteht grundsätzlich ...

zum 12. L-jahr
150 cm Körpergröße
die Pflicht zur Verwendung von Kinderrückhaltesystemen

Durch die Besetzung darf der Fz-Führer nicht in ...

seiner Sicht, seinem Gehör oder sonst in seiner Führung des Fz

beeinträchtigt werden.

Bei Kfz ohne vorgeschriebene SG besteht ...
für ...

ein Beförderungsverbot
Kinder bis zum 3. L-jahr.

Eine Beschränkung der beförderbaren Personenzahl setzt der Gesetzgeber fest bei der Beförderung

–

auf der Ladefläche eines LKW (8 Personen),

–

in KOM.

–

in Anhängern hinter Fahrräder (2/bis z. 7. L-jahr)

In PKW wird die Personenzahl ausschließlich durch ... beschränkt.

die Führerpflichten (§ 23) und die zGM (§ 34 StVZO), da § 21 (1) Sätze 1–3 keine OWi nach § 49 (1) Nr. 20 darstellen.

Übungsfälle:

1 Die Baufirma –A– befördert Arbeiter auf der Ladefläche eines LKW innerhalb einer Baustelle im öVR.

Der Zweck der Fahrt erlaubt die Personenbeförderung auf der Ladefläche.

2 Der Landwirt –B– befördert auf der Ladefläche seines Anhängers 10 Personen zur Feldarbeit.

Auf der Ladefläche von Anhängern ist die Personenbeförderung – außer zu lof-Zwecken – unzulässig. Der Transport ist jedoch nur dann zulässig, wenn für die Personen eine geeignete Sitzfläche vorhanden ist. Gemäß der VwV ist die Ladefläche als solche anzusehen.

3 –C– befördert auf dem Gepäckträger seines Mofas seine Freundin.

Auf Krafträdern ist die Personenbeförderung nur auf besonderen Sitzen zulässig. Ein Mofa ist laut BE einsitzig. Der Gepäckträger stellt keinen besonderen Sitz dar.

Inwieweit die zGM des Mofas überschritten ist, ist gesondert zu prüfen.

4 –D– befördert seine 7-jährige Tochter unter Verwendung der normalen Sicherheitsgurte.

Für Kinder bis zum vollendeten 12. L-jahr (< 150 cm) ist die Verwendung amtl. anerkannter Kinderrückhaltesysteme vorgeschrieben. Owi-Anzeige.

Übungen:

Für ordnungswidrige Ladungen können

– Führer,

– Halter und

– sonstige Beteiligte

verantwortlich gemacht werden.

Gemäß §§ 22 ist die Ladung auch bei einer Vollbremsung/Ausweichbewegung gegen

– Verrutschen/Hin- und Herrollen

– Um- bzw. Herabfallen und

– vermeidbares Lärmen zu sichern.

Hierbei handelt es sich um ein abstraktes Gefährdungsdelikt, d.h., bei Eintritt eines konkreten Erfolges ist …

§ 1 (2) in Tateinheit verletzt.

Kies, Sand, Papier usw. sind gegen Herabfallen besonders durch … zu sichern.

überhohe Bordwände, Plane oder ähnliche Mittel

Soweit die Ladung über die äußeren Umrisse des Fz hinausragt, ist sie nach hinten durch

–

eine rote Fahne (Schild oder Zylinder),

–

Leuchte mit rotem Licht und Rückstrahler (§ 17 StVO)

zu kennzeichnen.

Ein Hinausragen der Ladung nach … ist stets unzulässig; zur Seite jewolls dann, wenn es sich um … handelt.

vorn

schlecht erkennbare Gegenstände wie Platten, Stangen usw.

Übungsfälle:

1 –A– hat sein Surfbrett nur mit einer leichten Kordel auf dem Dach seines PKW befestigt. Das Brett kann jederzeit losreißen.

Ladung (Surfbrett) muss verkehrssicher und gegen Herabfallen gesichert und verstaut werden.

Eine leichte Kordel ist hier keine geeignete Sicherung. VG, bei Gefährdung: OWi-Anzeige.

2 –B– transportiert auf seinem Kleintransporter (VW-Bully) drei Stahlbaumatten, die seitwärts ca. 30 cm hinausragen. Sicherungsmaßnahmen hat er nicht getroffen.

Schlecht erkennbare Gegenstände wie z.B. Stahlbaumatten dürfen grundsätzlich seitwärts nicht überstehen. Zusätzlich zu prüfen ist, inwieweit ein Verrutschen der Matten ausgeschlossen ist. Auch hier sind entsprechende Sicherungsmaßnahmen gefordert. VG, bei Gefährdung: OWi-Anzeige.

3 –C– (lof ZM mit 2 Anhängern) verliert während der Fahrt einige Rüben. Hierdurch wird ein überholendes Fz beschädigt.

Ladung (Rüben) ist sowohl verkehrssicher zu verstauen als auch besonders gegen Herabfallen zu sichern.

Die Schädigung erfüllt darüber hinaus den Tatbestand des § 1 (2) StVO. Unfallaufnahme. VG, bei Gefährdung: OWi-Anzeige.

4 –D– hat seinen PKW derart mit Gepäckstücken vollgeladen, dass er nach hinten keine Sicht mehr hat.

Gemäß § 23 StVO ist der Fz-Führer dafür verantwortlich, dass er nicht durch die Ladung in seiner Sicht – auch nach hinten – beeinträchtigt wird.

Soweit das Fz über einen zweiten Außenspiegel verfügt, ist lediglich zu prüfen, inwieweit –D– ansonsten in der Fz-Führung durch die Ladung beeinträchtigt wird.

Übungen zu 9.3 / 9.4

Lösungen

Überladungen sowie die Überschreitung der zul. Anhänge- oder Stützlast gehören durch ihre Auswirkungen auf das Brems- und Fahrverhalten des Fz zu den gefährlichsten Verkehrsverstößen.

Verantwortlich sind Fahrer, Halter, Belader und sonstige Betriebsinterne, die mit der Ladung beauftragt sind. Bei der Ahndung ist insbesondere § 17 OWiG zu berücksichtigen. Jede Überladung, auch im unteren oder mittleren Bereich, ist zu vermeiden.

Zu bedenken ist die Abschöpfung des wirtschaftlichen Vorteils bei Überladungen.

Als Überladung bezeichnet man die …

Überschreitung der jeweils zul. Achslasten bzw. der zGM.

Die für das Fz geltenden Höchstwerte sind … zu entnehmen.

dem Fz-Schein/der ZB I

Die Überschreitung ist stets in … anzugeben und nach der Formel … zu berechnen.

Prozent

$$\frac{\text{Überschreitung (kg) x 100 \%}}{\text{zul. Wert (kg)}}$$

Die zGM berechnet sich bei Zügen …,

aus der Summe der Einzel-zGM

(zGM + zGM = zGM)

bei Sattelkfz …

aus der Summe der Einzel-zGM vermindert um den höheren Wert aus Sattel- und Aufliegelast

(zGM + zGM – X = zGM)

und bei Zügen mit Zentralachsanhänger

aus der um die höhere zul. Stücklast verminderte Summe der zGM
(zGM + zGM − X = zGM)

Sowohl bei Zügen als auch bei Sattelkfz darf hierbei jedoch der gesetzl. Höchstwert nicht überschritten werden.

Die zul. Anhängelast ist ... zu entnehmen, die zul. Stützlast muss ... angezeigt werden. Im Übrigen ist die zul. Stützlast ... zu entnehmen.

dem Fz-Schein
sichtbar am Fz

den Typenschildern an Kupplung und Deichsel

Die tatsächlichen Gewichtswerte sind grundsätzlich auf ... festzustellen.

einer geeichten und eintarierten Bodenwaage (Brückenwaage)

Hierbei ist die Fz-Einheit grundsätzlich im Ganzen zu wägen.

Soweit eine Wägung im Ganzen nicht möglich ist, ist ... zu verwiegen.

jede Achse jeweils bei Auffahrt von rechts und links

Die tGM ergibt sich dann aus ..., die tats. Achslasten aus ...

dem Mittel aller Wägungen
dem Mittel der beiden jeweiligen Achswägungen.

Bei Zügen ist hierbei stets im abgekuppelten Zustand und mit gelösten Bremsen aber eingelegtem Gang zu verwiegen.

Bei Zugverbindungen mit einachsigen Anhängern ist zur Feststellung

− der tats. Achslasten,

− der zGM von ziehendem Fz und Anhänger,

− der tats. Anhängelast und

− der tats. Stützlast

wie folgt zu verfahren

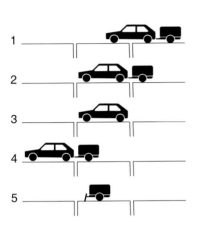

Skizze Nr.	Ermittlung
1	vordere Achslast
2	tGM des ziehenden Fz und hintere Achslast (Differenz zu 1)
3	Stützlast (Differenz zu 2)
4	tats. Anhängelast
5	tGM des Anhängers und Stützlast (Differens zu 4)

Soweit ein Verwiegen im angekuppelten Zustand nicht möglich ist, so genügen die Wägeschritte 3, 4, 5. Bei Wägung 4 ist hierbei darauf zu achten, dass das Stützrad sich außerhalb der Waagenbrücke befindet. Die Differenz aus Wägung 4 und 5 (Stützlast) ist dann zur Feststellung der tGM (PKW) der Wägung 3 zuzuschlagen. Die tatsächl. Achslasten können hierbei jedoch nicht ermittelt werden.

Grundsätzlich ist der ... zur Einhaltung der Gewichtsgrenzen verpflichtet. | Fahrer

Soweit er die Einhaltung zuständigen Personen gegenüber nicht glaubhaft machen kann, ist er ... | gemäß § 31c StVZO verpflichtet, auf Weisung der zuständigen Person (Polizei) das Gewicht auf einer Waage feststellen zu lassen.

Diese Verpflichtung zur aktiven Mitarbeit an der Feststellung besteht grundsätzlich auch, soweit der hiermit verbundene Umweg ... beträgt. | mehr als 6 km gegenüber der vom Fahrer geplanten Streckenführung.

Gemäß § 31 StVZO ist der ... ebenfalls bei ... der Überladung verantwortlich. | Halter Duldung oder der Anordnung

Übungsfälle:

1 Die achsweise Wägung eines LKW ergibt folgende tatsächlichen Achlasten:

vorn: 6 625 kg

hinten: 18 030 kg

–A–, der Führer des LKW, händigt Ihnen folgenden Fz-Schein aus:

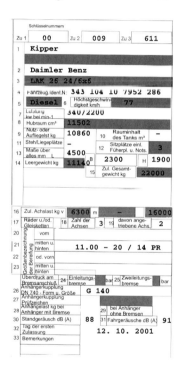

zGM (LKW)

tGM	= 24 655 kg
zGM	= 22 000 kg
Überladung	= 2 655 kg

$$= \frac{2655\ kg \cdot 100}{22000\ kg} \quad \% = \underline{12{,}06\ \%}$$

vordere Achslast:

tats.	= 6 625 kg
zul.	= 6 300 kg
Überladung	= 325 kg

$$= \frac{325\ kg \cdot 100}{6300\ kg} \quad \% = \underline{5{,}15\ \%}$$

hintere Achlast:

tats.	= 18 030 kg
zul.	= 16 000 kg
Überladung	= 2 030 kg

$$= \frac{2030\ kg \cdot 100}{16000\ kg} \quad \% = \underline{12{,}68\ \%}$$

OWi-Anzeige gegen Fahrer und Halter; Stilllegung bzw. Abladen etc.

2 Die Gesamtwägung eines Sattelkfz ergibt ein Bruttogewicht von 40 t. –B–, der Führer des Sattelkfz, händigt Ihnen folgende Fz-Scheine aus:

Da nur eine Gesamtwägung erfolgte, sind die Achslasten nicht überprüfbar.

Berechnung der zGM des

Sattelkfz:

	zGM (ZM):	11 000 kg
+	zGM (Aufl.):	30 200 kg
–	X-Wert	
	(hier: Aufliegelast):	10 200 kg
= zGM		31 000 kg

Berechnung der Überladung:

	tGM:	40 000 kg
–	zGM:	31 000 kg
= Überladung		9 000 kg

$$= \frac{9000 \text{ kg} \cdot 100}{31000 \text{ kg}} \ \% = \underline{29{,}03 \ \%}$$

OWi-Anzeige gegen Fahrer und Halter; Stilllegung, Abladen etc.

3 Da eine Wägung im angekuppelten Zustand nicht möglich ist, ergibt das Verwiegen eines PKW mit einachsigem Anhänger folgende Bruttogewichte:

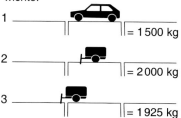

1 = 1 500 kg

2 = 2 000 kg

3 = 1 925 kg

Die zul. Stützlast beträgt 50 kg.

–C–, der Führer des PKW, händigt Ihnen folgende Fz-Scheine aus:

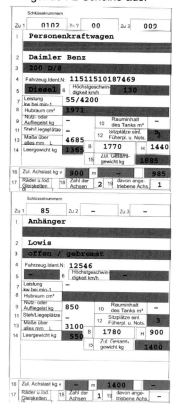

1. Stützlast:

Wägung 2	2 000 kg
– Wägung 3	1 925 kg
	75 kg

2. tGM PKW:

Wägung 1	1 500 kg
+ Stützlast	75 kg
	1 575 kg

3. zGM (Zug):

zGM PKW	1 885 kg
+ zGM (Anhänger)	1 400 kg
– zul. Stützlast	·/. 50 kg
	3 235 kg

Überschreitungen

1. zGM (PKW)
2. zGM (Anhänger)

tGM	2 000 kg
– zGM	1 400 kg
	600 kg

$$= \frac{600 \text{ kg} \cdot 100}{1400 \text{ kg}} \quad \% = \underline{42,85 \%}$$

3. zGM (Zug)

tGM	1 500 kg
+	2 000 kg
	3 500 kg
– zGM	3 235 kg
	265 kg

$$= \frac{265 \text{ kg} \cdot 100}{3265 \text{ kg}} \quad \% = \underline{8,19 \%}$$

4. Stützlast

tats.	75 kg
– zul.	50 kg
	25 kg

$$= \frac{25 \text{ kg} \cdot 100}{50 \text{ kg}} \quad \% = \underline{50,00 \%}$$

OWi-Anzeige gegen Fahrer und Halter; Stillegung des Anhängers, Abladen etc.

4

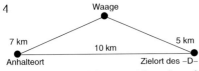

Waage
7 km   10 km   5 km
Anhalteort   Zielort des –D–

–D– weigert sich unter Hinweis auf den damit verbundenen Umweg, mit seinem LKW zur Waage zu fahren, obwohl der LKW offensichtlich überladen ist.

Gemäß § 31c StVZO unterliegt –D– der aktiven Mitwirkungspflicht.

Stilllegung, Abschleppen zur Waage, OWi-Anzeige gegen Führer und Halter.

§ 31c kennt im Gegensatz zu § 49 (4) StVZO (Lärmprüfung) keine Umwegbegrenzung.

5 Im Rahmen einer allg. Verkehrskontrolle halten Sie den LKW (–E–) an.

Aus den mitgeführten Frachtpapieren ergibt sich ein Bruttogewicht der Ladung von 10 t.

–E–, der Führer des LKW, lehnt unter Aushändigung des nachstehenden Fz-Scheins eine Wägung ab.

Die zGM eines Kfz ergibt sich aus Leergewicht und Nutzlast.

Da das Bruttogewicht der Ladung innerhalb der Nutzlastgrenze liegt, ist eine Überladung ausgeschlossen.

Inwieweit eine Überschreitung der Achslasten vorliegt, ist gesondert zu prüfen.

Soweit also keine sonstigen Verdachtsmomente gegeben sind, ist die Weigerung berechtigt, da –E– die Einhaltung der zul. Gewichtsgrenzen glaubhaft machen kann.

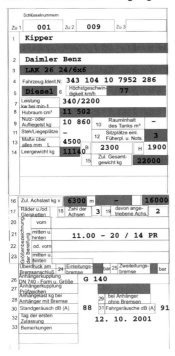

10 Zulassung von Kfz und Anhängern

10.1 Betriebserlaubnis

10.2 Kennzeichen

- Amtliche Kennzeichen
- Versicherungskennzeichen
- Kennzeichenmissbrauch/Urkundenfälschung

10.3 Formen der zulässigen Teilnahme am Straßenverkehr (Zulassungsformen)

- Grundform der Zulassung
- Zulassungsfreie Kfz und Anhänger
- Schleppen/Abschleppen
- Rote Kennzeichen/Kurzzeitkennzeichen
- Ausl. Kfz und Anhänger/FZV (§§ 20–22)

10.4 Pflichtversicherung/Kraftfahrzeugsteuer

Behandelte Rechtsvorschriften:

FZV:	§§ 1–29, 48, 50
	i.V.m. IntAbk, Nato-Truppenstatut, Verkehrsvertrag, PflVersG Ausl.
StVO:	§ 23
StVZO:	§§ 1, 5, 16–24, 27, 27a, 28, 29, 29a, 29b, e, g, 30a, 31, 32, 33, 58, 60, 60a, 61a, 64b, 66a, 70, 72
	Anlagen I–VII zur StVZO
	Richtlinien zur StVZO
	Ausn.VO zur StVZO: 6, 17, 23–25, 28
	Fz-Teile-VO, Techn. Anforderungen an Fz-Teile bei der Bauartprüfung nach § 22a StVZO
	AltfahrzeugVO
	Beispiel-Katalog des BMV zu § 19 StVZO
	EG Fahrzeuggenehmigungs-Verordnung (EG-FGV)
StVG:	§§ 1, 6b ff., 7, 21, 22 ff., 24b
PflVersG:	§§ 1–6 i.V.m. VVG, AKB, PflVersG Ausl.
KraftStG:	§§ 1–9, DurchfVO i.V.m. AO: §§ 116, 370, 378

Die Teilnahme mit Kfz und deren Anhängern am Straßenverkehr stellt ein äußerst komplexes Gebiet mit vielfältigen Problemstellungen in der polizeilichen Praxis dar. Daher zur Darstellung der Komplexität eine Übersicht der möglichen Teilnahmeformen am Straßenverkehr (nächste Seite).

Die folgenden Ausführungen sind weitgehend an den Erfordernissen der alltäglichen polizeilichen Praxis orientiert. Sie können, dürfen und wollen daher nicht jede noch bestehende Ausnahme berücksichtigen, die sich dem Spezialisten auf diesem Gebiet nach langjähriger Erfahrung aufgetan hat.

Aus Verständnisgründen und im Hinblick auf eine möglichst klare Systematisierung soll das Thema in folgenden Schritten behandelt werden:

- Betriebserlaubnis und deren Erlöschen
- Amtliche Kennzeichen/Versicherungskennzeichen/Verfahren/Anbringung und missbräuchliche Verwendung
- Zulassungsformen
- Pflichtversicherung
- Kraftfahrzeugsteuer

Im Folgenden wird ausschließlich auf die geltenden Regelungen der Fahrzeugzulassungsverordnung (FZV) abgestellt, zumal inhaltlich die Änderungen sich in Grenzen halten. Für die bisher bzw. bis dahin zugelassenen/zulassungsfreien FZ gilt im Rahmen der Besitzstandswahrung gem. § 50 FZV altes Recht, also die bisherigen Regelungen der §§ 18 ff. StVZO.

Aus Verständnisgründen aber auch zur Darstellung des bis März 07 gültigen Rechts wird zunächst eine Synopse der wesentlichen Bestimmungen und Rechtsinhalte eingeschoben:

§§ StVZO (alte Regelung)	Inhaltliche Bestimmungen	§§ FZV (neue Regelung)
	Definitionen	2
16, 18	Zulassungsgrundsatz, -pflicht	1, 3
18 (2) 1–5	Zulassungsfreie Kfz	3 (2) 1 a–f
18 (2) 6a–p	Zulassungsfreie Anhänger	3 (2) 2 a–i
18 (3–5), 60 (5), 29e	Voraussetzungen zur Inbetriebnahme (BE, Kennzeichnung, Vers.-Bescheinigung) Zulassungsfreier Kfz/Anhänger	4, 10 (8), 26 (1)
23 (4)	Kennzeichen-Zuteilung (Fahrten)	10 (4)
10	Kennzeichen-Ausgestaltung	60
27	Fz-Schein – Änderungen	11, 13
28	Prüfungs-/Probe-/Überführungsfahrten	16
23 (1c)	Oldtimer	9 (1), 17
23 (1b)	Saisonkennzeichen	9 (3)
23 (1a)	Grüne Kennzeichen	9 (2)
29e, 60a	Versicherungskennzeichen	26 ff.
Vint	Ausländische Kfz	18 ff.
69	Ordnungswidrigkeiten	48
Die wesentl. §§ StVZO	Fallbeispiele	Die wesentlichen §§ FZV
§ 1 StVG, §§ 18 (1), 23, 24, 60 StVZO	Zul.-pflichtiges Kfz, z.B. Pkw -Zul.-Pflicht, BE/Fz-Schein/ZB I, Kz	§ 1 StVG, §§ 1, 2, 3, 8, 10, 11 (5) FZV
§ 1 StVG, §§ 18 (2) 6a, (3, 5), 58,60 (5) StVZO	Zul.-freier Anhänger, z.B. lof -Zul.-freiheit, BE, Wiederholungs-Kz	§ 1 StVG, §§ 1, 3 (2) a, 4 (5), 10 (8) FZV

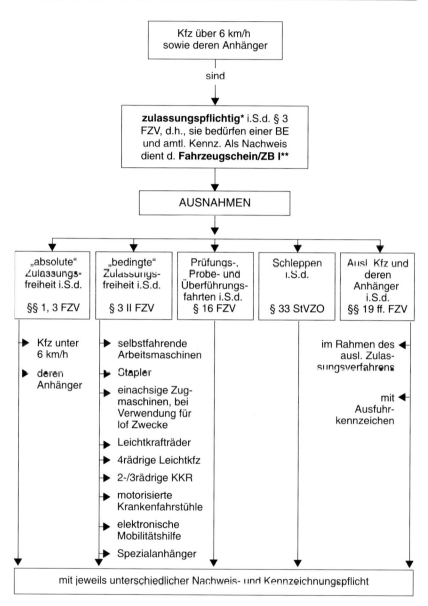

Kfz über 6 km/h
sowie deren Anhänger

sind

zulassungspflichtig* i.S.d. § 3
FZV, d.h., sie bedürfen einer BE
und amtl. Kennz. Als Nachweis
dient d. **Fahrzeugschein/ZB I****

AUSNAHMEN

| „absolute" Zulassungsfreiheit i.S.d. §§ 1, 3 FZV | „bedingte" Zulassungsfreiheit i.S.d. § 3 II FZV | Prüfungs-, Probe- und Überführungsfahrten i.S.d. § 16 FZV | Schleppen i.S.d. § 33 StVZO | Ausl. Kfz und deren Anhänger i.S.d. §§ 19 ff. FZV |

- Kfz unter 6 km/h
- deren Anhänger

- selbstfahrende Arbeitsmaschinen
- Stapler
- einachsige Zugmaschinen, bei Verwendung für lof Zwecke
- Leichtkrafträder
- 4rädrige Leichtkfz
- 2-/3rädrige KKR
- motorisierte Krankenfahrstühle
- elektronische Mobilitätshilfe
- Spezialanhänger

im Rahmen des ausl. Zulassungsverfahrens

mit Ausfuhrkennzeichen

mit jeweils unterschiedlicher Nachweis- und Kennzeichnungspflicht

* FZV → Ausführungsvorschrift zur Zulassungspflicht gem. § 1 StVG.

** Zulassungsbescheinigung Teil I (§ 11 FZV)

10.1 Betriebserlaubnis

Gemäß §§ 1, 3 FZV – als Ausführungsvorschrift zu § 1 StVG – müssen alle
- Kfz über 6 km/h bHG sowie
- deren Anhänger

zum Betrieb auf öffentlichen Straßen von der zuständigen Verwaltungsbehörde durch
- Zuteilung eines amtlichen Kennzeichens und
- Ausstellung der Zulassungsbescheinigung Teil I (ZB I)

zugelassen werden.

Vorraussetzung hierfür ist
- die Erteilung einer BE (oder einer EG-Typengenehmigung bzw. Einzelgenehmigung)
- der Nachweis eines bestehenden Haftpflichtversicherungsvertrages und
- letzlich der Nachweis fehlender Kfz-Steuerschulden

Die bHG ist insbesondere unter Beachtung von § 30 a StVZO zu prüfen.[1] Somit kommt es bei einer Drosselung des Motors (auf 6 km/h) darauf an, dass die technische Veränderung – hier die Rücknahme der Drosselung – wesentlich erschwert und nicht mit „wenigen Handgriffen" möglich ist.

Als Nachweis der Zulassung ist die ZB I gemäß § 11 (5) FZV mitzuführen und zuständigen Personen auszuhändigen.

Als indirekte Voraussetzung der Zulassung ist der Abschluss einer Haftpflichtversicherung zu betrachten; d.h., die Zulassung ist nur durchzuführen, wenn eine Deckungszusage einer Haftpflichtversicherung vorliegt (EVB-Nr.)[2].

Die Folge der Zulassung ist die Steuerpflichtigkeit des Fz.

Bei **Veräußerung** des FZ hat der Veräußerer gemäß § 13 (4) FZV der zuständigen Zulassungsbehörde Name und Anschrift des Erwerbers anzuzeigen.

Bei endgültiger **Stilllegung** ist der Halter/Eigentümer gemäß § 15 (i.V.m. der AltfahrzeugVO) verpflichtet, der Zulassungsbehörde einen **Verwertungs-(Verbleibs-)nachweis** zu erbringen, aus dem sich letztlich eine gemeinwohlverträgliche Entsorgung ergibt. Die Nichtbeachtung stellt eine VOWi dar.

---

[1] § 30a, BayObLG geht in diesen Fällen – bei Drosselung auf 6 km/h – von Zulassungs- und FE-Pflicht aus. Im Rahmen des neuen FE-Rechts ist die bHG-Drosselung auf 6 km/h ohne Bedeutung.

[2] = Elektron. Versicherungs-Bestätigungs-Nr.

Die Stufen der Zulassung

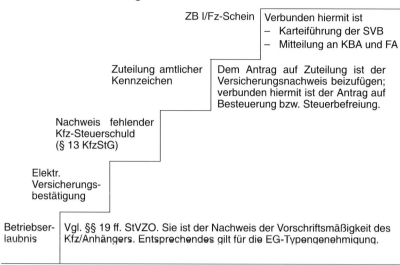

ZB I/Fz-Schein	Verbunden hiermit ist – Karteiführung der SVB – Mitteilung an KBA und FA
Zuteilung amtlicher Kennzeichen	Dem Antrag auf Zuteilung ist der Versicherungsnachweis beizufügen; verbunden hiermit ist der Antrag auf Besteuerung bzw. Steuerbefreiung.
Nachweis fehlender Kfz-Steuerschuld (§ 13 KfzStG)	
Elektr. Versicherungs-bestätigung	
Betriebser-laubnis	Vgl. §§ 19 ff. StVZO. Sie ist der Nachweis der Vorschriftsmäßigkeit des Kfz/Anhängers. Entsprechendes gilt für die EG-Typengenehmigung.

Kfz sowie deren Anhänger, mit denen am Straßenverkehr teilgenommen werden soll, müssen den Vorschriften der StVO, StVZO, den hierzu ergangenen Anweisungen des BMV und der VOEWG 3821/85 entsprechen.

Den öff.-rechtl. Nachweis hierüber bildet die **Betriebserlaubnis** (BE), die gemäß § 19 (1) StVZO bei Vorliegen der o.a. Voraussetzungen zu erteilen ist.

Schematisch dargestellt bedeutet dies:

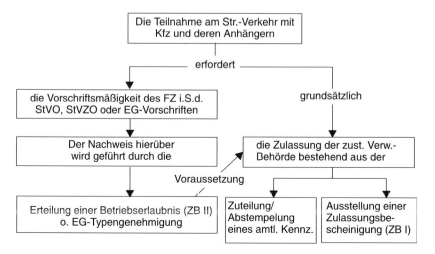

Man unterscheidet zwischen drei BE Arten, nämlich der
- ABE (all. oder Typenbetriebserlaubnis) i.S.d. § 20 StVZO
- EBE (Einzelbetriebserlaubnis) i.S.d. § 21 StVZO und der
- FzTBE (Fahrzeugteilebetriebserlaubnis) i.S.d. § 22 StVZO, die wiederum von der Bauartgenehmigung (BAG) i.S.d. § 22a StVZO zu unterscheiden ist.

Der Begriff der BE soll künftig durch den der **„Nationalen Typgenehmigung"** ersetzt werden. Im Rahmen der polizeil. Praxis sind der BE faktisch die sog. Einzelgenehmigung, die Übereinstimmungsbescheinigung bzw. die Datenbestätigung gleichzusetzen (Vgl. Legaldefinitionen § 2 Nr. 5-8 FZV). Der Einfachheit halber wird im weiteren Verlauf lediglich der BE-Begriff verwendet.

Bei **Serienfahrzeugen**, also reihenweise gefertigten FZ kann
- auf Antrag und Kosten des Herstellers
- vom **KBA** in Flensburg
- nach Prüfung der Vorschriftsmäßigkeit des FZ
- eine **ABE** ausgestellt werden.

Dies gilt für inländische wie ausländische FZ. Das Verfahren ist aus § 20 StVZO ersichtlich.

Als ABE gilt d. ZB II/Fahrzeugbrief, der im Zulassungsverfahren bei Antrag auf Erteilung eines amtl. Kennzeichens vorzulegen ist (§ 8 FZV) und bei **zulassungspflichtigen** FZ nach Ausstellung des Fz-Scheins seine Wirksamkeit erlangt.

Die ABE **erlischt** gemäß § 20 StVZO
- nach Ablauf einer festgesetzten Frist,
- bei Widerruf durch das KBA oder
- wenn der genehmigte Typ nicht mehr den Rechtsvorschriften entspricht.

Eine jederzeitige Nachprüfung der Voraussetzungen für die Erteilung einer ABE durch das KBA ist gemäß § 20 (6) StVZO zulässig.

Bei **Einzelfahrzeugen**, also Fz, bei denen keine ABE vorliegt, erfolgt die Erteilung einer **EBE** durch die Verwaltungsbehörde (SVA/Zulassungsbehörde).

Im Prinzip tritt hier lediglich die Zulassungsbehörde an die Stelle des KBA. Der übrige Weg ist identisch. Das Verfahren ist in § 21 StVZO geregelt.

Für **Fahrzeugteile**, die
- eine technische Einheit bilden und
- im Erlaubnisverfahren selbstständig behandelt werden können,

kann der Hersteller analog den §§ 20, 21 StVZO (ABE/EBE) beim KBA bzw. der jeweiligen Zulassungsbehörde eine FzTBE beantragen.

Beispiele:	
– Abarthanlage (Auspuffanl.)	– Sportlenkrad
– Spoiler	– Sportsitz
– eingetönte Scheiben	– Büffeltank (Krad)
– Doppelbedienung (Fahrschulfz.)	

Der **Einbau**, d.h. die Wirksamkeit der BE dieser Teile kann von der die BE erteilenden Behörde in Form von Bedingungen

- auf bestimmte FZ und/oder
- auf eine bestimmte Art und Weise des Einbaus **beschränkt** und/oder
- von der Abnahme eines a.a.S. (z.B. TÜV) abhängig gemacht werden.

Bei **reihenweise** gefertigten Teilen ist die Übereinstimmung mit dem genehmigten Typ durch Anbringung des vorgeschriebenen Typzeichens zu bestätigen.

Soweit **Abnahmepflicht** besteht bzw. bei **einzelnen gefertigten** Teilen, ist weiterhin eine Eintragung im Fz-Schein, Anhängerverzeichnis oder im BE-Nachweis oder ein Teilegutachten erforderlich.

Im Regelfall erfolgt **keine** Eintragung mehr im Fz-Schein bzw. in der ZB I.

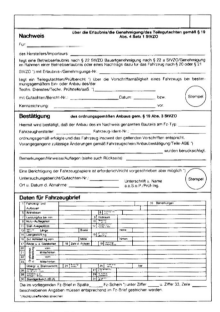

Teilegutachten

Eintragung im Fz-Schein

EG-Betriebserlaubnis

In einer zusammenfassenden Übersicht ergibt sich folgendes Bild:

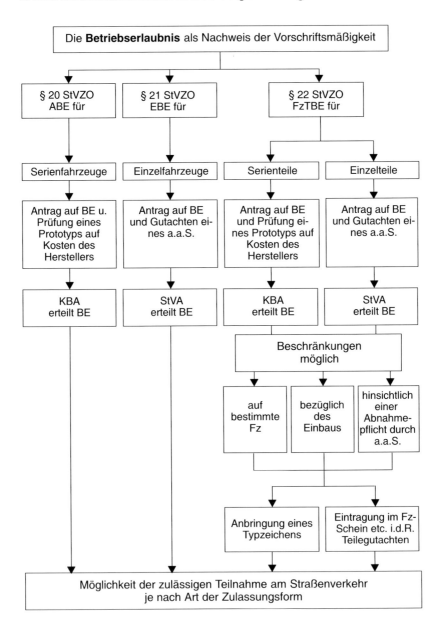

Von der FzTBE ist insbesondere die **Bauartgenehmigung**[3] (ABG) i.S.d. § 22a StVZO zu unterscheiden.

Beispiele:
- Heizungen
- Scheiben
- Verbindungseinrichtungen zw. FZ (Anh.-Kupplung)
- lichttechnische Einrichtungen (ohne Such- und Arbeitsscheinwerfer)
- Sicherheitsgurte
- Beiwagen
- Fahrtschreiber
- Einsatzhorn
- Warndreiecke
- Rückhalteeinrichtungen für Kinder im Kfz

Die Unterschiede zur FzTBE liegen darin, dass
- sich die ABG sowohl auf Fahrzeugteile als auch auf Zubehörteile beziehen kann,
- die ABG neben der Verwendung auch die Herstellung, das Feilbieten, die Veräußerung und den Erwerb erfasst und
- die Teile, die einer ABG bedürfen, im § 22a StVZO abschließend erfasst sind.

Der **Prüfungsumfang** richtet sich neben der StVZO insbesondere nach den Richtlinien des BMV über technische Anforderungen an Fz-Teile bei der Bauartprüfung nach § 22a StVZO, das **Prüfverfahren** nach der **Fahrzeugteileverordnung**.

Für die polizeiliche Praxis ist hierbei von Bedeutung, dass die ABG durch **Prüfzeichen**[4] i.S.d. § 8 FzTVO nachzuweisen ist.

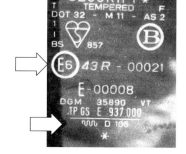

Als Prüfzeichen kommen in Betracht:[5]
- **„E" im Kreis** mit der jeweiligen Landeskennzahl und der Genehmigungsnummer.
- eine **Wellenlinie** von drei Perioden mit Prüfnummer, -stelle und Unterscheidungszeichen der Prüfstellen.

Weitere Prüfzeichen können beispielhaft im Einzelfall sein:
- LT, K, PTR und PTB bei Anbringung der Zeichen vor 1954,
- A mit Prüfnummer für japanische Fz,
- IGM mit Prüfnummer VSP/VS/VT für italienische Windschutzscheiben.

---

[3] Vgl. § 72 StVZO.

[4] Vgl. FzTBE/Typzeichen.

[5] Vgl. VkBL: 62, 246; 65, 292; 66, 123.

Gemäß § 12 (1), 16 FzTVO erlischt die ABG
- nach Ablauf einer festgesetzten Frist,
- bei Widerruf der erteilenden Behörde (KBA),
- wenn sie den Rechtsvorschriften nicht mehr entspricht.

Da die ABG gemäß § 7 FzTVO nur für Teile gilt, die dem genehmigten Muster entsprechen, erlischt diese ebenfalls bei **Veränderung**. So liegt z.b. auch bei nicht vorschriftsmäßigen Schweißarbeiten[6] an einer Einrichtung zur Verbindung von FZ ein Verstoß gegen § 22a StVZO vor, da die ABG erlischt. Dies führt dann weiterhin zum Erlöschen der BE des FZ.

Handel, Erwerb und Verwendung bauartgenehmigungspflichtiger Teile ist nur zulässig, soweit sie mit einem der o.a. Prüfzeichen gekennzeichnet sind. Dies gilt nicht
- für gebietsfremde (ausl.) Fz,
- für Erprobungsfz und
- bei Erteilung einer Einzelgenehmigung.

In den beiden letztgenannten Fällen ist jedoch ein schriftlicher Nachweis (Genehmigung o. Eintragung im Fz-Schein) mitzuführen und zuständigen Personen auf Verlangen vorzuzeigen. Eine entsprechende Vorschrift enthält ebenfalls § 23 StVG (OWi) hinsichtlich des Feilbietens genehmigungspflichtiger Teile.

Von entscheidender Bedeutung für die polizeiliche Praxis ist die Frage des **Erlöschens der BE i.S.d. § 19 (2) StVZO,** da hiermit
- Zulassungsverstöße (OWi), Fahrerlaubnisvergehen
- Pflichtversicherungsvergehen und
- Steuerverstöße (OWi o. Vergehen)

verbunden sein können.

Bei Erlöschen der BE ist grundsätzlich eine neue unter Beifügung eines Gutachtens eines a.a.S. zu beantragen (Vgl. EBE i.S.d. § 21 StVZO).

Wie gefährlich derartige Veränderungen (Tunen/Tuning) sein können, zeigen folgende Zahlen nur bezogen auf das Tunen von „Rollern": 2009 ereigneten sich in Deutschland 19 914 Rollerunfälle, wobei 99 Menschen starben (NRW 5 826 VU mit 21 Toten). Die meisten Toten waren hierbei Jugendliche, die ihre „Roller" getunt hatten und viel zu schnell fuhren.[7]

---

[6] Vgl. Verlautbarungen des BMV „Schweißen" von Anhänger-Zuggabeln.

[7] Geilenkirchener Volkszeitung, 18.7.2011.

In der schematischen Übersicht ergibt sich zunächst folgendes Bild:

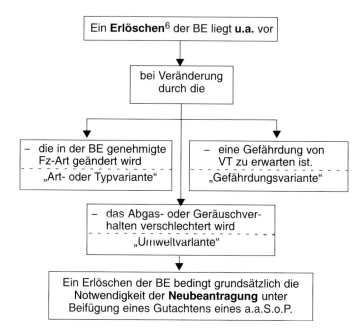

Ein **Erlöschen**[6] der BE liegt **u.a.** vor

bei Veränderung durch die

– die in der BE genehmigte Fz-Art geändert wird

„Art- oder Typvariante"

– eine Gefährdung von VT zu erwarten ist.

„Gefährdungsvariante"

– das Abgas- oder Geräuschverhalten verschlechtert wird

„Umweltvariante"

Ein Erlöschen der BE bedingt grundsätzlich die Notwendigkeit der **Neubeantragung** unter Beifügung eines Gutachtens eines a.a.S.o.P.

Die **Entziehung** der BE kann erfolgen durch

– das **KBA** für die allg. Typen- und Fahrzeugteilebetriebserlaubnis (wird hierbei die BE nachträglich entzogen, so gilt die BE für die bereits gefertigten FZ weiterhin),
– das **StVA** für alle Arten der BE, jedoch stets nur im Einzelfall.

Unter **Stilllegung/Außer-Betrieb-Setzung** versteht man die Zurückziehung aus dem vom Zulassungsverfahren erfassten Verkehr (Vgl. §§ 14 ff. FZV, AltfahrzeugVO).

Von einschneidender Bedeutung für die polizeiliche Praxis sind allerdings nur die Varianten des Erlöschens durch **Veränderung, insbesondere von Fz-Teilen**.[9] Sie sind unabhängig voneinander zu betrachten, sie müssen daher nicht gleichzeitig vorliegen, obwohl dies häufig der Fall ist.

Unter **Veränderung** ist eine aktive menschliche Handlung zu verstehen. Sie muss bewusst willentlich (vorsätzlich) **herbeigeführt** werden.

---

[8] Daneben erlischt die BE bei Stilllegung bzw. Entzug.

[9] Vgl. Beispielkatalog des BMV.

Verschleiß oder Veränderung durch fremdes Tun (z. B Unfall) führt nicht zum Erlöschen der BE. Die **Veränderung** kann durch

- Abänderung,
- Austausch,
- Hinzufügen oder
- Entfernen erfolgen.

Beispiele

Unter **Abänderung** versteht man jede Veränderung im engeren Sinne, wobei Teile bewusst als solche verändert, also anders gestaltet werden.

- Tieferlegung
- Spurverbreiterung

Beim Austausch werden Fahrzeugteile durch typgleiche oder typungleiche Teile ersetzt.

- Speichenlenkrad
- Reifen mit anderen Abmessungen

Als **Hinzufügen** bezeichnet man die zusätzliche Anbringung von **Fz-Teilen**.

- Anhängerkupplung

Ein Erlöschen ist **nicht** zu beurteilen bei einer zusätzlichen Anbringung von **Zubehörteilen**, wie z.B. Nebelscheinwerfer oder Radioantennen.

Soweit bereits vorhandene Teile von dem Hinzufügen betroffen werden, liegt eine Veränderung in Form von Abänderung vor.

- Rahmenverlängerung/-verkürzung

Entfernen bedeutet, Teile werden vom FZ ab- oder angebaut. Hierbei ist es ohne Bedeutung, ob die Teile ganz (ersatzlos) oder nur teilweise entfernt werden.

- Abgasanlage

Bei Kombinationen von Änderungen (Mehrfachänderungen) sind die sich hieraus ergebenden gegenseitigen Beeinflussungen zu beachten (**vergleiche**: Matrix gemäß Teil B des Beispielkataloges).

- Rad/Reifen
- Spoiler

Änderungen, durch die keine Gefährdungen zu erwarten sind, führen zwar nicht zum Erlöschen der BE, können jedoch Verstöße gegen §§ 30, 30 c, 31 oder die jeweilige Beschaffenheitsvorschrift der StVZO darstellen.

Hierbei hat grundsätzliche eine Beanstandung im Rahmen der Hauptuntersuchung gemäß § 29 StVZO oder einer polizeilichen Verkehrskontrolle zu erfolgen.

– Anbau lichttechnischer Einrichtungen
  – Veränderung des Signalbildes
  – beleuchtete Figuren

Die BE erlischt, wenn Veränderungen[10] vorgenommen werden, durch die

– die in der BE genehmigte **Fz-art** geändert wird,	„Art- oder Typ-Variante"
– eine **Gefährdung** von VT zu erwarten ist oder	„Gefährdungsvariante"
– das **Abgas- oder Geräuschverhalten** verschlechtert wird.	„Umweltvariante"

Sofern die BE erloschen ist, ist eine **Neubeantragung** entsprechend § 21 StVZO (Einzel-BE) erforderlich. Bei Verdacht
– kann vom StVA die
  – Beibringung eines Gutachtens oder
  – Vorführung des FZ gefordert werden;
– darf eine Prüfplakette (HU i.S.d. § 29 StVZO) nicht zugeteilt werden.[11]

Beschaffenheitsvorschriften von Fz-Teilen sind für ein Erlöschen der BE ohne Bedeutung, soweit nicht gleichzeitig eine der o. a. Varianten erfüllt wird.

So führt z.B. die Missachtung der Fabrikatsbindung bei Reifen im Fz-Schein grundsätzlich aus Wettbewerbsgründen gemäß der EG-Richtlinie 92/93 nicht zum Erlöschen der BE. Andererseits sind sie nach der Richtlinie 97/24, Kapitel 1, bindend und Kombinatonsvorschriften, z.B. (Fabrikats-) Reifen unter Verwendung einer bestimmten Schwinge, dürften immer zum Erlöschen der BE führen. Per Unbedenklichkeitsbescheinigung sind Erweiterungen wiederum möglich.

---

[10] Vgl. Beispielkatalog (Anhang).

[11] Vgl. § 17 (3) StVZO, § 5 FZV.

Im Bereich der „**Typvariante**" ist es ohne jede Bedeutung für das Erlöschen der BE, ob die Veränderung zu einer **Verbesserung oder Verschlechterung** des technischen Zustandes des FZ führt. Entscheidend ist ausschließlich die Änderung der **Fz-Art.**

Beispiele

LKR:
– Erhöhung des Hubraums > 125 ccm führt zur Einstufung als Krad

KKR:
– Hubraumvergrößerung (>50 <125 ccm) verbunden mit einem Ritzelaustausch zur Erhöhung der bHG führt zur Einstufung als LKR, soweit die Nennleistung nicht über 11 kW liegt.

ZM:
– Vergrößerung der Ladefläche führt zur Einstufung als LKW

Van (8 Fahrgastplätze):
– Ausbau der Sitzbänke führt zur Einstufung als LKW

Anhänger/LKW:
– Umbau in Tankwagen
– Heraufsetzung der zGM

Im Rahmen der **Gefährdungsvariante** erlischt die BE, soweit die Veränderung – auch von Fz-Teilen – dazu geeignet ist, Gefährdungen von VT zu verursachen, also erwarten lässt. Die Gefährdung muss **nicht** konkret eintreten; bloße Vermutungen reichen aber ebenfalls nicht aus.

Die Gefährdung muss „schon etwas konkret" (Begründung VkBL Heft 3/94) zu erwarten sein. D.h. erforderlich ist ein gewisses Maß an Wahrscheinlichkeit, das entweder durch den unsachgemäßen Anbau oder durch den Betrieb begründet werden kann.[12]

Demzufolge genügt zum Erlöschen z.B. nicht die Verwendung nicht im Fz-Schein eingetragener Reifen. Soweit keine Gefährdung zu erwarten ist, bleiben lediglich die Beschaffenheitsvorschriften (§§ 30 ff. StVZO) zu prüfen.

Durch Veränderungen im Bereich
– **Fahrwerk**
  – Räder/ Reifen
  – Spoiler
– **Bremsen**
  – Bremsscheiben
– **Lenkung**
  – Sportlenkrad
– **Motor/Getriebe**
  – Motorleistung
  – Chiptuning
– **Anbau/Hinzufügen**
  – einer Anh.-kupplung
  – Aufkleben von Folien (Scheiben)
  – eines „Sonnendaches"
– **Entfernen**
  – des aut. Geschwindigkeitsreglers

---

[12] OLG Düsseldorf, VM 96, 87; OLG Köln, NZV 97, 283. Vgl. Beispielkatalog (PolFHa, 8-4-1 Bu).

Die **Umweltvariante** trifft nur zu, soweit mit der Veränderung eine **Verschlechterung** der vorgeschriebenen Abgas-/Geräuschwerte verbunden ist.

Von Bedeutung sind hierbei die §§ 47 ff., 49 StVZO und die hierzu ergangenen Richtlinien.

Beispiele

– Wegnahme

– Austausch

– Ausbau von Anlageteilen (Siebe)

– Veränderung der Gemischaufbereitung

Kein Erlöschen der BE ist gemäß § 19 (3) StVZO gegeben

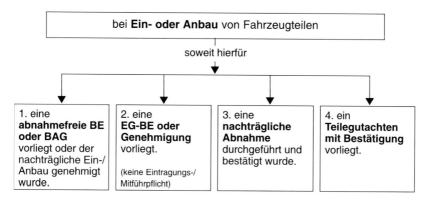

bei **Ein- oder Anbau** von Fahrzeugteilen

soweit hierfür

| 1. eine **abnahmefreie BE oder BAG** vorliegt oder der nachträgliche Ein-/Anbau genehmigt wurde. | 2. eine **EG-BE oder Genehmigung** vorliegt. (keine Eintragungs-/Mitführpflicht) | 3. eine **nachträgliche Abnahme** durchgeführt und bestätigt wurde. | 4. ein **Teilegutachten mit Bestätigung** vorliegt. |

In den Fällen 1, 3 und 4 besteht **Mitführ-/Aushändigungspflicht** der entsprechenden BE oder Genehmigung, soweit nicht im Fz-Schein/Anhängerverzeichnis oder BE der Eintrag mit dem Zusatz „ohne Beschränkung oder Auflagen" erfolgt ist. Im Regelfall erfolgt keine Eintragung mehr im Fz-Schein bzw. in der ZB I, wie das früher – vereinfachend – der Fall war.

Die Überprüfung ist daher in der Praxis nur erschwert per Nachfrage möglich. Mitgeführte Einbaugutachten, Übereinstimmungs- oder Datenbestätigungen reichen i.d.R. aus. Ein Verstoß stellt eine OWi dar, führt aber **nur** zum Erlöschen der BE, soweit nach eingehender Prüfung eine o.a. Variante gemäß Abs. 2 zutrifft.

Abdruck einer EG-Betriebserlaubnis und einer abnahmefreien BE/BAG:

Abdruck einer nachträglichen Abnahme (Anhänger-Kupplung) im Fz-Schein:

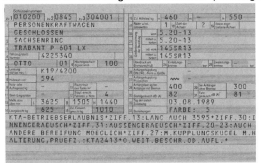

Beachte:

Werkseitig gelieferte Kupplungen müssen weder in der/im ZB/FZ-Schein aufgeführt werden noch muss die BAG/BE mitgeführt werden.

Der inzwischen übliche Verzicht auf Eintrag erschwert bedauerlicherweise die Kontrollmöglichkeiten vor Ort.

Ist die Betriebserlaubnis nach § 19 Abs. 2 oder Absatz 3 Satz 2 erloschen, so darf das Fahrzeug nach § 19 Abs. 5 Satz 1 nicht auf öffentlichen Straßen in Betrieb genommen werden oder dessen Inbetriebnahme durch den Halter angeordnet oder zugelassen werden. Wird ein Fahrzeug trotz Erlöschens der Betriebserlaubnis auf öffentlichen Straßen in Betrieb genommen, so liegt eine Ordnungswidrigkeit nach § 69a Abs. 2 Nr. 1a StVZO vor.

Ausnahmen davon sind allerdings nach § 19 Abs. 5 Sätze 3 bis 5 zulässig bei Fahrten, die in unmittelbarem Zusammenhang mit der Erlangung einer neuen Betriebserlaubnis stehen, wenn sie unter Verwendung der bisherigen, roter Kennzeichen oder Kurzzeitkennzeichen durchgeführt werden.

Erprobungsfahrten („Erlkönige") können im Rahmen des § 19 (6) StVZO erfolgen. Eine entsprechende Eintragung im Fz-Schein muss vorliegen.

Im Einzelnen wird in diesem Zusammenhang auf den **Beispielkatalog des BMV (VkBl. 3/94)**[13] hingewiesen, der für die Beurteilung, ob ein Erlöschen vorliegt oder nicht, von Bedeutung ist.

---

13 PolFHa 8-4-1 Bu.

Erlöschen der Betriebserlaubnis – Beispielkatalog (Auszug):

		Betriebserlaubnis des Fahrzeugs				
		erlischt nicht			erlischt	
		weil keine Genehmigung und / oder Teilegutachten erforderlich	wenn Teilegenehmigung vorhanden und nicht von der Änderungsabnahme abhängig gemacht	wenn Teilegenehmigung vorhanden und von der Änderungsabnahme abhängig gemacht oder Teilegutachten vorhanden	wenn keine Teilegenehmigung oder Teilegutachten vorhanden oder der Verwendungsbereich nicht eingehalten	
Gruppe	Änderung	ohne Einschränkung muß jedoch der StVZO entsprechen	Änderungsabnahme nicht erforderlich Beschränkungen oder Einbauanweisungen müssen aber eingehalten sein	unverzügliche Änderungsabnahme erforderlich	Begutachtung nach § 19(2) Satz 3 / § 21 StVZO hins. d. Änderung erforderlich	Bemerkungen Hinweise auf besonders zu beachtende Vorschriften / Sonderfälle
1	2	3	4	5	6	7
1 Ausrustung	1.1 Rückspiegel (auch Zusatzspiegel bei KOM für Schülerbeförderung)		X	X[1]		§ 56 StVZO; Aufkleben von Weitwinkelspiegeln auf serienmäßige Spiegel unzulässig; [1] zus. Nachweis über Verwendungsbereich erforderlich
	1.2 Einrichtung für Schallzeichen		X			§ 55 StVZO oder EG-Genehmigung
	1.3 Geschwindigkeitsmeßgerät		X			§ 57 StVZO
	1.4 Wegstreckenzähler	X[2]				[2] soweit nicht vorgeschrieben
	1.5 Fahrtschreiber / Kontrollgerät		X[3]			§§ 57a, 57b StVZO; [3] Einbau durch ermächtigte Werkstatt erforderlich
	1.6 Diebstahl – Alarmanlage	X[4]				§ 38b StVZO; [4] ohne Eingriff in Fahrzeugelektronik
	1.7 Sicherheitseinrichtung gegen unbefugte Benutzung		X	X		§ 38a StVZO
	1.8 Wegfahrsperre		X	X		§ 38a StVZO
	1.9 Verlegung des Gaspedals[5]		X	X		[5] Nur für Behindertenumbau
	1.10 Verlegung der Betätigung der Kupplung[5]		X	X		[5] Nur für Behindertenumbau
	1.11 Verlegung der Betätigungseinrichtung für Sekundärfunktionen (z. B. Hupe, Licht, Fahrtrichtungsanzeiger, Scheibenwischer)[5]	X[6]	X			[5] Nur für Behindertenumbau [6] sofern die Original-Bestätigungseinrichtungen erhalten bleiben und die Sicht auf vorgeschriebene Anzeigen und Kontrollleuchten nicht verdeckt werden

Bei der Beurteilung der Frage, ob ein Verstoß vorliegt, ist es vorteilhaft, nach folgendem Fragenkomplex vorzugehen.

Frage	Stichwort
1. Liegt eine vorsätzliche (aktive) Veränderung vor?	aktive Veränderung

Frage	Stichwort

2. Liegt ein(e)
– abnahmefreie BE/BAG
– (EG)BE/-Genehmigung
– nachträgliche Abnahme oder
– Teilegutachten vor?
   Ja: Kein Erlöschen/Verstoß
   Nein: 1. Beschaffenheitsvorschriften prüfen
        2. Prüfung § 19 (2) StVZO
        ↓ Frage 3
	nachgewiesene Ausnahmeerlaubnis:
	– BE/BAG
	– Fz-Schein
	– Anh.-Verzeichnis
	– Prüf oder Typzeichen wie z.B.
	
	〰〰 M 4280
	
	e 1
	88 – 563
	
	E 4
	2439

Frage	Stichwort
3. – Wurde die Fz-Art geändert?	Art-/Typvariante
– Sind Gefährdungen anderer VT zu erwarten?	Gefährdungsvariante

– Verschlechtern sich die Abgas- oder Geräuschwerte?
– Beispielkatalog: aufgeführt/geprüft
   Nein: Verstoß gegen die Mitführpflicht gemäß § 19 StVZO/ OWi/VG
   Ja: Prüfung § 19 (5) StVZO
       ↓ Frage 4
	Umweltvariante

Frage	Stichwort

4. Befindet der Fahrer sich auf der Fahrt zum a.a.S. (TÜV/DEKRA/ etc.)?
   Ja: Kein Verstoß
   Nein: BE erloschen/Verstoß
       Führer: § 19 (5) StVZO
       Halter: § 19 (5) StVZO
	notwendige Abnahmefahrt

Da das Erlöschen der BE nach § 19 (2) StVZO für sich selbst keinen Verstoß darstellt, sind die rechtlichen Auswirkungen stets gesondert zu prüfen.
Hierbei ergeben sich im **Überblick** folgende Möglichkeiten:

BE erloschen bei einem		
Zulassungspflichtigen FZ i.S.d. § 3 (1) FZV	Zulassungsfreien FZ i.S.d. § 3 (2) FZV	
Es liegt kein Verstoß gegen § 3 I FZV vor, da der Verwaltungsakt „Zulassung" nicht erlischt, aber: Erlöschen führt bei Inbetriebnahme auf öffentliche Straßen (Ausnahme beachten) zu OWi gem §§ 19 (5), 69a (2) Nr. 1a StVZO	Veränderung führt zur Zulassungspflicht i.S.d. § 3 (1) FZV Bsp.: LKR → Krad	Zulassungsfreiheit wird durch Veränderung nicht berührt bzw. Veränderung führt zu einer Fz-Art, die ebenfalls zulassungsfrei i.S.d. § 3 (2) FZV ist Bsp.: Mofa → KKR
Owi: Führer und Halter: §§ 19 (2), 19 (5), 69a (2) Nr. 1a StVZO	Owi: §§ 3 (1), 48 Ia FZV/ TBNR 803600 und bei Inbetriebnahme auf öffentlichen Straßen (Ausnahme beachten) tateinheitlich §§ 19 (2), 19 (5), 69a (2) Nr. 1a StVZO	Owi: §§ 4 (1) (6), 48 (1) FZV/ TBNR 804600 und bei Inbetriebnahme auf öffentlichen Straßen (Ausnahme beachten) tateinheitlich §§ 19 (2), 19 (5), 69a (2) Nr. 1a StVZO
Steuer: Kein Verstoß, da Besteuerung bereits erfolgt (Doppelbesteuerungsverbot)	Steuer: – § 1 KraftStG Steuergegenstand: Halten bzw. widerrechtl. Nutzung – Soweit keine Steuerbefreiung gegeben ist; i.d.R. jedoch nur Steuerschuld, kein Verstoß (§ 3 (1) DV-KraftStG) – Mitteilung an FA	Steuer: Kein Verstoß, da zulassungsfreie FZ gem. § 3 KraftStG steuerfrei sind
Versicherung: Kein Verstoß	Versicherung: – i.d.R. dürfte kein Verstoß vorliegen, da ein Versicherungsvertrag gegeben sein sollte	Versicherung: – i.d.R. dürfte kein Verstoß vorliegen, da ein Versicherungsvertrag gegeben sein sollte/ist – Entsteht eine sAM mit einer bbH > 20 km/h, liegt ein Vergehen gegen §§ 1, 6 PfVersG vor, da nun Versicherungspflicht besteht
	Fahrerlaubnisrechtlich ist zu prüfen, ob die FE für das „neue" FZ ausreicht.	

Verstöße gegen Meldebestimmungen (z. B. „Umweltvariante") oder speziellere Ausrüstungsvorschriften bleiben hiervon unberührt.

10.1.1 Übungen

Übungen zu 10.1

Lösungen

Die Betriebserlaubnis (BE) stellt den Nachweis über ... dar.

die Einhaltung der bestehenden Ausrüstungsvorschriften, also den Nachweis über die Vorschriftsmäßigkeit des Fz

Man unterscheidet zwischen

–   ABE für Serienfz (KBA),

–   EBE für Einzelfz (StVA) und

–   FzTBE für Fahrzeugteile (KBA/StVA)

Daneben schreibt § 22a StVZO für dort abschließend aufgezählte Fahrzeug- bzw. Zubehörteile, wie z.B. Kupplungen, Scheiben, Beleuchtungs- oder Warneinrichtungen ... vor. Ohne diese ist die Verwendung der Teile verboten. Die ABG wie FzTBE ist durch ... am jeweiligen Teil nach außen sichtbar zu machen.

ABG (Bauartgenehmigung)

Prüf-/Typzeichen

Die BE ist grundsätzliche Voraussetzung zur Teilnahme am Straßenverkehr mit zulassungspflichtigen wie -freien Fz.

I. d. R. ist die BE bei der Teilnahme mit zulassungsfreien FZ am Verkehr gemäß § ... mitzuführen und zuständigen Personen auszuhändigen.

§ 4 (1) FZV

Gemäß § 19 (2) StVZO erlischt die BE

–   bei endgültiger Stilllegung (ü. 1 J.),

–   bei Entzug durch die erteilende Behörde (KBA o. StVA),

–   bei vorsätzlicher Veränderung, die zu einer
     – Änderung der Fz-Art führt
     – Gefährdung anderer VT führen kann oder zu einer
     – Verschlechterung der Abgas-/Lärmwerte führt.

Bei Erlöschen der BE ist eine Neubeantragung erforderlich (EBE), außer

–   beim Austausch gleicher Teile,

–	bei Erprobungsfz (Eintragung im Fz-Schein),
–	soweit ein(e) 1. abnahmefreie BE/ABG 2. abgenommene BE 3. abgenommene EG-BE oder 4. abgenommenes Teilgutachten vorliegt. In den Fällen 1, 4 besteht Mitführ-/ Aushändigungspflicht. Im Fall 2 ist ggfls. eine entsprechende Eintragung im Fz-Schein/BE vorhanden.
Fahrten zum a.a.S.o.P. bzw. zum StVA im Rahmen der Neubeantragung sind gemäß § ... zulässig.	§ 19 (5) StVZO
Fahrten trotz Erlöschen der BE stellen für Fahrer und Halter bei	
– zulassungspflichtigen FZ …	einen Verstoß gegen §§ 19 (2), 19 (5), 69a (2) Nr. 1a StVZO (Führer/Halter) (OWi) dar.
– zulassungsfreien FZ …	einen Verstoß gegen § 4 (1, 6) FZV (OWi), bei Erlöschen der BE nach § 19 (2) Satz 2 oder (3) Satz 2 zusätzlich in Tateinheit OWi nach §§ 19 (2), 19 (5), 69a (2) Nr. 1a StVZO dar, da keine gültige BE mitgeführt und ausgehändigt wird. Soweit Zulassungspflicht infolge der Änderung eintritt, liegt ein Verstoß gegen § 3 I FZV vor. Weiterhin ist zu prüfen, ob ein Steuerverstoß infolge der widerrechtlichen Benutzung sowie ein Versicherungsvergehen wegen des ggf. fehlenden Versicherungsvertrages vorliegt. Vielfach ist ein FE-Vergehen i.S.d. § 21 StVO zu prüfen.
Darüber hinaus ist zu prüfen, ob Verstöße (OWi) gegen	
–	§ 22a StVZO wegen fehlender ABG
oder/und	
–	§ 30c StVZO wegen verkehrsgefährdender Umrissgestaltung
oder/und	
–	§ 13 FZV wegen Verletzung der Meldepflicht
vorliegen.	

Übungsfälle:

1 –A– versieht die Originalräder seines Pkw mit einem Satz Zierblenden.

Hier liegt keine Veränderung von Fz-Teilen i.S.d. § 19 (2) StVZO vor, so dass die BE nicht erloschen ist. Da ebenfalls davon auszugehen ist, dass es durch Anbringung der Zierblenden nicht zu einer scharfkantigen Umrissgestaltung des FZ kommt, liegt ebenfalls kein Verstoß gegen § 30c StVZO vor.

2 –B– hat die Heckscheibe seines Pkw mit einer Panoramafolie beklebt.

Die BE erlischt nur, soweit die Bruchfähigkeit der Scheibe negativ beeinträchtigt wird (Gef.-Variante) und keine FzTBE vorliegt. Im Normalfall liegt kein Erlöschen vor, ansonsten liegt ohne eine erfolgte Neubeantragung (Voraussetzung: 2. Außenspiegel), ein Verstoß gegen §§ 19 (5), 69a StVZO (OWi) vor. Durch die Veränderung ist gleichzeitig auch die ABG i.S.d. § 22a StVZO hinfällig. Für den Halter ist ein Verstoß nach §§ 19 (5), 69a StVZO FZV zu prüfen. OWi, Mängelkarte, OWi-Anzeige.

3 –C– ersetzt seine alte Abgasanlage durch eine „Kat-Anlage".

Hier liegt kein Erlöschen der BE vor, da hier keine Verschlechterung der Abgaswerte gegeben ist.

4 –E– baut an seinen PKW einen Frontspoiler (mit ABE) an. Die ABE für den Spoiler führt er nicht mit, eine Eintragung im Fz-Schein ist nicht erfolgt.

Hier liegt kein Erlöschen der BE vor, da eine ABE für den Spoiler gegeben ist, dessen Wirksamkeit i.d.R. nicht von einer Abnahme abhängig ist. Das Nichtmitführen der ABE stellt jedoch eine OWi gegen § 19 (4) StVZO i.V.m. § 69a StVZO i.S.d. § 24 StVG dar. VG.

5 –D– hat dem Auspuff-Endrohr seines Pkw eine Auspuffblende aufgeschoben.

Ein Erlöschen der BE dürfte ausgeschlossen sein, da weder eine Gefährdung anderer VT noch eine Verschlechterung der Abgaswerte zu erwarten ist. Vergleiche BMV-Bsp.-Katalog Nr. 8.

6 –E– baut einen nicht typgleichen Schalldämpfer mit ABE an, da der alte durchgerostet ist.

Der Austausch der Schalldämpferanlage (auch bei Ersatz nach Verschleiß) stellt eine Veränderung dar. Eine Neubeantragung der BE entfällt jedoch bei Austausch gleicher Teile. Hierbei wird Typgleichheit gefordert. Dies ist bei dem hier verwendeten Schalldämpfer nicht der Fall. Die Pflicht zur Neubeantragung entfällt jedoch ebenfalls, soweit das veränderte Teil – wie hier gegeben – bereits über eine FzTBE (ABE) verfügt und keine „Abnahmepflicht" besteht. Hiervon kann im vorliegenden Fall ausgegangen werden. Die BE muss mitgeführt werden.

Vergleiche BMV-Bsp.-Katalog Nr. 8.

Ein Erlöschen ist prinzipiell nur in folgenden zwei Varianten denkbar:

– festgestellte höhere Geräuschentwicklung

– nicht serienmäßiger, genehmigter und gekennzeichneter Schalldämpfer.

– Bei Verstoß liegt nur ein Verstoß gegen die Meldepflichten i.S.d. § 48 Nr. 12 FZV vor.

---

7 –F– hat eine Anhängerkupplung mit Prüfzeichen in einer Fachwerkstatt anbringen lassen. Eine Eintragung im Fz-Schein ist nicht vorhanden.

Die Anbringung der Anhängerkupplung stellt eine Veränderung dar, wodurch es zur Gefährdung anderer VT kommen kann.

Vergleiche BMV-Bsp.-Katalog Nr. 6.

Ein Erlöschen der BE ist nur gegeben, soweit kein(e) „Genehmigung/Teilegutachten" vorliegt. Im Einzelfall ist eine Änderung der Fz-Schein-Daten erforderlich.

Soweit der Anbau bereits in der Fz-BE genehmigt wurde, ist nicht einmal eine Anbauabnahme erforderlich. Hier entfällt auch jede Mitführpflicht.

---

8 –G– hat zusätzlich neben weiteren im Fz-Schein eingetragenen Änderungen die Sitze gegen Recaro-Sitze ausgetauscht.

Da Recaro-Sitze über eine ABE verfügen und keine „Abnahmepflicht" hierzu besteht, ist kein Erlöschen zu beurteilen. Die ABE ist im Normalfall mitzuführen. VG.

---

9 Bei der Kontrolle werden am FZ des –H– folgende nachträgliche Einbauten festgestellt: Frontspoiler (mit ABE) und „Nordlandschute" (Klebefolie im oberen Bereich auf der Windschutzscheibe).

Hinsichtlich der „Nordlandschute" gibt –H– an, der TÜV habe diese nicht beanstandet.

Das Aufbringen der „Nordlandschute" lässt die BE nur i.S.d. Gefährdungsvariante erlöschen, soweit die Bruchfähigkeit der Scheibe beeinträchtigt wird. Dies ist fraglich, da gemäß Begründung (VKBl. 3/94; die Gefährdung „schon etwas konkreter" erscheinen muss, so dass nur ein Verstoß i.S.d. § 40 StVZO zu prüfen bleibt.

Die somit erforderliche Neubeantragung der BE hat –H– nicht durchgeführt. Aufgrund der fehlenden Beanstandung durch den TÜV, handelt –H– jedoch in einem „unvermeidbaren Verbotsirrtum", so dass er nicht vorwerfbar handelt.

Der Frontspoiler ist hier ohne Bedeutung, da hierfür eine BE vorliegt, deren Wirksamkeit i.d.R. nicht von einer Abnahme durch einen a.a.S.o.P. abhängig ist.

10 Bei der Kontrolle einer Kawasaki 600 stellen Sie fest, dass nicht die im Fz-Schein vorgeschriebene Reifenmarke verwendet wurde.

Kein Verstoß, die Firmenanbindung ist gemäß EG-Richtlinie 92/93 ohne Bedeutung. Soweit jedoch weitere technische Bedingungen hiermit verbunden sind, ist das Erlöschen weiterhin zu prüfen. Andererseits sind sie nach der Richtlinie 97/24, Kapitel 1, bindend und Kombinatonsvorschriften, z.B. (Fabrikats-) Reifen unter Verwendung einer bestimmten Schwinge, dürften immer zum Erlöschen der BE führen. Per Unbedenklichkeitsbescheinigung sind Erweiterungen wiederum möglich.

11 –A– nimmt mit Hilfe eines „Chiptuning" Motorveränderungen vor.

Infolge der fehlenden Abstimmung (nur über den Hersteller möglich) erlischt die BE.
Verstoß: § 19 (5) StVZO, OWi Anzeige.

12 –L– hat eine Anhängerdeichsel selbst geschweißt

Die Anhängerdeichsel ist gemäß § 22a StVZO bauartgenehmigungspflichtig. Die Schweißarbeiten führen im Rahmen des § 7 FzTVO zum „Erlöschen der ABG" (Bauartengenehmigung), soweit sie nicht nach den Richtlinien des BMV durchgeführt wurden. In diesem Fall liegt eine OWi gemäß der §§ 22a, 69a StVZO, 24 StVG vor. Das Erlöschen der ABG infolge der Schweißarbeiten führt selbstverständlich auch zum Erlöschen der BE gemäß § 19 (2) in Form der Gefährdungsvariante. Verstoß: § 19 (5) StVZO, OWi-Anzeige.

Soweit jedoch weitere techische Bedingungen hiermit verbunden sind, ist das Erlöschen weiterhin zu prüfen. Andererseits sind sie nach der Richtlinie 97/24, Kapitel 1, bindend und Kombinationsvorschriften, z.B. (Fabrikats-) Reifen unter Verwendung einer bestimmten Schwinge, dürfen immer zum Erlöschen der BE führen. Per Unbedenklichkeitsbescheinigung sind Erweiterungen wiederum möglich.

13 –K– hat aus „Schönheitsgründen" die Radkappen abgenommen.

Die Abnahme der Radkappen stellt keine Veränderung von Fz-Teilen i.S.d. § 19 StVZO dar, so dass ein Erlöschen der BE nicht in Betracht zu ziehen ist. Soweit durch die Abnahme der Radkappen jedoch deren scharfkantigen Halterungen hervorstehen, liegt ein Verstoß gegen § 30 c StVZO vor. VG. Ähnlich zu beurteilen sind folgende Varianten:

– scharfkantige Kühlerfiguren,

– scharfkantige Halterungen für Zusatzscheinwerfer,

– Entfernung der Stoßstangen (ohne lichtt. Einrichtung), soweit deren Halterungen stehen bleiben,

– nicht festgelegte Peitschenantennen,

– Abnahme der Radkappen, soweit hierdurch der Achsabschluss ungeschützt freiliegt.

14 –I – drosselt seinen PKW (bHG 150 km/h) auf 6 km/h bHG, da ihm die FE entzogen wurde.

Da Kfz bis 6 km/h bHG zulassungsfrei sind, ist die Frage des Erlöschens der BE nur zu prüfen, wenn Zweifel an der bHG von 6 km/h bestehen oder die Drosselung mit einfachem technischen Aufwand wieder rückgängig gemacht werden kann (Vgl. § 30 a StVZO). Dann sind Verstöße gegen die §§ 3, 48 FZV und 21 StVG zu prüfen.

15 –M– erhöht durch Ritzelaustausch die bHG seines Mofas auf 60 km/h.

Infolge der auf 60 km/h erhöhten bHG, wird das Mofa zum Krad, d.h., die Art des FZ wird geändert. Somit erlischt die BE (Art-/Typvariante). Das Erlöschen der BE ist ebenfalls über die Gefährdungsvariante begründbar. Da das Krad zulassungspflichtig wäre, liegt ein Verstoß gegen §§ 3, 48 FZV vor. Zu prüfen wäre natürlich ebenfalls ein Verstoß gegen § 21 StVG (FE der Kl. A1 als Mindestforderung). Des Weiteren ist ein Steuerverstoß, aber kein Vers.-Vergehen gegeben.

10.2 Kennzeichen

Im öVR betriebene Kfz und deren Anhänger bedürfen i.d.R. einer Kennzeichnung. Dies gewährleistet
- eine schnelle Halter-/Fahrerfeststellung sowie
- eine einfache Überprüfung der rechtmäßigen/zulässigen Teilnahme am Straßenverkehr.

Aufgrund der hiermit verbundenen möglichen Konsequenzen einer falschen Kennzeichnung sind
- im Einzelfall sehr hohe Anforderung an das Zuteilungsverfahren gestellt und
- der Kennzeichenmissbrauch in § 22 StVG unter Strafe (Vergehen) gestellt.

Neben den kennzeichnungsfreien zulassungsfreien FZ i.S.d. § 3 FZV unterscheidet man – je nach Teilnahmeform – folgende Kennzeichnungsformen:

– Namensaufschrift i.S.d. § 4 (4) FZV	**Willi Wichtig** **Firma Trinkgut** **Heidelberg**
– amtl. Kennzeichen i.S.d. § 8 FZV wie deren Wiederholung i.S.d. §§ 4, 10 (8) FZV oder als grünes Kz i.S.d. § 9 (2) FZV	HH·EU 194
– i.S.d. § 8 (1a) FZV als Wechselkennzeichen	XXX XX 10 2H 2
– Saisonkennzeichen i.S.d. § 9 (3) FZV	HH·EU 19 04/10
– Oldtimerkennzeichen i.S.d. § 9 (1) FZV. Das „H" steht für historisches FZ (Oldtimer)	HH·EU 19H
– Rotes Kennzeichen i.S.d. § 16 FZV	HH·06194
– Kurzzeitkennzeichen i.S.d. § 16 FZV	HH·04196 21 11 00
– Ausfuhrkennzeichen i.S.d. § 19 FZV	HH·49 E 21 11 00
– Behördenkennzeichen	HH·9194
– Versicherungskennzeichen i.S.d. §§ 4 (3), 26 FZV	999 VXY
– nationale ausl. Kennzeichen i.S.d. § 21 FZV	NEW YORK ACZ·6051 THE EMPIRE STATE

Keiner Kennzeichnung bedürfen zunächst Fahrzeuge wie Fahrräder, Kutschwagen etc. Im Bereich der Kfz und deren Anhänger bedürfen lediglich die zulassungsfreien FZ i.S.d. § 1 FZV, d.h.
- Kfz bis zu einer bHG von 6 km/h und
- deren Anhänger,

keiner Kennzeichnung.

Namensaufschriften sind zu führen von
- selbstfahrenden Arbeitsmaschinen (sAM),
- Stapler }
- einachsigen lof Zugmaschinen (lof ZM) (bis 20 km/h bHG)

und
- Gespannfahrzeugen.

Die Verpflichtung hierzu ergibt sich aus den § 4 (4) FZV und § 64b StVZO.

Die Namensaufschrift, bestehend aus
- Vorname,
- Zuname und
- Wohnort
  (Fa. und Sitz des Besitzers = Halter i.S.d. § 7 StVG/§ 2 FZV (Firmenname mit Sitzangabe)

ist
- auf der linken Seite des Fz
- in unverwischbarer Schrift

anzubringen.

Keine Namensaufschrift müssen haben
- Kutschwagen,
- Personenschlitten und
- lof-Arbeitsgeräte wie Eggen, Pflüge etc.

Hiervon zu unterscheiden sind jedoch die Arbeitsmaschinen (Anhänger) i.S.d. § 3 (2) 2 d FZV.

Das **Fehlen** der Namensaufschrift stellt eine OWi dar.

Amtliche Kennzeichen sind von
- allen **zulassungspflichtigen** Kfz und Anhängern,
- sAM und Stapler mit einer bHG von mehr als 20 km/h und
- Leichtkrafträdern (LKR), Arbeitsmaschinen (Anhänger) und Sportanhängern
  zu führen.

Grundsätzlich gilt die Kennzeichenpflicht sowohl für Vorder- als auch Rückfront des Kfz, lediglich **ein**spurige Kfz und Anhänger sind hiervon ausgenommen – Quads benötigen somit auch vorne ein amtl. Kennzeichen.[14]

Die Pflicht zur Führung amtlicher Kennzeichen hat im Rahmen des § 29 StVZO die Pflicht zur wiederkehrenden Hauptuntersuchung (TÜV) zur Folge.

Zulassungsfreie Kfz-Anhänger können gemäß § 3 (3) FZV auf Antrag ebenfalls amtliche Kennzeichen erlangen. Sie unterliegen dann den Regelungen des Zulassungsverfahrens.

---

[14] MBuV NRW III B 2–21–11/85–; Merkblatt für die Begutachtung kraftradähnlicher Vierradkraftfahrzeuge (Quads).

Das **Zulassungsverfahren** besteht aus
- der Zuteilung eines amtlichen Kennzeichens und
- der Ausstellung der ZB I.

Es setzt folgende Nachweise voraus:
- die Erteilung einer BE
- das Bestehen eines Kfz-Haftpflichtvertrages und
- den Nachweis fehlender Kfz-Steuer-Schulden.

Die Zuteilung amtlicher Kennzeichen ist in §§ 9 ff. FZV geregelt. Unter Beachtung des hierzu ergangenen Merkblatts des BMV über die Zulassung oder Umschreibung eines Kfz in der BRD, ergibt sich im Einzelfall die Notwendigkeit der in der Übersicht dargestellten Unterlagen:

Das wollen Sie bei der Zulassungsbehörde erreichen:	Diese Unterlagen benötigen Sie dafür:									
	Fragebogen der Zulassungsstelle	Personalausweis	Versicherungsbestätigungskarte	Fahrzeugbrief (ZB2)	Fahrzeugschein (ZB1)	Abmeldebescheinigung	Vollmacht, wenn die Zulassung durch einen Dritten erfolgt	Kennzeichen-Schilder	Bericht der letzten TÜV-Untersuchung	Fahrzeug muss vorgeführt werden
Zulassung eines fabrikneuen Kraftfahrzeuges	X	X	X	X			X			**)
Zulassung eines gebrauchten Kraftfahrzeuges, das das Kennzeichen Ihres Wohnortes trägt	X	X	X	X	X		X			
Zulassung eines gebrauchten Kraftfahrzeuges, das ein auswärtiges Kennzeichen trägt	X	X	X	X	X		X			X
Zulassung eines bisher stillgelegten Kraftfahrzeuges mit Kennzeichen Ihres Wohortes	X	X	X	X		X	X	X		X
Zulassung eines bisher stillgelegten Kraftfahrzeuges mit auswärtigen Kennzeichen	X	X	X	X		X	X			X
Stilllegung eines Kraftfahrzeuges	X			X	X			X		
Ausstellung eines Ersatz-Kfz-Scheines	X	X		X			X		X	
Ausstellung eines Ersatz-Kfz-Briefes	X	X			X		X			
Erneuerung der Zulassungsplakette auf dem amtlichen Kennzeichen	X				X			X		X
Änderung der Fz.-Papiere infolge Wohnortwechsel am gleichen Ort	X	X			X					
Änderung der Fz.-Papiere infolge Namensänderung *)	X	X*)		X	X					
Genehmigung technischer Änderungen mit Eintragung in die Fahrzeugpapiere	X			X	X				X	***)
Ausstellung und Aushändigung eines Probefahrt-Kennzeichens	X	X	X	X		X	X			

*) ggf. Heiratsurkunde
**) grundsätzlich ist die Vorführung des Kfz nach Zuteilung des Kennzeichens erforderlich, da das StVA die Übereinstimmung prüfen muss.
***) Vorführung beim a.a.S.o.P (TÜV) erforderlich, soweit keine ABE oder ABG vorliegt oder deren Wirksamkeit von der Abnahme eines a.a.S. abhängig ist (Vgl. § 19 Abs. 2).

Der **Antrag** auf Zuteilung eines amtlichen Kennzeichens ist am Wohnsitz gemäß §§ 6, 46 (2) FZV zu beantragen.

Soweit der Wohnort des Verfügungsberechtigten vom **regelmäßigen Standort** (Schwerpunkt der Ruhevorgänge) abweicht, wird dieser im Rahmen der Meldepflichten i.S.d. § 6 Abs. 4 Ziff. 1 FZV erfasst.

Dem Antrag auf Zuteilung ist neben
– dem Personalausweis
insbesondere
– die BE des FZ (Fz-Brief ZB II i.d.R.) und
– ein **Versicherungsnachweis**

beizufügen. Mit dem Zulassungsantrag wird gleichzeitig der Anmeldung der Steuerpflichtigkeit nachgekommen. Der Weg der Zulassung lässt sich schematisch wie folgt darstellen.

Antragsteller	Zulassungsbehörde
Antragstellung unter Beifügung von – Personalausweis, – BE (Fz-Brief), – Vorc. Naohwcis	Überprüfung, ob eine Steuerschuld vorliegt[A] Zuteilung des amtl. Kennzeichens Ausfertigung der Zulassungsbescheinigung I
Kauf/Herstellung des zugeteilten Kennzeichens Ggf. Anbringung gemäß § 10 FZV, § 23 StVO Beachte: §§ 6b, 22 ff. StVG	
	Überprüfung und Abstempelung des Kennzeichens mit – Dienstsiegel und – Terminstempel zur nächsten HU/AU
Anbringung des abgestempelten Kennzeichens	Überprüfung der Anbringung selbst sowie der Fz-Angaben auf Übereinstimmung
Zul. Teilnahme am Straßenverkehr	Aushändigung der Zulassungsbescheinigung I Mitteilung an – eigene Karteiführung, – KBA Flensburg, – Finanzamt, – Versicherungsträger (Doppelkarte)

* I.d.R. infolge der Forderung einer Einzugsermächtigung ohne weitere Bedeutung.

Die Anbringung und Ausgestaltung der amtl. Kennzeichen wird durch § 10 wie durch die Anlagen 1–4, 12 FZV bestimmt.

Die **Ausgestaltung** erfolgt nach folgendem Muster:

Unterscheidungszeichen der einzelnen Verwaltungsbezirke A – Augsburg bis ZZ – Zeitz **Verwendung** finden **alle Buchstaben mit Ausnahme von Q**, jedoch einschließlich der Umlaute Ü und Ö.	**Dienstsiegel** der Zulassungsbehörde **Beachte:** § 267 StGB – Urkundenfälschung Der Terminstempel zur nächsten HU (TÜV-Stempel) gehört nicht zu den Ausgestaltungskriterien.	**Erkennungsnummer** gemäß der Anlage 3 zur FZV. A 1 – ZZ 9999 (= ca. 4,2 Mill. Möglichkeiten) Bei FZ der Landes- und Bundesorgane und der Dipl. Corps besteht die Erkennungsnummer nur aus einer Zahlenkombination.

Amtliche Kennzeichen sind grundsätzlich schwarz auf weißem Grund. Eine grüne Beschriftung weist lediglich auf eine bestehende Steuerfreiheit des Halters hin. Diese ist in der ZB I vermerkt (§ 9 [2] FZV).

§ 10 FZV enthält folgende **Anbringungsgrundsätze**.
– Die Ausnahme richten sich nach der Anlage 2 zur FZV.
– Kennzeichen sind **fest** an Vorder- und Rückseite anzubringen.
Ausnahmen: – Bei einachsigen ZM genügt ein vorderes Kennz.
  – Bei Krädern und Anhängern genügt ein hinteres Kennz.
  – Rote Kennz. dürfen auswechselbar sein.

Die Forderung nach fester Anbringung gilt auch für den ruhenden Verkehr. Auch hier genügt nicht das Hinterlegen der Kennzeichen im Fensterbereich.[15]
– Für **hintere** Kennzeichen besteht Beleuchtungspflicht.[16]
– Kennzeichen dürfen weder verdeckt oder verschmutzt sein, noch dürfen sie spiegeln; jedoch reflektierend sein. Der Kraftfahrer ist verpflichtet, eine eventuelle Verschmutzung der Kennzeichen zu prüfen.
– Kennzeichen müssen stets gut lesbar sein (§ 23 StVO). Die Lesbarkeit muss auf ausreichende Entfernung (40 m bei Stillstand des Fahrzeugs – Richtlinie 2009/G2/EG und VO (EU) 1003/2010 [Abl. EU L 198/20 vom 10.7.2009 und L 291/22 vom 5.11.2010]) in einem Winkelbereich von 30° beiderseits der Fahrzeuglängstachse gewährleistet sein.
– Kennzeichen dürfen bis zu 30° in Fahrtrichtung geneigt sein. Eine Neigung der Kennzeichen zur Fahrbahn hin ist nur im Ausnahmefall bis zu 15° zulässig (vgl. EG-Richtl. 20.3.1970, BMV StVO 2 Nr. 2286 K/68 v 6.1.1969).
– Die Anbringung des vorderen Kennzeichens darf nicht unter 20/30 cm über der Fahrbahn erfolgen.

---

15 OVG Lüneburg, AZ: 12 LA 16/08.

16 Beachte 1. VO über Ausn. v.d. FZV.

Wiederholungskennzeichen für zulassungsbefreite Anhänger i.S.d. § 10 (8) FZV müssen nicht abgestempelt sein. Im Übrigen gelten aber die gleichen Ausgestaltungs- und Anbringungsvorschriften.

Neben dem amtlichen Kennzeichen darf lediglich das **Nationalitätskennzeichen „D"** am Kfz angebracht sein.

Im Übrigen ist die Anbringung aller anderen Einrichtungen, die zu **Verwechslungen** mit amtlichen Kennzeichen Anlass geben oder deren Wirkung beeinträchtigen können, gemäß § 10 (11) FZV unzulässig.

Hierunter fallen z.B. weitere Kennzeichen oder Aufkleber wie „BRD", „BY", „CDU", ebenso wie ein verchromtes „D", ein Wappen auf dem Nationalitätskennzeichen oder ein „D" auf farbigem Grund.

Zulässig sind die Schilder „Fahrschule" gemäß § 5 (3) DV FahrlG, Warntafeln mit einer Kennzeichnung nach Anhang B der GGVSEB sowie „CC" und „CD" als Aufkleber (soweit hierzu die besondere Berechtigung besteht, die gemäß § 10 [12] in der ZB I aufzuführen ist.).

Soweit die Erkennbarkeit der amtl. Kennzeichen **vorsätzlich beeinträchtigt** wird, ist § 22 StVG (Kennzeichenmissbrauch) zu prüfen.

Wechselkennzeichen können auf Antrag für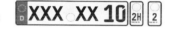
- 2 gleiche Kfz gemäß Anlage XXIV StVZO oder
- 2 zulassungsfreie kennzeichnungspflichtige FZ

des gleichen Halters gemäß § 8 (1a) FZV erteilt werden.

Das gilt nicht für Saisonkennzeichen, rote Kz, Kurzzeitkz oder Ausfuhrkz. Die Nutzung ist jeweils nur für 1 Pkw zulässig, eine Nutzung beider FZ im öVR ist somit rechtens ausgeschlossen. (OWi / 50 € gem. Nr. 175 BKV / § 5 I 6 Kfz Pfl Vers. VO).

Saisonkennzeichen i.S.d. § 9 (3) und **Oldtimer**kennzeichen i.S.d. § 9 (1) stellen erhebliche Vereinfachungen im Zulassungssystem für den Halter dar. Anfangs- und Endmonat der Zulassung ergeben sich aus dem Kennzeichen bzw. lässt das „H" die Zulassung als Oldtimer erkennen.

Fahrten zur Zulassungsbehörde bzw. von dort sind gemäß § 10 (4) FZV unabgestempelt zulässig. Private Erledigungen sind hierbei nicht gestattet.[17]

Versicherungskennzeichen sind gemäß §§ 4 (3), 26 FZV an
- 2-/3rädrige Kleinkrafträdern (KKR[18]),
- maschinell angetriebenen Krankenfahrstühlen (300 kg Leergewicht, 2 Sitze, 30 km/h bHG) und
- 4rädrige Leichtkfz

---

[17] BayObLG, VM 76, 6; OLG Frankfurt/M., VES 44, 376.

[18] Einschließlich FmH und Mofa.

- Anhänger hinter diesen (in Form des Wiederholungskennz. gem. § 27 (4) FZV) und
- elektronische Mobilitätshilfen (§ 2 [2] MobltV)

zu führen, soweit diese im öVR betrieben werden.

Daneben ist die entsprechende **Versicherungsbescheinigung** gemäß § 26 Abs. 1 FZV mitzuführen und zuständigen Personen auf Verlangen auszuhändigen. Durch das Versicherungskennzeichen wird das Bestehen eines gültigen Versicherungsvertrages nachgewiesen.

Sie sind Urkunden i.S.d. § 267 StGB, jedoch keine amtlichen Kennzeichen i.S.d. § 22 StVG.[19]

§ 27 FZV enthält für Versicherungskennzeichen im Prinzip die gleichen Anbringungsvorschriften wie § 10 für amtliche Kennzeichen, d.h.,

- sie müssen gemäß Abs. 3 nur an der Rückseite fest angebracht sein, nach Möglichkeit unter der Schlussleuchte;
- sie dürfen weder verschmutzt noch verdeckt sein und dürfen nicht spiegeln;
- neben dem Versicherungskennzeichen darf lediglich ein Nationalitätszeichen „D" geführt werden;
- Einrichtungen aller Art, die zu Verwechslungen mit Versicherungskennzeichen Anlass geben oder ihre Wirkung beeinträchtigen können, sind unzulässig;
- das Versicherungskennzeichen muss auf ausreichende Entfernung (15 m) gut lesbar sein.

Die Ausgestaltung der Versicherungskennzeichen erfolgt gemäß der Anlage VI und VII zur StVZO nach folgendem Muster:

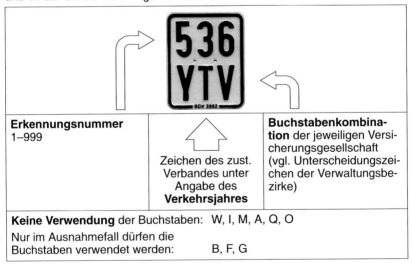

Erkennungsnummer 1–999	Zeichen des zust. Verbandes unter Angabe des **Verkehrsjahres**	**Buchstabenkombination** der jeweiligen Versicherungsgesellschaft (vgl. Unterscheidungszeichen der Verwaltungsbezirke)
Keine Verwendung der Buchstaben: W, I, M, A, Q, O		
Nur im Ausnahmefall dürfen die Buchstaben verwendet werden: B, F, G		

---

[19] BGH, DAR 61, 256.

Versicherungskennzeichen werden stets nur für ein **Versicherungsjahr** ausgegeben, das jeweils am 28./29. Februar endet. Aus Gründen der leichteren Überwachung wechselt daher die Farbe der Versicherungskennzeichen jährlich in der Reihenfolge BGS (**b**lau-**g**rün-**s**chwarz):

2012 blau	2015 blau	2018 blau
2013 grün	2016 grün	2019 grün
2014 schwarz	2017 schwarz	2020 schwarz

Soweit die letzten 2 Jahresziffern durch 3 teilbar sind, ist das Zeichen blau.

Rote Versicherungskennzeichen sind gemäß § 28 für Probe- und Überführungsfahrten zulässig. Die jeweilige Buchstabenkombination der Versicherungsgesellschaft fängt dann stets mit „Z" an.

Verstöße können somit gegeben sind durch
- falsche Ausgestaltung i.S.d. §§ 10, 28, 48 FZV (OWi),
- fehlenden Versicherungsvertrag i.S.d. §§ 1, 6 PflVersG (Verg.) oder
- Urkundenfälschung i.S.d. § 267 StGB (Verg.).

Wegen der besonderen Bedeutung amtlicher Kennzeichen sind
- die Herstellung, der Vertrieb und die Ausgabe sowie
- die Verwendung

besonders geregelt und geschützt.

Gemäß den §§ 6b ff. StVG besteht
- Anzeige- wie Nachweispflicht über Herstellung, Vertrieb und Ausgabe gegenüber der Zulassungsbehörde wie
- Möglichkeiten der Untersagung (des Verbots) durch die Zulassungsbehörde.

Von Beachtung ist hierbei vor allem die Forderung aus § 6b (2) StVG, wonach
- die **Ausgabe nur**
gegen Vorlage eines **amtlichen Berechtigungsscheines** (z.B. einer Empfangsbescheinigung für Verwaltungsgebühren)

zulässig ist.

Strafrechtlichen Schutz genießen diese Bestimmungen durch § 22a StVG, wonach die **missbräuchliche Herstellung oder Ausgabe** mit Freiheitsstrafe bis zu einem Jahr oder mit Geldstrafe bedroht ist (Vergehen). Die **missbräuchliche Verwendung** amtlicher Kennzeichen stellt wiederum ein Vergehen gemäß § 22 StVG dar, wobei die hierin enthaltene Subsidiaritätsklausel gegenüber § 267 StGB (Urkundenfälschung) zu beachten ist.

§ 274 StGB (Urkundenunterdrückung) ist tatbestandsmäßig vielfach ebenfalls verletzt, da die dort geforderte Nachteilszufügung nicht ausschließlich materiell zu sehen ist. Da sie jedoch i.d.R. mitbestrafte Vortat ist, ist sie für die polizeiliche Praxis weitgehend ohne Bedeutung.

In zeitlicher Reihenfolge betrachtet, sind folgende Verstöße denkbar:

1. Phase (Vorbereitung)
- missbräuchliche Herstellung .... § 22a StVG
- missbräuchliche(r) Vertrieb, Ausgabe .... § 22a StVG

2. Phase (Anbringung)
- missbräuchliches Versehen mit .... § 22 (1) StVG
- bei gleichzeitiger Urkundenfälschung .... § 267 StGB

3. Phase (Verwendung)
- missbräuchliche Verwendung (führen im öVR) .... § 22 (2) StVG
- bei gleichzeitiger Urkundenfälschung .... § 267 StGB

Zunächst § 22a StVG in einer kurzen Übersicht:[20]

Rechtsfolge:	FS – 1 Jahr oder GS.
Deliktstyp:	Vergehen, Offizialdelikt, der Versuch ist nicht strafbar.
Rechtsgut:	Sicherheit und Zuverlässigkeit amtlicher Kennzeichen an Kfz und Kfz-Anhängern.
Konkurrenzen:	Gesetzeskonkurenz besteht gegenüber § 267 (Urkundenfälschung), der § 22 StVG als subsidiäre Vorschrift verdrängt. Erweitert wird der durch § 22 angestrebte Schutz durch § 22a StVG, der das „missbräuchliche Herstellen, Verbreiten oder Ausgeben von Kennzeichen" mit FS – 1 J. oder GS bedroht. § 22a StVG ergänzt aber auch § 267, da die unbefugte Herstellung von Kennzeichen mangels eigner Urkundenqualität nicht den Tatbestand der Urkundenfälschung erfüllt.

In § 22a StVG werden somit alle Vorbereitungshandlungen erfasst und mit Strafe bedroht. Dies ist auch im Hinblick auf § 267 StGB (Urkundenfälschung) von Bedeutung, da es sich bei amtlichen Kennzeichen (wenn sie am FZ angebracht sind) stets um zusammengesetzte Urkunden handelt.

Unter § 22a StVG fällt auch der Handel ohne vorherige Anzeige, mit Kurzzeitkennzeichen durch sog. Zulassungsdienste, die Kurzzeitkennzeichen bei verschiedenen StVÄ beantragen und diese dann an weitere Nutzer verkaufen. Durch Änderung der FzV verbietet grundsätzlich § 16 Abs. 2 FzV nun die Weitergabe der Kurzzeitkennzeichen an Andere. Ein Verstoß durch den Käufer liegt nicht vor, es sei denn, dass der Käufer in rechtswidriger Absicht handelt, z.B. um auf einer Diebestour nicht erkannt zu werden.[21]

---

20 Vgl. Lübkemann, 331.

21 BGH, St 17, 97.

In der Fortschreibung beinhaltet § 22 StVG wie § 267 StGB
– Gefährdungstatbestände und
– Verletzungstatbestände,

bei deren gleichzeitigem Vorliegen die Verletzungstatbestände vorgehen.[22]

Keine Urkundenfälschung liegt jedoch vor, wenn das amtl. Kennzeichen (lediglich) mit einem reflektierenden Mittel versehen wird, so dass die Erkennbarkeit bei Blitzlichtaufnahmen beeinträchtigt ist.[23]

Der Erwerb der Kennzeichen unter Angabe falscher Personalien erfüllt u.a. den Tatbestand der mittelbaren Falschbeurkundung (§ 271 StGB).

Tatbestandsmäßig i.S.d. § 22a StVG handelt, wer Kennzeichen (Kz.)

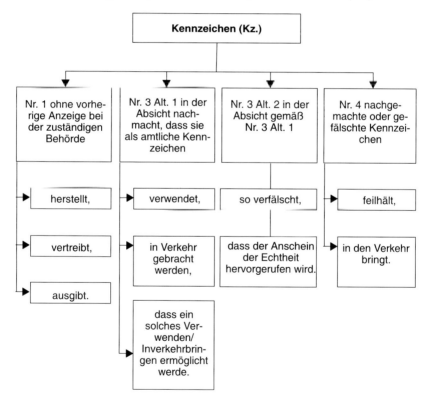

---

22 Thiemer, NZV 2009, 587 ff. m. Bezug auf LG Hamburg (603 Kl 315) und LG Berlin (519 QS 161/06).

23 BGH – 4 StR 71/99.

Tatbestandsmäßig i.S.d. § 22 StVG (Kz-Missbrauch) handelt,

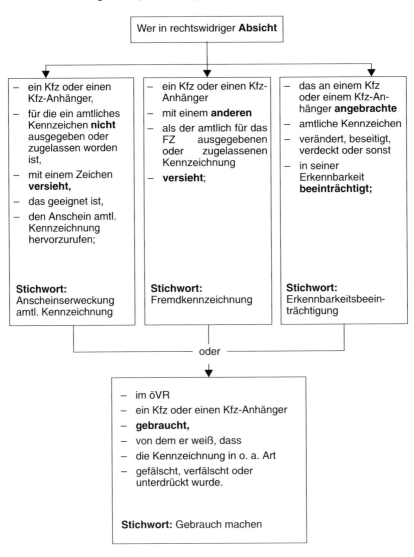

Wer in rechtswidriger **Absicht**

– ein Kfz oder einen Kfz-Anhänger,
– für die ein amtliches Kennzeichen **nicht** ausgegeben oder zugelassen worden ist,
– mit einem Zeichen **versieht,**
– das geeignet ist,
– den Anschein amtl. Kennzeichnung hervorzurufen;

Stichwort:
Anscheinserweckung amtl. Kennzeichnung

– ein Kfz oder einen Kfz-Anhänger
– mit einem **anderen**
– als der amtlich für das FZ ausgegebenen oder zugelassenen Kennzeichnung
– **versieht;**

Stichwort:
Fremdkennzeichnung

– das an einem Kfz oder einem Kfz-Anhänger **angebrachte**
– amtliche Kennzeichen
– verändert, beseitigt, verdeckt oder sonst
– in seiner Erkennbarkeit **beeinträchtigt;**

Stichwort:
Erkennbarkeitsbeeinträchtigung

oder

– im öVR
– ein Kfz oder einen Kfz-Anhänger
– **gebraucht,**
– von dem er weiß, dass
– die Kennzeichnung in o. a. Art
– gefälscht, verfälscht oder unterdrückt wurde.

Stichwort: Gebrauch machen

Da § 22 StVG aufgrund der enthaltenen Subsidiaritätsklausel im Einzelfall hinter § 267 StGB (Urkundenfälschung) zurücktritt, zunächst weiterhin beide Bestimmungen in schematischer Gegenüberstellung:

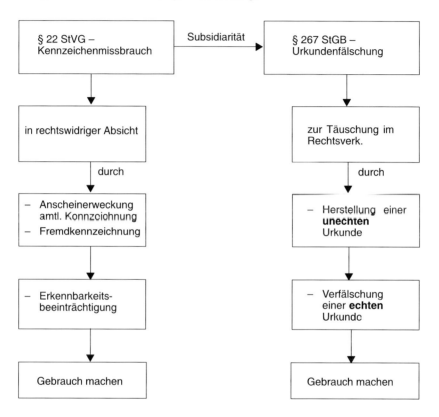

In der Alternative „Anscheinserweckung" wird die unzulässige Anbringung einer Kennzeichnung i.S.d. §§ 3, 4 FZV mit Strafe bedroht, in den Alternativen „Fremdkennzeichnung" und „Erkennbarkeitsbeeinträchtigung" die Veränderung etc. der amtlich vorgesehenen angebrachten Kennzeichnung.

Eine „feste Anbringung" ist im Zusammenhang mit dem TBM „Versehen mit ..." jedoch nicht erforderlich.

Als amtl. Kennzeichen i.S.d. § 22 StVG kommen in Betracht: alle Kz i.S.d. FZV außer Vers.-Kennzeichen.

Amtliche Kennzeichnungen i.S.d. § 22 StVG sind demzufolge:

– die nach den § 3 FZV zugeteilten und nach den Anlagen zur FZV ausgestalteten Kennzeichen, einschließlich ihrer Doppelausgaben i.S.d. § 10 (8) FZV,	HH EU194 HH EU194 XXX XX 10 2H 2
– „altes" Kennzeichen	HH A 444
– Grüne Kennzeichen gemäß § 9 (2) FZV	HH EU194
– Saisonkennzeichen i.S.d. § 9 (3) FZV	HH EU19 04/10
– Oldtimerkennzeichen i.S.d. § 9 (1) FZV	HH EU19H
– Rote bzw. Kurzzeitkennzeichen i.S.d. § 16 FZV	HH 06194 HH 04196 21 11 00
– Ausfuhrkennzeichen i.S.d. 19 FZV	HH 49 E 21 11 00
– Behördenkennzeichen	HH 9194
– ausländische Kennzeichen i.S.d. 21 (1) FZV (nationale ausländische Kennzeichen)	NEW YORK ACZ 6051 THE EMPIRE STATE
– Nationalitätskennzeichen i.S.d. § 21 (2) FZV	D GB F
aber nicht: – Versicherungskennzeichen	536 YTV

Versicherungskennzeichen fallen nicht unter § 22 StVG, wohl jedoch unter § 267 StGB, da es sich auch hierbei in Verbindung mit dem FZ um zusammengesetzte Urkunden handelt.[24]

In Abgrenzung zur amtlichen Kennzeichnung i.S.d. § 22 StVG versteht man unter einer **Urkunde** eine

– verkörperte Erklärung,
  – die aufgrund ihres gedanklichen Inhalts
  – dazu geeignet und bestimmt ist,
– im Rechtsleben
  – eine Tatsache zu beweisen, und
  – ihren Aussteller erkennen lässt.

Eine Urkunde setzt somit
– eine menschliche **Gedankenäußerung** anhand
– bestimmter **Beweiszeichen** voraus, die bestimmt und geeignet sind,

Aussagen über Vorgänge zu machen bzw. gedankliche Mitteilungen zu übertragen.

Hierbei ist – wie bei der amtl. Kennzeichnung – ohne Bedeutung, ob dies nur mit Hilfe weiterer Beweiszeichen und/oder besonderen Auslegungshilfen möglich ist.

Soweit mehrere (verschiedenartige) Beweiszeichen (Kennzeichen und Kfz) erforderlich sind, spricht man von einer **zusammengesetzten** Urkunde.

Soweit eine Behörde innerhalb ihrer amtl. Befugnisse handelt, spricht man von einer **öffentlichen** Urkunde.

Amtliche Kennzeichen sind somit zusammengesetzte, öffentliche Urkunden.

Bei der öffentl. Urkunde ist zur **Herstellung** einer **unechten** Urkunde erforderlich, dass **über den Aussteller** (Zulassungsbehörde) **getäuscht wird**. Dies verlangt in praxi, dass das **Dienstsiegel** gefälscht wird. Hierbei genügt die Anbringung eines **Phantasiestempels** (Karnevalsorden etc.) **nicht**.

Die Alternative „Echte verfälscht" verlangt eine Täuschung über den Urkundeninhalt, allein die Beeinträchtigung der **Lesbarkeit** genügt nicht.

Da es sich bei Kennzeichen um zusammengesetzte Urkunden handelt, also mehrere Beweiszeichen zur sicheren Feststellung erforderlich sind, **stellen Kurzzeitkennzeichen keine Urkunden dar**, da zumindest ein Beweiszeichen, das jeweilige Kfz, ständig wechselt und somit nicht die geforderte auf Dauer gerichtete Verbindung eingeht.[25]

Rote Kennzeichen (zur wiederkehrenden Verwendung) stellen wiederum Urkunden dar,[26] soweit sie im Zusammenhang mit dem Fz-Kauf übernommen werden.

---

[24] BayObLG, VM 78, 3.

[25] OLG Stuttgart, VRS 47, 25.

[26] BayObLG 1 StRR 108/ 2002, NZV 03, 147; BGH 34, 375 (Überführungskz).

In **rechtswidriger Absicht** bedeutet wie zur **Täuschung im Rechtsverkehr** zunächst Vorsatz, wobei bedingter genügt. Weiterhin gehört hierzu die Absicht, falschen Beweis zu erbringen, d.h., es soll die Feststellung bzw. Erkennbarkeit des Kfz (Zulassung, Halter, Führer) erschwert werden.[27]

Anders ausgedrückt bedeutet dies:
 — es soll der Anschein der Echtheit erweckt werden, wodurch
 — Kontrollpersonen (z.b. Polizei) zur Untätigkeit „verführt" werden sollen, um hierdurch
 — die Feststellung des(r) Kfz, Person etc. zu verhindern.

In der Alternative „Gebrauch machen" wird die **wissentliche** Verwendung einer falschen oder in der Erkennbarkeit beeinträchtigten (unterdrückten) Kennzeichnung mit Strafe bedroht.

Hierbei bedeutet „Wissen, dass ..."
 — die Kenntnis von der Fälschung etc. und
 — die Nutzung in rechtswidriger Absicht (bedingter Vorsatz reicht aus) im o.a. Sinn.[28]

§ 274 StGB (Urkundenunterdrückung) ist für die polizeiliche Praxis weitgehend ohne Bedeutung, da sie in aller Regel Vorbereitungshandlung bzw. mitbestrafte Vortat darstellt.

An StPO-Maßnahmen kommt neben der Beschlagnahme als Beweismittel (§ 94 ff.) auch die als Einziehungsgegenstand gemäß § 111b i.V.m. § 282 StGB in Betracht.

---

27 RG St 53, 141; OLG Braunschweig, NRpfl. 51, 209.

28 OLG Stuttgart, VRS 36, 306.

10.2.1 Übungen

Übungen zu 10.2

Grundsätzlich bedürfen im öVR betriebene Kfz und ihre Anhänger einer Kennzeichnung, die eine schnelle Halter-/Fahrerfeststellung und eine einfache Überprüfung der zulässigen Verkehrsteilnahme ermöglicht.

An Kennzeichnungen kennen wir

–   **Lösungen**

–   die Namensaufschrift i.S.d. § 4 (4) FZV,

–   amtl. Kennzeichen einschl. Wechselkennzeichen i.S.d. §§ 8 ff. FZV,

–   Kurzzeit-/rote Kennzeichen i.S.d. § 16 FZV,

–   Versicherungskennzeichen i.S.d. §§ 4 (3), 26 FZV,

–   Oltimerkennzeichen i.S.d. § 9 (1) FZV,

–   Saisonkennzeichen i.S.d. § 9 (3) FZV,

–   grüne Kennzeichen i.S.d. § 9 (2) FZV,

–   Ausfuhrkennzeichen i.S.d. § 19 FZV

         Behördenkennzeichen und

–   nationale ausl. Kennzeichen i.S.d. § 21 FZV

Einer Namensaufschrift bedürfen

–   sAM und Stapler bis 20 km/h bHG,

–   einachsige lof ZM bis 20 km/h bHG,

         Gespannfahrzeuge

Amtliche Kennzeichen benötigen

–   alle zulassungspflichtigen Kfz und Anhänger,

–   sAM über 20 km/h bHG

–   und LKR.

Hiermit verbunden ist die Pflicht zur wiederkehrenden Hauptuntersuchung (TÜV).

Auf Antrag können zulassungsfreie FZ mit amtl. Kennzeichen versehen werden.

Die Zuteilung amtl. Kennzeichen ist wie die Erteilung der BE Teil/Voraussetzung der Zulassung i.S.d. § 3 FZV.

Dem Antrag auf Zuteilung amtl. Kennzeichen ist

-   der Personalausweis,

-   die BE des FZ und

-   ein Versicherungsnachweis (Doppelkarte)

beizufügen.

Ein amtl. Kennzeichen besteht aus

-   dem Unterscheidungszeichen des Verwaltungsbezirks (A–ZZ),

-   dem Dienstsiegel sowie

-   der Erkennungsnummer (A 1 – ZZ 9999).

An Anbringungs- und Ausgestaltungsvorschriften ist gemäß § 10 FZV insbesondere zu beachten, dass

-   die Kennzeichen vorn u. hinten fest anzubringen sind,

-   das hintere Kennzeichen beleuchtet ist und

-   die Kennzeichen weder verschmutzt noch verdeckt sind.

Neben dem amtl. Kennzeichen ist lediglich die Anbringung des Nationalitätszeichens („D") zulässig. Jede weitere Anbringung von Einrichtungen, die zu Verwechslungen mit amtl. Kennzeichen führen können, sind gemäß § 10 (8) FZV unzulässig.

Bei ausländischen Kfz ergibt sich die Pflicht zur Anbringung der Nationalitätskennzeichen aus § 21 (2) FZV, soweit nicht EU-Kennzeichen verwendet werden.

Versicherungskennzeichen benötigen

-   KKR (einschließlich FmH, Mofa)

-   Leichtkfz

-   elektronische Mobilitätshilfen (§ 2 [2] MobltV) und

-   Krankenfahrstühle i.S.d. § 4 (3) FZV

Hierbei ist stets die ... mitzuführen.	Versicherungsbescheinigung
Für die Anbringung gelten die gleichen Anforderungen wie für amtl. Kennzeichen.	
Versicherungskennzeichen bestehen aus	
–	der Erkennungsnummer (1–999) u.
–	der Buchstabenkombination der jeweiligen Versicherungsgesellschaft, wobei die Buchstaben „W, I, M, A, Q, O" keine Verwendung finden.
Sie werden jeweils nur für ein Versicherungsjahr ausgegeben, welches am ... endet.	28./29. Februar des folgenden Jahres
Hierbei wechselt die Farbe wie folgt: 2012 .../ 2013 .../ 2014 ...	BGS = Blau/Grün/Schwarz
Strafrechtlichen Schutz genießen die amtl. Kennzeichen durch die §§ ...	§§ 6b ff. und 22 ff. StVG, 267 StGB
Versicherungskennzeichen genießen lediglich den Schutz aus § ...	§ 267 StGB
Durch die §§ ... werden insbesondere die Herstellung und der Vertrieb geregelt.	§§ 6b ff. und 22a StVG
Durch § 22 StVG (Kennzeichenmissbrauch) und § 267 StGB (Urkundenfälschung) wird insbesondere die unzulässige Verwendung geregelt.	
§ 22 StVG kennt hierbei folgende Alternativen (stichwortartige TBK)	
–	rechtswidrige Absicht,
–	Kfz/Anhänger,
–	Anscheinserweckung amtl. Kennz.,
–	Fremdkennzeichnung,
–	Erkennbarkeitsbeeinträchtigung,
–	Gebrauchmachen.
§ 22 StVG tritt jedoch stets aufgrund der ... hinter § 267 StGB zurück.	Subsidiaritätsklausel
Hierbei ist es erforderlich, dass ... getäuscht wird.	über den Aussteller (Dienstsiegel)
Das TBM der rechtswidrigen Absicht (Täuschung im Rechtsverkehr) erfordert stets ...	Vorsatz wie die Absicht, falschen Beweis zu führen

Übungsfälle:

1 –A– hat an seinem FZ ein Nationalitätszeichen „D" in **weißer Schrift** auf schwarzem Grund sowie einen Heckspoiler mit integrierten Zusatz-Bremsleuchten angebracht, für den eine FzTBE (ohne Abnahmepflicht) vorliegt.

Gemäß § 21 (2) FZV darf neben dem amtlichen Kennzeichen nur das Nationalitätszeichen „D" nach den Ausführungen des IntAbk geführt werden. Beim Nationalitätszeichen handelt es sich um ein Schild mit schwarzem „D" auf weißem Grund in ovaler Form. Gemäß § 10 (11) FZV ist die Anbringung von Einrichtungen (Zeichen), die zu Verwechslungen mit der amtlichen Kennzeichnung führen kann, unzulässig.

Die Zulassung (BE) wird durch den angebrachten Heckspoiler mit integrierten Bremsleuchten nicht berührt, da hierfür eine FzTBE vorliegt, deren Wirksamkeit nicht von einer Abnahme durch einen a.a.S.o.P. abhängig ist. Die ABE ist mitzuführen, wenn keine entsprechende Eintragung im Fz-Schein vorliegt.

Vgl. 43. AusnVO StVZO.

2 –B– hat das vordere Kennzeichen seines FZ auf der Motorhaube (Neigungswinkel ca. 50°) angebracht.

Gemäß § 10 FZV dürfen vordere Kennzeichen im Einzelfall höchstens bis zu 30° geneigt sein. Dieser Neigungswinkel ist hier wesentlich überschritten.

OWi, Mängelkarte, VG.

3 –C– wird mit seinem Mofa am 1.3. bei einer Polizeikontrolle angehalten, weil sein Mofa das Versicherungskennzeichen des Vorjahres aufweist. –C– zeigt eine gültige Versicherungsbescheinigung vor. Zur Anbringung der neuen Kennzeichen hat –C– noch keine Zeit gefunden.

Gemäß §§ 4 (3), 26 FZV hat –C– neben einer Versicherungsbescheinigung als Versicherungsnachweis ein gültiges Versicherungskennzeichen an seinem Mofa nach den Vorschriften des § 27 FZV anzubringen und zu führen. Versicherungskennzeichen verlieren gemäß § 27 (1) FZV ihre Wirkung mit Ablauf des Verkehrsjahres (Februar des nächsten Jahres).

OWi, Mängelkarte, OWi-Anzeige.

Eine Urkundenfälschung kommt wegen der fehlenden Täuschungsabsicht (-möglichkeit) nicht in Betracht.

4 –E– benutzt im Rahmen seiner beruflichen Tätigkeit mehrmals stark verschmutzte Feldwege, wodurch die Kennzeichen des Pkw stark verschmutzten und fast unkenntlich sind.

Ein Verstoß gegen § 22 StVG oder § 267 StGB kommt nicht in Betracht, da es –E– an der Täuschungsabsicht fehlt. Gemäß § 23 StVO und § 10 FZV sind Kennzeichen jedoch stets sauber und gut lesbar zu halten. Ggf. sind sie zwischenzeitlich zu säubern. OWi. VG.

5 –F– übermalt die Buchstaben-/Zahlenkombination seines ungültigen Versicherungskennzeichens mit der jeweils geltenden Farbe.

Urkundenfälschung, § 267 StGB. Gleichzeitig liegt ein Verstoß gegen die §§ 1, 6 PflVersG vor. Vergehen, Anzeige. Tateinheit mit OWi i.S.d. §§ 4 (3), 26, 48 FZV.

6 –G– besprüht sein Kennzeichen mit reflektierendem Lack.

Kein Verstoß gegen § 267 StGB, jedoch ein Vergehen i.S.d. § 22 (2) 3 StVG, da die Erkennbarkeit des Kennzeichens z.B. bei Blitzlichtaufnahmen beeinträchtigt wird/werden kann (in rechtsw. Absicht).

7 –H– hat seinen Pkw bei der Verwaltungsbehörde seines 1. Wohnsitzes angemeldet. Überwiegend hält er sich jedoch mit seinem FZ an seinem Studienort, dem 2. Wohnsitz auf.

Grundsätzlich ist ein zulassungspflichtiges Kfz (hier Pkw des –H–) am 1. Wohnsitz anzumelden. Andererseits besteht zwischen dem 1. und 2. Wohnsitz eine Wahlmöglichkeit, so dass hier kein Verstoß vorliegt. –H– muss jedoch im Rahmen des § 13 FZV der Zulassungsbehörde seinen 2. Wohnsitz mitteilen. Der regelmäßige Standort wird im Rahmen des § 6 (4) 1 FZV erfasst.

8 –I– bringt das von der Zulassungsbehörde für seinen Pkw zugeteilte Kennzeichen am Pkw an, um ihn zur Abstempelung bei der Zulassungsbehörde vorzuführen. Hierbei erledigt er gleichzeitig einige andere Besorgungen.

Die Fahrt zur Abstempelung (Entstempelung) ist gemäß § 10 (4) FZV mit den ungestempelten, aber zugeteilten Kennzeichen zulässig. Unzulässig ist jedoch die Verbindung mit weiteren Tätigkeiten wie Transport oder sonstige private Erledigungen. Der Zulassungsantrag muss von –I– nicht mitgeführt werden, OWi, OWi-Anzeige.

9

Kennzeichen müssen so angebracht sein, dass sie in einem Winkelbereich von 30° beiderseits zur Längsachse des FZ auf ausreichende Entfernung lesbar sind. Gemäß BMV genügt im Einzelfall ein Winkelbereich von gesamt 45°. Die Anbringung der Zusatzscheinwerfer beeinträchtigt somit die Lesbarkeit des Kennzeichens und ist unzulässig. OWi, VG, Mängelkarte.

10

Einrichtungen, die zu Verwechslungen mit amtlichen Kennzeichen Anlass geben können, sind gemäß § 10 (10–12) FZV unzulässig. Das „HS" kann hier zu Verwechslungen mit anderen Nationalitätskennzeichen wie z.b. „H", „HK" oder „LS" führen. OWi. VG.

11 –J– hat das vordere Kennzeichen seines Porsche auf die Fronthaube geklebt.

Kennzeichen müssen grundsätzlich senkrecht angebracht sein, lediglich im Einzelfall ist eine Neigung bis 30° zulässig. Somit liegt, soweit keine Ausnahmeregelung besteht, eine OWi vor. VG, Mängelkarte.

12 –K– bringt ein 3 Jahre altes entstempeltes Kennzeichen an seinem nicht mehr zugelassenen Pkw an, um eine Probefahrt zu machen.

Urkundenfälschung kommt nicht in Betracht, da nicht über den Aussteller (Dienstsiegel) getäuscht wird. Somit liegt ein Verstoß gegen § 22 (1) 1 StVG tatbestandsmäßig vor, da –K– ein Kfz (Pkw), für das noch kein Kennz. ausgegeben ist (fehlende Zulassung i.S.d. § 3 FZV, mit einem Zeichen, das geeignet ist, den Anschein amtlicher Kennzeichnung (altes, entstempeltes amtl. Kennz.) hervorzurufen, versieht. –K– handelt auch in rechtswidriger Absicht, da zum einen vorsätzliche Anbringung gegeben ist und er den Eindruck der gültigen Zulassung erwecken will, um Kontrollpersonen von einer Überprüfung abzuhalten.

13 –L– versieht sein Lkr mit dem abgestempelten Kennzeichen eines Pkw, um im Hinblick auf Verstöße unerkannt fahren zu können.

Die „Beschaffung" der Kennzeichen (Diebstahl etc.) soll hier nicht behandelt werden.

§ 22 (1) 2 StVG – Fremdkennzeichnung – ist hier tatbestandsmäßig erfüllt. Aufgrund der Subsidiaritätsklausel ist jedoch § 267 StGB – Urkundenfälschung – gesondert zu prüfen. Da es sich bei Kennzeichen um zusammengesetzte Urkunden handelt, stellt die Anbringung eines gültigen amtlichen Kennzeichens an einem anderen Kfz (Beweiszeichen) eine Urkundenfälschung dar.
BayObLG 2 St 347/78.

14 –M– benutzt einen Pkw, an dem er die entstempelten Kennzeichen nach der Abmeldung belassen hat.

Zunächst ist festzuhalten, dass Fahrten zur Abstempelung der Kennzeichen und Rückfahrten nach Entfernung des Stempels durch die Zulassungsbehörde mit ungestempelten Kennzeichen im Zulassungsbezirk selbst sowie im benachbarten gemäß § 10 (4) FZV zulässig sind.

Weiterhin sind hier Verstöße gegen § 22 StVG oder § 267 StGB nicht möglich, da es entweder am Tatbestandsmerkmal „versehen mit ..." mangelt oder nicht über den Aussteller (Dienstsiegel) getäuscht wurde.

Alle über § 10 (4) FZV hinausgehenden Fahrten stellen aber OWi i.S.d. § 3 (1) FZV (fehlende Zulassung) sowie Vergehen i.S.d. §§ 1, 6 PflVersG und § 369 AO dar.

15 –N– entfernt zunächst die entstempelten Kennzeichen, bringt sie jedoch später wieder am gleichen Kfz an, um unbeanstandet fahren zu können.

§ 22 (1) 1, (2) StVG Kennzeichenmissbrauch um die Alternative der „Anscheinserweckung".

Da das FZ genutzt wurde, liegt ein Verstoß gegen Abs. 2 vor. (Die bisherige Rechtsprechung des BayObLG dürfte durch die neue FZV nicht mehr aufrecht zu erhalten sein.)

Dies gilt nicht, soweit das FZ endgültig stillgelegt wurde (länger als 1 Jahr abgemeldet/Jahresfrist) oder sonst wie aus der Überwachung des StVA entlassen wurde (§ 46 [1] FZV).
BayObLG, VM 80, 83.

16 −O− verändert das Kennzeichen AC − X 586 in AC − Y 588, um unbeanstandet fahren zu können.

Tatbestandsmäßig ist § 22 (1) 3 StVG gegeben, jedoch ist § 267 StGB gesondert zu prüfen. Die Veränderung des Kennzeicheninhalts stellt zweifellos eine Urkundenfälschung (Echte verfälscht) dar, so dass § 22 StVG hinter § 267 StGB zurücktritt.

Die Veränderung muss von dauerhafter Natur sein, sonst liegt „nur" ein Verstoß gegen § 22 StVG vor.

17 −P− benutzt ein ihm nicht zugeteiltes Kurzzeitkennzeichen, um unbeanstandet fahren zu können.

§ 267 StGB − Urkundenfälschung − nicht in Betracht, da rote bzw. Kurzzeitkennzeichen keine Urkunden i.S.d. Bestimmung darstellen. Deren Benutzung erfüllt jedoch den Tatbestand der Alternative „Anscheinserweckung" i.S.d. § 22 (1) 1 StVG. Da −P− das Kfz im öVR benutzt, liegt ein Verstoß gegen Abs. 2 − Alternative „Gebrauch machen" vor, der je nach Entschlussfrage dem Abs. 1 vorgeht. Liegt aber bei Anbringung und Nutzung jeweils ein gesonderter Entschluss vor, ist Tatmehrheit gegeben.

Kein Verstoß bei roten Kennzeichen zur wiederkehrenden Verwendung, bzw. der Verwendung von Kurzzeitkennzeichen, die im Zusammenhang mit dem Fz-Kauf vom Halter als Fz-Verkäufer oder von einer/m „Zulassungshilfe/-dienst übernommen/gekauft werden. Die „Zulassungshilfe" verstößt gegen § 16 (2) FzV (Verkauf der Weitergabe des Kurzzeitkennzeichen durch den Antragsteller) sowie gegen § 22a (1) StVG (ohne vorherige Anzeige) (OLG München, 4 StRR 171/10).

OLG Stuttgart, VRS 47, 25; BayObLG 88, 3 (wiederkehrende Verw.; auch kein Verstoß gegen PflVersG, nur gegen die AO).

18 −Q− ändert das Versicherungskennzeichen seines KKR im Inhalt ab, um unbeanstandet fahren zu können.

Versicherungskennzeichen sind keine amtlichen Kennzeichen i.S.d. § 22 StVG. Da aber jedem Versicherer bestimmte Erkennungsnummern zugeteilt sind (§ 26 FZV), ergibt sich aus dem Kennzeichen zugleich, von welchem

19 –R– schaltet bei einer nächtlichen Verfolgungsfahrt das Licht aus, um unerkannt fliehen zu können.

20 –S– löst das Siegel und den TÜV-Stempel von seinem ihm für sein Krad zugeteilten Kennzeichen (20 x 24 cm) ab und bringt sie auf einem (Lkr-)Kennzeichen der Größe 13 x 24 cm gleichen Inhalts an.

21 –T– vertreibt und verwendet sog. „Anti-Blitz-Folien".

Versicherer es ausgegeben ist. Somit bestehen – trotz fehlender Abstempelung – keine Bedenken dagegen, das Versicherungskennzeichen als eine vom Versicherer ausgestellte Urkunde anzusehen, durch die der Abschluss eines Versicherungsvertrages bezeugt wird. Die Veränderung des Kennzeicheninhalts stellt somit eine Urkundenfälschung (Echte verfälscht) dar. Der Verletzungstatbestand „Gebrauch machen" verdrängt hierbei ebenfalls den o. a. Gefährdungstatbestand.

BayObLG, VM 78, 3.

Urkundenfälschung kommt nicht in Betracht, da allein die Beeinträchtigung der Lesbarkeit des Kennzeichens keine Verfälschung des Inhalts darstellt. Das Ausschalten des Lichts beeinträchtigt jedoch die Erkennbarkeit der amtl. Kennzeichnung i.S.d. § 22 (1) 3 StVG (Alternative: Erkennbarkeitsbeeinträchtigung).

OLG Stuttgart, VRS 34, 69.

Hier liegt Urkundenfälschung wie -unterdrückung vor. –S– stellt eine unechte Urkunde her. Die Handlung erfolgte auch zur Täuschung im Rechtsverkehr, da –S– den Anschein erwecken wollte, dass das kleinere Kennzeichen vom StVA in dieser Form für das Krad zugeteilt worden sei.

AG Bonn, 75 Ds-80 Js 1013/82 – 405/82.

a) Der Vertrieb ist als Anstiftung zu b) zu beurteilen. Ebenso ist eine Aufforderung zu strafbaren Hdlg. i.S.d. § 111 StGB zu prüfen.

b) Die Verwendung stellt einen Verstoß gegen § 22 (1) 3 StVG – „Erkennbarkeitsbeeinträchtigung" – dar.

OLG Düsseldorf, PVT 97, 4; BayObLG, VM 99, 58.

10.3 Formen der zulässigen Teilnahme am Straßenverkehr (Zulassungsformen)

10.3.1 Verfahren, Zulassungspflicht, Verkehrsausweise, Kennzeichnung

Grundsätzlich kann man davon ausgehen, dass im Rahmen des zulässigen Gemeingebrauchs auch die Nutzung von FZ jederzeit im öVR zulässig ist, andererseits jedoch die diesen Gebrauch innewohnende Gefährlichkeit der Teilnahme die Notwendigkeit einer gesetzlichen Regelung bedingt.[29]

Als Allgemeinregel gilt gemäß § 16 StVZO, dass
– alle **vorschriftsmäßigen** Fz
– zum Verkehr auf öffentlichen Straßen zugelassen sind, soweit
– **kein Erlaubnisverfahren** für die einzelne Fahrzeugart vorgeschrieben ist.

In logischer Fortschreibung bietet § 17 StVZO und § 5 FZV bei Unvorschriftsmäßigkeit des FZ der **Verwaltungsbehörde** die Möglichkeit der
– Fristsetzung zur Behebung der Mängel,
– Beibringung eines Sachverständigengutachtens,
– Vorführung des Fz,
– Beschränkung der Weiterfahrt
wie der
– Untersagung des Betriebs (bei FZ mit amtlichen Kennzeichen verbunden mit der Entstempelung des Kennzeichens).

Hiernach ist somit z.B. die Teilnahme am Straßenverkehr mit einem Fahrrad möglich, wenn dieses den Vorschriften der
– §§ 17, 23 StVO und
– §§ 35a, 35d, 64, 64a, 65 und 67 StVZO
entspricht.

Die **Teilnahme mit einem Kfz oder Kfz-Anhänger** stellt sich aufgrund der damit verbundenen Gefährlichkeit jedoch nicht so problemlos dar.

So fordert **§ 3 FZV** – als Ausführungsvorschrift zu § 1 StVG – neben der Vorschriftsmäßigkeit für
– Kfz über 6 km/h bHG und
– deren Anhänger
– bei Inbetriebnahme im öVR
– eine **Zulassung** durch die Verwaltungsbehörde (StVA) als Erlaubnisverfahren durch
– Zuteilung eines amtlichen Kennzeichens i.S.d. §§ 6 ff. FZV und
– Ausstellung einer ZB I, die als

Nachweis der Zulassung gemäß § 11 (5) FZV mitzuführen und zuständigen Personen auszuhändigen ist.

---

[29] Vgl. § 29 StVO.

Voraussetzung der Zulassung ist hierbei das Vorliegen (der Nachweis)
- einer gültigen BE/Typengenehmigung/etc. i.S.d. § 20 StVZO
- eines gültigen Kfz-Haftpflichtversicherungsvertrages i.S.d. § 1 PflVersG

Das Vorliegen noch bestehender Kfz-Steuerschulden verbietet die Zulassung (§ 13 KfzStG).

Das Verfahren – in 10.1 und 10.2 ausreichend beschrieben – sei hier nur noch einmal kurz dargestellt:

Antragsteller	Zulassungsbehörde
Antragstellung unter Beifügung von – Personalausweis, – BE (Fz-Brief/Zulassungsbescheinigung II), – Vers. Nachweis	Prüfung auf Vorliegen einer Steuerschuld
	Zuteilung des amtl. Kennzeichens Ausfertigung eines Fz-Scheins ZB I
Kauf/Herstellung des zugeteilten Kennzeichens	
	Überprüfung und Abstempelung des Kennzeichens mit – Dienstsiegel und – Terminstempel zur nächsten HU (TÜV) (Keine Abstempelung des Kennzeichens bei zulassungsfreien Anhängern)
Anbringung des abgestempelten Kennzeichens	Überprüfung der Anbringung selbst sowie der Fz-Angaben auf Übereinstimmung
Zul. Teilnahme am Straßenverkehr	Aushändigung des Fz-Scheins/ZB I Mitteilung an – eigene Karteiführung – KBA Flensburg – Finanzamt – Versicherungsträger

Neben dieser Grundform der Zulassung, die i.d.R. bei der polizeilichen Überwachung keine Probleme aufwirft, gibt es zusätzlich einige weitere „Sonderformen" der zulässigen Teilnahme am Straßenverkehr, die im polizeilichen Alltag stets wieder Probleme erzeugen.

Zunächst die „Sonderformen" in der Übersicht:

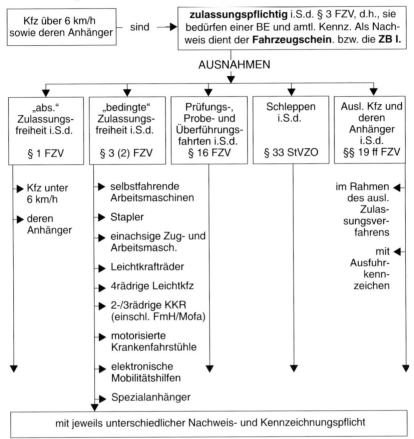

| Kfz über 6 km/h sowie deren Anhänger | sind → | **zulassungspflichtig** i.S.d. § 3 FZV, d.h., sie bedürfen einer BE und amtl. Kennz. Als Nachweis dient der **Fahrzeugschein**. bzw. die **ZB I.** |

AUSNAHMEN

| „abs." Zulassungsfreiheit i.S.d. § 1 FZV | „bedingte" Zulassungsfreiheit i.S.d. § 3 (2) FZV | Prüfungs-, Probe- und Überführungsfahrten i.S.d. § 16 FZV | Schleppen i.S.d. § 33 StVZO | Ausl. Kfz und deren Anhänger i.S.d. §§ 19 ff FZV |

- ► Kfz unter 6 km/h
- ► deren Anhänger

- ► selbstfahrende Arbeitsmaschinen
- ► Stapler
- ► einachsige Zug- und Arbeitsmasch.
- ► Leichtkrafträder
- ► 4rädrige Leichtkfz
- ► 2-/3rädrige KKR (einschl. FmH/Mofa)
- ► motorisierte Krankenfahrstühle
- ► elektronische Mobilitätshilfen
- ► Spezialanhänger

im Rahmen ◄ des ausl. Zulassungsverfahrens

mit ◄ Ausfuhrkennzeichen

mit jeweils unterschiedlicher Nachweis- und Kennzeichnungspflicht

Darüber hinaus beachte:
- § 10 (4) FZV – Fahrt zur An-/Abmeldung im eigenen und benachbarten Zulassungsbereich bei bestehender Versicherung.
- § 19 (5) StVZO – BE erloschen – Fahrt zum a.a.S.o.P./StVA
- Nato-Truppen

Diese „Sonderformen" unterliegen wiederum den unterschiedlichsten Modalitäten in der Nachweis- und Kennzeichenführung.

Im Nachfolgenden werden die „Sonderformen" getrennt voneinander behandelt, wobei sich die Ausführungen stets auf die für die polizeiliche Praxis bedeutsamen und **grundsätzlichen** Einteilungen, Voraussetzungen und Folgen beziehen.

Zunächst die zulassungsfreien FZ aus § 3 (2) FZV in zwei verschiedenartigen Übersichten unter Berücksichtigung ihrer Kennzeichnung und Nachweispflicht:

Übersicht: Kfz (FZV)

Kfz	Definition – Techn. Voraussetzungen §2, Ziffer	Zul.-Voraussetzung – § 3 [1)]	– Verkehrsausweis/ – Kennzeichnung	Besonderheiten
Kfz	I – nicht dauerhaft spurgeführte Landfz, – die durch Maschinenkraft bewegt werden	Zulassung wird erteilt bei Vorlage – BE[1)] – Haftpflichtversicherungsvertrag – Nachweis fehlender Kfz-Steuerschuld Zulassung erfolgt durch →	– Zuteilung eines amtl. Kennz. (§ 8) – Ausfertigung einer Zul.-Bescheinigung* (§ 11)	– § 16 Kurzzeit-/Rote Kz – § 9 I Oltimer (H-Kennz.) – § 9 II Steuerbefreiung (Grüne Kz) – § 9 III Saisonkennzeichen – § 10 Kennz.-Ausgestaltung – §§ 9 III, 10 IV – Fahrten zur Zulassung (o. Stempel) *– Mitführpflicht ZB I – § 11 (5) – Eintrag v. Änderung – § 13
Aus- nahmen:		Ausnahme gem. § 3 (2), Ziffer	Verkehrsausweise/ Kennzeichen	
Selbstf. AM	17 – Kfz – mit fest verbundene Einrichtungen – zur Verrichtung von Arbeiten, – nicht zur Personen-/Güterbeförderung	Ziffer 1a		
Stapler	18 – die baubedingt zum – Aufnehmen, Heben, Bewegen, Positionieren von Lasten bestimmt u, geeignet	1a	– BE[1)]	
Einach- sige lof ZM	16 – deren Funktion im Wesentlichen – in der Erzeugung einer Zugkraft besteht und – Ziehen, Schieben, Tragen – Antrieb von Anhängern in lof-Betrieben auch wenn sie – zum Transport von Lasten im Zusammenhang mit lof-Arbeiten eingerichtet – Beifahrersitz ausgestattet sind	1b	– < 20 km/h: Namensaufschrift* – > 20 km/h: amtl. Kennzeichen	§ 4 (1) § 4 (4) § 4 (2) 1 Kz vorne genügt – § 10 (5)

* Namensaufschrift: Vorname, Nachname, Wohnort/Firmenname m. Stz

1) EG- oder nationale Typengenehmigung, Einzelgenehmigung

Kfz	§ 2, Ziffer	Definition – Techn. Voraussetzungen				Zul.-Voraussetzung – § 3 (1)		Besonderheiten
		bbH Km/h	Hubraum ccm	Nennleistg kW	Leermasse kg	§ 3 (2), Ziffer	– Verkehrsausweis/ – Kennzeichnung	
Leichtkraftrad[1]	10	–	> 50/≤125	11	–	1c	– BE[1) 3); – Amtl. Kennzeichen	§ 4 (1); § 4 (2) 2
Kleinkrafträder – zweirädrig a); – dreirädrig b)	11	45	50	4	–	1d		§ 4 (1); § 4 (3) i.S.d. § 26; § 26 (1)
Quads vierrädrige Leichtkraftfahrzeuge	12	45	50	4	350	1f	– BE[2); – Vers. Kennzeichen*; – Vers. Bescheinigung	*Vers.-Kz.; – Vers. Jahr, 1.3.–28./29. 2.; – Farbwechsel: BGS (06/07/08)
Mot. Kranken-fahrstühle	13	– Elektroantrieb; – einsitzig; – bbH: 15 km/h; – zGM: 500 kg; – Leermasse: 300 kg (einschl. Batterien, ohne Fahrer); – Breite: 110 cm				1e	– (+) Kennzeichnungstafel ECE-Regelung Nr 69 **	** Rote Dreiecktafel an Fz-Rückseite (OWi § 48 I 4)

Kfz	Definition – Techn. Voraussetzungen	Zul.-Voraussetzung	– Verkehrsausweis/ – Kennzeichnung	Besonderheiten
Elektronische Mobilitätshilfe	**§ 1 Abs. 1 MobHV** Elektronische Mobilitätshilfen sind Fahrzeuge mit elektrischem Antrieb und einer bauartbedingten Höchstgeschwindigkeit von nicht mehr als 20 km/h, die folgende Merkmale aufweisen: 1. zweispuriges Kraftfahrzeug mit zwei parallel angeordneten Rädern mit integrierter elektronischer Balance-, Antriebs-, Lenk- und Verzögerungstechnik, 2. eine Gesamtbreite von nicht mehr als 0,7 m, 3. eine Plattform als Standfläche für einen Fahrer, 4. eine lenkerähnliche Haltestange, über die der Fahrer durch Schwerpunktverlagerung die Beschleunigung oder Abbremsung sowie die Lenkung beeinflusst, 5. entspricht den Anforderungen der Richtlinie 72/245/EWG des Rates vom 20. Juni 1972 zur Angleichung der Rechtsvorschriften der Mitgliedstaaten über von Fahrzeugen verursachte Funkstörungen (elektromagnetische Verträglichkeit) (ABl. L 152 vom 6.7.1972, S. 15), die zuletzt durch die Richtlinie 2006/96/EG (ABl. L 363 vom 20.12.2006, S. 81) geändert worden ist, in der jeweils geltenden Fassung, 6. eine Anzeige für den Energievorrat.	Müssen genehmigtem Typ entsprechen oder eine Einzelgenehmigung haben gem. § 2 Abs. 1 MobHV.	Vers.-Kennzeichen Vers.-Bescheinigung	§ 2 (1) Nr. 2 MobHV i.V.m. § 26 FZV § 2 (1) Nr. 2 MobHV i.V.m. § 26 (1) Satz 6 FZV

Der **Führer** begeht bei Inbetriebnahme eine Owi gem. §§ 3 bzw. 4 i.V.m. § 48, Z. 1a FZV i.S.d. § 24 StVG. Bei fehlerhafter oder fehlerder Kennzeichnung eines zulassungsfreien Kfz/Anhänger i.S.d. § 4 liegt eine Owi gem. § 48, Z. 2-5 FZV vor.

Der **Halter** darf gem. § 3 (4) bei zulassungspflichtigen Kfz und Anhänger¹⁾ die Inbetriebnahme ohne Zulassung bzw. gem. § 4 (6) FZV bei zulassungsfreien Kfz und Anhänger die Inbetriebnahme ohne BE bzw. geforderte Kennzeichnung weder anordnen noch zulassen. Das Fehlverhalten stellt gem. § 48, Ziff. 2 FZV eine Owi i.S.d. § 24 StVG dar.

---

1) LKR i.S.d. § 6 FeV stellen nicht auf >50 ccm Hubraum ab, sondern ediglich auf den Höchsthubraum von 125 ccm.

2) EG- oder nationale Typengenehmigung, Einzelgenehmigung, Übereinstimmung, Datenbestätigung.

3) ZB I als Ersatz für BE.

Übersicht Anhänger (FZV)

Anhänger	§ 2, Ziffer	Definition – Techn. Voraussetzungen	Zul.-Voraussetzung – § 3 (1)	– Verkehrsausweis/ – Kennzeichnung	Besonderheiten
Anhänger	2	– zum Anhängen an ein Kfz bestimmt und geeignetes Fahrzeug	Zulassung wird erteilt bei Vorlage/Nachweis – BE¹) – Haftpflichtversicherungsvertrag – Nachweis fehlender Kfz-Steuerschuld Zulassung erfolgt durch →	– Zuteilung eines amtl. Kennz. (§ 8) – Ausfertigung einer Zul.-Bescheinigung* (§ 11)	– § 16 Kurzzeit-/Rote Kz – § 9 I Oldtimer (H-Kennz.) – § 9 II Steuerbefreiung (Grüne Kz) – § 9 III Saisonkennzeichen – § 10 Kennz.-Ausgestaltung – §§ 9 III, 10 IV – Fahrten zur Zulassung (o. Stempel) *– Mitführpflicht ZB I – § 11 (5) – Eintrag v. Änderung – § 13
Ausnahmen:			Ausnahme gem. § 3 (2), Ziffer	Verkehrsausweise/ Kennzeichen	
lof Anhänger		– in lof Betrieben – zu lof Zwecken – hinter ZM oder sAM – mit einer tHG von 25 km/h	2a	– BE¹)	§ 4 (1), (5) – BE-pflicht, wobei nur bei der Führung v. „Schaustelleranhängern" Mitführpflicht besteht. In allen anderen Fällen genügt Aufbewahrung am Betriebssitz und Vorzeigen auf Verlangen.
Fahrbare Baubude		– mit einer tHG von 25 km/h	2c	– Wiederholungskennzeichen	
Wohn-/ Packwagen		– im Schaustellergewerbe – hinter ZM – mit einer tHG von 25 km/h	2b	– (25)-Schild	§ 10 (8) – Wiederholungskennzeichen (Kennz. des Betriebes genügt)

1) EG- oder nationale Typengenehmigung, Einzelgenehmigung, Übereinstimmungsbestätigung, Datenbestätigung oder ZB I

Ausnahmen:	§ 2, Ziff	Definition – Techn. Voraussetzungen	Ausnahme gem. § 3 (2), Ziffer	Verkehrsausweis/ Kennzeichnung	Besonderheiten
Arbeitsmaschinen		– Arbeitsmaschinen in Anhängerform	2d		§ 4 (1)
("Sport-) Spezialanhänger		– zur Beförderung von – Sportgeräten oder – Tieren zu Sportzwecken – bei ausschließlich zweckgebundener Verwendung	2e	– BE[1] – Amtl. Kennzeichen	§ 4 (2) 3, – bei tHG 25 km und – Kennzeichnung mit 25-km-Schild der i.S.d. § 58 StVZO genügt Wiederholungskennzeichen i.S.d. § 10 (8)
– Anhänger der Feuerwehren und des Katastrophenschutzes – (Kraftrad-)Anhänger		– für deren Einsatzzweck – einachsige Anhänger hinter – Krafträdern – Kleinkrafträdern – mot. Krankenfahrstühlen	2g 2f	– BE[1] – Wiederholungskennzeichen	§ 4 (1), (5) – BE – keine Mitführpflicht bei Feuerlöschanhängern § 10 (8)/§ 27 (4) – Wiederholungskennzeichen (des Betriebes)
(lof) Arbeitsgeräte	20	– Anbaugerät für (lof) ZM (auch mit Ladeplattform) – in Anhängerform	2h	– > 3 t zGM: BE[1] – Kennzeichnung nicht erforderlich	§ 4 (1), (5) – BE – keine Mitführpflicht
Sitzkarren	21	– hinter – einachsig – lof ZM / AM	2i	– weder BE noch – Kennzeichen gefordert	§ 4 (1)

Der **Führer** begeht bei Inbetriebnahme eine Owi gem. §§ 3 bzw. 4 i.V.m § 48, Z. 1a FZV i.S.d. § 24 StVG. Bei fehlerhafter oder fehlender Kennzeichnung eines zulassungsfreien Kfz/Anhänger i.S.d. § 48, Z. 2-5 FZV vor.

Der **Halter** darf gem. § 3 (4) bei zulassungspflichtigen Kfz und Anhänger die Inbetriebnahme ohne Zulassung bzw. gem. § 4 (6) FZV bei zulassungsfreien Kfz und Anhänger die Inbetriebnahme ohne BE bzw. geforderte Kennzeichnung weder anordnen noch zulassen. Das Fehlverhalten stellt gem. § 48, Ziff. 2 FZV eine Owi i.S.d. § 24 StVG dar.

Da gemäß § 50 FZV die „Altregelungen" im Rahmen der Besitzstandswahrung weiter Gültigkeit besitzen sei hier eine der „alten" Übersichten ergänzend aufgeführt:

1) EG- oder rationale Typengenehmigung, Einzelgenehmigung, Übereinstimmungsbestätigung, Datenbestätigung.

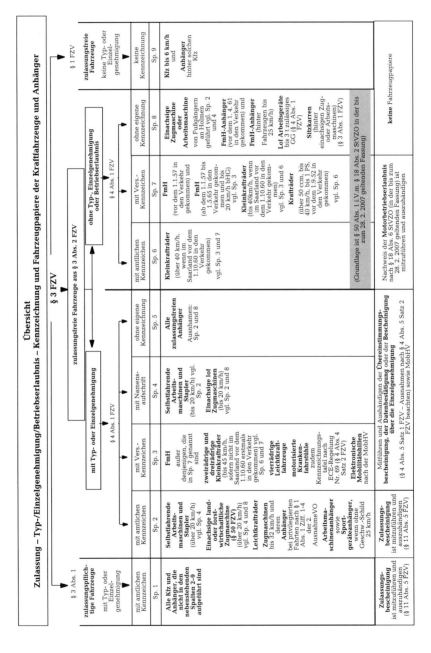

Übersicht
Zulassung – Typ-/Einzelgenehmigung/Betriebserlaubnis – Kennzeichnung und Fahrzeugpapiere der Kraftfahrzeuge und Anhänger

Aus den Übersichten ergibt sich somit eine Unterscheidung zwischen
- betriebserlaubnis**freien** und
- betriebserlaubnis**pflichtigen** zulassungsfreien Fz.

Wegen der geringen Bedeutung für die polizeiliche Praxis wird hier auf weitere Ausführungen zu den zulassungsfreien betriebserlaubnisfreien Fz verzichtet.

Beispielhaft – überprüfen Sie einmal Ihr bisheriges Verständnis – ergeben sich hieraus folgende „Ausweis- und Kennzeichnungsverpflichtungen":

1. Pkw/Krad	ZB I/Fz-Schein/amtl. Kennz.
2. Sattelkfz	ZB I/Fz-Schein/amtl. Kennz. für ZM und Auflieger
3. Wohnwagen/(Anhänger)	ZB I/Fz-Schein/amtl. Kennz. im Schaustellergewerbe: hinter ZM bei 25 km/h: BE/Wiederholungskennz. /25 km/h-Schilder
4. lof Zugmaschine	ZB I/Fz-Schein/amtl. Kennz.
5. sAM, 60 km/h bHG	BE/amtl. Kennz.
6. ausl. Ktz	nationale(r) Fz-Schein/Kennz./Nationalitätszeichen
7. Krad	ZB I/Fz-Schein/amtl. Kennz.
8. Leichtkraftrad	BE*/amtl. Kennz.
9. KKR	BE/Vers.-Nachw./Vers.-Kz.
10. Anhänger hinter FmH 25 (Mofa)	BE/Wiederholungskennz.
11. Spezialanhänger zu „Sportzwecken"	BE*/amtl. Kennzeichen
12. fahrb. Baubude	BE(keine Mitführpflicht)/Wiederholungskennz. ggf. 25 km/h-Schilder
13. Bagger (< 20 km/h bbH)	BE/Namensaufschrift
14. abgeschleppter Pkw	ZBI/Fz-Schein, amtl. Kz
15. geschleppter Pkw	Schleppgenehmigung/Wiederholungskennz.
16. Quad, 45 km/h bHG	BE, Vers.-Kz; Vers.-Bescheinigung
17. Quad, 60 km/h bHG	ZB I/Fz-Schein, amtl. Kz

* i.d.R. ZB I/Fz-Schein

Im Bereich der zulassungsfreien betriebserlaubnispflichtigen Fz soll hier exemplarisch auf
- selbstfahrende Arbeitsmaschinen (sAM) und Stapler
- LKR, KKR Krankenfahrstühle
- Spezialanhänger

eingegangen werden.

Selbstfahrende Arbeitsmaschinen,[30] Stapler

– bis 6 km/h bHG	–
– bis 20 km/h bHG	BE/Namensaufschrift
– über 20 km/h bHG . .	BE/amtl. Kennz.

Von entscheidender Bedeutung ist bei der polizeilichen Überwachung, ob es sich tatsächlich (noch) um eine definitionsmäßig genutzte sAM/Stapler handelt, da im gegenteiligen Fall eine Zulassung i.S.d. § 3 (1) FZV (Fz-Schein/ZB I/amtl. Kennz.) erforderlich ist.

Zu unterscheiden hiervon sind die AM in Anhängerform, die gemäß § 3 (2) 2 d FZV als Spezialanhänger zulassungsfrei sind.

Unter **selbstfahrenden Arbeitsmaschinen** versteht man Kfz gemäß § 2, Ziff. 22 FZV,
- die nach ihrer Bauart und
- ihren besonderen, mit dem Fz fest verbundenen Einrichtungen
- zur Leistung von Arbeit,
- nicht zur Beförderung von Personen oder Gütern
- bestimmt und geeignet sind

Beispiele:

- Bagger
- Kehrmaschinen
- Straßenwalzen
- Mähdrescher
- Förderpumpen
- Kräne
- Stroh-/Heupressen
- Erntemaschinen
- Kfz mit Hebebühnen
- stationäre Mischfz
- Abschlepp-(kran-)fz

---

[30] Entsprechendes gilt für einachsige ZM/AM für lof-Zwecke §§ 3 (2) 1 b FZV; Altregelung: 18 (1, 3, 4, 5) 64b StVZO.

Voraussetzung für die Einstufung als sAM ist somit, dass das Fz
- selbst
- mit Hilfe fest verbundener Einrichtungen
- Arbeitsleistungen vollbringt, wobei diese den Hauptzweck des Fz bilden müssen.[31]

Zu unterscheiden hiervon sind selbstfahrende Laboratorien oder Wohnstätten, wie z.B. Röntgenzüge, Montagewagen, da hierbei der Beförderungszweck überwiegt.

Ebenso handelt es sich nicht um sAM bei Sonderfahrzeugen für lof Zwecke, sofern sie über einen Laderaum verfügen, wie dies z.B. bei Melk-, Bienen- oder Wasserfahrzeugen der Fall ist.

Die **Einrichtung zur Leistung von Arbeit** muss fest, d.h. organisch mit dem Fz verbunden sein und wesentlicher Bestandteil des Fz sein. Sie muss zwar nicht unlösbar mit dem Fz verbunden sein, die Verbindung darf aber auch nicht nur als vorübergehend anzusehen sein.

Auch Mehrzweckmaschinen mit auswechselbaren Geräten stellen sAM dar, sowelt sie sich nicht definitionsgemäß in Zugmaschinen verwandeln oder der Hauptzweck im Transport der Geräte liegt.

Andererseits wird die Arbeitsmaschineneigenschaft nicht bereits dadurch ausgeschlossen, dass
- die zur Verrichtung der Arbeit
- erforderlichen Begleitmannschaften oder Arbeitsgeräte

oder

- sonstige Hilfsmittel (nicht Verarbeitungsmittel)

mitgeführt werden.

Verarbeitungsmittel stellen allerdings i.d.R. keine Hilfsmittel im o.a. Sinne dar.

Entscheidend für die Beurteilung ist stets, ob die Transportbeförderung den Hauptzweck der Fahrt darstellt oder nicht.

So sind beispielhaft als sAM anzusehen:
- Bagger,
- Straßenwalzen,
- Förderpumpen,
- Mähdrescher,
- Kranwagen,
- Pressen,
- Schneepflüge oder
- Lautsprecherwagen.

Nicht um sAM handelt es sich dagegen bei::
- Schürfkübelwagen (Scraper),
- Muldenkippern,

---

[31] BMV, VkBl. 51, 3249 ff.

- Laborwagen,
- Montagewagen,
- Kfz mit aufgebautem Bremsprüfstand,
- Toilettenwagen/Fäkalienfz,
- Gabelstaplern,
- fliegenden Tankstellen,
- Röntgenwagen,
- Lärm-Mess-Wagen.

Bei den **Betonmischerfahrzeugen** ist zwischen dem
- zulassungs**pflichtigen** Liefer- oder Transportmischer und dem
- zulassungs**freien stationären** Mischer als sAM
zu unterscheiden.

Ähnliches gilt für **Abschleppwagen**. Hier handelt es sich nur dann um eine sAM, wenn sie lediglich mit einem Kran und Einrichtungen zum Schleppen der beschädigten Fz versehen sind.[32]

Soweit das Fz über eine Ladefläche für das beschädigte Fz verfügt oder dieses auf einem Nachläufer mitführt, ist Zulassungspflicht gegeben.

Leichtkraftrad (§ 2, Ziff. 10 FZV)	– BE – amtl. Kennzeichen

Auch hier ist die Zulassungsfreiheit von der Einhaltung der Definitionscharakteristika eines LKR abhängig.

Leichtkrafträder[33] sind:

– Krafträder mit einem Hubraum von mehr als 50 ccm und nicht mehr als 125 ccm und einer Nennleistung von nicht mehr als 11 kW. (Elektro- oder Verbrennungsmotor) oder	– über 50[31]–125 ccm Hubraum – < 11 kW Nennleistung
– Krafträder mit einem Hubraum über 50 ccm, aber nicht mehr als 80 ccm mit einer bHG von nicht mehr als 80 km/h (bis Bj 2001).	– über 50–80 ccm Hubraum – bis 80 km/h bHG – bis Bj. 2001

Soweit diese Charakteristika nicht eingehalten werden, liegt ein zulassungspflichtiges Krad i.S.d. § 3 (1) FZV (Fz-Schein/ZB I/amtl. Kennzeichen) vor, falls es nicht als KKR einzustufen ist[35].

---

[32] BMV, VkBl. 51, 3249 ff.

[33] § 2, Ziff. 14 FZV; Es sei darauf hingewiesen, dass in den Benelux-Ländern das Mindestalter zur Führung von Krafträdern (LKR) 18 Jahre beträgt. KKR alten Rechts (bis Bj. 83) bleiben unberücksichtigt. Altregelung: §§ 18 (3, 4, 5) 72 StVZO.

[34] LKR i.S.d. § 6 FeV erfordern nicht die Beachtung eines Mindesthubraums, nur die des Höchsthubraums.

[35] § 2, Ziff. 15 FZV; I.d.S.d. § 6 FeV: Kl. A1 nur bis 125 ccm, 11 kW; Altregelung: §§ 18 (3, 5) 29e StVZO.

Kleinkrafträder/

vierrädrige Leichtkfz (Quads)
(§ 2, Ziff. 15, 16, 17 FZV)

- BE
- Versicherungsbescheinigung
- Versicherungskennzeichen

Entscheidend ist auch hier die Frage, ob es sich (noch) definitionsmäßig um ein KKR oder FmH oder vierrädriges Leicht-Kfz handelt.

Unter einem **Kleinkraftrad**[36] versteht man ein Kraftrad mit einem Hubraum von nicht mehr als 50 ccm und einer durch die Bauart bedingten Höchstgeschwindigkeit von nicht mehr als 45 km/h (50 km/h bis Bj. 2001).

- bis 50 ccm Hubraum
- 45 km/h bbH
- zwei- oder dreirädrig
- Elektro- oder Verbrennungsmotor

Als **Fahrräder mit Hilfsmotor** bezeichnete man Krafträder, die hinsichtlich der Gebrauchsfähigkeit die Merkmale von Fahrrädern, z.B. Tretkurbeln, aufweisen, jedoch zusätzlich als Antriebsmaschine einen Verbrennungsmotor mit einem Hubraum von nicht mehr als 50 ccm und eine durch die Bauart bedingte Höchstgeschwindigkeit von nicht mehr als 50 km/h haben. Der Begriff wird in der FZV nicht mehr verwendet. FmH stellen rechtlich KKR dar.

Hierunter fallen (mit allen Konsequenzen) ebenfalls die sog. E-Bikes mit Motoren bis 500 Watt.

Sie unterscheiden sich in zwei Typen:
- bis 20 km/h (alleine über die Motorleistung)
- bis 45 km/h (die Tretleistung wird auch > 25 km/h unterstützt)

Nicht als FmH (E-Bikes) sind die sog. Pedelecs (Pedal Electric Cycle) zu qualifizieren. Sie sind lediglich mit einer Schiebe-/Anfahrhilfe ausgerüstet bis 6 km/h in der Stärke von 250 Watt (vgl. § 1 (3) StVO [BGBl. I 2013, S. 1558]).

Als **vierrädrige Leichtkfz** (Quads) kommen Kfz mit einer Leermasse von weniger als 350 kg (ohne Batterie bei Elektrokfz), mit einer bHG von 45 km/h und einem Hubraum bis 50 ccm bzw. einer maximalen Nennleistung von höchstens 4 kW.

- Leermasse < 350 kg
- bbH bis 45 km/h
- Hubraum bis 50 ccm (Fremdzündung)
- bzw. Nennleistung bis 4 kW

Die Einstufung eines FmH als Mofa (25 km/h bbH) hat zulassungsrechtlich keinerlei Bedeutung, es besteht jedoch „Führerscheinfreiheit". Gemäß § 5 FeV genügt als Führungsberechtigung eine Prüfbescheinigung, soweit der VT nicht vor dem 1.4.1965 geboren ist oder eine FE besitzt.

Für **gebietsfremde** KKR und FmH gelten die §§ 2 ff. FZV. Gewohnheitsrechtlich wird jedoch nicht mehr verlangt als im Heimatland.

Bei den im Heimatland führerschein- und/oder zulassungsfreien Fz genügt eine entsprechende, im Heimatland erteilte Bescheinigung einer zuständigen Behörde oder eines anerkannten Automobilclubs. Dies ist bei fast allen FmH und ferner bei belgischen, italienischen und französischen KKR von Bedeutung.

---

[36] BbH 25 km/h = Mofa, 50 km/h bis Bj. 2001, ohne Batterie bei E-Fz.

Für Auslandsreisen deutscher VT können in analoger Anwendung des § 18 FZV internationale Zulassungsscheine ausgefertigt werden, auch wenn der Fz-Halter nicht die Behandlung des Fz im gewöhnlichen Zulassungsverfahren (§ 3 [6] FZV) veranlasst hat.

Krankenfahrstühle[37] (§ 2, Ziff. 13 FZV)

- BE
- Versicherungsbescheinigung
- Versicherungskennzeichen

Wie bei allen anderen zulassungsfreien Fz ist auch hier die Zulassungsfreiheit von der Einhaltung der Definitionsmerkmale abhängig.

Sind diese nicht eingehalten, liegt Zulassungspflicht i.S.d. § 3 (1) FZV (Fz-Schein/ amtl. Kennzeichen) vor.

Motorisierter Krankenfahrstuhl: einsitziger, nach der Bauart zum Gebrauch durch körperlich behinderte Personen bestimmtes Kraftfahrzeug mit Elektroantrieb, einem Leergewicht von nicht mehr als 300 kg einschließlich Batterien, aber ohne Fahrer, mit einer zulässigen Gesamtmasse von nicht mehr als 500 kg, einer durch die Bauart bestimmten Höchstgeschwindigkeit von nicht mehr als 15 km/h, einer Breite über alles von maximal 110 cm und einer Heckmarkierungstafel nach der ECE-Reglung 69 oben an der Fahrzeugrückseite.

- bauartmäßig für Behinderte bestimmt u. geeignet
- mit einem Sitz (einseitig)
- bis 300 kg Leergewicht
- bis 500 kg zGM
- einer Breite von 1,1 m
- 15 km/h bHG[36]
- mit einer Heckmarkierungstafel

Eine Benutzung durch Gesunde steht der Zulassungsfreiheit nicht entgegen. Kleinst-Pkw stellen jedoch keine Krankenfahrstühle dar.[39]

---

37 Altregelung: §§ 18 (3, 5), 29e StVZO.

38 Bis Bj. 1.6.1999: 30 km/h und zwei Sitzen; bis Bj. 8/2002 25 km/h; LG 300 kg.

39 LG München, NZV 2000, 417.

Hier nochmals einige Beispiele, die Sie als Verständnisprüfung nutzen können:

1	Lkw	amtl. Kennz./Fz-Schein/ZB I
2	Hublader	wie Lkw, Transporteigenschaft über-wiegt, daher keine sAM
3	Zugmaschine, 80 km/h bHG	wie Lkw
4	Baukran, hinter dem ein Anhän-ger mit weiteren Baukranteilen mitgeführt wird	Der Baukran ist eine sAM und bedarf somit je nach bHG einer Namensauf-schrift (bis 20 km/h bHG) oder amtl. Kennzeichen. In jedem Fall ist als Ver-kehrsausweis eine BE mitzuführen. Der Anhänger ist grundsätzlich zulas-sungspflichtig, jedoch sollen hier Aus-nahmegenehmigungen gemäß § 49 FZV vom StVA erteilt werden.
5	Lkw, der Teile einer sAM befördert	amtl. Kennzeichen/Fz-Schein, keine Ausnahmegenehmigung möglich
6	Krankenfahrstuhl	Vers.-Kennz./BE u. Vers.-Besch.
7	einachsige ZM von Fußgängern an Holmen geführt	BE/Versicherungspflicht > 6 km/h bbH
8	einachsige ZM, die für lof-Zwecke verwendet und von einem Anhän-ger aus geführt wird (Sitzkarren)	ZM: BE und je nach Geschwindigkeit Namensaufschrift (bis 20 km/h bHG) oder amtl. Kennz. SK: -/ggf. Wiederh. des amtl. Kz.
9	Zweirad, Bj. '94, 49 ccm, 80 km/h	Fz-Schein/amtl. Kennzeichen, da es sich hierbei um ein Krad und nicht mehr um ein LKR (KKR a. Art) handelt. Zulassungsfreiheit liegt nur bei KKR al-ter Art (bis Bj. 83) vor.
10	Zweirad, 49 ccm, 45 km/h bHG	BE/Vers.-Besch./Vers.-Kennz. Es han-delt sich hierbei entweder um ein KKR oder ein FmH.
11	Zweirad, 80 ccm, 80 km/h bHG	BE/amtl. Kennz., da es sich um ein LKR handelt, soweit die Nennleistung nicht über 11 kW liegt.
12	Zweirad, 49 ccm, 25 km/h bHG, Tretkurbel	BE u. Vers.-Besch./Vers.-Kennz., es handelt sich um FmH 25 (Mofa). Als „Fahrerlaubnis" genügt eine Prüfbe-scheinigung gemäß § 5 FeV.
13	Zweirad, 125 ccm, 11 kW	wie 11
14	Betonmischer (Lieter-)	Fz-Schein/ZB I/amtl. Kz., da Lkw.
15	Abschleppwagen mit Ladefläche für Hilfswerkzeuge	BE/amtl. Kennz., da sAM. Die Hilfsla-defläche ist ohne Bedeutung (vgl. S. 355).

Zulassungsfreie Anhänger[40]

– BE	– BE
– Wiederholungskennzeichen	– amtliche Kennzeichen
– ggf. 25-km-Schilder	

Im Bereich der zulassungsfreien Anhänger soll hier nur auf die für die polizeiliche Praxis wichtigsten Anhängerformen, insbesondere auf

– fahrbare Baubuden,

– Anhänger im Schaustellergewerbe,

– lof Anhänger sowie

– Anhänger zu „Sportzwecken" und

– Arbeitsmaschinen

eingegangen werden.

Bei der Beurteilung und Überprüfung zulassungsfreier Anhänger ist stets zu beachten, dass Zulassungspflicht i.S.d. § 3 (1) FZV (Fz-Schein/ZB I/amtl. Kennzeichen) entsteht, soweit die genannten Voraussetzungen der Zulassungsfreiheit nicht vorliegen.

Dies führt i.d.R. zu Steuerverstößen und zu Versicherungsvergehen.

Stets erhebt sich in diesen Fällen auch die Notwendigkeit der Prüfung, inwieweit nun die Fahrerlaubnis der Kl. E (2) für die Führung eines Zuges benötigt wird, da hiermit ein Vergehen gemäß § 21 StVG verbunden sein kann.

Die Mitführung der BE wird nur noch bei der Führung von „Schaustelleranhängern" gefordert (§ 4 Abs. 5 FZV). In den anderen Fällen genügt die Aufbewahrung sowie das Vorzeigen auf Verlangen.

Bei „Arbeitsmaschinen und Sportanhänger" dürfte i.d.R. eine ZB I infolge der Kennzeichenzuteilung vorliegen. Hier besteht Mitführpflicht.

Für bis zum 1. 3. 07 in Verkehr gebrachte zulassungsfreie Anhänger gem. § 18 II 6 c, d, f, g, k, p StVZO[41], die nicht von § 3 I 2 FZV erfasst werden, gilt entsprechend § 50 (1) FZV altes Recht.

---

[40] Altregelung: §§ 18 (3, 5), 60 (5), 58 StVZO.

[41] § 18 II, Ziff. 6 .. StVZO
   c) Anhänger hinter Straßenwalzen
   d) Maschinen für den Straßenbau
   f) Anhänger zur Straßenreinigung
   g) eisenbereifte Möbelwagen
   h) Anhänger (Verladerampen)
   p) Einradanhänger

Zunächst jedoch eine Übersicht über alle zulassungsfreien Anhänger i.S.d. § 3 (2) FZV:

Anhänger	Definition – Techn. Voraussetzungen – § 2, Ziffer		Zul.-Voraussetzung – § 3 (1)	– Verkehrsausweis/ – Kennzeichnung	Besonderheiten
Anhänger	2	– zum Anhängen an ein Kfz bestimmt und geeignetes Fahrzeug	Zulassung wird erteilt bei Vorlage/Nachweis – BE[1] – Haftpflichtversicherungsvertrag – Nachweis fehlender der Kfz-Steuerschuld Zulassung erfolgt durch →	– Zuteilung eines amtl. Kennz. (§ 8) – Ausfertigung einer Zul.-Bescheinigung* (§ 11)	– § 16 Kurzzeit-/Rote Kz – § 9 I Oltimer (H-Kennz.) – § 9 II Steuerbefreiung (Grüne Kz) – § 9 III Saisonkennzeichen – § 10 Kennz.-Ausgestaltung – §§ 9 III, 10 IV – Fahrten zur Zulassung (o. Stempel) *– Mitführpflicht ZB I – § 11 (5) – Eintrag v. Änderung – § 13
Ausnahmen:			Ausnahme gem. § 3 (2), Ziffer	Verkehrsausweise/ Kennzeichen	
lof Anhänger		– in lof Betrieben – zu lof Zwecken – hinter ZM oder sAM – mit einer tHG von 25 km/h	2a	– BE[1]	§ 4 (1), (5) – BE-pflicht, wobei nur bei der Führung v. „Schaustelleranhängern" Mitführpflicht besteht. In allen anderen Fällen genügt Aufbewahrung am Betriebssitz und Vorzeigen auf Verlangen.
Fahrbare Baubude		– mit einer tHG von 25 km/h	2c	– Wiederholungskennzeichen	
Wohn-/Packwagen		– im Schaustellergewerbe – hinter ZM – mit einer tHG von 25 km/h	2b	**25** -Schild	§ 10 (8) – Wiederholungskennzeichen (Kennz. des Betriebes genügt)

---

1) EG- oder nationale Typengenehmigung, Einzelgenehmigung, Übereinstimmungsbestätigung, Datenbestätigung.

Ausnahmen:	§ 2, Ziff	Definition – Techn. Voraussetzungen	Ausnahme gem. § 3 (2), Ziffer	Verkehrsausweis/ Kennzeichnung	Besonderheiten
Arbeitsmaschinen		– Arbeitsmaschinen in Anhängerform	2d		§ 4 (1)
("Sport-) Spezialanhänger		– zur Beförderung von – Sportgeräten, – Tieren zu Sportzwecken oder – Rettungsboote des Rettungsdienstes oder Katastrophenschutzes – bei ausschließlich zweckgebundener Verwendung	2e	– BE[1] – Amtl. Kennzeichen	§ 4 (2) 3, – bei tHG 25 km und – Kennzeichnung mit 25-km-Schild i.S.d. § 58 StVZO genügt der i.S.d. Wiederholungskennzeichen i.S.d. § 10 (8)
– Anhänger der Feuerwehren und des Katastrophenschutzes – (Kraftrad-)Anhänger		– für deren Einsatzzweck – einachsige Anhänger hinter – Krafträdern – Kleinkrafträdern – mot. Krankenfahrstühlen	2g 2f	– BE[1] – Wiederholungskennzeichen	§ 4 (1), (5) – BE – keine Mitführpflicht bei Feuerlöschanhängern § 10 (8)/§ 27 (4) – Wiederholungskennzeichen (des Betriebes)
(lof) Arbeitsgeräte	20	– Anbaugerät für (lof) ZM (auch mit Ladeplattform) – in Anhängerform	2h	– > 3 t zGM: BE[1] – Kennzeichnung nicht erforderlich	§ 4 (1), (5) – BE – keine Mitführpflicht
Sitzkarren	21	– hinter – einachsig – lof ZM / AM	2i	– weder BE noch – Kennzeichen gefordert	§ 4 (1)

Der **Führer** begeht bei Inbetriebnahme eine Owi gem. §§ 3 bzw. 4 i.V.m. § 48, Z. 1a FZV i.S.d. § 24 StVG. Bei fehlerhafter oder fehlender Kennzeichnung eines zulassungsfreien Kfz/Anhänger i.S.d. § 4 liegt eine Owi gem. § 48, Z. 2-5 FZV vor.

Der **Halter** darf gem. § 3 (4) bei zulassungspflichtigen Kfz und Anhänger die Inbetriebnahme ohne Zulassung bzw. gem. § 4 (6) FZV bei zulassungsfreien Kfz und Anhänger die Inbetriebnahme ohne BE bzw. geforderte Kennzeichnung weder anordnen noch zulassen. Das Fehlverhalten stellt gem. § 48, Ziff. 2 FZV eine Owi i.S.d. § 24 StVG dar.

Gemäß § 50 FZV besitzen die „Altregelungen" im Rahmen der Besitzstandswahrung weiter Gültigkeit (siehe S. 352, 360).

---

1) EG- oder nationale Typengenehmigung, Einzelgenehmigung, Übereinstimmungsbestätigung, Datenbestätigung.

> **Beachte:**
>
> – Gemäß § 1 FZV sind Anhänger hinter Kfz bis 6 km/h bHG zulassungsfrei
>
> – Geschleppte Kfz benötigen gemäß § 33 StVZO eine Ausnahmegenehmigung (und ein Wiederholungskz.)
>
> – Abschleppen ist nur noch im Rahmen der § 23 StVO (also von zugelassenen Kfz) möglich

Gemäß § 3 (2) Ziff. 2 FZV ist bei

– lof Anhängern,

– fahrbaren Baubuden und

– Wohn- oder Packwagen nach Schaustellerart

die Zulassungsfreiheit als Anhänger von der Einhaltung einer **gefahrenen** Höchstgeschwindigkeit von **nicht mehr als 25 km/h** abhängig.

An Verkehrsausweisen ist in allen Fällen

– eine BF, wobei jedoch nur bei „Schaustelleranhänger" auch eine Miführpflicht besteht

– und als Kennzeichnung ein Wiederholungskennzeichen

erforderlich.[42]

Werden Anhänger **tatsächlich** schneller als mit 25 km/h gezogen, entsteht für sie Zulassungspflicht gemäß § 3 (1) FZV (Fz-Schein/ZB I/amtl. Kennzeichen).

Die **bHG des ziehenden Fz** ist für die Zulassungsfreiheit ohne Bedeutung. Die Zulassungsfreiheit ist jedoch von einer Beschilderung i.S.d. § 58 **abhängig**, d.h., es ist

– an beiden Längsseiten wie an der Rückseite
(bei lof Anhängern: nur an der Rückseite)

– je ein kreisrundes weißes Schild mit der Aufschrift „25 km"

– unverdeckt anzubringen.

Da diese Beschilderung – wie gesagt – Voraussetzung der Zulassungsfreiheit ist, entsteht Zulassungspflicht i.S.d. § 3 (1) FZV (Fz-Schein/amtl. Kennzeichen), wenn sie **ganz oder teilweise** fehlt oder verdeckt ist.[43]

---

[42] § 10 (8) FZV; Altregelung: §§ 18 (3, 5), 60 (5) StVZO.

[43] OLG Celle, VM 83, 76; zur Steuerpflicht: OLG Koblenz, VRS 55, 73.

Bei den fahrbaren Baubuden ist die Beschränkung der gefahrenen Höchstgeschwindigkeit auf 25 km/h neben der definitionsmäßigen Nutzung und die 25 km/h Kennzeichnung i.S.d. § 58 StVZO die einzige Voraussetzung für die Zulassungsfreiheit.

Die ehemaligen **Maschinen für den Straßenbau** fallen unter die **Arbeitsmaschinen** in Anhängerform. Diese sind gemäß § 3 (2) 2 d FZV zulassungsfrei, ohne dass sie der Geschwindigkeitsgrenze von 25 km/h unterliegen. Entsprechendes gilt für SAM, die geschleppt werden (§ 3 d. 6. AusnVO). Eine Unterscheidung ist im Einzelfall nur anhand der stets mitzuführenden BE möglich und notwendig. Soweit sie vor dem 1. 3. 07 in den Verkehr gebracht wurden, gelten gemäß § 50 FZV die alten Regelungen des § 18 StVZO.

Unter **fahrbaren Baubuden**[44] sind Fz zu verstehen, die

– ihrer Bauart nach geeignet und bestimmt sind, z.B.

– auf Baustellen,

– als Lagerraum für Geräte, Material oder

– als Aufenthaltsraum oder

– Büroraum
zu dienen.

Die Bauweise, z.B. als Omnibusanhänger, ist ohne Bedeutung.

Zulassungspflicht[45] i.S.d. § 3 (1) FZV (Fz-Schein/amtl. Kennzeichen) besteht jedoch für
– fahrbare Werkzeugkisten und
– Fahrgestelle für Baubuden, z.B. in Containerform, soweit sie, ohne fest mit einer Baubude verbunden zu sein, geführt werden.

Bei den
– Wohn- und Packwagen **im** Schaustellergewerbe und
– lof Anhängern
sind neben der 25-km/h-Grenze weitere Voraussetzungen der Zulassungsfreiheit zu prüfen.

So hängt bei den **Wohn- und Packwagen im Schaustellergewerbe** die Zulassungsfreiheit weiterhin von der Art des ziehenden Fz ab. Hierbei muss es sich um eine **Zugmaschine** handeln. Wohn- und Packwagen sind Fz, die überwiegend als Wohn-, Lager- oder Verkaufsraum dienen.

Nicht dazu zählen Container in jeder Form.

Die Klarstellung „im Schaustellergewerbe" dürfte nunmehr die Anwendung in vergleichbarem Gewerbe (Wochen- /Gemüsemarkt) ausschließen und auf Kirmes- /Zirkusveranstaltungen beschränken.

---

44 VkBl. 79, 547.

45 BMV StV 2 – 2126F/63; BMV, VkBl. 62, 626.

Im Beispielbild handelt es sich zwar um einen Packwagen im Schaustellerge-werbe, es fehlt aber an der Kennzeichnung mit 25-km-Schildern als auch an dem Einsatz einer Zugmaschine. Der Packwagen ist somit zulassungspflichtig.

Zusammengefasst sind somit folgende Voraussetzungen zu prüfen:

- Definitionsmäßige Nutzung als Wohn- oder Packwagen im Schausteller-gewerbe
- hinter einer Zugmaschine
- mit höchstens 25 km/h Fahrgeschwindigkeit
- 25-km-Schilder an den beiden Längsseiten wie an der Rückseite.

Die Zulassungsfreiheit bezieht sich hierbei auf alle im jeweiligen Gewerbe **üblichen Nutzungsarten**, so dass auch der Transport beschädigten Inventars zu einer Reparaturwerkstatt zulässig ist.[46]

In allen Fällen sind jedoch die o.a. Voraussetzungen der Zulassungsfreiheit zu prüfen.

Die Steuerbefreiung i.S.d. § 3 Nr. 8b KraftStG geht nicht verloren.

---

[46] OLG Celle, VRS 51, 150; Versicherung: OLG Koblenz, VRS 55, 73.

Lof Anhänger (Anhänger zu land- oder forstwirtschaftlichen Zwecken) sind unter Beachtung der im Folgenden zusammengefassten Voraussetzungen zulassungsfrei:

lof Zug

im Gegensatz zu einer ZM mit lof Arbeitsmaschine (in Anhängerform)

bzw. einer selbstfahrenden (lof) Arbeitsmaschine

- Verwendung in einem lof Betrieb
- zu lof Zwecken (örtl. Brauchtumsveranstaltungen, Altpapiersammlungen, Landschaftssäuberungsaktionen, Feuerwehreinsätze und -übungen)[46]
- hinter einer Zugmaschine oder selbstfahrenden Arbeitsmaschine
- mit höchstens 25-km/h Fahrgeschwindigkeit
- 25-km-Schild an der Rückseite des Anhängers.

Ob es sich um einen **lof Betrieb** handelt, ist nach den §§ 33, 40 ff., 62 des Bewertungsgesetzes zu prüfen. Entscheidend für die Bejahung der Frage ist, ob
- eine lof Produktion/Erzeugung erfolgt oder
- lediglich Handel betrieben wird.[48]

---

[47] Vgl. 2. VO ü. Ausn. v. str. verkehrsrechtl. Vorschriften.

[48] Vgl. § 6 (5) FeV.

So gehören zu den lof Betrieben
- Landwirtschaftsbetriebe, auch mit Hopfen-, Spargel- und anderen Sonderkulturen,
- Weinbaubetriebe,
- gärtnerische Betriebe (außer Handelsgärtnereien),
- Fischzuchtbetriebe/Binnenfischerei,
- Wanderschäfereien,
- Imkereien (außer Liebhabereibetrieb),
- Tierzuchtbetriebe/Viehmastbetriebe,
- Abmelkställe,
- Geflügelfarmen, etc.

Die **Größe** des Betriebes ist ohne Bedeutung, soweit es sich bei dem Betrieb von der Größe her nicht nur um eine reine Liebhaberei (z.B. Hausgarten oder einige Bienenstöcke) handelt.

Nebenbetriebe gehören zum lof Betrieb, wenn sie dem Hauptbetrieb dienen, d.h., keinen (eigenen) selbständigen Gewerbebetrieb darstellen. Dies gilt auch für sog. Substanzbetriebe wie Steinbrüche, Sandgruben etc.

Als **lof Zweck**[49] ist allg. jede Verwendung des Fz anzusehen, die mit einem lof Betrieb in Zusammenhang steht. Eine Ausnahme hierzu bildet die Verwendung bei örtlichen Brauchtumsveranstaltungen, nicht gewerblichen Altpapiersammlungen, Landschaftssäuberungsaktionen sowie Feuerwehreinsätze und -übungen.

Es liegt regelmäßig vor, wenn das Fz für **typische lof Arbeiten** eingesetzt wird, wie z.B. Pflügen, Dreschen, Mähen.

Bei der **Güterbeförderung** liegt nur dann ein lof Zweck vor, wenn
- sie einem lof Betrieb dient (Beförderung eines Produktions- oder Bedarfsgutes) und
- Ausgangs- oder Zielpunkt der Fahrt ein lof Betrieb ist.

Die Anhänger einer **lof Genossenschaft** genießen ebenfalls Zulassungsfreiheit, wenn sie **ausschließlich** zur Verrichtung typischer lof Arbeiten eingesetzt werden, was bei sog. Nutzungsgenossenschaften der Fall ist, oder wenn sie zur Güterbeförderung im obigen Sinne verwendet werden. Unerheblich ist hierbei, ob die Arbeiten durch die Genossenschaft verrichtet werden oder dem Landwirt die Anhänger zur Verfügung gestellt werden.

Im Rahmen der **Nachbarschaftshilfe** bleibt die Zulassungsfreiheit erhalten. Gemäß den Richtlinien zum Verkehr über Nachbarschaftshilfe (VkBl. 66, 474) setzt die Nachbarschaftshilfe voraus, dass die Leistungen
- aufgrund nachbarschaftlicher Verbundenheit
- in Erwartung gleichartiger Leistung
- zwischen lof Betrieben untereinander
- ohne Gewinnstreben

erfolgt. Nachbarschaftliche Verbundenheit liegt vor, wenn die Hilfe aufgrund nachbarlicher Beziehungen im Rahmen der Dorfgemeinschaft erfolgt.

---

[49] Vgl. § 6 (5) FeV.

Die Betriebe müssen nachbarlich nahe beieinander, aber nicht nebeneinander liegen.[50]

Zusammengefasst ergibt sich (stichwortartig) die nachfolgend abgedruckte **schematische Darstellung:**

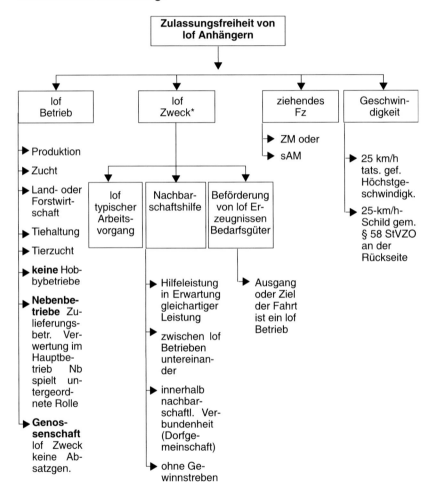

---

*   Ausn.: Verwendung bei örtl. Brauchtumsveranstaltungen i.S.d. § 1 d. 2. AusnVO zu straßenverkehrsr. Bestimmungen

---

50   Gemäß § 2 d. 6. Ausn.VO zur StVZO gilt Entsprechendes für Gerätewagen in Korndreschbetrieben.

Im Gegensatz zu den lof Anhängern sind die **lof Arbeitsgeräte** an keine der im Zusammenhang mit lof Anhängern genannten Voraussetzungen gebunden. Sie müssen nicht von einer Zug- oder SAM geführt werden und unterliegen ebenfalls nicht einer bestimmten Geschwindigkeitsgrenze.

Einer **Kennzeichnung** bedürfen die lof Arbeitsgeräte in keinem Falle; als **Nachweis** ist lediglich bei solchen über 3 t zGM eine BE erforderlich, soweit das Arbeitsgerät nach dem 1. 4. 1976 erstmals in den Verkehr gekommen ist. Hier besteht im Gegensatz zu lof Anhängern Mitführpflicht.

Die eisenbereiften Anhänger in lof Betrieben zu lof Zwecken hinter ZM bis 8 km/h Fahrgeschwindigkeit (nur BE: keine Mitführpflicht) sowie die **Sitzkarren** hinter einachsigen lof ZM oder AM (nur Kennz. des ziehenden Fz, außer bei Namensaufschrift) spielen in der polizeilichen Praxis keine Rolle. Zu beachten ist jedoch, dass diese zwar zulassungsrechtlich gemäß § 3 (2) 1b FZV den SAM vergleichbar sind, aber bei einer bbH > 6 km/h Versicherungspflicht besteht.

Anbaugeräte (z.B. Pflüge) sind Zubehör (d. ZM) und benötigen somit weder Zulassung noch eine BE oder Kennzeichnung.[51]

Die übrigen im ehemaligen § 18 (2) 6 StVZO genannten **Spezialanhänger**,[52] wie
– Maschinen für den Straßenbau
– Anhänger hinter Straßenwalzen,
– Anhänger, die lediglich der Str.-Reinigung dienen,
– eisenbereifte Möbelwagen,
– Anhänger, die als Verladerampen dienen,
– einspurige, einachsige Anhänger (Einradanhänger) hinter Pkw, wenn die zGM nicht mehr als 150 kg, die Breite über alles nicht mehr als 1 m, die Höhe über alles nicht mehr als 1 m und die Länge über alles nicht mehr als 1,2 m betragen,

sind in der neuen FZV nicht mehr aufgeführt, bleiben aber gemäß § 50 FZV als „Altfz" grundsätzlich zulassungsfrei. Voraussetzung ist hier lediglich die definitionsgemäße Bauart und Nutzung des Anhängers.

Geringfügige Nebenleistungen während der def. Nutzung bzw. Fahrten, die nur im mittelbaren Zusammenhang mit der def. Nutzung stehen, sind ebenfalls zulässig. Ebenso ohne Bedeutung ist, ob es sich um gewerblichen Güterverkehr oder privaten Transportverkehr handelt.

Soweit jedoch eine **überwiegende**, nicht der Zweckbestimmung des Anhängers entsprechende Nutzung vorliegt, besteht Zulassungspflicht i.d.S. § 3 (1) FZV (Fz-Schein/amtl. Kennzeichen).

Anhänger hinter Fz mit Vers.-Kennz. bedürfen gemäß § 27 (4) FZV eines Wiederholungskennzeichens.

---

[51] Vgl. BMV, VkBl. 77, 21; 79, 521; beachte: § 53b StVZO (Sicherungsmaßnahmen).

[52] Die in § 72 StVZO enthaltene Ausnahmeregelung (Stichtag: 1.7.1961) ist für die pol. Praxis ohne Bedeutung.

Für die polizeiliche Praxis sind insbesondere
- die Arbeitsmaschinen sowie
- die „Sportanhänger"

von Bedeutung, die **eigene Kennzeichnungen** in Form amtl. Kennzeichen benötigen.

Die häufigsten Formen dieser zulassungsfreien „Sportanhänger" sind die Bootsanhänger und die Anhänger zur Beförderung von Sportpferden.

Nochmals eine Verständnisprüfung: Ausweis-/Kennzeichnungspflicht?

1	KKR mit einachsigem Anhänger.	KKR: BE/Vers.-Bescheinigung/Versicherungskennzeichen.
		Anh.: BE/Wiederholungskennzeichen, wobei für die BE des Anhängers Mitführpflicht besteht.
2	Lkw mit fahrbarer Baubude.	Lkw (ZB I/Fz-Schein/amtl. Kennzeichen).
		Anh.: BE/Wiederholungskennzeichen/ 25-km-Schilder an den beiden Längsseiten sowie an der Rückseite. Die bHG des LKW ist ohne Bedeutung. Für die BE besteht keine Mitführpflicht.
		Beachte: Beträgt die gefahrene Geschwindigkeit mehr als 25 km/h, so ist die fahrbare Baubude als Anhänger zulassungspflichtig und bedarf eines Fz-Scheins und amtl. Kennzeichen.
3	Zugmaschine mit fahrbarem Kirmesstand.	ZM: ZB I/Fz-Schein/amtl. Kennzeichen.
		Anh.: Fahrbare Kirmesstände zählen zu den Wohn- oder Packwagen im Schaustellergewerbe. BE/Wiederholungskennzeichen/ 3 25-km-Schilder, liegt die HG über 25 km/h, dann wie 2.
4	Der Landwirt –A– fährt gegen einen Unkostenbeitrag für seinen Nachbarn –B– zwei Anhänger Rüben (hinter ZM) zur Verwertungsstelle.	ZM: ZB I/Fz-Schein/amtl. Kennzeichen.
		Anh.: BE (muss nicht mitgeführt werden)/ Wiederholungskennzeichen und ein 25-km-Schild an der Rückseite der Anhänger.

Die Fahrt für den Nachbarn ist Nachbarschaftshilfe. Der Unkostenbeitrag ist zulässig, soweit –A– hierdurch keinen Gewinn macht.

Zu beachten ist, dass –A– nicht schneller als 25 km/h mit dem Zug fahren darf, ohne die Zulassungsfreiheit zu verlieren.

5	Pkw mit Pferdetransporter auf dem Wege zum Schlachthof.	Pkw: ZB I/Fz-Schein/amtl. Kennzeichen. Anh.: ZB I/Fz-Schein/amtl. Kennzeichen. Hier liegt keine Zulassungsfreiheit i.d.S. § 3 (2) 2 e FZV vor, da zwar Pferde transportiert werden, diese jedoch keinem Sportzweck dienen.
6	Lkw mit Anhänger, in dem Brieftauben befördert werden.	Lkw: ZB I/Fz-Schein/amtl. Kennzeichen. Anh.: BE/amtl. Kennzeichen . Brieftauben sind Tiere zu Sportzwecken. Die gefahrene Geschwindigkeit ist zulassungsrechtlich ohne Bedeutung.
7	Pkw mit Kastenanhänger, auf dem mit Hilfe eines Dachgepäckträgers ein Kanu befördert wird.	Pkw: ZB I/Fz-Schein/amtl. Kennzeichen. Anh.: Fz-Schein/amtl. Kennzeichen. Obwohl ein Sportgerät befördert wird, liegt keine Zulassungsfreiheit vor, da es sich nicht um einen Spezialanhänger zur Beförderung derartiger Sportgeräte handelt.
8	Pkw mit Wohnanhänger.	Pkw: ZB I/Fz-Schein/amtl. Kennzeichen. Anh.: ZB I/Fz-Schein/amtl. Kennzeichen.
9	Krad mit einachsigem Anhänger	Krad: ZB I/Fz-Schein, amtl. Kennz. Anhänger: BE, Wiederholungskz.
10	Lof Zugmaschine mit lof Arbeitsgerät mit einer zGM von 2 t.	ZM: ZB I/Fz-Schein/amtl. Kennzeichen. Anh.: Da die zGM unter 3 t liegt, wird gemäß § 4 FZV keine BE benötigt. Kennzeichnungspflicht besteht bei lof-Arbeitsgeräten in keinem Fall. Liegt die zGM über 3 t, besteht BE-Pflicht, soweit das Arbeitsgerät nach dem 1.4.1976 erstmals in den Verkehr gebracht wurde.

11 Lkw mit Kompressor in Anhängerform.

Lkw: ZB I/Fz-Schein/amtl. Kennzeichen.

Anh.: BE/amtl. Kennzeichen, da Arbeitsmaschine. Es besteht für die BE keine Mitführpflicht.

12 Lof Zugmaschine mit Rübenanhänger im gewerblichen Lohnbetrieb.

ZM: ZB I/Fz-Schein/amtl. Kennzeichen.

Anh.: ZB I/Fz-Schein/amtl. Kennzeichen, da gewerblicher Lohnbetrieb keine Nachbarschaftshilfe und somit keinen lof Zweck darstellt. § 2 der 6. AusnVO ist hier nicht anwendbar.

BayObLG, VM 79, 99.

13 Pkw mit Bootsanhänger.

Pkw: ZB I/Fz-Schein/amtl. Kennzeichen.

Anh.: BE/amtl. Kennzeichen, da „Sportanhänger".

14 Pkw mit fahrbarem Marktstand.

Pkw: ZB I/Fz-Schein/amtl. Kennzeichen.

Anh.: ZB I/Fz-Schein/amtl. Kennzeichen. Fahrbare Marktstände stellen keine Wohn-/Packwagen **im** Schaustellergewerbe dar.

15 sAM
(Rasenmäher und Anhänger) im Hausmeisterbetrieb/von Privatpersonen

bis < 6 km/h bbH: −

< 20 km/h bbH: BE/Namensaufschrift

> 20 km/h bbH: BE/amtl. Kennz.

Anhänger: (abhängig von der bHG der SAM)

< 6 km/h bbH: −

> 6 km/h bbH: Anhänger zul.–pflichtig

amtl. Kz. − ZB I/Fz-Schein

Steuer

Versicherung

oder: Ausnahmegenehmigung, soweit nicht als Lof-Anhänger in einem Park-/Garten-/Pflegebetrieb (vergl. § 6 (5) FeV)

16 ZM mit Sattelauflieger (Sattelzug).

ZM: ZB I/Fz-Schein/amtl. Kennzeichen.

Anh.: ZB I/Fz-Schein (Anhängerverzeichnis)/ amtl. Kennzeichen.

Zusammenfassend können beim Betrieb zulassungsfreier Anhänger folgende Verstöße auftreten:

Tatbestand	Verstoß/OWi (§§ FZV)
– Fahren ohne BE (Typ-/Einzel- genehmigung, etc.)	§§ 4 (1), 48, 1a
– Nichtaushändigen der BE	§§ 4 (5), 48, 6
– Fahren ohne Kz	§§ 10 (8), 48, 1b
– Nichtbeachten der zulassungs- befreienden Voraussetzungen (z.B. > 25 km/h tHG), kein 25 km-Schild oder Missachtung des Beförderungszwecks	– §§ 3 (1), 48, 1a – Steuer- und Versicherungsverstoß prü- fen – FE-Verstoß prüfen

Grundsätzlich ist der **Betrieb von** Fz, die nach ihrer Bauart als **Kfz** bestimmt sind, **als Anhänger unzulässig** (§ 33 StVZO).

Ausgenommen hiervon sind

– das Abschleppen i.d.S. § 23 StVO (hierzu gehört auch das Anschleppen) und
– das (genehmigte) Schleppen i.d.S. § 33 StVZO.

Abschleppen und Schleppen ziehen jedoch sehr unterschiedliche rechtliche Konsequenzen nach sich und sind deshalb getrennt zu behandeln.

Soweit kein genehmigtes Schleppen vorliegt, besteht **Zulassungspflicht** für das gezogene Kfz als Anhänger (§ 3 [1] FZV).

Abschleppen i.S.d. alten § 18 (1) StVZO ist durch die Einführung der FZV entfallen.

Somit kommt hier nur noch Abschleppen eines **liegengebliebenen** i.S.d. § 23 StVO in Betracht, also das schnellstmögliche Verbringen des Fz aus dem Bereich des fließenden Verkehrs.

D.h. zum einen, dass das Kfz zugelassen ist und ein Verbringen über längere Strecken sich verbietet.[53]

Anschleppen, soweit es der Ingangsetzung des Motors dient, ist weiterhin als zulässiger Abschleppvorgang einzustufen.[54] Jedoch benötigt der Fahrer des angeschleppten Kfz die jeweils erforderliche FE, d.h. zulassungs- und fahrerlaubnisrechtlich wird der Verkehrsvorgang „Abschleppen" nicht beachtet und als „Normalbetrieb" angesehen.

---

53 Eine Berufung auf Gewohnheitsrecht erscheint m.E. zumindest fraglich und der Intention der Neurege- lung der FZV zu widersprechen.

54 OLG D'dorf, VM 77, 93.

Hinsichtlich der **Durchführung** des Abschleppens hat die **Rechtsprechung folgende Grundsätze** aufgestellt:

Das Abschleppen erfordert ein **erhöhtes Maß an Sorgfalt** für beide Beteiligten. Hieraus ergibt sich im Einzelfall die Pflicht zur	OLG Celle, DAR 61, 280
– Verständigung untereinander vor und während der Fahrt,	OLG Koblenz, VRS 42, 424
– Anpassung an die Fahrweise des Abschleppenden,	OLG Koblenz, a.a.O.
– Beobachtung (im Rückspiegel) für den Abschleppenden,	OLG Celle, a.a.O.
– Wahl einer geeigneten Abschleppvorrichtung, z.B. einer Abschleppstange bei Bremsversagen des abgeschleppten Fz oder einer zGM von mehr als 4 t des abgeschleppten Fz, – Beachtung der Pflichten aus § 15a StVO (Warnblinkanlage/Verlassen der BAB an der nächsten Abfahrt),	OLG Hamm, VRS 30, 137
– Beleuchtung, so weit erforderlich – § 17 StVO – mit zumindest einem roten Rückstrahler und einer roten Schlussleuchte (vgl. §§ 33, 49a, 53 [8] StVZO), – Die zul. Anhängelasten haben gemäß § 42 (2a) StVZO keine Geltung.	BayObLG, DAR 53, 139

Trotz der erhöhten Sorgfaltspflicht bedarf der **Führer des abgeschleppten Fz keiner Fahrerlaubnis,** er muss lediglich geeignet sein. Dies bedingt allerdings im Rahmen des § 23 StVO (Führerverantwortlichkeit) i.d.R. den Ausschluss einer „führerscheinlosen" Person.

Der **Führer des abschleppenden Kfz** bedarf – aufgrund des Notbehelfsgedankens – gemäß § 6 (1) FeV lediglich der **FE des ziehenden Kfz,** also nicht unbedingt der Kl. E/2 als FE des „gebildeten Zuges".

Im Gegensatz hierzu steht **Schleppen,** das gemäß § 33 StVZO stets **genehmigungspflichtig** ist und somit eine „Sonderform der Zulassung" darstellt.

Die **Schleppgenehmigung** stellt gleichzeitig eine teilweise Befreiung von den Ausrüstungsbestimmungen der StVZO dar. Schleppgenehmigungen können als **Einzelgenehmigung** für einen bestimmten Einzelfall als auch als **Dauergenehmigung** (Abschleppunternehmen) erteilt werden.

Im Einzelnen ist gemäß § 33 (2) StVZO beim zulässigen Schleppen Folgendes zu beachten:

– Es darf nur **ein** Fz geschleppt werden.

– Der Führer des geschleppten Fz bedarf der für dieses Fz erforderlichen FE. Fehlt sie, liegt eine OWi gemäß §§ 33 (2), 69a StVZO i.V.m. § 24 StVG vor (kein Vergehen).

Ausnahme: Es ist eine Einrichtung vorhanden, die ein sicheres Lenken gewährleistet und die Anhängelast beträgt nicht mehr als die Hälfte des Leergewichts, keinesfalls jedoch mehr als 750 kg.

Die zulässigen Längengrenzen aus § 32 StVZO haben keine Geltung.

Hinsichtlich der §§ ... StVZO

41 – Bremsen, Unterlegkeile
53 – Schluss-, Bremsleuchten, Rückstrahler
54 – FRA
55 – Schallzeichen
56 – Rückspiegel

ist das Fz weiterhin als Kfz (und nicht als Anhänger) zu beurteilen.

– Das geschleppte Fz bedarf keiner Einrichtung zur Verbindung von Fz i.S.d. § 43 StVZO (Anhängerkupplung/Zuggabel/etc.).

– Fz über 4 t zGM dürfen nur mit Hilfe einer Abschleppstange geschleppt werden.

– Der lichte Abstand zwischen dem Fz darf bei Verwendung einer Abschleppstange oder eines Abschleppseils nicht mehr als **5 m** betragen (§ 43 Abs. 3 StVZO).

– Die lichttechnischen Einrichtungen des Kfz dürfen am geschleppten Fz verbleiben. Soweit sie nicht für Anhänger vorgeschrieben sind, brauchen sie auch nicht betriebsbereit zu sein.

– Mit **Abschleppwagen** (Dauergenehmigung) geschleppte Fz müssen Schluss- und Bremsleuchten, Rückstrahler sowie FRA haben. Diese dürfen (sind i.d.R.) auf einem Leuchtenträger (§ 49a [9] StVZO) angebracht sein; sie müssen vom Abschleppwagen aus betätigt werden können.

Im Folgenden eine Gesamtübersicht (Gegenüberstellung), aus der die für die pol. Praxis wichtigsten Beurteilungskriterien hervorgehen:

	Abschleppen i.S.d. § 23 StVO	Schleppen i.S.d. § 33 StVZO	Verstöße ungenehmigtes „Ab-/Schleppen"
Definition	Verbringen eines liegengebliebenen Kfz aus dem fliesenden Verkehr	Mitführen eines Kfz als Anhänger mit Schleppgenehmigung des StVA	Mitführen eines Kfz als Anhänger, obwohl weder die Voraussetzungen eines (erlaubten) Ab-/Schleppens vorliegen
Zulassung	liegt vor	– Ausnahmegenehmigung in Form der Einzel- oder Dauergenehmigung	Zulassungspflicht als Anhänger entsteht OWi: §§ 33 (1), 69a StVZO i.V.m. § 24 StVG
Kennzeichnung	Vorhandene Kz dürfen unabgedeckt verbleiben	Wiederholungskz.	amtl. Kennz., die für den Anhängerbetrieb zugeteilt wären (nicht möglich).
Beleuchtung	Lichtt. Einrichtungen des Fz dürfen vorhanden sein und verwendet werden. Mindestanforderung (§ 66a StVZO): 1 rote Schlussleuchte, 1 roter Rückstrahler. Bei Verwendung eines Abschleppwagens: Leuchtenträger (§§ 53 ([8], 49a StVZO) mit 2 roten Schlussleuchten, 2 Bremsleuchten, 2 Rückstrahlern und 2 FRA Die Betätigung der Einrichtungen muss vom Abschleppwagen aus möglich sein.		Es müssen alle für Anhänger vorgeschriebenen lichtt. Einrichtungen vorhanden sein, wie 2 Schlussleuchten, 2 Rückstrahler (dreieckig), 2 FRA, 2 Bremsleuchten. OWi: Tateinheit zu oben

	Abschleppen i.S.d. § 23 StVO	Schleppen i.S.d. § 33 StVZO	Verstöße ungenehmigtes „Ab-/Schleppen"
Fahrerlaubnis	**vorn:** (z.B. Pkw) Klasse des ziehenden Kfz (B) **hinten:** (z.B. Pkw) ./. nur Geeignetheit gefordert	**vorn:** (z.B. Pkw) Klasse des gebildeten Zuges (BE oder C1E) vergl.: § 21 StVG **hinten:** (z.B. Pkw) Klasse des gezogenen Kfz (B) erforderlich OWi: §§ 33 (2), 69a StVZO	**vorn:** (z.B. Pkw) Klasse des gebildeten Zuges (BE oder C1E) vergl.: § 21 StVG **hinten:** (z.B. Pkw) – (Anhänger)
§ 32 StVZO Längenmaße	–	–	Haben Geltung, so dass der Zug nicht länger als 18 m sein darf OWi: Tateinheit zu oben
§ 42 StVZO Anhängelast	– (§ 42 [2a] StVZO)	Hat Geltung, jedoch Ausnahme (Schlepp-)genehmigung beachten	Hat uneingeschränkt Geltung
Versicherung	entsprechend der Zulassung des Kfz als Zulassungspflichtiges oder zul.-freies Kfz	wie Abschleppen, jedoch bei Dauergenehmigung Nachweis einer Haftpflichtversicherung erforderlich	Es besteht grundsätzlich Versicherungspflicht als Anhänger, Versicherung erfolgt jedoch über das ziehende Fz
Steuer	entspr. Versicherung	–	widerrechtl. Nutzung liegt vor. OWi: §§ 369 ff AO/Mitteilung an FA

10.3.2 Kurzzeit- und rote Kennzeichen

Kurzzeit- bzw. rote Kennzeichen stellen im Rahmen des § 16 FZV eine vereinfachte Form der Zulassung dar.

Im Bereich der Versicherungskennzeichen ergibt sich die Möglichkeit aus § 28 FZV.

In der schematischen Übersicht ergeben die §§ 16, 17 FZV zunächst folgendes Bild:

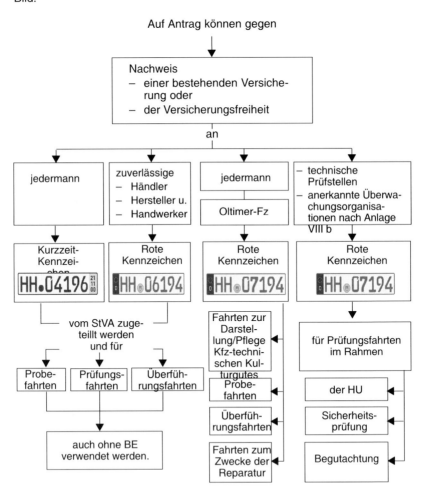

Die Zuteilung roter Kennzeichen zur wiederkehrenden Verwendung für Probe- und Überführungsfahrten ist gemäß § 1 (1) 4 KraftStG steuerpflichtig. Die übrigen Zuteilungsformen sind steuerfrei.

Unter einer **Überführungsfahrt** versteht man die selbstständige (mit eigener Motorkraft) Verbringung des Fz von einem Ort zum anderen, z.B. von einer Herstellungsstätte in eine Verkaufs- oder Ausstellungsstätte. Schlepp- bzw. Abschleppfahrten zählen nicht hierzu.

Prüfungsfahrten sind Fahrten
– amtlich anerkannter Sachverständiger (a. a. S.), Prüfer für den Kfz-Verkehr oder Prüfingenieur (HU-Überwachungsorganisation) zu Zwecken
– der Prüfung des Kfz/Anhängers auf ihre Fahreigenschaften, Bau- und Betriebsart.
Fahrten mit Fahrschülern fallen nicht hierunter.

Probefahrten sind Fahrten, die
– zur Feststellung oder zum Nachweis der Gebrauchsfähigkeit oder Leistung oder

durchgeführt werden.

Sie sind im Gegensatz zu den Prüfungsfahrten nicht an bestimmte Personen gebunden, sondern können durch jedermann erfolgen.

Bei der Verwendung von Kurzzeit- bzw. roter Kennzeichen im Rahmen der drei Möglichkeiten ist die **Verrichtung von Nebentätigkeiten**, wie z.B. Güter- oder Personenbeförderung ebenso zulässig wie **unbedeutende Umwege** oder eine **mehrtägige Dauer**.[55] **Vergnügungsfahrten** sind jedoch nicht zulässig. Das Gleiche gilt für die Überlassung gegen Entgelt.[56]

Reklamefahrten zur Anregung der Kauflust fallen nicht mehr unter den Begriff der Probefahrten (vergl. § 2 Nr. 23 FZV).

Die Zuteilung von Kurzzeit- bzw. roter Kennzeichen ist zwar nicht vom Vorhandensein einer BE (Nachweis der Vorschriftsmäßigkeit) abhängig, entbindet aber dennoch nicht von der Beachtung der Bau- und Betriebsvorschriften, d.h., das Fz muss insgesamt **verkehrssicher** sein. Das schließt jedoch die Möglichkeit einer Überführungsfahrt mit roten Kennzeichen in den Fällen nicht aus, in denen aufgrund von Fz-Teilveränderung die BE erloschen ist und eine Fahrt zur HU/StVA über § 19 (5) StVZO nicht denkbar ist.[57]

Das (rote) Kennzeichen muss ein **Dienstsiegel** tragen. Die Verwendung einer Nachfertigung – auch bei entsprechender Zuteilung – stellt einen Verstoß dar.

Den **Nachweis** der Zulässigkeit (Zuteilung) bildet der gesonderte **(schwarze od. rote) Fahrzeugschein**, der mitzuführen und zuständigen Personen auf Verlangen auszuhändigen ist.

---

55 OLG Zweibrücken, VRS 49, 150; BGH, VR 67, 548; OLG Celle, MDR 59, 416; OLG Hamm, VRS 4, 496.

56 BGH, VersR 67, 548; Hentschel e.a., § 28 StVZO, Rn 10.

57 BGHZ, NJW 75, 447.

Die Zuteilung von Kurzzeit- bzw. roter Kennzeichen erfolgt nur
- gegen Vorlage einer Versicherungszusage oder
- Nachweis der Versicherungsfreiheit.

Bei Zuteilung von Kurzzeitkennzeichen wird die „Zulassungsdauer" i.d.R. auf 3–5 Tage befristet. Die Gültigkeitsdauer ist auf dem Fz-Schein und dem Kurzzeitkennzeichen vermerkt.

Innerhalb dieser Gültigkeitsdauer kann das Fz, für das die Kennzeichen ausgegeben wurden, im Rahmen der drei Fahrmöglichkeiten des § 16 FZV beliebig oft verwendet werden.

Nach Ablauf dieser Frist ist eine erneute Zuteilung erforderlich bzw. liegt bei Nutzung ein Verstoß gegen §§ 16, 48 Nr. 1c FZV vor.

Zur Verhinderung des Kz-Missbrauchs stellt § 22a (1) Nr. 1 StVG **jede** Abgabe von Kennzeichen an Dritte **ohne vorherige Anzeige** unter Strafe.

Hiergegen verstoßen somit die sog. „Zulassungsdienste/-hilfen", die Kurzzeitkennzeichen bei SVA's beantragen und diese dann gegen Entgelt an Dritte überlassen/verkaufen. Der Kfz-Erwerb unter Vortäuschung falscher Daten erfüllt den Tatbestand mittelbarer Falschbeurkundung i.S.d. § 271 StGB.

Der Dritte (tats. Nutzer) verstößt nicht gegen § 22a StVG und begeht auch keinen Verstoß gegen § 22 StVG bzw. 267 StGB, soweit nicht in rechtswidriger Absicht, z.B. um die Haltererkennbarkeit auf einer Diebestour zu erschweren, gehandelt wird.[58]

Demgegenüber kann das StVA aus Vereinfachungsgründen an **zuverlässige**
- Händler,
- Hersteller und
- Handwerker

Fahrzeugscheine/-hefte zur **wiederkehrenden Verwendung** ausgeben.

Im Gegensatz zur Zuteilung zur einmaligen Verwendung besteht für den Händler etc. allerdings kein Rechtsanspruch auf die Zuteilung zur wiederkehrenden Verwendung.

Zur Zuverlässigkeit des Antragstellers gehört, dass
- kein Anlass zur Befürchtung des Missbrauchs besteht,
- der Antragsteller in der Lage ist, sein Personal gehörig zu beaufsichtigen und
- gegen die Zuverlässigkeit des Personals keine schwerwiegenden Bedenken bestehen.

Die wesentlichen **Unterschiede** der Zuteilung zur wiederkehrenden Verwendung liegen darin, dass
- i.d.R. keine zeitliche Beschränkung der Zuteilung erfolgt (jedoch möglich),
- mehrere Fz mit demselben Kennzeichen geführt werden dürfen,
- ein „einmal eingetragenes" Fz jederzeit beliebig oft unter Verwendung der Kennzeichen geführt werden darf und
- über jede Fahrt ein **Fahrtenbuch** geführt werden muss.

Selbstverständlich sind hierbei auch nur Fahrten innerhalb der von § 16 FZV erfassten drei Möglichkeiten zulässig.

---

[58] OLG München, NZV 11, 263.

Eine Verwendung zu anderen Zwecken oder ein Überlassen der Kennzeichen an andere ist grundsätzlich untersagt.

Von besonderer Bedeutung bei der Zuteilung zur wiederkehrenden Verwendung ist die Forderung aus § 28 (3) StVZO über **alle** Prüfungs-, Probe- oder Überführungsfahrten **fortlaufende Aufzeichnungen**, also ein **Fahrtenbuch** zu führen, aus dem

- das verwendete (rote) Kennzeichen,
- der Tag der Fahrt,
- das Fz mit Fahrzeug-Identifizierungsnummer (Fahrgestellnummer) und
- die Fahrtstrecke

ersichtlich sein müssen.

Eine besondere Form der Aufzeichnungen ist nicht vorgeschrieben.

Während allerdings die Eintragung im (roten) Fahrzeugschein **vor** Fahrtbeginn zu erfolgen hat, darf das Fahrtenbuch auch unmittelbar[59] **nach** Abschluss der Fahrt geführt werden. Es ist mindestens ein Jahr am Betriebssitz aufzubewahren und zuständigen Personen auf Verlangen auszuhändigen.

Demzufolge besteht auch keine Verpflichtung, das Fahrtenbuch auf der Fahrt mitzuführen.

Für Form, Ausgestaltung und Anbringung der Kennzeichen gelten die Bestimmungen aus § 10 FZV wie § 23 StVO entsprechend. Die Anbringung hinter der Front- oder Heckscheibe verstößt somit gegen § 16 (5) FZV.[60]

Auch ist jedes Fz einer Kolonne mit einem eigenem Kennzeichen zu kennzeichnen, es genügt nicht, das 1. und letzte Fz jeweils mit (den selben) Kz zu versehen. Dies stellt auch einen Verstoß gegen § 22 StVG dar.[61]

10.3.3 Internationaler Kfz-Verkehr

Die Zulässigkeit der Teilnahme am Straßenverkehr mit ausländischen Fz wird weitgehend durch die §§ 19 ff. FZV geregelt.

Hierneben sind von Bedeutung:

- IntAbK vom 24.4.1926
- Übereinkommen über den Str.-Verkehr vom 8.11.1968 (Wiener Übereinkommen) einschl. den Europäischen Zusatzvereinbarungen
- Kraftfahrzeugsteuergesetz (KfzStG)
- Pflichtversicherungsgesetz für ausländische Kfz und Anhänger (PflVersG Ausl)
- Nato-Truppenstatut nebst Zusatzvereinbarungen

Im Folgenden soll jedoch nur auf die für die polizeiliche Praxis notwendigen grundlegenden Regelungen beim Betrieb ausländischer Fz eingegangen werden.

---

[59] VGH KA, VM 81 45.

[60] BayObLG, 206 OWi 354/89.

[61] VkBl. 49, 127; BayObLG, NZV 93, 404.

Hiernach ergeben sich aus den §§ 19, 20, 21 FZV folgende Möglichkeiten der Teilnahme mit ausländischen Fz am öffentl. Straßenverkehr im Bundesgebiet:
- mit ihrem Heimatkennzeichen **und** Nationalitätskennzeichen sowie einem nationalen Zulassungsschein oder
- mit Ausfuhrkennzeichen **und** einem internationalen Zulassungsschein.

Gemäß § 20 FZV sind ausländische **Kfz** i.S.d. §§ 3 (1) FZV zum **vorübergehenden** Verkehr zugelassen, wenn sie einen

- internationalen   oder einen   - ausländischen (nationalen)
  Zulassungsschein   Zulassungsschein

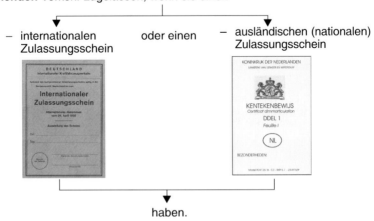

haben.

Der **ausländische Zulassungsschein** muss
- Namen und Anschrift des Eigentümers,
- Hersteller und Fabriknummer des Fahrgestells,
- die Art des Antriebs,
- die Leistung der Antriebsmaschine oder bei Verbrennungsmaschinen den Hubraum,
- das Eigengewicht des Fz (Leergewicht) sowie
- die zulässige Belastung (zGM/zul. Personenzahl)

angeben.

Weiterhin muss er – soweit er nicht in deutscher Sprache abgefasst ist – mit einer **Übersetzung** durch eine anerkannte Stelle (z.B. alle amtl. Stellen des Ausstellungslandes, Konsulate, aber auch Automobilclubs und öffentlich bestellte und vereidigte Dolmetscher und Übersetzer an OLG und Landgerichten) verbunden sein. Gemäß § 20 (5) FZV sind Zulassungsbescheinigung und Übersetzung mitzuführen und auf Verlangen auszuhändigen.

Aufgrund zwischenstaatlicher Vereinbarungen wird teilweise bei
- allen europäischen Staaten außer Weissrussland, Ukraine, Russland, Slowenien, Kroatien, Bosnien und Herzegowina, Albanien, Mazedonien und der Türkei sowie
- Hongkong, Neuseeland und Senegal

auf eine Übersetzung verzichtet.

Ausländische Kfz i.S.d. FZV sind alle Kfz, die keinen inländischen „regel-mäßigen Standort" haben, also nicht dem deutschen Zulassungsverfahren unterliegen.

Die Staatsangehörigkeit des Halters ist ohne jede Bedeutung. So können Deutsche, die im Ausland wohnen (z.B. Pendler), hier ein im Ausland zuge-lassenes (ausländisches) Kfz führen. Denkbar ist ebenfalls der Fall, dass lediglich das Kfz im Ausland stationiert und dort von einem Beauftragten betreut wird, der Halter jedoch seinen Wohnsitz im Bundesgebiet hat. Hierbei ist zu beachten, dass zwar das Kfz den Auslandsregeln unterliegt, der Halter aber im Gegensatz zum ersten Beispiel das Fz bei Nutzung im Bundesgebiet verzollen muss.[62]

Als **vorübergehend** gilt für EU-Angehörige gemäß § 20 (5) FZV ein **Zeitraum bis zu einem Jahr**[63], wobei der Zeitablauf

– bei Internationalen Zulassungsscheinen mit dem Ausstellungsdatum und
– bei ausländischen (nationalen) Zulassungsscheinen mit dem Tage des (letz-ten) Grenzübertritts

beginnt.

Der Internationale Zulassungsschein kann nicht verlängert, nur erneuert (er-setzt) werden.

Beim ausländischen (nationalen) Zulassungsschein ist zu beachten, dass der Zeitraum bei jedem Grenzübertritt **erneut** anfängt, es sei denn, es liegt bereits eine **Wohnsitzbegründung** im Bundesgebiet vor.[64]

Wird der Wohnsitz zwischenzeitlich wieder aufgegeben, fängt die Jahresfrist bei Grenzübertritt erneut an.

Für „Drittländer" kann bei regelmäßiger Standort-Aufnahme die Frist kürzer sein.

Das Fehlen einer im Einzelfall geforderten **Übersetzung** des ausländischen (nationalen) Zulassungsscheins macht die ausländische Zulassung nicht un-gültig, es liegt lediglich eine OWi i.S.d. §§ 20 (3, 4), 48 FZV i.V.m. § 24 StVG vor. **Ausländische Kennzeichen** bedürfen keiner „Übersetzung". Sie sind stets – auch in fremdartiger Schrift wie z.B. Arabisch oder Chinesisch – anzuerken-nen. Die FZV fordert für ausl. Kfz eine Kennzeichnung mit ihrem heimischen Kennzeichen an Vorder- und Rückseite, bei Krädern genügt eine rückwärtige Kennzeichnung. Ausländische Anhänger bedürfen – so weit vorhanden – ihrer heimischen Kennzeichen an der Rückseite oder – so weit keine eigene Zulas-sung besteht – eines Wiederholungskennzeichens (des ziehenden Kfz).

Neben dem heimischen Kennzeichen ist gemäß § 21 FZV ein **ovales Nationali-tätskennzeichen** zu führen. Bei „EU-Kennzeichen" und Fz aus der Schweiz kann hierauf verzichtet werden. Fehlt ein solches, liegt eine OWi gemäß §§ 21, 48 FZV i. V. m. § 24 StVG vor.

---

[62] Vgl. § 2 Nr. 10 KfzStG; Bundeszollblatt 63, 307 u. d. Abk. v. 18.5.1956 (BGBl. 1160, 2397).

[63] Die bisherige Trennung zwischen EU- und Drittländern soll aufgehoben werden.

[64] BayObLG, VRS 44, 132; OLG Hamb., VRS 63, 326.

Im Zusammenhang hiermit wird nochmals auf das „Verwechslungsverbot" aus § 10 (11) FZV hingewiesen, wonach jegliche Einrichtungen, die zu Verwechslungen mit amtlichen Kennzeichen führen können, verboten sind (OWi).

Die Verwendung und Zuteilung von **Ausfuhrkennzeichen** (frühere Zollkennzeichen) ist abschließend in § 19 FZV geregelt. Hiernach kommt eine Zulassung mit Ausfuhrkennzeichen nur noch in Betracht, wenn ein noch nicht zugelassenes Kfz oder Anhänger, das im Inland nicht regelmäßig betrieben werden soll, mit eigener Triebkraft ausgeführt werden soll. Gleiches gilt entsprechend für **Anhänger**.

Die Zulassung ist vom Vorliegen eines gültigen Haftpflichtversicherungsvertrages abhängig und wird auf höchstens 1 Jahr begrenzt.

Die Kennzeichnung erfolgt mit Ausfuhrkennzeichen mit **rotem** Zulassungsstempel.

Stempel und Ablaufdatum
(hier 21.11.2007)
in schwarzer Schrift auf **rotem** Grund

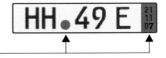

An die Stelle des Fz-Scheins tritt der Internationale Zulassungsschein. Der Fz-Brief ist zu vernichten.

In all diesen Fällen ist gemäß § 19 FZV eine ZB I erforderlich. Zusätzlich kann ein Intern. Zulassungsschein ausgestellt werden.

Rote Kennzeichen finden keine Anwendung. Nach dem OLG Bamberg (Beschl. vom 24.5.2012, veröffentlicht in Verk Mitl 2012, Nr. 72) ist eine sogenannte Fernzulassung, d.h. die Zulassung eines im Inland befindlichen Fahrzeugs durch eine ausl. Behörde, zur Ausfuhr des Fahrzeugs grundsätzlich zulässig.

Gemäß den Verlautbarungen des BMV (VkBl. 2007/421) können auch ausländische Unternehmer anderer Eu-Mitgliedstatten rote Kennzeichen erhalten und entsprechend verwenden, soweit die **dauerhafte Verbringung** des Fz Ziel der Fahrt ist. [65]

Für die im Bundesgebiet stationierten Streitkräfte, ihre Mitglieder sowie deren Angehörige sieht Art. 10 der Zusatzvereinbarungen zum Nato-Truppenstatut ein besonderes Zulassungsverfahren für diese Fz vor, das eine jederzeitige Nutzung des außerdeutschen Kfz unter Verwendung der nationalen Zulassung erlaubt.

Technische Mängel am Fz können, z.B. bei fehlender Profiltiefe (1,6 mm), einen Verstoß gegen § 31d StVZO (EU-Kfz) darstellen.

Im Einzelfall ist zu prüfen, inwieweit § 23 StVO (Führerpflichten) greift.

§ 20 (3) FZV verbietet die Teilnahme mit einem nicht verkehrssicheren Fz; stellt jedoch keine OWi dar.

---

[65] Amtsblatt C Nr. 68 v. 24.3.2007, 15.

10.3.4 Übungen

Übungen zu 10.3

Lösungen

Gemäß § 3 (1) FZV (als Ausführungs-vorschrift zu § 1 StVG) sind ... zulas-sungspflichtig.

Kfz über 6 km/h bHG sowie deren An-hänger

Ausgenommen hiervon sind u.a.

–
zulassungsfreie Fz i.S.d. § 3 (2, 3) FZV,

–
Prüfungs-, Probe- u. Überführungsfahr-ten i.S.d. § 16 FZV,

–
Schleppen i.S.d. § 33 StVZO,

–
ausl. Kfz und deren Anhänger i.S.d. §§ 19 ff FZV.

Die Zulassung i.S.d. FZV besteht aus ...
der Zuteilung eines amtl. Kennzeichens und Ausfertigung ZB I/Fahrzeugschein.

Voraussetzung ist

–
Erteilung einer BE

–
Nachweis eines Haftpflichtvertrages

–
keine Kfz-Steuerschuld/Einzugser-mächtigung

Die für die pol. Praxis wichtigen zulas-sungsfreien Fz i.S.d. § 3 (2, 3) FZV sind

–
selbstfahrende Arbeitsmaschinen, Stapler

–
einachsige Zugmaschinen,

–
LKR, KKR vierädriges Leichtkfz (Quads)

–
Krankenfahrstühle,

–
Spezialanhänger.

Fehlt bei den zulassungsfreien Kfz aus § 3 FZV eine der definitionsmäßigen Voraussetzungen, tritt ... ein.

Zulassungspflicht i.S.d. § 3 (1) FZV

Ein Erlöschen der BE durch Verände-rung von Fz-Teilen führt nur dann zur Zulassungspflicht, wenn ...

hierdurch die definitionsmäßigen Voraus-setzungen (Fz-Charakteristika) nicht mehr denen aus § 3 (2, 3) FZV entspre-chen.

In allen anderen Fällen liegt lediglich … vor.

eine OWi i.S.d. §§ 4 (1), 48 i.V.m. § 24 StVG tateinheitlich zu § 19 (5) StVZO vor.

(Übersicht s. S. 307, 341 ff.)

Bei zulassungspflichtigen Kfz liegt ein Verstoß …

gegen § 19 (5) StVZO (Führer/Halter) vor

Im Bereich der **Spezialanhänger** besteht nur dann Zulassungsfreiheit, wenn alle in § 3 (2) 2 a FZV genannten Voraussetzungen erfüllt sind. Fehlt es an einer, auch z.B. der völligen oder teilweisen Beschilderung i.S.d. § 58 StVZO, tritt Zulassungspflicht ein. Neben der geforderten zweckentsprechenden Nutzung sind bei folgenden Anhängern weitere Voraussetzungen zu erfüllen:

– Wohn-/Packwagen im Schausteller-gewerbe

–

hinter ZM mit höchstens 25 km/h tHG Fahrgeschwindigkeit,

–

Beschilderung nach § 58 StVZO

– lof Anhänger

lof Zweck/Betrieb

–

hinter einer ZM oder SAM mit höchstens 25 km/h tHG Fahrgeschwindigkeit,

–

Beschilderung nach § 58 StVZO

– fahrbare Baubuden

–

bei höchstens 25 km/h tats. Fahrgeschwindigkeit,

–

Beschilderung nach § 58 StVZO

Unter Nachbarschaftshilfe i.S.d. lof Zwecks versteht man eine

–

Hilfeleistung in Erwartung gleichartiger Leistung, zwischen lof Betrieben untereinander, innerhalb nachbarschaftlicher Verbundenheit (Dorfgemeinschaft) und ohne Gewinnstreben.

Grundsätzlich ist der Betrieb von Kfz als Anhänger unzulässig. Ausgenommen hiervon sind

–

das Ab-/Anschleppen i.S.d. § 23 StVO

–

das Schleppen i.S.d. § 33 StVZO

Abschleppen ist nur von ... Kfz

liegengebliebenen, zugelassenen

möglich mit dem Ziel ...

des schnellstmöglichen Verbringens aus dem fließenden Verkehr

Das Abschleppen erfordert von beiden Beteiligten ein erhöhtes Maß an Sorgfalt, z.B. durch gegenseitige Verständigung oder/und Einschalten der Warnblinkanlage (§ 15a StVO). Führerscheinrechtlich wird kein Zug gebildet und der „Gezogene" muss lediglich geeignet sein. Soweit nicht die Voraussetzungen für ein Abschleppen gegeben sind, liegt **Schleppen** i.S.d. § 33 StVZO vor. Schleppen ist genehmigungspflichtig. Die Schleppgenehmigung stellt gleichzeitig eine teilweise Befreiung von den Ausrüstungsvorschriften für Anhänger dar.

Führerscheinrechtlich benötigt beim Schleppen der „Ziehende" ...
und der „Gezogene" ...

die Klasse des Zuges (i.d.R. Kl. ... +E)
die Klasse seines Fz (§ 33 StVZO).

Kurzzeit- bzw. rote Kennzeichen werden in einem vereinfachten Zulassungsverfahren für

–

Probe-,

–

Prüfungs- und

–

Überführungsfahrten

zugeteilt.

Sie werden auf Antrag gegen Nachweis einer bestehenden Versicherung oder bestehender Versicherungsfreiheit an jedermann ... und an zuverlässige Händler, Hersteller und Handwerker ... vom StVA zugeteilt und ausgegeben.

befristet als Kurzzeitkennzeichen zur wiederkehrenden Verwendung in Form roter Kennzeichen

Probefahrten sind solche, die	
–	zur Feststellung oder zum Nachweis der Gebrauchsfähigkeit oder Leistung
durchgeführt werden.	
Die Zuteilung von Kurzzeit- bzw. roter Kennzeichen ist zwar nicht vom Vorhandensein einer gültigen BE abhängig, dennoch muss das Fz insgesamt verkehrssicher sein. Bei roten Kennzeichen (zur wiederkehrenden Verwendung) ist neben dem roten Fz-Schein … zu führen.	ein Fahrtenbuch über jede einzelne Fahrt
Diese zusätzlichen Eintragungen dürfen nach Abschluss der Fahrt getätigt werden, während der rote Fz-Schein stets vor der Fahrt auszufüllen ist.	
Fehlerhafte Eintragungen stellen eine OWi i.S.d. § …, unzulässige Verwendung eine i.S.d. § … dar	§ 16 FZV tateinheitlich zu § 3 (1) FZV/§ 16 FZV bei Überschreitung der Frist
Ausländische Kfz (analog deren Anhänger) dürfen im Bundesgebiet … geführt werden, wenn für sie	vorübergehend (EU: höchstens 1 Jahr/ Drittländer: kürzer bei regelmäßiger Standortaufnahme)
–	Internationaler oder
–	ausländischer (nationaler) Zulassungsschein
vorliegt.	
Neben dem heimischen (amtl.) Kennzeichen ist zusätzlich … am Fz zu führen. Fehlt ein solches, liegt eine OWi gemäß §§ 21, 48 FZV i. V. m. § 24 StVG vor.	das jeweilige Nationalitätszeichen
Fz, die aus dem Bundesgebiet mit eigener Triebkraft ausgeführt werden sollen, können gemäß § 19 FZV mit Ausfuhrkennzeichen zugelassen werden. Dies gilt jedoch nicht für … Nach Vorlage einer Versicherungsbescheinigung wird für sie ein Internationaler Zu-	rote Kennz. i.S.d. § 16 FZV

lassungsschein ausgestellt. Bei Fahrten im Ausland ist zusätzlich das Nationalitätszeichen „D" zu führen. Die Gültigkeit des Internationalen Zulassungsscheins beträgt höchstens 1 Jahr ab Ausstellungsdatum, sie kann beschränkt werden. Die Gültigkeit des nationalen Zulassungsscheins beträgt …

ein Jahr ab letztem Grenzübertritt

Nach Wohnsitzbegründung im Bundesgebiet wird die …

Jahresfrist nicht mehr unterbrochen.

Übungsfälle:

1 –A– hat an seinem ordnungsgemäß zugelassenen Pkw die Bereifung von 155 S 13 durch solche der Größe 185 S 15 ersetzt, sodass der Lenkeinschlag eingeschränkt ist. Eine entsprechende Eintragung im Fz-Schein oder ein Teilegutachten ist nicht vorhanden.

Pkw: Fz-Schein/amtl. Kennz. Der Pkw des –A– ist gemäß § 3 (1) FZV zulassungspflichtig. Voraussetzung der Zulassung ist die Erteilung einer gültigen BE. Durch die von –A– vorgenommene Veränderung erlischt grundsätzlich die BE nicht, soweit eine entsprechende „Genehmigung" vorliegt. Dies ist hier nicht der Fall, so dass die „Gefährdungsvariante" i.S.d. § 19 (2) StVZO z.B. in Bezug auf die Lenkfreiheit oder fehlenden/ausreichenden Bodenkontakt/-haftung zu prüfen ist.
Hierzu dürfte wegen fehlender Lenkfreiheit eine mögliche Gefährdung „schon etwas konkret" denkbar sein, so dass ein Erlöschen vorliegt.
Vergl. BMV-Bsp.-Katalog Nr. 5.
Da die Zulassung nicht erlischt, kommt ein Verstoß gegen § 19 (5) StVZO (Führer/Halter) in Betracht.
OWI-Anzeige, Kontrollbericht, Steuer- und versicherungsrechtlich liegt kein Verstoß vor. Eine eventuelle Gefahrenerhöhung ist nur versicherungsintern (Regressansprüche) von Bedeutung.

2 –C– führt hinter seinem Lkw bei einer Fahrgeschwindigkeit von 50 km/h eine fahrbare Baubude (einen Kompressor in Anhängerform).

Lkw wie Pkw (1)
Soweit es sich bei dem Kompressor um eine Arbeitsmaschine in Anhängerform handelt, ist die Führung als zulassungsfreier Anhänger an keine besonderen Voraussetzungen gebunden. –C– benötigt in diesem Fall als Nachweis eine

BE und Fz-Kennzeichnung durch eigene amtliche Kennzeichen für die Arbeitsmaschinen. In Bezug auf die fahrbare Baubude ist die Zulassungsfreiheit an die Einhaltung einer tHG (Fahrgeschw.) von höchsten 25 km/h gebunden. Bei Beachtung wird lediglich eine BE, 25-km-Beschilderung (§ 58 StVZO) sowie ein Wiederholungskennzeichen gefordert. Da –C– jedoch die fahrbare Baubude mit 50 km/h führt, entfällt die Zulassungsfreiheit und die Fz sind zulassungspflichtig i.S.d. § 3 (1) FZV (Fz-Schein/amtl. Kennzeichen).

OWi-Anzeige, Belehrung.

Weitere Verstöße (Steuer/Versicherung) sind zwar tatbestandsmäßig gegeben, es mangelt aber am Schuldvorwurf.

3 –D– führt hinter seinem KKR (25 km/h bHG) einen einachsigen Anhänger.

Das KKR (Mofa) ist gemäß § 3 (3) 2 FZV zulassungsfrei. –D– benötigt eine BE, eine Versicherungsbescheinigung sowie als Fz-Kennzeichnung ein Versicherungskennzeichen des laufenden Versicherungsjahres, die gemäß § 27 (4) FZV am Anhänger zu wiederholen ist

Einachsige Anhänger hinter Krafträder sind zulassungsfrei gemäß § 3 (2) 2 f FZV. Gemäß § 4 (1) ist eine BE und gemäß § 10 (8) FZV ein Wiederholungskennzeichen gefordert.

4 –E– führt einen Betonmischer.

Betonmischer stellen SAM dar, sofern die Mischvorrichtung durch die Antriebsmaschine des Fz betrieben wird. Als SAM kommen jedoch nur solche Fz in Betracht, bei denen die Arbeitsleistung und nicht der Transportgedanke überwiegt. Daher sind Liefermischer, bei denen der Beton lediglich im gebrauchsfähigen Zustand gehalten wird, als Lkw zu beurteilen und gemäß § 3 (1) FZV zuzulassen (ZB I/Fz-Schein/amtl. Kennz).

5 Der „Rübenzug" des Landwirts –F– wird im Rahmen einer Radarkontrolle mit 32 km/h (bHG der ZM) gemessen.

Die lof Zugmaschine ist gemäß § 3 (1) FZV zuzulassen. Der Anhänger ist gemäß § 3 (2) 2a FZV zulassungsfrei, soweit er in einem lof Betrieb zu lof Zwecken hinter einer ZM oder SAM mit einer Fahrgeschwindigkeit von höchstens 25 km/h geführt wird. In diesen Fällen wird eine BE, 25-km Beschilderung (§ 58 StVZO) sowie ein Wiederholungskennzeichen für den Anhänger benötigt.

Infolge der „Geschwindigkeitsüberschreitung" entfällt hier die Zulassungsfreiheit und es liegt eine OWi i.S.d. §§ 3 (1), 48 FZV i. V. m. § 24 StVG vor. Weitere Beurteilung wie 3.

Von besonderer Beurteilung ist weiterhin die Fahrerlaubnisfrage. Im zulassungsfreien Zustand des Anhängers benötigt –F– lediglich Kl. L.

Im – wie hier – zulassungspflichtigen Zustand ist zur Führung des Zuges Kl. T erforderlich, so dass ein Vergehen i.S.d. § 21 StVG vorliegen kann.

6 –G– befördert mit einem „Pferdeanhänger" hinter seinem Pkw Sand und Zement für seinen Neubau. – G– zeigt sowohl den Fz-Schein des Pkw als auch eine BE des Anhängers vor. Der Anhänger ist mit amtl. Kennz. versehen.

Der Pkw ist zulassungspflichtig i.S.d. § 3 (1) FZV.

Der Pferdeanhänger ist gemäß § 3 (2) 2e als Spezialanhänger für Beförderung von Tieren für Sportzwecke zulassungsfrei. Benötigt wird hierfür eine BE und das jeweilige amtliche Kennzeichen. Die Zulassungsfreiheit ist ausschließlich von der zweckgebundenen (definitionsmäßigen) Nutzung des Anhängers abhängig. Diese liegt hier nicht vor, so dass der Anhänger zulassungspflichtig ist. Weitere zul.-rechtl. Beurteilung wie 5.

Steuerrechtlich ist ein Verstoß infolge des Wegfalls der Steuerfreiheit anzunehmen. Mitteilung an FA.

Versicherungsrechtlich ist die Schuldfrage besonders zu prüfen (Gericht), da es hier nicht um einen vorübergehenden Verlust der Zulassungsfreiheit geht, sondern die Zulassungspflicht bewusst durch die nicht zweckentsprechende Nutzung von Anfang an herbeigeführt wird.

7   –H– ist mit seinem Pkw wegen eines gerissenen Keilriemens liegen
geblieben. Daher „schleppt" –L– ihn
zur nächsten Tankstelle.

8   –I– hat mit seinem Pkw einen Unfall;
dadurch ist eine sichere Fortbewegung des Fz nicht mehr möglich. –
D– „schleppt" ihn daher zunächst
bis zu einem 200 m entfernten Parkplatz und zu einem späteren Zeitpunkt zur etwa 1 km entfernten Garage des –I–.

9   –J's– Pkw ist mit Motorschaden liegen geblieben. Um Reparaturkos-
ten zu sparen, „schleppt" er es zu einem 50 km entfernt wohnenden Bekannten.

10 –K's– Pkw springt aufgrund der win-
terlichen Temperaturen nicht an.
Sein Nachbar –G– schleppt daher
den Pkw an.

11 –L– besitzt einen nicht mehr zugelassenen älteren Pkw, der erhebliche Mängel aufweist. Aus Platz-
gründen „schleppt" er diesen von
seinem Privatgelände zum nächsten Schrottplatz Hierbei wird der
„geschleppte" Pkw von –L's–
17-jährigem Sohn geführt.
Die Warnblinkanlage an dem „geschleppten" Pkw ist defekt.

Auch wenn hier über § 10a (1) AKB Ver-
sicherungsschutz gewährleistet ist, besteht dennoch Versicherungspflicht gemäß § 1 PflVersG.

Abschleppen ist das Verbringen eines
liegengebliebenen, zugelassenen Fz
z.B. zur nächsten geeigneten Repara-
turstätte. Dies ist hier der Fall, so dass
ein Abschleppen i.S.d. § 23 StVO zutrifft. Von besonderer Bedeutung ist
hierbei die Führerscheinfrage, da –L–
als Führer des ziehenden Kfz nur die
Klassen des abschleppenden Kfz gemäß § 6 (1) FeV für den gebildeten Zug
benötigt.
KG, VRS 26, 126.

Hier liegt in beiden Fällen Abschleppen
i.S.d. § 23 StVO vor. Der Pkw des –I– ist
infolge des Unfalls liegengeblieben.
Der 2. Schleppvorgang (Parkplatz →
Garage) ist über § 23 StVO bereits fraglich, aber unter Berücksichtigung der alten Rspr. wohl zu rechtfertigen (Güter-
abwägung).

wie 7
Hier liegt jedoch eindeutig ein Verstoß
i.S.d. § 33 StVZO vor. FE-rechtlich ist
die Klasse für den gebildeten Zug (BE)
gefordert.

Anzeige gegen beide Fahrer, Unterbindung der Weiterfahrt.

Anschleppen ist wie Abschleppen zu
beurteilen, soweit es dem Anspringen
den Motors dient.
OLG D'dorf, VM 77, 93.

wie 7/9
Hier liegt Schleppen i.S.d. § 33 StVZO
vor.

FE-rechtlich ist die Klasse für den gebildeten Zug (BE) gefordert.

12 –M– führt mit seinem Krad eine Vergnügungsfahrt durch. Das Krad ist mit roten Kennzeichen versehen. –M– zeigt Ihnen einen roten Fz-Schein zur wiederkehrenden Verwendung vor, den er für seinen Kfz-Betrieb vom StVA erhalten hat.

Eine „Zulassung" mit roten Kennzeichen ist nur für Probe-, Prüfungs- oder Überführungsfahrten zulässig. Zuverlässigen Händlern, Handwerkern und Herstellern kann hierzu das StVA rote Kennzeichen zur wiederkehrenden Nutzung zuteilen. Neben dem Fz-Schein sind dann gesonderte Aufzeichnungen (Fahrtennachweise) zu führen. Diese unterliegen aber nicht der Mitführungspflicht. Probefahrten sind Fahrten zur Feststellung der Gebrauchsfähigkeit des Fz. Vergnügungsfahrten sind jedoch nicht mit roten Kennzeichen zulässig. Somit liegt Zulassungspflicht i.S.d. §§ 16, 3 (1) FZV vor.

OWi, -anzeige, Mitteilung StVA.

Die Rückführung des Krades an den Heimatort ist als Überführungsfahrt beurteilbar.

13 –N– holt seinen neuen Pkw beim Werk in X-Stadt ab. Hierbei verwendet er Kurzzeitkennzeichen, die er mit Lederriemen am Pkw befestigt. Auf der Fahrt nach Hause legt er einige kleinere Umwege ein.

Bei der Fahrt handelt es sich um eine Überführungsfahrt i.S.d. § 16 FZV. Für die Anbringung und Ausgestaltung roter Kennzeichen gelten zwar die Bestimmungen aus § 10 FZV und § 23 StVO, jedoch bedürfen sie keiner festen Anbringung i.S.d. § 10. Die Befestigung mit Lederriemen genügt bei Kurzzeitkennzeichen – im Gegensatz zur Verwendung roter Kennzeichen (Bay OblG, DAR 90, 268). Eine Anbringung hinter der Windschutz-/Heckscheibe ist nicht gestattet (Bay OblG, NZV 89, 123; a.a.o.)

Die von –N– eingelegten Umwege sind hinsichtlich des § 16 ohne Bedeutung, da hierdurch der Charakter der Fahrt als Überführungsfahrt nicht angetastet wurde. Entsprechendes gilt bei sonstigen Nebenverrichtungen, soweit sie nicht den Hauptzweck der Fahrt darstellen.

14 −O− hat an seinem Pkw eine Anhängerkupplung angebracht, deren
ABG-Wirksamkeit von der Prüfung
eines a.a.S. abhängig ist. Auf der
Fahrt zum TÜV wird −O− von Ihnen
kontrolliert, wobei er Ihnen den wei-
ßen Fz-Schein vorzeigt. Am Fz befinden sich die entsprechenden
schwarzen Kennzeichen.

Bei der Fahrt handelt es sich um eine
Überführungs- bzw. Prüfungsfahrt, für
die im Rahmen des § 16 FZV rote
Kennzeichen nach Vorlage einer Versi-
cherungsbestätigung zugeteilt werden
können. Durch den Anbau der Kupplung ist gemäß § 19 (2) StVZO die BE
erloschen, sodass es an einer Voraussetzung zur Zulassung i.S.d. § 3 (1)
FZV mangelt, nicht aber an der Zulassung selbst. Die vermutlich vorhandene BAG ist abnahmepflichtig.

Da die Fahrt jedoch zur Erlangung einer
erneuten BE/Gutachten durchgeführt
wird, ist sie gemäß § 19 (5) StVZO zulässig.

15 −P− möchte einen Lkw kaufen. Da
er sich für ein bestimmtes Modell
nicht sofort entscheiden möchte,
probiert er mehrere Modelle jeweils
über 2–3 Tage in seinem Betrieb
aus. Bei den Fahrten verwendet er
rote Kennzeichen.

Bei den Fahrten handelt es sich um Probefahrten zur Feststellung der Ge-
brauchsfähigkeiten der Fz. Die Verwendung roter Kennzeichen ist zulässig.
Das entgeltlose Überlassen der roten
Kennzeichen durch den Händler im
Rahmen einer Probefahrt ist zulässig.

Die Verwendung von Kurzzeitkennzeichen wäre ebenfalls denkbar.

16 Der Werkstattangestellte −Q− verwendet ein der Werkstatt zugeteiltes rotes Kennzeichen auf einer
Fahrt, auf der ausschließlich Er-
satzteile abgeholt werden.

Bei der Fahrt handelt es sich um keine
der in § 16 FZV genannten Nutzungs-
möglichkeiten, somit ist die Verwendung der roten Kennzeichen unzulässig. Hierbei ist es zunächst zweitrangig,
ob eine OWi gemäß § 16 (so OLG
Celle, VM 60, 76) oder eine nach § 3 (1)
FZV (so BayObLG 6 St 50/72) vorliegt.

17 Der Verkaufsleiter −R− verwendet
auf der Fahrt mit einem Kaufinteressenten rote Kennzeichen. Das Fz
wurde bereits vor einer Woche einmal unter Verwendung derselben
roten Kennzeichen verwendet, wobei ein roter Fz-Schein zur wiederkehrenden Verwendung ordnungsgemäß ausgefüllt wurde. Aufzeichnungen im Fahrtenbuch sind nicht
vorhanden.

Bei der Fahrt handelt es sich um eine
Probefahrt. Im Rahmen der wiederkehrenden Verwendung ist ein Ausfüllen eines weiteren Fz-Scheins nicht erforderlich. Jedoch müssen über jede Fahrt
fortlaufende Aufzeichnungen gefertigt
werden. Da diese aber erst nach der
Fahrt geführt werden müssen, müssten
lediglich über die 1. Fahrt vor einer Woche entsprechende Aufzeichnungen
am Betriebssitz vorhanden sein. Eine
Mitführpflicht des Fahrtenbuchs besteht nicht.

OWi, VG, Bericht an StVA.

18 Der Lkw-Händler –S– überlässt einem Kaufinteressenten einen Lkw für die Dauer einer Woche. Für die Benutzung fordert er ein Entgelt. Am Fz sind dem Händler zugeteilte rote Kennzeichen zur wiederkehrenden Verwendung angebracht.

Die Fahrten dienen zwar der Feststellung der Gebrauchsfähigkeit, also eine Probefahrt i.S.d. § 28 StVZO (alt). Das dort enthaltene Entgeldverbot wurde in § 16 FZV nicht wieder aufgenommen. Bericht an StVA.

19 –T– überschreitet die im Fz-Schein (Kurzzeitkennzeichen) angegebene Frist, d.h., er fährt mit dem Fz auch noch nach Ablauf der Zulassungsdauer.

Das Fz ist ordnungsgemäß i.S.d. § 3 (1) FZV zuzulassen.

OWi § 16, tateinheitlich zu § 3 (1) FZV, Anzeige, Mitteilung an FA, Unterbindung der Weiterfahrt.

20 –A– erwirbt bei einer Zulassungshilfe Kurzzeitkennzeichen, um seinen Pkw zu überführen.

Kein Verstoß durch –A–. Jedoch verstößt die Zulassungshilfe gegen § 22a (1) Nr. 1 StVG, soweit hier keine Anzeige i.S.d. Bestimmung vorliegt.

21 Der ausl. Tourist –U– legt Ihnen bei der Kontrolle einen Internationalen Zulassungsschein vor, dessen Ausstellung 14 Monate zurückliegt.

Die Führung ausländischer Kfz ist vorübergehend im Bundesgebiet gemäß § 20 FZV zulässig, soweit es einen Internationalen Zulassungsschein hat. Dieser ist gemäß § 20 mitzuführen und zuständigen Personen vorzuzeigen. Die Gültigkeit des Internationalen Zulassungsscheins (vorübergehend) ist auf ein Jahr beschränkt, wobei die Jahresfrist ab Ausstellungsdatum beginnt. Somit liegt eine OWi i.S.d. §§ 3 (1), 48 FZV i.V.m. § 24 StVG vor.

OWi-Anzeige, Stilllegung, Hinweis auf Zulassungsmöglichkeit aus § 19 ff. FZV.

22 Der Niederländer –V– führt als Tourist im Bundesgebiet seinen in den Niederlanden zugelassenen Pkw. Der Pkw ist mit niederländischen amtlichen Kennzeichen und dem Nationalitätszeichen „NL" gekennzeichnet. –V– händigt bei einer Kontrolle den amtl. niederländischen Zulassungsschein ohne Übersetzung aus.

Es liegt hier kein Verstoß vor. Gemäß § 20 (1) FZV ist der vorübergehende (1 Jahr nach dem letzten Grenzübertritt) Betrieb zulässig, da –V– einen ausländischen (niederl.) Zulassungsschein für seinen Pkw besitzt und vorzeigt. Eine Übersetzung ist wegen zwischenstaatlicher Vereinbarungen nicht erforderlich. Das Kfz ist ordnungsgemäß i.S.d. § 21 FZV gekennzeichnet. Zum weiteren Verständnis sei hier angeführt, dass gemäß § 1 PflVersG Ausl. für jedes außerdeutsche Fz (Kfz o. Anhänger) eine Haftpflichtversicherung erforderlich ist. Diese ist dann gemäß Abs. 2

durch eine Bescheinigung (grüne Versicherungskarte/rosa Grenzversicherungsschein) nachzuweisen. Aufgrund der VO über die Kfz-Haftpflichtversicherung insb. Kfz und Kfz-Anhänger entfällt i.d.R. diese Nachweispflicht für EG-Fz, soweit sie ein vorgeschriebenes (amtl.) Kennzeichen führen. Hiernach entfällt für –V– die Nachweispflicht.

23 –X– reist aus Frankreich in das Bundesgebiet als Tourist ein. Sein Pkw ist mit amtlichen französischen Kennzeichen versehen. Das Nationalitätszeichen „F" fehlt. –X– weist einen nationalen amtlichen Zulassungsschein einer französischen Behörde vor.

Wie 19

Jedoch benötigt –X– gemäß § 21 (2) FZV neben den heimischen Kennzeichen das Nationalitätszeichen, sofern es sich nicht um ein „EU-Kennzeichen" handelt, hier „F". OWi, VG.

24 –Y– möchte als Gastarbeiter in sein Heimatland zurückkehren. Im Zusammenhang hiermit möchte er seinen Pkw sowie seinen Wohnwagen ausführen.

–Y– kann Pkw wie Wohnwagon mit einer bereits bestehenden Zulassung i.S.d. § 3 (1) FZV ausführen.

Einfacher und vorteilhafter ist daher für –Y– eine provisorische Zulassung mit Ausfuhrkennzeichen i.S.d. § 19 FZV. Hierbei erhält er – nach Vorlage eines Versicherungsnachweises (gelb) – einen Intern. Zulassungsschein. Die Fz sind nach § 3 Nr. 12 KfzStG kraftfahrsteuerfrei.

25 Landwirt –Z– führt seinen „Rübenzug" im Rahmen einer Fastnachtsveranstaltung als Festwagen. Neben dem Fz-Schein der Zugmaschine und der BE des Anhängers zeigt er Ihnen eine Vers.-Besch. für die Veranstaltungsteilnahme vor.

Im Rahmen der 2. VO über Ausn. zu verkehrsrechtl. Bestimmungen liegt kein Verstoß gegen § 3 (1) FZV vor, obwohl hier kein lof Zweck gegeben ist. Analog gelten die weiteren Forderungen hinsichtlich der Zulassungsfreiheit für lof Anhänger mit der Einschränkung, dass ein Betrieb während der Veranstaltung (Festzug) nur mit Schrittgeschwindigkeit zulässig ist.

26 –A– hat zwei gleiche Kfz mittels Wechselkennzeichen zugelassen.

Eine gleichzeitige Nutzung ist nicht zulässig (§ 8 [1a] FZV). Dies stellt gleichzeitig eine Obliegenheitsverletzung i.S.d. § 5 (1) 6 PflVersVO.

10.4 Pflichtversicherung, Kraftfahrzeugsteuer

10.4.1 Pflichtversicherung

Die folgenden – lediglich grundsätzlichen Ausführungen – sind an den Erfordernissen der polizeilichen Praxis orientiert. Sie können und wollen daher keine abschließende Behandlung der beiden Themenkreise darstellen.

Grundsätzlich besteht die **Pflicht zum Schadensersatz**, soweit einem anderen durch eine unerlaubte Handlung ein Schaden zugefügt wird.

Dieses im BGB (§§ 823 ff.) verankerte **Prinzip der Verschuldenshaftung** reicht im Rahmen der Fahrzeugbenutzung jedoch nicht aus, da die Verschuldenshaftung stets ein **nachweisbar schuldhaftes Handeln** erfordert.

Im Bereich der Kfz-Nutzung sind aber Schäden denkbar, die sich – ohne schuldhaftes Handeln – ausschließlich aus dem Betrieb des Kfz ergeben.

Um auch hier eine Schadensregulierung zu ermöglichen, wurde das **Prinzip der Gefährdungshaftung** durch die §§ 7 ff. StVG auch für den Bereich des Kfz-Betriebs übernommen. Im Hinblick auf den Ausgleich gegenüber schwächeren VT (z.B. Fußgänger, Radfahrer oder Kinder) wird auf § 17 StVG verwiesen.

Im Folgenden zunächst eine Gegenüberstellung der beiden **Haftungsprinzipien im Straßenverkehr**.

Verschuldenshaftung §§ 823–853 BGB	Gefährdungshaftung §§ 7–20 StVG
infolge schuldhaften Handelns (jede Schuldform möglich)	beim Betrieb des Kfz (Schuldvorwurf ohne Bedeutung)
Ersatzpflicht liegt beim Verursacher	Ersatzpflicht liegt beim Halter (Ausn. § 18 StVG)
Nachweispflicht liegt beim Geschädigten	Dem Halter obliegt die Entlastungspflicht
Haftungshöhe ist unbegrenzt, es erfolgt Ersatz von – Vermögensschäden und – immateriellen Schäden	Haftungshöhe ist **begrenzt** (§ 12 StVG), es erfolgt Ersatz nur von – Vermögensschäden
Haftungsausschluss, -einschränkung:	

– bei Gefälligkeitfahrten durch
  – vertraglichen Haftungsverzicht,
  – Handeln auf eigene Gefahr,
  – mitwirkendes Verschulden,
aber: nur bei Fahrlässigkeit, nicht bei Vorsatz.
	– bei höherer Gewalt (§ 7 Abs. 2 StVG),
	– bei Schwarzfahrten (§ 7 Abs. 3),
	– bei Kfz mit einer bHG von nicht mehr als 20 km/h (§ 8 StVG),
	– bei Gefälligkeitsfahrt (§ 8a StVG),
	– bei mitwirkendem Verschulden (§ 9 StVG),
	– bei Verjährung (§ 14 StVG) und
	– bei Fristversäumnis (§ 15 StVG).

So liegt bei zu hoher Geschwindigkeit oder sonstigen Fahrfehlern Verschuldenshaftung vor, während **Gefährdungshaftung** z.B. bei
- Steinschlag
- einem geplatzten Reifen oder dem
- Aufwirbeln eines Steins während der Fahrt

gegeben ist.

Um die Sicherung eines Haftungsanspruches stets zu gewährleisten, besteht gemäß § 1 PflVersG für
- den **Halter**
    - eines Kfz oder Anhängers mit regelmäßigem Standort im Inland (BRD)
- die Verpflichtung zum Abschluss einer Kfz-Haftpflichtversicherung,
    - wenn das Fz im öVR verwendet wird.

Der Haftpflichtversicherungsvertrag muss
- den Halter, Eigentümer und Fahrer als pflichtige Personen und
- alle durch den Gebrauch des Fz verursachten Personen-, Sach- und sonstigen Vermögensschäden

erfassen.

Auch für Anhänger besteht grundsätzlich Vesicherungspflicht, auch wenn die Ersatzpflicht über § 10a AKB gesondert geregelt wird.

Als regelmäßiger Standort ist der Ort anzunehmen, wo das Fz allgemein zum Einsatz kommt (§ 10 (3, 4) FZV/Wohnsitznahme).

Für Fz mit ausländischem Standort gilt die Verpflichtung zum Abschluss einer Haftpflichtversicherung analog aus § 1 PflVersG Ausl.

Unter **Gebrauch** i.S.d. § 1 PflVersG versteht man alle Vorgänge und Handlungon, dio mit dom Vorwondungszwock dos Fz odor coinor Einrichtungon zeitlich und örtlich in unmittelbarem Zusammenhang stehen. Er umfasst somit die Ersatzpflicht aus beiden Haftungsprinzipien.[66]

Somit liegt Gebrauch vor bei
- der Fahrt selbst,
- Park- und Haltevorgängen,
- Ladevorgängen,
- Arbeitsverrichtungen (z.B. bei einer SAM) sowie bei
- sonstigen notwendigen Tätigkeiten im Zusammenhang mit den o. a. Tätigkeiten, wie z.B. einem Reifenwechsel.[67]

Ausgenommen von der Verpflichtung zum Abschluss einer Haftpflichtversicherung sind gemäß § 2 PflVersG z.B.
- Fahrzeuge des Bundes, der Länder sowie der Gemeinden mit mehr als 100000 Einwohnern,
- Kfz bis 6 km/h bHG (vgl. §§ 1, 3 [1] FZV),

---

[66] BGH, VRS 30, 328.

[67] BGH, VRS 58, 401.

- zulassungsfreie SAM und Stapler bis 20 km/h bHG (vgl. § 3 [2] 1a FZV), nicht aber einachsige ZM zu lof Zwecken, soweit ihre bbH > 6 km/h liegt.
- zulassungsfreie Anhänger (vgl. §§ 3 [2, 3] FZV; 33 StVZO).

Die Befreiung von der Abschlusspflicht stellt jedoch **keinen Ausschluss von der Ersatzpflicht** (Haftungs-) dar.

Gemäß § 6 PflVersG begeht ein **Vergehen,**

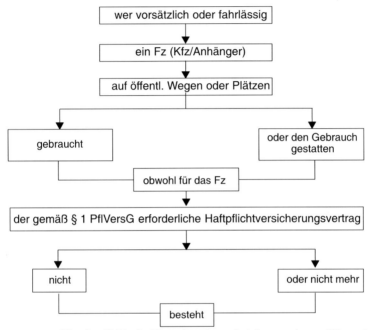

Kurz gesagt: Wer im öVR ein Kfz oder einen Anhänger ohne gültigen Haft-pflichtversicherungs**vertrag** gebraucht oder den Gebrauch zu-lässt, erfüllt den Tatbestand des § 6 PflVersG.

Bei Vorsatz kann gemäß Abs. 3 das Fz eingezogen werden.

Die Variante „gebraucht" erfasst den **Fahrzeugführer** als Täter, nicht etwa den Mitfahrer oder sonstigen Nutznießer des Fz-Gebrauchs.

Die Variante „Gebrauch gestattet" erfasst den **Halter** wie jeden, der **Sachherr-schaft** über das Fz ausübt, die derjenigen des Fz-Führers übergeordnet ist.[68]

Der Verkäufer eines Fz kann hierbei u. U. wegen Beihilfe bestraft werden, wenn er im Bewusstsein der Straftat das Fz dennoch überlässt.[69]

Bei **Anordnung der Fahrt** kommt Anstiftung in Betracht.

---

[68] BayObLG, VRS 15, 393; BGH, VRS 47, 4.

[69] OLG München, VRS 57, 328.

§ 6 PflVersG umfasst sowohl die vorsätzliche als auch die fahrlässige Handlungsweise. Hierbei handelt fahrlässig, wer die den Umständen nach gebotene und ihm persönlich zumutbare Sorgfalt außer Acht lässt. Dies ist nicht bereits dann gegeben, wenn der Fz-Führer es unterlässt, Einblick in den Fz-Schein zu nehmen oder/und nach dem Bestehen eines Versicherungsvertrages zu fragen.

Entscheidend für die Beurteilung eines Verstoßes i.S.d. § 6 ist ausschließlich die Frage, ob im Sinne d. AKB u. VVG ein **gültiger Versicherungsvertrag** besteht oder nicht. Die Problematik des Versicherungsschutzes, z.B. im Rahmen der Nachhaftung, ist hierbei ohne jede Bedeutung.

Im Rahmen der polizeilichen Überwachung ist zwischen zulassungsfreien versicherungspflichtigen (KKR, Krankenfahrstühle) und zulassungspflichtigen Fz zu unterscheiden. Im Bereich der **zulassungsfreien versicherungspflichtigen Kfz** (KKR, Krankenfahrstühle) ist die Überprüfung im Hinblick auf das Bestehen eines gültigen Versicherungsvertrages recht einfach, da gemäß § 26 FZV neben dem Versicherungskennzeichen ein **gültiger Versicherungsschein** für das geführte Versicherungskennzeichen **mitgeführt** und zuständigen Personen auf Verlangen **ausgehändigt** werden muss. Gemäß § 26 FZV verliert der Versicherungsvertrag grundsätzlich jeweils am 28./29. Februar seine Gültigkeit und muss neu ausgestellt werden. Teilweise werden jedoch Versicherungsverträge mit stillschweigender Verlängerung angeboten (roter Diagonalstrich).

Im Bereich der **zulassungspflichtigen** Fz gestaltet sich die polizeiliche Überwachung wesentlich schwieriger, da keine Verpflichtung besteht, einen Nachweis über den Bestand eines gültigen Versicherungsvertrages zu führen. Die grüne Versicherungskarte muss nur im Ausland bzw. beim Betrieb ausländischer Kfz geführt werden und selbst hierauf wird aufgrund der VO über die Kfz-Haftpflichtversicherung ausländischer Kfz und Kfz-Anhänger zum PflVersG Ausl. weitgehend verzichtet. Lediglich beim Betrieb von Fz, die als **Ausfuhrgut** gemäß § 19 FZV mit **Ausfuhrkennzeichen** versehen (zugelassen) sind, muss die (gelbe) Versicherungsbescheinigung mitgeführt und ausgehändigt werden.

Im Übrigen macht die Versicherungsgesellschaft als Versicherer dem StVA über das Fehlen (den Ablauf) eines gültigen Versicherungsvertrages Mitteilung. Hierzu ist der Versicherer gemäß §§ 25, 29 FZV gesetzlich verpflichtet.

In diesem Zusammenhang soll kurz auf die Grundzüge eines Kfz-Haftpflichtvertrages eingegangen werden.

Gemäß § 6 (4) FZV ist die Zuteilung amtlicher Kennzeichen durch das StVA nur zulässig, wenn der **Nachweis** einer **bestehenden Haftpflichtversicherung** geführt wird. Als Nachweis gilt die vorläufige **Deckungszusage (EVB-Nr.)**, die einen gültigen Versicherungsvertrag i.S.d. PflVersG darstellt, selbst dann, wenn es nicht zu einem späteren Vertragsabschluss kommt. Dies gilt auch bei Fahrten mit ungestempelten Kennzeichen gemäß § 10 (4) FZV zur/von der Zulassungsbehörde, soweit ein konkretes Datum (als Zulassungstag) **Versicherungsbeginn** angekreuzt ist.[70]

---

[70] BGH II ZR 29/50.

Aus versicherungstechnischen Gründen ist erst ca. 14 Tage nach der vorläufigen Deckungszusage der eigentliche Vertragsabschluss möglich. Dieser verlängert sich grundsätzlich stillschweigend um ein Jahr gemäß § 4 (1a) AKB. Solange es **nicht zur Kündigung** des Vertrages kommt, ist ein Verstoß i.S.d. § 6 PflVersG **unmöglich**.

Wird dieser Vertrag **gekündigt**, so beginnt mit dem Vertragsende (nicht mit dem Kündigungsdatum) die Verstoßmöglichkeit, obwohl gemäß der Versicherer (-gesellschaft) gesetzlich zu einer einmonatigen Nachhaftung (Ersatzpflicht) nach Vertragsende verpflichtet ist.

Zu beachten ist hierbei, dass die Kündigung beiderseits ausgesprochen werden kann, wobei bei wirksamer – auch fristloser – Kündigung selbst dann ein Verstoß gegen § 6 durch den Kfz-Führer vorliegt, wenn
– er die fällige Folgeprämie nachgezahlt hat **und**
– der Versicherungsfall (Schadens-) noch nicht eingetreten ist.[71]

Anders ist die Situation bei **befristeten Verträgen** zu beurteilen (§ 4 [1a] AKB).

* (Idee der Darstellung: PHK Ruland, BPA Essen)

Bei ruhenden Verträgen (z.B. Saisonkennzeichen) ist der Verstoß strittig. Die Versicherer gehen bei Nutzung innerhalb der Ruhezeit von einem Verstoß aus.[72]

Obliegenheitsverletzungen – wie z.B. Zahlungsversäumnisse, Trunkenheitsfahrt oder sonstige Gefahrenerhöhungen – führen **nicht** zu einem Verstoß i.S.d. § 6 PflVersG, jedoch hat der Versicherer die Möglichkeit der **Regressnahme**.

---

[71] BGH, NJW 84, 877.

[72] PVT 5/01, 138.

Bei der Führung von **Anhängern** ist insbesondere § 10a AKB zu berücksichtigen, wonach beim Anhängerbetrieb grundsätzlich die Ersatzpflicht auf das ziehende Kfz übergeht. Dies ändert jedoch nichts an der grundsätzlichen Versicherungspflicht. Diese wird nur durch die Ausnahmeregelungen aus § 2 PflVersG berührt.

Unter Berücksichtigung der hierzu ergangenen Rechtsprechung[73] ergibt sich Folgendes:

– Wird ein an sich **zulassungspflichtiger** Anhänger ohne gültigen Versicherungsvertrag im öVR geführt, liegt stets – unabhängig von § 10a AKB – ein Verstoß gegen § 6 PflVersG vor.

– Wird ein an sich **zulassungsfreier** Anhänger infolge
  – der Überschreitung der tatsächlichen Fahrgeschwindigkeitsgrenze von 25 km/h oder
  – fehlender Kennzeichnung i.S.d. § 58 StVZO (25-km-Schild)
  im Rahmen der Nutzung im öVR zulassungspflichtig, liegt unter Beachtung des § 10a AKB **kein** Verstoß gegen § 6 PflVersG vor.

– Inwieweit bei Verlust der Zulassungsfreiheit infolge Missachtung der Zweckbestimmung (z.B. Sandtransport mit Pferdeanhänger) ein Verstoß gegen § 6 vorliegt, ist bislang in der Rechtsprechung noch nicht geklärt, m. E. jedoch zu bejahen, soweit der Verlust der Zulassungsfreiheit **nicht** nur auf den Zeitraum während der Fahrt beschränkt ist.

– Zulassungsfreie Anhänger mit amtlichen Kennzeichen (AM und Sportanhänger) sind grundsätzlich versicherungsfrei, soweit sie zweckgebunden genutzt werden.

Auch wenn zulassungsfreie Anhänger gem. § 2 (1) 6c PflVersG versicherungsfrei gestellt sind und dessen Betrieb den Betrieb des ziehenden Kfz zuzurechnen ist,[74] kann darüber hinaus jedem Halter der Abschluss eines entsprechenden Vers.-Vertrages nur angeraten werden.

Für **ausländische Kfz** – einschließlich KKR – und deren Anhänger gilt das Gesetz über die Haftpflichtversicherung für ausländ. Kfz und Kfz-Anhänger.

Gemäß § 1 (1) PflVersG Ausl. gilt für ausl. Kfz und deren Anhänger analog zu § 1 PflVersG ebenfalls die Verpflichtung zum Abschluss einer Haftpflichtversicherung.

Gemäß Abs. 2 ist hierüber eine Versicherungsbescheinigung („Grüne Vers.-Karte") mitzuführen, die zuständigen Personen auf Verlangen auszuhändigen ist.

Bei fehlender – jedoch erforderlicher – Versicherungsbescheinigung ist das Fz von den Grenzdienstzollstellen zurückzuweisen.

Die Verletzung dieser Amtspflicht führt zur Ersatzpflicht im Rahmen des § 839 BGB.[75]

Gemäß § 1 (5) PflVersG Ausl. gilt es nicht für Fz der ausländischen Streitkräfte, die zum Aufenthalt hier befugt sind.

---

[73] BayObLG 1 St 336/76; 1 St 181/74; OLG Celle, VM 83, 91.

[74] OLG Brauschweig, VR 03, 1569.

[75] OLG Hamburg, NJW 74, 413.

Analog zu § 6 PflVersG enthält § 9 PflVersG Ausl. den entsprechenden **Straftatbestand** für den Gebrauch des ausl. Fz ohne Bestehen des erforderlichen Haftpflichtversicherungsvertrages.

Als **OWi** führt § 9a PflVersG Ausl. das Fehlen bzw. Nichtaushändigen der jeweils erforderlichen Versicherungsbescheinigung auf. In diesem Zusammenhang ist zu beachten, dass gemäß § 1 (2) PflVersG Ausl. zwar eine generelle Mitführpflicht besteht, diese jedoch aufgrund der zu §§ 7, 8 u. 8a PflVersG Ausl. ergangenen VO über die Kfz-Haftpflichtversicherung ausländischer Kfz und Kfz-Anhänger sowohl für Fz aus EG-Ländern als auch aus Drittländern weitgehend wieder aufgehoben wurde.

Gemäß Verordnung über die Kraftfahrzeug-Haftpflichtversicherung ausländischer Kraftfahrzeuge und Kraftfahrzeuganhänger vom 8.5.1974 (BGBl. I S. 1062), zuletzt geändert durch VO vom 30.8.2012 (BGBl. I S. 1888) ist eine Mitführung eines Versicherungsnachweises i.d.R. **nicht** gefordert.

Das Verfahren bei Schadensfällen mit ausländischen Fz ist in dem Merkblatt zur Bearbeitung von Auto-Haftpflichtschäden beschrieben (Mitteilung vom Juli 2009).[76]

Auf die Möglichkeit der Anspruchsdurchsetzung gegenüber der „Entscheidungsstelle für Schäden aus Auslandsunfällen" bei Unfällen **im** Ausland gemäß § 12a PflVersG wird hier ergänzend hingewiesen.

10.4.2 Kraftfahrzeugsteuer

Der Überwachung der Kfz-Steuer-Entrichtung kommt in der polizeilichen Praxis keine besondere Bedeutung zu.

Bei Verstoßfeststellung besteht lediglich eine **Mitteilungspflicht** an das Finanzamt gemäß §§ 111 ff. AO.

Im Rahmen der Überwachung ist im Einzelfall jeweils zu prüfen:
- Liegt ein Steuergegenstand i.S.d. § 1 KfzStG vor?
- Besteht hierfür Steuerfreiheit gemäß § 3 KfzStG?
- Liegt ein Fall i.S.d. Doppelbesteuerungsverbotes vor?
- Wer ist Steuerschuldner i.S.d. § 7 KfzStG?

Gemäß § 1 KfzStG unterliegt der Kfz-Steuer als **Steuergegenstand:**	Gemäß § 7 KfzStG ist hierbei **Steuerschuldner** die Person,
– das Halten von inländischen Fz (Kfz/Anhänger) zum Verkehr auf öffentl. Straßen (im öVR)	– die das Fz zum Verkehr zugelassen hat (Halter)
– das Halten von ausländischen Fz ...	– die das Fz (hier) benutzt
– die widerrechtliche Benutzung von Fz sowie	– die das Fz widerrechtlich benutzt
– die Zuteilung von Oldtimer-Kennzeichen sowie von roten Kennzeichen zur wiederkehrenden Verwendung für Probe- und Überführungsfahrten.	– der das Kennzeichen zugeteilt wurde

---

[76] Siehe PolFHa, 8-26-5 Bu.

Bemessungsgrundlage ist gemäß § 8 KfzStG nach Kfz unterschiedlich nach
- Hubraum
- zGM
- und im Einzelnen zusätzlich nach den Schastoffemissionen.

Die **Mindestdauer** der Besteuerung beträgt 1 Monat.

Gemäß § 2 (5) KfzStG liegt eine **widerrechtliche Benutzung** vor, soweit das Fz ohne die verkehrsrechtlich vorgeschriebene Zulassung (§ 3 FZV) benutzt wird.

Die **Besteuerung** (und somit der Verstoß) entfällt jedoch, wenn
- das Halten des Fz von der Steuer befreit sein würde oder
- die Besteuerung bereits vorgenommen wurde (Verbot der Doppelbesteuerung).

Von der **Steuerpflicht ausgenommen** sind gem. § 3 KfzStG z.B.

- Fz, die vom Zulassungsverfahren ausgenommen sind.
- Dienstfz der Polizei, BW, des BGS u. Zolls (äußerl. Erkennbarkeit beachten)
- Wegebaufz des Bundes, der Länder etc. sowie
- beispielhaft folgende Fz, soweit sie **ausschließlich zweckentsprechend** benutzt werden,
  - Fz der Straßenreinigung,
  - Fz im Feuerwehrdienst, Katastrophenschutz, Rettungsdienst, bei Unglücksfällen oder der Krankenbeförderung (äußerl. Erkennbarkeit beachten),
  - KOM und Pkw im Linienverkehr,
  - ZM, Sonderfz, Kfz-Anhänger hinter ZM od. Sonderfz sowie einachsige Kfz-Anhänger
    - in lof Betriebe bzw. zur Durchführung von lof Lohnarbeiten,
    - zur Beförderung von lof Gütern von bzw. an lof Betriebe, sowie
    - zur Beförderung von Milch, Magermilch, Molke oder Rahm,
- ZM von Schaustellern, soweit sie zulassungsfrei geführt werden,
- Wohnanhänger (> 3,5 t ZGM) und Packwagen (> 2,5 t ZGM) im Schaustellergewerbe,
- Fz diplomatischer und konsularischer Vertretungen,
- Pkw und Kräder von in ihrer Bewegungsfähigkeit erheblich beeinträchtigter Behinderten (Eintragung im Fz-Schein erforderlich),
- Ausfuhrfahrzeuge (m. Ausfuhrkennz./§ 19 FZV),
- gebietsfremde Fz bei vorübergehendem Aufenthalt (gilt auch für Anhänger, EG-Richtl. 83/182 – FM NRW S 6056-7-VA2).

10.4.3 Übungen

Übungen zu 10.4.1

Lösungen

Die Pflicht zum Schadensersatz bei Verwendung von Kfz und Anhängern im öVR ergibt sich aus den Haftungsprinzipien der ...

Gefährdungshaftung und/oder Verschuldenshaftung

Um stets einen Schadensersatz zu gewährleisten, besteht gemäß § 1 PflVersG für ... eines Kfz oder Anhängers ... die Verpflichtung zum Abschluss eines ... , soweit das Fz im öVR verwendet wird. Ausgenommen von dieser Versicherungspflicht sind gemäß § 2 PflVersG

den Halter
mit regelmäßigem Standort im Inland
Kfz-Haftpflichtversicherungsvertrages

–

u. a. der Bund, die Länder u. Gemeinden mit mehr als 100 000 Einwohnern,

–

Kfz bis 6 km/h bHG

–

SAM, Stapler bis 20 km/h bHG

–

zulassungsfreie Anhänger.

Die Versicherungsfreiheit schließt jedoch die Ersatzpflicht nicht aus. Daher empfiehlt sich – auch infolge der Änderungen des § 10a AKB – in diesen Fällen ein Versicherungsabschluss. Gemäß § 6 PflVersG liegt ein Vergehen beim ... vor.

Gebrauch (oder der Gestattung des Gebrauchs) eines versicherungspflichtigen Fz ohne den erforderlichen gültigen Haftpflichtversicherungsvertrag

Beim Betrieb von KKR und Krankenfahrstühlen i.S.d. § 3 (3) FZV im öVR muss gemäß § 26 (1) FZV ... mitgeführt werden, aus der sich die Gültigkeitsdauer ergibt. Grundsätzlich endet das Verkehrsjahr dieser Versicherungsverträge am ...

die erforderliche Versicherungsbescheinigung

28./29. Februar

Bei den übrigen Versicherungspflichtigen Fz ist grundsätzlich durch … vom Bestehen eines gültigen Versicherungsvertrages auszugehen. Gemäß § 23 FZV ist der Versicherungsgeber (-gesellschaft) verpflichtet, … über den Ablauf des Versicherungsvertrages zu unterrichten. Bei der Beurteilung des Straftatbestandes kommt es ausschließlich auf die Beurteilung der Frage an, ob …

die Zuteilung amtl. Kennzeichen

die SVB

ein gültiger Versicherungsvertrag besteht oder nicht.

Die Frage des … ist ohne Bedeutung. Obliegenheitspflichtverletzungen (interne Vertragsverletzungen) führen nicht zu einem Verstoß i.S.d. § 6 PflVersG, sondern eröffnen lediglich dem Versicherungsgeber die Möglichkeit, …

Versicherungsschutzes

den Versicherungsnehmer in Regress zu nehmen

Für ausl. Fz gilt gemäß §§ 1 u. 9 PflVersG Ausl. Entsprechendes. Die hier bestehende Mitführpflicht einer Versicherungsbescheinigung ist im Bereich der EG-Länder und eur. Drittländer weitgehend aufgehoben.

Übungsfälle:

1 –A– hat seine Kfz-Haftpflichtversicherung zum 1.10. d. Jahres gekündigt. Bis dahin nutzt er das Fz im öVR.

Vertragsende ist der 1. 10., so dass zum Zeitpunkt der Nutzung ein gültiger V.-Vertrag besteht.

2 –B– fährt als Landwirt mit seinem Rübentransport (ZM/2 Anhänger) mit 30 km/h.

Lof Anhänger sind gemäß § 3 (2) 2a FZV zulassungsfrei und daher gemäß § 2 PflVersG versicherungsfrei.

Da die Zulassungsfreiheit jedoch infolge der Geschwindigkeitsüberschreitung (zHG 25 km/h) entfällt, besteht vorübergehend i.S.d. § 1 PflVersG die Verpflichtung zum Abschluss eines Haftpflichtversicherungsvertages.

Es liegt jedoch kein Vers.-Verstoß vor, lediglich liegen Verstöße gegen § 3 (1) FZV, u. U. auch gegen § 21 StVG (FE-Kl. T) vor.

Anzeige

3 −C− verwendet ein nicht zugelassenes Krad im öVR, wobei er falsche Kennzeichen verwendet.

Zunächst liegen Verstöße gegen die § 3 (1) FZV und gegen § 22 StVG bzw. § 267 StGB vor. Gemäß § 1 PflVersG besteht für −C− die Verpflichtung zum Abschluss eines Kfz-Haftpflichtversicherungsvertrages, da er das Krad (Kfz) im öVR verwendet. Da er das Kfz jedoch ohne diesen erforderlichen gültigen V.-Vertrag im öVR verwendet, liegt ein Verstoß gegen § 6 PflVersG (Vergehen) vor. Strafanzeige, Unterbindung der Weiterfahrt, Überprüfung der Einzugsmöglichkeit aus § 6 (3) PflVersG.

4 −D− führt am 1.3. ein Mofa mit dem Versicherungskennzeichen des Vorjahres. Einen neuen Versicherungsvertrag hat er bereits abgeschlossen.

Es liegen Verstöße gegen die §§ 26, 27 FZV vor. Der beim Kauf des Versicherungskennzeichens abgeschlossene V.-Vertrag ist befristet, wobei das Verkehrsjahr gemäß § 26 FZV zum 28./29. Februar abläuft. Da −D− über einen neuen gültigen Versicherungsvertrag verfügt, liegt kein Verstoß gegen das PflVersG vor.

5 −E− verwendet einen Pkw im öVR, dessen BE infolge einer Motorveränderung erloschen ist. Er hat weder eine neue BE beantragt noch der Versicherung Mitteilung hierüber gemacht.

Zunächst liegt ein Verstoß gegen § 19 (5) StVZO (Führer/Halter) vor. Bei der Zulassung des Pkw musste −E− im Rahmen der Zuteilung amtl. Kennzeichen das Bestehen eines gültigen Versicherungsvertrages nachweisen. Die Motorveränderung ändert nichts am Bestand dieser Haftpflichtversicherung, jedoch besteht für den Versicherungsgeber die Möglichkeit der Kündigung wegen der begangenen Obliegenheitspflichtverletzungen.

6 Der Niederländer −F− führt im Bundesgebiet seinen Pkw. Eine Versicherungsbescheinigung kann er nicht vorzeigen. Der Pkw ist in den Niederlanden ordnungsgemäß zugelassen.

Gemäß § 1 PflVersG Ausl. besteht für −F− die Verpflichtung zum Abschluss einer Haftpflichtversicherung und zur Mitführung der Versicherungsbescheinigung. Vom Bestehen eines V.-Vertrages kann infolge der niederl. Zulassung ausgegangen werden. Gemäß VO vom 24.4.1972 ist weiterhin die Verpflichtung zur Mitführung der Versicherungsbescheinigung aufgehoben, so dass kein Verstoß vorliegt.

Übungen zu 10.4.2

Gemäß § 1 Kfz StG ist Steuergegenstand

–

–

–

–

Steuerschuldner ist hierbei jeweils

–

–

–

–

Als widerrechtliche Benutzung bezeichnet man die Verwendung eines Fz ...

Die für die polizeiliche Praxis wichtigsten Ausnahmen von der Steuerpflicht sind

–

–

–

–

–

Lösungen

das Halten inländischer Kfz u. Anhänger zum Verkehr im öVR,

das Halten ausländischer Fz ...,

die widerrechtliche Benutzung von Fz,

die Zuteilung Oldtimer- sowie roter Kennzeichen zur wiederkehrenden Verwendung für Probe- und Überführungsfahrten.

wer das Fz zulässt (Halter),

wer das Fz benutzt,

wer das Fz wiederrechtlich benutzt,

wem die roten Kennz. zugeteilt wurden.

ohne die vorgeschriebene verkehrsrechtliche Zulassung (§ 3 (1) FZV)

alle zulassungsfreien Fz, ZM, Sonderfz, Kfz-Anhänger in lof Betrieben/zu lof Zwecken,

Pkw und Kräder von in ihrer Bewegungsfähigkeit Behinderten (Fz-Schein-Eintragung),

Ausfuhrfz mit Ausfuhrkennzeichen,

gebietsfremde Fz bei vorübergehender Benutzung.

ZM im Schaustellergewerbe sowie deren Wohnanhänger > 3,5 t ZGM / Packwagen > 2,5 t ZGM bei Nutzung im Schaustellergewerbe

Übungsfälle:

1 –A– hat während des Winterhalbjahres sein Kraftrad abgemeldet in der Garage stehen.

Das Halten von Kfz ist gemäß § 1 (1) 1 KfzStG nur dann steuerpflichtig, wenn dies zum Verkehr in öVR erfolgt, d.h. bei Zulassung des Fz.

2 –B– führt seinen Pkw im öVR, obwohl die BE (Zulassung) infolge einer Fz-Teilveränderung erloschen ist.

Das Führen des Pkw trotz Erlöschen der BE stellt lediglich einen Verstoß gegen die § 19 (5) StVZO für Führer und Halter dar. Eine widerrechtliche Nutzung i.s.d. §§ 1 (1) 3 und 2 (5) Kfz StG ist damit nicht verbunden.

3 –C– führt als Schausteller eine ZM mit 2 Wohnanhängern im öVR.

Das Halten der ZM und Wohnanhänger stellt zwar gemäß § 1 (1) 1 KfzStG einen Steuergegenstand dar, jedoch sind die ZM gemäß § 3 Ziff. 8 und die Anhänger als zulassungsfreie Fz gemäß § 3 Ziff. 1 KfzStG von der Steuer ausgenommen. Nur bei Missachtung der von der Zulassung befreienden Voraussetzung gemäß § 3 (2) 2 b FZV (ZM/25 km/h thG) entstünde Steuerpflicht.

4 –D– benutzt den Pkw seines Vaters, um Einkäufe für die Familie zu tätigen. Laut Fz-Schein ist der Pkw wegen einer erheblichen Behinderung des Vaters gemäß § 3a von der Steuer ausgenommen.

Die Steuerbefreiung gilt bei der Führung des Fz durch sonstige Personen (–D–) nur, soweit die Fahrt mit der Fortbewegung oder der Haushaltsführung des Behinderten im Zusammenhang steht. Dies ist hier der Fall.

5 –E– hat Besuch aus dem Ausland. Als Motorradfan benutzt er mit Einwilligung die im Ausland zugelassene 1000er Kawasaki seines Besuchs.

Gebietsfremde Fz sind gemäß § 3 Ziff. 13 bei vorübergehendem Aufenthalt von der Steuerpflicht i.S.d. § 1 (1) 2 Kfz StG befreit. Die Befreiung entfällt jedoch bei Nutzung des Fz durch Personen, die über einen hiesigen gewöhnlichen Aufenthalt (Wohnsitz) verfügen. Somit besteht Steuerpflicht. Gemäß § 7 ist hierbei derjenige Steuerschuldner, der das Fz benutzt, also –E–. Leichtfertige Steuerverkürzung/Mitteilung an das Finanzamt.

6 –F– verwendet seinen Abschleppwagen (BE – SAM) zum Sandtransport.

Auf Grund der fehlenden zweckentsprechenden Nutzung als SAM entfällt die in § 3 (2) 1a FZV enthaltene Zulassungsfreiheit für SAM und –F– benötigt eine Zulassung i.S.d. § 3 (1) FZV. Da die Zulassung fehlt, liegt der Steuergegenstand der widerrechtlichen Benutzung vor. –F– ist als widerrechtlich Nutzender Steuerschuldner und Täter i.S.d. AO. Unterbindung der Weiterfahrt/OWi-Anzeige/Mitteilung an FA.

7 –G– (Schausteller) verleiht seine ZM an einen Bekannten.

Das Halten von ZM, die ausschließlich von Schaustellern verwendet werden, ist gemäß § 3 Ziff. 8 KfzStG von der Steuer ausgenommen. Soweit der Bekannte des –G– kein Schausteller ist, entfällt die Steuerbefreiung und –G– ist als eingetragener Halter (Zulassung) Steuerschuldner i.S.d. § 7 KfzStG. Mitteilung an FA.

10.5 Zusammenfassende Wiederholung

Im Folgenden sollen die für die polizeiliche Praxis wichtigsten grundsätzlichen Aspekte der Zulassung noch einmal zusammenfassend – in Kurzform – dargestellt werden. In den Übungsbeispielen beschränkt sich daher die Lösung auf die Angabe von Stichworten.

Kfz über 6 km/h bHG sowie deren Anhänger bedürfen beim Betrieb im öVR der Zulassung durch Erteilung einer BE und der Zuteilung amtl. Kennzeichen. Als Nachweis hierüber dient der Fz-Schein.

Ausnahmen hiervon bilden
- die zulassungsfreien Fz aus § 3 (2, 3) FZV,
- das genehmigte Schleppen i.S.d. § 33 StVZO,
- die Verwendung von Kurzzeit- bzw. roter Kennzeichen für Probe-, Prüfungs- und Überführungsfahrten i.S.d. § 16 FZV,
- gebietsfremde Fz i.S.d. §§ 19 ff. FZV.

Als zulassungsfreie Fz bedürfen die SAM über 20 km/h bHG wie die LKR amtlicher Kennzeichen (§ 4 [2] FZV) und einer BE (§ 4 [1] FZV). KKR (einschl. FMH; MOFA), Quads (45 km/h bbH), Krankenfahrstühle und elektronischen Mobilitätshilfen bedürfen dagegen einer BE (§ 3 [2] FZV) bzw. MobltV und einer Versicherungsbescheinigung sowie eines Vers.-Kennzeichens (§ 26 FZV). Die zulassungsfreien Anhänger benötigen lediglich eine BE (§ 4 [2] FZV) und ein Wiederholungskennzeichen (§ 10 [8] FZV), Arbeitsmaschinen (Anhänger) u. Sportanhänger eigene amtliche Kennzeichen.

Die bei den zulassungsfreien und den zulassungspflichtigen Fz erforderliche BE erlischt u.a. bei Veränderungen, die a) zu einer Änderung der Fz-Art führt, b) eine Gefährdung anderer VT erwarten lässt oder c) zu einer Verschlechterung der Emissionswerte führt (§ 19 [2] StVZO). Die hiernach erforderliche Neubeantragung einer BE kann u. a. entfallen, soweit eine BE, ABG etc. vorliegt, deren Wirksamkeit nicht von einer Abnahme durch einen a.a.S.o.P. abhängig ist. In diesen Fällen ist im Regelfall die ABE mitzuführen oder eine entsprechende Eintragung im Fz-Schein (Ausn. EG-BE) vornehmen zu lassen. Zulassungspflichtige Fz sowie KKR, Krankenfahrstühle und SAM über 20 km/h bHG sind versicherungspflichtig. Der Betrieb eines derartigen Fz ohne Abschluss eines gültigen Vers.-Vertrages stellt ein Vergehen i.S.d. §§ 1, 6 PflVersG dar. Entsprechendes gilt für ausländische Fz im Rahmen der §§ 1, 9 PflVersG Ausl.

Das Halten von einheimischen oder gebietsfremden Kfz und Anhängern bildet wie die widerrechtliche Benutzung (ohne vorgeschriebene verkehrsrechtliche Zulassung) und die Zuteilung roter Kennzeichen zur wiederkehrenden Verwendung einen Steuergegenstand i.S.d. § 1 KfzStG. Die wichtigsten Ausnahmen hiervon bilden
- die zulassungsfreien Fz,
- ZM, Sonderfz, Anhänger in lof Betrieben bzw. zu lof Zwecken,
- ZM bei ausschließlicher Nutzung durch Schausteller,
- Pkw und Kräder von Behinderten (nur auf Antrag/Eintragung im Fz-Schein),
- gebietsfremde Fz bei vorübergehender Nutzung.

Übungsfälle:

1 –A– betreibt einen Pkw mit Wohnwagen im öVR.

Pkw und Anhänger sind zulassungs-/versicherungs- und steuerpflichtig. Fz-Schein/ZB I und amtl. Kennzeichen je Fz erforderlich.

2 –B– führt ein
a) KKR
b) LKR
im öVR

zulassungsfrei, versicherungspflichtig, steuerfrei.
a) BE, Vers.-Kennzeichen und Vers.-Bescheinigung erforderlich.
b) BE, amtl. Kennzeichen.

3 –C– (Landwirt) führt ZM mit Rübenanhänger.

ZM: zulassungs-, versicherungspflichtig, steuerfrei.
ZB I/Fz-Schein, amtl. Kennzeichen (grün);
Anhänger: zulassungs-, versicherungs- und steuerfrei.
BE (nicht mitführpflichtig), Wiederholungskennzeichen, 25-km-Schild.

4 –D– führt einen Pkw mit Anhängerkupplung, die nicht im Fz-Schein eingetragen ist.

Pkw wie 1
BE durch Veränderung erloschen, Neubeantragung erforderlich. Da hierdurch die Zulassung nicht erlischt, liegt ein Verstoß gegen § 19 (5) StVZO (Führer/Halter) vor.
Versicherung: kein Verstoß, da gültiger Vertrag besteht, Obliegenheitspflichtverletzung kann zur Inregressnahme führen.
Steuer: widerrechtliche Benutzung, jedoch kein Verstoß, da bereits Besteuerung erfolgte (Halten).

5 –E– führt sein LKR, nachdem er den Hubraum auf 100 cm^3 aufgebohrt hat.

Die BE ist erloschen (Gef.-Variante), das LKR bleibt jedoch ein LKR (bis 125 ccm).
OWi, § 4 (1) FZV, tateinheitlich § 19 (5) StVZO
Versicherung: wie 4
Steuer: frei, kein Verstoß

6 –F– führt ZM mit Rübenanhänger mit einer Geschwindigkeit von 30 km/h.	ZM wie 3 Anhänger infolge der Geschwindigkeitsüberschreitung zulassungspflichtig OWi, § 3 (1) FZV Ggf. Vergehen gemäß § 21 StVG (FE-Kl. T [< 60 km/h bHG]). Versicherung: unter Beachtung des § 10a AKB kein Verstoß. Steuer: widerrechtliche Benutzung, jedoch weiterhin gemäß § 3 Ziff. 7 KfzStG steuerfrei.
7 –H– führt seinen Pkw mit roten Kennzeichen während einer Vergnügungsfahrt.	Verwendung der roten Kennzeichen zu Vergnügungsfahrten nicht zulässig, OWi, § 3 (1) bzw. § 16 FZV; ggfs. Vergehen i.S.d. § 22 StVG prüfen. Versicherung: Die Zuteilung roter Kennzeichen erfolgt nur bei Nachweis eines bestehenden V.-Vertrages, somit kein Verstoß. Steuer: widerrechtliche Benutzung §§ 370, 378 AO, Mitteilung an FA.
8 –I– „schleppt" einen Pkw.	Schleppen genehmigungspflichtig gemäß § 33 StVZO, dann versicherungs- und steuerfrei. Ungenehmigtes Schleppen: OWi, § 33 StVZO. Versicherung: Verstoß §§ 1, 6 PflVersG. Steuer: Widerrechtliche Nutzung, soweit noch keine Besteuerung erfolgt ist, liegt ein Verstoß vor. Mitteilung an FA, Anzeige, FE (Kl. BE) prüfen. Im Rahmen des Nothilfegedanken ist ein Abschleppen (nach zulässiger Verkehrsteilnahme) i.S.d. § 23 StVO denkbar.
9 –J– (Belgier) führt seinen Pkw mit belg. Zulassung. Ein Nationalitätszeichen ist am Pkw angebracht.	Bei vorübergehender Verwendung im Bundesgebiet zulassungs- und steuerfrei; Versicherungspflichtig, jedoch keine Nachweispflicht.

11 Fahrerlaubnis

Behandelte Rechtsvorschriften:

StVG: §§ 2, 3, 4, 21

StVZO: §§ 2–15 (alt)

StGB: §§ 69 ff.

StPO: §§ 94 ff., 111a

VO über die Zulassung von Personen zum Straßenverkehr (FeV)

Fahrlehrergesetz, DVO zum FahrlG

11.1 Fahrerlaubnispflicht

Die Führung eines Kfz im öVR stellt sowohl hinsichtlich der Beherrschung des Kfz als auch im Hinblick auf die Komplexität heutigen Verkehrsgeschehens hohe Anforderungen an den Fahrer. Aus dieser Erkenntnis heraus wurde bereits sehr früh die Notwendigkeit einer Fahrerlaubnis (FE) zur Führung eines Kfz erkannt und gefordert. Im Lauf der Jahre wurden die Modalitäten der FE den jeweiligen Anforderungen und Verhältnissen angepasst.

Durch die VO über die Zulassung von Personen zum Straßenverkehr (Fahrerlaubnis Verordnung – FeV) kam es 1999 zur Novellierung des FE-Rechts, der Einführung der EU-einheitlichen Einteilung der FE-Klassen A–E sowie u.a. der Einführung eines neuen Führerscheins (FS) in Scheckkartenformat, der Einführung von regelmäßigen Wiederholungsuntersuchungen für Fahrer von Kfz > 3,5 t, der grundsätzlichen Anerkennung von EU- und EWR-FE und einer verbindlichen Festlegung der Anerkennungsvoraussetzungen für die Begutachtung der Fahreignung. Die VO schafft den für die Umsetzung der EU Richtlinien erforderlichen Grad an Verbindlichkeit, wird der Bedeutung der Vorschrift für den Bürger gerecht und erleichtert den Überblick.

Mit der 5. bis 8. Änderungsverordnung, die überwiegend mit dem 19.1.2013 in Kraft traten, wurden die FE-Klassen erneut angepasst und die Gültigkeit der Führerscheine, die ab dem 19.1.2013 ausgestellt werden, auf 15 Jahre befristet, ohne jedoch hiermit die FE-Gültigkeit zu tangieren.

Bis 2033 sind letzlich alle Führerscheine umzutauschen.

Die FeV untergliedert sich in

I   Allg. Regelungen für die Teilnahme am Straßenverkehr (§§ 1–3)

II Führen von Kfz mit der Unterteilung

    II.1 Allg. Regelungen (§§ 4–6)

    II.2 Voraussetzungen für die Erteilung (§§ 7–20)

    II.3 Verfahren bei der Erteilung (§§ 21–25)

    II.4 Sonderbestimmungen für das Führen von Dienstfahrzeugen (§§ 26–27)

II.5 Sonderbestimmungen für Inhaber ausländischer FE (§§ 28–31)

II.6 FE auf Probe (§§ 32–39)

II.7 Punktsystem (§§ 40–45)

II.8 Entziehung oder Beschränkung der FE, Anordnung von Auflagen (§§ 46, 47)

II.9 Sonderbestimmungen für das Führen von Taxen, Mietwagen, „Begleitetes Fahren" (§§ 48 ff)

III Register mit der Unterteilung

III.1 Zentrale FE-Register und örtliche FE-Register (§§ 49–58)

III.2 Verkehrszentralregister (§§ 59–64)

IV Anerkennung und Akkreditierung für bestimmte Aufgaben (§§ 65–72)

V Durchführungs-, Bußgeld-, Übergangs- und Schlussvorschriften (§§ 73–78)

sowie

15 Anlagen zur FeV

Die FE ist ein **begünstigender Verwaltungsakt**, der zu erlassen **ist**, soweit die Voraussetzungen zum Erwerb erfüllt sind. Grundsätzlich ist zum Verkehr auf öffentlichen Straßen jedermann zugelassen, soweit nicht für die einzelne Verkehrsart eine Erlaubnis vorgeschrieben ist. Im Rahmen der eingeschränkten Zulassung darf bei Vorliegen körperlicher oder geistiger **Beeinträchtigungen** (Mängel) am Verkehr nur teilnehmen, wer **Vorsorge** getroffen hat, dass er andere nicht gefährdet.[1]

Bei **fehlender Eignung** ist die FE zu versagen, bei bedingter nur beschränkt oder unter Auflagen gemäß §§ 11 ff., 23 (2) FeV und den Anlagen 4 ff. zu erteilen. Bei nachträglicher Feststellung, also nach bereits erteilter FE, ergibt sich die Möglichkeit zur Entziehung der FE bzw. zur beschränkten oder unter Auflagen erteilten FE aus §§ 46 ff. FeV.[2] Ein direkter Entzug der FE durch die SVB ist daher ab 18 Punkten nur logisch und möglich.[3]

Die Teilnahme am Straßenverkehr ohne Vorsorge bzw. entgegen einer vollziehbaren Auflage stellt eine OWi gem. § 75 FeV i.S.d. § 24 StVG dar.

Durch Anlage 4 gibt der Verordnungsgeber Eignungs-/Beurteilungsrichtwerte für den Regelfall vor. Ungeeignet ist, wessen Krankheit die Fahrtüchtigkeit ständig unter das erforderliche Maß herabsetzt oder eine stetige Ausfallgefahr begründet. So ist z.B. ungeeignet, wer an ständigen Gleichgewichtsstörungen, Herzrhythmusstörungen mit anfallartiger Bewusstseinstrübung, Hypertonie mit ständigen diastolischen Werten > 130 mmHg, Diabetes mit der Neigung zu schweren Stoffwechselentgleisungen, Psychosen, Manien und schweren Depressionen, Alkohol- oder sonstiger Suchtmittelabhängigkeit leidet.

Ein Verbot (auch der Führung von Fahrrädern oder Tieren) ist bei Ungeeignet-

---

[1]   BZ, NJW 69, 1213.

[2]   Über Altersbeschränkungen und weitere zeitliche Befristungen wird im BMVBS nachgedacht.

[3]   VG Saarlois, At: 10 L 159/09. Änderung des Punktekatalogs in Arbeit.

heit gemäß § 3 FeV möglich. Das gilt auch bei charakterlicher Ungeeignetheit.[4]

Gemäß § 4 FeV ist die Führung von Kfz im öVR fahrerlaubnispflichtig. Der Nachweis erfolgt durch FS (im neuen Scheckkartenformat), der beim Führen mitzuführen und auf Verlangen zuständigen Personen auszuhändigen ist. Das Nichtmitführen bzw. die Nichtaushändigung stellt jeweils ein OWi gem. § 75 FeV i.S.d. § 24 StVG dar. Der Nachweis per „Altführerscheine" ist natürlich weiterhin zulässig.

„Altführerschein (rosa)" *

Vorderseite:

Rückseite:

* Gemäß § 24a (2) FeV müssen „Altführerscheine", die vor dem 19.1.2013 ausgestellt wurden, bis zum 19.1.2033 umgetauscht werden. Die Gültigkeit der FE ist davon nicht betroffen.

---

4   OVG Bremen, NZV 90, 246.

„Altführerschein (grau)" *

Außen:

Innen:

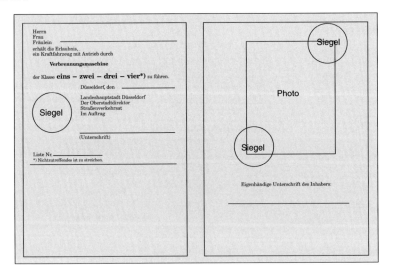

* Gemäß § 24a (2) FeV müssen „Altführerscheine", die vor dem 19.1.2013 ausgestellt wurden, bis zum 19.1.2033 umgetauscht werden. Die Gültigkeit der FE ist davon nicht betroffen.

(neue) Scheckkartenführerscheine

Vorderseite:

Rückseite:

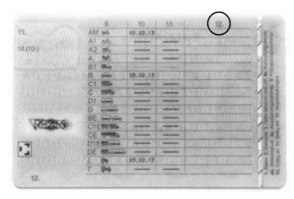

○ *Beachte: Auflagen/Bedingungen/Befristungen*

419

11.2 Klasseneinteilung

Fahrerlaubnisfrei sind

	Besonderheiten/Bedingungen
Mofa	– einspurig, einsitzig – auch ohne Tretkurbel – besondere Sitze für Kinder <7 Jahren zulässig – **Prüfbescheinigung**[5] erforderlich (§ 5 FeV), soweit Führer nach dem 1.4.1965 geboren
Elektrofahrräder	Sogenannte Elektrofahrräder gewinnen zunehmend an Bedeutung. Die häufig verwendeten Begriffe (z.b. E-Bike, Pedelec, S-Pedelec) sind für die verkehrsrechtliche Einstufung nicht hilfreich. Deshalb hat das BMVBS im VkBl. 2012, S. 848 eine Klarstellung getroffen und das Elektrofahrrad definiert. Alle anderen Fahrzeuge sind motorisierte Zweiräder und müssen über ihre Technik den einzelnen FE-Klassen zugeordnet werden. Demnach sind nur solche Elektrofahrräder verkehrsrechtlich Fahrrädern gleichgestellt, die mit einem elektromotorischen Hlilfsantrieb mit einer max. Nenndauerleistung von 0,25 kW ausgestattet sind, dessen Unterstützung sich mit zunehmender Fzg.-Geschwindigkeit progressiv verringert und – beim Erreichen einer Geschwindigkeit von 25 km/h oder – wenn der Fahrer im Treten einhält, unterbrochen wird. Die im VKBl. angekündigte Änderung ist durch die Einfügung eines Abs. 3 in § 1 StVG (BGBl. I 2013, S. 1558) umgesetzt worden. Mit dieser gesetzlichen Regelung wurde gleichzeitig festgelegt, dass Elektrofahrräder auch dann verkehrsrechtlich Fahrrädern gleichgestellt sind, wenn diese zusätzlich über eine sogenannte elektromotorische Anfahr- oder Schiebehilfe verfügen, die eine Beschleunigung des Fzg auf eine Geschwindigkeit von bis zu 6 km/h, auch ohne gleichzeitiges Treten des Fahrers, ermöglicht.

---

[5] Untersagung/Beschränkung siehe § 3 FeV.

[6] Auch, wenn sein Aufbau und seine sonstige Ausgestaltung einem Kleinstmobil (Pkw) entsprechen (LG München, NZV 01, 385).

	Besonderheiten/Bedingungen
Elektronische Mobilitätshilfe	Mit bHG $\leq$ 20 km/h und folgende Merkmalen: – zweispuriges Kraftfahrzeug mit zwei parallel angeordneten Rädern mit integrierter elektronischer Balance-, Antriebs-, Lenk- und Verzögerungstechnik, – eine Gesamtbreite von nicht mehr als 0,7 m, – eine Plattform als Standfläche für einen Fahrer, – eine lenkerähnliche Haltestange, über die der Fahrer durch Schwerpunktverlagerung die Beschleunigung oder Abbremsung sowie die Lenkung beeinflusst, – entspricht den Anforderungen der Richtlinie 72/245/ EWG des Rates vom 20. Juni 1972 zur Angleichung der Rechtsvorschriften der Mitgliedstaaten über von Fahrzeugen verursachte Funkstörungen (elektromagnetische Verträglichkeit) (ABl. L 152 vom 6.7.1972, S. 15), die zuletzt durch die Richtlinie 2006/96/EG (ABl. L 363 vom 20.12.2006, S. 81) geändert worden ist, in der jeweils geltenden Fassung, – eine Anzeige für den Energievorrat
motorisierte Krankenfahrstühle (im BMV in Bearbeitung)	– bauartbedingt zum Gebrauch durch körperlich gebrechliche oder behinderte Personen bestimmte Kfz[6] – einsitzig – bis 300 kg Leergewicht einschließlich Batterie 500 kg zGM – 15 km/h bHG (30 km/h bis 31. 6. 1999, 25 km/ bis 8/02) – Breite 1,1 m – Heckmarkierungstafel (EC-Regel Nr. 69) – **Prüfbescheinigung**[5] erforderlich bei KrF > 10 km/h bHG (§ 76, Nr. 2 FeV)
selbstf. Arbeitsmaschinen/ Zugmaschinen und Stapler u.a. Flurförderfahrzeuge	– bauartbedingt für lof Zwecke bestimmt – bis 6 km/h bHG
Zug- und Arbeitsmaschinen	– einachsig – von Fußgängern an Holmen geführt

Die Fahrerlaubnis gliedert sich gemäß § 6 FeV wie folgt:

Fahrerlaubnisklasse	Mindestalter	Nenndauer- oder Nutzleistung (kW)	Hubraum (cm³)	Geschwindigkeit (km/h)	zulässige Gesamtmasse (kg)	Anzahl der Personen, für die Fzg. ausgelegt und gebaut ist	Beachte
AM							
Zweirädriges Kleinkrafttrad (auch mit Beiwagen) [Moped]	16	≤ 4 bei Elektromotoren	≤ 50 bei Verbrennungsmotoren				Auch gültig sind – bei KartenFS ausgestellt vom 1.1.1999 bis 18.1.2013 die Klasse M und bei – grauem oder rosa FS ausgestellt bis 31.12.1998 Klasse 4 oder die Klasse 5 wenn sie vor dem 1.1.1989 ausgestellt wurde.
Fahrrad mit Hilfsmotor (Aufweisen von Fahrradmerkmalen) [Fahrrad mit Hilfsmotor]							
Dreirädriges Kleinkrafttrad		≤ 4 bei Elektro- oder anderen Verbrennungsmotoren	≤ 50 bei Fremdzündungsmotoren	≤ 45			1. Auch gültig sind – bei KartenFS ausgestellt vom 1.1.1999 bis 18.1.2013 die Klasse M oder S und bei – grauem oder rosa FS ausgestellt bis 31.12.1998 Klasse 4 oder die Klasse 5, wenn sie vor dem 1.1.1989 ausgestellt wurde. 2. Für den FE-Erwerb drei- und vierrädriger Kfz dieser Klasse ist die Prüfung auf einem Krad der Klasse AM erforderlich 3. Es ist keine einschränkende Prüfung nur für drei- und vierrädrige Kfz möglich (ausgenommen Personen mit Behinderungen, entsprechend allen anderen FE-Klassen).
Vierrädriges Leichtkraftfahrzeug					Leermasse ≤ 350 bei Elektrofahrzeugen ohne Masse der Batterien		

Fahrerlaubnisklasse	Mindest alter	Nenn- dauer- oder Nutz- leistung (kW)	Hubraum (cm³)	Geschwindig- keit (km/h)	zulässige Gesamtmass ³ (kg)	Anzahl der Personen, für die Fzg. aus- gelegt und gebaut ist	Beachte
A1 Kraftrad (auch mit Bei- wagen)	16	≤ 11	≤ 125				1. Auch gültig sind – bei KartenFS ausgestellt vom 1.1.1999 bis 18.1.2013 d e Klasse Al und bei – grauem oder rosa FS ausgestellt bis 31.12.1998 Klasse 1b oder die Klas- sen 2, 3 oder 4, wenn sie vor dem 1.4.1980 ausgestellt wurden. 2. Die Stufenregelung für 16- und 17-Jäh- rige, wonach die bbH für diese Alters- gruppe nur 80 km/h betragen darf, ent- fällt (§ 6 Abs. 2 FeV). 3. In früheren A1 und 1b gab es das unten unter Ziffer 4 beschriebene Leistungs- gewicht nicht. Kräder, die bis zum 19.1.2013 erstzugelassen worden sind, können weiterhin mit der Kl. A1 geführt werden, ohne das neue Merkmal zu be- achten. Bei Umschreibung ab dem 19.1.2013 wird das mit A1 „79.05" do- kumentiert. 4. Verhältnis Leistung zum Gewicht darf 0,1 kW/kg nicht übersteigen. 5. Übergangsrecht: § 76 Nr. 6 FeV beach- ten.
Dreirädriges Kraftrad (symmetrisch angeordnete Räder)		≤ 15	> 50 bei Ver- brennungs- motoren	> 45			Auch gültig sind – bei KartenFS ausgestellt vom 1.1.1999 bis 18.1.2013 die Klasse A1 oder B und bei – grauem oder rosa FS ausgestellt bis 31.12.1998 Klasse 1b oder die Klasse 3.

423

Fahrerlaubnisklasse	Mindestalter	Nenndaueroder Nutzleistung (kW)	Hubraum (cm³)	Geschwindigkeit (km/h)	zulässige Gesamtmasse (kg)	Anzahl der Personen, für die Fzg. ausgelegt und gebaut ist	Beachte
A2 Kraftrad (auch mit Beiwagen)	18	≤ 35					1. Auch gültig sind – bei KartenFS ausgestellt vom 1.1.1999 bis 18.1.2013 die Klasse A (beschränkt) und bei – grauem oder rosa FS ausgestellt bis 31.12.1998 Klasse 1a oder die 1. 2. Bei Klasse A (beschränkt), die bis zum 18.1.2013 ausgestellt wurden, erfolgt 2 Jahre nach der Prüfung ein „automatischer" Aufstieg in die unbeschränkte Klasse A. Ein Eintrag im FS ist nicht notwendig. 3. Bei Erweiterung von Klasse A1 auf A2 bedarf es nur einer praktischen Prüfung, soweit ein zweijähriger Vorbesitz der Klasse A1 vorliegt (§ 15 Abs. 3 FeV). 4. Verhältnis Leistung zum Gewicht darf 0,2 kW/kg nicht übersteigen. 5. Prüfungsfahrzeug muss mindestens 20 kW und 400 cm³ (mindestens 395 cm³) haben.

Fahrerlaubnisklasse	Mindestalter	Nenndauer- oder Nutzleistung (kW)	Hubraum (cm³)	Geschwindigkeit (km/h)	zulässige Gesamtmasse (kg)	Anzahl der Personen, für die Fzg. ausgelegt und gebaut ist	Beachte
A Kraftrad (auch mit Beiwagen)	20 bzw. 24		> 50	> 45			1. Auch gültig sind – bei KartenFS ausgestellt vom 1.1.1999 bis 18.1.2013 die Klasse A und bei – grauem oder rosa FS ausgestellt bis 31.12.1998 Klasse 1a oder die Klasse 1 (Hinweis: Kl. 1a müsste eigentlich umgeschrieben werden, aber ab 19.1.2013 gelten auch die Rechte wie nach der Umschreibung. Wer also nur die Klasse 1a hat, darf ab dem 19.1.2013 Kräder ohne Leistungsbeschränkung fahren). 2. Bei Erweiterung von Klasse A2 auf A bedarf es nur einer praktischen Prüfung, soweit ein zweijähriger Vorbesitz der Klasse A2 vorliegt (§ 15 Abs. 3 FeV). 3. Direkteinstieg in Deutschland ist mit 24 Jahren möglich. 4. Prüfungsfahrzeug muss ab 1.1.2014 mindestens 50 kW, 180 kg Leermasse und 600 cm³ (mindestens 595 cm³) haben (Übergangsfrist beachten: bis 31.12.2013 – 44 kW).
Dreirädrige Kraftfahrzeuge (symmetrisch angeordnete Räder)	21	> 15	> 50 bei Verbrennungsmotoren	> 45			Auch gültig sind – bei KartenFS ausgestellt vom 1.1.1999 bis 18.1.2013 die Klasse A und B und bei – grauem oder rosa FS ausgestellt bis 31.12.1998 Klassen 1 und 3.

Fahrerlaubnisklasse	Mindestalter	Nenndauer- oder Nutzleistung (kW)	Hubraum (cm³)	Geschwindigkeit (km/h)	zulässige Gesamtmasse (kg)	Anzahl der Personen, für die Fzg. ausgelegt und gebaut ist	Beachte
B Kraftfahrzeug	18 bzw. 17				≤ 3.500	≤ 8 außer dem Fahrzeugführer	1. Mitführen von Anhänger bis ≤ 750 kg zulässig (Fahrzeugkombination bis 4.250 kg bei Schlüsselzahl 96 (§ 6a FeV)). 2. Mitführen von Anhänger > 750 kg zulässig, sofern 3500 kg zG der Kombination nicht überschritten wird. 3. Zum Mindestalter beachte § 10 FeV. 4. Frühere Regelung, dass auch Kombinationen gefahren werden dürfen, bei denen die zG des Anhängers kleiner als die Leermasse des Zugfzg's ist und die Gesamtmasse der Kombination 3.500 kg nicht übersteigt, entfällt. 5. Die Fahrerschulung bei Klasse B mit Schlüsselzahl 96 richtet sich nach Anhang V der EU–Rili 2006/126/EG, die durch Anlage 7a der FeV in nationales Recht umgesetzt wurde.
C1 Kraftfahrzeug	18				> 3.500 ≤ 7.500	≤ 8 außer dem Fahrzeugführer	Mitführen von Anhänger bis ≤ 750 kg zulässig.
C Kraftfahrzeug	21 bzw. 18				> 3.500	≤ 8 außer dem Fahrzeugführer	1. Mitführen von Anhänger bis ≤ 750 kg zulässig. 2. Zum Mindestalter beachte § 10 FeV und das BKrFQG.

Fahrerlaubnisklasse	Mindestalter	Nenndauer- oder Nutzleistung (kW)	Hubraum (cm³)	Geschwindigkeit (km/h)	zulässige Gesamtmasse (kg)	Anzahl der Personen, für die Fzg. ausgelegt und gebaut ist	Beachte
D1 Kraftfahrzeug (außer der Klassen AM, A1, A2 und A) [Omnibusse]	21 bzw. 18					> 8 ≤ 16 außer dem Fahrzeugführer	1. Mitführen von Anhängern bis ≤ 750 kg zulässig. 2. Länge des Fahrzeugs darf nicht mehr als 8 m betragen. 3. Zum Mindestalter beachte § 10 FeV und das BKrFQG
D Kraftfahrzeug (außer der Klassen AM, A1, A2 und A) [Omnibusse]	24, 23, 21, 20 bzw. 18					> 8 außer dem Fahrzeugführer	1. Mitführen von Anhängern bis ≤ 750 kg zulässig. 2. Zum Mindestalter beachte § 10 FeV und das BKrFQG
BE Kombination aus einem Zugfahrzeug der Klasse B und einem Anhänger oder Sattelanhänger	18 bzw. 17				zG Anhänger oder Sattelanhänger ≤ 3.500		1. Bei Lkw und bestimmten Geländefahrzeugen Anhängelast ≤ 1,5fache der zG des ziehenden Fahrzeugs. 2. Zum Mindestalter beachte § 10 FeV 3. Bei Kombinationen mit einem Anhänger, der eine zG von mehr als 3.500 kg hat, ist die Klasse C1E erforderlich. 4. Bei Kombination bis 4.250 kg ZG genügt gemäß § 6a die Schl. Nr. 96 bei Kl. B (B96) 5. Beachtet werden muss die Ziff. 22 der ZB I, wonach ggfl. Kl. C1 für das ziehende Kfz noch benötigt wird, sodass Kl. C1E für die Fahrzeugkombination erforderlich wird.

Fahrerlaubnisklasse	Mindest-alter	Nenn-dauer- oder Nutz-leistung (kW)	Hubraum (cm³)	Geschwindig-keit (km/h)	zulässige Gesamtmasse (kg)	Anzahl der Personen, für die Fzg. aus-gelegt und gebaut ist	Beachte
C1E Kombination aus einem Zug-fahrzeug der Klasse C1 und einem Anhänger oder Sattel-anhänger	18				zG Anhänger oder Sattel-anhänger > 750 und zG der Fahrzeug-Kom-bination ≤ 12.000		1. Zum Mindestalter beachte § 10 FeV und das BKrFQG 2. Frühere Regelung, wonach auch Kom-binationen gefahren werden dürfen, bei denen die zG des Anhängers kleiner als die Leermasse des Zugfzg's ist, ent-fällt.
Kombination aus einem Zug-fahrzeug der Klasse B und einem Anhänger oder Sattel-anhänger					zG Anhänger oder Sattel-anhänger > 3.500 und zG der Fahrzeug-Kom-bination ≤ 12.000		
CE Kombination aus einem Zug-fahrzeug der Klasse C und einem Anhänger oder Sattel-anhänger	21 bzw. 18				zG Anhänger oder Sattel-anhänger > 750		1. Lastzüge und Sattelkraftfahrzeuge ohne Gewichtslimit. 2. Zum Mindestalter beachte § 10 FeV und das BKrFQG.
D1E Kombination aus einem Zug-fahrzeug der Klasse D1 und einem Anhänger	21 bzw. 18				zG Anhänger > 750		1. Anhänger darf nicht zur Personenbe-förderung verwendet werden. 2. Zum Mindestalter beachte § 10 FeV und das BKrFQG.

Fahrerlaubnisklasse	Mindestalter	Nenndauer- oder Nutzleistung (kW)	Hubraum (cm³)	Geschwindigkeit (km/h)	zulässige Gesamtmasse (kg)	Anzahl der Personen, für die Fzg. ausgelegt und gebaut ist	Beachte
DE Kombination aus einem Zugfahrzeug der Klasse D und einem Anhänger	24, 23, 21, 20 bzw. 18				zG Anhänger > 750		1. Zum Mindestalter beachte § 10 FeV und das BKrFQG.
T Zugmaschinen für land- und forstwirtschaftliche Zwecke	16			≤ 60			1. Zugmaschinen mit einer bbH von mehr als 40 km/h dürfen nur von Inhabern einer FE der entsprechenden Klasse gefahren werden, die das 18. Lebensjahr vollendet haben. 2. Lof Zweck muss erfüllt sein. 3. Anhängerbetrieb möglich.
SAM oder selbstfahrende Futtermischwagen" für land- und forstwirtschaftliche Zwecke				≤ 40			1. Lof Zweck muss erfüllt sein. 2. Anhängerbetrieb möglich.
L lof Zugmaschinen	16			≤ 40			Muss nach Bauart zur Verwendung für lof Zweck bestimmt sein. Einsatz für lof Zweck
lof Zugmaschinen mit Anhängern				≤ 25 Betriebsgeschwindigkeit			Muss nach Bauart zur Verwendung für lof Zweck bestimmt sein. Einsatz für lof Zweck
SAM, selbstfahrende Futtermischwagen", Stapler und Flurförderzeuge auch mit Anhängern				≤ 25			

429

Gemäß Entscheidung des BMV[7] stellten **Sattelkfz**-rechtlich Fahrzeugkombinationen bestehend aus Sattelzugmaschine und Sattelanhänger dar.

Demzufolge gilt für die Klasse B (E) die 3,5 t zGM und für Kl. C1 (E) die 7,5 t zGM-Grenze bezogen auf die Sattelzugmaschine. Nach Umschreibung von „AltFe" ist hier besonders auf die Beschränkung gemäß Ziff 79 (Anlage 9) zu achten, die in der Form 79 (C1E > 12 000 kg, L ≤ 3) nicht für Sattelzüge > 7,5 t ZGM gilt.

Die zGM wird **nicht** i.S.d. § 34 StVZO sondern im Additionsverfahren berechnet, so dass (infolge getrennter Berechnung) die 12-Tonnen-Grenze kaum beachtbar/einhaltbar ist. Im Normalfall dürfte daher für ein Sattelkfz i.d.R. Klasse CE erforderlich sein.

Auszug Anlage 9:

79 (. . .) Nur Fahrzeuge, die im Rahmen der Anwendung von Artikel 10 Satz 1 der Richtlinie 91/439/EWG (Äquivalenzen zu bisherigen Fahrerlaubnisklassen) den in Klammern angegebenen Spezifikationen entsprechen

79 (C1E > 12 000 kg, L ≤ 3)

Beschränkung der Klasse CE aufgrund der aus der bisherigen Klasse 3 resultierenden Berechtigung zum Führen von dreiachsigen Zügen mit Zugfahrzeug der Klasse C1 und mehr als 12 000 kg Gesamtmasse und von Zügen mit Zugfahrzeug der Klasse C1 und zulassungsfreien Anhängern, wobei die Gesamtmasse mehr als 12 000 kg betragen kann und von dreiachsigen Zügen aus einem Zugfahrzeug der Klasse C1 und einem Anhänger, bei denen die zulässige Gesamtmasse des Anhängers die Leermasse des Zugfahrzeugs übersteigt (nicht durch C1E abgedeckter Teil): **Die vorgenannten Berechtigungen gelten nicht für Sattelzüge mit einer zulässigen Gesamtmasse von mehr als 7,5 t.**

Der Buchstabe L steht in dieser Schlüsselung für die Anzahl der Achsen.

79 (S1 ≤ 25/7 500 kg)

79 (S1 ≤ 25/7500 kg) Begrenzung der Klasse D und DE auf Kraftomnibusse mit 24 Fahrgastplätzen oder max. 7500 kg zulässiger Gesamtmasse, auch mit Anhänger. Die Angabe S1 steht in dieser Schlüsselung für die Anzahl der Sitzplätze, einschließlich Fahrersitz.

79 (L ≤ 3)

Beschränkung der Klasse CE auf Kombinationen von nicht mehr als 3 Achsen. Der Buchstabe L steht in dieser Schlüsselung für die Anzahl der Achsen.

---

7   BMV – S 31 (S 02)/36.10.00 – 01/30 P 99.

Entsprechendes gilt für die Kl. 4/5 über Ziff. 174

> Klasse L – gültig auch zum Führen von Zugmaschinen mit einer durch die Bauart bestimmten Höchstgeschwindigkeit von nicht mehr als 40 km/h, auch mit einachsigem Anhänger (wobei Achsen mit einem Abstand von weniger als 1,0 m voneinander als eine Achse gelten) sowie Kombinationen aus diesen Zugmaschinen und Anhängern, wenn sie mit einer Geschwindigkeit von nicht mehr als 25 km/h geführt werden

Besitzstandswahrung

Gemäß § 6 Abs. 6 FeV bleiben Fahrerlaubnisse, die bis zum Ablauf des 18.1.2013 ereilt worden sind (Fahrerlaubnisse alten Rechts) im Umfang der bisherigen Berechtigung, wie er sich aus der Anlage 3 ergibt, bestehen und erstrecken sich vorbehaltlich der Bestimmungen in § 76 FeV auf den Umfang der ab dem 19.1.2013 geltenden Fahrerlaubnisse nach § 6 Abs. 1 FeV.

Auf Antrag wird Inhabern von Fahrerlaubnissen alten Rechts ein neuer Führerschein mit Umstellung auf die neuen Fahrerlaubnisklassen ausgefertigt

Das bedeutet für die polizeiliche Kontrollpraxis, dass zunächst einmal anhand der technischen Merkmale des Fahrzeugs zu klären ist, welche Fahrerlaubnisklasse – neu (= Klasseneinteilung ab dem 19.1.2013) – zur Anwendung kommt. Danach ist über die Anlage 3, Spalte „Fahrerlaubnisklassen (neu)" die entsprechende Fahrerlaubnisklasse herauszusuchen und mit den Spalten „Fahrerlaubnisklasse (alt)" im Zusammenhang mit der Spalte „Datum der Erteilung der Fahrerlaubnis" die Berechtigung zu ermitteln. Als letzten Schritt ist die Spalte „Weitere Berechtigungen oder Einschränkungen: Klasse und Schlüsselzahl gemäß Anlage 9" zu berücksichtigen.

Beispiel:

A wird beim Führen eines motorisierten Zweirads mit 10 kW Leistung, 125 cm^3 Hubraum und einem Leergewicht von 130 kg angetroffen. A ist im Besitz der Klasse 3, ausgestellt am 22.11.1974.

Prüfungsschritt 1: Festlegung der FE-Klasse nach der neuen Klasseneinteilung ab dem 19.1.2013. Für dieses Fahrzeug ist die Klasse A 1 erforderlich.

Prüfungsschritt 2: Anlage 3, Buchstabe A, röm. I, lfd. Nr. 17, besagt, dass Fahrerlaubnisse der Klasse 3, die vor dem 1.4.1980 ausgestellt worden sind, zum Führen von Fahrzeugen der neuen Klasse A 1 berechtigen.

Prüfungsschritt 3: Zu beachten ist aber noch in der Spalte „Weitere Berechtigungen oder Einschränkungen: ..." für die Klasse A 1 die Ziffer 79.05 der Anlage 9. Diese Ziffer sagt aus; dass das in der neuen Klasse A 1 festgesetzte Verhältnis von Leistung und Gewicht nicht zur Anwendung kommt. Im vorliegenden Sachverhalt ist das allerdings unerheblich.

Zu beachten ist weiterhin, dass auch die auf Antrag zu erteilenden Klassenelemente (z.B. Schlüsselnr. 79) erfasst sind, zumindest soweit keine Altersbegrenzung (§ 76 Nr. 9 FEV) besteht.

Anlage 3
(zu § 6 Absatz 6)

**Umstellung von Fahrerlaubnissen alten Rechts
und Umtausch von Führerscheinen nach bisherigen Mustern**

Bei der Umstellung von Fahrerlaubnissen alten Rechts auf die neuen Klassen und den Umtausch von Führerscheinen nach den bisherigen Mustern werden folgende Klassen zugeteilt und im Führerschein bestätigt:

A. Fahrerlaubnisse und Führerscheine nach den Vorschriften der Bundesrepublik Deutschland

I. Fahrerlaubnisse nach der Straßenverkehrs-Zulassungs-Ordnung (Erteilungsdatum bis zum 31.12.1998)

Lfd. Nr.	Fahrerlaubnisklasse (alt)	Datum der Erteilung der Fahrerlaubnis	Fahrerlaubnisklassen (neu)	Zuteilung nur auf Antrag Klasse (Schlüsselzahlen gemäß Anlage 9)	Weitere Berechtigungen oder Einschränkungen: Klasse und Schlüsselzahl gemäß Anlage 92
1	1	vor dem 1.12.54	A, A2, A1, AM, B, L		L 174, 175
2	1	im Saarland nach dem 30.11.54 und vor dem 1.10.60	A, A2, A1, AM, B, L		L 174, 175
3	1	nach dem 30.11.54 und vor dem 1.1.89	A, A2, A1, AM, L		L 174, 175
4	1	nach dem 31.12.88	A, A2, A1, AM, L		L 174
5	1a	vor dem 1.1.89	A, A2, A1, AM, L		L 174, 175
6	1a	nach dem 31.12.88	A, A2, A1, AM, L		L 174
7	1 beschränkt auf Leichtkrafträder	nach dem 31.3.80 und vor dem 1.4.86	A1, AM, L		L 174, 175, A1 79.05
8	1b	vor dem 1.1.89	A1, AM, L		L 174, 175, A1 79.05
9	1b	nach dem 31.12.88	A1, AM, L		L 174, A1 79.05
10	2	vor dem 1.12.54	A, A2, A1, AM, B, BE, C1, C1E, C, CE, L, T		C 172, BE 79.06
11	2	im Saarland nach dem 30.11.54 und vor dem 1.10.60	A, A2, A1, AM, B, BE, C1, C1E, C, CE, L, T		C 172, BE 79.06
12	2	vor dem 1.4.80	A, A1, AM, B, BE, C1, C1E, C, CE, L, T		C 172, A1 79.05, A 79.03, A 79.04, BE 79.06

Lfd. Nr.	Fahrerlaub-nisklasse (alt)	Datum der Erteilung der Fahrerlaubnis	Fahrerlaubnis-klassen (neu)	Zuteilung nur auf Antrag Klasse (Schlüsselzah-len gemäß Anlage 9)	Weitere Berechti-gungen oder Ein-schränkungen: Klasse und Schlüsselzahl gemäß Anlage 92
13	2	nach dem 31.3.80	A, A1, AM, B, BE, C1, C1E, C, CE, L, T		C 172, A1 79.03, A1 79.04, A 79.03, A 79.04, BE 79.06
14	2 beschränkt auf Kombina-tionen nach Art eines Sat-telkraftfahr-zeugs oder ei-nes Lastkraft-wagens mit drei Achsen	nach dem 31.12.85	A, A1, AM, B, BE, C1, C1E, L	C, CE 79 (L $\leq$ 3), T¹	C 172, A1 79.03, A1 79.04, A 79.03, A 79.04, BE 79.06
15	3 (a + b)	vor dem 1.12.54	A, A2, A1, AM, B, BE, C1, C1E, L	CE 79 (C1E > 12 000 kg, L $\leq$ 3), T¹	C1 171, L 174, 175, BE 79.06
16	3	im Saarland nach dem 30.11.54 und vor dem 1.10.60	A, A2, A1, AM, B, BE, C1, C1E, L	CE 79 (C1E > 12 000 kg, L $\leq$ 3), T¹	C1 171, L 174, 175, BE 79.06
17	3	vor dem 1.4.80	A, A1, AM, B, BE, C1, C1E, L	CE 79 (C1E > 12 000 kg, L $\leq$ 3), T¹	C1 171, L 174, 175, A1 79.05, A 79.03, A 79.04, BE 79.06
18	3	nach dem 31.3.80 und vor dem 1.1.89	A, A1, AM, B, BE, C1, C1E, L	CE 79 (C1E > 12 000 kg, L $\leq$ 3), T¹	C1 171, L 174, 175, A1 79.03, A1 79.04, A 79.03, A 79.04, BE 79.06
19	3	nach dem 31.12.88	A, A1, AM, B, BE, C1, C1E, L	CE 79 (C1E > 12 000 kg, L $\leq$ 3), T¹	C1 171, L 174, A1 79.03, A1 79.04, A 79.03, A 79.04, BE 79.06
20	4	vor dem 1.12.54	A, A2, A1, AM, B, L		L 174, 175
21	4	im Saarland nach dem 30.11.54 und vor dem 1.10.60	A, A2, A1, AM, B, L		L 174, 175
22	4	vor dem 1.4.80	A1, AM, L		L 174, 175, A1 79.05
23	4	nach dem 31.3.80 und vor dem 1.1.89	AM, L		L 174, 175
24	4	nach dem 31.12.88	AM, L		L 174
25	5	vor dem 1.4.80	AM, L		L 174, 175
26	5	nach dem 31.3.80 und vor dem 1.1.89	AM, L		L 174, 175
27	5	nach dem 31.12.88	l		L 174

II. Fahrerlaubnisse nach der Fahrerlaubnis-Verordnung (Erteilungsdatum vom 1. Januar 1999 bis zum 18. Januar 2013)

Lfd. Nr.	Fahrerlaubnis klasse (alt)	Fahrerlaubnis– klassen (neu)	Weitere Berechtigungen oder Einschränkungen: Klasse und Schlüsselzahl gemäß Anlage 92
1	A1	A1, AM	A1 79.05
2	A (beschränkt)	A2, A1, AM	
3	A	A, A2, A1, AM	
4	B	A, A1, AM, B, L	A1 79.03, A1 79.04, A 79.03, A 79.04
5	BE	A, A1, AM, B, BE, L	A1 79.03, A1 79.04, A 79.03, A 79.04, BE 79.06
6	C1	A, A1, AM, B, C1, L	A1 79.03, A1 79.04, A 79.03, A 79.04
7	C1E	A, A1, AM, B, BE, C1, C1E, L	A1 79.03, A1 79.04, A 79.03, A 79.04, BE 79.06
8	C	A, A1, AM, B, C1, C, L	A1 79.03, A1 79.04, A 79.03, A 79.04
9	CE	A, A1, AM, B, BE, C1, C1E, C, CE, L, T	A1 79.03, A1 79.04, A 79.03, A 79.04, BE 79.06
10	D1	A, A1, AM, B, D1, L	A1 79.03, A1 79.04, A 79.03, A 79.04
11	D1E	A, A1, AM, B, BE, D1, D1E, L	A1 79.03, A1 79.04, A 79.03, A 79.04, BE 79.06
12	D	A, A1, AM, B, D1, D, L	A1 79.03, A1 79.04, A 79.03, A 79.04
13	DE	A, A1, AM, B, BE, D1, D1E, D, DE, L	A1 79.03, A1 79.04, A 79.03, A 79.04, BE 79.06
14	M	AM	
15	L	L	
16	S	AM	
17	T	AM, L, T	

B. Fahrerlaubnisse und Führerscheine nach den Vorschriften der Deutschen Demokratischen Republik (auf der Basis der Verkehrsblattverlautbarung vom 27. Juni 1994)

I. Vor dem 3. Oktober 1990 ausgestellte Führerscheine

Lfd. Nr.	DDR-Fahrerlaubnisklasse	Datum der Erteilung der Fahrerlaubnis	Fahrerlaubnisklassen (neu)	Zuteilung nur auf Antrag Klasse (Schlüsselzahlen gemäß Anlage 9)	Weitere Berechtigungen oder Einschränkungen: Klasse und Schlüsselzahl gemäß Anlage 92
1	A	vor dem 1.12.54	A, A2, A1, AM, B, L		L 174, 175
2	A	nach dem 30.11.54 und vor dem 1.1.89	A, A2, A1, AM, L		L 174, 175
3	A	nach dem 31.12.88	A, A2, A1, AM, L		L 174
4	B (beschränkt auf Kraftwagen mit nicht mehr als 250 cm³ Hubraum, Elektrokarren – auch mit Anhänger – sowie maschinell angetriebene Krankenfahrstühle)	vor dem 1.12.54	A, A2, A1, AM, B, L		L 174, 175
5	B (beschränkt)	nach dem 30.11.54 und vor dem 1.4.80	A, A1, AM, B, L		L 174, 175, A1 79.05, A 79.03, A 79.04
6	B (beschränkt)	nach dem 31.3.80 und vor dem 1.1.89	A, A1, AM, B, L		L 174, 175, A1 79.03, A1 79.04, A 79.03, A 79.04
7	B (beschränkt)	nach dem 31.12.88	A, A1, AM, B, L		L 174, A1 79.03, A1 79.04, A 79.03, A 79.04
8	B	vor dem 1.12.54	A, A2, A1, AM, B, BE, C, C1E, L	CE 79 (C1E > 12 000 kg, L ≤ 3), T[1]	C1 171, L 174, A1 79.05, BE 79.06
9	B	nach dem 30.11.54 und vor dem 1.4.80	A, A1, AM, B, BE, C1, C1E, L	CE 79 (C1E > 12 000 kg, L ≤ 3), T[1]	C1 171, L 174, 175, A1 79.05, A 79.03, A 79.04, BE 79.06
10	B	nach dem 31.3.80 und vor dem 1.1.89	A, A1, AM, B, BE, C1, C1E, L	CE 79 (C1E > 12 000 kg, L ≤ 3), T[1]	C1 171, L 174, 175, A1 79.03, A1 79.04, A 79.03, A 79.04, BE 79.06
11	B	nach dem 31.12.88	A, A1, AM, B, BE, C1, C1E, L	CE 79 (C1E > 12 000 kg, L ≤ 3), T[1]	C1 171, L 174, A1 79.03, A1 79.04, A 79.03, A 79.04, BE 79.06
12	C	vor dem 1.12.54	A, A2, A1, AM, B, BE, C1, C1E, C, L	CE 79 (C1E > 12 000 kg, L ≤ 3), T[1]	C1 171, L 174, 175, BE 79.06

435

Lfd. Nr.	DDR-Fahrerlaubnisklasse	Datum der Erteilung der Fahrerlaubnis	Fahrerlaubnisklassen (neu)	Zuteilung nur auf Antrag Klasse (Schlüsselzahlen gemäß Anlage 9)	Weitere Berechtigungen oder Einschränkungen: Klasse und Schlüsselzahl gemäß Anlage 92
13	C	nach dem 30.11.54 und vor dem 1.4.80	A, A1, AM, B, BE, C1, C1E, C, L	CE 79 (C1E > 12 000 kg, $L \le 3$), T^1	C 172, A1 79.05, A 79.03, A 79.04, BE 79.06
14	C	nach dem 31.3.80	A, A1, AM, B, BE, C1, C1E, C, L	CE 79 (C1E > 12 000 kg, $L \le 3$), T^1	C 172, A1 79.03, A1 79.04, A 79.03, A 79.04, BE 79.06
15	D		A, A1, AM, B, BE, C1, C1E, C, L, T		L 174, A1 79.03, A1 79.04, A 79.03, A 79.04, BE 79.06
16	BE	vor dem 1.1.89	A, A1, AM, B, BE, C1, C1E, L	CE 79 (C1E > 12 000 kg, $L \le 3$), T^1	C1 171, L 174, 175, A1 79.03, A1 79.04, A 79.03, A 79.04, BE 79.06
17	BE	nach dem 31.12.88	A, A1, AM, B, BE, C1, C1E, L	CE 79 (C1E > 12 000 kg, $L \le 3$), T^1	C1 171, L 174, A1 79.03, A1 79.04, A 79.03, A 79.04, BE 79.06
18	CE		A, A1, AM, B, BE, C1, C1E, C, CE, L, T		C 172, A1 79.03, A1 79.04, A 79.03, A 79.04, BE 79.06
19	DE		A, A1, AM, B, BE, C1, C1E, L, T		A1 79.03, A1 79.04, A 79.03, A 79.04, BE 79.06
20	M	vor dem 1.12.54	A, A2, A1, AM, B, L		L 174, 175
21	M	nach dem 30.11.54 und vor dem 1.4.80	A1, AM, L		L 174, 175, A1 79.05
22	M	nach dem 31.3.80 und vor dem 1.1.89	AM, L		L 174, 175
23	M	nach dem 31.12.88	AM, L		L 174
24	T	vor dem 1.4.80	AM, L		L 174, 175
25	T	nach dem 31.3.80 und vor dem 1.1.89	L		L 174, 175
26	T	nach dem 31.12.88	L		L 174

II. Vor dem 1. Juni 1982 ausgestellte Führerscheine

Lfd. Nr.	DDR-Fahrer-laubnisklasse	Datum der Erteilung der Fahrerlaubnis	Fahrerlaubnis-klassen (neu)	Zuteilung nur auf Antrag Klasse (Schlüsselzah-len gemäß Anlage 9)	Weitere Berechti-gungen oder Ein-schränkungen: Klasse und Schlüsselzahl gemäß Anlage 92
1	1	vor dem 1.12.54	A, A2, A1, AM, B, L		L 174, 175
2	1	nach dem 30.11.54	A, A2, A1, AM, L		L 174, 175
3	2	vor dem 1.12.54	A, A2, A1, AM, B, L		L 174, 175
4	2	nach dem 30.11.54 und vor dem 1.4.80	A, A1, AM, B, L		L 174, 175, A1 79.05, A 79.03, A 79.04
5	2	nach dem 31.3.80	A, A1, AM, B, L		L 174, 175, A1 79.03, A1 79.04, A 79.03, A 79.04
6	3	vor dem 1.12.54	A, A2, A1, AM, B, L		L 174, 175
7	3	nach dem 30.11.54 und vor dem 1.4.80	A1, AM, L		L 174, 175, A1 79.05
8	3	nach dem 31.3.80	AM, L		L 174, 175
9	4	vor dem 1.12.54	A, A2, A1, AM, B, BE, C1, C1E, L	CE 79 (C1E > 12 000 kg, L ≤ 3), T[1]	C1 171, L 174, 175, BE 79.06
10	4	nach dem 30.11.54 und vor dem 1.4.80	A, A1, AM, B, BE, C1, C1E, L	CE 79 (C1E > 12 000 kg, L ≤ 3), T[1]	C1 171, L 174, 175, A1 79.05, A 79.03, A 79.04, BE 79.06
11	4	nach dem 31.3.80	A, A1, AM, B, BE, C1, C1E, L	CE 79 (C1E > 12 000 kg, L ≤ 3), T[1]	C1 171, L 174, 175, A1 79.03, A1 79.04, A 79.03, A 79.04, BE 79.06
12	5	vor dem 1.12.54	A, A2, A1, AM, B, BE, C1, C1E, C, CE, L, T		C 172, BE 79.06
13	5	nach dem 30.11.54 und vor dem 1.4.80	A, A1, AM, B, BE, C1, C1E, C, CE, L, T		C 172, A1 79.05, A 79.03, A 79.04, BE 79.06
14	5	nach dem 31.3.80	A, A1, AM, B, BE, C1, C1E, C, CE, L, T		C 172, A1 79.03, A1 79.04, A 79.03, A 79.04, BE 79.06

III. Vor dem 1. April 1957 ausgestellte Führerscheine

Lfd. Nr.	DDR-Fahrer-laubnisklasse	Datum der Erteilung der Fahrerlaubnis	Fahrerlaubnis-klassen (neu)	Zuteilung nur auf Antrag Klasse (Schlüsselzah-len gemäß An-lage 9)	Weitere Berechti-gungen oder Ein-schränkungen: Klasse und Schlüsselzahl gemäß Anlage 92
1	1		A, A2, A1, AM, B, L		L 174, 175
2	2		A, A2, A1, AM, B, BE, C1, C1E, C, CE, L, T		C 172, BE 79.06
3	3		A, A2, A1, AM, B, BE, C1, C1E, C, L	CE 79 (C1E > 12 000 kg, $L \leq 3$), T[1]	C1 171, L 174, 175, BE 79.06
4	4		A, A2, A1, AM, B, L		L 174, 175

IV. Vor dem 1. Juni 1982 ausgestellte Fahrerlaubnisscheine

Lfd. Nr.	DDR-Fahrerlaubnis-klasse	Datum der Erteilung der Fahrerlaubnis	Fahrerlaubnis-klassen (neu)	Zuteilung nur auf Antrag Klasse (Schlüsselzah-len gemäß Anlage 9)	Weitere Berechti-gungen oder Ein-schränkungen: Klasse und Schlüsselzahl gemäß Anlage 92
1	Langsam fah-rende Fahrzeuge	vor dem 1.4.80	A1, AM, L		L 174, 175, A1 79.05
2	Langsam fah-rende Fahrzeuge	nach dem 31.3.80	AM, L		L 174, 175
3	Kleinkrafträder	vor dem 1.4.80	A1, AM, L		L 174, 175, A1 79.05
4	Kleinkrafträder	nach dem 31.3.80	AM, L		L 174, 175

C. Dienstfahrerlaubnis der Bundeswehr
a) vor dem 1. Januar 1999 erteilt

Lfd. Nr.	Dienstfahr-erlaubnisklasse	Zu erteilende Fahrerlaubnisklassen	Zuteilung nur auf Antrag Klasse (Schlüsselzahlen gemäß Anlage 9)	Weitere Berechtigun-gen oder Ein-schränkungen: Klasse und Schlüsselzahl ge-mäß Anlage 92
1	A	A, A2, A1, AM, L		
2	A1	A, A2, A1, AM, L		
3	A2	A1, AM, L		A1 79.05
4	B	A, A1, AM, B, BE, C1, C1E, L		A1 79.03, A1 79.04, A 79.03, A 79.04, BE 79.06
5	C – 7,5 t	A, A1, AM, B, BE, C1, C1E, L	CE 79 (C1E > 12 000 kg, $L \leq 3$), T[1]	C1 171, A1 79.03, A1 79.04, A 79.03, A 79.04, BE 79.06
6	C vor dem 1. 10. 1995 erteilt	A, A1 AM, B, BE, C1, C1E, C, CE, L, T		C 172, A1 79.03, A1 79.04, A 79.03, A 79.04, BE 79.06
7	C nach dem 30. 9. 1995 erteilt	A, A1, AM, B, BE, C1, C1E, C, L	CE 79 (C1E > 12 000 kg, $L \leq 3$), T[1]	C 172, A1 79.03, A1 79.04, A 79.03, A 79.04, BE 79.06

Lfd. Nr.	Dienstfahr-erlaubnisklasse	Zu erteilende Fahrerlaubnisklassen	Zuteilung nur auf Antrag Klasse (Schlüsselzahlen gemäß Anlage 9)	Weitere Berechtigun-gen oder Ein-schränkungen: Klasse und Schlüsselzahl ge-mäß Anlage 92
8	D vor dem 1. 10. 1988 erteilt	A, A1, AM, B, BE, C1, C1E, C, L, T		A1 79.03, A1 79.04, A 79.03, A 79.04, BE 79.06
9	D nach dem 30. 9. 1988 erteilt	D1, D1E, D, DE		
10	C – 7,5 t E	A, A1, AM, B, BE, C1, C1E, L	CE 79 (C1E > 12 000 kg, L ≤ 3), T[1]	C1 171, A1 79.03, A1 79.04, A 79.03, A 79.04, BE 79.06
11	CE	A, A1, AM, B, BE, C1, C1E, C, CE, L, T		C 172, A1 79.03, A1 79.04, A 79.03, A 79.04, BE 79.06

b) ab dem 1. Januar 1999 und bis zum 18. Januar 2013 erteilt

Lfd. Nr.	Dienstfahr-erlaubnisklasse	Zu erteilende Fahr-erlaubnisklasse(n)	Zuteilung nur auf Antrag Klasse (Schlüsselzahlen gemäß Anlage 9)	Weitere Berechtigun-gen oder Ein-schränkungen: Klasse und Schlüsselzahl ge-mäß Anlage 92
1	A	A, A2, A1, AM		
2	A1	A, AM		A1 79.05
3	B	A, A1, AM, B, L		A1 79.03, A1 79.04, A 79.03, A 79.04
4	BE	A, A1, AM, B, BE, L		C1 171, A1 79.03, A1 79.04, A 79.03, A 79.04, BE 79.06
5	C1	A, A1, AM, B, C1, L		A1 79.03, A1 79.04, A 79.03, A 79.04
6	C1E	A, A1, AM, B, BE, C1, C1E, L	CE 79 (C1E > 12 000 kg, L ≤ 3), T[1]	C1 171, A1 79.03, A1 79.04, A 79.03, A 79.04, BE 79.06
7	C	A, A1, AM, B, C1, C, L		A1 79.03, A1 79.04, A 79.03, A 79.04
8	CE	A, A1, AM, B, BE, C1, C1E, C, CE, L, T		C 172, A1 79.03, A1 79.04, A 79.03, A 79.04, BE 79.06
9	D1	A, A1, AM, B, D1, L		A1 79.03, A1 79.04, A 79.03, A 79.04
10	D1E	A, A1, AM, B, BE, D1, D1E, L		A1 79.03, A1 79.04, A 79.03, A 79.04, BE 79.06
11	D	A, A1, AM, B, D1, D, L		A1 79.03, A1 79.04, A 79.03, A 79.04
12	DE	A, A1, AM, B, BE, D1, D1E, D, DE, L		A1 79.03, A1 79.04, A 79.03, A 79.04, BE 79.06
13	L	L		
14	M	AM		
15	T	AM, T, L		

439

Ein kleiner Verständnistest:

Welche FE-Klasse ist zur Führung erforderlich bzw. wäre früher erforderlich gewesen?[8]

	Kfz	FE-Klasse (neu)	FE-Klasse (bis 7/2013)	FE-Klasse (bis 12/1998)
1	Pkw	B	B	3
2	Lkw, 4 t zGM	C1	C1	3
3	Pkw (2,5 t zGM, 1,3 t LG) mit Anhänger (1 t zGM)	B	B	3
4	Lkw (10 t zGM)	C	C	2
5	Lkr	A1	A1, MA 18 J.	1 b
6	ZM (50 km/h bHG) im lof-Betrieb mit zweiachsigem Anhänger	T	T, MA 18 J.	3/2 (zGM)
7	Lkw (5,6 t zGM, 2 t LG) mit einachsigem Anhänger (3,5 t zGM)	C1E	CE, da zGM > LG	3
8	sAM (25 km/bHG/7,5 t zGM) im Baustellenbetrieb	L	L	5
9	FmH 25	Prüfbesch.	Prüfbesch.	Prüfbesch.
10	Lkfz, 45 km/h bHG	AM	S	3
11	ZM (40 km/h bHG) in lof-Betrieb	L	L	5
12	wie 6, zweckentfremdet genutzt	C1/C + E	C1/C + E	2
13	KKR	AM	M	4
14	Quad, 45 km/h bHG	AM	S	3
15	Quad, 60 km/h bHG	B	B	3

Neben der Voraussetzung eines ordentlichen Wohnsitzes im Inland (BRD) sowie dem Vorbesitz der Klasse B für den Erwerb einer höheren Klasse bzw. des Besitzes der Klasse für das jeweilige Zugfahrzeug bei Erwerb der Klasse E ist die Erteilung der FE nur bei Erfüllung des entsprechenden Mindestalters i.S.d. §§ 6 (2), 10 FeV zulässig.

Das **Mindestalter** beträgt im Einzelnen:

Alter	Klasse	Besonderheiten
15	– nur fahrerlaubnisfreie Kfz	– 16, bei Mitnahme eines Kindes <7 Jahren
–	– Krankenfahrstuhl gemäß § 4 (1)	– bbH < 10 km/h durch Behinderte

---

8 Die alten Klassen werden nur aus Verständnisgründen aufgeführt. Ob die Klasse ausreicht, ist gemäß den 3 Prüfschritten („neue" FE–Klasse, Anlage 3, Anlage 9) zu prüfen. Die Frage nach der früheren erforderlichen Klasse ist also nicht mehr gerechtfertigt.
Die Frage lautet heute nur, ob die vorgezeigte Klasse entsprechend Anlage 3 u. 9 ausreicht.

§ 10 Mindestalter

(1) Das für die Erteilung einer Fahrerlaubnis maßgebliche Mindestalter bestimmt sich nach der folgenden Tabelle:

lfd Nr.	Klasse	Mindestalter	Auflagen
1	AM	16 Jahre	
2	A1	16 Jahre	
3	A2	18 Jahre	
4	A	a) 24 Jahre für Krafträder bei direktem Zugang, b) 21 Jahre für dreirädrige Kraftfahrzeuge mit einer Leistung von mehr als 15 kW oder c) 20 Jahre für Krafträder bei einem Vorbesitz der Klasse A2 von mindestens zwei Jahren.	
5	B, BE	a) 18 Jahre, b) 17 Jahre aa) bei der Teilnahme am Begleiteten Fahren ab 17 nach § 48a, bb) bei Erteilung der Fahrerlaubnis während oder nach Abschluss einer Berufsausbildung in aaa) dem staatlich anerkannten Ausbildungsberuf „Berufskraftfahrer/Berufskraftfahrerin", bbb) dem staatlich anerkannten Ausbildungsberuf „Fachkraft im Fahrbetrieb" oder	Bis zum Erreichen des nach Buchstabe a vorgeschriebenen Mindestalters ist die Fahrerlaubnis mit den Auflagen zu versehen, dass von ihr nur bei Fahrten im Inland und im Fall des Buchstaben b Doppelbuchstabe bb darüber hinaus nur im Rahmen des Ausbildungsverhältnisses Gebrauch gemacht werden darf. Die Auflagen entfallen, wenn der Fahrerlaubnisinhaber das Mindestalter nach
		ccc) einem staatlich anerkannten Ausbildungsberuf, in dem vergleichbare Fertigkeiten und Kenntnisse zum Führen von Kraftfahrzeugen auf öffentlichen Straßen vermittelt werden.	Buchstabe a erreicht hat.
6	C1, C1E	18 Jahre	

lfd Nr.	Klasse	Mindestalter	Auflagen

7	C, CE	a) 21 Jahre,
		
		b) 18 Jahre nach
		
		    aa) erfolgter Grundqualifikation nach § 4 Absatz 1 Nummer 1 des Berufskraftfahrerqualifikationsgesetzes vom 14. August 2006 (BGBl. I S. 1958) in der jeweils geltenden Fassung,
		
		    bb) für Personen während oder nach Abschluss einer Berufsausbildung nach
		
		       aaa) dem staatlich anerkannten Ausbildungsberuf „Berufskraftfahrer/Berufskraftfahrerin",
		
		       bbb) dem staatlich anerkannten Ausbildungsberuf „Fachkraft im Fahrbetrieb" oder
		
		       ccc) einem staatlich anerkannten Ausbildungsberuf, in dem vergleichbare Fertigkeiten und Kenntnisse zum Führen von Kraftfahrzeugen auf öffentlichen Straßen vermittelt werden.
			Bis zum Erreichen des nach Buchstabe a vorgeschriebenen Mindestalters ist die Fahrerlaubnis mit den Auflagen zu versehen, dass von ihr nur bei Fahrten im Inland und im Rahmen des Ausbildungsverhältnisses Gebrauch gemacht werden darf. Die Auflagen entfallen, wenn der Fahrerlaubnisinhaber das Mindestalter nach Buchstabe a erreicht hat oder die Ausbildung nach Buchstabe b abgeschlossen ist.

8	D1, D1E	a) 21 Jahre, b) 18 Jahre für Personen während oder nach Abschluss einer Berufsausbildung nach	Bis zum Erreichen des nach Buchstabe a vorgeschriebenen Mindestalters ist die Fahrerlaubnis mit den Auflagen zu versehen, dass von ihr nur
		aa) dem staatlich anerkannten Ausbildungsberuf „Berufskraftfahrer/Berufskraftfahrerin",	1. bei Fahrten im Inland und 2. im Rahmen des Ausbildungsverhältnisses

lfd Nr.	Klasse	Mindestalter	Auflagen
		bb) dem staatlich anerkannten Ausbildungsberuf „Fachkraft im Fahrbetrieb" oder cc) einem staatlich anerkannten Ausbildungsberuf, in dem vergleichbare Fertigkeiten und Kenntnisse zur Durchführung von Fahrten mit Kraftfahrzeugen auf öffentlichen Straßen vermittelt werden.	Gebrauch gemacht werden darf. Die Auflage nach Nummer 1 entfällt, wenn der Fahrerlaubnisinhaber das Mindestalter nach Buchstabe a erreicht hat. Die Auflage nach Nummer 2 entfällt, wenn der Fahrerlaubnisinhaber das Mindestalter nach Buchstabe a erreicht oder die Ausbildung nach Buchstabe b abgeschlossen hat.
9	D, DE	a) 24 Jahre, b) 23 Jahre nur für die Klasse D nach beschleunigter Grundqualifikation durch Ausbildung und Prüfung nach § 4 Absatz 2 des Berufskraftfahrerqualifikationsgesetzes, c) 21 Jahre aa) nach erfolgter Grundqualifikation nach § 4 Absatz 1 Nummer 1 des Berufskraftfahrerqualifikationsgesetzes oder bb) nach beschleunigter Grundqualifikation durch Ausbildung nach § 4 Absatz 2 des Berufskraftfahrerqualifikationsgesetzes im Linienverkehr bis 50 km, d) 20 Jahre für Personen während oder nach Abschluss einer Berufsausbildung nach aa) dem staatlich anerkannten Ausbildungsberuf „Berufskraftfahrer/Berufskraftfahrerin", bb) dem staatlich anerkannten Ausbildungsberuf „Fachkraft im Fahrbetrieb" oder	Bis zum Erreichen des nach Buchstabe a vorgeschriebenen Mindestalters ist die Fahrerlaubnis mit den Auflagen zu versehen, dass von ihr nur 1. bei Fahrten im Inland und 2. im Rahmen des Ausbildungsverhältnisses Gebrauch gemacht werden darf. Die Auflage nach Nummer 1 entfällt, wenn der Fahrerlaubnisinhaber das Mindestalter nach Buchstabe a erreicht hat. Die Auflage nach Nummer 2 entfällt, wenn der Fahrerlaubnisinhaber das Mindestalter nach Buchstabe a erreicht oder die Ausbildung nach Buchstabe b, c, d oder e abgeschlossen hat.

443

lfd Nr.	Klasse	Mindestalter	Auflagen
		cc) einem staatlich anerkannten Ausbildungsberuf, in dem vergleichbare Fertigkeiten und Kenntnisse zur Durchführung von Fahrten mit Kraftfahrzeugen auf öffentlichen Straßen vermittelt werden, e) 18 Jahre für Personen während oder nach Abschluss einer Berufsausbildung nach Buchstabe d im Linienverkehr bis 50 km.	
10	T	16 Jahre	
11	L	16 Jahre	

Lösungen (Beispiele):

Kfz		Anhänger	Klasse	Bemerkung
1	Pkw Golf (1,8 t zGM)	Kastenanhänger 750 kg zGM	B	Kfz bis 3,5 t zGM + Anhänger bis 750 kg
2	Pkw Passat (2,15 t zGM)	Wohnwagen (1,5 t zGM)	B 96	Kfz bis 3,5 t zGM + Anhänger über 750 kg, aber zGM Zug nicht über 4,25 t
3	Pkw Touareg (2,8 t zGM)	Wohnwagen (1,5 t zGM)	BE	Kfz bis 3,5 t + Anhänger > 750 kg (bis 3,5 t) B 96 reicht nicht, da zGM Zug über 4,25 t
4	Wohnmobil (2,8 t zGM; Ziff. 22: F1 + 50 kg bei Anh.-betrieb)	Kastenanhänger (750 kg zGM)	B	Wie 1
5	Kleinlaster (3,5 t zGM; Ziff. 22: F1 + 50 kg Bei Anh.-betrieb)	Kastenanhänger (1 t zGM)	C1E	Kl. C1 für Kleinlaster im Anhängerbetrieb erforderlich, da zGM gem. Ziff. 22 > 3,5 t und Kl. E erforderlich, da Anhänger über 750 kg zGM
6	Mini-Sattelzugm. (3,5t zGM)	Auflieger (4,9 t zGM)	C1E	Kl. B für die ZM (3,5 t zGM) ausreichend, aber BE genügt nicht, da Auflieger über 3,5 t zGM → somit C1E erforderlich

Kfz		Anhänger	Klasse	Bemerkung
7	LKW (5,5 t zGM)	Kastenanhänger (9 t zGM)	CE	Kl. Cl für den Lkw (7,5 t zGM) ausreichend, aber C1E genügt nicht, da zGM des Zuges über 12 t → somit CE erforderlich
8	Kranwagen (40 t zGM, 80 km/h bbH)	Zubehöranhänger (18 t zGM)	CE	sAM über 40 km/h bbH → somit zGM-FE: C + E, da Anhänger über 750 kg Gl. Lösung auch bei 40 km/h bbH, da kein lof Betrieb/Zw.
9	ZM (7,49 t zGM, 80 km/h)	Kastenanhänger (16 t zGM)	CE	Wie vor Kl. C1E nicht ausreichend, da zGM Zug über 12 t

Besonderheiten:
Anhängerbetrieb – Klasse B, B 96, BE

FE-Klasse	Kfz-zGM	Anhänger	Besonderheiten
B	bis 3,5 t	bis 750 kg	und zGM Zug **nicht** über 3,5 t
			Beachte Ziff. 22: Erhöhung der zGM über 3,5 t führt zur Notwendigkeit der Kl. C1, da Kfz > 3,5 t zGM → § 21 StVG z.B.: VW Crafter, DB Sprinter
B 96*	bis 3,5 t	über 750 kg	und zGM Zug **nicht** über 4,25 t z.B.: Pkw/ SUV (2,8 t zGM) + Anhänger (1,2 t zGM) *B 96 erfordert nur bescheinigte Unterweisung in der Fahrschule, keine Prüfung
BE	bis 3,5 t	bis 3,5 t	
			Beachte: Überschreitungen der zGM oder Anhängelast führen nicht zu einem Verstoß i.S.d. § 21 StVG, lediglich zu OWi i.S.d. §§ 34, 42 StVZO

Anhängerbetrieb – Klasse C1, C1E

FE- Klasse	Kfz-zGM	Anhänger	Besonderheiten
Cl	bis 7,5 t	bis 750 kg	Ziff. 22: Erhöhung der zGM über 7,5 t und führt zur Notwendigkeit der Kl. C, da Kfz > 7,5 t zGM → § 21 StVG
Cl	bis 7,5 t	über 750 kg	und zGM Zug nicht über 12 t

Anhängerbetrieb – Klasse L, T

Die Klassen L u. T schließen grundsätzlich den Anhängerbetrieb ein! Klassen gelten/greifen aber nur unter Beachtung
- der bbH
- der lof Zweck/Betriebsbindung

Nach guten Erfahrungen in anderen Ländern, z.B. Dänemark und Schweden, wurde nun auch die Möglichkeit des „**Begleiteten Fahrens**" in § 48a FeV eingeführt.

Hiernach kann der **17-Jährige**
- auf Antrag (frühestens mit 16 ½ Jahren)
- nach bestandener Fahrprüfung
- mit Einwilligung d. Erziehungsberechtigten
- unter Aufsicht einer Begleitperson ein Kfz. der Kl. B bzw. eine Kfz-Kombination der Kl. BE führen.

Als Nachweis gilt die **Prüfbescheinigung** gem. Anlage 8a zur FeV, die mitzuführen und zuständigen Personen gem. § 48a FeV auszuhändigen ist.

(Anlage 8a /Prüfbescheinigung gem. § 48a FeV)

```
Name, Vorname
.............................................................................................
geboren am .............................  in ......................................
ist berechtigt, Kraftfahrzeuge der Klassen B / BE*) / M / L / S zu führen.

1. Schlüsselzahlen nach Anlage 9 der Fahrerlaubnis-Verordnung:
.............................................................................................

2. Weitere Auflagen:
   Die Fahrerlaubnisinhaberin/Der Fahrerlaubnisinhaber darf bis zum ........................
   (Datum der Vollendung des 18. Lebensjahres) Kraftfahrzeuge der Klassen B und
   BE*) nur in Begleitung einer der nachfolgend benannten Personen führen:

   a) (Name, Vorname, Geburtsdatum) .........................................................

   b) (Name, Vorname, Geburtsdatum) .........................................................
   (ggf. weitere Personen)


Fahrerlaubnisbehörde:

Führerscheinnummer:

Ort

Ausgehändigt am ......................................
                       (Datum)

(Stempel u. Unterschrift der      (Unterschrift der
Fahrerlaubnisbehörde)             Fahrerlaubnisinhaberin/des
                                  Fahrerlaubnisinhabers)

*) Nichtzutreffendes streichen.
```

Die **Begleitperson** muss namentlich in der Prüfbescheinigung aufgeführt sein und sie hat ihren FS während der Begleitung stets mitzuführen und ebenfalls auszuhändigen. Sie gilt jedoch nicht als Führer des Kfz und ist daher auch nicht für begangene Verstöße verantwortlich. Sie dient ausschließlich als **Ansprechpartner**.

In der Prüfbescheinigung können mehrere Personen als Begleiter aufgeführt werden.

Sie muss/müssen/dürfen

– das 30. Lebensjahr vollendet haben
– mindestens seit 5 Jahren eine FE der Kl. B besitzen
– nicht mehr als 3 Punkte im Verkehrszentralregister (Flensburg) aufweisen und
– während der Begleitung nicht unter Einwirkung von Alkohol (>,25 mg/L) bzw. Betäubungsmittel (§ 24a StVG) stehen.

Verstöße gegen die Auflagen bzw. das Nichtmitführen/Aushändigen der Prüfbescheinigung stellen nur für den Fahrer (nicht den Begleiter) VOWi gem. § 75, Ziff. 9, 13 FeV dar und können zum Verlust der Berechtigung führen.

Mit **Vollendung** des gem. § 10 (1) FeV geforderten **Mindestalters** des Probanten (18 Jahre) entfallen die Auflagen des Begleitenden Fahrens gem. § 48 (7) FeV und auf Antrag wird ihm ein FS gem. Anlage 8 (Scheckkartenformat) ausgehändigt. Die Prüfbescheinigung gilt (aus diesem Grund) bis zu 3 Monaten nach Vollendung des Mindestalters als Nachweis der FE.

Die **Geltungsdauer** der ab 19.1.2013 erstellten Führerscheine wird auf 15 Jahre befristet. Für „AltFS" läuft die Frist am 19.1.2033 ab. Die Geltungsdauer der Fahrerlaubnis wird durch § 23 FeV neu geregelt. Vom Grundsatz der unbefristeten Erteilung wird hierbei erstmalig abgewichen. Die Grundlage zur Bemessung der Geltungsdauer ist dabei – aus organisatorischen Vereinfachungsgründen – nicht der Tag der FE-Erteilung, sondern der Auftragstag zur Herstellung des Führerscheins (fälschungssichere Scheckkarte).

Verlängerungen erfolgen gemäß den §§ 24, 25 FeV stets durch Neuerstellung des FS. Sie erfolgen nach Prüfung und Nachweis der Voraussetzungen wie bei Ersterteilung.

Bei bedingter Eignung kann die Erteilungsbehörde beschränkt bzw. unter den erforderlichen Auflagen erteilen. Es gelten im Einzelnen:

Geltungsdauer	Klasse	Verlängerung
unbefristet	– A, A1, A2, AM – B, BE – L, M, T	–
bis zum 50. Lebensjahr	– C1, C1E	jeweils für 5 Jahre
5 Jahre	– C, CE	jeweils für 5 Jahre
5 Jahre, längstens bis zum 50. Lebensjahr	– D, D1, DE, D1E	jeweils für 5 Jahre

Bei „**AltFE**" gelten die Altersregelungen gemäß § 76 FeV entsprechend, d.h., ohne Umstellung auf eine „NeuFE" ist die **Führung von Kfz der C bzw. CE nach Vollendung des 50. Lebensjahres** nicht mehr zulässig. Die Führung von Kfz der Klasse C1 bzw. C1E wird nicht beschränkt (§ 76 Ziff. 9 FeV).

Die Fahrerlaubnis wird gemäß § 2a StVG grundsätzlich nur **auf Probe** (mit Ausnahme der Klassen L, AM und T gem. § 32 FeV) erteilt.

Das Verfahren im Schaubild:

Maßnahmen in zeitlicher Abfolge:

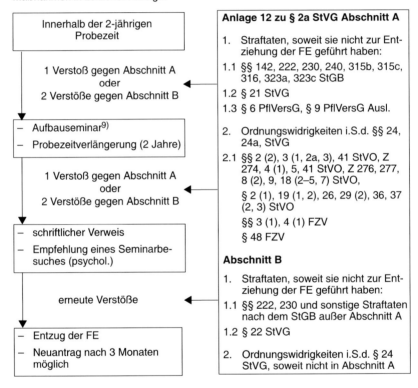

	Anlage 12 zu § 2a StVG Abschnitt A
Innerhalb der 2-jährigen Probezeit	**1.** Straftaten, soweit sie nicht zur Entziehung der FE geführt haben:
1 Verstoß gegen Abschnitt A oder 2 Verstöße gegen Abschnitt B	1.1 §§ 142, 222, 230, 240, 315b, 315c, 316, 323a, 323c StGB 1.2 § 21 StVG 1.3 § 6 PflVersG, § 9 PflVersG Ausl.
– Aufbauseminar[9] – Probezeitverlängerung (2 Jahre)	**2.** Ordnungswidrigkeiten i.S.d. §§ 24, 24a, StVG
1 Verstoß gegen Abschnitt A oder 2 Verstöße gegen Abschnitt B	2.1 §§ 2 (2), 3 (1, 2a, 3), 41 StVO, Z 274, 4 (1), 5, 41 StVO, Z 276, 277, 8 (2), 9, 18 (2–5, 7) StVO, § 2 (1), 19 (1, 2), 26, 29 (2), 36, 37 (2, 3) StVO §§ 3 (1), 4 (1) FZV § 48 FZV
– schriftlicher Verweis – Empfehlung eines Seminarbesuches (psychol.)	**Abschnitt B**
	1. Straftaten, soweit sie nicht zur Entziehung der FE geführt haben:
erneute Verstöße	1.1 §§ 222, 230 und sonstige Straftaten nach dem StGB außer Abschnitt A 1.2 § 22 StVG
– Entzug der FE – Neuantrag nach 3 Monaten möglich	**2.** Ordnungswidrigkeiten i.S.d. § 24 StVG, soweit nicht in Abschnitt A

---

9   Soweit der Auflage (vollziehbare Anordnung) nicht gefolgt wird, ist gemäß § 2a (3) StVG die FE zu entziehen.

11.3 Eignung, Auflagen, Beschränkungen

Gemäß § 11 ff. FeV muss der Bewerber die zur Führung eines Kfz **notwendigen körperliche und geistige Anforderungen** (Eignung) erfüllen.

Neben einem ausreichenden Sehvermögen (Sehtest § 12 FeV) hat der Bewerber eine erfolgte Unterweisung in lebensrettenden Sofortmaßnahmen am Unfall bzw. bei Erwerb der Klassen C u. D (einschließlich Untergruppen) eine Ausbildung in erster Hilfe nachzuweisen. Im Übrigen hat er seine Befähigung im Rahmen einer theoretischen und praktischen Prüfung nachzuweisen.

Die Eignung ist (nach Einzelfallprüfung) ausgeschlossen bei

– Vorliegen einer Erkrankung oder eines Mangels nach Anlage 4 oder 5

– erheblichen oder wiederholten Verstößen gegen verkehrsrechtliche Vorschriften.

Im Einzelfall – insbesondere bei Suchtproblematik – kann die Erteilungsbehörde die Beibringung

– eines ärztlichen Gutachtens

– eines medizinisch-psychologischen Gutachtens

– Teilnahmebescheinigung über die Teilnahme an einem Eignungskurs

verlangen.[10]

Bei bedingter Eignung kann die FE beschränkt bzw. unter den erforderlichen Auflagen gemäß § 23 (2) FeV erteilt werden.[11]

Die bei Erlangung erteilten Auflagen/Beschränkungen werden gemäß § 25 (3) FeV im Führerschein unter Spalte 12 in Form von Schlüsselzahlen gemäß Anlage 9 eingetragen.

Beispiele:

Schlüsselzahl	Auflage (A)/Beschränkung (B)
01	Sehhilfe und/oder Augenschutz (A)
05.01	nur bei Tageslicht (A)
05.06	ohne Anhänger (B)
78	Automatikgetriebe (B)
79	C1E > 12 t (B) (Umschreibung Altklasse 3)

Auf die Erteilung einer „eingeschränkten FE" besteht Rechtsanspruch, soweit ein Mängelausgleich möglich ist.

Auflagen[12] dienen dem Ausgleich eines persönlichen Mangels, wie z.B. die Forderung,

– während der Führung eine Sehhilfe (geeignete Augengläser) zu tragen,

– nur in einem bestimmten Ortsbereich zu fahren,

– nur zu bestimmten Zeiten (Tageslicht) ein Kfz zu führen,

– ein Kfz nur bis zu einer bestimmten **z**HG zu führen, oder

– nur in Begleitung einer Person ein Kfz zu führen.

---

[10] Vgl. §§ 13 ff. FeV.

[11] OVG Münster, VRS 9, 382.

[12] Die Aufforderung zur Nachuntersuchung stellt ebenfalls eine Auflage dar, wird jedoch im FS nicht aufgeführt.

Da der sachliche Geltungsbereich (Gültigkeitsumfang) der FE durch eine Auflage (abhängiger, selbstst. VA) nicht berührt wird, stellt die **Nichtbeachtung**[13] kein Vergehen i.S.d. § 21 StVG, sondern lediglich eine **OWi** i.S.d. §§ 46, 75 FeV dar. Eine Auflage – z.b. eine geeignete Sehhilfe zu tragen – hat nur so lange Gültigkeit, wie der Grund der Auflage besteht, also so lange die Sehfähigkeit tatsächlich beeinträchtigt ist.[14] Im Übrigen muss die Auflage als Ausgleichsmaßnahme geeignet sein, d.h., den Mangel ausgleichen können. So stellt die Forderung nach Mitführen einer Ersatzbrille keine Auflage i.S.d. § 46 FeV dar.[15]

Das Nichttragen einer notwendigen Brille (ohne als Auflage im FS vermerkt zu sein) stellt einen Verstoß gegen § 2 FeV dar.[16]

Beschränkungen (Bedingungen) dagegen schränken den sachlichen Geltungsbereich (Gültigkeitsumfang) auf bestimmte Kfz ein, d.h., sie stellen quasi eine Weiterführung der Klasseneinteilung aus § 6 FeV dar (integrierter Bestandteil des VA).[17] So erfolgt z.B. gemäß § 17 (6) FeV bei Ablegen der Prüfung auf einem Automatikfahrzeug die Beschränkung auf ein solches.

1 Verwaltungsakt

Nur der Ausschnitt darf geführt werden

(Raum für weitere amtliche Eintragungen, insbesondere über Bedingungen der Erlaubnis oder die Ausdehnung der Erlaubnis nach Ergänzungsprüfungen)

Der Inhaber ist nur berechtigt, mehrspurige Kfz bis 3,5 t zGG zu führen.
Das Führen von Zügen ist untersagt.

Kreis Aachen
Der Oberkreisdirektor
Strassenverkehrsamt

Deutlich wird dies auch am nebenstehenden Beispiel. Hier wurde der Geltungsbereich der Klasse 3 – mehrspurige Kfz bis 7,5 t/bestimmte Zugverbindungen/einspurige Kfz der Klasse 4 – durch die eingetragenen Beschränkungen erheblich reduziert. So wird der (allg.) Geltungsbereich über 3,5 t sowie alle Zugverbindungen ausgeschlossen.

Selbst die Einschließung der Kl. A1 bzw. 4 wurde durch die Formulierung „mehrspurige Kfz ..." aufgehoben. Daher stellt die Missachtung einer Beschränkung ein **Vergehen** i.S.d. § 21 StVG dar. Weiter sind z.B. möglich Beschränkungen auf Kfz mit

– Automatikgetriebe,
– einer bHG von ... km/h,
– einem Hubraum von höchstens ... ccm,
– einer zGM von ... kg,
– besonderen technischen Einrichtungen, wie z.B. Lenkradknopf, besondere Sitzgestaltung oder Handgasbedienung usw.

Als Automatik-Kfz gilt gemäß § 17 (6) FeV (entspr. der EG Richtl. 2008/65/EG v. 27.6.2008) ein Kfz ohne Kupplungspedal bzw. Schalthebel (bei Kfz der Kl. A/A1). (Vgl. § 31 (1) letzter Absatz AV).

---

13 BGH, NJW 78, 2517.

14 BGH, NJW 84, 65.

15 BGH, NJW 84, 65.

16 OLG Karlsruhe, VM 81, 36.

17 BGH, NJW 78, 2517.

Bei den technischen Einrichtungen muss es sich um **besondere** handeln. Sie dürfen nicht den Charakter des Üblichen oder Gebräuchlichen haben. Somit stellt die Forderung nach einem **zweiten Außenspiegel** keine Beschränkung, sondern lediglich eine Auflage dar.[18]

Verstöße gegen das **Berufskraftfahrer-Qualifikationsgesetz** (BKrFQG) stellen eigene OWi gem. § 9 BKrFQG dar. Gemäß den BKrFQG benötigen Fahrer (ab Kl. C1) im gewerblichen Güter-/Personenverkehr eine Grundqualifikation neben der in § 6 FeV geforderten FE-Klasse. Der Nachweis erfolgt über die Schlüsselzahlzahl 95 im FS. Alle 5 Jahre sind Berufskraftfahrer zur Weiterbildung verpflichtet.

11.4 Behörden-Fahrerlaubnis

Gemäß § 26 FeV sind die Dienststellen der Bundeswehr, der Bundespolizei sowie der Polizei berechtigt, FE zur Führung von Dienstkfz zu erteilen.

Im Gegensatz zu früher darf von Dienst-FE **ausschließlich** zur Führung von Dienstkfz **während des Dienstverhältnisses** Gebrauch gemacht werden, d.h., sie besitzen gem. § 2 (10) StVG keine Allgemeingültigkeit mehr.

Bei den Dienstfahrerlaubnissen handelt es sich um eine nationale Fahrberechtigung, da sie der Wahrnehmung hoheitlicher Aufgaben dient und diese sich nur auf den jeweiligen Zuständigkeitsbereich der ausstellenden Behörde erstrecken können. Weder die EG-Führerschein-Richtlinie noch die in Deutschland ratifizierten internationalen Übereinkommen über den Straßenverkehr eröffnen die Möglichkeit, die Dienstfahrerlaubnis grundsätzlich auch im Ausland zu nutzen.[19]

Um die Fahrberechtigung der Dienstfahrerlaubnis auf das Territorium anderer Staaten auszudehnen, sind bilaterale Vereinbarungen notwendig. Mit Österreich besteht ein solches bilaterales Abkommen zur Anerkennung der Dienstführerscheine.

Bei Beendigung des Dienstverhältnisses sind die Dienstführerscheine einzuziehen.

Eine Dienst-FE kann während des Dienstverhältnisses bzw. gemäß § 24 (1) FEV nach Beendigung des Dienstverhältnisses neu erteilt werden.

Aus organisatorischen Vereinfachung- und Kostengründen werden Dienst-FE der Bundeswehr nach Muster 2 der Anlage 8, auch in den abweichenden Klassen AY, G und P erteilt.

Gemäß der (Neu–)Einführung der Abs. 10a und 16 in § 2 StVG besteht nun die Möglichkeit für die nach Landesrecht zuständigen Behörden, ehrenamtlichen Angehörigen der Freiwilligen Feuerwehr, TH und sonstigen Einheiten des K-Schutzes Fahrberechtigungen zum Führen von Einsatzkfz und Kombinationen bis 1,75 t (7,5 t) zGM zu erteilen. Die Erlaubnis gilt nur im Rahmen der Aufgabenerfüllung im gesamten Bundesgebiet.

---

[18] BGH, PTV 10/78, 4 StR 82/78. Gleiches dürfte auch für Lenkradknöpfe gelten (so auch SVB Düsseldorf), zumal auch kein Erlöschen der BE hiermit verbunden ist.

[19] BMVBS vom 15.5.2009, Az: S 31/7324.3/20/969428, an das MWW des Saarlandes.

Muster

Dienstführerschein der Bundeswehr Vorderseite:

Dienstführerschein der Bundeswehr Rückseite:

Bundesrepublik Deutschland

Dienstführerschein der Bundeswehr

– Nur zum Führen von Dienstfahrzeugen –

Fahrerlaubnisnummer

Y| | | | | | | | | | |

Log/Bw .... Vers Nr. ....
Der Vordruck ist auf dem Nachschubweg anzufordern.

Auflagen, Beschränkungen und weitere amtliche Eintragungen:

Klasse A: Krafträder (Zweiräder, auch mit Beiwagen) mit einem Hubraum von mehr als 50 cm³ oder mit einer durch die Bauart bestimmten Höchstgeschwindigkeit von mehr als 45 km/h

Klasse A1: Krafträder der Klasse A mit einem Hubraum von nicht mehr als 125 cm³ und einer Nennleistung von nicht mehr als 11 kW (Leichtkrafträder)

Klasse AY: Krafträder der Klasse A mit einem Hubraum von nicht mehr als 200 cm³ und einer Nennleistung von nicht mehr als 15 kW

Klasse B: Kraftfahrzeuge – ausgenommen Krafträder – mit einer zulässigen Gesamtmasse von nicht mehr als 3 500 kg und mit nicht mehr als acht Sitzplätzen außer dem Führersitz (auch mit Anhängern mit einer zulässigen Gesamtmasse von nicht mehr als 750 kg oder mit einer zulässigen Gesamtmasse bis zur Höhe der Leermasse des Zugfahrzeugs, sofern die zulässige Gesamtmasse der Kombination 3 500 kg nicht übersteigt); bei der Berechnung der Leermasse des Zugfahrzeugs mit elektrischem Antrieb wird die Masse der Batterien nicht berücksichtigt

Klasse C: Kraftfahrzeuge – ausgenommen Krafträder – mit einer zulässigen Gesamtmasse von mehr als 3 500 kg und mit nicht mehr als acht Sitzplätzen außer dem Führersitz sowie zusätzlich mit Anhängern mit einer zulässigen Gesamtmasse von nicht mehr als 750 kg)

Klasse C1: Kraftfahrzeuge – ausgenommen Krafträder – mit einer zulässigen Gesamtmasse von mehr als 3 500 kg, aber nicht mehr als 7 500 kg und mit nicht mehr als acht Sitzplätzen außer dem Führersitz sowie zusätzlich mit Anhängern mit einer zulässigen Gesamtmasse von nicht mehr als 750 kg)

---

zugelassenen Plätzen (auch mit Anhängern mit einer zulässigen Gesamtmasse von nicht mehr als 750 kg)

Klasse D: Kraftfahrzeuge – ausgenommen Krafträder – zur Personenbeförderung mit mehr als acht Sitzplätzen außer dem Führersitz (auch mit Anhängern mit einer zulässigen Gesamtmasse von nicht mehr als 750 kg)

Klasse D1: Kraftfahrzeuge – ausgenommen Krafträder – zur Personenbeförderung mit mehr als acht und nicht mehr als 16 Sitzplätzen außer dem Führersitz (auch mit Anhängern mit einer zulässigen Gesamtmasse von nicht mehr als 750 kg)

Klasse E (in Verbindung mit den Klassen B, C, C1, D, D1 oder G): Kraftfahrzeuge der Klassen B, C, C1, D, D1 oder G mit Anhängern mit einer zulässigen Gesamtmasse von mehr als 750 kg (ausgenommen die in Klasse B fallenden Fahrzeugkombinationen); bei der Klasse D1E dürfen die zulässige Gesamtmasse der Kombination 12 000 kg und die zulässige Gesamtmasse des Anhängers die Leermasse des Zugfahrzeugs nicht übersteigen sowie die Anhänger nicht zur Personenbeförderung verwendet werden.

Klasse F: Voll- und Halbkettenfahrzeuge (auch mit Anhängern)

Klasse G: Gepanzerte Radfahrzeuge (Sonderkraftfahrzeuge) (auch mit Anhängern mit einer zulässigen Gesamtmasse von nicht mehr als 750 kg)

Klasse P: Kraftfahrzeuge der Klasse C oder C1 zur Mitnahme von mehr als acht jedoch nicht mehr als 18 Personen auf besonders zugelassenen Plätzen, soweit die Fahrzeugführer im Besitz der Klasse C oder C1 ist

Klassen L, M und T: gemäß § 6 Abs. 1 Fahrerlaubnis-Verordnung

---

Name, Vorname

Geburtsort

Personenkennziffer

Lichtbild
35 mm × 45 mm

DS

Unterschrift des Inhabers

ausgestellt durch DSt

Dienststellen-Nr.

am

Unterschrift

Rückseite:

A	AY	A1	B	BE	C	CE	C1	C1E
D	DE	D1	D1E	F	G	GE	L M	P T

Klasse/gültig bis

Unterschrift aaS/aaP

Datum der Aushändigung .... aaS/aaPNr. u. LfdNr.

A	AY	A1	B	BE	C	CE	C1	C1E
D	DE	D1	D1E	F	G	GE	L M	P T

Ausbildungsstelle .... ListenNr.

Unterschrift aaS/aaP

Datum der Aushändigung .... aaS/aaPNr. u. LfdNr.

A	AY	A1	B	BE	C	CE	C1	C1E
D	DE	D1	D1E	F	G	GE	L M	P T

Ausbildungsstelle .... ListenNr.

Unterschrift aaS/aaP

Datum der Aushändigung .... aaS/aaPNr. u. LfdNr.

Gültigkeit/Verlängerung

DSt/aaS/aaPNr.:

ausgefertigt am

Klasse(n)

gültig bis

DSt/aaS/aaPNr.:

ausgefertigt am

Klasse(n)

gültig bis

DSt/aaS/aaPNr.:

ausgefertigt am

Klasse(n)

gültig bis

11.5 Ausländische Fahrerlaubnis

Die Gültigkeit ausländischer FE richtet sich nach den §§ 28 ff FeV. Grundsätzlich unterscheidet man zwischen EU- **mit** ordentlichem Wohnsitz und Nicht-EU-Angehörigen (Drittländern) bzw. EU-Angehörige **ohne** ordentlichen Wohnsitz im Inland.

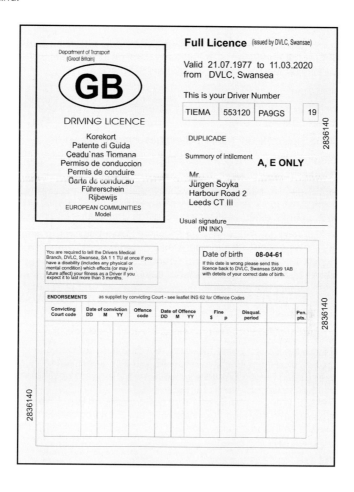

Die ausländische **FE des EU-Angehörigen** – hierzu zählen auch die EWR-Staaten (Norwegen, Island und Lichtenstein) – **mit Wohnsitz im Inland** gilt entsprechend § 28 FeV uneingeschränkt. Befristungen und Auflagen sind zu beachten. Die Gültigkeit der Kl. C1 (E) und C (E) verlängert sich im Einzelfall um 6 Monate gem. § 28 (3) FeV.

Soweit es sich um

– Lern-Führerschein oder einen vorläufig ausgestellten Führerschein handelt,

– ausweislich des FS oder vom Ausstellungsmitgliedstaates herrührender unbestreitbarer Informationen zum Zeitpunkt der Erteilung bereits im Inland ein fester Wohnsitz bestand (außer Studenten/Schüler),

– ein Fahrverbot,

– aufgrund einer rechtskräftigen gerichtlichen Entscheidung keine FE erteilt werden darf oder

– die FE entzogen bzw. der Führerschein beschlagnahmt wurde,

– zum Zeitpunkt des Erwerbs der ausländischen EU- oder EWR-FE Inhaber einer deutschen FE handelt,

– die auf Grund einer Erlaubnis eines Drittstaates zum Führen eines Kfz, der nicht in der Anlage 11 aufgeführt ist, prüfungsfrei umgetauscht worden ist, oder die auf Grund eines gefälschten FS eines Drittstaates erteilt wurde oder

– die zum Zeitpunkt der Erteilung einer FE eines Drittstaates, die in eine ausländischen EU- oder EWR-FE umgetauscht worden ist, oder zum Zeitpunkt der Erteilung der EU- oder EWR-FE auf Grund einer FE eines Drittstaates ihren Wohnsitz im Inland hatten, es sei denn, dass sie die ausländische Erlaubnis zum Führen eines Kfz als Studierende oder Schüler im Sinne des § 7 (2) in eine ausländische EU- oder EWR-FE während eines mindestens sechsmonatigen Aufenthalts umgetauscht haben.

liegt keine Berechtigung zur Führung eines Kfz im Inland vor.

Nach der Rspr. des EuGH[20] sind **bis zum 19.1.2009** im Ausland erworbene FE im Inland gültig, soweit die Erteilung **nach Ablauf der Sperrfrist** im Ausland erteilt wurde. In Bezug auf die geforderten vom Ausstellungsmitgliedsstaates herrührenden unbestreitbaren Informationen hat das OLG München folgenden Beschluss gefasst: „Die im Strafverfahren auf freiwilliger Basis abgegebenen Angaben des Angekl., er habe zum Zeitpunkt der Erteilung des Führerscheins seinen Wohnsitz im Inland gehabt, sind wie vom Ausstellerstaat herrührende unbestreitbare Information zu werten. Sie sind Behördeninformationen des Ausstellerstaates, etwa eines Einwohnermeldeamtes mindestens gleichwertig. Denn nur der Angekl. selbst weiß mit Bestimmtheit, ob er das für die Ausstellung eines EU-Führerscheins erforderliche Wohnsitzerfordernis mit einem Aufenthalt von mindestens 180 Tagen erfüllt."[21] Dem FE-Tourismus – nach Entzug in der BRD – soll weitgehend durch geeignete Maßnahmen im Ansatz die Grund-

---

20 EuGH-E.v. 29.4.2004, NJW 04, EuGH-E. v. 6.4.2006, NJW 06, 2173; vgl. Hentschel, 39. Aufl. § 28 FeV, RN 8 ff.

21 Vgl. OLG München, VRS 122, 375.

lage entzogen werden. Bei Feststellung ist ein Bericht gemäß § 2 (12) StVG an die Verkehrsbehörde vorzulegen. Die Aberkennung erfolgt im Rahmen des § 28 (3) Sätze 2 und 3 FeV.

Eine Neuerteilung (Anerkennung) erfolgt gemäß §§ 20, 28 FeV nicht soweit der Entzug in einem EU-/EWR-Staat vorlag, es sei denn, der Bewerber legt einen Nachweis im Sinne des § 28 (4) FeV vor (vgl. §§ 46 [2], [5] und [6], 47 [2] FeV).[22]

Für ausländische Nicht-EU-Angehörige gilt gem. § 29 FeV Entsprechendes, d.h., ihre FE gilt **nach ordentlicher Wohnsitznahme** höchstens 6 Monate. Eine Verlängerung auf 12 Monate ist auf Antrag möglich, soweit die Wohnsitznahme nicht über diesen Zeitraum hinaus erfolgt. Die Umschreibung bzw. Erteilung einer inländischen FE regelt sich nach § 31 FeV.

Lernführerscheine berechtigen **nicht** zur Führung im Inland.[23]

Aus leicht verständlichen Gründen der allg. Verkehrssicherheit wird in § 48 FeV unabhängig von der Klasse D (bei KOM) – die Forderung nach einem gesonderten Nachweis, die FE zur Fahrgastbeförderung, bei **gewerblicher Personenbeförderung im Pkw** gefordert.

---

[22] IM NRW III B 2–21–06/1 v. 13.1.2005; IM NRW 44-57 v. 04. 03-3 v. 20.6.2006.

[23] IM-NRW – 44 – 57. 04. 12-6 v. 16.3.2007.

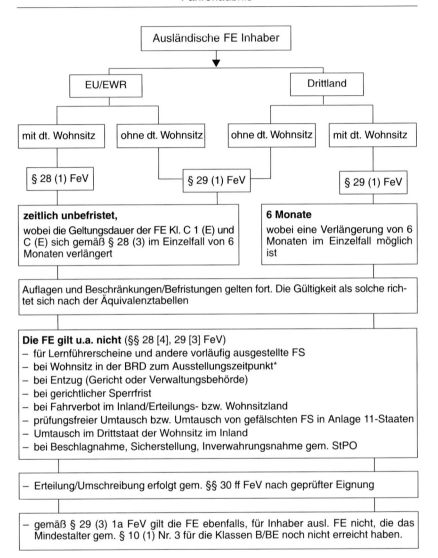

Ausländische FE Inhaber

EU/EWR → Drittland

mit dt. Wohnsitz | ohne dt. Wohnsitz | ohne dt. Wohnsitz | mit dt. Wohnsitz

§ 28 (1) FeV | § 29 (1) FeV | § 29 (1) FeV

zeitlich unbefristet,
wobei die Geltungsdauer der FE Kl. C 1 (E) und C (E) sich gemäß § 28 (3) im Einzelfall von 6 Monaten verlängert

6 Monate
wobei eine Verlängerung von 6 Monaten im Einzelfall möglich ist

Auflagen und Beschränkungen/Befristungen gelten fort. Die Gültigkeit als solche richtet sich nach der Äquivalenztabellen

Die FE gilt u.a. nicht (§§ 28 [4], 29 [3] FeV)
– für Lernführerscheine und andere vorläufig ausgestellte FS
– bei Wohnsitz in der BRD zum Ausstellungszeitpunkt*
– bei Entzug (Gericht oder Verwaltungsbehörde)
– bei gerichtlicher Sperrfrist
– bei Fahrverbot im Inland/Erteilungs- bzw. Wohnsitzland
– prüfungsfreier Umtausch bzw. Umtausch von gefälschten FS in Anlage 11-Staaten
– Umtausch im Drittstaat der Wohnsitz im Inland
– bei Beschlagnahme, Sicherstellung, Inverwahrungsnahme gem. StPO

– Erteilung/Umschreibung erfolgt gem. §§ 30 ff FeV nach geprüfter Eignung

– gemäß § 29 (3) 1a FeV gilt die FE ebenfalls, für Inhaber ausl. FE nicht, die das Mindestalter gem. § 10 (1) Nr. 3 für die Klassen B/BE noch nicht erreicht haben.

---

* a) bei Erteilung v.d. 19.1.2009, vgl. Urteil OVG Münster, 16.B 1610/08 sowie Erl. MBV NRW in 6.21-06/1

   b) gilt nicht für Studierende (Schüler i.S.d. § 7 (2) FeV), die FE während eines mindestens sechsmonatigen Aufenthalts erworben haben.

11.6 Fahrerlaubnis zur Fahrgastbeförderung

Gemäß § 48 FeV benötigt

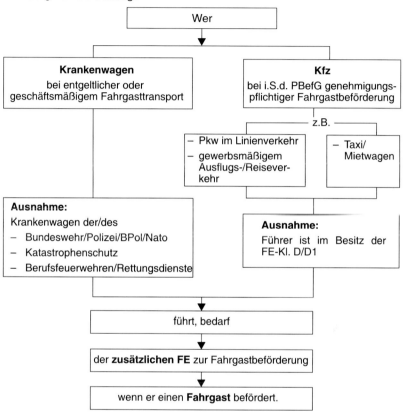

Die FEzFgB wird jeweils für die **Dauer** von 5 Jahren erteilt (bzw. auf Antrag verlängert). Sie ist nur im Zusammenhang mit der nach § 6 erforderlichen FE (i.d.R. Klasse B) gültig und neben dem – nach § 25 – ausgestellten Führerschein mitzuführen und auszuhändigen.

Hierneben hat der Führer ebenfalls die Genehmigungsurkunde für den jeweiligen Verkehr i.S.d. Personenbeförderungsgesetzes sowie die Genehmigung zum Funkverkehr mitzuführen und auszuhändigen.

Die FEzFGB ist zwar nur beim Transport von Fahrgästen erforderlich,[24] aber die Vorzelge- und Aushandigungspflicht gilt auch während der Bereitstellung an Taxiständen.[25]

---

24 BGH, NJW 94, 2415.

25 KG, VRS 22, 385.

Voraussetzungen zum Erwerb sind
- Besitz der nach § 6 erforderlichen FE (i.d.R. Kl. b)
- Vollendung des 21. Lebensjahrs (19., bei Beschränkung auf Krankenwagen)
- Gewähr der besonderer Eignung (Verantwortung)
- ausreichendes Sehvermögen i.s.d. Anlage 6 Nr. 2.2
- Besitz der Klasse B seit 2 Jahren (Krankenwagen: 1 Jahr)
- Erste-Hilfe-Nachweis (bei Beschränkung auf Krankenwagen)
- Nachweis ausreichender Ortskenntnisse (> 50.000 Ew.)

Gemäß § 48 Abs. 8 FeV darf der **Halter** eines Fz die Fahrgastbeförderung weder anordnen noch zulassen, wenn der Führer nicht über die erforderliche FEzFgB verfügt oder die erforderlichen Ortskenntnisse nicht nachgewiesen hat. Die Missachtung des § 48, also die Führung eines Kfz ohne erforderliche FEz FgB stellt sowohl für den Führer als auch für den Halter ein **OWi** gemäß § 75 Ziff. 12 FeV i.S.d. § 24 StVG dar. Der Tatbestand fordert jedoch die Missachtung des Erfordernisses der FEzFgB im Zusammenhang mit der Beförderung eines **Fahrgastes**. Hierunter versteht man jeden, der ausschließlich aus Transportgründen, also zum Ortswechsel mitfährt. Somit ist nicht Fahrgast, wer während der Fahrt einer (beruflichen) Tätigkeit nachkommt, wie z.b. der Schaffner, Reisebegleiter, Mechaniker, Ersatzfahrer, usw.[26]

Entsprechendes gilt bei privater unentgeltlicher Beförderung, z.B. bei Fahrgemeinschaften oder Beförderungen im Rahmen der Nachbarschaftshilfe, da hierbei keine gewerbsmäßige Personenbeförderung i.S.d. § 1 (2) 1 PersBefG vorliegt. Diese ist nur gegeben, soweit das Gesamtentgelt die Betriebskosten der Fahrt übersteigt.

Die Führung eines KOM erfordert stets die Klasse D1/D (+E). Klasse C1/C (+E) genügt nur bei Fahrten zur technischen Überprüfung des KOM (ohne Fahrgäste) gemäß § 6 (4) FeV. Bürgerbusse stellen Linienverkehr mit PKW i.S.d. §§ 42, 43 PBefG dar, so dass nach § 48 FeV eine FEzFGB erforderlich ist.

---

[26] BGH, NJW 73, 285/BMV, VD 73, 149.

Muster für den Führerschein zur Fahrgastbeförderung (Muster 4)

(Farbe hellgelb; Breite 74 mm, Höhe 105 mm; Typendruck; vierseitig)

(Vordere Außenseite)

**Führerschein
zur Fahrgastbeförderung**

Name

. . . .

Vorname

. . . .

Lichtbild

Geburtsdatum und -ort

. . . .

Anschrift

. . . .

. . . .

ist berechtigt,

– ein Taxi*)
– einen Mietwagen*)
– einen Krankenkraftwagen*)
– einen Personenkraftwagen im Linienverkehr (§§ 42, 43 des Personenbeförderungsgesetzes) oder bei gewerbsmäßigen Ausflugsfahrten oder Ferienziel-Reisen (§ 48 des Personenbeförderungsgesetzes)*)

zu führen, wenn darin Fahrgäste befördert werden.

*) Nichtzutreffendes streichen

(Hintere Außenseite)

gültig bis . . . .

. . . . , den . . . .

Stempel

. . . .
Name der Fahrerlaubnisbehörde

. . . .
Unterschrift

(Linke Innenseite)

Dieser Führerschein gilt nur in Verbindung mit dem Führerschein der Klasse . . . . und verliert seine Geltung mit Ablauf des . . . .

Er ist beim Fahren mit Fahrgästen mitzuführen und zuständigen Personen auf Verlangen zur Prüfung auszuhändigen.

. . . . , den . . . .

Stempel

. . . .
Name der Fahrerlaubnisbehörde

Nr. . . . .

. . . .
Unterschrift

(Rechte Innenseite)

Verlängerung der Geltungsdauer und sonstige Eintragungen

gültig bis . . . .

. . . . , den . . . .

Stempel

. . . .
Name der Fahrerlaubnisbehörde

. . . .
Unterschrift

gültig bis . . . .

. . . . , den . . . .

Stempel

. . . .
Name der Fahrerlaubnisbehörde

. . . .
Unterschrift

11.7 § 21 StVG – Fahren ohne Fahrerlaubnis

§ **21 StVG** stellt das Führen eines Kfz ohne FE unter Strafe. Das bloße Nichtmitführen bzw. das Nichtaushändigen des FS stellt dagegen nur eine OWi gem. § 4 (2) FeV i.S.d. § 75 FeV dar.

§ 21 StVG kennt **zwei Tätergruppen,**

– den Fahrzeug**führer** und

– den Fahrzeug**halter.**

Schematische Darstellung des § 21 StVG:

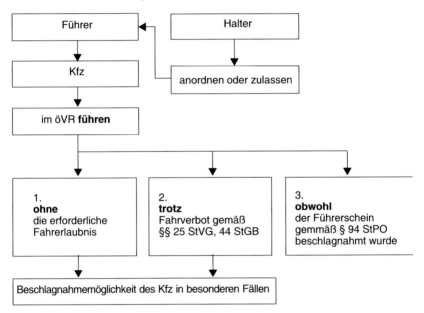

Bei vorsätzlicher Begehung der Alternativen 1. und 2. sieht § 21 als Strafandrohung eine Freiheitsstrafe bis zu einem Jahr oder Geldstrafe vor, in allen anderen Fällen liegt gemäß Abs. 2 die Androhung bei Freiheitsstrafe bis zu 6 Monaten oder Geldstrafe.

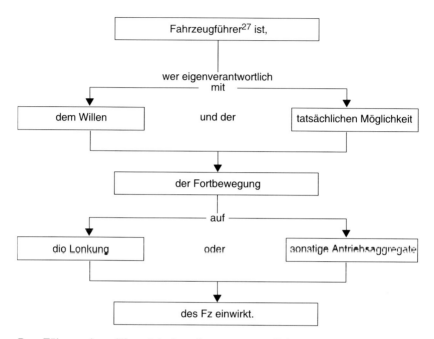

Das Führen eines Kfz setzt also eigenverantwortliches Bedienen von Bedienungselementen mit dem Ziele der Fortbewegung voraus, aber auch die objektive Möglichkeit der Fortbewegung. Demzufolge ist der Fahrlehrer Führer des Kfz und nicht der Fahrschüler.

In der **Rechtsprechung** wurden u. a. folgende Fälle als Führen beurteilt.
– Abrollen auf abschüssigem Gelände zum Anlassen, OLG D'dorf, VM 75, 20
– Lösen der Handbremse mit anschließender Bewegung, BayObLG, VM, 75, 20 in eigener Verantwortung, und arbeitsteilig (KG, VRS 8, 140; BGHSt 13, 226), nicht aber ein kurzes Eingreifen zur Lenkkorrektur (OLG Köln, NJW 71, 670).
– Gangschalten, Kuppeln
– Anschieben, OLG Celle, DAR 77, 219

Damit ist stets **Absicht** zur Fortbewegung und eine **Minimalbewegung** des Fz erforderlich (BGH VM 77, 74; NZV 89, 32).

---

[27] Vgl. 1.2.

Kein Führen liegt laut Rechtsprechung u. a. in folgenden Fällen vor:
- Führen eines Mofas nur mit den Pedalen, OLG D'dorf, VM 74, 13
- Kurzfristiges Eingreifen in die Lenkung zur Lenkkorrektur, OLG Hamm, NJW 69, 1976
- Anlassen des Motors ohne Absicht der Fortbewegung, OLG Celle, VM 73, 19
- Bedienung (Motor) ohne tats. Möglichkeit der Fortbewegung, BayObLG, DAR 88, 244; OLG Celle 1 Ss 327/64

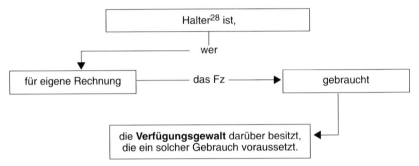

Der Halter verstößt gegen § 21 StVG, sofern er eine Straftat i.S.d. § 21 durch den Kfz-Führer anordnet oder zulässt. Hierbei ist es zunächst ohne Bedeutung, ob die Anordnung oder das Zulassen vorsätzlich oder fahrlässig erfolgt.

Die Strafbarkeit ist gegeben, sobald der Anordnung nachgekommen wird bzw. von der Zulassung Gebrauch gemacht wird, d.h., der Führer gegen § 21 StVG verstößt.

Unter **Anordnen** versteht man die Aufforderung zum Führen, unter **Zulassen** die Duldung des Führens.

Beides kann durch schlüssiges Handeln gegeben sein.

Um einen Verstoß gegen § 21 StVG zu vermeiden, muss der Halter sich im Rahmen seiner Verantwortung und Sorgfaltspflichten vom Vorhandensein einer gültigen FE beim Führer überzeugen. Hieran sind strenge Anforderungen zu stellen, i.d.R. genügt der Halter seinen Sorgfaltspflichten nur durch Einsichtnahme in den Führerschein.[29]

Nicht nur bei **ausländischen FS** muss er sich – so weit ihm möglich – über den Inhalt der FE erkundigen. Mit einer unverständlichen ausl. Bescheinigung darf er sich nicht zufrieden geben.[30]

---

28 Vgl. 1.2. Gemäß § 2 FZV ist zulassungsrechtlich der Halter, der in der ZB I eingetragen ist.

29 OLG D'dorf, VM 76, 54.

30 BGH, NJW 74, 2179; OLG Hamm, VM 84, 68.

Im **Bekanntenkreis** genügt dagegen guter Glaube, soweit

– auf Befragen kein Anlass zu Zweifeln besteht bzw.

– ein Kfz der entsprechenden FE-Klasse seit Langem von dem Bekannten geführt wird.[31]

Gewerbliche Vermieter bzw. Geschäftsinhaber genügen ihrer Sorgfaltspflicht nur, wenn sie vor jeder Fz-Übergabe Einsicht in den FS nehmen.[32]

Zur Erfüllung des TBM „**Zulassen**" genügt bereits das fahrlässige Überlassen des Fz-Schlüssels sowohl bei der Übergabe selbst als auch infolge ungenügend sorgfältiger Aufbewahrung.[33]

Dies ist z.B. gegeben beim

– Überlassen der Fz-Schlüssel ohne Fahrerlaubnisprüfung,

– Stehenlassen des Fz mit offenen Türen oder

– fahrlässiges Zugangsermöglichen, z.B. durch Liegenlassen der Schlüssel, so dass eine Wegnahme (Nutzung) durch jedermann möglich ist und konkrete Umstände eine Nutzung befürchten lassen.[34] Die Anforderung darf aber auch nicht überspannt werden, ihre Verletzung muss für den Verstoß (Führer) kausal sein.[35] Es genügt bloßes fahrlässiges Ermöglichen der Fz Nutzung, z.B. auch bei fehlender Rückforderung eines in Verwahrung gegebenen Schlüssels.[36] Innerhalb der eigenen Familie sind hier auf Grund des bestehenden Vertrauensverhältnisses natürliche Grenzen gesetzt.

Wenn das unberechtigte Führen zu einem **Verkehrsunfall** führt, ist der Halter **Mithafter**,[37] soweit der Unfall auf die Fahruntüchtigkeit des Führers ursächlich zurückzuführen ist. Der durch die Kfz-Haftpflichtversicherung zu gewährleistende Deckungsschutz gegenüber Dritten wird hierdurch jedoch nicht berührt Es besteht lediglich die Möglichkeit der Regressnahme.

Der Halter kann – wie oben bereits erläutert – nur selbst gegen § 21 StVG verstoßen, wenn er einen Verstoß gegen § 21 durch den Führer anordnet oder zulässt.

Der Fahrzeugführer hat – wie im Schaubild dargestellt – drei Möglichkeiten der Tatbestandserfüllung, nämlich

– ohne erforderliche FE ein (fahrerlaubnispflichtiges) Kfz im öVR zu führen,

– trotz Fahrverbot (§ 44 StGB/§ 25 StVG) ein Kfz im öVR zu führen oder

– trotz Beschlagnahme des FS gemäß § 94 StPO ein Kfz im öVR zu führen.

---

[31] OLG Schleswig, DAR 67, 52/BGH, NJW 66, 1359; OLG D'dorf, VM 87/44 (bei Eheleuten).

[32] OLG Schleswig, VM 71, 55.

[33] BGH, NJW 72, 1677.

[34] BayObLG, NZV 90, 402.

[35] OLG Köln, NZV 89, 319.

[36] OLG Köln, NZV 99, 485.

[37] BGH, VR 71, 117.

Schematische Darstellung der 1. Variante:

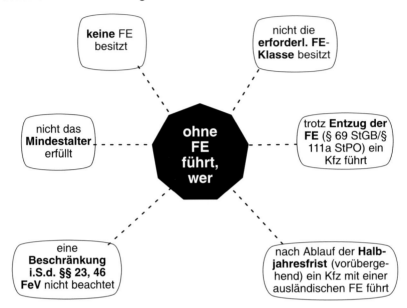

„Ohne erforderliche FE" können selbstverständlich nur **fahrerlaubnispflichtige Kfz** geführt werden.

Nicht ohne erforderliche FE i.S.d. § 21 führt, wer lediglich seinen FS nicht mitführt oder eine **Auflage** i.S.d. §§ 46, 75 FeV nicht beachtet. Dies stellt nur eine OWi dar.

Die Gültigkeit der FE ist abhängig von der **Aushändigung** des FS, so dass ein Fahrschüler nach Ablegung der Prüfung, aber vor Aushändigung des FS ohne die erforderliche FE führt (§§ 3, 6 StVG).

Eine **unter Täuschung erlangte** FE ist unwirksam und schließt einen Verstoß gegen § 21 nicht aus. Eine (von Seiten des StVA) **irrtümlich erteilte** FE ist wirksam und schließt einen Verstoß gegen § 21 aus.[38] Die Möglichkeit, eine gültige FE im Ausland bei Beibehaltung des dt. Wohnsitzes zu erhalten, besteht nicht mehr.

Im Sinne des § 21 StVG ist es ohne Bedeutung, ob sich das **Fahrverbot** als Nebenstrafe gemäß § 44 StGB oder als Nebenfolge gemäß § 25 StVG darstellt.[39]

---

[38] OLG Köln, VRS 43, 271/OLG Hamm, VRS 26, 345.

[39] OLG Karlsruhe, NJW 72, 1633.

Die Wirksamkeit des Fahrverbots (FV) beginnt mit Ablieferung des FS.[40]

Da die Gültigkeit der FE durch das FV – im Gegensatz zum Entzug der FE – nicht angetastet wird, musste die Alternative in § 21 gesondert aufgenommen werden.

Das FV bezieht sich grundsätzlich auf **alle Kfz**, unabhängig ob hierfür FE-Pflicht besteht. Eine Beschränkung auf bestimmte Kfz (z.B. Kl. B) ist zulässig und im Einzelfall zu prüfen.

Die **Höchstdauer** des FV ist auf 3 Monate beschränkt, jedoch können mehrere FV nacheinander erfolgen, so dass faktisch auch ein FV von 6 oder 9 Monaten denkbar ist.

Die 3. Alternative des § 21 setzt die **Beschlagnahme** des FS i.S.d. §§ 94, 98 StPO voraus.

Andere Beschlagnahmeformen (z.B. zur Gefahrenabwehr) führen nicht zu einem Verstoß.[41]

Die Tatbestandsmäßigkeit ist nur gegeben, wenn der FS in **amtliche Verwahrung**[42] genommen wurde, die bloße Anordnung der Beschlagnahme genügt nicht.

Gemäß § 21 Abs. 3 StVG besteht hinsichtlich des Tatfahrzeuges die Möglichkeit der **Entziehung**, soweit das Kfz geführt wurde, obwohl
– die FE entzogen wurde
– Fahrverbot bestand,
– eine Sperre gemäß § 69a StGB oder
– eine Wiederholungstat innerhalb der letzten 3 Jahre vorliegt.

Für die Einziehung des Kfz ist es ohne Bedeutung, ob ein Führer- oder Halterverstoß gegeben ist.

Bei **Ungeeignetheit ist** die FE durch die Verwaltungsbehörde **zu entziehen**. Mit der Entziehung erlischt die FE, d.h., dass bei wiederhergestellter Eignung das FE-Erteilungsverfahren wieder zu durchlaufen ist. Im Rahmen eines Strafverfahrens besteht auch für das **Gericht** die Möglichkeit der Entziehung (§ 69 StGB, § 111a StPO).

Während der Anhängigkeit eines Strafverfahrens, welches eine gerichtliche Entziehung der FE zur Folge haben kann, besteht für die Verwaltungsbehörde keine Möglichkeit der Entziehung.[43] An das Urteil ist die Verwaltungsbehörde gebunden.

Die zum Entzug führende Ungeeignetheit muss aus erwiesenen Tatsachen eindeutig hervorgehen, bloße Zweifel an der Eignung genügen nicht.

---

[40] DOLL, VR 09, 418.

[41] OLG Köln, NJW 68, 666.

[42] OLG Stuttgart, VRS 79, 303.

[43] BVG, DAR 77, 227.

Zur Ungeeignetheit führen z.B.:
- grobe und nachhaltige Verletzungen der Verkehrssicherheit (vgl. § 26a, 27 StVG, BKatV),
- eine Vielzahl (auch geringfügiger) Verkehrsverstöße (BVG, VBL 73, 712),
- hartnäckige Regelmissachtung (BVG, NJW 77, 1212),
- wiederholte erhebliche Überschreitung der zHG (BVG, VM 64, 41),
- Straftaten im Einzelfall.[44]
- 18 Punkte beim VZR (VG Saarlouis, AZ: 10 L 159/09)*

* Andere Punkteregelung in Arbeit.

Neben diesen Formen charakterlicher Ungeeignetheit ist natürlich auch bei körperlicher bzw. geistiger Ungeeignetheit die FE zu entziehen.

Die Möglichkeit der Entziehung durch die Verwaltungsbehörde rechtfertigt **nicht die Beschlagnahme des FS** durch die Polizei. Unberührt hiervon bleibt selbstverständlich die Unterbindung der Weiterfahrt (vorübergehend) nach den Bestimmungen des PolG.

Für die polizeiliche Praxis ist daher die gerichtliche Entziehungsmöglichkeit als Maßnahme der Besserung und Sicherung von wesentlicherer Bedeutung, da hier strafprozessuale Maßnahmen (Beschlagnahme) im Vorfeld möglich und üblich sind.

Die Voraussetzungen der **gerichtlichen Entziehung der FE gemäß § 69 StGB** und Beschlagnahme i.S.d. § 94 StPO in **schematischer Darstellung** (siehe nachfolgende Seite).

Hierbei steht die Unmöglichkeit des gerichtlichen Entzugs gemäß § 69 StGB beim Radfahrer einem Entzug **durch die Verwaltungsbehörde** bei charakterlicher Ungeeignetheit gemäß § 4 (1) StVG nicht entgegen.[45]

Gemäß § 111a StPO besteht unter diesen o. a. Voraussetzungen auch die Möglichkeit des **vorläufigen Entzugs der FE** durch den Richter.

---

[44] Hierbei ist jedoch der Entzug nur nach ausgestellter Gefährlichkeitsprognose möglich. Sinn des Entzugs ist hierbei nicht die Disziplinierung des Täters, sondern die Hebung der Verkehrssicherheit durch Ausschluss weiterer Verkehrsgefährdungen durch den Täter. Für die Gefahr weiterer (erneuter) Verkehrsgefährdungen müssen im Verhalten des Täters konkrete Anhaltspunkte zu finden sein.

[45] BVerwG; Aktz.: 7B/9.89.

Schematische Darstellung des FE-Entzuges durch das Gericht i.S.d. § 69 (1) StGB:

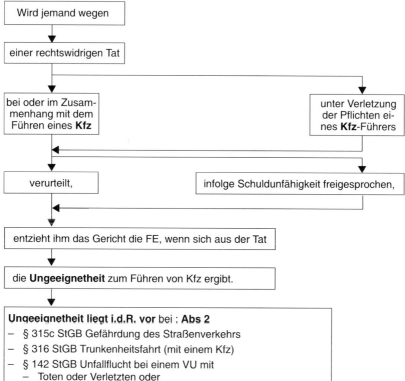

Wird jemand wegen

↓

einer rechtswidrigen Tat

↓

bei oder im Zusammenhang mit dem Führen eines **Kfz**		unter Verletzung der Pflichten eines **Kfz**-Führers

↓

verurteilt,		infolge Schuldunfähigkeit freigesprochen,

↓

entzieht ihm das Gericht die FE, wenn sich aus der Tat

↓

die **Ungeeignetheit** zum Führen von Kfz ergibt.

↓

Ungeeignetheit liegt i.d.R. vor bei : **Abs 2**
– § 315c StGB Gefährdung des Straßenverkehrs
– § 316 StGB Trunkenheitsfahrt (mit einem Kfz)
– § 142 StGB Unfallflucht bei einem VU mit
  – Toten oder Verletzten oder
  – bedeutendem Sachschaden (über 1.300,– Euro)[46]
– § 323a StGB Vollrausch, der sich auf eine der o. g. Taten bezieht.

Zusammengefasst sind somit an Voraussetzungen zu prüfen:[46]

– Rechtswidrige Tat

– als Kfz-Führer
– bei oder im Zusammenhang mit dem Führen eines Kfz oder
– unter Verletzung der Pflichten eines Kfz-Führers
aus der sich die

– Ungeeignetheit als Kfz-Führer

ergibt.

---

[46] Hentschel, § 69 StGB Rn 17, vereinzelt bereits über 1.500 €.

Ist eine der in § 69 Abs. 2 StGB genannten Taten rechtswidrig begangen worden, ergibt sich in der Regel schon daraus die Ungeeignetheit. Die FE erlischt mit der Rechtskraft des Urteils. Der von einer dt. Behörde erteilte **Führerschein wird im Urteil eingezogen**.

Gleichzeitig ordnet das Gericht eine **Sperre** von 6 Monaten bis 5 Jahren an, in der keine neue FE erteilt werden darf. Im Einzelfall kann die Sperre für immer (auf Dauer) angeordnet werden (§ 69a StGB).

Als **rechtswidrige Taten** kommen ausschließlich **Straftaten** in Betracht, die in Beziehung zu der Führung eines Kfz durch den Täter stehen. Neben den Verkehrsstraftaten kommen insbesondere für einen Entzug der FE solche in Betracht, in denen das Kfz zweckdienlich für die Tat benutzt wird,[47] z.B.

– zum Transport der Beute,

– zur Flucht nach einem Raub,

– zur Erleichterung der Notzucht.

Als Kfz sind selbstverständlich auch Mofas zu zählen, Fahrerlaubnispflicht zur Führung der Kfz wird nicht gefordert.

Täter und Führer müssen **nicht identisch** sein, auch Mitfahrern kann die FE entzogen werden, z.B. bei Halterdelikten (§ 21 StVG).[48] Das Kfz muss lediglich zur Tat dienlich gewesen sein.[49]

Wie beim Entzug der FE durch die Verwaltungsbehörde, muss sich auch beim Entzug durch das Gericht die Ungeeignetheit zum Führen aus der Tat ergeben, entscheidend ist hierbei die **individuelle Gefährlichkeitsprognose**. Lediglich bei den Fällen der Regelungeeignetheit entfällt die Einzelfallprüfung (§ 69 Abs. 2 StGB).

Bei ausländischen FE ist zu beachten:

– Eine Wiedererteilung über den Umweg des Erwerbs einer ausländischen FE ist bei Entzug durch das Gericht bzw. durch die Verw.-Behörde grundsätzlich nach Ablauf der Sperrfrist möglich. Grundsätzlich ist jedoch auch in den übrigen EU-Ländern die Eignung zu prüfen. Im Rahmen der § 29a FeV kann das Nutzungsrecht der ausl. FE aberkannt werden.

– Fahrten im Bundesgebiet mit der ausl. FE sind nach Entzug durch eine deutsche Behörde (Gericht/Verw.) unzulässig

– Wird die FE nach Ablauf der (dt.) Sperrfrist erteilt, ist das Führen der „Klassen-Kfz" zulässig.[50] **Beachte**: Ausl. FE, die nach dem 19.01.2009 erteilt wurden, sind nur **auf Antrag** im Inland gültig.

– Gemäß § 28 FeV gelten selbstverständlich ausländische EU-Fahrverbote ebenfalls in der BRD.

---

[47] BGH, VM 72, 25.

[48] OLG Hamm, VRS 21, 110/OLG Celle, VM 56, 72; BGH, NJW 61, 683.

[49] BGHSt, 22, 329.

[50] EuGH, NJW 04, 1725.

Die **Beschlagnahme des FS** erfolgt gemäß §§ 94 ff. StPO.

Die Begründung in schematischer Darstellung:[51]

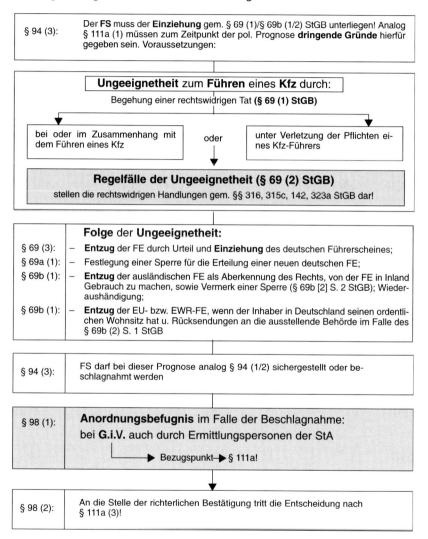

| § 94 (3): | Der **FS** muss der **Einziehung** gem. § 69 (1)/§ 69b (1/2) StGB unterliegen! Analog § 111a (1) müssen zum Zeitpunkt der pol. Prognose **dringende Gründe** hierfür gegeben sein. Voraussetzungen: |

Ungeeignetheit zum **Führen** eines **Kfz** durch:

Begehung einer rechtswidrigen Tat (**§ 69 (1) StGB**)

| bei oder im Zusammenhang mit dem Führen eines Kfz | oder | unter Verletzung der Pflichten eines Kfz-Führers |

Regelfälle der Ungeeignetheit (§ 69 (2) StGB)

stellen die rechtswidrigen Handlungen gem. §§ 316, 315c, 142, 323a StGB dar!

Folge der **Ungeeignetheit:**

§ 69 (3):	–	**Entzug** der FE durch Urteil und **Einziehung** des deutschen Führerscheines;
§ 69a (1):	–	Festlegung einer Sperre für die Erteilung einer neuen deutschen FE;
§ 69b (1):	–	**Entzug** der ausländischen FE als Aberkennung des Rechts, von der FE in Inland Gebrauch zu machen, sowie Vermerk einer Sperre (§ 69b [2] S. 2 StGB); Wiederaushändigung;
§ 69b (1):	–	**Entzug** der EU- bzw. EWR-FE, wenn der Inhaber in Deutschland seinen ordentlichen Wohnsitz hat u. Rücksendungen an die ausstellende Behörde im Falle des § 69b (2) S. 1 StGB

| § 94 (3): | FS darf bei dieser Prognose analog § 94 (1/2) sichergestellt oder beschlagnahmt werden |

| § 98 (1): | **Anordnungsbefugnis** im Falle der Beschlagnahme: bei **G.i.V.** auch durch Ermittlungspersonen der StA |

Bezugspunkt ➤ § 111a!

| § 98 (2): | An die Stelle der richterlichen Bestätigung tritt die Entscheidung nach § 111a (3)! |

---

[51] Lübkemann, 476.

Gefahr im Verzuge[52] i.S.d. § 98 StPO liegt vor sowohl
- in den Fällen der **Einziehungsgefährdung** als auch
- in den Fällen, in denen **die Gefahr** weiterer Trunkenheitsfahrten oder schwerwiegender Verkehrsverstöße besteht (**„Wiederholungsgefahr")**.

Diese Gefahr erneuter schwerwiegender Verkehrsverstöße ist bei Vorliegen eines Regelverstoßes gemäß § 69 (2) StGB stets zu bejahen.[52]

Infolge der strengen Anforderungen an die Eilkompetenz der StA/Polizei und die theoretische Rückrechnungsmöglichkeit sind bei polizeilicher Anordnung[53] strenge Maßstäbe zu setzen. Hierbei gilt, dass
- die willkürliche Annahme der GiV oder
- das schlichte „Immer-so"

ein Verwertungsverbot nach sich ziehen kann.[54]

Daher sollte der Versuch der Beibringung einer richterlichen Entscheidung stets dokumentiert werden, zumal vielerorts Bereitschaftsdienste (StA/Richter) eingerichtet sind.

Eine weitere Möglichkeit für das Gericht bietet das **Fahrverbot** gemäß § 44 StGB. Diese Neben**strafe** kann (nur) bei Verurteilung wegen einer Straftat bei oder im Zusammenhang mit dem Führen eines Kfz oder unter Verletzung der Pflichten eines Kfz-Führers (vgl. § 69 StGB) angeordnet werden.

Gemäß § 25 StVG kann sowohl das Gericht als auch die Verwaltungsbehörde Fahrverbot als Neben**folge** im Zusammenhang mit der Festsetzung einer Geldbuße erlassen, soweit es sich um die Ahndung einer **OWi** handelt, die unter grober oder beharrlicher Verletzung der Pflichten eines Kfz-Führers erfolgt.

Die Dauer des Fahrverbotes beträgt jeweils zwischen 1 und 3 Monaten. Das Fahrverbot wird mit Rechtskraft des Urteils wirksam, der Führerschein ist amtlich zu verwahren.

Die Fristberechnung erfolgt vom Zeitpunkt der amtlichen Verwahrung (§ 25 Abs. 4 StVG, § 44 Abs. 4 StGB).

Nicht freiwillig herausgegebene Führerscheine sind zu beschlagnahmen, eine strafprozessuale Beschlagnahme durch die Polizei **in Erwartung** eines Fahrverbotes ist jedoch **unzulässig**.

Bei ausländischen FE ist ein Entzug der FE durch eine dt. Behörde bei Nicht-EU-Angehörigen nicht möglich. Bei **EU-Angehörigen mit festem Wohnsitz** in der BRD wird die FE entzogen und der FS gem. § 69b (2) StGB im Urteil eingezogen und an die ausstellende Behörde zurückgesandt.

Bei EU-Angehörigen **ohne** festen Wohnsitz in der BRD und bei Nicht-EU-Angehörigen wird lediglich eine Sperre verhängt, die in den ausl. FS eingetragen wird. Eine Beschlagnahme des FS zur Eintragung der Sperrfrist ist gemäß § 111a Abs. 6 StPO zulässig. Fahrten während dieser Sperrfrist stellen einen Verstoß gegen § 21 StVG dar.

Zur Eintragung dieses Sperrvermerks ist die Beschlagnahme des FS (auch durch die Polizei) gemäß § 111a StPO zulässig.

---

[52] BGH, NJW 69, 1308.

[53] BVerfG – 2 BVR 273/06.

[54] BGH, NJW 07/2269 ff.

11.8 Übungen

Übungen zu 11	Lösungen
Die Führung eines Kfz im öVR bedarf der …	Fahrerlaubnis (FE)
Den Nachweis hierüber bildet der … im Begleiteden Fahren … Der FS wird in seiner Gültigkeit auf … befristet. Alte FS gelten bis …	Führerschein (FS) die Prüfbescheinigung gem. Anlage 8a 15 Jahre 18.1.2033
Das Führen eines Kfz ohne FE stellt … das ohne FS … dar.	ein Vergehen eine OWi
Die FE wird zunächst … Jahre auf Probe erteilt.	2
Die Klassen … werden derzeit unbefristet erteilt, die Klassen … bis zur Vollendung des … Lebensjahrs und danach jeweils für … Jahre verlängert.	A1, A2, AM, B, BE, L, M, T C1, C1E 50. 5
Die Klassen … werden grundsätzlich auf die Dauer … befristet.	C, D, CE, DE von 5 Jahren
Dienst-FE berechtigen …	nur zur Führung von Dienstkfz während der Dauer des Dienstverhältnisses
EU-FE gelten …,	unter Beachtung der Auflagen/Beschränkungen/Befristungen uneingeschränkt
Nicht-EU-FE für die Dauer von …	½ Jahr nach Wohnsitznahme
Die Führung von KOM bedarf – außer in den Fällen …/… stets der Klasse …	technischer Überprüfung/Überwachung D1/D
Die FEzFgB bezieht sich ausschließlich auf … bei Beförderung eines Fahrgastes, d.h., die Person wird … transportiert.	den gewerblichen Personentransport im Pkw ausschließlich zur Ortsveränderung
Die einzelnen Klassen …	erlauben grundsätzlich die Führung folgender Kfz:
A …	Krafträder (> 50 ccm oder > 45 km/h bbH)
AM …	KKn
A1 …	Kräder der Kl. A bis 125 ccm Hubraum und 11 kW
A2 …	Kräder $\leq$ 35 kW

B ...	Kfz bis 3,5 t zGM
C1 ...	Kfz bis 7,5 t zGM
C ...	Kfz > 7,5 t zGM
D1 ...	KOM bis 16 Fahrgastplätze
D ...	KOM
BE/C1E/D1E ...	Züge aus Kfz der entsprechenden Klasse (B, ...) und Anhänger > 750 kg zGM (bis zur Leermasse des ziehenden Kfz und höchstens 12 t zGM)
CE/DE ...	Züge aus Kfz der entsprechenden Klasse (C, ...) und Anhänger >750 kg zGM
Berufskraftfahrer f. gewerbliche Güter-/Personenverkehrs bedürfen einer ...	zusätzlichen Grundqualifikation i.S.d. BkrFQG
Die „AltFE" behalten im Rahmen der Besitzstandswahrung ihre Gültigkeit, wobei jedoch die „Altklasse" ... nach ... nicht mehr zur Führung von Kfz der Klassen ... berechtigt. Die Umschreibung bzw. Verlängerung ist jederzeit möglich.	2/Vollendung des 50. Lebensjahres C, CE
Für die polizeiliche Praxis bedeutet dies, ob der vorgefügte FS im Rahmen der auf S. 424 vorgestellten Prüfschritt (PrS) zur Führung ausreicht.	
1. PrS:	Welche FE-Klasse ist (ab 19.01.2013) erforderlich?
2. PrS:	Entspricht die vorgezeigte (ALt-) Klasse gemäß Anlage 3 der geforderten (Neu-) Klasse?
3. PrS:	Gibt es zu beachtende Einschränkungen i.S.d. Anlage 9
Ausländische FE gelten gemäß ... FeV.	§§ 28 ff FeV
für EU-Angehörige ... und Drittländer ...	uneingeschränkt ½ Jahr
Eine Umschreibung auf eine dt. FE ist innerhalb ... möglich.	von 3 Jahren

Dienstlich erteilte FE der BW, Polizei und der BPol berechtigen … zur Führung aller Kfz der jeweiligen Klasse.	ausschließlich dienstlich.
Ehemalige DDR-FE gelten entsprechend der …	Anlage 3 B
Beim Mitführen von mehrachsigen Anhängern über 750 kg ist zusätzlich Kl. … erforderlich.	E (unter Beachtung der Schlüsselzahl 96 zur Kl. B vgl. S. 424)
Bei bedingter Eignung kann die Verwaltungsbehörde die FE gemäß §§ 23, 46 ff. FeV	
–	unter Auflagen erteilen
–	auf eine bestimmte Fz-Art oder
–	auf Kfz mit besonderen techn. Einrichtungen beschränken.
… beziehen sich grundsätzlich auf die Person und stellen bei Nichtbeachtung ein(e) … dar.	Auflagen OWi
… beziehen sich auf das Kfz und stellen bei Nichtbeachtung ein(e) … dar.	Beschränkungen Vergehen
§ 21 StVG stellt das Führen eines Kfz im öVR	
ohne …	die erforderliche FE,
trotz …	Fahrverbots und
trotz …	erfolgter Beschlagnahme des FS gemäß § 94 ff. StPO
unter Strafe.	
Der Halter eines Kfz verstößt gegen § 21 StVG, soweit er …	einen o. a. Verstoß zulässt oder anordnet.
Um einen Verstoß gegen § 21 StVG zu vermeiden, muss der Halter sich im Rahmen seiner Verantwortung und Sorgfaltspflichten vom Vorhandensein einer gültigen FE überzeugen. Hieran sind strenge Anforderungen zu stellen, i.d.R. ist … gefordert.	eine Einsichtnahme in den FS
Als Zulassen reicht bereits das fahrlässige Überlassen des Schlüssels aus, sowohl durch Übergabe als auch durch ungenügend sorgfältige Verwahrung des Schlüssels.	

Ohne FE führt ein Kfz, wer

-   keine FE besitzt,

-   nicht die erforderliche Klasse besitzt,

-   nicht das erforderliche Mindestalter erfüllt,

-   einer Beschränkung/Befristung i.S.d. §§ 23/46 ff. FeV nicht nachkommt,

-   trotz Entzug der FE ein Kfz führt oder

-   mit einer Nicht-EU-FE im Bundesgebiet ein FE-pflichtiges Kfz führt, obwohl die Wohnsitznahme länger als ein halbes Jahr zurückliegt.

Bei festgestellter Ungeeignetheit ist die FE durch die Verwaltungsbehörde zu entziehen. Eine polizeiliche Beschlagnahme des FS ist ...   hierbei nicht möglich.

Gemäß § 69 StGB kann das Gericht bei Vorliegen ...   einer rechtswidrigen Tat bei/oder im Zusammenhang mit dem Führen eines Kfz oder unter Verletzung der Pflichten eines Kfz-Führers

die FE entziehen, wenn sich aus der Tat ... ergibt.   die Ungeeignetheit zum Führen eines Kfz

Gemäß Abs. 2 liegt diese in der Regel vor bei rechtswidrigen Taten nach §§

-   315c StGB

-   316 StGB

-   142 StGB (Verletzte/bed. Sachwerte)

-   323a StGB

Im Vorfeld kann gemäß § 111a StPO bei Vorliegen der o. a. Voraussetzungen ein vorläufiger Entzug durch den Richter ausgesprochen werden.

Diese Anordnung dient gleichzeitig als ... i.S.d. § 98 StPO.   Beschlagnahmebestätigung

Gefahr im Verzuge bei der Prüfung einer zulässigen Beschlagnahme durch die Polizei liegt	
– in den Fällen der …	Einziehungsgefährdung,
aber auch dann vor, wenn	
– die Gefahr …	weiterer Trunkenheitsfahrten oder schwerwiegender Verkehrsverstöße
besteht. Es gelten strenge Anforderung, sodass	der Versuch der Einbringung einer richterl. Entscheidung zu dokumentieren ist.
Bei ausländischen FE ist ein Entzug durch eine dt. Behörde nicht möglich. In diesen Fällen erfolgt die Verhängung einer Sperre, die in den ausl. FS eingetragen wird. Zur Eintragung des Sperrvermerks ist eine Beschlagnahme des FS zulässig.	
Für den Transport von Fahrgästen in …	Taxis, Mietwagen, Krankenwagen und Pkw (Ausflugs-/Ferienreiseverkehr) FE zur Fahrgastbeförderung
ist neben der FE eine zusätzliche … erforderlich, deren Nichtbesitz bei Führung eines entsprechenden Kfz zum Transport eines Fahrgastes ein/e … darstellt.	OWi
Der Halter begeht, soweit er die Fahrt anordnet oder zulässt, ebenfalls ein/e …	OWi
Die FEzFgB ist nur in Verbindung mit … gültig.	der allg. FE

Übungsfälle:

1. Welche FE ist zur Führung folgender Kfz im öVR erforderlich?	FE
– Mofa	– (Prüfbescheinigung)
– Pkw	B
– Lkw, 5,6 t zGM	C1
– ZM, 7,5 t zGM im lof-Betrieb	L/T
– Pkw, 2,5 t zGM mit einachsigem Anhänger, 1,2 t zGM	BE (3,5 t zGM – Zug)
– Lkr (125 ccm > 80 km/h bHG)	A1
– Sattelkfz	CE
– Lkw, 7,5 t zGM mit zweiachsigem Anhänger –4 t zGM	C1E
– Krankenfahrstuhl (15 km/h bHG)	– (Prüfbescheinigung)
– Quad, 45 km/h bHG	AM
2. –A– schleppt mit seinem Pkw den liegen gebliebenen Pkw seines Freundes. Er zeigt Ihnen einen FS der Klasse B/3 vor.	Kein Verstoß, soweit ein zulässiger Abschleppvorgang i.S.d. § 23 StVO vorliegt.
3. –B– (Niederländer) zeigt Ihnen als Führer eines Pkw einen niederländischen FS der Klasse B vor.	Kein Verstoß, EU-FE gelten zeitlich unbefristet, soweit ein Wohnsitz im Inland (BRD) besteht. Sonst besteht Zulässigkeit gemäß § 29 I FeV (vorübergehend/½ Jahr)
4. –C– (geb. 31.3.65) führt ein Mofa, nachdem ihm vom Gericht ein Fahrverbot für fahrerlaubnispflichtige Kfz erteilt wurde.	Es liegt kein Vergehen i.S.d. § 21 StVG vor, da das Fahrverbot sich auf fahrerlaubnispflichtige Kfz – und somit nicht auf das Mofa – bezieht. Einer Prüfbescheinigung i.S.d. §§ 5, 76 FeV bedarf –C– ebenfalls nicht.

5. –D– führt den geschleppten Pkw im Rahmen eines ungenehmigten Schleppvorganges, obwohl ihm die FE entzogen wurde. –E–, der Führer des ziehenden Pkw, besitzt die FE-Klasse 3, ausgestellt am 12.03.1979

–D– begeht keinen Verstoß gegen § 21 StVG als Führer, da er kein Kfz, sondern einen Anhänger führt.

–E's– Alt-Führerschein ist entsprechend der Prüfschritte 1–3 auf Gültigkeit zu prüfen:

PrS 1: Kl. BE, da die Gesamtmasse der Kombination 3,5 t überschreiten sollte

PrS 2: Anlage 3, Buchstabe B, I, Nr. 17 (3 entspricht der Klasse BE)

PrS 3: Anlage 9, Nr. 79.06: ZGM Anhänger nicht über 3,5 t.

Davon darf ausgegangen werden. SOmit liegt kein Vergehen i.S.d. § 21 StVG vor, jedoch eine Owi gem. §§ 33, 69a StVZO.

6. –F– führt einen Pkw. Sein FS der Kl. 3, ausgestellt am 10.07.1985 weist folgende Eintragung auf: „Der Inhaber dieser FE hat eine geeignete Sehhilfe beim Führen eines Kfz zu tragen." –F– trägt Kontaktlinsen.

–F– begeht keinen Verstoß. Der vorgezeigte FS ist entsprechend den Prüfschritten 1–3 auf Gültigkeit zu prüfen:

PrS 1: Kl. B

PrS 2: Anlage 3, Buchstabe B, I, Nr. 18 (3 entspricht der Klasse B)

PrS 3: keine Einschränkungen

Die Eintragung qualifiziert sich als Auflage, der durch das Tragen der Kontaktlinsen nachgekommen wird.

7. Der FS des –G– wurde nach einer Trunkenheitsfahrt des –G– durch die Polizei beschlagnahmt. Sie halten –G– beim Führen eines KKR an.

–G– verstößt gegen § 21 StVG, da er ein fahrerlaubnispflichtiges Kfz (Kl. AM) im öVR führt, obwohl ihm der FS gemäß § 94 StPO (zulässigerweise) durch die Polizei beschlagnahmt wurde.

Soweit –G– nicht auch Halter des KKR ist, verstößt dieser ebenfalls gegen § 21 StVG, wenn er den Verstoß durch –G– zugelassen hat.

8. –H– führt im Rahmen einer Reparatur ein Taxi. Im Taxi ist sein Lehrling –I–. –H– besitzt lediglich die FE der Kl. 3, ausgestellt am 12.10.1988.

Es liegt kein Verstoß vor (wie 6.). –H– benötigt nur dann den FS zur Fahrgastbeförderung bei der Führung eines Taxis, wenn er auch einen Fahrgast befördert. Fahrgast ist jeder, der ausschließlich zum Zwecke des Transports mitfährt. Dies ist bei –I– nicht der Fall.

9. –J– befördert in einem KOM Fahrgäste. Er zeigt Ihnen seinen FS der Klasse D vor, eine FE z FgB besitzt er nicht.

Hier liegt kein Verstoß i.S.d. § 48 vor, da eine Ausnahme gem. § 48 (2) 4 FeV vorliegt und die gem. § 6 FeV geforderte Kl. D ausgehändigt wird.

10. –K– befördert mit einem Taxi einen Fahrgast zum Bahnhof. –K– zeigt Ihnen neben der Klasse B einen FS zFgB (für Krankenwagen) vor.

Hier verstößt sowohl –K– als Führer des Taxis gegen § 48, da seine FEzFgB nicht der geforderten (für Taxi/Mietwagen) entspricht. Ebenso verstößt der Halter i.S.d. § 48 Abs. 8, da er zumindest hier die Fahrt zulässt. Beide Verstöße stellen eine OWi i.S.d. § 75 Nr. 12 FeV dar.

11. –L– führt im Auftrage seines Chefs, eine Taxifahrt durch. Er ist im Besitz der erforderlichen FE, besitzt jedoch keine ausreichenden Ortskenntnisse.

–L– begeht keinen Verstoß. Der Halter verstößt jedoch gegen § 48 (8) FeV und handelt somit ordnungswidrig i.S.d. § 75, da er zulässt (anordnet), dass –L– ohne Nachweis ausreichender Ortskenntnisse (§ 48 Abs. 6) das Taxi führt.

12. –M– führt, obwohl ihm vor Jahren die FE entzogen wurde, das Kfz seiner Ehefrau –N– ohne deren Kenntnis.

–M– verstößt gegen § 21 StVG, da er ein fahrerlaubnispflichtiges Kfz ohne erforderliche FE im öVR führt. Verg.-Anzeige.

–N– begeht als Halterin keinen Verstoß gegen § 21 StVG, da sie im Rahmen der Vertrauensbasis zwischen Eheleuten darauf vertrauen kann, dass –M– ihr Kfz nicht unerlaubt führt.

OLG D'dorf, VM 87, 44.

13. –O– führt einen Lkw (5,6 t zGM) mit einem zweiachsigen Anhänger (2,5 t zGM). Er zeigt eine DDR-FE der Kl. BE vor.

PrS 1: Seit dem 19.1.2013 ist zum Führen dieser Kombination die FE-Klasse C1E erforderlich.

PrS 2: Maßgebend ist die Anlage 3, Buchstabe B, Ziffer 1, lfd. Nr. 16 + 17. Die neue FE-Kl. C1E wird von der DDR.FE BE erfasst.

PrS 3: Die Schlüsselzahl 75.06 trifft nicht zu, da die zGM des Anhängers unter 3,5 t liegt.

14. −P− wurde nach einer Trunkenheitsfahrt die FE durch das Gericht entzogen und eine Sperrfrist von 3 Jahren festgelegt.
−P− erwirbt innerhalb dieser Sperrfrist eine polnische FE und führt hier einen PKW.

−P− verstößt gegen § 21 StVG. Der Entzug gilt auch nach Erwerb einer ausl. FE. (§ 28 FeV) Verg.-Anzeige.
Eine nach Ablauf der Sperrfrist erteilte ausl. FE berechtigte zum Führen, soweit diese vor den 19.01.2009 erteilt wurde.

15. −Q− zeigt Ihnen beim Führen eines Pkw seinen FS der Klasse B/3. Der FS weist die Eintragung: „Der Inhaber ist nur zur Führung von Kfz mit einem Automatikgetriebe berechtigt." Der Pkw weist ein Schaltgetriebe aus.

−Q− verstößt gegen § 21 StVG. Die Eintragung stellt sich als Bedingung dar, also als integrierter Bestandteil des VA der FE dar, so dass −Q− (trotz der grundsätzlich ausreichenden Klasse) nicht zur Führung eines Kfz mit Schaltgetriebe berechtigt ist. Verg.-Anzeige.

16. Der 52-Jährige −R− zeigt Ihnen beim Führen eines Lkw, 9 t zGM, einen FS der Klasse 2 vor.

Gemäß § 76 Ziff. 9 FeV liegt hier seit 2001 ein Vergehen i.S.d. § 21 StVG vor, da die Klasse 2 nach Vollendung des 50. Lebensjahres nicht mehr zur Führung von Kfz der Klasse C, (CE) berechtigt. Eine Verlängerung der Klasse ist − bei Eignung − für jeweils die Dauer von 5 Jahren möglich.

17. −S− führt einen Pkw, ohne die in seinem FS vorgeschriebenen Augengläser zu tragen. Laut fachärztlichem Gutachten ist das Tragen von Augengläsern zum Ausgleich des Sehfehlers nicht mehr erforderlich.

Die Eintragung stellt eine Auflage dar.
Gemäß BGH-Entscheid[54] liegt hier jedoch kein Verstoß vor, da offensichtlich (Gutachten) der Grund − die Beeinträchtigung der Sehkraft − für die Erteilung der Auflage entfallen ist.

---

[55] NJW 84, 65.

18. –T– führt einen Pkw (Merc. 280 SE) mit Wohnanhänger. Sein FS der Klasse B/3 weist folgende Eintragung auf: „Der Inhaber dieser FE darf nur Pkw mit einer bHG von 130 km/h führen." Die gefahrene Geschwindigkeit betrug 80 km/h.

Die Eintragung stellt verwaltungsrechtlich eine Beschränkung dar, sie schränkt den sachlichen Geltungsbereich auf ... ein. Der von –T– geführte Pkw liegt somit zweifellos außerhalb des genannten Gültigkeitsbereichs der FE des –T–, es sei denn, es wurden spezielle Veränderungen am Kfz vorgenommen.

Ohne Bedeutung ist, dass die zHG für den Zugbetrieb bei 80 km/h liegt und –T– diese Geschwindigkeitsgrenze auch eingehalten hat.

–T– begeht somit ein Vergehen i.S.d. § 21 StVG. Anzeige.

19. –U– führt einen Pkw mit Schaltgetriebe. Sein FS der Klasse 3 aus dem Jahre 1984 enthält folgende Eintragung: „FE-Prüfung wurde auf einem Kfz mit automatischer Kraftübertragung abgelegt."

Die Eintragung stellt weder eine Auflage noch eine Beschränkung dar, sie wurde bis 1986 aus „EG-Verwaltungs-Gründen" gefertigt. –U– darf somit den Pkw führen, ohne einen Verstoß zu begehen.

20. –V– führt einen KOM (25sitzig) zur Überführung von A- nach B-Stadt. Er zeigt Ihnen einen Fs der Kl. C vor.

Verstoß gegen § 21 StVG. Erforderlich ist Kl. D. Kl. C genügt gemäß § 6 (4) FeV nur bei techn. Überprüfungsfahrten ohne Fahrgäste. Unterbindung der Weiterfahrt, VV-Anzeige.

21. –W– händigt Ihnen als Führer eines Pkw eine Prüfbescheinigung „Begl. Fahren" aus, obwohl er bereits seit einem Monat das 18. Lebensjahr vollendet hat.

Kein Verstoß, die Prüfbescheinigung gilt gem. § 48a FeV bis zu 3 Monaten nach Vollendung des 18. Lebensjahres.

22. –Y– führt einen Sattelzug mit folgenden Daten:
ZM: 7,5 t zGM/Auflieger: 5 t zGM
Er händigt Ihnen einen FS der Kl. B mit der Eintragung CE 79 aus.

Infolge der Eintragung/Beschränkung CE 79 ist lediglich die Führung von Kombinationen bis 12 t zGM erlaubt. –Y– verstößt somit gegen § 21 StVG.

In allen Fällen ist jeweils auch ein (möglicher) Halterverstoß zu prüfen.

12 Verkehrsstraftaten

Behandelte Rechtsvorschriften:

12.1 Trunkenheitsdelikte

StGB: §§ 315c (1), 316, 323a
StVG: § 24a
FeV: § 2
BOKraft   § 8 (3) 1

12.2 Verkehrsgefährdung

StGB: § 315c (2)
StVO: § 1, 2, 3, 4, 5, 6, 8, 9, 10, 12, 14, 15, 17, 18, 19, 20, 26, 36, 37, 41,
          42

12.3 Verkehrsunfallflucht

StGB: § 142
StVO: § 34

12.4 Gefährlicher Eingriff in den Straßenverkehr

StGB: §§ 315 ff., 315b, 316a

Innerhalb dieses Blocks werden die für die polizeiliche Praxis von Bedeutung erscheinenden Verkehrsstraftaten des StGB in kurzer, auf das Wesentliche beschränkter Form behandelt. Ausgangs- und Bezugspunkt ist hierbei stets der erste polizeiliche Angriff, d.h. die unmittelbare Feststellung im Straßenverkehr.

Auf die Behandlung von Rechtswidrigkeit, Schuld und Konkurrenzen wird auch hier weitgehend verzichtet und auf die allgemein hierfür geltenden Grundsätze verwiesen.[1]

---

[1] Zur weiteren Bearbeitung für Polizeibeamte wird auf Lübkemann, Strafrecht, Strafverfahrensrecht und Ordnungswidrigkeitenrecht und Brutscher, Verkehrsstraftaten innerhalb der Literatur des VERLAGES DEUTSCHE POLIZEILITERATUR hingewiesen.

12.1 Trunkenheitsdelikte

Trunkenheitsdelikte nehmen in unserer Gesellschaft und insbesondere im Straßenverkehr einen unrühmlichen Platz ein. Etwa 300 000 Trunkenheitsfahrten werden jährlich durch die Polizei festgestellt, wobei ca. zwei Drittel zum befristeten Entzug der Fahrerlaubnis führt.

Bei ca. 25 bis 30 % aller Verkehrsunfällen mit Todesfolge sind Alkohol oder Drogen im Spiel, wobei die Zahl der Drogenfahrten ständig zunimmt. Diese Zahlen allein machen deutlich, welche Problemstellung die Trunkenheitsdelikte im Straßenverkehr einnehmen, und machen die Notwendigkeit erheblicher polizeilicher Anstrengungen zur Bekämpfung mehr als deutlich.

Von praktischer polizeilicher Bedeutung sind insbesondere die Vergehenstatbestände der §§ 316, 315c StGB sowie die Ordnungswidrigkeit nach § 24a/c StVG und in Einzelfällen § 2 FeV für Fußgänger und sonstige „Nichtfahrzeugführer" sowie § 8 BOKraft/BOStrab für das Betriebspersonal im Fahrdienst und die gefahrgutrechtliche Bestimmung.

Von zunächst untergeordneter polizeilicher Bedeutung ist § 2 FeV für Fz-Führer, soweit sie keine Ausfallerscheinungen aufweisen und keine Vorsorgemaßnahmen gegen Gefährdungen (§ 2 erfasst auch abstrakte) getroffen haben, sowie § 323 a StGB bei Vollrauschtaten bzw. die Frage der vorgelegten Schuld (Actio libera in causa).

Zu beachten ist ebenfalls, dass in diesen Fällen die Verwaltungsbehörde sehr wohl die FE entziehen kann, wenn die Gefahr alkoholisierter Fahrten mit einem Kfz besteht.[2]

Die wesentlichen Tatbestandsmerkmale zunächst in der **Übersicht:**[3]

§ 24c StVG	§ 24a StVG	§ 316 StGB	§ 315c (1) StGB
– Kfz-Führer	– Kfz-Führer	– Fz-Führer	– Fz-Führer
– Straßenverkehr	– Straßenverkehr	– aller Verkehrsarten	– Straßenverkehr
– Alkohol (Dräger 7110 Evidential) (Zeugenbeweis Dritter genügt)[3]	– Alkohol – berauschende Mittel (gem. Anlage: Cannabis, Heroin, Morphin, Kokain, Amphetamin, Designer-Amphetamine)	– Alkohol – andere berauschende Mittel	– Alkohol – andere berauschende Mittel – körperl./geistige Mängel
– 0,0 ‰ – Für Fahranfänger – in der Probezeit (§ 2a StVG) – vor Vollendung des 21. Lebensjahres	– 0,5 ‰/0,25 mg/l Nachweis: – Alkohol: Dräger 7110 Evidential (Atemluft) – ber. Mittel: Blutprobe (im Blut)	– rel./absolut fahruntüchtig	– rel./absolut fahruntüchtig – Individualgefahr
– OWi	– OWi	– Vergehen	– Vergehen

---

2   Bay VerwGhof 11 C 09.2200; BVG 10 k 881/07.

3   BT-Drucksache 16/5047, 14.

Alle Trunkenheitsdelikte sind eigenhändige Delikte, als **Täter** kommt somit nur der Führer eines Fahrzeuges (§ 24 a: Kfz) in Betracht.[4] Ein alkoholisierter **Fahrlehrer**, der sich während einer Fahrschulfahrt auf die Bestimmung des Fahrtwegs und eine mündliche Korrektur der Fahrweise beschränkt, führt das Fahrzeug nicht i.S. des § 316 StGB. Er begeht auch keine Ordnungswidrigkeit gem. § 24a StVG. Maßgebend für die Auslegung einer Gesetzesbestimmung – so das Gericht – ist der in dieser zum Ausdruck kommende objektivierte Wille des Gesetzgebers, so wie er sich aus dem Wortlaut der Gesetzesbestimmung und dem Sinnzusammenhang ergibt, in den diese hineingestellt ist. Der Begriff des „Führens" in § 316 StGB kann nicht dahin ausgelegt werden, dass ihm auch ein Fahrlehrer unterfällt, dessen Verhalten sich auf die Bestimmung des Fahrtwegs und eine mündliche Fahrkorrektur beschränkt. Vielmehr hat im vorliegenden Fall ausschließlich die Fahrschülerin das Fahrzeug geführt. Fußgänger, Reiter, Handkarrenführer etc. können nicht Täter sein. Sie fallen unter § 2 FeV. So ist ein Fußgänger mit 1,98 ‰ als verkehrsuntüchtig einzustufen.[5]

Andere, auch der **Halter**, können nur Anstifter oder Gehilfe bei beiderseitigem Vorsatz sein, so dass grundsätzlich keine mittelbare Täter- bzw. fahrl. Nebentäterschaft denkbar ist.[6]

Der Begriff des Führens setzt eine **wissentlich-willentliche Minimalbewegung** des Fahrzeugs voraus, das Einführen des Zündschlüssels und Anlassen des Motors (ohne Fahrbewegung) genügt nicht.[7]

Im Sinne des § 24a und c StVG bzw. der abs. FU ist zum Führen eines **Kfz dessen bestimmungsgemäße Nutzung** erforderlich, Schieben oder eine durch Abstoßen erzielte Fortbewegung (ohne Motorkraft) stellt somit lediglich Führen eines Fahrzeuges i.S.d. § 316 StGB dar.[8]

Während bei § 24a StVG nur das Führen eines **Kfz** im Straßenverkehr, d.h., im öffentlichen Verkehrsraum greift, erfasst § 316 StGB neben dem gesamten **Fahrzeugverkehr** im für die polizeiliche Praxis bedeutsamen Straßenverkehr auch den Eisenbahn-, Schiffs- und Luftverkehr.

Der **Genuss** alkoholischer Getränke oder anderer berauschender Mittel stellt nur auf deren Aufnahme ab.

Unter **Alkohol** fällt jede Form, also nicht nur Bier, Wein u.a., sondern auch z.B. homöopathische Mittel; unter **anderen berauschenden Mitteln** versteht man alle, die eine ähnliche Wirkung wie Alkohol erzielen, sich also negativ auf die motorischen oder intellektuellen Fähigkeiten bzw. das Hemmvermögen auswirken.

Hierunter fallen alle Pharmaka, gleichgültig ob Rauschgift oder Medikament, aber auch Koffein, Tein sowie Schnüffelstoffe, wie z.B. Klebestoffe oder Lacke.

Auf eine berauschende Wirkung im eigentlichen Sinne des Wortes kommt es nicht an, so dass auch betäubende Mittel, wie z.B. Schlaf- oder Beruhigungsmittel, erfasst werden.

---

[4] OLG Dresden, NJW 06, 1013. A. A OLG Bamberg, NZV 09, 517, das den Fahrlehrer nach § 23 (1a) StVO als Fahrzeugführer ansieht.

[5] BGH, NZV 90, 157; OLG Hamm, NZV 99, 374.

[6] Vgl. OLG KOblenz, NJW 88, 152; BGHSt 18, 6.

[7] BGH, NZV 89, 32.

[8] BayObLG, VRS 66, 202.

Körperlich/geistige Mängel i.S.d. § 315c (1) 1 a StGB sind z.b. alle Krankheiten, Unwohlsein, Sehstörungen oder fehlende Gliedmaßen sowie psychopathologische Symptome.[9]

Von besonderer Bedeutung ist hierbei die **Übermüdung**, soweit sie dem Fahrer bewusst (vorwerfbar) ist. Zu beachten ist hierbei ebenfalls die Mitverantwortlichkeit des Disponenten, der sich darüber hinaus auch der Nötigung schuldig macht. Hier sollte über den Einsatz geeigneter Messgeräte (z.b. PST-Pupillomat der Firma AMTech, Weinheim) nachgedacht werden. Der Probeeinsatz bei der Autobahndirektion Osnabrück wurde als sehr erfolgreich bezeichnet. Auch die Ergebnisse aus Österreich sind sehr vielversprechend.

Unter **Fahruntüchtigkeit (FU)** versteht man in der Rechtsprechung einen Zustand, in dem durch eine **rauschbedingte Beeinträchtigung** des Hemmungsvermögens, der intellektuellen Differenzierungs- und Reaktionsfähigkeit und des körperlichen Beherrschungsvermögens die Leistungsfähigkeit so weit herabgesetzt ist, dass der Täter nicht mehr in der Lage ist, sein Fz **so zu führen**, dass er den **Anforderungen** der jeweiligen Verkehrsart (Bahn-, Schiffs-, Luft- oder **Straßenverkehr**) und Verkehrslage gerecht wird.[10]

D.h. der Kfz-Führer ist in seiner Funktion so beeinträchtigt, dass er über eine längere Strecke schwierige Verkehrslagen nicht sicher meistern kann. Hierbei begründet nicht jeder Fahrfehler eine relative Fu, wohl aber gehäuftes Auftreten von Fahrfehlern, auch wenn der einzelne Verstoß nicht zur Begründung genügt.[11]

Für die polizeiliche Praxis bedeutet dies **Beweisführungspflicht** im Rahmen der Feststellung **konkreter Ausfallerscheinungen** (AE).[12]

Man unterscheidet zwischen **absoluter** und **relativer** Fahruntüchtigkeit.[13]

Fahruntüchtigkeit	
relative = rauschbedingte **Leistungseinbuße** der intellektuellen oder motorischen Fähigkeiten, des Reaktions-, Hemm- oder Sehvermögens **+** **konkrete Ausfallerscheinung**	**absolute:** – **Kfz**-Führer: 1,1 ‰[13] – Radfahrer: 1,6 ‰[14] – Führer eines (ab-) geschleppten Kfz 1,1 ‰ – Motorbootführer: (1,1 ‰)[15] (OLG Köln, NJW 90, 847) 1,7 ‰ (AG Rostock NZV 96, 124) 1,1 ‰
(indizielle Beweiserhebung im Einzelfall)	**(Keine weitere Beweiserhebung erforderlich)**

9   BGH, VM 55, 74; OLG Köln, NZV 89, 357, PVT 2/88 53.

10 BGHSt 13, 83; 21, 157.

11 OLG Frankfurt, NZV 95, 116.

12 Vgl. „Blutprobenerlass".

13 Hentschel e.a., § 316 StGB, Rn 11 ff.

14 BGHSt 37, 89.

15 Brandenburgisches OLG, VRS 115, 302.

Während bei der absoluten FU die Feststellung des BAK-Mittelwertes (**Beweiswertgrenze**) allein genügt, ist in den Fällen der relativen FU eine **indizielle Beweisführung**[16] mit Hilfe weiterer Beweisanzeichen ("‰" + **AE**) erforderlich, wobei nicht jeder Fahrfehler Fahrunsicherheit bedeutet.

Entscheidend ist die Rückführung des Fehlers auf den Genuss von Alkoholika bzw. anderer berauschender Mittel oder im Zusammenhang mit § 315 c StGB auf das Vorliegen körperlicher oder geistiger Mängel (**Kausalitätsprüfung**).

Hierbei gilt der Grundsatz: "Je niedriger die BAK, desto gewichtigere Beweisanzeichen müssen vorliegen."[17]

Dem Betroffenen ist nachzuweisen, dass ihm nüchtern dieser Fehler nicht unterlaufen wäre. Dies bedingt vielfach eine detaillierte Verhaltensbeschreibung in der polizeilichen Anzeige.

Hinsichtlich der verminderten Schuldfähigkeit hat der 1. Strafsenat ausdrücklich darauf hingewiesen, dass allein ein bestimmter Promillewert (2,0 ‰) nicht genügt, sondern auch hier im Einzelfall alle Beweiszeichen zu prüfen sind.

Drogenkonsum (Haschisch) kennt keine absolute Beweiswertgrenze, sondern nur eine individuelle Beweisführung i.S.d. relativen Fahruntüchtigkeit.

Hierbei muss jedoch **kein Fahrfehler** vorliegen. Es genügt, dass während der Fahrt vorhandene Beeinträchtigungen des Reaktionsvermögens auf andere Weise zuverlässig festgestellt werden, z.B. durch den Zustand und das Verhalten bei einer Polizeikontrolle im Anschluss an die Fahrt.

Von großer Bedeutung für die Praxis sind hierbei die **Auffall**erscheinungen, also das verhaltens(un)typische Erscheinungsbild, wie die **Pupillenstellung** (groß, klein, starr, gerötet, wässrig), die im "Torkelbogen" erfasst werden.

Nach wissenschaftlichen Erkenntnissen sind z.B. folgende **alkoholtypische Auswirkungen** zu bedenken:

ab ‰-Wert	Auswirkungen/Einschränkungen
0,2	– Wahrnehmungsvermögen hinsichtlich sich bewegender Lichtquellen eingeschränkt **Beachte:** Mindestbeweiswertgrenze i.d.R.: 0,3 ‰ für rel. FU (OLG Köln, NZV, 89, 357)
0,3	– Bereits deutlich eintretende Enthemmung/Betroffener hält sich für besonders geschickt und reaktionsschnell – Entfernung-/Geschwindigkeitsschätzungen werden ungenauer – Verkehrsregeln werden teilweise nur nach Gutdünken beachtet
0,5	– Gefährlichkeit der Teilnahme verdoppelt sich gegenüber einer nüchternen Teilnahme

---

[16] BayObLG, NZV 88, 110; BGH, DAR 68, 123; 1 StR 511/95, NZV 97, 6; NZV 90, 357.

[17] OLG Köln, NZV 95, 454.

ab ‰-Wert	Auswirkungen/Einschränkungen
0,7	– Gleichgewichtssinn ist bereits deutlich gestört
0,8	– Gefährlichkeit der Teilnahme vervierfacht sich gegenüber einer nüchternen Teilnahme
1,0	– Dunkelanpassung der Augen so verlangsamt, dass eine gefährlich gesteigerte Blendungsgefahr besteht – Seitliche Blickfeldverengung – Reaktionszeit erheblich beeinträchtigt – Manuelle Geschicklichkeit (Koordinationsvermögen) erheblich beeinträchtigt
1,3	– Gefährlichkeit der Teilnahme verzwölffacht sich gegenüber einer nüchternen Teilnahme
1,5	– Gefährlichkeit der Teilnahme versechsunddreißigfacht sich

In der Rechtsprechung/-literatur wurden im Einzelnen als alkoholtypische Ausfallerscheinungen **bejaht**:

– sorglose, leichtsinnige Fahrweise	BGH, NJW 82, 2612
– unzulässiges Überqueren von Z 295	OLG D'dorf, VM 77, 28
– deutlich unsichere, waghalsige oder fehlerhafte Fahrweise	OLG Koblenz, VRS 45, 118
– lallende Sprache, torkelnder Gang, Schlangenlinienfahren	BGH, VRS 33, 118 (Schlangenlinien)
– bewusst verkehrswidrige Fahrweise (auch während der Flucht vor der Polizei)	OLG Düsseldorf, NZV 97, 184

bzw. **abgelehnt**:

– Fahren bei Gelblicht	BayObLG, DAR 71, 161
– bewusste Überschreitung der Geschw. aus Angst vor einer Pol.-Kontrolle.	a.A. OLG D'dorf, NJW 98, 658
– typische, bei jedem Kfz-Führer vorkommende Fahrfehler	LG Osnabrück, DAR 95, 79 (Abbiegefehler)
– unsachliche Kritik am Einschreiten des Polizeibeamten	OLG Hamm, VRS 45, 118

Zur Führung des Fahrzeuges wird Vorsatz gefordert, hinsichtlich der Vorwerfbarkeit der Fahruntüchtigkeit genügt jedoch Fahrlässigkeit. Hierbei wird heutzutage unterstellt, dass dem VT die Auswirkungen auch geringer Mengen alkoholischer Getränke oder anderer berauschender Mittel, auch in Kombination oder unter besonderen Bedingungen, wie z.B. nach körperlicher Anstrengung, bekannt sind.

Der **Schuldvorwurf** ist daher im Allgemeinen schon darin begründet, dass der Täter trotz Kenntnis des vorangegangenen Alkoholgenusses ein Fahrzeug führt.

Bei **vorverlegter Schuld** ist § 316 oder 315c, bei **Vollrausch** § 323a StGB zu beurteilen. Vollrausch liegt vor, soweit der Täter in einem die Schuld ausschließenden Zustand, in den er sich vorsätzlich oder fahrlässig durch den Genuss von Alkohol oder andere berauschende Mittel versetzt hat, eine rechtswidrige Tat begeht. Ab 2,5 ‰ ist der Ausschluss der Schuldfähigkeit stets zu prüfen.

Neben der detaillierten Darstellung kommt im Rahmen der polizeilichen Beweisführung der Entnahme einer **Blutprobe**[18] auf der Grundlage des § 81a StPO entscheidende Bedeutung zu. Eine Verurteilung ohne Blutprobe ist nur bei detaillierter Beweisführung (AE – rel. FU) in Ausnahmefällen denkbar. Im Einzelfall kann hierbei der Atemalkoholtest neben weiteren eindeutigen Beweisanzeichen herangezogen werden.[19]

In sozialversicherungsrechtlichen Entschädigungsverfahren (nach VU) lässt § 1559 RVO die Entnahme von Leichenblut zu. Im Zusammenhang mit Drogenkonsum ist an eine freiwillige Urinprobe/Haarprobe zu denken, um Langzeitkonsum nachweisen zu können.

Die **BAK-Ermittlung** erfolgt nach dem arithmetischen Mittel aus 3 Widmark- und 2 ADH-Untersuchungen oder vier Analysenwerten bei Mitverwertung eines Gaschromatographen. Die Frage eines **Sturztrunkes** ist für die pol. Praxis ohne große Bedeutung. Die Auswirkung eines behaupteten oder festgestellten Nachtrunkes ist nur im Rahmen einer 2. Blutprobe nachweisbar.

Die BAK (g Alkohol/1 L Blut) ist das wichtigste Beweisanzeichen,[20] das i.d.R. per Blutprobe festgestellt wird. Da nicht alle Körperteile Alkohol aufnehmen, wird hierbei das „reduzierte Körpergewicht" als Grundlage der Berechnung genommen. Der entsprechende Reduktionsfaktor beträgt bei Männern durchschnittlich 0,7 und bei Frauen 0,6. Ein 80-kg-Mann hat somit bei 1 ‰ 56g Alkohol im Blut (80 x 0,7 x 1)

---

[18] Die Frage, ob überhaupt noch eine Blutprobe erforderlich ist und nicht der Atemalkoholtest genügt, wird diskutiert und ist in vielen europäischen Ländern bereits der Normalfall.
Ein entsprechender (zusätzlicher) Sicherheitsabschlag und differenziertere Bußgeldandrohungen dürften viele Gegenargumente entkräften.

[19] OLG D'dorf, NZV 92, 81.

[20] BGHSt 31, 42, 44.

	kg KG	red. KG	Alkoholgehalt (g) im Blut (e)	
			0,5 ‰	1,1 ‰
Mann	60	42	21	46,2
	70	49	24,5	53,6
	80	56	28	61,6
	90	63	31,5	69,3
	100	70	35	77
Frau	50	30	15	33
	60	36	18	39,6
	70	42	21	46,2
	80	48	24	52,8

Mit Hilfe der Umkehrung der Widmark'schen Regel lässt sich die BAK aus der Formel Alkoholmenge reduziertes Körpergewicht errechnen.

Hierbei kann man im Durchschnitt folgende Alkoholmengen unterstellen:

Alkohol	Gramm pro	= Gramm pro norm. Trinkeinheit (TE)	Zum Erreichen der abs. FU (1,1 ‰) erfordert das eine Trinkmenge von ... bei einem/r			
			80 kg-Mann (x 0,7 = 56 kg)		60 kg-Frau (x 0,6 = 36 kg)	
Bier	1 Liter	0,2 L Glas	Liter	TE	Liter	TE
	32	6,4	1,75	8,75	1,13	5,63
	48	9,6	1,17	5,83	0,75	3,75
Weiß-/Rotwein		0,1 Glas				
	85	8,5	0,66	6,59	0,42	4,24
	103	10,3	0,54	5,44	0,35	3,50
Spirituosen	0,7 Liter	0,02 L Glas				
Liköre (Vol. 25%)	140	4	0,40	14,00	0,26	9,00
Liköre (Vol. 30%)	179	5,1	0,31	10,94	0,20	7,03
Branntwein (Vol. 40%)	224	6,4	0,25	8,75	0,16	5,63

Unser 80-kg-Durchschnittsmann benötigt somit zum Erreichen der 1,1 ‰ ca. 6–9 Glas Bier, eine knappe Fl. Wein oder 6 Schnäpse. Die häufige Aussage von ein oder zwei Gläsern zum Essen trifft somit kaum jemals den wahren Tatbestand beim Erreichen der rechtlich relevanten Promillegrenzen.

Die Resorption (Alkoholaufnahme) beträgt durchschnittlich zw. 5 Minuten (bei einem Schnaps) und 15 Minuten bei einem Bier. Nach einem kräftigen Essen oder einem Sturztrunk kann sie aber durchaus bis zu 2 Stunden betragen.[21]

Der individuelle Alkoholabbauwert lässt sich nicht nachträglich ermitteln.[22] Körperliche Arbeit beschleunigt ihn nicht und Kaffee kann die Wirkung des Alkohols sogar verstärken. Durchschnittlich darf von einem Wert von 0,1–0,17 ‰ stündlichem Abbau ausgegangen werden.

Der gemeinsame Erlass über die Feststellung von Alkohol im Blut bei Straftaten und Ordnungswidrigkeiten sowie die entsprechenden Landesbestimmungen (NW) sind im PolFH 3-15-La abgedruckt.

Hierbei sei auf die Entscheidung des BayObLG (PVT 4/99, S. 120) hingewiesen, wonach

1. die Festlegung eigener Grenzwerte für Alkoholkonzentration in der Atemluft verfassungsrechtlich unbedenklich ist und

2. das Analysengerät Dräger 7110 Evidential OSK III die AAK – ohne Sicherheitszuschlag – zuverlässig misst.

Im Bereich der Drogen kommen im Vorfeld bei der Überprüfung und Feststellung/Verdachtsschöpfung eines Verstoßes

– Feststellung von **Auffall**erscheinungen, z.B. der Abweichung der **Pupillenstellung** (groß, klein, starr, gerötet, wässrig) im „Torkelbogen" sowie

– einem **Drogenvortest** (z.B. Drugewipe® der Fa. Securetec)

immer größere Bedeutung zu

| normale Pupillengröße (3–5 mm) | ● 3 mm | ● 3,5 mm | ● 4 mm | ● 4,5 mm | ● 5 mm |

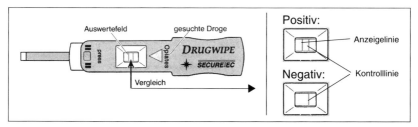

---

[21] OLG D'dorf, NZV 63, 62.

[22] BGH, VRS 71, 176; NStZ 91, 329.

Bei der Überprüfung sollten dem Kollegen die folgenden wichtigsten typischen Verhaltensweisen nach Drogengenuss geläufig sein:

Droge / Reaktion	Cannabis	Amphetamine	Ecstasy/ Designerdroge	Kokain	Heroin/ Opiate
Konzentrations-/ Reaktionsschwäche	■				■
Bewegungsablauf gestört	■			■	
Euphorisch/ selbst überschätzend		■	■	■	
Halluzinationen			■		
Ruhelos		■	■	■	
Wechselnde Gemütsverfassung			■		
Antriebsschwach	■				■
Erschöpft					■
gleichgültig	■				■
Pupillen erweitert	■	■	■	■	
Pupillen verengt					■
Augen gerötet	■				

Zur Tatbestandserfüllung[23] einer **OWi gemäß § 24a (2) StVG** genügt die – nicht medizinisch begründete – Einnahme der gemäß Anlage genannten berauschenden Substanzen (z.B. Cannabis/THC; Heroin/Morphin; Morphin, Kokain/ Benzoylecgonin; Amphetamin; Designer-Amphetamin/MDE od. MDMA). Die Einnahme muss im Blut, also durch eine Blutprobe nachgewiesen werden. Gemäß BVerfG-Bescheid v. 21. 12. 04 muss jedoch die festgestellte THC-Konzentration eine Einschränkung der Fahrtüchtigkeit möglich erscheinen lassen. Das Gericht stellt hierbei auf einen **Mindestwert** von 1 mg/ml ab.

Der BMV beabsichtigt daher eine Änderung der BKatV unter Abstellung auf folgende Mindestwerte:[24]
- Tetrahydrocannabinol 1 ng/ml (0,001 mg/l)
- Morphin (freie Form) 10 ng/ml (0,01 mg/l)

---

[23] BayObLG, NZV 94, 236; BayObLG, PVT 97, 83, OLG D'dorf, NZV 99, 174.

[24] IMNRW – 44.3–2511/100 v. 1. 2. 05.

– Benzoylecgonin	75 ng/ml (0,075 mg/l)
– Amphetamin	25 ng/ml (0,025 mg/l)
– MDMA	25 ng/ml (0,025 mg/l)
– MDE	25 ng/ml (0,025 mg/l)

Von besonderer Bedeutung ist § 13 FeV hinsichtlich der Eignung von FE-Bewerbern bzw. FE-Inhabern.

Für **Fahranfänger** in der Probezeit bzw. bis zum 21. Lebensjahr gibt gemäß § 24c StVG ein **generelles Alkoholverbot**, also die 0,0 ‰-Grenze für das Führen von Kfz.

Auf die Problemstellung „Benzodiazepine", die zu den häufig verschriebenen Medikamenten gehören und somit bei Feststellung per Drug-Test ohne Ausfallerscheinung keine strafprozessualen Maßnahmen zur Folge haben, wird hingewiesen.

Eine Überprüfung der Fahrtauglichkeit durch die SVB gemäß Anlage 4 zu den §§ 11ff FeV ist natürlich möglich und bei polizeilicher Feststellung der Einnahme zu beachten.

12.2 Verkehrsgefährdung

Wie die „Trunkenheitsbestimmungen" dient **§ 315c I 2 StGB** dem Schutz des Straßenverkehrs in seiner Gesamtheit, jedoch nicht in Form eines (abstrakten Gefährdungs-) Dauerdeliktes, sondern als (konkretes) zweiaktiges **Erfolgsdelikt**.

Im Gegensatz zu § 315b StGB, der gefährdende Eingriffe in den Straßenverkehr von außen unter Strafe stellt, erfordert die **Verkehrsgefährdung** i.S.d. § 315c I 2 StGB stets ein vorschriftswidriges Verhalten als Fz-Führer im **öVR** und erfasst hierbei Fehlverhalten sowohl im fließenden als auch ruhenden Verkehr.

Schematische Darstellung § 315c StGB:

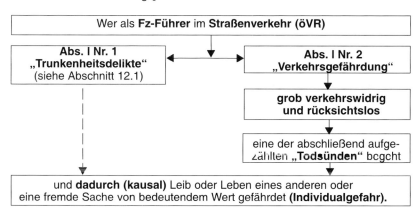

Als **Täter** kommt – wie bei den „Trunkenheitsdelikten" – nur der **Fz-Führer** in Betracht. Fußgänger, auch mit Fahrzeugen, Reiter etc. können nicht Täter sein. Gegen Ziff. g (fehlenden Absicherung ...) kann neben dem Fz-Führer auch der verstoßen, der dessen Pflichten übernommen hat.

Die Forderung des Gesetzgebers nach **grob verkehrswidrigen und rücksichtslosem** Verkehrsverhalten verhindert, dass die Vergehenstatbestände in übertriebener Form auf jedes bloße Versagen im Verkehr oder Verkennen der Situation Anwendung finden und sich letztlich auf tatsächlich **verkehrskriminelles Verhalten** beschränken.[25]

Das zugrunde liegende Verkehrsverhalten muss – für den Einzelfall begründet – objektiv grob verkehrswidrig und subjektiv rücksichtslos sein.

Grob verkehrswidrig ist das Verhalten, welches **objektiv** einen **besonders schweren Verstoß** gegen die Verkehrsregeln darstellt.[26] Hierbei sind die – auf den Einzelfall bezogenen – denkbaren Auswirkungen auf die Sicherheit des Straßenverkehrs von entscheidender Bedeutung. Es genügt nicht, dass ein Verstoß gegen eine der Hauptunfallursachen vorliegt, sondern er muss auch von einer **besonderen Gefährlichkeit** geprägt sein, so dass nicht jede Missachtung der Vorfahrt-, Geschwindigkeits- oder Überholvorschriften – trotz ihrer besonders hohen allgemeinen Schutzfunktion – erfasst wird.

Beispiele für ein grob verkehrswidriges Verhalten:

– Überholen unter Benutzung des Gehweges	OLG Hamm, VRS 32, 449
– unerlaubtes Rechtsüberholen auf der BAB	OLG Braunschweig, VRS 32, 373
– Schneiden einer unübersichtlichen Linkskurve	OLG Köln, VRS 48, 206
– Fahrstreifenwechsel nach links vor einem schnelleren Fz	OLG Köln, VRS 25, 201
– schnelle Annäherung an einen Fußgängerüberweg, vor dem bereits ein Kfz hält	OLG D'dorf, VM 74, 38

Rücksichtslos[27] verhält sich der Fz-Führer, der
– aus **eigensüchtigen Motiven** seine Verkehrsteilnehmerpflichten, d.h. die Interessen seiner Mitmenschen, gröblich missachtet oder
– aus **Gleichgültigkeit** keinerlei Bedenken gegen sein Verhalten aufkommen lässt.

Das Merkmal der Rücksichtslosigkeit verlangt also eine **üble Verkehrsgesinnung** in Form extrem verwerflicher Verfehlungen oder einer geradezu unverständlichen Nachlässigkeit.

---

25 BGH, VRS 13, 28.

26 OLG Braunschweig, VRS 32, 373; besonders gefährliches Abweichen von den Verkehrsregeln, OLG D'dorf, VRS 98, 350.

27 BGH, VRS 50, 342.

Bloße Gedankenlosigkeit reicht somit nicht aus, **direkter Vorsatz** wird jedoch nicht gefordert.[28] Rücksichtslosigkeit kann auch nicht schlechthin aus dem äußeren Vorgang geschlossen werden.[29]

Liegt Vorsatz vor, kann Rücksichtslosigkeit unterstellt werden, soweit dem Täter die Gefährdungsmöglichkeit anderer bewusst ist.

Bei **Fahrlässigkeit** kommt nur eine Bestrafung i.S.d. Abs. 3 in Betracht.

Beispiele für ein rücksichtsloses Verhalten:

– gefährdendes Überholen, nur um schneller zum Essen zu kommen	BayObLG, VM 68, 33
– Rechtsüberholen und Schneiden aus Ärger (Denkzettel)	OLG Köln, VRS 35, 436
– bedrängende Fahrweise (erhebl. Abstandsmissachtung)	OLG D'dorf, VM 70, 36
– Wettrennen	BGH, DAR 60, 68

Beispiele gegen das Vorliegen von Rücksichtslosigkeit:

– bloßes schuldhaftes Verhalten	OLG Braunschweig, VRS 30, 286
– Fehlverhalten in Bestürzung oder Schrecken	OLG Braunschweig, VRS 30, 286
– bloße Unaufmerksamkeit/grobe Nachlässigkeit (falsche Lagebeurteilung)	OLG Stuttgart, DAR 76, 23
– bloße Freude am zügigen Fahren	OLG D'dorf, VM 79, 17
– hochgradige Erregung	BGH, NJW 62, 2165

Ziff. 2 verlangt die grob verkehrswidrige und rücksichtslose Begehung einer der dort abschließend aufgeführten **StVO-Grundtatbestände ("Todsünden")** als Fehlverhalten. Andere StVO-Verstöße können nicht zu einer Bestrafung nach § 315 c StGB führen.

Unter Ziff. **2a (...Vorfahrt)** versteht die Rechtsprechung[30] alle vorfahrtähnlichen Verkehrslagen, wie z.B. die i.S.d. §§ 6, 8, 9, 10, 18, 36, 37, 41, Z 208 StVO. Hierbei werden nur Fälle erfasst, bei denen sich die Fahrlinien zweier Verkehrsteilnehmer (Fz) zumindest gefährlich nahe kommen, d.h., ohne Einräumung eines **Vortrittsrechts** wäre ein reibungsloser Verkehrsablauf nicht gewährleistet.

---

28 BGH, VRS 30, 340; OLG D'dorf, VRS 98, 350.

29 BGH, VRS 50, 342.

30 BGH VM 70, 13; OLG Oldenburg, VRS 42, 34 (zu Z. 208).

Kein Verstoß[31] i.S.d. Ziff. 2a liegt vor bei fehlerhaftem Fahrstreifenwechsel oder Befahren des linken Fahrstreifens oder Missachtung des Fußgängervorrangs beim Abbiegen oder Folgen der abknickenden Vorfahrtstraße.

Täter kann nur der Wartepflichtige sein. Fehlverhalten des Vorrangberechtigten ist unter Ziff. 2d zu prüfen.

Falsch Überholen i.S.d. Ziff. **2b** können beide Beteiligte, also sowohl der Überholende als auch der Überholte. Neben (allen denkbaren) Verstößen i.S.d. § 5, 20, 26 StVO kommen ebenso Verstöße in Betracht, die im inneren Zusammenhang mit einem Überholvorgang stehen, wie z.B. zu dichtes Auffahren in Überholabsicht oder „Überholen" auf dem Seitenstreifen oder Gehweg.

Keinen Verstoß i.S.d. Ziff. 2b stellt z.B. das bloße Überschreiten der Geschwindigkeit oder Hinterherfahren mit zu geringem Abstand dar.

Hinsichtlich eines verbotenen Überholvorgangs gemäß § 26 (3) StVO liegt zu Ziff. 2c Gesetzeskonkurrenz vor.

Ziff. **2c (Fehlverhalten an Fußgängerüberwegen ...)** erfasst ausschließlich Verhaltensnormen des Fz-Führers an mit Z 293 gekennzeichneten Überwegen (**„Zebrastreifen"**).

Der allgemeine Fußgängervorrang beim Abbiegen oder im Bereich von LSA-geregelten Fußgängerfurten wird nicht über Ziff. 2c, sondern im Einzelfall über Ziff. 2d geschützt.[32]

Ebenso wird fehlerhaftes Halten vor Fußgängerüberwegen i.S.d. § 12 StVO nicht erfasst.

Zu schnelles Fahren i.S.d. Ziff. **2d** bezieht sich ausschließlich auf die genannten Örtlichkeiten, also auf **Str.-Kreuzungen und -Einmündungen, Bahnübergänge** und insbesondere **unübersichtliche Stellen**.[33] Grundtatbestände sind demnach die §§ 3, 8, 19 und 20 StVO.

Die Individualgefährdung, das zu schnelle Fahren und die in Frage kommende Örtlichkeit müssen im ursächlichen Zusammenhang stehen.

Die Frage, ob der Täter zu schnell gefahren ist, richtet sich nach den konkreten Verhältnissen des Einzelfalles unter Berücksichtigung der objektiven Verkehrslage als auch den subjektiven Fähigkeiten des Täters, also nach den Grundsätzen der **angepassten Geschwindigkeit** i.S.d. § 3 (1) StVO.

Zu schnelles Fahren durch den **Wartepflichtigen** in Form einer Vorfahrtverletzung i.S.d. § 8 StVO fällt unter Ziff. 2a, so dass unter Ziff. 2d nur zu schnelles Fahren des Vorfahrtberechtigten, insbesondere im Bereich gleich geordneter Straßen erfasst wird.

---

31 OLG Stuttgart, VRS 43, 274; OLG D'dorf, VRS 66, 354.

32 KG Berlin, VRS 37, 445; OLG Stuttg., NJW 69, 889.

33 BGH, VRS 17, 43 (zu § 20 StVO).

Unübersichtlich[34] ist eine Stelle, soweit sie durch die örtlichen Verhältnisse oder sonstige Umstände nicht vollständig einsehbar ist und der VT hierdurch Gefahren nicht sicher begegnen kann. Ob die Sichtbeeinträchtigung von dauernder (Bebauung, Bewuchs) oder vorübergehender (Witterung, Baustelle, Fz, fehlende Beleuchtung, Blendung) Natur ist, ist bedeutungslos. Eine **augenblickliche Sichterschwerung** durch Gegenverkehr oder z.B. haltende Fz erfüllt jedoch nicht die Voraussetzungen, soweit innerhalb der kurzzeitigen Sichtbehinderung nicht mit einer wesentlichen Änderung der Verkehrslage gerechnet werden muss. Auch **Fehlbeurteilungen** der Verkehrslage durch den VT kommen nicht in Betracht.

Für den Bereich der Kreuzung, Einmündung oder des Bahnüberganges wird das Merkmal der Unübersichtlichkeit nicht gefordert.

I.S.d. Ziff. **2e** kommt ein Verstoß durch eine Missachtung des **Rechtsfahrgebotes** gemäß § 2 StVO nur in Betracht, soweit **Gegenverkehr** zugelassen ist und der Täter die rechte **Fahrbahnhälfte** zumindest teilweise nach links (Bereich des Gegenverkehrs) überschreitet.[35]

Als Tatort kommt nur eine **un**übersichtliche Stelle (i.S.d. o.a. Erläuterungen) in Betracht, die Örtlichkeit Kreuzung oder Einmündung als solche genügt nicht.

Grundtatbestand der Ziff. **2f (Wenden, Rückwärtsfahren und „Geisterfahren")** ist § 18 (7) und 2 (1) StVO, sowohl auf der BAB als auch auf der Kraftfahrstraße. Der **Versuch** ist erfasst.

Lediglich falsches Auffahren infolge Unaufmerksamkeit dürfte i.d.R. infolge fehlender Rücksichtslosigkeit nicht zur Bestrafung führen.

Die fehlende Sicherung i.S.d. Ziff. **2g** beinhaltet die Missachtung der Sicherungspflichten für haltende und liegen gebliebene Fz i.S.d. §§ 14, 15, 17 (4) StVO. Die der Ziff. 2g zugrunde liegenden Sicherungsgebote übersteigen nicht das den StVO-Regelungen zugrunde liegende Maß, d.h., die Sicherungspflicht sowie deren Ausmaß richten sich nach den konkreten Umständen des Einzelfalles, um eine Gefährdung des Straßenverkehrs auszuschließen. **Täter** kann nur der zur Sicherung Verpflichtete sein, gleichgültig, ob als Fahrer, Halter, Unfallbeteiligter oder aus sonstiger Garantenstellung heraus.

---

[34] OLG Celle, VM 67, 23; BayObLG, DAR 88, 277 BGH, VRS 27, 119.

[35] BGH, VRS 44, 422.

Schematische Übersicht der „Todsünden":

Ziffer/ Stichwort	„StVO-Grundtatbestände"/Erläuterung (Stichwort)

a) Vorfahrt	– §§ 6, 8, 9, 10, 18 (3), 36, 37, 41, Z 208
	  nicht: §§ 7 (5), 9 (3) S. 3, 42, ZZ 306
	– Täter: nur Wartepflichtiger
	– (alle) vorfahrtähnlichen Begegnungen zwischen VT (Fz),
	  die die Einräumung eines Vortrittrechts erfordern

b) Überholen	– §§ 2, 4, 5, 6, 20, 26
	– Täter: Überholender u. Überholter
	– innerer Zusammenhang zu einem Überholvorgang (auch
	  im übertragenen, allg. gebräuchlichen Sinn, z.B. über
	  den Gehweg) erforderlich nicht: bloße Geschwindigkeits-
	  überschreitung oder zu dichtes Auffahren (ohne Überho-
	  labsicht)

c) Fußgängerüber- weg	– § 26 nicht: §§ 9 (3), 12, 36, 42, ZZ 306 – Z 293 („Zebrastreifen") gefordert

d) Geschwindigkeit	– §§ 3, 8, 9 (3), 19, 20, 36, 42, ZZ 306
	– angepasste Geschwindigkeit
	– Kreuzung/Einmündung/Bahnübergang
	– unübersichtliche Stelle
	  – dauernde oder vorübergehende Sichtbeeinträchti-
	    gung
	  – nicht: augenblickliche, kurzzeitige Sichteinbuße od.
	    Fehlbeurteilung
	– ggf. Fußgängerschutz

e) Rechtsfahrgebot	– § 2
	  – nur an unübersichtlichen Stellen
	  – mit Gegenverkehr und
	  – Überschreitung der FB-Hälfte

f) BAB/Kraftfahr- straße	– §§ 2 (1), 18 (7) – BAB/Kraftfahrstraße – Wenden, Rückwärtsfahren und entgegen der Fahrtrich- tung („Geisterfahrer") – Versuch erfasst
g) fehlende Sicherung	– §§ 14, 15, 17 (4) – Täter: Sicherungspflichtige – StVO-Sicherungsmaßstab entscheidend

§ 315c StGB verlangt den Eintritt einer **konkreten Individualgefährdung** im **ursächlichen Zusammenhang** mit dem jeweiligen grob verkehrswidrigen und rücksichtslos begangenem Verkehrsverstoß. Hierunter ist der Eintritt einer Gefährdung i.S.d. § 1 StVO zu verstehen, also das zufällige Ausbleiben einer Schädigung, jedoch hinsichtlich des Gefährdungsobjektes in einer qualifizierten Form.

Die Gefährdung muss für

– **Leib und Leben eines anderen oder**
– **fremde Sachen von bedeutendem Wert**

gegeben sein.

Hinsichtlich des Eintrittsortes der konkreten Gefahr für eine Person oder fremde Sache ist es nicht erforderlich, dass diese sich im öVR befinden, lediglich der Ausgangspunkt der Gefahr muss dort zu finden sein.

Die Gefahr muss in ihrem geforderten **bedeutenden Ausmaß** konkret nachweisbar sein, einfache Kratzer, Prellungen, unbedeutende Sachschäden oder objektiv die Gefahr des **Eintritts eines geringen Schadens** reichen somit nicht aus, d.h., die Gefährdung muss einen Schaden **oberhalb der Wertgrenze** erwarten lassen.[36]

Zur Beurteilung einer fremden Sache von **bedeutendem Wert** ist es ohne Bedeutung, welchen ideellen Wert die Sache für den Einzelnen hat, entscheidend ist ausschließlich ihre **finanzielle (wirtschaftliche)** Bewertung. Hierbei muss über den Gesetzeswortlaut hinaus der fremden Sache von bedeutendem Wert auch ein bedeutender Schaden gedroht haben. Von daher sind stets zwei Prüfschritte erforderlich. Zunächst ist zu fragen, ob es sich bei der gefährdeten Sache um eine solche von bedeutendem Wert handelt und dann, ob ihr auch ein bedeutender Schaden gedroht hat.[37] Wurden mehrere Sachen gefährdet, so ist der Gesamtwert zu berücksichtigen.

Die Frage der Fortschreibung **Wertgrenze**[38] ist abhängig von der jeweiligen wirtschaftlichen Entwicklung unter Berücksichtigung der Inflationsrate. Während die Wertgrenze 1965 noch DM 500, 1975 DM 1.000, 1985 DM 1.500 und bis 2001 2.000 DM betrug, beläuft sie sich z.Z. auf 750 €.[39]

Bei **Schadenseintritt** ist zu prüfen, inwieweit der eingetretene Schaden den Umfang der Gefahr widerspiegelt. Die Gefahr kann zwar nicht kleiner, wohl aber durchaus größer sein.

Unter Berücksichtigung, dass ein eingetretener Schaden das ungefähre Gefährdungsausmaß wiedergibt, und soweit nicht im Einzelfall konkrete Anhaltspunkte dagegen sprechen, wird man sicherlich bei Eintritt eines Schadens unterhalb der Hälfte der Wertgrenze nicht mehr von einer Individualgefährdung i.S.d. § 315c StGB sprechen können.

Soweit die Gefährdung oder **Verletzung des Täters** nicht genügt, so kommt auch das vom Täter **geführte Fz** (einschließlich Anhänger oder Auflieger) als tatnotwendiges Mittel als Gefährdungsobjekt nicht in Frage.[40]

Die **Ladung** des geführten Fz ist jedoch mögliches Gefährdungsobjekt.

Auch **Mitfahrer** können gefährdet werden, nicht jedoch der Tatteilnehmer.

Die Frage der **Einwilligung** wird in Rspr./Literatur unterschiedlich beurteilt. Soweit dem Mitfahrer das Risikoausmaß bekannt und erfassbar ist, ist sie zu berücksichtigen[41] grundsätzlich aber nicht.[42]

---

[36] OLG Koblenz, DAR 73, 48.

[37] BGH, NZV 08,639.

[38] OLG Saarbrücken, VRS 24, 282; LG Hamburg, NZV 93, 326 (1 800,- DM); LG Bielefeld, NZV 02, 48.

[39] BGH, 4 StR 245/10 unter Ablehnung höherer Grenzwerte.

[40] BGHSt, 27, 40; BGH NStZ 92, 233.

[41] Cramer, § 315c, Rn 86 ff.

[42] Hentschel e.a., § 315c Rn 52.

12.3 Verkehrsunfallflucht

Unerlaubtes Entfernen vom Unfallort, allg. als Unfallflucht bezeichnet, nimmt in unserer Gesellschaft ständig zu. Die Gründe hierfür sind vielfältig und sicherlich differenziert zu analysieren und zu beurteilen; einer der wichtigsten ist aber der immer mehr um sich greifende Werteverfall, verbunden mit der nachlassenden Bereitschaft, für sein eigenes Tun einzustehen und die Konsequenzen zu tragen.

Geschütztes Rechtsgut des § 142 StGB ist ausschließlich der Schutz aller aus dem Verkehrsunfall VU erwachsenden **zivilrechtlichen Ansprüche** und nicht der Sicherung der Strafverfolgung. Trotz des hiermit verbundenen Widerspruchs zum Selbstbegünstigungsrechts des Einzelnen gegen strafverfolgende Maßnahmen ist die Bestimmung verfassungskonform, soweit die Vorschrift nicht ausschließlich der Sicherung der Strafverfolgung dient.[43]

Schematische Übersicht (§ 142 StGB):

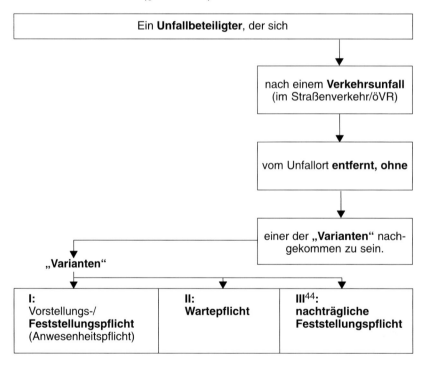

---

[43] BVerfG, NJW 63, 1195.

[44] Beachte Abs. 4: Tätige Reue innerhalb von 24 Std. bei geringfügigen Schäden bei Parkunfällen.

Variante I setzt – im Gegensatz zu Variante II und III – die Anwesenheit/Ansprechbarkeit sonstiger VU-Beteiligter (Berechtigter/Geschädigter) voraus.

In allen Varianten wird **fremdes Feststellungsinteresse** und die **Anwesenheit** des Täters, d.h. des flüchtenden VU-Beteiligten **zum Unfallzeitpunkt** am Unfallort gefordert.

Täter[45] kann nur der Unfallbeteiligte i.S.d. Abs. 5 sein, d.h., jeder, der im **Verdacht** zumindest einer **Mitverursachung** steht, wobei die Verkehrswidrigkeit des Verhaltens ohne Bedeutung ist.[46] Hierbei darf der Verdacht auch nicht völlig unbegründet/offensichtlich abwegig sein.[47]

Schuldhaftes Verhalten wird hierbei nicht gefordert.

Somit kommen neben dem Fz-Führer alle weiteren VT in Betracht.
Beispiele für eine solche Täterschaft in der Rspr.:

– Halter, soweit sein Verhalten mitursächlich gewesen ist	OLG Zweibrücken, VRS 82, 114
– Halter, der betrunkenen Fahrer nicht an der Fahrt hindert	BayObLG, VRS 12, 115
– Halter durch Überlassen des Fz an eine ungeeignete Person	BayObLG, DAR 91, 365
– Bei-/Mitfahrer, der das Fahrverhalten beeinflusst oder rechtl. gebotenes Eingreifen unterlässt	OLG Köln, NZV 92, 80; BGH, VRS 24, 34
– Fußgänger – Inlineskater	OLG Stuttgart, VRS 18, 117 BGH, NZV 02, 225
– Radfahrer	BGH, VRS, 24, 34
– Fahrgäste, soweit Verhalten mitverursachend	BGH, VRS 6, 33

Täterschaft verlangt **unmittelbare Anwesenheit** am Unfallort zur Unfallzeit. Nachträgliches Erscheinen genügt ebenso wenig wie die bloße **Halter-** oder **Mitfahrereigenschaft**.[48]

Unter einem **Verkehrsunfall (VU)**[49] ist ein plötzliches, zumindest von einem Beteiligten **ungewolltes** Ereignis zu verstehen, das im **ursächlichen Zusammenhang mit dem öffentlichen Straßenverkehr und seinen typischen Gefahren** steht und zu einem nicht **völlig belanglosen** (Schadensansprüche werden üblicherweise nicht gestellt/**1996: 50,– €**)[50] fremden Sach- oder Personen**schaden** führt.

Kein VU liegt vor bei Verletzung im Zusammenhang mit dem Streit zweier Hunde oder mutwilliger Beschädigung eines Fz durch einen Fußgänger.

---

[45] OLG Köln, NZV 92, 80.

[46] OLG Karlsruhe, VRS 74, 432.

[47] BayObLG, DAR 00, 79; BGH, NJW 60, 2060.

[48] BayObLG, NJW 90, 335.

[49] Hentschel e.a., § 142, Rn 24, 25; OLG Düsseldorf, PVT 97, 2.

Gewolltes Handeln führt auch zu einem **VU**, soweit das Fz als **Verkehrsmittel** und nicht als Tatwerkzeug zur Begehung einer Straftat verwendet wird.[51] Das schädigende Ereignis Unfall muss mit den **typischen Gefahren** des Straßenverkehrs im ursächlichen Zusammenhang stehen, also auf ein **normiertes** Verkehrsverhalten rückführbar sein. Nicht gefordert wird, dass Unfall- oder Ausgangsort (Ursachen-) im öVR liegen oder fließender Verkehr gegeben ist. Auch Schädigungen zwischen Reitern und Radfahrern, des geliehenen oder gestohlenen Fz, im ruhenden Verkehr, beim Ladebetrieb, selbst durch Einkaufswagen oder allein unter Fußgängern stellen VU i.S.d. §§ 34 StVO und 142 StGB dar, soweit deren Ausgangs- oder Endpunkt im öVR liegen.[52]

Unfallflucht ist nur möglich, soweit **fremdes Feststellungsinteresse** vorliegt. Somit besteht keine Anwesenheits- oder Wartepflicht, bei

– bloßer Selbstschädigung (Alleinunfall)	BGH, BRS 24, 118
– Wildunfall (unter Beachtung des Jagdrechts/vers.-rechtl. Meldepflicht)	vgl. Jagusch, NJW 76, 580 ff
– Verzicht bzw. gegenseitiger Einigung	OLG Köln, VRS 72, 752
– fehlendem weiteren zivilrechtl. Sicherungsanspruch	OLG Hamburg, StVE 15
– schriftlichem Zugeständnis	OLG Hamm, VRS 40,19

Wirksamer Verzicht auf ein weiteres Verbleiben am Unfallort setzt beim Verzichtenden Kenntnis über die Tragweite seiner Handlung voraus.

Mutmaßliche Einwilligung (zum Entfernen) setzt voraus, dass eine ausdrückliche Einwilligung nicht rechtzeitig einholbar ist und der VU-Beteiligte berechtigterweise das Einverständnis des/r anderen Beteiligten (Geschädigten) unterstellen darf, z.B. aufgrund

– persönlicher Beziehung (Verwandtschaft/guter Bekannter)	OLG Hamm, VRS 17, 415
– Nachbar/Geschäftspartner	OLG Düsseldorf, NZV 91, 77
– fehlender Widerspruch nach Hinterlegen des Kennzeichens	BayObLG, NZV 92, 245

Der Täter muss sich **entfernen**, und zwar unmittelbar zum Unfallzeitpunkt vom Unfallort. Zur Tatvollendung[53] reicht hierbei jede **Absetzbewegung**, die den räumlichen Zusammenhang zwischen dem Täter und dem Unfallort aufhebt, aus, also die **Feststellung** seiner VU-Beteiligung **erschwert**, z.B. dadurch, dass

– seine Unfallbeteiligung oder -beziehung nicht mehr für jedermann erkennbar ist,

– er nicht mehr uneingeschränkt für Feststellungen zur Verfügung steht oder

– erst durch Umfragen ermittelt werden muss.

---

50 Hentschel e.a. § 142, Rn 28; OLG Nürnberg, 2 Ss 300/06; AG Lahr, DAR 2005, 690 (80,– €).

51 BGH, NJW 72, 1960, NJW 02, 626; BGH 24, 382 (Rammen eines Polizeifahrzeuges).

52 OLG Köln, VRS 65, 431; OLG St'gart, VRS 18, 117 und VRS 47, 15; OLG Düsseldorf, NStZ 12, 326.

53 OLG Köln, NJW 81, 2367.

Lediglich Beiseitefahren oder Aufsuchen eines Parkplatzes in Sichtweite oder mit Einverständnis genügen aber nicht zur Tatvollendung.

Sichentfernen i.S.d. I. Variante (Feststellungs-/Anwesenheitspflicht) ist nur vom Unfallort selbst und nur vorsätzlich möglich. Wird somit ein Beteiligter gegen oder ohne seinen Willen vom Unfallort verbracht (z.B. zur ärztlichen Versorgung oder Blutprobe), ist daher stets die III. Variante (nachträgliche Feststellungspflicht) zu prüfen.

Varianten:

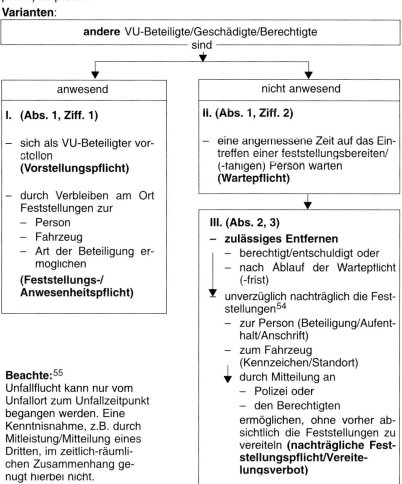

andere VU-Beteiligte/Geschädigte/Berechtigte
sind

anwesend

I. (Abs. 1, Ziff. 1)

– sich als VU-Beteiligter vorstellen
(Vorstellungspflicht)

– durch Verbleiben am Ort Feststellungen zur
  – Person
  – Fahrzeug
  – Art der Beteiligung ermöglichen

**(Feststellungs-/
Anwesenheitspflicht)**

nicht anwesend

II. (Abs. 1, Ziff. 2)

– eine angemessene Zeit auf das Eintreffen einer feststellungsbereiten/ (-fähigen) Person warten
(Wartepflicht)

III. (Abs. 2, 3)
– **zulässiges Entfernen**
  – berechtigt/entschuldigt oder
  – nach Ablauf der Wartepflicht (-frist)

unverzüglich nachträglich die Feststellungen[54]
  – zur Person (Beteiligung/Aufenthalt/Anschrift)
  – zum Fahrzeug (Kennzeichen/Standort)
durch Mitteilung an
  – Polizei oder
  – den Berechtigten
ermöglichen, ohne vorher absichtlich die Feststellungen zu vereiteln **(nachträgliche Feststellungspflicht/Vereitelungsverbot)**

Beachte:[55]
Unfallflucht kann nur vom Unfallort zum Unfallzeitpunkt begangen werden. Eine Kenntnisnahme, z.B. durch Mitleistung/Mitteilung eines Dritten, im zeitlich-räumlichen Zusammenhang genugt hierbei nicht.

---

54 Beachte Abs. 4: Tätige Reue innerhalb von 24 Std. bei geringfügigen Schäden bei Parkunfällen.

55 OLG Köln, Vers. 76, 354; BVerfG –2BvR–2273/06.

Die **Vorstellungspflicht** (Variante I) umfasst lediglich die unaufgeforderte Angabe der Unfallbeteiligung. Nicht verlangt werden Angaben über die Art der Beteiligung; diesbezüglich greift uneingeschränkt das **Selbstbegünstigungsrecht.**

Die Vorstellung hat gegenüber anderen Beteiligten bzw. **feststellungsbereiten** Personen nur dann zu erfolgen, wenn die Beteiligung noch nicht bekannt ist. Die aktive Angabe der notwendigen Daten zur Person, zum Fz oder Versicherung werden nicht über die Vorstellungspflicht aus § 142, sondern über § 34 StVO gefordert.

Im Rahmen der **Feststellungspflicht** (Variante I), auch Anwesenheits- oder Duldungspflicht genannt, hat der Unfallbeteiligte so lange am Unfallort zu verbleiben, bis alle zur Klärung der zivilrechtlichen Ansprüche notwendigen Daten/Feststellungen getroffen sind.

Sie umfassen die **notwendigen Daten**[56]
- zur Person,
  wie Anschrift, Aufenthalt und Führerschein, körperlicher/geistiger Zustand
- zum Fahrzeug,
  wie Kennzeichen, Fahrer, Halter, Versicherung, Betriebszustand, Mängel, Unfallspuren sowie
- die Art der Beteiligung,
  einschließlich dem Trunkenheitsgrad.

Die Bekanntgabe ist gegenüber dem/n Beteiligten bzw. Berechtigten gefordert, nicht gegenüber jedermann oder Unfallzeugen.[57]

Aktive Mitarbeit hinsichtlich der Feststellung über die Art seiner Beteiligung wird jedoch nicht verlangt. Dies bezieht sich in der überwiegenden Rspr.[58] Auf die Art der Beteiligung und nicht auf die Frage der Verkehrsausweise. Hier greift § 34 StVO mit der ausdrücklichen Forderung nach Bekanntgabe der Daten.

Ein Verbleiben und Warten auf das **Eintreffen der Polizei** ist aber stets gefordert, wenn der andere VU-Beteiligte aus objektiv berechtigtem Grund auf weiteren Feststellungen besteht (z.B. zur Mitschuldklärung). Dies gilt auch bei kleineren Schäden. Die Anordnung einer Blutprobe durch die Polizei beinhaltet stets eine Wartepflicht i.S.d. § 142 StGB.

Das Eintreffen der Polizei muss aber nicht abgewartet werden, wenn dies zur Sicherung der zivilrechtlichen Ansprüchen nicht erforderlich ist und letztlich nur der Sicherung strafprozessualer Maßnahmen dient. Dies gilt auch bei vorliegender Trunkenheitsfahrt.[59] Die Sicherung des Strafprozesses ist nicht über die Forderung zur aktiven Mitarbeit erfasst.

Falsche Angaben, ein Verweis auf das Kennzeichen oder das Aushändigen/Hinterlassen einer Visitenkarte beendigen nicht die Anwesenheitspflicht.[60]

---

[56] BGHSt 18, 114 ff.; OLG Z'brücken, NZV 90, 78 u. 92, 371.

[57] OLG Köln, NZV 99, 173.

[58] OLG Frankfurt, NJW 77, 1833.

[59] Hentschel e.a., § 142, Rn 38; BayObLG, VRS 65, 136; OLG Z'brücken, NZV 92, 371.

[60] OLG Köln, VRS 64, 115; VM 83, 10.

Soweit kein Berechtigter am Unfallort ist oder z.B. infolge einer Verletzung nicht aufnahmebereit oder aufnahmefähig ist, besteht für den Unfallbeteiligten **Wartepflicht** (Variante II), d.h., er hat
- eine den Umständen nach **angemessene** Zeit
- auf das **Eintreffen** einer feststellungsbereiten Person
zu warten **(Wartefrist)**.

Feststellungsberechtigt ist neben dem Geschädigten jeder weitere Unfallbeteiligte sowie jeder **beliebige Dritte**, soweit die Person bereit und fähig ist, **sachkundig** die notwendigen Feststellungen zur Sicherung der zivilrechtlichen Ansprüche durchführen zu können.[61]

Die **Polizei**[62] dürfte stets (trotz strittiger Rspr.) als Feststellungsberechtigter in Frage kommen. Soweit das Abwarten polizeilichen Eintreffens gefordert wird, ist dem vom VU-Beteiligten nachzukommen, insbesondere bei erheblichen Schäden oder bei der Notwendigkeit von Feststellungen/Ermittlungen, die nur durch die Polizei möglich sind (z.B. Blutprobe, Überladung, Fahrzeiten, techn. Mängel, etc.) Dies gilt nicht, soweit alle rechtserheblichen Daten gesichert sind.

Das Hinterlassen einer **Visitenkarte** oder ein pauschales **Schuldanerkenntnis** ersetzen nicht die Wartepflicht.[63] Zudem können mündliche Äußerungen, wie „Verursacher des Unfalls zu sein" oder „die Schuld anzuerkennen", die in der ersten Aufregung an der Unfallstelle abgegeben werden, im Allgemeinen nicht als rechtsverbindliche Anerkennungserklärung gewertet werden, sondern haben nur als unüberlegte Beruhigung für den Verletzten zu gelten.

Die Dauer der Wartepflicht (Wartefrist) ist im § 142 nicht exakt festgelegt, sie richtet sich nach den Umständen des konkreten Einzelfalles und demzufolge nach den Grundsätzen der
- **Erforderlichkeit** (Feststellungsbedürfnis) und
- **Zumutbarkeit** unter Berücksichtigung
- der **Wahrscheinlichkeit** des Erscheinens eines Berechtigten.

Hierbei von Bedeutung sind im Einzelfall
- Art und Schwere des VU
- Unfallort (igO/agO)
- Unfallzeit (Tag/Nacht/Verkehrsdichte)
- Witterung
- pers. Umstände (verletzt).

Auch innerhalb der **Rspr.**[64] ist eine eindeutige Zeitzuweisung nicht möglich.

So genügen den OLG Hamm, Stuttgart und Düsseldorf 20 Minuten als Wartedauer bei einem VU mit geringem Sachschaden und weitgehend klarer Rechtslage. Demgegenüber sollen nach einer Entscheidung des OLG Hamm i.g.O. 45 Minuten gegen 03.00 Uhr bei der Beschädigung eines Verkehrszeichens nicht ausreichen.

---

[61] OLG Zweibrücken, DAR 91, 431.

[62] BayObLG, VRS 65, 136; OLG Zweibrücken, NZV 78, 980.

[63] OLG Stuttgart, NJW 78, 900.

[64] Vgl. Hentschel e.a., Rn 41.

Im Allgemeinen kann man jedoch
- 15–30 Minuten bei Sachschäden und
- 45–60 Minuten bei Personenschäden

als ausreichend ansehen.

Eine **Verkürzung**[65] der Wartefrist, z.b. durch Nachforschungen zur Ermittlung und Benachrichtigung des Geschädigten oder durch Benachrichtigung der Polizei, ist denkbar. Wird die Polizei verständigt, ist hierauf eine angemessene Zeit zu warten, auch über die sonst übliche Wartefrist hinaus.

Nach Ablauf der Wartefrist besteht **keine Rückkehrpflicht** zum Unfallort, wohl aber die Verpflichtung zum unverzüglichen Ermöglichen der nachträglichen Feststellungen (Abs. 2).

Vorzeitiges (unerlaubtes) **Entfernen** erfüllt den Tatbestand selbst dann, wenn später Schadensregulierung erfolgt, da strafbefreiende tätige Reue ausgeschlossen ist.[66]

Die nachträgliche Feststellungspflicht (Variante III) zunächst nochmals in schematischer Darstellung:

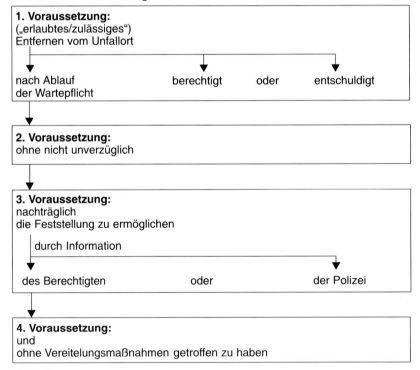

65 Vgl. Hentschel e.a., § 142 StGB, Rn 40 f.

66 BGH, VRS 25, 115; OLG Bremen, VM 78, 68.

Ein Entfernen ist nur zulässig:
- berechtigt (mit Rechtfertigungsgrund)
- entschuldigt (mit Entschuldigungsgrund) oder
- nach Ablauf der Wartefrist(-pflicht),

verbunden mit der Folge der **nachträglichen Feststellungspflicht**. Ob andere Beteiligte sich zum Zeitpunkt des Entfernens am Unfallort befinden, ist für die Zulässigkeit des Entfernens ohne Bedeutung.

Berechtigtes Entfernen liegt z.B. vor bei

– Entfernen im Einverständnis mit weiteren VU-Beteiligten	OLG Köln, NZV 89, 197
– Entfernen zur ärztlichen Versorgung	OLG Köln, VRS 63, 349
– Flucht vor Bedrohung durch Passanten	BGH, VRS 36, 23
– Pflichtenkollision (Arzt/Feuerwehr/Polizei), also	OLG Frankfurt, NZV, 60, 2066
– überwiegend bei Notstand i.S.d. § 34 SlGB.	

Entschuldigtes Entfernen liegt z.B. vor bei

– Schock oder rauschbedingter Schuldunfähigkeit (strittig)	OLG Köln, NJW 77, 2275
– Bedrohung	BGH, VRS 30, 282

– Unzumutbarkeit weiteren Wartens infolge
  – durchnässter Kleidung
  – wichtiger geschäftlicher Angelegenheiten
	BayObLG, VRS 60, 112
	BGH, GA, 56, 120

Die **irrige Annahme** „erlaubten" Entfernens stellt ebenfalls entschuldigtes Entfernen vom Unfallort dar. Erlangt der Beteiligte selbst noch im räumlich-zeitlichem Zusammenhang Kenntnis über den Unfall, so unterliegt er weder der nachträglichen Feststellungspflicht, noch der Wartepflicht. So liegt **kein** Verstoß gegen § 142 StGB vor, wenn bei Rückkehr ein Parkunfall festgestellt wird und der Unfallbeteiligte sich entfernt oder er nachträglich über den Unfall informiert wird.[67] (Zunächst in Unkenntnis des VU weitergefahren und nach 500 m Weiterfahrt vom Geschädigten über VU informiert.).

Hinsichtlich der **Benachrichtigungspflicht**[68] räumt der Gesetzgeber ein **Wahlrecht** dahin gehend ein, dass der Beteiligte zwischen dem Berechtigten (Geschädigten/Feststellungsberechtigten) oder der Polizei (nicht nur die nächstgelegene Dienststelle) wählen kann, soweit er hierbei dem **Unverzüglichkeitsgebot** nachkommt. Es muss nicht unbedingt der schnellere Informationsweg gewählt werden.

---

[67] BVerfG –2 BVR 2273/06.

[68] Beachte 24-Std.-Regelung.

Die Verpflichtung zur **Benachrichtigung der Polizei** besteht nicht generell. Zeitverluste durch ärztliche Versorgung, Abklingen des Schocks, Halterermittlungen stehen dem Unverzüglichkeitsgebot grundsätzlich nicht entgegen. Je schwerwiegender der Unfall oder je unklarer die Rechtslage oder je zeitraubender die Geschädigtenermittlung, desto eher ist die Polizei zu verständigen. **Bei nächtlichen** Unfällen mit einfachem Sachschaden und klarer Rechtslage ist das Unverzüglichkeitsgebot i.d.R. auch bei Unterrichtung des Geschädigten oder der Polizei am nächsten (frühen) Morgen noch erfüllt.[69]

Die **Form** der Benachrichtigung ist nicht vorgeschrieben. Sie kann persönlich oder durch Dritte, schriftlich, telefonisch oder auf sonstige, den Umständen angemessene Art und Weise erfolgen.

Eine **Rückkehrpflicht** zum Unfallort oder eine Wartepflicht besteht nicht.

Der **Umfang** der Benachrichtigungspflicht erfasst

– die Angabe der Unfallbeteiligung (Vorstellungspflicht)

– Übermittlung der persönlichen Daten, einschließlich Aufenthaltsort

– Übermittlung der Kfz-Daten, einschließlich Standort (und Bereitstellung für unverzügliche Ermittlungen).

Der Umfang bezieht sich stets nur auf das nach objektiver Sachlage notwendige Maß zur Durchsetzung der zivilrechtlichen Ansprüche, die Aufzählung in Abs. 3 ist diesbezüglich nur beispielhaft.

Von Beachtung ist die Einfügung des **Abs. 4** durch den Gesetzgeber, wonach das Gericht die Strafe erlassen oder mildern kann bei

– VU mit nicht bedeutendem Sachschaden

– im nicht fließenden Verkehr, soweit

– innerhalb von 24 Stunden

– freiwillig

– die entsprechende Benachrichtigung durch den Täter erfolgt (tätige Reue).

Soweit der Beteiligte Spuren verwischt, verdunkelt oder täuscht, also die (nachträgliche) Feststellungen absichtlich **vereitelt** (oder dies versucht), liegt Unfallflucht vor.

Die Erfüllung des Tatbestands setzt **Vorsatz** in Bezug auf das Sichentfernen voraus, wobei bedingter Vorsatz genügt.

Dies bedingt **Wissen/Kenntnis** um

– den Unfall (schädigende Ereignis)

– eine (mögliche) Beteiligung und

– die (zumindest) Erschwerung oder Vereitelung der notwendigen Feststellungen.

---

[69] BGH, VM 79, 33; OLG Stuttgart, MDR 82, 164; OLG Köln, NZV 89, 357 (bei Hinterlassen des Fz am Unfallort).

Absicht zur Erschwerung/Vereitelung der Feststellungen ist nicht erforderlich, z.B. wenn der Täter (mit Wissen um die Erschwerung) nur versucht, sich der Strafverfolgung zu entziehen.[70]

Tatbestandsirrtum i.S.d. § 16 StGB, also Nichtkenntnis eines gesetzlichen Tatbestandsumstandes, schließt den Vorsatz aus und führt zu Straffreiheit.

Verbotsirrtum i.S.d. § 17 StGB, also fehlendes Unrechtsbewusstsein, entschuldigt, soweit hierbei Unvermeidbarkeit vorliegt. In allen anderen Fällen führt er zu einer gemilderten Vorsatzstrafe.

Verbotsirrtum wurde in folgenden Fällen in der Rspr. bejaht:

– Entfernung nach Erlaubnis durch Unberechtigte	OLG Köln, VRS 63, 352
– Entfernung nach Informationsauftrag an Dritte	KG Berlin, VRS 40,109
– Entfernung nach pauschalem Schuldanerkenntnis	OLG Stuttgart, NJW, 78, 900
– Irrtum über die Dauer der Wartepflicht	OLG Stuttgart, VM 76, 85

§ 34 StVO beinhaltet eine eingehende Pflichtenregelung für **alle** Unfallbeteiligten, nicht nur für Fz-Führer. § 34 fordert ebenfalls Vorsatz und ist – infolge der stets vorliegenden Tateinheit (§ 21 OWiG) zu § 142 StGB – nur in den Fällen von Abs. 1 Ziff. 2, 5b und 6b sowie der Spurenbeseitigung gemäß Abs. 3 von praktischer polizeilicher Bedeutung, also bei der Missachtung folgender Pflichten:[71]

– den Verkehr zu sichern und bei geringfügigen Schaden (< 500,– €) unverzüglich beiseite zu fahren

– auf Verlangen die notwendigen Daten (einschl. der Daten der Haftpflichtversicherung) anzugeben sowie die entsprechenden Verkehrsausweise vorzuzeigen

– im Rahmen der Wartepflicht Namen und Anschrift („Visitenkarte") zu hinterlassen sowie dem

– Verbot, Spuren zu beseitigen (zu jeder Zeit).

---

[70] BayObLG, DAR 56, 15.

[71] BGH, NJW 82, 2081; OLG Köln, DAR 79, 226.

Beispiele für Verstöße gegen die Varianten II/III stellen folgende Fälle dar:

1 –A– verursacht unter Alkoholeinwirkung einen VU mit geringem Sachschaden durch Auffahren auf ein geparktes Fz. Ohne sich um den Schaden zu kümmern, fährt er weiter.

2 –B– verursacht einen VU mit ca. 2.500,– € Sachschaden. Nachdem er ca. 30 Minuten gewartet hat, fährt er – nach Befestigung seiner Visitenkarte am beschädigten Fz – nach Hause, ohne sich weiter um die Angelegenheit zu kümmern. Im Verlauf des nächsten Tages wird er vom Geschädigten angerufen.

3 –C– verursacht einen VU unter Alkoholeinwirkung. Da niemand am Unfallort ist, informiert er die Polizei, gibt jedoch seine Ehefrau als Fahrerin an.

Abzulehnen wäre ein Verstoß in folgenden Beispielfällen:

1 –D– verursacht gegen 03.00 Uhr einen VU, bei dem ein Sachschaden in Höhe von ca. 3.000,– Euro entsteht. Andere Beteiligte sind nicht vorhanden. Lediglich ein Betrunkener bietet sich als Feststellungsbereiter an. –D– verweigert die Auskunft und wartet ca. weitere 20 Minuten. Nachdem er seine Visitenkarte am beschädigten Fz angebracht hat, fährt er nach Hause. Am nächsten Morgen (= 8.00 Uhr) verständigt er die Polizei.

2 –E– verursacht einen VU mit leichtem Sachschaden. Dem von ihm ermittelten Geschädigten gegenüber macht er alle zur Schadensregulierung notwendigen Angaben und weist sich entsprechend aus. Weiterer Klärungsbedarf besteht nicht.
–E– weigert sich jedoch, der Forderung des Geschädigten nachzukommen, auf das Eintreffen der Polizei zu warten, da er unter Alkoholeinwirkung steht.

3 –F– beschädigt beim Einparken einen weiteren Pkw leicht. Da er aus geschäftlichen Gründen einen wichtigen Zuganschluss nicht verpassen will, befestigt er seine Visitenkarte am beschädigten Fz. Am Zielort informiert er die Polizei.

4 –G– kehrt zum Parkplatz zurück und stellt fest, dass sein Pkw in den vorstehenden Pkw gelaufen ist. Ohne sich um den Unfall zu kümmern, fährt er weg. (OLG Köln, Vers. 96, 354; vgl.: BVerfG –2BvR–2273/06)

Soweit ein Tatbestand i.S.d. § 142 StGB vollständig zu überprüfen ist, sind folgende Punkte/Fragen zu klären:

Überprüfungsfrage	Stichwort
1. VU	– öVR – schädigendes Ereignis – typisches Verkehrsverhalten (Ursache) – Schadenshöhe (> 50,– €/Kosten einer Arbeitsstunde) – Fremdschaden (Feststellungsinteresse)
2. VU-Beteiligter	– Mitverursachung genügt
3. Entfernen	– Absetzbewegung genügt, aber nur vom VU-ort zum Unfallzeitpunkt – als Beteiligter für Dritte nicht mehr erkennbar – willentlich
4. Variante	– nur eine möglich/keine Überschneidungen denkbar
– I. (1)	– Vorstellungspflicht – Beteiligungsangabe

– I. (2)	– Feststellungspflicht
	  – Feststellungen zur
	    – Person
	    – Fahrzeug
	     Art der Beteiligung
	  – durch Anwesenheit ermögl.
	  – § 34 StVO (Datenbekanntgabe)

– II.	– Wartepflicht
	  – Einzelfallprüfung
	  – Erforderlichkeit
	  – Zumutbarkeit
	  – Wahrscheinlichkeit des Auftauchens eines Feststellungsbereiten

– III.	– nachträgliche Feststellungspflicht
	  – „zulässiges" Entfernen
	  – unverzüglich/Wahlrecht
	  – Umfang/Art und Weise
	  – Vereitelungsverbot

5. Vorsatz	– Wissen/Kenntnis um
	  – VU
	  – Beteiligung
	  – Erschwerung der Feststellung
	  – Absicht nicht gefordert

12.4 Gefährlicher Eingriff in den Straßenverkehr

Schutzobjekt **des § 315b** StGB ist die Sicherheit des Straßenverkehrs zunächst gegen **verkehrsfremde Eingriffe**, d.h. – im Gegensatz zu § 315c StGB – gegen solche von außen.

Geschützt wird durch § 315b ausschließlich der **Straßenverkehr,** die übrigen Verkehrsarten (Bahn-, Luft-, Schiffsverkehr) werden über die §§ 315, 315a, 315d StGB erfasst.

§ 315b StGB in schematischer Übersicht:

Abs. 1	**Beeinträchtigung der Sicherheit des Straßenverkehrs** durch	
Variante		
I.	**II.**	**III.**
– Zerstörung/Beschä-digung/Beseitigung von – Anlagen/Fahrzeugen	– Bereitung von Hindernissen	– ähnlicher, ebenso gefährlicher Eingriff
mit der Folge **Individualgefahr**		

Abs. 3	**Qualifizierung zum Verbrechen** bei **absichtlichem Handeln,** zur	
1. Herbeiführung eines **Unglücks-falls**	2. Ermöglichen/Verdeckung einer **Straftat**	

In den Fällen des Abs. 1 ist der Versuch gemäß Abs. 2, in den Fällen des Abs. 3 gemäß § 23 StGB strafbar. Tätige Reue durch Abwendung der Gefahr wird über Abs. 6 in allen Fällen erfasst.

Die **Beeinträchtigung der Sicherheit des Straßenverkehrs** verlangt eine Handlung (Eingriff) durch Tun oder Unterlassen, die geeignet ist, eine gefahrlose Teilnahme am Verkehr zumindest zu erschweren, letztlich also den Eintritt der konkreten Gefahr.

Dieses Gefährdungspotential der Hdlg. bezieht sich auf den gesamten öVR und jede Verkehrsteilnahmeform. Es ist als Tatbestandsmerkmal zu prüfen, wobei harmlose Handlungen, auch wenn sie die Merkmale einer Variante erfüllen, nicht in Betracht kommen. Voraussetzung für eine Strafbarkeit ist daher, dass durch die Tathandlung in den Verkehr auf solchen Wegen und Plätzen eingegriffen worden ist, die – mit ausdrücklicher oder stillschweigender Zustimmung des Verfügungsberechtigten und ohne Rücksicht auf die Eigentumsverhältnisse oder eine verwaltungsrechtliche Widmung – jedermann oder allgemein bestimmten Gruppen dauernd oder vorübergehend zur Benutzung offen stehen und auch in dieser Weise benutzt werden.[72] Jedoch erfüllt nicht jede Tathandlung, die vom öffentlichen Straßenraum ausgeht, den objektiven Tatbestand des gefährlichen Eingriffs in den Straßenverkehr. Zwar wird die Anwendbarkeit der Strafvorschrift des § 315b StGB nicht schon dadurch ausgeschlossen, dass die konkrete Gefahr oder gar der Schaden außerhalb des öffentlichen Verkehrsraums eintritt, etwa, wenn der Täter sein Opfer bereits von der öffentlichen Straße aus mit dem Fahrzeug verfolgt, aber erst außerhalb des öffentlichen Verkehrsraums erfasst. Voraussetzung dafür ist jedoch, dass sich das Opfer in dem Zeitpunkt, in dem der Täter zur Verwirklichung des Tatbestandes der Straßenverkehrsgefährdung durch zweckwidrigen Einsatz des Fahrzeugs als Waffe oder Schadenswerkzeug unmittelbar ansetzt, noch im öffentlichen Raum befindet, die abstrakte Gefahr also noch im öffentlichen Verkehrsraum entsteht. Hält sich das Opfer zu diesem Zeitpunkt außerhalb des öffentlichen Verkehrsraums auf, fehlt es an einer Beeinträchtigung der Sicherheit des Straßenverkehrs und damit an einer tatbestandlichen Voraussetzung für die Anwendbarkeit des § 315b StGB.[73]

Die Konsequenz daraus ist, dass § 315b keine Anwendung findet, soweit bei der genutzten Fläche öVR zu verneinen ist, wie z.B. bei Werksgelände, das nicht öffentlich zugänglich ist, oder Rasenflächen außerhalb des öVR in Form von Zier- und Grünstreifen.[74]

Als **Eingriffshandlungen** kommen nur solche in Frage, die unter eine der Varianten und als verkehrsfremd[75] einzuordnen sind. Sie müssen einen konkreten Verkehrsablauf beeinträchtigen, wodurch es zur Gefährdung kommt.

Fehlverhalten im ruhenden oder fließenden **Verkehr** wird nur von § 315b (Variante II/III) erfasst, wenn es sich **nicht** um Fehlverhalten im Rahmen eines „typischen"[76] (in der StVO normierten) Verkehrsvorganges handelt, sondern um pervertiertes Verhalten, also unter der Maske eines Verkehrsvorganges ein (eigentlich) **verkehrsfremder Eingriff** erfolgt. Dies setzt im Grundsatz **Absicht** dahin gehend voraus, das Fahrzeug (verkehrsfeindlich) als Nötigungsmittel oder sonstiges Tatwerkzeug einzusetzen, einschließlich der absichtlichen Herbeiführung der Gefahr (mit mindestens bedingten Schädigungsvorsatz).[77]

Variante I erfasst die Zerstörung, Beseitigung und Beschädigung von Fahrzeugen und Anlagen.

Unter Fahrzeuge fallen alle Formen ohne Beachtung der Antriebsart, unter Anlagen sind alle dem Verkehr und seiner Sicherung dienenden Einrichtungen, also der Straßenkörper selbst, als auch Verkehrszeichen, LSA, Absperrungen, Beleuchtungskörper, Brücken usw. zu verstehen.

---

[72] BGHSt 16,7.

[73] BGH, NZV 12, 394.

[74] BGH, VM 10/04, NZV 04, 479.

[75] BGH, NJW 98, 659; BGHSt 23, 4; 28, 87 ff..

[76] BGH, NZV 90, 35; OLG Köln, NZV 91, 319, NZV 94, 365.

[77] BGH, VRS 94, 213 ff; NZV 90, 35; 92, 325; 98, 36.

Die Eingriffshandlung muss kausal für die Gefahr sein, nicht umgekehrt. Soweit nur eine Beschädigung ohne Gefährdungspotential vorliegt, ist Sachbeschädigung (§§ 303, 304 StGB) zu prüfen.

Soweit nur eine Beeinträchtigung der Anlage, also kein tatbestandsmäßiges Handeln vorliegt (z.b. Sack über eine LSA), ist Variante III zu prüfen.

Variante II, Hindernisbereitung,[78] liegt vor, soweit ein Eingriff (durch Tun oder Unterlassen) den reibungslosen Verkehrsablauf zu hemmen oder zu verzögern vermag. Hierunter fallen grundsätzlich nicht im Rahmen des § 45 StVO erfolgte Baumaßnahmen zur Verkehrsberuhigung. Besondere Beachtung verdient hierbei jedoch die Verkehrssicherungspflicht.

Keine Hindernisbereitung i.S.d. Variante II stellt der „Geisterfahrer" oder fehlerhafte Sicherung liegen gebliebener Fz oder Verunfallte selbst dar. In diesen Fällen ist § 315c I 2 StGB zu prüfen. Ebenso liegt kein Verstoß gegen § 315b (oder 240) vor, wenn ein Kfz-Führer einen nachfolgenden Drängler durch Antippen der Bremse auf die entstehende Gefahr des Auffahrens aufmerksam macht.[79]

Beispiele zu Variante II in der Rspr.:

– fehlende Sicherung einer Baustelle	BGH, VM 59, 27

– fehlende Absicherung
  – herabfallender Ladung
  – einer Öl-/ Benzinspur
  – sonstiger Verschmutzungen
	BayObLG, NZV 89, 443
	OLG Hamm, NJW 55, 193 (Mist)

– abruptes Bremsen, um
  – zu schulmeistern
  – einen Auffahrunfall zu provozieren
	BGH, VRS 53, 355
	BGH, NZV 92, 157

– gewollte Verschmutzungen der Fahrbahn	BGH, DRiZ 77, 308
– Fahrbahnsperrungen	BayObLG, VRS 20, 441
– Gegenstände auf die Fahrbahn werfen	BGH, VRS 45, 38

Von besonderer Bedeutung für die polizeiliche Praxis ist das Verhalten **Flüchtiger** oder VT bei **Verfolgungsfahrten** durch die Polizei. Hierbei wurden „Schneiden", absichtliches Verbleiben auf dem linken Fahrstreifen oder z.B. Ausschermanöver als Hindernisbereitung bejaht, soweit dies geschah, um die Verfolgung durch die Polizei zu erschweren, und eine Gefährdung kausale Folge war.[80]

---

[78] BGH, VRS 64, 267; beachte: OLG Celle, NZV 91, 353; OLG Nürnberg/Hamm, NZV 90, 433, 352.

[79] OLG Köln, NJW 88, 659.

[80] OLG Hamm, VRS 21, 50; OLG Celle; VRS 25, 440; BGH 21, 303; OLG Köln, VRS 35, 344.
Beachte: Tateinheit zu § 113 II 1 StGB.

Wird hierbei aber vom Täter nicht der VU beabsichtigt, liegt lediglich ein Verstoß gegen § 315c StGB vor.[81]

Variante III, ein ähnlicher, ebenso gefährlicher Eingriff, verlangt eine grobe Einwirkung von einigem Gewicht in den Verkehrsablauf, z.B. durch einen **bewusst zweckwidrigen u. verkehrsfeindlichen Einsatz des Kfz.**[82]

Entscheidend ist die Verletzungsabsicht, wobei bedingter Vorsatz ausreicht.[83]

Beispiele zu Variante III in der Rspr.:

– Mitnahme eines anderen auf der Kühlerhaube	BGH, VRS 48, 352
– Mitschleifen eines anderen	BGH, VRS 56, 189
– Bedrohung mit einer Schusswaffe beim Fahren	BGH, NZV 91,118
– Eingreifen in die Lenkung, um das Fz verunfallen zu lassen	BGH, VM 69, 26
– Geben falscher Signale/Blenden von VT mittels Sonnenspiegel Ausstreuen von Nägeln auf der Fahrbahn	Cramer, 2. Auflage; § 315b StGB, RN 17
– betrügerisches Herbeiführen eines VU	BGH, NZV 92, 325

Auch hier ist das Verhalten von VT gegenüber anhaltenden Polizeibeamten von besonderem Interesse.

Das **bewusste u. gezielte Losfahren** auf eine Person (Pol.-beamter) erfüllt den Tatbestand, soweit der Täter in **Verletzungs-** oder **Nötigungsabsicht** handelt, also die Person verletzen oder zur Freigabe des Weges zwingen will. Fluchtabsicht allein genügt nicht, d.h. soweit das Fz nur als Fluchtmittel verwendet wird, ist § 315b StGB zu verneinen.[84]

Als **kausale Folge** muss in allen Fällen eine Gefahr für Leib oder Leben eines anderen oder fremde Sachen von bedeutendem Wert eintreten. Hierzu gilt das in 12.2 Gesagte entsprechend.

Gemäß **Abs. 3** qualifiziert sich die Handlung zum **Verbrechen**, wenn der Täter in der **Absicht** bezüglich Abs. 1 (nicht 4) handelt, einen **Unglücksfall** herbeizuführen oder eine **Straftat** zu verdecken oder zu ermöglichen.

Als **Unglücksfall** kommen nicht nur Personenschäden, sondern auch reine Sachschadensfälle in Betracht. Auch die Höhe des beabsichtigten Schadens oder dessen Eintritt ist ohne Bedeutung.

So erfüllt ein Täter die Voraussetzungen des Abs. 3, wenn er in Verletzungsabsicht auf eine Person zufährt, auch wenn der Genötigte beiseite springt.

---

[81] BGHSt St 48. 119 ff.

[82] BGHSt 26, 176, OLG Köln, NZV 91, 319.

[83] BGHSt 31/01.

[84] OLG Koblenz, VRS 74, 196; BGH, VRS 51, 209; BGH, VRS 100,22; NJW 78, 2607. **Beachte:** Tateinheit zu § 113 II 1 StGB.

Abs. 3 kommt in der 2. Variante nur in Betracht, wenn es sich bei der zu verdeckenden/ermöglichenden Tat auch tatsächlich um eine **Straftat** handelt, eine OWi genügt nicht.[85]

Andererseits genügt die **Vorstellung (der Glaube)** des Täters, die zu verdeckende/ermöglichende Handlung sei eine Straftat für eine Qualifizierung zum Verbrechen i.S.d. Abs. 3, so dass in den Fällen, in denen der Täter nach Alkoholgenuss in der o.a. Form zu flüchten versucht, sich die Handlung i.d.R. zum Verbrechen qualifiziert. Auf die Feststellung der beim Flüchtenden herrschenden Vorstellung hinsichtlich seiner Trunkenheitsfahrt (OWi oder Straftat) ist daher besonderer Wert zu legen.

Zur Überprüfung des § 315b StGB sollte in folgenden Schritten vorgegangen werden:

Überprüfungsfrage	Stichwort

1. Beeinträchtigung der Sicherheit des Straßenverkehrs	– öVR
	– Verkehrsablauf beeinträchtigt/allg. Gefährdungserhöhung
	– verkehrsfremder Eingriff
	– pervertiertes/verkehrsfeindliches Verhalten in
	  – Nötigungs- oder
	  – Betrugsabsicht

2. Variante
  – I.
	– Überschneidungen sind möglich
	– Anlage/Fz
	  – Zerstören/Beseitigen/Beschädigen
	  – sonst Variante III

– II.	– Hindernisbereitung
– III.	– ähnlicher, ebenso gef. Eingriff – Verfolgungsfahrt: – Mindestvoraussetzung: Bedingter Vorsatz bezüglich einer Schädigungsabsicht
3. Individualgefahr	– Leib/Leben eines anderen – fremde Sache von bed. Wert (> 750,– €) – nicht das geführte Fz (tatnotwendiges Mittel) – Kausalitätsprüfung
4. Schuldform	– Vorsatz/Fahrlässigkeit/gemischte Form mögl.
5. Abs. 3 (Verbrechen)	– Absicht – Unglücksfall – Straftat – nicht OWi – aber „Glaube" genügt

Kein Verstoß gegen § 315b liegt bei einem gestellten VU bei beiderseitigem Einverständnis (Absprache) vor, wohl jedoch Vers.-Betrug.[86]

---

85 BGH, NJW 78, 2518.

86 VM 99, 5.

12.5 Übungen

Übungen zu 12.1:

	Lösungen
Von praktischer polizeilicher Bedeutung sind die Vergehenstatbestände gemäß den §§ … und den OWi-Tatbeständen gemäß §§ …	316 und 315 c StGB 24a und c StVG
Für den … VT im Allgemeinen ist § … und im Fahrdienst § … zu beachten.	verkehrsuntüchtigen 2 FeV 8 BOKraft/§ 13 BOStrab
Alle so genannten Trunkenheitsdelikte sind … Delikte und als Täter kommt grundsätzlich nur der … in Frage.	eigenhändige Fz (Kfz)-Führer
Führen setzt eine … voraus.	wissentlich-willentliche Minimalbewegung
Die Führung eines Kfz setzt dessen … voraus.	Motorbetrieb
Unter Alkohol fallen neben Spirituosen auch … Mittel. Andere ber. Mittel sind alle, die eine ähnliche Wirkung wie Alkohol erzielen, sich also … auswirken.	homöopathische negativ auf die motorischen oder intellektuellen Fähigkeiten oder das Hemmvermögen
Unter Genuss ist … zu verstehen.	jede Aufnahmeform
Körperl./geistige Mängel sind z.B. alle Krankheiten, Unwohlsein, Sehstörungen, fehlende Gliedmaßen und psychopathologische Symptome. Von besonderer pol. Bedeutung ist hier …	die Übermüdung
Die Fahruntüchtigkeit (FU) unterscheidet zwischen … und … FU. Der Kfz-Führer ist ab … ‰ und der Radfahrer ab … ‰ absolut fahruntüchtig.	absoluter/relativer 1,1 1,6
Die rel. FU verlangt eine … anhand …, die auf rauschbedingte Leistungseinbußen der/des	indizielle Beweiserhebung konkreter Ausfallerscheinungen
–	intellektuellen/motorischen Fähigkeiten
–	Reaktionsvermögens
–	Hemmvermögens oder
–	Sehvermögens
beruhen.	
Hierbei ist eine detaillierte Verhaltensbeschreibung im Rahmen der Kausalitätsprüfung notwendig.	

Als Ausfallerscheinungen (AE) wurden eine sorglose und leichtsinnige, deutlich unsichere, waghalsige oder (vorsätzlich) fehlerhafte Fahrweise, lallende Sprache oder torkelnder Gang angesehen.

Einfache, typische Fahrfehler, Flucht als solche oder Kritik am Polizeibeamten stellen keine AE dar.

Hinsichtlich der Führung des Fz wird ... gefordert, hinsichtlich der Fahrtüchtigkeit genügt .... Hierbei reicht i. d. R. das Wissen um den Alkoholgenuss aus.	Vorsatz Fahrlässigkeit
Bei vorverlegter Schuld sind die §§ ..., bei Vollrausch § ... zu beurteilen.	316, 315c/323a StGB

Ohne Blutprobe (§ 81a StPO) kommt eine Verurteilung nur im Einzelfall unter detaillierter Beweisführung in Betracht.

Übersicht der wesentlichen Tatbestände:

§ 24c StVG	§ 24a StVG	§ 316 StGB	§ 315c (1) StGB
– Kfz-Führer	– Kfz-Führer	– Fz-Führer	– Fz-Führer
– Straßenverkehr	– Straßenverkehr	– aller Verkehrsarten	– Straßenverkehr

– Alkohol (Dräger 7110 Evidential) (Zeugenbeweis Dritter genügt[87])	– Alkohol
	  – berauschende Mittel (gem. Anlage: Cannabis, Heroin, Morphin, Kokain, Amphetamin, Designer-Amphetamine)
		– Alkohol
		  – andere berauschende Mittel
			– Alkohol
			  – andere berauschende Mittel
			  – körperl./ geistige Mängel

– 0,0 ‰
– **Für Fahranfänger**
  – in der Probezeit (§ 2a StVG)
  – vor Vollendung des 21. Lebensjahres
	– 0,5 ‰/0,25 mg/l Nachweis:
	  – Alkohol: Dräger 7110 Evidential (Atemluft)
	  – ber. Mittel: Blutprobe (im Blut)
		– rel./absolut fahruntüchtig	– rel./absolut fahruntüchtig
			– Individualgefahr

– OWi	– OWi	– Vergehen	– Vergehen

Hinsichtlich einer „Drogenfahrt" i.S.d. § 24a (2) StVG wird ebenfalls ... verlangt, die ...	eine Mindestkonzentration der Droge im Blut eine Einschränkung der Fahrtüchtigkeit wahrscheinlich macht
Für den Kfz-Fahranfänger fordert ...	§ 24c StVG die 0,0 ‰-Grenze

---

87 BT-Drucksache 16/5047, 14.

Übungsfälle:

Liegen in folgenden Fällen Verstöße gegen Trunkenheitsdelikte vor?

1 Der Fußgänger –A– torkelt über den Gehweg und stürzt auf die Fahrbahn.

§ 2 FeV: –A– ist infolge körperlicher/geistiger Mängel verkehrsunsicher und hat bislang keine Vorsorgemaßnahme getroffen. Der Eintritt einer konkreten Gefährdung anderer ist nicht erforderlich. Der Entzug der FE durch die Verwaltungsbehörde ist denkbar, nicht jedoch durch das Gericht. Die Beschlagnahme des FS durch die Polizei ist nicht möglich.

2 –B– fährt i. g. O. mit seinem PKW in leichten Schlangenlinien. Die Kreuzung X/Y-Straße überquert er bei Rotlicht. Deutlichen polizeilichen Haltezeichen kommt er verspätet nach. Ein AA-Test ergibt 1,0 ‰.

§ 316 StGB: Die Beweiswertgrenze für die abs. FU liegt bei 1,1 ‰ BAK für Kfz-Führer.

Inwieweit diese erreicht wird, ergibt die spätere Untersuchung der Blutprobe. Zum Zeitpunkt der Kontrolle kann jedoch aufgrund der Beweisanzeichen (AE) von einer rel. FU bei –B– ausgegangen werden. Offensichtlich ist sein Gleichgewichtssinn sowie sein Reaktionsvermögen alkoholbedingt beeinträchtigt, so dass er den Anforderungen, die an ihn als durchschnittlicher Kfz-Führer zu stellen sind, nicht mehr nachkommen kann.

Blutprobe, VV-Anzeige, Beschlagnahme des Führerscheins.

GiV: Beachte Dokumentationspflicht (vgl. S. 470)

Soweit abs./rel. FU nicht gegeben ist: § 24a StVG.

3 –C– leidet an einem starken grippalen Infekt, den er medikamentös behandelt. Insgesamt fühlt er sich schlapp und äußerst unwohl. An der Kreuzung X/Y-Straße missachtet er mit seinem PKW die Vorfahrtregelung „rechts vor links" und stößt mit einem vorfahrtberechtigten Kradfahrer zusammen, der hierbei schwer verletzt wird.

§ 315 c (1) b StGB: Der grippale Infekt, verbunden mit „Schlappheitsgefühl" und Unwohlsein, stellt einen körperlichen Mangel dar, der zur („rel.") FU bei –C– führt („rausch"-bedingt). Sein Beurteilungs-, Reaktions- und ggfs. Sehvermögen sind derart gestört, dass er den Anforderungen der Vorkehrart (Str.-Verkehr) nicht mehr gerecht wird. Durch diese FU bedingt (doppelte Kausalität), verursacht –C– einen Verkehrsunfall mit Personenschaden. Insofern liegt die Gefährdung von Leib oder Leben eines anderen sowie einer fremden Sache von bedeutendem Wert (Krad > 1.300,– €) vor.

4 Nach einer Magenspiegelung leidet –D– an Sehstörungen. Hierdurch bedingt, fährt er beim Phasenwechsel auf.

§ 315c (1) 1. a StGB
– öVR
– Fz-Führer
– körperl. Mangel
– FU
– Individualgefahr
– Kausalität
– Vorsatz/Fahrl.

5 Der Radfahrer –E– fährt in Schlangenlinien und kann sich kaum „auf dem Rad halten". Ein A-Test ergibt 0,7 mg/l.

§ 316 StGB
– öVR/Fz-Führer
– Alkohol
– rel. FU
– Kausalität
– Vorsatz/Fahrl.

6 Im Rahmen einer allg. VK ergibt ein A-Test beim PKW-Führer –F– einen Wert von 0,5 mg/l. AE werden nicht festgestellt.

§ 24a StVG
– öVR/Kfz-Führer
– Alkohol
– > 0,5 ‰ (> 0,25 mg/l)
§ 316 StGB
– soweit die Blutprobe 1,1 ‰ ergibt

7 –G– gelingt es nicht, sein Pferd zu zügeln und unter Kontrolle zu bringen, so dass Spaziergänger beiseite springen. Ein AA-Test ergibt 0,7 mg/l.

§ 2 FeV
– VT (kein Fahrverkehr)
– körperl./geist. Mängel
– keine Vorsorge
– Gefährdung anderer (abstrakte genügt)

8 –H– kommt auf einer Öllache ins Schleudern und stößt mit dem Gegenverkehr zusammen. Ein AA-Test ergibt 0,2 mg/l.

– kein Verstoß gegen Trunkenheitsdelikte, soweit –H– kein Fahranfänger i.S.d. § 24c StVG ist.
– keine AE, soweit die Öllache nicht rechtzeitig erkennbar ist
– § 315c, I 1a StGB
– Kausalitätsprüfung entscheidend

Übungen zu 12.2

Die Verkehrsgefährdung i.S.d. § 315c StGB ist ein ..., das dem Schutz des Straßenverkehrs in seiner Gesamtheit dient.

Lösungen

konkretes zweiaktiges Erfolgsdelikt

Schematische Übersicht (§ 315c StGB):

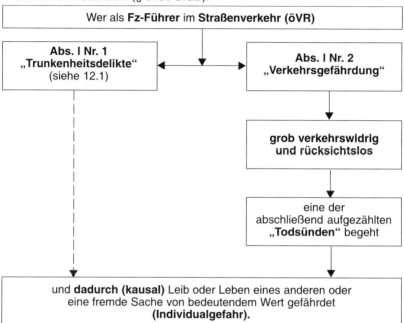

Wer als **Fz-Führer** im **Straßenverkehr (öVR)**

Abs. I Nr. 1
„Trunkenheitsdelikte"
(siehe 12.1)

Abs. I Nr. 2
„Verkehrsgefährdung"

grob verkehrswidrig und rücksichtslos

eine der
abschließend aufgezählten
„**Todsünden**" begeht

und **dadurch (kausal)** Leib oder Leben eines anderen oder
eine fremde Sache von bedeutendem Wert gefährdet
(Individualgefahr).

Als Täter kommt neben dem Fz-Führer nur der in Frage, der ... übernommen hat.

dessen Pflichten

Grob verkehrswidrig ist das Verhalten, das ... darstellt,

objektiv einen besonders schweren Verstoß

d.h., es muss von ... geprägt sein.

besonderer Gefährlichkeit

Rücksichtslos verhält sich ein Fz-Führer, der aus

–

eigensüchtigen Motiven

–

Gleichgültigkeit

handelt, d.h., sein Verhalten ist von ... oder ... geprägt.

übler Verkehrsgesinnung
unverständlicher Nachlässigkeit

Die „Todsünden" sind abschließend in Ziff. 2 aufgeführt.

Schematische Übersicht der „Todsünden":

Ziffer/ Stichwort	„StVO-Grundtatbestände"/Erläuterung (Stichwort)
a) Vorfahrt	– §§ 6, 8, 9, 10, 18 (3), 36, 37, 41, Z 208 nicht: §§ 7 (5), 9 (3) S. 3, 42, ZZ 306 – Täter: nur Wartepflichtiger – (alle) vorfahrtähnlichen Begegnungen zwischen VT (Fz), die die Einräumung eines Vortrittsrechts erfordern
b) Überholen	– §§ 2, 4, 5, 6, 20, 26 – Täter: Überholender und Überholter – innerer Zusammenhang zu einem Überholvorgang (auch im übertragenen allg. gebräuchlichen Sinn, z.B. über Gehweg) erforderlich nicht: bloße Geschwindigkeitsüberschreitung oder zu dichtes Auffahren (ohne Überholabsicht)
c) Fußgänger-überweg	– § 26 nicht: §§ 9 (3), 12, 36, 42, ZZ 306 – Z 293 („Zebrastreifen") gefordert
d) Geschwindig-keit	– §§ 3, 8, 9 (3), 19, 20, 36, 42, ZZ 306 – angepasste Geschwindigkeit – Kreuzung/Einmündung/Bahnübergang – unübersichtliche Stelle – dauernde oder vorübergehende Sichtbeeinträchtigung – nicht: augenblickliche, kurzzeitige Sichteinbuße od. Fehlbeurteilung – ggf. Fußgängerschutz
e) Rechtsfahr-gebot	– § 2 – nur an unübersichtlichen Stellen – mit Gegenverkehr und – Überschreitung der FB-Hälfte
f) BAB/Kraftfahr-straße	– §§ 2 (1), 18 (7) – BAB/Kraftfahrstraße – Wenden, Rückwärtsfahren und entgegen der Fahrtrichtung („Geisterfahrer") – Versuch erfasst
g) fehlende Sicherung	– §§ 14, 15, 17 (4) – Täter: Sicherungspflichtige – StVO-Sicherungsmaßstab entscheidend

Unter Individualgefahr ist die Gefährdung von	
–	Leib/Leben eines anderen
–	fremder Sachen von bedeutendem Wert
Die Gefahr muss in ihrem geforderten Ausmaß ... sein, einfache Kratzer oder unbedeutende Sachschäden genügen nicht.	konkret nachweisbar
Die Wertgrenze liegt z.Z. bei ...	ca. 1 300,– €
Bei Schadenseintritt ist zu prüfen, inwieweit der Schaden das Gefährdungsausmaß darstellt.	
Eine Verletzung des Täters führt ebenso wenig zu einem Verstoß wie eine Schädigung ... als ... Mittel.	des geführten Fz tatnotwendiges
Mitfahrer und Ladung sind Gefährdungsobjekte.	

Übungsfälle:

1 –A– missachtet an einer Engstelle den Vorrang des –1–, so dass es zum VU kommt. –A– gibt als Ursache für den VU an, dass er sich in der Geschwindigkeit des –1– verschätzt habe.	– kein Verstoß gegen § 315c StGB, da das Verhalten nicht grob verkehrswidrig und rücksichtslos ist – §§ 1, 6 StVO
2 –B– fährt an einer nicht durch LSA gesicherten Fußgängerfurt mit unverminderter Geschwindigkeit weiter, so dass der Fußgänger –1– zurückspringen muss.	– wie 1, da keine der abschließend aufgeführten „Todsünden" verletzt ist/Ziff. 2b fordert eine Kennzeichnung mit Z 293 (Zebrastreifen) – §§ 1, 3 StVO
3 –C– wählt bei einer „Wettfahrt" die Ideallinie in einer Linkskurve. Um einen VU zu vermeiden, bremst –1– als Gegenverkehr stark ab.	– 315c I 2e StGB – öVR/Fz-Führer – grob verkehrswidrig und rücksichtslos – bes. Gefährlichkeit – eigensüchtige Motive/Gleichgültigkeit – Rechtsfahrgebot an einer unübersichtlichen Stelle missachtet.

– Individualgefährdung
– doppelte Kausalität
– Vorsatz/Fahrl.
– Der Verstoß gegen § 315c I 2e StGB ist nur bei Unübersichtlichkeit gegeben, sonst
  – §§ 1, 2, 3 StVO

4 –D– missachtet bewusst das Rotlicht und stößt hierbei mit dem Querverkehr –1– zusammen. –1– bleibt unverletzt, sein Fz erleidet Totalschaden, der sich auf ca. 700,– € beläuft.

– § 315c I 2a StGB
– wie 3
– Vorfahrt (§ 37 StVO)
– Individualgefahr
  – Leib/Leben eines Anderen
  – fremde Sache von bedeutendem Wert nicht gegeben, da Wertgrenze z.Z. ca. 750,– €
– doppelte Kausalität
– Vorsatz/Fahrl.

5 –E– bleibt mit seinem PKW im Bereich einer gut ausgebauten und übersichtlichen Landstraße über Tag liegen. Ohne Sicherungsmaßnahmen zu treffen, verlässt er die Stelle, um einen Abschleppwagen zu beschaffen. –F– fährt infolge zu hoher Geschwindigkeit auf.

E: – Kein Verstoß gegen § 315c I 2f StGB
   – weder grob verkehrswidrig noch rücksichtslos und
   – Kausalität nicht gegeben
   – §§ 1, 15 StVO
F: §§ 1, 3 StVO
   – Schädigung
   – unangepasste Geschwindigkeit

6 –F– missachtet auf einer Strecke von ca. 10 km a.g.O. viermal ein bestehendes Überholverbot (Z 276), wobei er zweimal Z 295 (Fahrstreifenbegrenzung) bzw. 298 (Sperrfläche) überfährt. In allen Fällen kommt es zu Beeinträchtigung bzw. Gefährdungen des Gegenverkehrs.

§ 315c (1/2b) StGB: Die mehrfache Missachtung bestehender Überholverbote bei Gegenverkehr ist grob verkehrswidrig und rücksichtslos. Sie stellen die Missachtung bestehender Verkehrsvorschriften in extrem gefährlicher Form dar und lassen entweder auf eine (vorsätzliche) Missachtung der Pflichten gegenüber den anderen VT aus eigensüchtigen Gründen oder doch (zumindest) auf eine nicht nachvollziehbare Gleichgültigkeit der eigenen Fahrweise gegenüber anderen VT schließen. Diese ist jedoch zu prüfen.
Die Missachtung der Überholverbote erfüllen einen Grundtatbestand der Ziff. 2b (§ 5 Abs. 3 StVO).

7 –G– schneidet grob verkehrswidrig und rücksichtslos mit überhöhter Geschwindigkeit eine unübersichtliche Linkskurve. Dabei gerät er ins Schleudern und stößt gegen einen Blumenkübel. Der entstandene Fremd-(Total-)schaden beträgt ca. 500,– €.

Eine auf die „Todsünde" kausal bedingte Individualgefährdung ist infolge der Möglichkeit eines VU (Zusammenstoß mit dem Gegenverkehr) zu bejahen. Inwieweit Vorsatz oder Fahrlässigkeit gegeben ist, ist zunächst unbeachtlich. Bei fahrlässiger Begehung kommt Bestrafung nach Abs. 3 in Betracht. VV-Anzeige, Beschlagnahme des FS

§ 315c I 2 d StGB, wie 4

Der Eintritt einer Individualgefährdung i.S.d. § 315c StGB verlangt die Gefährdung einer fremden Sache von bedeutendem Wert. Die Wertgrenze liegt z.Z. bei ca. 1.300.– €. Soweit der eingetretene (Total-) Schaden das gesamte Gefährdungsmaß widerspiegelt, wird das geforderte Maß nicht erreicht und § 315c ist abzulehnen. VU-Aufnahme.

Übungen/Wiederholungen zu 12.3:

§ 142 StGB stellt ausschließlich auf den Schutz ... ab und verstößt nicht gegen das ... des Täters.

Lösungen

zivilrechtl. Ansprüche
Selbstbegünstigungsrecht

Schematische Übersicht (§ 142 StGB):

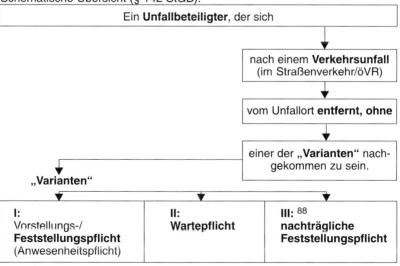

---

88 Beachte Abs. 4: Tätige Reue innerhalb von 24 Std. bei geringfügigen Schäden bei Parkunfällen.

Täter kann nur … sein, d.h., es muss der Verdacht … bestehen. Täterschaft verlangt … am Unfallort.

der Unfallbeteiligte
der Mitverursachung
unmittelbare Anwesenheit zur Unfallzeit

Unter einem VU versteht man ein plötzliches (ungewolltes) Ereignis, das … steht und einen nicht völlig belanglosen Schaden zur Folge hat.

im ursächlichen Zusammenhang mit dem öffentlichen Straßenverkehr und dessen typischen Gefahren

Auch gewolltes Handeln stellt einen VU dar, soweit das Fz … benutzt wird.

nicht als Tatwerkzeug zur Begehung einer Straftat.

Ein VU liegt stets vor, soweit er auf … zurückzuführen ist.

normiertes (z.B. StVO) Verkehrsverhalten

Unfallflucht setzt die Missachtung … sowie Entfernen voraus.

fremden Feststellungsinteresses

Als „Varianten" kennt § 142 StGB:

–

Vorstellungs-/Feststellungspflicht

–

Wartepflicht

–

nachträgliche Feststellungspflicht

Die Bekanntgabe der Person und Fz-bezogenen Daten wird … gefordert.

nur über § 34 StVO

Die Feststellungspflicht verlangt keinerlei Aktivität des Beteiligten; er muss lediglich warten. Soweit kein weiteres Feststellungsinteresse zur Sicherung der zivilrechtlichen Ansprüche besteht, darf der Beteiligte sich … entfernen.

zulässigerweise

Die Wartepflicht verlangt das Verbleiben am Unfallort für … Zeit, um auf das Eintreffen einer … Person zu warten.

eine angemessene
feststellungsbereiten

Die Dauer der Wartepflicht richtet sich nach …
und …
sowie insbesondere der …

der Erforderlichkeit
Zumutbarkeit
Wahrscheinlichkeit des Erscheinens eines Berechtigten.

Sie bedarf stets der Einzelfallprüfung. Maßnahmen zur Verkürzung der Wartepflicht sind denkbar und erlaubt. Nach Ablauf der Wartepflicht besteht keine Rückkehrpflicht, Rückkehr nach vorzeitigem Entfernen erfüllt

–

den Tatbestand.

Zulässiges Entfernen kann

–

berechtigt (Rechtfertigungsgrund)

–

entschuldigt (Entschuldigungsgrund)

–

gegeben sein.

Dann besteht ...

Entfernen in Unkenntnis des VU führt – auch bei späterer Information – nicht zur nachträglichen Feststellungspflicht.

Hinsichtlich der Benachrichtigungspflicht räumt § 142 ein Wahlrecht zwischen Polizei und Berechtigtem ein. Sie unterliegt jedoch dem ..., d.h. je schwerer der VU, je unklarer die Rechtslage, je zeitraubender die Information des Berechtigten, desto eher ist die Polizei zu verständigen.

Die Benachrichtigungspflicht umfasst

–

–

–

Die nachträgliche Feststellungspflicht ist verletzt, soweit ... vorliegt.

§ 142 verlangt ...

Dies bedingt Wissen/Kenntnis um

–

–

–

Absichtliche Erschwerung wird ...

§ 34 StVO ist von pol. Bedeutung nur hinsichtlich

–

–

–

Abs. 4 ermöglicht dem Gericht ...

bei

–

soweit

–

–

die entsprechende Benachrichtigung durch den Täter erfolgt.

---

nach Ablauf der Wartepflicht

nachträgl. Feststellungspflicht

Unverzüglichkeitsgebot

die Angabe der VU-Beteiligung

Übermittlung der pers. Daten (+ Aufenthalt)

Übermittlung der Lz-Daten (+ Standort)

Vereitelung

Vorsatz

den VU

seine Beteiligung

die Erschwerung der Feststellungen.

nicht gefordert.

der Sicherungspflicht am Unfallort

des aktiven Datenaustausches durch Datenvorlage

der Benachrichtigung durch Anbringen einer „Visitenkarte" bei zul. Entfernen

das Absehen/Mildern der Strafe

– VU mit nicht bedeutendem Sachschaden

– im nicht fließendem Verkehr

– innerhalb von 24 Stunden

– freiwillig

Übungsfälle:

1 –A– stößt beim Ausparken auf dem Kaufhof-Parkplatz gegen einen PKW. Ohne sich um die Angelegenheit zu kümmern, fährt er weg.

§ 142 StGB
– VU, öVR liegt vor
– Fremdschaden (> 50,– €/ca. 1 Arbeitstd.)
– –A– VU-Beteiligter
– Entfernen
– Variante II, soweit der Geschädigte nicht am Ort, sonst Variante I
– Vorsatz

2 –B– fährt unter Alkoholeinwirkung gegen eine Garteneinfassung. Nachdem er sich gegenüber dem Geschädigten ausgewiesen und seine Schuld schriftlich anerkannt hat, entfernt er sich gegen den Willen des Geschädigten, der die Polizei gerufen hat.

Kein Verstoß, soweit kein weiteres zivilrechtliches Feststellungsinteresse gegeben ist.

3 –C– stößt nachts beim Einparken gegen den PKW seines Nachbarn. Da der Nachbar offensichtlich bereits schläft, entfernt –C– sich, ohne weiter zu warten. Gegen 07.00 Uhr verständigt er seinen Nachbarn.

Kein Verstoß gegen
– § 142 StGB, da
– zul. Entfernen nach Ablauf der Wartepflicht.
– Wahlrecht hinsichtlich Benachrichtigung-/Unverzüglichkeitsgebot beachtet – aber
– § 34 StVO
– „Visitenkarte"
– OWi

4 –D– überfährt nachts einen Radfahrer, der hierbei getötet wird. Bevor –D– die Polizei verständigt, entfernt er das Rücklicht des Rades.

§ 142 StGB
– wie 1
– Variante II, III
– Vereitelungsverbot

5 –E– überfährt im angetrunkenen Zustand ein Kind. Aus Angst vor der aufgebrachten Menge und in völliger Überstürzung (Schock) flüchtet –E–, um sich später der Polizei zu stellen.

Kein Verstoß
– zul. Entfernen (entschuldigt)
– nachträgliche Feststellungspflicht erfüllt, soweit –E– das Unverzüglichkeitsgebot eingehalten hat.

Übungen/Wiederholungen zu 12.4: | **Lösungen**

§ 315b StGB dient dem Schutz des Straßenverkehrs vor … Eingriffen/durch Tun oder Unterlassen. | verkehrsfremden

Fehlverhalten im Verkehr erfasst § 315b nur, soweit das Fz …, d. h. als … eingesetzt wird. | verkehrsfeindlich
Nötigungsmittel/Tatwerkzeug

Soweit dies nicht vorliegt, ist § … zu prüfen. | 315c StGB

§ 315b StGB in schematischer Übersicht:

Abs. 1	**Beeinträchtigung der Sicherheit des Straßenverkehrs** durch	
Variante		
I.	**II.**	**III.**
– Zerstörung/Beschädigung oder Beseitigung von – Anlagen oder Fahrzeugen	– Bereitung von Hindernissen	– ähnlicher, ebenso gefährlicher Eingriff
mit der Folge **Individualgefahr**		

Abs. 3	**Qualifizierung zum Verbrechen** bei **absichtlichem Handeln,** zur	
1. Herbeiführung eines **Unglücksfalls**	2. Ermöglichen/Verdeckung einer **Straftat**	

In allen Varianten ist stets … der Handlung zur Individualgefährdung zu prüfen. | die Kausalität

Variante III verlangt eine … in den Verkehrsablauf, z.B. durch den bewusst … Einsatz des Kfz. | grobe Einwirkung
verkehrsfeindlichen

Für die pol. Praxis sind insbesondere Variante II bei … und Variante III bei … von Bedeutung. | Verfolgungsfahrten
Verkehrskontrollen

Hierbei wird … zumindest mit … verlangt. | Schädigungsabsicht
bedingtem Vorsatz

Die Handlung qualifiziert zum Verbrechen, soweit der Täter … handelt, einen … herbeizuführen oder eine Straftat zu … oder …

in der Absicht Unglücksfall, verdecken/ermöglichen

Hinsichtlich der Straftat genügt beim Täter der Glaube des Vorliegens einer solchen.

Übungsfälle:

1 –A– entfernt die Sicherungseinrichtungen einer Baustelle im Gehwegbereich. –1– kommt hierdurch zu Fall und verletzt sich schwer.

§ 315b StGB
– Beeinträchtigung des Str.-Verkehrs/öVR
– verk.-fremder Eingriff
– Variante I
– Individualgefährdung
– Kausalität
– Vorsatz/Fahrl.
– Abs. 3 bei absichtl. Herbeiführung eines Unglückfalles

2 Um einen Versicherungsfall zu provozieren, bremst –B–, als er erkennt, dass der nachfolgende –1– zu wenig Abstand einhält.

§ 315b StGB
– wie 1
– Variante II/III
– Abs. 3

3 Im Rahmen einer allg. VK fährt –C– auf den halt gebietenden Polizeibeamten –1– zu, um diesen zum Freimachen der Fahrbahn zu zwingen.
–C– steht unter Alkohol, die spätere Blutprobe ergibt 0,9 ‰.

§ 315b StGB
– wie 2
– Variante III; bedingter Vorsatz hinsichtlich einer Schädigungsabsicht wird gefordert
– Abs. 3 nur erfüllt, soweit –C– im Glauben handelte, eine Straftat (§ 316) zu begehen
– § 113 StGB in TE

4 –D– wirft von einer Autobahnbrücke Ziegelsteine auf Kfz, um Unfälle zu provozieren. Nur dem Reaktionsvermögen der Kfz-Führer ist das Ausbleiben von Unfällen zu verdanken.

§ 315b StGB
– wie 1/3
– Abs. 3 erfüllt, das Eintreten eines Unglückfalles ist nicht gefordert

5 –E– befährt als „Geisterfahrer" die BAB. Nur glücklichen Umständen ist das Ausbleiben eines VU zu verdanken.

§ 315c 2 f StGB
– § 315b kommt nur in Betracht, soweit –E– bewusst ein Hindernis (Variante II) bereiten wollte.

13 Übungsfälle

Die folgenden Übungsfälle folgen weitgehend dem Studienverlauf, d.h., sie beginnen mit StVO-Beispielfällen (bis 5.) und werden dann um StVZO, FZV und FeV (bis 10.) sowie Straftatbestände (bis 15.) erweitert.

Die Fälle können als Einzelfall oder Klausur bearbeitet werden.

Bei einem Lösungsversuch sind nur die mit Buchstaben (A, B, …) gekennzeichneten VT zu beurteilen. Hierbei sollte nach Möglichkeit auf Hilfsmittel in Form von Gesetzestexten oder sonstigen Unterlagen verzichtet werden.

Im Einzelfall kann aber (nach einem Lösungsversuch) zunächst auf den Gesetzestext zurückgegriffen werden, bevor man – der Einfachheit halber – auf die daneben stehende Lösung zurückgreift.

Die Aufgabenstellung bis Klausur 9 erfasst die Prüfung, ob der jeweils zu beurteilende VT gegen die StVO/ZO, FZV verstößt, also eine VOWi i.S.d. § 24 StVG begeht.

Ab Klausur 10 erfasst die Aufgabenstellung eine **umfassende Prüfung** hinsichtlich aller Themenblöcke.

In allen Übungsfällen ist stets nur die **Tatbestandmäßigkeit** der Handlungen zu prüfen.

Hierbei empfiehlt es sich, zunächst alle Bestimmungen aufzuschreiben, die im betreffenden Fall von Bedeutung sein könnten. Danach ist jede dieser Bestimmungen anhand der sachverhaltsbezogenen TBM-Kette zu prüfen.

Hierbei ist neben den Definitionen insbesondere auf eine begründete Einordnung Wert zu legen.

Soweit ein Verstoß vorliegt, ist weiterhin die polizeiliche Maßnahme zu prüfen.

Die hier vorgegebenen Lösungen können nur problemorientiert und stichwortartig erfolgen, um
– als gezielter Hinweis für ein weiteres Selbststudium dienen zu können und
– den Umfang nicht zu sprengen.

Soweit keine weiteren Angaben gemacht sind, handelt es sich bei den angegebenen Paragraphen stets um solche der StVO.

1. Übungsfall

Lösung

1. –A– parkt sonntags in einer Parkbucht, ohne die dort aufgestellte Parkuhr zu betätigen.

A: Kein Verstoß gegen § 13, da Parkuhren i.d.R. zeitlich in ihrer Anordnung auf Werktage (einschließlich Samstag) beschränkt sind.

2. –B– stößt beim Rangieren auf einem Baustellengelände gegen ein weiteres dort abgestelltes Baustellenfahrzeug.

B: Kein Verstoß gegen § 1 (2), da ein Baustellengelände keinen öVR darstellt und somit die StVO nicht anwendbar ist.

3. Aus Freude über seine Schulentlassung fährt –C– laut hupend durch die Straßen der näheren Schulumgebung.

C: §§ 16, 30, 1 (2), 49:
- – Warnzeichen sind nur zur Gefahrenabwehr zulässig;
- – bei der Fz-Benutzung ist unnötiger Lärm zu vermeiden;
- – vermeidbare Belästigung.
- – Es handelt sich um eine OWi i.S.d. § 24 StVG i.V.m. § 49 StVO, VG. (Brauchtumsveranstaltungen sollten jedoch toleriert werden)

4. –D– bespritzt beim Durchfahren einer Pfütze zwei auf dem Gehweg gehende Passanten.

D: §§ 1 (2), 49:
- – vermeidbare Belästigung,
- – ggf. Schädigung,
- – OWi, VG, Personalienaustausch.

5. –G– Krad und –H– LKW, zGM = 5,5 t, befahren durchgängig ihren Fahrstreifen.

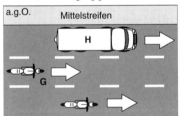

G: Kein Verstoß gegen § 2 (2), da § 7 (3c) das durchgängige Befahren des 2. Fahrstreifens rechtfertigt.

H: §§ 2 (2), § 7 (3c) 49:
- – Rechtsfahrgebot,
- – Benutzungsverbot des 3. Fahrstreifens für LKW über 3,5t zGM, ausgen. Linksabbiegen
- – OWi, VG.

6. –I– (–K–) befährt mit einem PKW (LKW, 10 t zGM) die BAB bei Nebel und Regen und einer Sichtweite von ca. 50 m mit einer Geschwindigkeit von 60 km/h.

Der von ihm benutzte Fahrstreifen ist mit Z 275 deutlich beschildert.

Zeichen 275

I: §§ 3(1), 49:
- – angepasste Geschwindigkeit
- – zHG 50 km/h, da
- – Sichtweite witterungsbedingt < 50 m. Kein Verstoß gegen Z 275 (Mindestgeschwindigkeit), da hier die Sicht- und Wetterverhältnisse dazu verpflichten, langsamer als mit 90 km/h zu fahren.

K: Verstoß, Z. 275 – Nutzungsverbot, da zHG (nur) 80 km/h

7. –J– (Lkw, 5,5 t zGM) hält auf der BAB zu seinem Vordermann bei einer Geschwindigkeit von 80 km/h einen Abstand von 40 m.

J: §§ 4 (3), 49
- – Regelabstand = 33,33 m
- – Gefährdungsabstand = 17,88 m
- – Lkw über 3,5 t zGM und KOM haben auf der BAB bei einer Geschwindigkeit von mehr als 50 km/h einen Mindestabstand von 50 m einzuhalten.
- – OWi, Anzeige.

2. Übungsfall

Lösung

1. −A− PKW überholt eine Fz-Kolonne von 5 Fz, obwohl er die Kolonenspitze nicht einsehen kann.

A: §§ 5 (2, 3), 49:
- Überholen, Definition;
- Überholverbot „… mögliche Behinderung des Gegenverkehrs…" infolge fehlender Sichtweite; und/oder
- Überholverbot „unklare Verkehrslage"
- OWi, Anzeige.

2. −B− fährt a. g. O. bei Regen und einer Sicht von ca. 50 m 80 km/h.

B: §§ 3 (1), 49:
- angepasste Geschwindigkeit
- zHG 50 km/h bei witterungsbedingter Sicht < 50 m
- OWi, Anzeige.

3. Alle Zweiradfahrer müssen ihre Fz erheblich abbremsen.

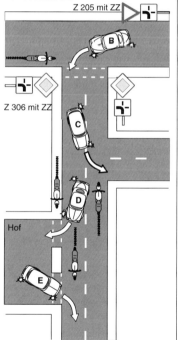

Z 205 mit ZZ

Z 306 mit ZZ

Hof

B: §§ 8,49:
- Vorfahrtfall, Definition abknickende Vorfahrt;
- Vorfahrtregelung durch Zeichen (Z 205)/ (ZZ 306). −B− ist wartepflichtig;
- Vorfahrtverletzung in Form der Gefährdung;
- OWi, Anzeige.

C: §§ 9 (3), 1 (2), 49:
- Abbiegen, Definition;
- Vorrangregelung, Zweirad als entgegenkommendes Fz bevorrechtigt;
- Gefährdung;
- OWi, Anzeige.

D: §§ 9 (3) i.V.m. § 9 (5), 49:
- Abbiegen, Definition, hier in ein Grundstück;
- Vorrangregelung, Zweirad (Mofa) im gleich gerichteten Verkehr auf oder neben der Fahrbahn bevorrechtigt;
- Gefährdungsverbot;
- OWi, VG.

E: §§ 10, 49:
- Einfahren aus einem Grundstück/Anfahren von anderem Straßenteil;
- Vorrangregelung, Wartepflicht des Einfahrenden gegenüber jedem anderen VT;
- Gefährdungsverbot;
- OWi, VG.

4. −H− hält mit seinem Wohnmobil (3,8 t zGM) mit Anhänger auf der BAB bei einer Geschwindigkeit von 100 km/h zum Vorausfahrenden einen Abstand von 40 m über einen längeren Zeitraum.

H: §§ 18 (5), 49:
- zHG 80 km/h
- OWi, ab 16 km/h Überschreitung: Anzeige.
Kein Verstoß gegen § 4 (1–3)

3. Übungsfall

Lösung

1. –A– PKW verlässt den Parkplatz und fährt auf die Straße ein, so dass er mit –C– zusammenstößt.

–B– LKW, 2,8 t zGM, hält.

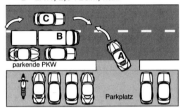

A: §§ 10, 1 (2), 49:
– Einfahren aus einem Grundstück/anderen Straßenteil;
– FRA;
– Gefährdungsverbot/Wartepflicht gegenüber jedem anderen VT, also auch gegenüber –C–;
– Schädigung;
– OWi, Unfallaufnahme, **beachte** aber:

B: §§ 12 (4), 1 (2), 49:
– Halten in „zweiter Reihe";
– Schädigung;
– Haftungsverpflichtung in Höhe von 20 % des Schadens; (KG, VM 80, 111);
– OWi.

C: Kein Verstoß; ggf. § 3 (1).

2. a.g.O. – Sichtweite 150 m
–D– LKW, 3,5 t zGM, fährt 80 km/h.
–E– Krad fährt 120 km/h.

D: Kein Verstoß gegen § 3, da zHG 100 km/h.

E: §§ 3 (3), 5 (2), 49:
– zHG 100 km/h;
– Überholen, Definition;
– Überholverbot „... mögliche Behinderung ..."
– die notwendige Sichtweite beträgt ca. 300 m;
– OWi, Anzeige.

3. –F– Möbelwagen entlädt. Eine Parkscheibe hat er nicht ausgelegt.

–G– PKW parkt 2 Stunden. Die Parkscheibe hat er ausgelegt.

–H– PKW tätigt einen kleinen Einkauf. Er zieht lediglich den Fahrzeugschlüssel ab, verschließt das Fz aber nicht.

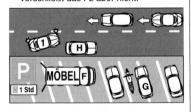

F: Kein Verstoß gegen § 12, da das Aufstellen der Parkscheibe bei zweckgebundenem Halten (Entladen) nicht zu fordern ist.

G: Z 314, § 49:
– Parkverbot (1 Stunde);
– Parkflächenmarkierung (Anlage 2, lfd. Nr. 74);
– OWi, VG.

H: §§ 12 (4), 1 (2), 14 (2), 49:
– Halten in zweiter Reihe; (Mühlhaus, 15. Auflage, § 12, Rdnr. 15/OLG Hamm, VRS 58, 367; BGH, DAR 72, 195.);
– Behinderung des –1–;
– Sicherung gegen unbefugte Benutzung;
– OWi, VG.

4. –L– befährt mit einem Sattelkfz (38 t zGM) eine Ausfallstraße i. g. O. mit 70 km/h. Die zHG ist dort durch Z 274 auf 70 km/h erhöht.

L: Kein Verstoß, da Erhöhung gem. § 45 (8) zulässig; die Erhöhung gilt gem. Z 274 für alle Fz. Die zHG-Beschränkung (60 km/h) gem. § 3 (3) gilt nur a.g.O.

4. Übungsfall

1. Polizeistreife –A– biegt auf der Fahrt zur Unfallstelle vor –B– ab, so dass dieser stark abbremsen muss.

   Im Bereich der X-Straße überholt –A– den Kradfahrer –1– und fährt mit 70 km/h.

   An der LSA-geregelten Kreuzung fährt –C– durch, obwohl er –A– bemerkt hat.

   –A– muss abbremsen.

   An der Unfallstelle parkt –A– auf dem Gehweg, wobei er blaues Blinklicht allein weiterverwendet.

   Auf der Fahrt zur Unfallstelle verwendet er zusätzlich das Einsatzhorn.

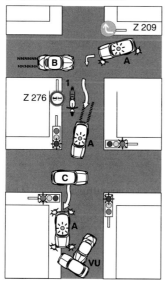

Lösung

A: Zulässige Inanspruchnahme von Sonderrechten gem. § 35 (1), da
   - Berechtigter und
   - Nichtbeachtung der §§ 9 (3), Z 209, 3 (3), 12 (4) StVO zur
   - Erfüllung hoheitlicher Aufgabe
   - dringend geboten.

aber:

§§ 35 (8), 49:
   - Gebührende Berücksichtigung der öSO;
   - Gefährdung, soweit ein erkennbares Fehlverhalten des –C– vorliegt (z.B. „Überprüfungspflicht")
   - OWi.
   - Soweit nur eine Behinderung des –C– gegeben ist, liegt kein Verstoß vor.

Zulässige Verwendung von blauem Blinklicht und Einsatzhorn gemäß § 38 (1), da höchste Eile zur Gefahrenabwehr gegeben;

Zulässige Verwendung von blauem Blinklicht allein zur Sicherung einer Unfallstelle gemäß § 38 (2).

B: Kein Verstoß, ggf. wie –C–.

C: §§ 38 (1), 1 (2), 49:
   - Freie Bahn schaffen;
   - Behinderung;
   - OWi, VG.

2. –D– nimmt auf seinem Mofa seine Freundin auf dem Gepäckträger mit.

   Damit sie nicht zu unbequem sitzt, hat er ein Kissen auf dem Gepäckträger befestigt.

   Beide tragen keinen Sturzhelm.

D: §§ 21 (1), 21 a, 49; 34 (5), 69a StVZO:
   - Verbotene Personenbeförderung auf Krafträdern ohne besonderen Sitz;
   - Helmtragepflicht;
   - OWi, VG;
   - Ggf. Überladung;
   - OWi, VG, über 20 % Überladung: Anzeige.

3. –E– weigert sich unter Hinweis auf den damit verbundenen Umweg von 5 km, sein Fz der nächsten Waage zuzuführen.

E: §§ 31c, 69 a StVZO:
   - Mitwirkungspflicht;
   - OWi, Abschleppen, Stilllegung, Anzeige, Wägung.

4. –F– hat seinen LKW mit schweren Betonteilen beladen, wobei diese überwiegend die Hinterachse belasten.

   Eine Überschreitung der zGM liegt nicht vor.

F: §§ 22, 49; ggf. §§ 34, 69a StVZO:
   - „Verkehrssichere" Verstauung der Ladung durch gleichmäßiges Verteilen (Einzelfallprüfung);
   - ggf. Überladung der Hinterachse prüfen.

Übungsfälle

5. Übungsfall

1. –A– fährt a. g. O. mit seinem PKW auf einer kurvenreichen Strecke mit 70 km/h hinter dem äußerst rasant fahrenden –B– her. Zu diesem hält er einen Abstand von 30 m.

Lösung

A: §§ 4 (1), 49:
 – Sicherheitsabstand;
 – Regelabstand (= 1,5 sec = 29,16 m) hier nicht ausreichend, da jederzeit mit einem Unfall des –B– zu rechnen ist;
 – Anhalteweg (ca. 40 m), als Abstand erforderlich;
 – OWi, Belehrung.

B: §§ 3 (1), ggf. 2 (2), 49:
 – angepasste Geschwindigkeit;
 – ggf. Rechtsfahrgebot;
 – OWi;
 – ggf. § 316 StGB – Trunkenheitsfahrt – prüfen.

2. –C– fährt a. g. O. mit einem PKW bei einer Sichtweite von 70 m mit 100 km/h.
Im späteren Verlauf der Fahrt überholt er a.g.O. einen mit 80 km/h vorausfahrenden PKW bei einer Sichtweite von 250 m mit einer Eigengeschwindigkeit von 110 km/h. Bei der befahrenen Straße handelt es sich um eine Landstraße.

C: §§ 3 (1), 49:
 – Sichtfahrgeschwindigkeit;
 – Anhalteweg
$$\frac{v^2}{2a} + Vt_R < \text{Sichtweite};$$
 – Selbst bei einer Bremsverzögerung von 9 m/s^2 benötigt –A– noch einen Anhalteweg von 70,61 m;
 – OWi, Belehrung.

§§ 3 (3), 5 (2), 49, ggf. 1 (2):
 – zGH;
 – Überholverbot „... mögliche Behinderung ...", da keine ausreichende Sichtweite gegeben
$$s_W = \left[\frac{s_{rü} \cdot v_1}{v_D} + (v_1 \cdot t_E)\right] m + \left[\frac{s_{rü} \cdot v_{zHG}}{v_D}\right]$$
$$= 154{,}80 \text{ m} + 30{,}55 \text{ m} + 140{,}73 \text{ m}$$
$$s_W = 326{,}08 \text{ m}$$
 – OWi, Anzeige.

3. –D–/–E– halten zunächst an.–F– muss sein Fz bis zum Stillstand abbremsen, da –C– durchfährt.–D– nutzt dies aus, um vor –E–/–F– die Kreuzung zu passieren.

Z 306 mit ZZ

Z 205 mit ZZ

C: §§ 9 (3), 1 (2), 49:
 – Abbiegen, Definition;
 – Vorrang des –F– als entgegenkommendes Fz missachtet;
 – ggf. Gefährdung;
 – OWi, VG, bei Gefährdung: Anzeige;
 – gegenüber –D–/–E– hat –C– Vorfahrt.

D: §§ 8 (2), 49:
 – Vorfahrtfall zu –F–; –D–: Wartepflichtiger
 – Vorfahrtregelung durch Zeichen;
 – Vorfahrtverletzung: wesentliche Behinderung (ggf. kein Verstoß/Einzelfallprüfung);
 – OWi, Anzeige;
 – gegenüber –E– hat –D– aufgrund der Grundregel Vorfahrt.

E: kein Verstoß.

F: kein Verstoß.

4. –G– befährt seit Längerem i.g.O. mit seinem VW-Transporter den linken der beiden in seine Fahrtrichtung verlaufenden Fahrstreifen. Die von ihm befahrene Straße liegt im Bereich einer „grünen Welle".

G: Kein Verstoß gegen § 2 (2) da,
 – freie Fahrstreifenwahl i.g.O. für Kfz bis 3,5 t zGM bei markierter Fahrstreifenführung gem. § 7 (3);
 – ansonsten (übrige VT) § 37 (4) Bereich einer LSA.

6. Übungsfall

Lösung

1. –A– durchfährt mit quietschenden Reifen eine Kurve i. g. O. in rasanter Fahrt. Hierbei verliert er einen Karton, den er auf dem Dachgepäckträger seines PKW beförderte.

A: §§ 1 (2), 3 (1), 22, 49:
 – Belästigung;
 – angepasste Geschwindigkeit;
 – Sicherung der Ladung gegen Herabfallen;
 – OWi, VG.

2. –B– hält a. g. O. auf einer Landstr. mit seinem Pkw mit „Pferdeanhänger" (Gesamtlänge 7,43 m) bei einer Geschwindigkeit von 90 km/h einen Abstand von 30 m.

B: §§ 3 (3), 4 (1, 2), 49:
 – zHG 80 km/h;
 – Regelabstand = 37,50 m;
 – Mindestabstand = 20 m. Die Zulässigkeit der Verminderung des Regelabstands wäre im Einzelfall zu prüfen;
 – Einscherabstand für Züge über 7 m Länge = mind. die Verdoppelung des Mindestabstandes = 40 m;
 – OWi, VG.

3. Welche Verkehrsausweise und welche Kennzeichnung sind für folgende Fz beim Betrieb im öVR erforderlich?
 – LKR
 – lof-Anhänger, 25 km/h bHG

 – Mofa, Pedelec (250 Watt Anfahrhilfe)

 – selbstf. Bagger, 20 km/h bHG
 – Krankenfahrstuhl
 – lof-Arbeitsgerät, 2 t zGM
 – Bootsanhänger hinter Pkw

 – BE/amtl. Kennzeichen
 – BE (keine Mitführpflicht)/Wiederholungskennzeichen, 25-km Schild
 – BE/Versicherungskennzeichen/Vers.-Bescheinigung, Pedelec: nichts (nur E-Bike [500 Watt] wie Mofa)
 – BE/Namenskennzeichnung (sAM)
 – BE/Vers.-Kennzeichen/Vers.-Bescheinigung
 – –
 – Pkw: Fz-Schein/amtl. Kennz.
   Anh.: BE/amtl. Kennzeichen

4. –C– hat durch Austausch des Ritzels an seinem Mofa die bHG auf 40 km/h erhöht. –C– zeigt neben dem FS der Kl. 1 b die BE des FmH (Mofa) vor.

C: §§ 3 (2) 2a, 4 (1, 3, 6), 48 FZV:
 – FmH 25 (50) = zulassungsfreies, aber betriebserlaubnispflichtiges Kfz;
 – BE durch die Veränderung erloschen (Typen-/Gefährdungsvariante);
 – OWi, Anzeige, Stilllegung;
 – kein Verstoß gegen AO/Pfl/VersG.

5. Erlischt in folgenden Fällen die BE?
 – Anbau einer Peitschenantenne
 – Einbau einer Funkanlage

 – Austausch von SR gegen HR-Reifen
 – Anbau einer Anhängerkupplung
 – Austausch eines Lenkrades gegen ein Sportlenkrad mit ABE

 – Anbau von Nebelscheinwerfern

 – nein, ggf. § 30 c StVZO
 – nein, ggf. Genehmigungspflicht gem. FernmeldeAG beachten
 – nein
 – ja i.d.R. Abnahmepflicht, vergl. Bsp.-Katalog Nr. 9
 – nein, jedoch Mitführpflicht der ABE gem. § 19 (4) StVZO oder Eintragung in den Fz-Schein (außer EG-Bescheinigung)
 – nein, jedoch bauartgenehmigt gemäß § 22a StVZO

6. Welche FE-Klasse ist für folgende Kfz erforderlich?
 – PKW mit zweiachsigem Wohnanhänger
 – Krad: 150 ccm / 160 kg LG / 25 kW
 – Zugmaschine: 8 t zGM, 32 km/h bHG

 – BE (> 3,5 t zGM)
 – A
 – T (Lof: L)

7. Übungsfall

Lösung

1. Wie schnell dürfen folgende Kfz a.g.O. bzw. auf der BAB zulässigerweise fahren?

A: Selbstfahrende Arbeitsmaschine (2,5 t zGM)

A: 100/– km/h;

B: LKW (2,5 t zGM) mit Anhänger bei aufgestelltem Z 274 (100 km)

B: 80/80 km/h;

C: PKW („Sprinter"), 4,9 t zGM

C: 80/80 km/h (wie LKW, BayObLG, VD 10/03, 272)

D: Krad mit Anhänger

D: 60/60 km/h.

2. –E– überholt auf einer mit nebenstehendem V.-Zeichen gekennzeich-neten Steigungsstrecke einen mit 20 km/h fah-renden Sattelzug. (Trak-tor, der mit gekenn-zeichnet ist).

Zeichen 276

dürfen überholt werden

E: §§ 5 (3), Z 276, 49:
   – Überholverbot durch Zeichen;
   – Zusatzzeichen erfasst u. a. nur Kfz, die aufgrund der bHG nicht schneller fahren können als 25 km/h;
   – OWi.

3. –F– ist mit seinem Pkw wegen eines Mo-torschadens liegen geblieben. –G– zieht ihn daher mit seinem Pkw zur nächsten Tankstelle.

F/G: kein Verstoß, da hier zulässiges Abschleppen i.S.d. § 23 StVO vorliegt.
   – liegengebliebenes Fz
   – schnellstmöglichst aus den fließenden Ver-kehr verbringen

4. Im Rahmen einer Verkehrskontrolle über-prüfen Sie –H–, der eine selbstfahrende Arbeitsmaschine (32 km/h bHG, 10 t zGM) führt. –H– zeigt Ihnen die allg. BE der sAM und einen FS der Kl. 3/5, ausge-stellt am 1.3.1980, vor.
An der sAM sind rechts und links je ein Ar-beitsscheinwerfer, die keinerlei Prüfzei-chen aufweisen, angebaut.

H: § 21 StVG:
   – Führen eines Kfz;
   – ohne die erforderliche FE;
   – Vergehen, Anzeige, Unterbindung der Weiter-fahrt.;
   – nach neuem Recht Kl. C erforderlich (Kl. L nur bis 25 km/h bHG / Kl. T bis 40 km/h bHG/lof-Zweck);
   – Prüfschritte 2/3 ergeben keine Übereinstim-mung mit Kl. C
   – Die Arbeitsscheinwerfer sind zulässig (§ 52, Abs. 7 StVZO).

5. Welche FE-Klasse ist zur Führung folgen-der Kfz(kombination) erforderlich?
   – Pkw (2 t zGM) mit zweiachsigem Sportanhänger (2,8 t zGM)

BE (Zug > 3,5 t zGM)

   – Lkw, 7,5 t zGM

C1

   – Pkw mit einachsigem Anhänger

B (BE, > 3,5 t zGM)

   – Lkw (7,5 t zGM) mit einachsigem Anhänger (3 t zGM)

C1E

   – Zugm. mit zulassungsfreiem Anhänger

T (bis 40 km/h bbH/lof-Zweck)
L (bis 25 km/h bbH)
CE

6. –I– tauscht an seinem Pkw das Lenkrad gegen ein Sportlenkrad (mit EG-ABE) aus. Die ABE führt er nicht mit.

I: §§ 19 (4), 69a StVZO:
   – Der Austausch führt nicht zum Erlöschen der BE, da eine ABE für das Sportlenkrad vorliegt, deren Wirksamkeit sicherlich nicht von der Ab-nahme durch einen a.a.S.o.P. abhängig ist.
   – Die Verpflichtung, die ABE mitzuführen oder die Veränderung in den Fz-Schein eintragen zu las-sen entfällt (vgl. § 19 (4) StVZO).
   – OWi, Belehrung – VG.

8. Übungsfall

Lösung

1. –A– fährt ohne anzuhalten weiter, so dass –B– und –C– ihre Fz anhalten müssen und der Fußgänger –D– zurückspringen muss.

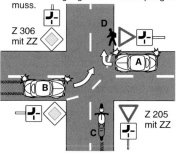

Z 306 mit ZZ

Z 205 mit ZZ

A: §§ 8, 9 (3) i.V.m. §1 (2), 49:
- Vorfahrtfall zu –B–/–C–;
- Vorrangregelung durch Zeichen, gegenüber –B– wartepflichtig;
  Vorrangregelung durch Grundregel, gegenüber –C– vorfahrtberechtigt, der jedoch ebenso wie –A– gegenüber –B– wartepflichtig ist;
- Vorfahrtverletzung in Form der wesentlichen Behinderung (Gefährdung) des –B–;
- Abbiegen, Definition;
- Vorrangregelung; auf Fußgänger ist stets Rücksicht zu nehmen, ggf. ist zu warten;
- Gefährdung des –D–;
- OWi, Anzeige.

B: C: D: keine Verstöße erkennbar.

2. –E– fährt über einen abgesenkten Bordstein in die Straße ein, ohne hierbei auf –1– zu achten. Dieser muss sein Fz stark abbremsen.

E: §§ 10, 49:
- Einfahren – anderer Straßenteil / Grundstück / abgesenkter Bordstein;
- Gefährdung;
- OWi, Anzeige.

3. –F– führt seinen Pkw im öVR, obwohl der Termin zur Hauptuntersuchung bereits 6 Monate überschritten ist. Darüber hinaus ist der Pkw mit zwei „blanken" Reifen bestückt.

F: §§ 29, 36, 69a StVZO:
- Überschreitung des HU-Termins;
- Reifen ohne Profil (1,6 mm); (beachte: § 31d StVZO)
- OWi;
- Anzeige gegen Führer und Halter, Kontrollbericht, ggf. Stilllegung;
- Die Zulassung des Pkw wird von den Verstößen nicht berührt.

4. Welche FE-Klasse wird zur Führung folgender Fz benötigt?
   - Lkw, 7,5 t zGM
   - Pkw mit zulassungsfreiem, 2-achsigem Anhänger
   - Zweirad, 80 ccm, 80 km/h bHG

   - Zweirad, 50 ccm, 100 km/h bHG

   - Zugmaschine, 30 km/h bHG
   - Kombinationskfz, 16 t zGM

- C1
- B/BE (> 3,5 t Zug zGM; B96 bis 4,25 t Zug-zGM)
- A1

- A1 (18. Lj. vollendet)
- T (Lof: L)
- CE

5. –G– hat sein Krad mit einem Hochbaulenker versehen. Eine ABE/Teilegutachten liegt nicht vor.

G: § 19 (5) StVZO(Führer/Halter):
- Krad ist ein zulassungspflichtiges Kfz (ZBl/amtl. Kennzeichen);
- BE ist durch den Austausch erloschen, soweit eine Gefährdung anderer VT „schon etwas konkret" vorstellbar ist; vergl. Bsp.-Katalog Nr. 3;
- Zulassung i.S.d. FZV erlischt nicht;
- abstr. Gefährdungsmögl./Vorschriftsmäßigkeit
- OWi, Anzeige, Kontrollbericht;
- Verstöße gegen die AO, das PflVersG liegen nicht vor.

9. Übungsfall

Lösung

1. –A– führt einen Zug, bestehend aus LKW und Anhänger.

Die Wägungen der Einzelfz ergeben folgende Bruttogewichte:

LKW: 25 000 kg

Anhänger: 26 000 kg

Aus den Fz-Scheinen entnehmen Sie folgende Daten (in kg):

Ziff./Angabe Fz-S/ZBI	LKW	Anh.
9/8.1–8.3 Aufliegelast:	10860	9350
14/3 Leergewicht:	11140	4650
F.z zGM:	22000	14000
16/8.1–8.3 Achsl. vorne:	6300	7000
hinten:	16000	7000
28/0.1/0.2 zul. Anh.-last:	24000	-------

A: §§ 34, 69a StVZO:
  – Überschreitung der zul. Werte;
  – Überladung LKW 3000 kg = 13,63 %;
  – Überladung Anhänger 12000 kg = 85,71 %;
  – Überschreitung der zul. Anhängelast = 7,69 %;
  – OWi, Anzeige, Stilllegung.

2. –B– hat seinen LKW mit Kies beladen. Während der Fahrt fließt ständig Wasser aus dem Kies auf die Straße. Des Weiteren verliert er in Kurven häufig Kies.

B: §§ 22, 32, 49, ggf. 1 (2):
  – Sicherung der Ladung gegen Herabfallen (Plane);
  – Gegenstände auf die Straße/Benetzen, soweit Erschwerung des Verkehrs;
  – ggf. Gefährdung;
  – OWi, VG.

3. Im Rahmen einer V.-Kontrolle zeigt –C– Ihnen den Fz-Schein seines Pkw und einen FS der Kl. 3 mit folgender Eintragung: „Der Inhaber dieser FE muss beim Führen eines Kfz sowohl eine geeignete Sehhilfe tragen als auch eine Ersatzbrille mitführen." –C– trägt eine Brille, führt aber keine Ersatzbrille mit.

C: kein Verstoß gegen § 23 FeV, § 21 StVG:
  – Eintragung (Sehhilfe) = Auflage (wird befolgt);
  – Ersatzbrille ist keine geeignete Ausgleichsmaßnahme; Forderung unzulässig.
  – Prüfschritte 1–3: Kl. B/Kl. 3 gem. § 6 (6) FeV i.V.m. Anlage 3, Buchstabe A, I, Nr. 17, 18 ausreichend

4. –D– führt einen Pkw mit zweiachsigem zulassungspflichtigem Anhänger. Er zeigt einen „DDR"-Führerschein der Klasse B/E vor.

D: Kein Verstoß gegen § 21 StVG.
Klasse B/E berechtigt bei Kfz bis 3,5 t zGM zum Mitführen von mehrachsigen Anhängern.

5. Sie kontrollieren –E– gegen 23 Uhr mit seinem Pkw. Der FS des –E– weist folgende Eintragung auf: „Der Inhaber dieser FE darf nur bei Tageslicht ein Kfz fahren."

E: §§ 23, 46, 75 FeV:
  – Eintragung = Auflage;
  – selbständiger, abhängiger VA;
  – OWi, Anzeige (Tateinheit zu o. a. OWi).

6. Ist eine Beschlagnahme des FS des –E– zulässig?

Nein, eine Entziehung der FE durch das Gericht ist hier nicht möglich, da keine Straftat vorliegt. Die Verwaltungsbehörde ist jedoch in der Lage, ein Fahrverbot oder je nach Prüfung die Entziehung der FE anzuordnen. Eine Beschlagnahme im Vorfeld dieser Maßnahmen ist nicht möglich.
Eine Entziehung der FE durch die SVB ist im Einzelfall jedoch möglich.

10. Übungsfall

1. –B– überquert die Kreuzung so, dass –A–
   stark abbremsen muss.

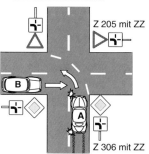

Z 205 mit ZZ

Z 306 mit ZZ

2. –C– hält a.g.O. mit seinem LKW (9 t zGM)
   bei einer Geschwindigkeit von 80 km/h
   zum Vorausfahrenden einen Abstand von
   30 m.

3. –D– hat das Fz
   (Ford-Transporter)
   ebenfalls innen voll-
   ständig zugeladen.

4. –E– führt hinter seinen Pkw (2,5 t zGM)
   einen 2-achsigen Wohnanhänger (3 t
   zGM) mit. –E– händigt Ihnen einen FS der
   Klasse 3 aus.

5. –F– überholt mit seinem Krad ein vorausfahrendes LKR im Bereich eines aufgestellten Z 276 (Überholverbot).

6. –G– hält a.g.O. mit einem Sattelkfz (38 t
   zGM) zu einem vorausfahrenden PKW
   bei einer Geschwindigkeit von 80 km/h einen Abstand von 40 m, obwohl Z 273 einen Mindestabstand von 60 m fordert.

Lösung

A: § 49, ZZ 306:
   - Kein Abbiegen, aber
   - FRA;
   - kein Verstoß.

B: §§ 9 (3), 1 (2), 49:
   - Abbiegen, da abknickende Vorfahrt (ZZ 306);
   - Vorrangregelung, –A– ist als entgegenkommen-
     des Fz bevorrechtigt;
   - vermeidbare Behinderung, Gefährdung;
   - OWi, VG.

C: §§ 3 (3), 4 (1, 2), 49:
   - zHG 60 km/h;
   - Regelabstand = 33,33 m;
   - Mindestabstand = 17,77 m;
   - Einscherabstand/Verdoppelung des erforderli-
     chen Sicherheitsabstands;
   - OWi, Anzeige.
   Beachte: Mindestabstand von 50 m auf BAB für
   Lkw über 3,5 t zGM bei einer Geschwindigkeit von
   mehr als 50 km/h.

D: §§ 22, 23, 49 StVO; 34, 69a StVZO:
   - Verkehrssichere Verstauung der Ladung;
   - gegen Herabfallen und bei Vollbremsung;
   - Beeinträchtigung der Sicht etc. des Fz-Führers;
   - ggf. Überladung;
   - OWi, Stilllegung, VG, über 20 % Überladung:
     Anzeige.

E: Kein Verstoß, Altklassen sind gemäß Prüfschema
   in 3 Schritten zu überprüfen:
   1. PrS: § 6 FeV: Klasse BE erforderlich (Zug > 3,5 t
              zGM; Anhänger < 3,5 t zGM)
   2. PrS: Anlage 3 A, I, Nr. 17, 18: Kl. 3 = BE
   3. PrS: Keine Einschränkungen

F: Kein Verstoß, da –F– kein mehrspuriges Kfz überholt.

G: §§ 3 (3), 4 (2, 3), 49:
   - zHG 60 km/h;
   - Einscherabstand, d. h. Verdoppelung des im
     Einzelfall geforderten Sicherheitsabstands; Re-
     gelabstand: 33,33 m; Mindestabstand: 17,77 m;
     Beachte: Mindestabstand von 50 m auf der
     BAB für Lkw über 3,5 t zGM bei einer Geschwin-
     digkeit von mehr als 50 km/h.
   - OWi, Anzeige.
   Kein Verstoß gegen § 41 (2) 6, Z 273, da kein
   gleichartiges Fz i.S.d. Adressatengruppe.

Übungsfälle

11. Übungsfall

Lösung

1. –A– PKW mit Anhänger fährt ca. 40 km/h.
   –B– PKW passiert –A–, so dass –1– stark abbremsen muss.
   i.g.O.

Z 293

A: Kein Verstoß.

B: §§ 5 (2), 26 (3), 1 (2), 5 (3), 49:
   – Überholen, Definition;
   – Überholverbot „… mögliche Behinderung des Gegenverkehrs …";
   – Generelles Überholverbot vor Fußgängerüberwegen;
   – Gefährdung des –1–;
   – OWi, Anzeige.

   Beachte:
   – ggf. § 315c (1) 2 b StGB i. V. m. § 21 OWiG; entscheidend ist hierbei die subjektive Einstellung des –B– in bezug auf das TBM „rücksichtslos".

2. –C– hält auf der BAB mit einem KOM bei 80 km/h 40 m Abstand.

C: §§ 4 (3), 49:
   – Mindestabstand 50 m bei > 50 km/h tHG;
   – KOM/BAB;
   – Owi, VG.

3. Welche „Trunkenheitsdelikte" kommen in folgenden Fällen in Betracht?
   – Pkw-Fahrer, offensichtlich Cannabis-Genuss

   – Mofafahrer, 0,5 mg/l
   – Kraftfahrer, 0,5 mg/l
     Fahren bei Gelblicht
   – Pkw-Fahrer, 0,5 mg/l
     Fahren in Schlangenlinien
   – Pkw-Fahrer, 0,5 mg/l
     Vorfahrtsmissachtung mit VU

   – § 24a (2) StVG
   – Cannabis Rauschmittel gem. Anlage (Substanz: THC) (geforderte Mind.konz. 0,001 mg/l)
   – Nachweis im Blut durch Blutprobe
   – § 24a StVG
   – § 24a StVG, Fahren bei Gelblicht ist keine AE

   – § 316 StGB, rel. FU

   – § 315 c I 1a StGB
   – rel. FU
   – Individualgefährdung

4. –D– befährt mit seinem Pkw (1 t zGM / 700 ccm Hubr.) mit Anhänger (0,8 t zGM) die BAB an einer Steigungsstrecke mit lediglich 50 km/h. Eine Wägung ergibt für den Pkw eine tGM von 1,2 t und für den Anhänger von 0,6 t. Laut Fz-Schein beträgt die zul. Anhängelast 0,5 t.
   –D– händigt Ihnen einen FS der Kl. B aus.

D: §§ 34, 42, 69a StVZO:
   – Überladung des Pkw um 20 %
   – Überschreitung der zul. Anhängelast um 20 %
   – OWi, Anzeige, Unterbindung der Weiterfahrt (Parkplatz).
   Kein Verstoß gegen § 21 StVG da gemäß § 6 FeV Kl. B zur Führung einer FZ-Kombination < 3,5 t zGM genügt.
   Das gilt auch gemäß Anlage 3 A, II, Nr. 4 für die Altklasse B (bis 18.01.2013)

5. Die Anhängerkupplung ist im Fz-Schein nicht eingetragen.
   Ein Teilegutachten liegt nicht vor.

§ 19 (5) StVZO (Führer/Halter)
   – BE ist erloschen, da die Wirksamkeit der BAG der Anhängerkupplung von der Abnahme bzw. deren a.a.S.o.P. abhängig ist (Eintragung); vgl. Bsp.-Katalog Nr. 6 (Beachte: § 19 (4) StVZO)
   – Zulassung i.S.d. FZV erlischt nicht;
   – abstr. Gefährdungsmögl./Vorschriftsmäßigkeit
   – OWi, Anzeige/Tateinheit zu o. OWi.

6. Der lof Lohnunternehmer –E– führt eine ZM mit 2 Anhängern. Er zeigt Ihnen eine FE der Kl. 3 vor. Die ZM weist eine bHG von 32 km/h auf.

Kein Verstoß gegen § 21 StVG, soweit nur Klasse L (bei lof ZM) bzw. Kl. T gefordert wird und die Person ausschließlich in der Landwirtschaft tätig ist.
Ansonsten: § 21 StVG. Vergehen – Unterbindung der Weiterfahrt/Anzeige.

12. Übungsfall

1. –A– verursacht mit seinem Pkw einen VU, bei dem ein Fremdschaden von ca. 200,– € entsteht. Personen wurden nicht gefährdet. Ein AA-Test ergibt 0,7 mg/l.

Lösung

A: § 316 StGB, §§ 1, 49 StVO:
   - öVR/Fz-Führer/Alkohol;
   - abs. FU (Kfz-Führer: ab 1,1 ‰ = 0,55 mg/l);
   - Schädigung.

Kein Verstoß gegen § 315c StGB, da Schaden nicht die Gefährdung einer fremden Sache von bedeutendem Wert erwarten ließ.

2. –B– passiert i. g. O. bei Gelb eine Kreuzung, obwohl er sich noch ca. 20 m beim Phasenwechsel der LSA von der Kreuzung entfernt befand.

B: Kein Verstoß gegen § 37, da in der Rspr. ein Passieren der Kreuzung bei einer zHG von 50 km/h bis zu einer Entfernung von 28 m (2 sec Fahrstrecke) im Einzelfall akzeptiert wird. Ggf. Belehrung

3. –C– (Weißrusse) führt einen Pkw mit Ausfuhrkennzeichen. –C– gibt an, den Pkw ausführen zu wollen. Er zeigt Ihnen einen nationalen FS seines Heimatlandes (Kl. B) vor, die Verkehrsausweise für den Pkw hat er angeblich vergessen. Laut Auskunft des –C– wohnt er selt ca. 2 Jahren in der BRD.

C: § 21 StVG:
   - § 29 (1) FeV: Die vorgezeigte FE berechtigt nach Wohnsitznahme nur (bis zu $1/2$ Jahr / auf Antrag bis zu 1 Jahr) zur Führung von Kfz in der BRD;

     Führung eines Kfz ohne erforderliche FE;
   - Vergehen, Anzeige, Unterbindung der Weiterfahrt;
   - Die „Zulassung" ist gemäß § 19 FZV erfolgt. Er benötigt eine ZB I (oder Intern. Zulassungsschein)
   - Überprüfung beim ausstellenden StVA möglich;
   - Soweit die Aussagen nicht bestätigt werden:
     - §§ 22 StVG, 267 StGB Kennzeichenmissbrauch/ Urkundenfälschung,
     - § 6 PflVersG,
     - §§ 19 FZV, Zulassung,
     - Verg., Anzeige, Stilllegung.

4. –D– überholt mehrfach im Bereich von Z 276 und 295, so dass der Gegenverkehr stark bremsen und scharf nach rechts ausweichen muss.

D: § 315c I 2b StGB:
   - öVR, Fz-Führer;
   - grob verkehrswidrig und rücksichtslos;
   - falsch überholt, § 5 (2, 3) Z. 276;
   - Individualgefährdung;
   - Kausalität;
   - Vorsatz/Fahrlässigkeit;
   - Verg./Anzeige / FS-Beschlagnahme.

5. Der 19-jährige –E– wird im Rahmen einer Verkehrskontrolle angehalten. Ein AA-Test ergibt 0,2 mg/l. E händigt einen vor zwei Monaten ausgestellten Führerschein aus.

E: § 24c StVG
   - öVR, Kfz-Führer;
   - Alkohol;
   - Fahranfänger;
   - Probezeit / vor Vollendung d. 21. Lebensjahres;
   - 0,0 ‰,
   - OWi/Anzeige/Unterbindung der Weiterfahrt;

13. Übungsfall

Lösung

1. –A– torkelt als Fußgänger über die Fahrbahn, so dass einige Kraftfahrer stark bremsen müssen.

A: §§ 2, 75 FeV:
- – verkehrsuntüchtig;
- – keine Vorsorgemaßnahmen gegen Gefährdung anderer VT;
- – OWi-Anzeige.

Kein Verstoß gegen § 315c StGB, da –A– kein Fz-Führer.

2. –B– Pkw mit Anhänger –1– fährt 25 km/h.

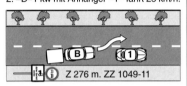

Z 276 m. ZZ 1049-11

B: §§ (5 [3]), Z. 276, 49:
- – Überholverbot „ ... durch Zeichen ...";
- – Pkw wird vom ZZ nicht erfasst;
- – OWi, Anzeige.

3. –C– fährt mit einem KKR auf einer abschüssigen Strecke. Der Motor des KKR kann infolge von Benzinmangel nicht in Gang gesetzt werden. –C– besitzt keine FE.

C: Kein Verstoß, da kein Führen i. S. d. § 21 StVG vorliegt. Führen setzt u. a. die tatsächliche Möglichkeit der bestimmungsmäßigen Nutzung, also mit Motorkraft voraus. Dies ist hier nicht möglich.
(OLG Oldenburg, 1 Ss 156/61; OLG Hamm, VRS 13, 450.)
Gegentl. Auff.: Ohne Benzinmangel läge Führen i.S.d. § 21 vor, so dass –C– ein Vergehen begehen würde (BayObLG 9.8.1984, 2 St 154, 84.)

4. –D–, der 17-jährige Sohn des –E– „leiht" sich ohne dessen Wissen den PKW seines Vaters „aus".

D: §21 StVG:
- – Pkw erfordert Kl. B;
- – Mindestalter = 18 Jahre;
- – Führen eines Kfz im öVR ohne erforderliche FE;
- – Vergehen, Anzeige.

E: I.d.R. dürfte kein Verstoß vorliegen, Einzelfallprüfung, inwieweit –E– aufgrund des gegebenen Vertrauensverhältnisses zwischen Vater und Sohn mit der Handlungsweise des –D– rechnen musste.

14. Übungsfall

Lösung

1. –A– fährt mit seinem Lkw (5,5 t zGM) mit 2-achsigem Anhänger i. g. O. 75 km/h.

A: §§ 3 (3), 49:
- zHG 50 km/h.
- Beschränkung aus § 3 (3) 2b StVO (60 km/h) gilt nur a.g.O.

2. Bei dem Anhänger handelt es sich laut BE um eine Arbeitsmaschine/Maschine für den Straßenbau. Der Anhänger ist mit Wiederholungskennzeichen beschildert.

kein Verstoß (§§ 3 [2] 2d, 10 [8] FZV):
- AM als Anhänger zulassungsfrei
- Wiederholungskennzeichen
- Zul.-Freiheit nicht an 25 km/h tHG gebunden

–A– zeigt Ihnen einen FS der Kl. 3 vor.

kein Verstoß gemäß § 6 (6) FeV i.V.m. § 5 StVZO (alt), da Anhänger zulassungsfrei und somit kein Zug > 3 Achsen i.S.d. § 5 StVZO (alt) gebildet wird.

3. –B– führt ein Kompakt-Gespann aus einem Lkw (7,49 t zGM) und einem Anhänger (8,7 t zGM). Er zeigt Ihnen einen FS der Kl. 3 vor.

B: Kein Verstoß, Altklassen sind gemäß Prüfschema in 3 Schritten zu überprüfen:
1. PrS: § 6 FeV: Klasse CE erforderlich (FzKombi > 12 t ZGM)
2. PrS: Anlage 3 A, I, Nr. 17, 18: Klasse 3 = Kl. C1/C1E
3. PrS: auf Antrag kann die Kl. C1E gem. Schlüsselnr. 79 (C1E > 12 t, L ≤ 3) erweitert werden.
   Soweit der Abstand des Anhängers unter 1 m liegt und –E– das 50. Lebensjahr noch nicht überschritten hat (§ 76 Nr. 9 FeV), erfasst die Kl. 3 die Führung dieser Fz- Kombination.

16,20 t

4. –C– stößt mit seinem Rad gegen ein geparktes Fz. Ohne sich um die Sache zu kümmern, fährt er weiter.

C: § 142 StGB, §§ 1, 49 StVO:
- Schädigung;
- VU;
- fremdes Feststellungsinteresse
- Entfernen;
- Wartepflicht;
- Vorsatz;
- Vergehen, VU-Aufnahme.

5. –D– fährt mit seinem Mofa in Schlangenlinien auf der Fahrbahn. Bei Überprüfung stellen Sie erhebliche Alkoholeinwirkung bei –D– fest.

D: § 2 (2), 49:
- Rechtsfahrgebot;
- § 316 StGB;
- Fz-Führer, Alkoholgenuss;
- relative Fahruntüchtigkeit;
- Vergehen;
- Anzeige, ggfl. Fs-Beschlagnahme.

Übungsfälle

15. Übungsfall

Lösung

1. –A– befährt über einer längeren Zeitraum mit seinem Pkw durchgehend den linken markierten Fahrstreifen seiner Fahrtrichtung i.g.O.

A: Kein Verstoß gegen § 2 (2), da gemäß § 7 (3) i.g.O. die freie Fahrstreifenwahl für Kfz < 3,5 t zGM gilt.

Bei Überprüfung stellen Sie fest, dass –A– erheblich unter Alkoholeinwirkung steht. Ein Alkotest zeigt 0,62 mg/l auf. Er zeigt neben dem Fz-Schein einen FS der Klasse 3 vor.

Ist die Beschlagnahme des Fz zulässig?

§ 316 StGB:
- Fz-Führer, Alkoholgenuss;
- abs. Fahruntüchtigkeit (Kfz-Führer > 1,1 $^o/_{oo}$);
- Vergehen;
- Blutprobe, Anzeige;
- FS-Beschlagnahme: Ja
  - § 94 (3) StPO,
  - § 69 (1, 2) StGB,
  - Regelfall der Ungeeignetheit,
  - § 69 (3) StGB,
  - § 94 (1, 2) StPO,
  - § 98 (1) StPO,
    (GiV – Gefahr der erneuten Trunkenheitsfahrt),
  - § 98 (2) StPO – § 111a StPO.
- Blutprobe/FS-Beschlagnahme:
  - Richtervorbehalt
  - GiV/Einbringungsversuch dokumentieren

2. Im Rahmen der Überprüfung des –B– zeigt Ihnen dieser einen FS der Kl. B, ausgestellt am 10.1.2013, mit der Schlüsselnr. 78 vor.

B: § 21 StVG; §§ 46, 75 FeV:
- Prs. 1–3: Kl. B/Kl. 3 gemäß § 6 (6) FeV i.V.m. Anlage A, II, Nr. 4 ausreichend, aber
- Eintragung = Beschränkung;
- sachl. Einschränkung;
- integrierter Bestandteil des VA der FE;
- Führen eines Kfz im öVR ohne erforderliche FE;
- Vergehen, Anzeige; Tateinheit zu o. a. OWi;
- Unterbindung der Weiterfahrt
- Halterverstoß prüfen

3. –C– fährt nach einem Diebstahl auf den haltgebietenden Polizeibeamten –1– zu, um ihn zum Beiseitespringen zu veranlassen.

–1– kann sich durch einen Sprung zur Seite noch retten.

C: § 315b StGB:
- Beeinträchtigung des Straßenverkehrs;
- Variante III (ähnlich, ebenso gef. Eingriff);
- bedingter Vorsatz (Schädigungsabsicht);
- Individualgefahr;
- Abs. 3
  Absicht der Verdeckung einer Straftat;
- Verbrechen, Anzeige, Beschlagnahme FS.

Fundstellenübersicht

Aus Platz-, insbesondere jedoch aus Aktualitätsgründen wird auf den Abdruck des Buß-
geld- oder Verwarnungsgeldkataloges, Blutprobenerlasses etc. verzichtet.
Anstelle der Abdrucke erfolgt die Aufführung der entsprechenden Fundstellen im Polizei-
Fach-Handbuch in alphabetischer Aufzählung. Verweisungen auf Landesrecht beziehen
sich auf die Landesausgabe Nordrhein-Westfalen.

A

Abgabenordnung	7-10 Bu
AETR	8-29 Bu
Abstandsmarkierer an Fahrräder/Mofa	8-4-14 Bu
Ahndung von VOwi	8-42 La
Alkohol im Blut/Feststellung	3-15 La
Anbaugeräte/Merkblatt	8-4-7 Bu
Ausländer/FE-Erteilung/Kfz-Versicherung	8-4-10Bu/8-26 Bu
Ausnahme VO zur StVZO	8-4 Bu
Autobahn/RichtgeschwindigkeitsVO	8-2-4 Bu

B

Begleitung von Großraumtransporten	8-61 La
Betäubungsmittel/Brechmittel	3-17 La
Blutprobenerlass	3-15 La
BO-Kraft	8-14 Bu
BO-Strab	8-13 Bu
Bremsen/Anlagen/Prüfung	8-4-8 B/8-4-9 BU
Bußgeldkatalog/Verfahren	8-44 Bu/3-8 Bu

C

Container/Kennzeichnung	8-2-6 Bu

D

Diplomaten/Verkehrsdelikte	8-44-1 La
Drogen/Feststellung/Exkorporation	3-15 Bu/3-17 La

E

EG-Sozialvorschriften	8-30 Bu
Eisenbahnbau- und BetriebsVO	8-20 Bu
Exkorporation	3-17 Bu
Exterritoriale/Verkehrsdelikte	8-44-1 La

F

Fahrausweise/Sicherstellung, Beschlag- nahme	3-15 Bu
Fahrerlaubnis/Umschreibung ausl. FE	8-3-0 Bu
FahrlehrerG	8-17 Bu
FahrpersonalG	8-28 Bu
FahrtenbuchVO	8-11-3 Bu
Fahrzeuge/Sicherstellung, Beschlagnahme	3-12 Bu
FahrzeugregisterVO	8-1-1 Bu
FerienreiseVO	8-2-2 Bu
FreistellungsVO/GüKG/PBefG	8-11-1 Bu/8-12-1 Bu
Führerschein/EU	8-3-0 Bu
Fahrzeug-Zulassungsverordnung	8-3-1 Bu

Stichwortverzeichnis

A

B

D

E

W

Z